이 책에 대한 추천사

“알렉 맥길리스는 그의 탁월한 새 책에서 아마존의 급격한 성장과 독점이라는 렌즈를 통해 미국의 불평등과 경제적 좌절을 검토한다. (…) 이 기업은 한 나라의 경제적, 지역적 불균형을 거의 의인화하고 있는 존재다.” **패러드 맨주(뉴욕타임스)**

“아마존에서 물건을 사는 사람은 이 감동적이면서도 분통 터지는 이야기를 꼭 읽어야 한다. 한 사람의 평생의 저축, 평생의 일, 여러 세대의 전통, 중소기업들, 마을과 도시들이 멈출 수 없는 기계처럼 보이는 한 기업에 의해 어떻게 계속해서 망가지고 있는지를 말이다. 더욱 분노를 촉발하는 것은 이렇게 되지 않을 수도 있었다는 점이다.” **라리사 맥파쿼(뉴요커)**

“‘아마존합중국’을 둘러보는 지상투어. 이 책에 실린 사람들의 이야기는 등골을 서늘하게 한다. 이 책은 아마존에 좋은 것이 미국에도 좋은 것이라는 개념에 사로잡힌 정치 시스템의 이야기이기도 하다.” **제임스 크웍(워싱턴포스트)**

“알렉 맥길리스는 아마존이 어디에나 존재하게 된 상황을 소재로 호메로스의 『오디세이아』에 맞먹는 스케일로 풀어낸다. (…) 그의 이야기는 분석적인 만큼이나 감성적이다. 그는 아마존의 영향이 덮친 사람과 산업들을 찾아가면서 이 제국이 우리가 아는 미국의 삶을, 그러니까 그 삶의 모든 면을 도저히 고칠 수 없을 정도로 바꾸어 놓고 있음을 보여준다.” **에이미 페둘라(보스턴글로브)**

“대다수 사람들이 하나의 기업에 매달린 나라를 둘러보는 광범위하면서도 인상적인 투어. 맥길리스는 농촌의 러스트 벨트가 블루(민주당 성향)에서 레드(공화당 성향)로 바뀌게 된 사회경제적 격동에 대해 일찍부터 관심을 갖고 취재한 기자 중 한 명이다. (…) 그는 부유한 기업과 그곳의 고소득 종사자들이 소수의 번창하는 도시에 몰려 살면서 어떻게 나머지 지역에서는 기회와 가능성이 사라졌는지를 ‘아마존’이라는 대표 선수를 통해 세밀하게 묘사한다.” **바우히니 바라(애틀랜틱)**

“한 나라의 경제적 양극화에 대한 매우 탄탄하고도 광범위한 탐사. (…) 이것은 단순한 소매유통 이야기가 아니다. 부동산 급등에 관한 이야기이며, 정치 로비, 데이터센터, CIA에 관한 이야기다. (…) 저자는 그 자료와 우화를 설득력 있게 엮어내고 있다. **캐롤린 켈로그(로스앤젤레스타임스)**

“알렉 맥길리스는 맹렬한 속도로 내달리는 아마존의 확장이 그 뒤에 어떻게 사회적 잔해를 남겨놓는지, 그 다양한 양상을 보여준다. (…) 수많은 이들의 생활수준이 급격히 떨어지고 수많은 지역공동체가 통째로 뒤로 밀려나고 있는 미국의 모습을 광각 렌즈처럼 폭넓게 포착한다.” **마크 레빈슨(월스트리트저널)**

“아마존의 그늘 아래 동네와 도시와 주가 변형되어 가는 동안 그 변형을 일과 삶에서 직접 겪어온 사람들을 통해 미국 경제사의 한 국면을 보여준다. 등장하는 인물들의 사연은 폭넓고도 깊다. (…) 치밀한 탐사와 자료를 바탕으로 아마존이 자신의 현재를 정확히 어떻게 만들어왔는지 그 주도면밀한 과정을 낱낱이 고발한다.” **앨리너 셀리유크(미국 공영라디오)**

“알렉 맥길리스는 아마존의 극적인 확장이 미국 경제가 해체되고 있음을 보여주는 증거물 제1호라고 주장한다. 놀랄 만한 통계와 감동적인 일화들을 무기로, 맥길리스는 거대 소매기업 아마존이 어떻게 지역의 소매업체들을 몰아냈는지 보여준다. 또한 아마존이 저임금의 물류센터 일자리를 창출하는 대가로 절박한 지방정부들로부터 어떻게 조세 혜택을 뽑아냈는지도 보여준다. (…) 아마존에 대해 유죄 판결을 내릴 수밖에 없게 하는 강력한 평가와 분석이다.” **대니얼 블록(워싱턴먼슬리)**

“알렉 맥길리스는 뚝심과 공감력으로 저널리즘을 수행해 놀라운 결과물을 제시한다. 19세기의 위대한 소설처럼, 사회적 병폐를 가깝고 세밀하면서도 파노라마처럼 폭넓게 탐구한다. 이제 우리는 예전과 똑같이 원클릭을 할 수는 없을 것이다.” **프랭클린 포어(애틀랜틱 기자, 『생각을 빼앗긴 세계』 저자)**

“『아마존 디스토피아』는 아마존의 지배력과 잔인한 비즈니스 방식이 일으키는 처참한 비용을 생생하게 설명한다. 이 책은 민간의 손에 막대한 부와 권력을 집중시키고, 노동자들을 가난하게 만들고, 독립 사업자들을 도산으로 내몰고, 공공 거버넌스의 자리를 민간의 우격다짐식 힘의 논리가 대체하고 있는 경제를 보여준다. 꼭 읽어야 할 책이다.” **리나 칸(컬럼비아대 법학교수)**

“알렉 맥길리스는 미국의 가장 뛰어난 기자 중 한 명이다. 다른 이들이 피하려 하는 이야기와 진실을 늘 자신의 방식으로 찾아낸다. 『아마존 디스토피아』는 아마존이 일으키는 피해를 묘사한다. 하지만 여기에 그치지 않고 불평등한 미국 경제와 사회의 더 큰 이야기에 사람들의 목소리를 더한다. 이 책은 미국의 자기파괴를 다루고 있는 꼭 읽어야 할 문헌이다.” **조지 패커(애틀랜틱 기자, 전미도서상 수상자)**

아마존 디스토피아

APB

Box 1 of 1 + 5lb

아마존 디스토피아

거대 플랫폼 기업이 지배하는 세상

0 0123456 00000000001 8

알렉 맥길리스

김승진 옮김

사월의책

아마존 디스토피아

1판 1쇄 발행 2024년 6월 1일

지은이 알렉 맥길리스(스테펀 알렉산더 맥길리스)
옮긴이 김승진
펴낸이 안희곤
펴낸곳 사월의책

편집 박동수
디자인 이원우

등록번호 2009년 8월 20일 제2012-118호
주소 경기도 고양시 일산서구 중앙로 1388 동관 B113호
전화 031)912-9491 | 팩스 031)913-9491
이메일 aprilbooks@aprilbooks.net
홈페이지 www.aprilbooks.net
블로그 blog.naver.com/aprilbooks

ISBN 979-11-92092-29-4 03300

* 책값은 뒤표지에 있습니다.

나의 첫 번째 편집자이셨던
아버지 도널드 맥길리스를 기리며

차 례

나는 그대로 입구 근처에 서서,
이야기를 듣고 고개를 주억거리면서
들어오는 대로 물건들을 처리하고 있었다.
나는 서서히 이 어둡고 축축한 구멍으로
녹아 들어가고 있었다.

루돌프 부를리처의 소설 『노그』(*Nog*)에서

일러두기

1. 원서에 있는 저자의 설명은 괄호( )로, 옮긴이가 추가한 설명과 주는 대괄호[ ]로 표시했다.
2. 도서, 잡지, 신문은『 』, 논문 및 보고서는「 」, 영화, 드라마, 음반 등은〈 〉로 표시했다.
3. 원서의 이탤릭체는 강조체로 표시했다.
4. 인명은 미주에 원어명이 나오는 경우 본문에서는 원어 병기를 하지 않았다.
5. 지명도 의미상 원어를 밝혀야 하는 경우 외에는 원어 병기를 하지 않았다.
6. 도량형 수치는 미터법으로 환산하였으나, 기술적 수치인 경우 원문대로 미국 단위계를 썼다.

들어가는 글

지하실에서

헥터 토레스(Hector Torrez)는 아내가 하라는 대로 지하실에서 지내고 있었다.[1] 무슨 잘못을 저질러서는 아니었다. 가령 부부 사이에 금도를 넘는 잘못 같은 건 하지 않았다. 그는 단지 잘못된 장소에서 일을 했을 뿐이었다.

아이러니하게도 그 일자리를 잡은 건 아내의 재촉 때문이었다. 원래 헥터는 연봉 17만 달러를 받는 IT 업계 종사자였지만 [2008년 금융 위기 이후의] 대침체(Great Recession) 때 실직하고 11년간 실업자 신세였다. 그는 극심한 낙담과 우울에 시달렸다. 젊음이 특권인 업계에서 밀려난 50대의 암울한 저점이었다. 아내 로라(Laura)의 소득으로 가족이 먹고 살기는 했지만(로라는 의료진단 장비를 파는 영업 일을 했다) 작은 집으로 줄여 가야 했다. 그들은 샌프란시스코 베이 에어리어에 살다가 매달 5,500달러씩 빠져나가는 주택담보대출 부담을 덜려고 2006년에 덴버 교외로 이사했는데, 더 작은 집으로 또 옮길 수밖에 없게 된 것이다.

결국에 로라는 일자리 안 구할 거면 이 집에 살지 말라고 최후통첩을 했고 헥터는 집에서 나와 누나네로 들어갔다. 그의 본가 식구들은 수십 년 전에 캘리포니아주에 정착한 중앙아메리카계 이주민이고, 샌프란시스코 원거리 교외[exurb, 도시에 인접한 교외suburban보다 먼 교외 지역]에 누나네가 살고 있었다. 꼭두새벽에 일어나 실리콘밸리까지 장거리 출근을 하는 매형을 방해하지 않기 위해, 밖에 나갈 일이 있어도 저녁 8시 반 전에는 꼭 들어와야 했다. 매형은 날마다 4시 반에 일어났는데, 이렇게 하루 3시간 이상을 출퇴근에 들이는 베이 에어리어 노동자가 12만 명이 넘는다.

5개월을 누나네에 얹혀살다가, 로라가 다시 들어오겠냐고 해서 집으로 돌아왔다. 조건은 일자리를 구하는 것이었다. 그리고 반 년 뒤인 2019년 6월에 드디어 일자리를 잡았다. 어느 날 차를 몰고 한 물류창고 옆을 지나는데 채용중이라는 표지가 보이길래 멈춰서 어떤 일인지 물어보았고, 그들은 다음날부터 당장 일하러 나와도 된다고 했다.

헥터는 야간조로 1주일에 나흘간 일했고 보통 저녁 7시 15분에 시작해서 아침 7시 15분에 마쳤다. 그는 물류창고의 온갖 위치에서 온갖 작업을 했다. 나가는 트레일러에 상자 쌓는 일도 했고, 배송 포장된 꾸러미들을 팰릿(팔레트)에 올리는 일도 했으며, 꾸러미들의 이동 경로를 잡는 일도 했다. 이것은 종일 컨베이어 벨트 옆에 서서(물류창고 작업장에는 의자가 없다) 스캐너가 읽기 어렵게 놓인 것들을 바로 놓아가며 복잡한 화물 벨트 사이에서 꾸러미가 제대로 길을 찾아가게 하는 일이었다. 벨트는 시간당 수백 개씩의 속도로 돌아갔다.

물류창고에서는 상자를 들어야 할 일이 아주 많았고 20킬로그램 이상 되는 것도 있었다. 진짜 문제는 무게 자체보다 무거울지 가벼울지를 눈으로 봐서 가늠할 수가 없다는 점이었다. 그의 신체와 정신은 매번 가서 상자를 실제로 들기 직전까지 무엇을 예측하고 대비해야 할지 알지 못했다. 한동안은 척추보조기를 착용해보았지만 몸이 익는 것처럼 더웠다. 팔꿈치에는 건염(腱炎)이 생겼고, 하루에 20킬로미터 넘게 걷는 경우가 부지기수였다. 핏비트[Fitbit, 스마트밴드 제품명]에 그렇게 찍혔길래 고장난 줄 알고 다른 것으로도 재보았는데 20킬로 이상 걷는 게 맞았다. 일하기 나가기 전에 국부 마취 크림을 발랐고, 일하는 동안에는 이부프로펜을 먹었으며, 집에 오면 얼음팩을 밟고서 발의 붓기를 가라앉히고 팔꿈치에 얼음찜질을 하고 엡솜솔트로 족욕을 했다. 발바닥 전체에 무게 충격을 분산시키기 위해 신발도 자주 바꿔 신었다. 이렇게 해서 그가 버는 돈은 시간당 15.60달러였다. IT 분야에서 벌던 것에 비하면 5분의 1이었고 실업자이던 때 벌던 것에 비하면 무한대로 많은 것이었다.

덴버에서 북쪽으로 25킬로미터 거리에 있는 손턴 물류창고는 불과 1년 전인 2018년에 문을 열었다.[2] 이곳 매니저 클린트 오트리는 아마존에서 7년이나 일한 베테랑이었다. 그는 미국 여기저기에서 여러 개의 물류창고를 여는 데 관여했고 전파방출식 안전조끼 테스트에도 참여했다. '드라이브 유닛'(큰 바구니들을 나르는 로봇)들이 다니는 경로 가까이 갈 때는 그것을 입고 있어야 로봇 동료에게 여기 내가 있으니 와서 치지 말라고 알려줄 수 있다. 이 로봇은 완전히 자동화되어 있다. 오트리는 손턴 물류센터가 오픈하던 날 투어를 안내하면서 이렇게 선언했다. "이곳의 핵심은 소비자에게 가장 빠르고 배송비 면에서 가장 비용 효율적인 방식으로 물건을 전달하는 것입니다."

미국 모든 곳의 물류창고와 마찬가지로 이 물류창고도 2020년 3월 중순에 처리량을 급격히 늘리기 시작했다. 코로나 바이러스 확산으로 록다운이 시작되었을 때였다. 수백 수천만 명의 미국인이 안전하게 장을 볼 수 있는 유일한 방법은 집에서 온라인으로 주문하는 것이라고 생각하게 되면서, 주문량이 연말 시즌 수준으로 폭증했다. 헥터가 일을 시작한 지 9개월밖에 안 되었을 때인데도 오리엔테이션을 함께 받은 스무 명 중 남아있는 사람은 그밖에 없었다. 다른 이들은 속도를 따라가지 못했거나 부상을 입었거나 부상을 입은 뒤에 허용되는 휴무 날짜를 다 써서 고용이 종료되었다. 많은 이들이 이렇게까지 증가한 업무 부담과 비좁고 밀폐된 물류창고에서의 감염 위험을 감수할 수 없다고 생각하게 되면서, 이직률이 원래 수준보다도 훨씬 더 높아졌다. 이 때문에 노동자 수가 줄자 이것은 다시 남은 사람들의 부담을 가중시켰다. 아마존은 헥터에게 오버타임 근무를 요구했다. 하루 열두 시간씩 야간조로 1주일에 닷새를 일하라는 것이었다. 더 오래 일하고 쉬는 날은 하루 줄면서 건염이 더 심해졌다.

어느 날 헥터는 가까운 위치에서 일하던 한 40대 동료의 소식을 듣게 되었다. 회사에서 알려준 것이 아니라 동료들에게 들은 것이었다. 언젠가부터 그 동료가 출근을 하지 않기에 헥터는 다른 많은 이들처럼 그도 못 견디고 그만둔 줄 알았다. 그런데 그가 코로나에 감염되어 매우 아프다는 이야기가 들렸다. 헥터는 로라에게 말했고 로라는 식구들이 감염될까봐, 특히 함께 사는 친정 엄마가 너무 걱정되어서(연로하신 데다 만성 폐쇄성폐질환이 있었다) 헥터에게 지하실에서 지내라고 했다. 내부 마감도 제대로 되어 있지 않은 공간이었지만, 급한 대로 침대, 소형냉장고, 전자레인지, 커피메이커를 갖다놓았다. 욕실은 살짝 올라와서 후다닥 쓰고 내려갔다.

로라는 이 모든 일을 알아서 해야 하는 상황이라는 게 너무 불안하고 화가 났다. 헥터는 그 동료와 관련해서 회사로부터 아무런 통지도 받지 못했다. 바이러스 감염 위험에 어떻게 대처해야 하는지에 대해서도 아무런 정보를 듣지 못했다. 전화를 걸어 물어볼 1-800 안내번호[1은 미국 국가번호, 800은 무료 안내전화의 지역번호다]도 없었다. 이러한 상황일 때 어찌해야 하는지 회사가 무어라도 알려준 것이 있을까 싶어 홈페이지에 들어가 보았지만, 코로나 위기에 대처하기 위해 아마존이라는 기업이 얼마나 많은 일을 하고 있는지를 홍보하는 내용뿐이었다. "뭘 많이 하고 있긴 하겠죠. 하지만 저들이 뭔가를 할 때마다 죽을 고생을 하는 건 노동자들이고 그로부터 이윤을 올리는 건 저들이라는 것도 사실이잖아요. **보호받지 못하는** 노동자들로부터 말이죠. 노동자의 가족들도 보호받지 못하고 있고요."

애초에 헥터를 들들 볶아 거기에서 일하게 하는 게 아니었다는 후회가 들지 않을 수 없었다. 로라는 이렇게 말했다. "그들은 자신이 테크 기업이라고 하는데요, 사실은 노동착취 공장이에요. 그리고 나라와 경제를 정말로 꽉 움켜쥐고 있어요."

커다란 위기가 다 그렇듯이, 2020년의 글로벌 팬데믹도 자신이 공격하는 나라의 취약점을 여실히 드러냈다. 미국의 경우, 그 취약점은 상이한 장소들과 지역사회들 사이의 어마어마한 불평등이었다. 팬데믹이 처음 닥쳐왔을 때는 부유한 쪽을 먼저 공격했다. 시애틀, 보스턴, 샌프란시스코, 맨해튼처럼 매우 융성하던 지역들, 자국의 후미진 곳들보다 전 세계의 동류 도시들과 더 긴밀히 연결되어 있던 지역들이 먼저 타격을 받았다. 하지만 몇 주 지나지 않아서 바이러스는 덜 부유하고 덜 특권적인 곳으로 흘러갔다. 절대로 틀리지 않는 귀소 본능에 이끌리기라도 한 듯이 가장 취약한 사람들, 즉 가장 크게 피해를 입힐 수 있는 사람들을 찾아간 것이다. 뉴욕에서는 브롱크스 같은 곳이 그랬는데, 이곳은 확진자가 위중증일 가능성이 뉴욕의 다른 곳보다 두 배 높았다.[3] 뉴욕의 센트럴 퀸스에서는 방글라데시나 콜롬비아 출신 택시 운전사와 식당 노동자들이 좁고 밀집된 건물에서 일가친척들과 모여 사는 동네가 코로나로 쑥대밭이 되었다. 병원에서 엄마의 화장 비용을 마련해오라고 하는데 아빠도 거의 가망이 없는 채로 중환자실에 있는 한 아이의 사연이 보도되기도 했다.[4] 디트로이트도 취약한 곳이어서, 시애틀, 샌프란시스코, 오스틴을 다 합한 것보다 사망자가 많을 것이라는 전망이 나왔다. 조지아주의 작은 도시 올버니에서는 한 장례식에서 집단 감염이 발생해 인구가 9만 명밖에 안 되는 카운티에서 한두 주 만에 60명이 사망했다.[5] 이 카운티의 검시관은 코로나가 "폭탄처럼 이곳을 강타했다"며 "그날 이후로 날마다 누군가가 죽었다"고 말했다.

코로나의 영향이 격차를 보였다는 게 새삼 놀랄 일은 아니었어야 한다. 이미 이 격차는 어디를 가든 누구라도 보지 않을 수 없게 매년 점점 더 뚜렷해지고 있었기 때문이다. 가령, 웨스트버지니아주, 버지니아주 서부, 또는 메릴랜드주 서부의 산간 지역에서 출발해 광역 워싱턴 DC 방향으로 차를 몰고 간다고 생각해보자. 방금까지 오피오이드[오남용으로 심각한 중독 피해가 발생한 마약성 진통제] 중독이 덮친, 그리고 어디에나 있는 1달러 숍 외에는 소매점이 남아있지 않은 황량하고 인구도 적은 소도시에 있었는데, 한 시간도 안 되어 10차선의 주간 고속도로 위에서 워싱턴 DC의 거대한 원거리 교외로 들어가는 입구를 마주하고서 미국에서 가장 부유한 카운티들에 들어선 커다란 박스형의 콘크리트와 유리 건물들(외벽에는 뜻 모를 알파벳 약어로 된 기업 이름이 붙어 있는) 옆을 지나가게 된다.

혹은, 워싱턴에서 기차를 탔다고 생각해보자. 한 시간도 안 되어 볼티모어에 도착할 텐데, 대기압이 뚝 떨어진 것처럼 현기증이 날 것이다. 야망에 불타는 젊은이들과 엄청난 돈이 몰려드는 곳에 있다가 갑자기 공허만 가득한 곳에 도달하게 된 것이다. 근사한 19세기 보자르풍 기차역에서 내린 당신은 너무나 조용한 플라자로 들어서게 된다. 도심의 주요 도로도 너무나 조용하다. 두 블록 떨어진 주유소에는 창구 바로 밖의 훤히 보이는 곳에서 두 사람(내가 본 사람은 백인 여성과 흑인 남성이었다)이 땅바닥에 앉아 손등에 있는 무언가를 코로 흡입하고 있다.

이러한 간극은 모든 곳에서 볼 수 있었다. 융성하는 보스턴과 쇠락해 가는 로렌스, 폴 리버, 스프링필드 등 인근 산업도시들 사이의 간극… 뉴욕과 고전 중인 업스테이트(주 북부)의 이웃도시 시라큐스, 로체스터, 버펄로 사이의 간극… 오하이오주의 번성하는 도시 콜럼버스와 거기에서 점점 멀어지고 있는 애크런, 데이턴, 톨레도, 더 아래로는 칠리코시, 맨스필드, 제인스빌 등 오하이오주의 더 작은 도시들 사이의 간극… 어퍼사우스 지역[미국 남부 중 북쪽 지역으로, 테네시주, 노스캐롤라이나주, 버지니아주 등이 해당되며, 앨라배마주, 미시시피주 등이 해당되는 더 남단의 '딥사우스'와 구별되는 개념이다]의 대표 도시 내슈빌과 그곳의 가난한 친척 멤피스 사이의 간극….

물론 미국에는 늘 더 부유한 동네와 더 가난한 동네가 있었지만 이 격차가 이전 어느 때보다도 크게 벌어지고 있었다. 미국이 세계에서 가장 부유하고 강력한 나라로 성장하던 19세기의 마지막 몇 십 년과 20세기의 첫 80년에는 미국 안에서 가난한 지역도 부유한 지역을 잘 따라잡고 있었다. 하지만 1980년부터 이 수렴의 추세가 역전되었다.[6] 평균 소득을 지역별로 비교해보았을 때, 1980년에는 미국의 거의 모든 지역이 전국 평균에서 위아래 20퍼센트 범위(80~120퍼센트) 안에 존재했다. 120퍼센트를 넘어서는 곳은 광역 뉴욕시와 워싱턴 DC 둘뿐이었고, 80퍼센트 아래이던 곳은 남부와 남서부의 시골 지역뿐이었다. 그런데 2013년에는 보스턴부터 워싱턴 DC까지 북동간선(Northeast Corridor) 철도구간 거의 전체, 그리고 서부 연안의 노던 캘리포니아 거의 전체가 120퍼센트를 넘어서 있었다. 더 놀라운 것은, 남부와 남서부의 시골뿐 아니라 내륙의 중서부[Midwest, 오대호 연안 등 지리적으로 미국의 중북부 지역을 일컫는 말]와 대평원 지역에서도 상당 부분이 80퍼센트 아래로 떨어졌다는 사실이다. 1980년에도 이미 부유했던 곳은 이제 아예 차트 밖으로 벗어났다.[7] 워싱턴 DC 지역은 1980년에도 다른 지역들보다 소득이 25퍼센트 정도 높았는데 2015년 중반에는 다른 지역들보다 두 배가 넘게 높아져 있었다.

이렇게 격차가 벌어지는 와중에도 지역 간 불평등은 상대적으로 주목을 덜 받았다. 불평등 논의는 주로 개인이나 가구의 소득에 초점을 맞추고 있었다. 상위 1퍼센트라든가, 하위 99퍼센트라든가 하는 이야기는 나왔지만 미국 전역에 걸친 불평등의 풍경은 많은 관심을 받지 못했다. 지역 이슈가 언급되는 경우에는 대개 '도시 대 농촌'의 틀로 이야기되었다. 물론 '도시 대 농촌' 구도는 사실이다. 미국의 농촌 지역은 위기에 빠져 있다. 하지만 이 간극은 도시들 사이의 간극이기도 하다. 소수의 승자독식 거대도시와 훨씬 많은 수의 뒤로 밀려난 도시들 사이의 격차 말이다. 대침체의 저점 이후 6년 동안[2009~2015년] 거대도시들은 나머지 도시들보다 일자리가 거의 2배나 빠르게 늘었고 소득도 50퍼센트 가량 빠르게 늘었다.[8] 한두 세대 전만 해도 미국에는 번성하는 도시들이 전국적으로 퍼져 있었다. 예를 들어 1960년대에는 소득 중앙값 상위 25개 도시 목록에 클리블랜드, 밀워키, 디모인, 그리고 일리노이주 록퍼드가 이름을 올렸다.[9] 하지만 지금은 가장 부유한 도시가 거의 다 연안 도시다. 1970년 이래 미국의 아주 큰 도시들은 평균 임금이 다른 도시들보다 훨씬 가파르게 높아져서, 2010년대 중반이면 [각 도시의 1969년 평균 임금을 100으로 했을 때] 임금 증가분이 도시들 사이에 20포인트 가까운 격차를 보이고 있었다.[10] 또한 2019년에는 전체 벤처캐피탈 자금의 70퍼센트가 캘리포니아주, 뉴욕주, 매사추세츠주, 이렇게 단 세 개 주로 흘러가고 있었다.[11] 사회학자 로버트 맨두카는 "소수의 거대도시 지역이 인류 역사상 전례 없는 부의 집중을 경험하는 동안, 훨씬 넓은 다른 지역들은 일자리의 증발과 경제 기반의 축소를 겪어왔다"고 언급했다.[12]

지역 간 불평등이 증가하면서 그것이 유발하는 피해도 증가했다. 무엇보다도 정치적인 비용이 막대했다. 뒤처진 지역들에서 분노가 높아지면서 유권자들이 기회주의적인 후보와 정치적 이득을 좇는 TV방송국의 인종주의적이고 배타주의적인 메시지에 더 쉽게 반응하게 되었다. 경제적 쇠락은 인종주의와 외국인 혐오에 단순히 변명을 제공한 게 아니라 그것을 무기화했다. 이러한 분노는, 상원 제도가 대표적으로 보여주듯이 권력이 인구수로만이 아니라 지역별로도 배분되는 미국의 정치 시스템[연방 상원의원 수는 인구 비례로 정해지지 않고 각 주에서 동일하게 두 명씩 선출된다]에서 특히나 큰 무게감을 가질 수 있었다. 따라서 뒤로 밀려난 지역들은 쇠락하고 공동화되는 와중에도 분노를 표출하는 데서만큼은 비례적인 정도를 훨씬 넘어서는 영향력을 발휘할 수 있었다.

피해는 여기에서 그치지 않았다. 지역 간 불평등은 일군의 지역과 또 다른 일군의 지역이 서로를 전혀 이해하지 못하게 만들었다. 한쪽 세계가 마약성 진통제 중독으로 난리를 겪는 동안 다른 쪽 세계는 명문대 입시 부정으로 난리가 났다. 이토록 이질적인 맥락에 두루 적용될 수 있는 전국 차원의 정책을 합의하기란 지극히 어려웠다. '주거 문제'가 한쪽에서는 쇠락과 공동화를 의미했고, 다른 쪽에서는 치솟는 집값과 젠트리피케이션 이슈를 의미했다.

지역 간 불평등은 지역 내 불평등도 심화시켰다. 부와 번영이 일부 지역에 집중되는 가운데, 그런 지역 안에서도 특정 계층에 더욱 집중되었고 이는 기존의 불균형을 한층 더 악화시키거나 경제적으로 불리한 처지이던 사람들을 완전히 몰아냈다. 샌프란시스코 같은 도시에서 보이는 디스토피아적 요소들(점심 샐러드가 24달러나 하고 방 하나짜리 아파트 월세가 평균 3,600달러나 하는 곳에서[13] 노숙인이 길바닥에 변을 보고 있는 모습이라든지, IT 분야의 고소득 종사자들이 회사 셔틀을 타고 교외의 본사 단지로 출근할 때 저소득 노동자들은 5~6평짜리 '초소평 아파트' 아니면 공동 화장실을 쓰는 기숙사 같은 곳에 살아야 하거나 스톡턴 같은 먼 도시에서 동도 트기 전에 집을 나서야 하는 모습 등)은 전국 차원의 불평등과 지역 차원의 불평등 둘 다의 모습이었다.

부의 불균형이 심해지면서 삶은 양쪽 도시 모두에서 더 힘겨워졌고, 나라 전체가 제대로 기능하지 못하고 삐걱거리게 되었다.

이 같은 새로운 현실을 우려하는 경제학자와 사회학자들은 원인 분석에 나섰다. 지역 불평등은 어느 정도는 소득 불평등의 결과다. 2018년의 소득 불평등은 인구조사에서 이를 집계하기 시작한 이래 50년 사이에 크게 벌어져 있었다. 오죽했으면 신용평가회사 무디스가 막대한 소득 격차가 미국의 신용도를 위협할 수 있으며 "경제 성장과 성장의 지속가능성에 부정적인 영향을 미칠 수 있다"는 경고를 내놓기까지 했을까.[14] 그리고 아주 부유한 사람들이 더욱 부유해지면서 그런 사람들이 으레 사는 지역들도 더욱 부유해졌다.

하지만 다른 요인들도 있다. 하나는 재능의 집적을 촉진하는 IT 경제의 속성이다. 고용 양상이 달라진 것도 중요하다. 한 회사를 평생 다니게 되리라는 예상을 덜 할수록 사람들은 자기 분야의 회사가 많이 모여 있는 곳으로 가고 싶을 것이다. 또 맞벌이 가구가 늘면서, 부부 둘 다 좋은 일자리를 구할 수 있을 법한 곳에 살려는 사람이 많아졌을 것이다.

사회적 관계의 동학이 달라진 것도 한 요인이다. 가장 성공적인 사람들은 전에 없이 높은 정도로 자기들끼리 어울리려 했고 부유하고 안락한 생활에서 서로서로 편안함을 느꼈다. 한 도시 안에서도 부유한 사람들은 끼리끼리 모여 사는 경향이 전보다 커졌다. 1980년에서 2010년 사이에 고소득 가구 중 '혼합된 동네'가 아닌 '부유한 동네'에 사는 가구 비중이 두 배로 늘었다.[15] 그와 동시에, 사다리 아래쪽에서는 사회적 유대가 해체되고 전통적 가족이 붕괴되면서(부분적으로는 밀려난 지역들의 경제적 쇠락 때문이다) 더 좋은 기회가 있는 곳으로 이동하기가 어려워졌다. 당신이 싱글 맘이라면 경제적으로 번성하는 도시에서 집세를 낼 만한 일자리를 구할 수 있다 해도 아이를 맡길 친척이 없는 곳으로 이사 갈 수는 없을 것이다.

'특정한 지역에' 부가 집중되는 것과 동시에 수많은 산업에서 '특정한 기업에' 시장이 집중되는 현상이 함께 벌어졌다는 것은 우연이 아니다. 한 연구는 미국 산업의 약 4분의 3이 이러한 집중화 경향을 보인 것으로 추산했다.[16] 산업 집중화는 연방 정부가 인수합병 규제를 느슨하게 풀면서 지난 몇 십 년간 계속되었는데, 이는 온갖 방식으로 지역 불균형을 야기했다. 항공업계의 인수합병으로 작은 도시들에 취항 편수가 줄었고, 이는 다시 그 도시들이 기업 활동을 끌어들이기 어렵게 만들었다. 농업 분야의 집중화는 소비자가 식품에 지출한 돈이 그것을 직접 생산한 농촌과 소도시 사람들에게 덜 흘러가게 되었다는 것을 의미했다. 또한 은행, 보험 등 많은 분야에서 지역 기업들이 외부의 큰 기업에 합병되는 일이 많아지면서 중소도시들에는 기업 본사가 존재하지 않게 되었고, 기업 본사가 있는 도시라는 데서 나오던 경제적, 시민적 이득도 함께 사라졌다.[17]

한 마디로, 미디어든 소매유통이든 금융이든 할 것 없이 전에는 모든 업계에서 기업 활동이 수백 개의 크고 작은 기업에 흩어져 있었는데 이제는 점점 더 소수의 거대 기업이 업계를 지배하게 되었다. 그에 따라, 한때는 전국에 퍼져 있던 성장의 기회와 이익이 점점 더 지배적 기업이 위치한 지역으로 흘러갔다. 즉 승자독식 경제와 함께 승자독식 지역이 나타났다.

지역 불평등과 경제 집중화에 대해 많은 저술이 나왔지만 이 둘의 관련성을 이야기하기보다는 따로따로 논의하는 경우가 많았다. 하지만 이 둘은 연결되어 있다. 그리고 이 연결에 대해 생각할수록, 나는 아마존을 중심으로 이야기를 풀어나가는 것이 이를 가장 자연스럽게 드러낼 수 있는 방법이라는 확신이 들었다. 아마존은 승자와 패자를 분리하는 제로섬의 재편 과정에서 압도적으로 큰 역할을 하고 있는 회사다. 이 책은 아마존 자체를 들여다보는 책이라기보다(그것은 다른 책들에서 다룰 주제일 것이다) 아마존의 기다란, 그리고 점점 더 길어지는 그늘에 덮인 미국을 들여다보는 책이다.

아마존은 미국과 미국이 어떠한 상태로 변모해왔는지를 이해하는 데 이상적인 틀이다. 오늘날 미국을 변모시키고 있는 많은 요인을 대표하고 있어서 그러한 요인을 설명하는 데 유용하기 때문이다. 아마존 창업자의 어마어마한 부와 훨씬 더 수가 많은 일반 노동자들의 미미한 임금 사이의 대조는 극단적인 부의 불평등을 이야기해줄 수 있다. 아마존에서 다수의 노동자들이 수행하는 노동의 속성에서는 노동의 변모를 살펴볼 수 있다. 이를테면 이들은 도시의 외곽에서, 종종 안정적이지 않은 근무 시간과 근무 일정으로, 단순화된 노동을, 고립적인 방식으로 수행한다. 또한 아마존은 주 정부와 연방 정부 모두에서 선출직 공직자들에게 막대한 영향을 미치고 있으며, 이제는 아마존 자체가 워싱턴의 권력 구조에서 주요 세력이기도 하다. 시민적 유대가 어떻게 해체되고 있는지도 살펴볼 수 있다. 아마존이 대면 상업 활동을 감소시키고 지역사회의 조세 기반을 잠식하면서 사회적 유대의 해체에 일조하고 있기 때문이다. 또한 아마존은 우리가 소비하는 방식, 즉 우리가 스스로를 부양하고 충족시키는 방식을 완전히 바꿈으로써 우리의 일상을 가장 근본적인 수준에서 변모시키고 있기도 하다.

물론 아마존이 지역 간 격차의 유일한 요인은 아니다. IT 분야의 경쟁사인 구글과 페이스북도 미국의 디지털 광고 수입의 대부분을 진공청소기처럼 베이 에어리어로 빨아들였고 그 과정에서 지역 언론을 앙상하게 만들었다. 또한 수많은 다른 업계에서는 뉴욕과 보스턴 등지에 본사를 둔 사모펀드 기업이 중소 규모 도시들에서 회사를 인수해 가치를 쪽쪽 뽑아먹은 다음, 그 회사의 인원을 대폭 감축하거나 아예 회사 문을 닫고 나가면서 막대한 수익을 올렸다.

그렇더라도 아마존은 미국의 간극과 분열을 살펴보는 렌즈로 삼기에 어느 기업보다 제격이다. 말 그대로 모든 곳에 존재하고 매우 다양한 형태로 존재하기 때문이다. 처음 등장했을 때 아마존은 평등의 동력이 되겠노라고 약속했다. 과거에 시어스의 통신판매 카탈로그가 그랬듯이, 미국의 어느 곳이라도 아마존이 판매하는 상품(이때 아마존의 상품은 책이었다)이 닿을 수 있게 하겠다는 것이었다. 하지만 시간이 가면서, 그리고 놀라운 속도로 성장하면서, 아마존은 미국을 서로 다른 종류의 지역으로 나누고 각기 다른 서열과 소득과 목적을 부여했다. 이는 미국의 지리적 풍경뿐 아니라 기회의 풍경도 변모시켰다. 사람들의 앞에 놓인 선택지, 즉 그들이 삶에서 무엇을 꿈꿀 수 있는지가 달라진 것이다.

여기에 더해, 팬데믹 기간 동안 아마존은 향후에 지배력을 한층 더 높일 수 있는 태세를 갖추었다. 여타의 IT 기업에 비해서도 더 많이 말이다. 아마존이 25년 전에 개척한 구매 방식은 이제 수천만 미국인에게 단지 편리한 무언가가 아니라 필수적인 무언가가 되었다. 이제 아마존은 공식 문서에서 '필수적'이라고 일컬어진다. 수많은 소규모 기업이 직원들을 내보내거나 파산 신청을 하거나 폐업을 준비하고 있지만, 아마존은 미국인의 삶에서 새로이 맡게 된 역할을 수행하기 위해 수십만 명을 추가로 채용하고 있다. 하지만 이 노동자들이 노출된 보건의료상의 리스크에 대해 우려가 높아지면서, 이들의 노동을 촉발하는 손쉬운 클릭의 함의에 대해서도 우려가 높아지고 있다. 그리고 아마존이 도처에 퍼져나가면서, 그 과정이 촉진하는 간극과 분열도 도처에 퍼져나가고 있다.

초번영 도시

공동체적 삶의 몰락

1

시애틀

캘리포니아주는 제대 군인에게 인스테이트 학비[in-state tuition, 거주하는 주의 주립대에 진학할 때 주는 학비 혜택] 자격을 제공하지 않았고 워싱턴주는 제공했다. 이렇게 간단한 이유에서, 마일로 듀크(Milo Duke)는 해군보안전대 소속으로 몇 해 동안 베이 에어리어의 건초밭에서 통신감청 업무를 수행한 뒤 1971년에 전역하면서 대학에 다시 가기 위해 [워싱턴주의] 시애틀로 갔다. 그리고 워싱턴 대학에서 해양학을 공부하기 시작했지만 한 학기 뒤에 미분방정식에 맞닥뜨리고서 그만두었다. 예전에 네브래스카 대학 역사학과를 다녔을 때도 시도했다가 포기한 적이 있었는데, 두 번째에는 해낼 수 있을 줄 알았지만 오판이었다.

그는 새로운 진로로 방향을 돌렸다. 군대의 관료제 행정에서 직접 겪은 안 좋았던 경험에 착안해, 좋지 못한 자격조건으로 전역한 제대 군인이 '전역 등급 업그레이드'를 할 수 있게 도와주는 자원봉사를 시작했다. 그리고 곧 연방 정부의 보조로 이 프로그램을 운영하는 단체에서 사실상의 법률보조인으로 일하게 되었다. 네브래스카 대학에서 만난 아내와 월링

퍼드에 월세 150달러로 방 두 개짜리 아파트를 얻었고 얼마 뒤에는 근처의 더 큰 아파트를 월세 120달러에 구했다. 듀크는 법학 학위가 있으면 이 일을 더 잘 할 수 있으리라고 생각해서 1975년에 워싱턴 대학 로스쿨에 들어갔다. 그런데 2년 뒤에 카터 대통령이 징병 기피자 사면을 단행하면서, 예기치 못한 불똥으로 듀크가 일하던 곳 같은 단체들에 지원금이 말라버렸다. 단체는 없어졌지만 어쨌든 그는 1978년에 로스쿨을 마쳤고, 국선변호사로 잠시 일하다가 시내에 있는 형사사건 전문 대형 로펌에 취직했다.

이 시점이면 듀크 부부는 아이가 둘 있었고, 듀크는 미술에 관심이 생겨서 작품 활동도 하고 있었다. 로스쿨 시절에 듀크와 아내는 워싱턴호에 면한 마드로나의 히피 공동체로 이사했다. 유서 깊은 흑인 지구인 '센트럴 디스트릭트'의 바로 동쪽이었다. 이들은 공동체 일원 중 한 명이 오래전 5,000달러에 구입했던 집에 살다가, 1978년에 인근의 5만 달러짜리 주택을 구입하여 내집 마련을 했다. 하지만 마일로는 로펌 일에 빠르게 환멸이 커지고 있었고 예술에 점점 더 마음이 끌리고 있었다. 로펌 파트너 중 한 명의 아내가 예술에 정말로 관심이 있다면 파이크 플레이스 마켓에서 작품을 팔아보라고 권했다. 이 회사 변호사 모두가 집 화장실에 하나씩 걸어 놓고 있을 것 같은 리놀륨컷 꽃무늬 판화를 만드는 사람도 그랬다면서 말이다.

1980년에 듀크가 일하는 로펌은 카르보네 갱단 사건에서 피고 26명 중 일부의 변호를 맡고 있었다. 큰 사건이었고 제9항소법원의 첫 RICO법(Racketeer Influenced and Corrupt Organizations Act, 부패 및 조직범죄 처벌법) 사건이라고 했다. 어느 날 듀크는 수십 명의 변호사와 함께 사건을 논의하러 커다란 회의실에 모였다. 한두 달 사이에 자신이 가난한 사람을 위한 국선변호사에서 마피아를 대리하는 변호사가 되었다는 생각이 퍼뜩 들었다. '대체 내가 여기서 뭘 하고 있는 거지?' 그는 다음날로 회사를 그만두고 파이크 플레이스 마켓의 예술가가 되었다. 6개월 뒤에 아내와는 헤어졌다. 집과 돈은 모두 아내에게 주었고 달랑 200달러만 가지고 나와서 파이크 플레이스 마켓의 공동체에 자리를 잡았다.

새로 온 사람이다 보니 가장 좋지 않은 장소를 배정받았다. 마켓 북쪽 끝의 '평대' 자리였다. 사실상 인도의 일부인데, 주중에는 3달러, 주말에는 5달러에 사용할 수 있었고 지붕이 없는 노천 매대였다. 시애틀에서 이것은 비 맞는 일이 많다는 뜻이었다. 하지만 그곳에 간 첫 날 듀크와 그 근처 매대의 예술가들은 그들이 같은 사명을 품고 있다는 것을 단박에 알아보았고, 의기투합했다. 나중에 듀크는 "우리는 평범한 사람들에게 예술을 전하겠다는 동일한 뜻을 가지고 있었다"고 회상했다. 곧 이들은 여섯 개 정도의 평대 자리를 덮을 공동 지붕을 만들었다. 비를 맞지 않을 수 있을 뿐 아니라 갤러리처럼 보이게 할 수도 있어서 일거양득이었다. 행인들이 실제로 발걸음을 멈추고 작품을 구경하기가 더 좋아진 것이다. '다르믹 엔지니어'라는 잭 케루악[Jack Kerouac, 『다르마 행려』, 『길 위에서』 등을 쓴 비트제너레이션 작가] 느낌의 이름도 지었다. 산스크리트어 '다르마'(dharma)에서 따온 것으로, 다르마는 '받쳐주고 지탱해주는 것'을 의미한다. 바로 이것이 가장 현실적인 의미에서 이들의 협업이 갖는 목적이었다. 서로를 받쳐주고 지탱해주는 것 말이다.

듀크는 이 시점까지가 그가 살았던 세 개의 시애틀 중 첫 번째라고 했다. 이 시애틀은 상대적으로 작은 도시였다. 인구는 50만 명으로 줄어서 세인트루이스나 캔자스시티보다 그리 크지 않았다. 시애틀 경제는 여전히 항공기 업체 보잉, 그리고 조선소와 항구가 지배하고 있었다. 시애틀은 1851년의 출발점에서 아직 그리 멀리 발달하지 않은 상태였다. 1851년에 시애틀은 천연자원을 내다파는 전초기지로 출발했다. 돛단배를 타고 연안에 도달해서 오두막을 짓고 정착한 초기 주민들은 농경지를 일구기 시작했지만 점차로 목재를 수확해 샌프란시스코항으로 보내는 게 더 수익성 있다는 것을 알게 되었다. 얼마 후, 사업가적 안목이 뛰어났던 오하이오 출신의 헨리 예슬러가 이곳에 와서 퓨젓사운드에 목재 공장을 지었다.

철도와 함께 시애틀에 호황이 왔다. 1883년에 노던퍼시픽 철도가 터코마에, 10년 뒤에 그레이트노던 철도가 시애틀에 닿았다. 1880년대를 거치면서 시애틀 인구는 열 배 넘게 증가해 4만 명을 넘어서게 되었다. 여기에 더해 1890년대 말의 캐나다 유콘강 골드러시가 신생도시 시애틀의 부를 한층 더 증대시켰다. 골드러시 투자자들이 물품을 공급받을 수 있는 곳이 필요했기 때문이다. 1916년에는 윌리엄 보잉이 [G. C. 웨스터벨트와 함께 개발한] '보잉 모델1' 수상비행기를 유니언호에 띄웠다. 이후 수십 년 동안 시애틀은 대체로 예슬러와 보잉이 닦아놓은 길을 따라 성장했다. 1970년대의 시애틀은 딱히 공장 도시는 아니었고 공장 도시인 곳들보다 더 부유하지도 않았다. 1978년에 광역 시애틀의 1인당 소득은 클리블랜드, 피츠버그, 밀워키보다 별반 높지 않았다. 영국 작가 조너선 레이번은 이 무렵에 시애틀에 와본 첫 인상을 이렇게 표현했다. "이곳은 새로운 변경의 거친 정착지 분위기를 여전히 가지고 있다."[1]

사실 1970년대 초에 [항공 산업이 쇠퇴하면서] 보잉은 수만 명을 해고했고, 이를 배경으로 고속도로 광고판에 유명한 광고 문구가 등장하기도 했다. "시애틀에서 마지막으로 나가는 분, 불 좀 꺼주세요." 『이코노미스트』는 "사람들이 집세를 내고 먹을 것을 사기 위해 없이도 살 수 있는 것은 죄 내다 팔고 있어서" 시애틀이 "거대한 전당포가 되고 있다"고 보도했다.[2] 1970년대에 시애틀에서 어린 시절을 보낸 작가 찰스 담브로시오는 훗날

이 시기 시애틀의 역동성 없는, 그러나 나름의 아련한 매력이 없지는 않은 분위기를 이렇게 묘사했다. "엘리엇베이 북 컴퍼니에는 서점뿐 아니라 지하에 벽돌벽으로 된 골방도 있었다. 몰래 들어가지 않아도 얼마든지 어슬렁거리며 시간을 보낼 수 있었다. 잔이 비면 계산대에 가서 다시 채워달라고 할 수 있었다. 그리고, 무엇보다 책을 읽을 수 있었다. … 당시 시애틀은 코마 상태 비슷한 면이 있었고, 밤이면 엄청나게 졸리운 볼륨 속에서 모든 종류에 단 하나씩의 개체만 존재하는 것 같았다. 단 한 번 짖는 개 단 한 마리, 단 한 번 시동 소리를 내는 자동차 단 한 대, 단 한 번 쿵 소리를 내며 닫히는 문 단 하나. 그리고 어마어마하게 불필요한 양의 무(無)가, 아주 많은 양의 '아무것도 없음'이 있었다."[3]

엘리엇베이 북 컴퍼니는 다르믹 엔지니어 사람들이 매주 모여 어슬렁거리고 예술을 이야기하며 시간을 보내던 곳이었다. 모임이 끝나면 마일로 듀크는 배를 타고 그가 지내는 퓨젓사운드의 배션 아일랜드로 돌아갔다. 그는 그곳에 세워 놓은 버스에서 살았다. 집에서 나온 첫날에는 알래스칸웨이 고가교 아래에서 밤을 보냈지만, 배션 아일랜드에 농장을 소유한 친구가 있어서 곧 이곳에 오게 되었다. 그 친구는 자기 땅에 사람들이 얼마든지 와도 좋다고 했고, 마일로는 또 다른 친구에게 길거리에 무단으로 세워놓아 계속 주차위반 딱지를 떼고 있던 낡은 스쿨버스를 그곳에 갖다놓으면 어떻겠느냐고 제안했다. 마일로는 그 버스에서 한동안 지내다가 1년 뒤에 콘티넨털 트레일웨이가 운행하던 낡은 장거리 버스 차량 하나를 구입해 주거를 업그레이드했다. 훗날 그는 "생활비가 꽤 합리적이었다"며 자신이 "초소형 주택 운동의 개척자"였다고 농담했다.

마일로 듀크에게 콘티넨탈 트레일웨이 버스가 시애틀에서 여러 곳을 전전하다 정착한 곳이었다면, 패트리넬 스태튼(Patrinell Staten)에게는 시애틀과 만난 시작이었다.

패트리넬은 텍사스주 카시지를 떠나 사흘 반 동안 버스를 타고 시애틀에 도착했다. 그 사흘 반 내내 화장실을 가지 못했다. 그가 앉은 버스 뒤쪽의 흑인 지정석 옆에 지저분한 화장실이 있었지만 [흑인이어서] 그 화장실을 쓰겠다고 할 수 없었고 끝도 없어 보이는 텍사스주를 가로지르는 중간중간에 버스가 서는 정류장 화장실도 사용할 수 없었다. 패트리넬은 어두컴컴한 길 아래에 있는 변소를 사용해야 했는데, 이제 막 스무 살이 된 여성인 패트는 컴컴한 골목에 혼자 갈 생각이 전혀 없었다. 짐 크로법[공공장소와 시설에서 흑백분리를 강제한 법]이 시행되는 텍사스주를 벗어나 '애매한 서부'로 진입한 다음에도 소변이 마려울까봐 물을 거의 마시지 않았다.[4] 시애틀에 도착했을 때는 상태가 말이 아니었다. 마중 나온 언니가 말했다. "너무 아파 보이는데?" 언니는 패트리넬을 데리고 병원에 갔다. 의사는 패트리넬의 심각한 탈수증에 깜짝 놀랐다. "어떻게 나흘이나 그러실 수 있었어요?"

이때는 1964년이었다. 카시지에서 패트리넬의 아버지는 목사였고 어머니는 교사였으며 그들은 마을 외곽에 35에이커의 땅을 소유하고 있었다. 흑인 중에서는 성공한 편이었지만 텍사스주 동부에서는 두터운 편견에서 벗어날 기회를 좀처럼 가질 수 없었다. 패트리넬의 언니 중 한 명인 애나로라가 시애틀에 주둔하는 군인 남편을 따라 시애틀로 갔고, 곧 또 다른 언니 오라 리도 뒤따라갔다. 패트리넬도 휴스턴 근처에 있는 흑인 대학 프레리뷰 A&M을 한두 해 다니다가 언니들을 따라가기로 했다. 패트리넬은 시애틀에 와서 이혼한 오라 리의 아이들을 돌봐주기로 했다.

이들의 여정은 전형적인 '흑인 대이동'(Great Migration)의 일부였다. 남부의 흑인들이 일자리를 찾아 서부와 북부의 도시들로 대거 이주한 것을 일컫는 흑인 대이동은 몇 십 년에 걸쳐 일어났다. 1930년대 말에 시애틀에는 흑인 인구가 아직 4,000명이 채 되지 않았다. 흑인 수가 너무 적었던 덕분에 그들의 존재가 일종의 '예외'로서 그리 거부감을 일으키지 않고 허용될 수 있었다. 처음부터도 시애틀에서는 흑인 남성이 제약 없이 투표할 수 있었고, 1883년부터는 흑인 여성도 투표할 수 있었다. 중국인이나 아메리카 원주민은 누리지 못한 권리였다(이들의 경우에는 이미 시애틀에서 심한 차별을 겪고 있었다). 역사학자 퀸타드 테일러는 "시애틀에 흑인의 수가 적었기 때문에 시애틀 백인들이 흑인에게 인종적 관용을 보일 수 있었고, 이때는 전국적으로 분리주의 정책이 시행되던 시절이었으므로 이러한 인종적 관용은 시애틀의 흑인과 백인 모두 자신의 도시가 근본적으로 진보적이고 평등한 도시라고 생각하게 만들었다"고 설명했다.[5]

그러다가 1950년경이면 시애틀 흑인 인구가 1만 5,000명 이상으로 훌쩍 뛰어서, 상당한 규모였던 아시아계 공동체들을 능가하게 되었다. 시애틀에서 흑인 인구는 2차 대전 시기, 그리고 보잉과 조선소의 생산이 급증하던 시기에 크게 증가했으며, 이후 30년간 계속 늘었다. 시애틀에는 일자리가 있었고, 남부 전역에서 흑인들이 민권을 얻기 위해 맹렬히 싸워야 했던 시기에 그러지 않아도 되는 곳이라는 매력도 있었다.

물론 흑인이 싸워야 하는 상황이 패트 스태튼이 기대한 만큼 없는 도시는 아니었다. 시애틀에 도착한 패트는 언니 오라 리와 함께 노동자 계급이 주로 사는 시애틀 남동부 교외지역 렌턴에 살았는데, 다운타운에 갈 때마다 흑인이 거의 보이지 않는 것에 놀라곤 했다. 하루는 그 거의 없는 흑인을 한 명 발견하고서(어느 건물의 수위였다) 이렇게 물었다.

"당신이 계시는 곳은 어디인가요?"(Where are you?)

그는 '당신이'라고 물은 의미를 바로 알아듣고서[길을 물을 때는 '여기가 어디죠?'의 의미로 'Where are we?'라고 하는데, 여기서는 사는 곳에 대한 질문임을 바로 알아챘다는 뜻] 이렇게 대답했다.

"아, 네, 센트럴 디스트릭트라고 불리는 곳이 있어요. 중심 지구요."

초창기에 시애틀에 거주하던 소수의 흑인은 두 곳에 모여 살았다.[6] 하나는 해안가의 예슬러-잭슨으로, 바와 사창가가 모여 있고 비교적 일시적으로 머무는 항만 노동자나 조선소 노동자들이 주로 살았다. 항만과 조선소는 조선 노조와 항만 노조에 인종차별이 만연한 와중에도 흑인 남성이 일자리를 구할 수 있는 주요 직종이었다. 다른 하나는 이스트 매디슨가 쪽의 울창한 지역이었는데, 이곳은 시애틀에 온 두 번째 흑인 윌리엄 그로스(William Grose)가 12에이커의 농장을 매입한 곳으로, 더 영구적으로 정착해 사는 흑인 가족들이 주로 살았다.

점차 이 두 곳은 'L' 자를 거꾸로 한 모양으로 합쳐졌고, 이것이 센트럴 디스트릭트다. 두 곳의 결합이 전적으로 자연스럽게 일어난 것은 아니었다. 센트럴 디스트릭트 외의 동네에서는 흑인 배제 협약이 있어서 [백인] 주민들이 흑인에게 집을 팔 수 없었고, 아파트를 월세로 얻으려는 흑인도 신청하는 아파트마다 빈 호실이 없다는 말을 들었다. 그래서 결국에는 센트럴 디스트릭트여야 했다. 1960년까지 10년간 흑인 인구는 70퍼센트 이상 증가해 2만 6,901명이 되었는데, 이 가운데 4분의 3이 센트럴 디스트릭트에 속하는 네 개의 센서스 지구에 살고 있었다.[7]

패트 스태튼은 시애틀 시내에 있는 '트루바인 미셔너리 침례교회'에 다녔다. 그리고 교회에서 패트를 본 베니 라이트가 패트의 빼어난 외모(보조개가 파이는 커다란 미소에는 패트 스스로도 모르지 않았을 매력이 있었다)에

반했다. 아칸소주에 살던 베니의 가족은 패트보다 먼저 북쪽으로 이주했다. 둘이 데이트를 한 지 6개월이 되었을 때 베니가 청혼했다. 그들은 센트럴 디스트릭트의 북쪽 끄트머리인 이스트 데니웨이에 일단 월세로 아파트를 얻고서, 구입할 만한 집을 알아보기 시작했다. 부동산 중개인이 센트럴 디스트릭트에 있는 집만 보여주어서 패트는 어리둥절했다. 나중에 패트는 이렇게 회상했다. "믿을 수가 없었어요. 나는 '북부의 남부'에 살고 있는 거였더라고요. 내가 집을 살 수 있는 곳은 **여기**뿐이었어요." 그들은 센트럴 디스트릭트의 동쪽 끄트머리에 있는 방 세 개짜리 벽돌 주택을 1만 7,000달러에 구입했다.

베니 라이트는 역사 교사가 되었고 흑인 학생들이 다니는 가필드 고등학교에서 교편을 잡아 정착했다. 역시 센트럴 디스트릭트에 있는 학교였다. 패트는 한 은행에서 일자리를 구했다. 낮 동안의 거래에 대해 수표와 전표 등을 확인, 대조하는 야간 근무였다. 그리고 1968년에 새로 들어온 리버티 은행 지점의 출납계원이 되었다. 미시시피주 서부에서 최초의 흑인 소유 은행으로 출발한 리버티 은행은 이때 시애틀의 센트럴 디스트릭트 중심가에도 지점을 열었다. 이 무렵이면 패트는 동네사람 모두를 알고 있었고(적어도 그렇게 보였다) 은행을 찾은 고객들이 다른 직원이 아니라 꼭 패트가 일처리를 해줬으면 해서 더 긴 줄을 기꺼이 기다리는 것에 뿌듯해했다.

좋지 않은 순간도 있었다. 남성 고객이 들어와서 "뭐야, 여기 **니그로**가 일하고 있잖아!"라고 말하는 경우처럼 말이다.

그럴 때면 패트는 눈을 크게 뜨고서 이렇게 받아치곤 했다. "네에에? 누구 여기서 니그로 보신 분 계세요? 여기에 **니그로들**이 있다고요? 니그로는 어떻게 생겼나요?"

마일로 듀크처럼 패트 라이트도 차차 예술 쪽으로 넘어오게 되었는데, 패트의 경우에는 음악이었다. 패트는 울림이 큰 목소리를 가지고 있었고 아버지의 교회에서 어렸을 때부터 노래를 했다. 10대 시절에는 성가대 단장이었고 고등학교에서는 '지베트'라는 이름의 삼중창단에서 활동했다. 알고 보니 시애틀은 흑인 음악의 메카였다. 1930년대에 잭슨가 근처의 유흥가에 '블랙앤탠' '베이신 스트리트' '블랙 엘크' '우방기' 같은 재즈클럽들이 우후죽순 생겨났다.[8] 카운트 베이시, 루이 암스트롱, 캡 캘러웨이, 듀크 엘링턴 같은 뮤지션들도 업타운의 큰 공연장에서 공연을 하고 나면 이런 재즈클럽을 찾았을 것이고 업타운의 호텔들이 받아주지 않으면 흑인이 소유한 골든웨스트 호텔에 묵었을 것이다. '로킹체어' '닥 해밀턴' '콩고 클럽'과 같은 시애틀의 애프터아워 클럽[afterhours club, 지정된 영업시간 또는 주류 판매허용 시간 이후에도 공간을 개방하는 클럽]에는 백인 손님들도 많았다. 워싱턴주에서는 1949년까지 매장 손님에게 술을 판매하는 것이 금지되어 있었지만, 흑인 클럽들에는 (단속 경찰에게 쥐어주는 사례와 함께) 일종의 '관용 정책'이 적용되어서 '셋업'(손님이 직접 가져온 술을 마실 수 있게 술집에서 제공하는 술잔, 얼음, 셰이커 등 일습)을 서빙할 수 있었다. 1940년대의 전쟁 시기에는 공장, 조선소, 군 기지 등에 사람들이 쏟아져 들어오면서 이런 클럽들이 더욱 인기를 끌었다.

어니스틴 앤더슨 가족도 이 시기에 이곳에 쏟아져 들어온 사람들이었다. 이들은 1944년에 텍사스주를 떠나 시애틀에 왔다. 그는 16세였고 곧 잭슨가에서 공연을 하기 시작했다. 퀸시 존스 식구도 이 시기에 시애틀에 왔는데, 이들은 퀸시가 10세이던 1943년에 도착했고 그의 아버지는 퓨젓 사운드 해군조선소에서 일자리를 얻었다. 1940년에 알 헨드릭스도 이곳에 도착했다. 시애틀에 와서 만난 아내 루실 지터와의 사이에 아들이 태어났고 이들은 아들 이름을 조니 앨런 헨드릭스라고 지었다가 몇 년 뒤에 '제임스 마셜 헨드릭스'[지미 헨드릭스]로 바꾸었다.

1970년에 패트 라이트는 지미 헨드릭스의 장례식에서 노래를 불렀다. 이 무렵이면 패트는 성가 합창단 '패트리넬 라이트의 인스퍼레이셔널 세븐'을 조직해 운영하고 있었다. 세피아 레코드사에서 싱글 음반(〈I Let a Good Man Go〉, 〈Little Love Affair〉)도 발매했고, 클럽에서 공연도 하기 시작했다. 시애틀의 클럽뿐 아니라 공연료를 더 많이 주는 오리건주 포틀랜드의 클럽에서도 공연을 했다.

베니는 패트가 다른 도시로 공연하러 가는 것을 좋아하지 않았다. 몇 년 뒤에 패트는 자신도 다른 데 가는 것이 좋지 않았다고 했다. "당신 얼굴을 볼 수 없는 게 싫어." 1970년에 패트는 센트럴 디스트릭트 바로 남쪽에 있는 프랭클린 고등학교에서 일자리 제안을 받았다. 흑인 학생 인구가 상당히 증가해 있었고 학교에 성가대를 만들고 싶었던 음악 교사가 패트를 초빙한 것이었다. 학생들의 호응이 어마어마했다. 그러나 성가대가 거둔 뜻밖의 놀라운 성공은 곧 껄끄러운 상황을 초래했다. 패트를 초빙한 바로 그 음악 교사가 학교 안의 성가대가 교육기관과 종교기관 사이의 구분을 흐리게 하고 있다고 주장하기 시작했고, 그래서 1973년에 패트 라이트는 성가대를 학교에서 교회로 가져갔다. 19번가에 있는 '시온산 침례교회'였고 몇 십 명의 학생들이 따라왔다. 동생을 데리고 오는 학생들도 많았다. 패트 라이트의 정확하고 까다로운 기준을 따르겠다는 의지만 있다면 누구나 올 수 있었다. 곧 패트 라이트의 교회 성가대인 '토털 익스피리언스 가스펠 합창단'은 센트럴 디스트릭트를 상징하는 유명한 합창단이 되었다.

이 시점이면 옛 재즈클럽은 쇠퇴하고 있었다. 다른 도시들처럼 마약과 길거리 범죄 문제도 점점 심각해졌다. 하지만 센트럴 디스트릭트 공동체는 계속해서 더 탄탄해지는 것 같았다. 늘 어느 집에선가는 파티가 열렸고 누가 아프기라도 하면 너도 나도 도우러 달려갔다. "동네사람들이 아픈 사람 집에 해가지고 온 음식들을 보셨어야 해요." 패트가 말했다. 패트는 집에 늦게 오는 날에도 자동차에서 내려 걸어가는 게 전혀 위험하게 느껴지지 않았다고 했다. 친구들이 밖을 내다보며 자신을 지켜봐주고 있다는 것을 알고 있었기 때문이다. 그리고 그들은 정말로 '친구들'이었다. "우리는 담장 너머로 크게 소리쳐 인사를 나누곤 했어요."

1978년에서 79년으로 넘어가는 겨울에 두 젊은이가 뉴멕시코주 앨버커키를 출발해 북쪽으로 향했다. 같이 움직인 것은 아니었고, 한 달의 시차를 두고서 각자 자기 차를 몰고 다른 길을 통해 이동했다. 먼저 출발한 사람은 폴 앨런으로, 바퀴에 스노체인을 감은 쉐보레 몬자를 몰고 라디오로 '어스 윈드 앤 파이어'의 음악을 들으면서 유타주와 아이다호주의 미끄러운 산길을 지나왔다. 뒤이어 출발한 사람은 빌 게이츠로, 포르쉐를 몰고 요란하게 속도를 내다가 같은 과속단속 비행기에 두 번이나 딱지를 떼이기도 했다.[9]

그러나 둘의 목적지는 하나였다. 바로 시애틀이었다. 둘 다 어린 시절을 시애틀에서 보냈고, 시애틀의 명문 사립학교인 레이크사이드를 다녔으며, 그 학교의 초창기 컴퓨터 시스템을 해킹했다. 고등학교 졸업 후에는 둘 다 보스턴으로 갔다. 빌 게이츠는 하버드에 들어갔고, 폴 앨런은 워싱턴 주립대학 중퇴 후 보스턴으로 가서 하니웰에 취직했다. 하지만 1975년에는 둘의 관심이 앨버커키라는 도시로 향해 있었다. '마이크로 인스트루먼테이션 앤 텔레메트리 시스템스'(Micro Instrumentation & Telemetry Systems)라는 작은 회사가 있는 곳이었는데, 양끝에 마사지 숍과 세탁소가 있는 상점가에 위치한 이 회사는 인텔 8080 칩을 사용하는 '알테어' 컴퓨터를 막 개발한 참이었다. 그리고 앨런과 게이츠는 알테어 컴퓨터에서 구동될 자신들의 BASIC 프로그래밍 언어 인터프리터의 가치를 입증해 보이는 일에 착수했다. 그곳 앨버커키에서 앨런과 빌은 회사를 창업하고 이름을 '마이크로-소프트'(Micro-Soft)라고 지었다.

2년이 지나자 둘은 사막 풍경에 싫증이 났고 뉴멕시코주에서는 프로그래밍 인력을 구하기가 쉽지 않은 것이 걱정되었다. 앨런은 회사(이 시점에는 직원이 13명뿐이었다)를 시애틀로 옮기자고 했다. 그는 고향이 그리웠다. 소나무와 물, 시원한 날씨…. 앨런은 비가 많은 시애틀의 기후야말로 회사에 이상적이라고 주장했다. 훗날 자서전에서 그는 이렇게 회상했다. "비 오는 날에는 장점이 있었다. 프로그래머들이 다른 데 정신 팔지 않게 해주기 때문이다."[10]

게이츠는 시애틀 아이디어에 시큰둥했다.[11] 또 다른 명백한 선택지는 실리콘밸리였다. 스탠퍼드 대학이 보유한 상당한 부동산과 냉전 시기 방위비 지출 덕분에 이곳은 이미 마이크로 컴퓨팅 분야의 허브가 되어 있었다. 반면 시애틀은 IT 인력을 자석처럼 끌어들이는 곳은 아니었다. 그래서 앨런 쪽에서 열심히 설득해야 했다. 앨런은 빌 게이츠가 부모와 매우 사이가 좋다는 것을 알고서 부모님을 통해 설득하는 전술을 구사했고, 마침내 게이츠도 시애틀 행에 동의했다.

게이츠는 시애틀과 워싱턴호를 사이에 두고 있는 도시 벨뷰의 올드내셔널뱅크 건물 8층에 사무실을 임차했다. 신용대출을 받을 수 없었던 탓에 게이츠와 앨런은 예금을 일부 헐어(양도성예금증서 일부를 팔았다) 사무실에 놓을 새 컴퓨터 시스템 값을 치렀다. 이 회사가 받은 새 전화번호는 끝자리가 8080이었는데[12] 몇 년 전에 그들이 자신의 가치를 입증하는 데 사용한 인텔 칩 번호와 같았다. 이 행복한 우연은 게이츠의 어머니가 '퍼시픽 노스웨스트 벨' 전화회사의 이사회에 있었기 때문에 가능했을지도 모른다.

시애틀에 오고서 얼마 뒤에 마이크로소프트(이때는 회사명에 하이픈이 없었다)는 큰 계약을 한 건 따냈다. IBM이 개인용 컴퓨터의 운영체제를 만들어달라고 한 것이다. 앨런과 게이츠는 시애틀의 또 다른 프로그래머가 개발한, 아직 다소 엉성한 초기 시스템을 슬쩍 가져다가 손봐서 MS-DOS를 만들었다. 1981년이면 이 회사는 100명 이상의 직원을 둔 회사로 성장했고 사무실도 워싱턴호와 인기 패스트푸드점 '버거마스터'가 가까이에 있는 더 큰 곳으로 옮겼다. 마이크로소프트는 대학을 갓 졸업한, 다른 회사에서 아직 물이 들지 않은 프로그래머들을 주로 채용했다. 앨런은 "무엇보다, 우리는 가장 뛰어난 사람들을 찾고 있었다"고 회상했다. 이들이 바랐던 대로, 실리콘밸리에 빼앗기는 사람이 없진 않았어도 시애틀은 앨버커키보다 인재를 끌어오기가 더 쉬운 곳이었다.[13]

1982년 말에는 매출이 3,400만 달러로 전해의 두 배가 되었고 직원도 200명이 되었다. 하지만 어수선하고 어설픈 듯한 분위기는 여전했다. 일이 끝나면 직원들은 '뉴웨어 펍'에서 테이블 축구를 했다. 주말이면 초창기 멤버 중 한 명인 밥 오리어의 집에서 배구와 바비큐 파티를 했고, 이 회사가 유급으로 처음 뽑은 직원 마크 맥도널드가 다이키리 칵테일을 만들었다.

앨런은 사마미시호에 있는 자신의 집에서 할로윈 파티를 열었다. 그는 이렇게 회상했다. "[빌이] 2층부터 부엌까지 난간을 타고 슬라이딩을 했다. 최대한 빠르게 달려와 난간에 몸을 던진 뒤 엎드려서 바닥까지 쭉 미끄러져 내려왔다."[14]

마이크로소프트가 이곳에 온 이후의 시애틀은 마일로 듀크가 살아온 세 개의 시애틀 중 두 번째였다. 약간 더 테크 분위기가 되었고 약간 더 고급이 되었지만 그래도 그럭저럭 살아갈 만했다.

그의 초현실주의적인 작품이 파이크 플레이스 마켓에서 많이 팔리지는 않았기 때문에, 그럭저럭이라도 살아가기 위해 그는 다르믹 엔지니어 회원들의 에이전트 역할을 하기 시작했다. 그리고 과학소설 행사장들을 다니며 작품 판매에 나섰다. 과학소설 행사에 오는 사람들은 그의 작품을 좋아하는 것 같았다. 그러던 중 1982년 한 행사에서 웬디 디스를 만났다. 세인트루이스 사람인 웬디는 꽤 유명한 북 일러스트레이터였고 시와 소설을 직접 쓰기도 했다. 둘은 결혼을 하지만 그것은 10년 뒤 이야기이고, 1989년까지 마일로는 계속 배션 아일랜드에 세워놓은 버스 차량에 살았다. 그러다 1989년에 그곳을 나와 다르믹 엔지니어 사람들과 공동으로 사용하던 작업실에서 지내기 시작했다. 작업실은 해안가의 유서 깊은 지역인 파이어니어 스퀘어에 있었는데, 이곳은 과거에 예슬러의 목재가 실려 나가던 곳이고 마일로 듀크가 오고 얼마 뒤인 1990년대 초에는 '그런지록' [1990년대에 유행한 얼터너티브록의 한 장르]의 발상지가 되는 곳이다. 작업실은 '워싱턴 구두 컴퍼니' 건물 두 개 중 하나에 있었는데, 창문이 없었고 인근의 냉동창고에서 나오는 냉기에 의지해 더위를 식혔다. 월세는 80달러였다. 그리고 마일로는 동료 두 명과 근처 갤러리 하나를 구입해 공동 소유자가 되었다. 1991년 여름밤은 화재 비상구에서 담배와 마리화나를 피우며 보냈고 모든 곳에 음악이 있었다. 훗날 그는 "세상의 중심 같았다"고 이때를 회상했다.

그 순간이 오래 가지는 않았다. 갤러리 공동 소유자였던 친구 한 명이 38세의 나이에 희귀 암으로 사망했고 그들은 갤러리를 팔아야 했다. 마일로는 직업실에서 나와 예술가 친구 몇 명이 지내던 루스벨트 지구 65번가의 다 쓰러져 가는 집에 합류했다. 악명 높은 악덕 집주인이 소유한 곳이었다. 뒤쪽 공터에는 쓰레기가 가득 쌓여 있었고, 퓨즈가 나가면 집주인은 두꺼비집에 동전을 찔러 넣어서 고쳤다.

그곳에서 2년을 지냈을 때 웬디가 그를 구출했다. 이때 웬디는 비싼 일본 예술품을 파는 갤러리의 정규 직원으로 일하고 있었다. 그들은 피니리지에 있는 공동주택으로 이사했고 1996년에 드디어 그들만의 보금자리를 마련했다. 그린호 바로 남쪽 동네인 탱글타운의 한 주택에 세를 들었는데, 1층에 20여 평의 공간이 있었고 위층의 10평 공간은 웬디의 작업실로, 반지하의 20평 공간은 마일로의 작업실로 쓸 수 있었다. 훗날 이들의 아들이 이 집 차고에서 금속공예와 오토바이 수리를 하게 된다. 월세는 1,000달러였고 집주인은 오랫동안 월세를 올리지 않고 그대로 살게 해주었다. 집의 여주인은 학교 교장이었고 남편은 보잉의 임원이었는데, 부부 모두 자기 집에 예술가가 산다는 것을 으쓱해했다.

집주인 부부의 대리만족은 마일로가 이 집 작업실에서 미술교실을 운영하기 시작하면서 더욱 높아졌다. 가르치는 일 쪽으로 들어오게 된 것은 우연이었다. 1998년에 마일로와 웬디는 바에 갔다가 거기에 놓여 있던 전단지에 적힌 강좌 목록을 보고 정통 미술을 가르치는 명문 학교 '리얼리스트 아트 아카데미'에서 유화 수업을 들었다. 한 학기 후에 이 아카데미는 마일로에게 그 수업을 직접 가르쳐볼 생각이 있느냐고 물었다. 그리고 얼마 뒤에 마일로는 집의 작업실에서 강좌를 운영하기로 했고, 적절하게도 프랑스식 이름을 붙여 이곳을 '아틀리에'라고 부르기 시작했다.

마일로의 두 번째 시애틀은 패트 라이트에게도 좋은 곳이었다. 워싱턴호 건너편에서 벌어지고 있던 혁명은 아직 센트럴 디스트릭트까지 닿지 않았지만 이 동네는 이미 달라지고 있었다. 이 시점에 이것은 대체로 환영받는 변화였고 안으로부터 추동된 변화였다. 조금씩 블랙 시애틀이 상자를 벗어나 밖으로 나오고 있었다.

이 움직임은 사실 더 일찍 시작되었다. 1957년에 주 의회가 [인종에 따른] 주거 차별을 금지했는데, 2년 뒤에 킹 카운티 법원이 이를 뒤집고 "본 법원은 누구와 거래를 할 것인가에 대해 완전한 선택의 자유를 보장하는, 사유재산 소유자의 권리를 인정한다"며 잠재적인 [흑인] 세입자와 구매자에 대해 통탄스러운 편견이 담긴 판결을 내렸다.[15]

1960년대 초에 모든 인종의 수많은 개혁가들이 시애틀시 차원에서 '열린 주거' 조례를 도입하기 위해 운동을 벌였다. 하지만 시 의회(1967년까지는 시 의원 중에 흑인이 없었다)는 어떤 조례도 통과시키지 않았고, 대신 1964년에 '열린 주거' 조례안을 주민투표에 부쳤다. 조례안에 반대하는 사람들의 항의 서한이 『아르고스』라는 주간지에 실렸는데, 통합에 반대하던 쪽의 입장을 전형적으로 보여준다. "갑자기 주택 소유자들은 … '열린 주거'라는 것을 위해서라며 이러한 이득의 일부를 포기하도록 강요받고 있다. 이러한 포기의 대가로 그 유권자가 얻을 것이라곤, 억압받는 사람들 … 니그로들을 돕는 일이겠거니 하는 기분 말고는 아무것도 없다."[16]

1964년 3월 10일 주민투표에서 조례안은 통과되지 못했고, 그것도 2대 1이 넘는 차이로 졌다.[17] 연방 의회에서 민권법이 통과되기 불과 3개월 전이었는데도, 진보적인 도시라고들 하는 시애틀에서 11만 명 넘는 유권자가 "인종에 기반해 차별할 권리"를 보호하자는 쪽에 표를 던진 것이다. 시애틀 같은 곳마저도 얼마나 갈 길이 멀었는지를 잘 보여주는 사례였다.

개혁가들은 굴하지 않고 이번에는 자발적인 조치를 통해 장벽을 부수려는 노력을 전개했다. 그들은 센트럴 디스트릭트가 아닌 지역에서 이 뜻에 동참하고자 하는 사람들을 찾아 나섰다. 이들은 조례나 법이 어떻든 간에 자신의 동네에서 흑인을 주민으로 받아들이자는 운동을 전개했고 [센트럴 디스트릭트 밖으로] 이사하고자 하는 흑인들을 위해 '공정주거목록 서비스'(Fair Housing Listing Service)를 제공했다. 이러한 움직임에 대해 센트럴 디스트릭트 안에서도 논란이 없지 않았다. (퀸타드 테일러가 이 지역 역사에 대한 그의 책에서 인용한 바에 따르면) 센트럴 디스트릭트의 기업인이자 활동가이던 키브 브레이(Keve Bray)는 센트럴 디스트릭트 밖으로 이사하려는 흑인들을 "사다리 오르는 데 혈안이 되어 자기 사람들로부터 도망치려는" 사람들이라고 비난했다.[18] 또한 흑인들은 이사를 들어가고자 하는 동네에서도 반발에 부닥쳤다. 시애틀 근교 켄트에서는 새로 이사를 온 두 흑인 가구의 집에 누군가가 총을 쏘기도 했다.

그렇더라도, 센트럴 디스트릭트 밖으로 이동하는 흐름은 꾸준히 이어졌다. 1970년에는 광역 시애틀의 흑인 인구 4만 2,000명 중 단 9퍼센트만 도시 외곽의 교외에 살았는데, 1980년에는 5만 8,000명 중 20퍼센트로, 1990년에는 8만 1,000명 중 3분의 1로 늘었다.

센트럴 디스트릭트 밖으로 나가려는 움직임은 도시 바깥의 교외로만이 아니라 점점 더 흑인에 대해 포용적이 되어가던 도시 내의 다른 지역으로도 벌어졌다. 1980년 무렵이면 센트럴 디스트릭트는 더 이상 시애틀 흑인 대다수가 사는 곳이 아니게 되었다.[19]

패트 라이트는 이때를 '중용'의 시기였다고 묘사했다. 흑인들은 더 이상 시애틀 내의 특정 지역에서만 살아야 한다는 제약을 느끼지 않았다. 동시에 그 특정 지역에는 흑인 공동체의 정체성이 유지되기에 충분한 만큼의 흑인이 여전히 살고 있었다.

그 정체성에 패트 라이트도 한 사람 몫이 훨씬 넘는 기여를 했다. 패트는 14번가에 레코드 가게 '가스펠 쇼 플레이스'를 열었다. 이곳에서는 '토털 익스피리언스 가스펠 합창단'이 주일에 부른 노래도 구할 수 있었고 기독교 서적과 용품도 살 수 있었다. 토털 익스피리언스는 엄청난 인기를 구가했다. 패트 라이트는 나중에 이렇게 회상했다. "[덥사우스와의 연결고리 없이] 이곳에서 나고 자란 많은 아이들이 제가 요구하는 스타일을 따라가기 힘들어 했습니다. 하지만 일단 배우고 나자 천하무적의 실력을 갖추게 되었어요."[20] 1970년대 중반이면 시애틀 센터의 푸드서커스몰, 오페라하우스, 미래의 영부인 로잘린 카터가 참석한 선거 유세와 같은 굵직한 무대에서 꾸준히 공연을 했다. 처음으로 다른 도시에 원정 공연도 갔다. 시애틀을 한 번도 떠나본 적이 없는 아이들에게는 또 다른 세계나 마찬가지였을 야키마와 스포캔을 필두로, 1979년에는 본격적으로 3주 동안 뉴욕, 워싱턴, 필라델피아, 세인트루이스, 시카고를 도는 전국 투어를 했다.

그해에 패트의 합창단은 시온산 교회에서 사우스시애틀의 다른 교회로 터전을 옮겼다. 한계를 모르고 솟아오르던 합창단의 열정이 몇몇 교회 인사들을 불편하게 만들어서 갈등이 불거진 것이다. 패트 라이트는 "음악 소리가 너무 크면 너무 나쁜 것"으로 여겨졌다고 말했다.[21] 시온산 교회가 공식적으로 합창단 해촉을 밝힌 서신에는 시온산 교회가 감당하기에는 합창단이 "너무 커졌다"고 쓰여 있는데, 이 교회가 시애틀에서 가장 큰 교회 중 하나였다는 점을 생각하면 진짜 함의에 대해 짐작 가는 바가 없지 않다. 이를테면, 패트 라이트가 (단순히 교회보다 '커진' 무언가를 만들어서라기보다는) 교회보다 더 빛나는 무언가를 만들었다는 데 내한 질투 같은 것 말이다.

공연 투어도 점점 더 야심차게 커졌다. 한 자리에 두 명씩 두 대의 그레이하운드 버스에 끼어 타고 딥사우스 주들을 거쳐서… 바하마, … 하와이, … 멕시코, 엘살바도르, 니카라과까지 가서 공연을 했다. 패트의 남동생 그레고리도 드럼 주자로 합류했고 때로는 베니도 홍보 자료를 만들기 위해 동행했다. 베니는 패트가 목욕 가운을 입고 모텔 발코니에서 모델처럼 포즈를 잡고 왔다 갔다 하는 모습이나 '오 해피 데이', '저 위를 향해'(Going Up Yonder), '전투가 끝나면'(When the Battle Is Over)을 3부 합창으로 지휘하는 모습 등 아내의 가장 멋진 모습들을 사진에 담았다. 달콤한 순간만 있지는 않았다. 솔트레이크 시티에서는 지나가던 사람이 이들의 버스를 보고 "니그로들이 여기 왔네!"라고 외쳤고 그 소리를 몇몇 아이들이 들었다. 패트는 버스 안에서 아이들을 모이게 한 뒤 달래면서 이렇게 말했다. "우리는 하나님을 대표하는 사람들이야. 우리는 노래를 할 거야. 이런 말 하나하나에는 대응하지 않을 거고. 자, 기도하자. 그리고 공연을 아주 끝내주게 하는 거야." 그리고 패트는 옆 버스로 가서 한 번 더 이야기했다.[22]

시애틀에서는 캄보디아 난민을 위한 모금 공연도 했고 노동자 친화적인 엔터테인먼트를 보여주는 의미에서 국제전기노동자연맹 홀에서도 공연을 했다. 또한 크리스마스에는 시인 랭스톤 휴스의 책을 각색한 〈블랙 네이티비티〉 공연을 하는 것이 전통으로 자리 잡았다. 패트의 합창단은 말 그대로 가족처럼 끈끈한 공동체가 되었다. 하루는 패트가 한 여자아이를 위탁가정 앞에 내려주었는데 그 집에서 문을 열어주지 않았다. 패트는 아이를 집으로 데려와 얼마든지 있어도 좋다고 말했다. 그 아이는 그렇게 했고, 나중에 미시건 대학에서 언어병리학 박사학위를 받았다.

1990년대 초가 되자 단원들이 대학에 갈 나이가 되어 인생의 다음 국면으로 넘어갔는데 새로 아이들을 뽑기가 전보다 어려워졌다. 패트가 너무

까다롭다는 소문이 나서였는지 종교와 교회음악의 인기가 떨어져서였는지는 알 수 없다. 규모를 유지하기 위해 합창단은 성인 단원도 받기 시작했다. 합창단은 1960년대에 만들어진 투어 버스 한 대를 구입했고 패트의 아들 패트릭이 부단장으로 합류했으며 멀리 러시아와 호주에서도 공연을 했다. 하지만 일정과 규모가 패트에게 무리가 되고 있었다. 패트는 현재 형태로서의 합창단은 종료한다고 발표했고 단원을 32명에서 직접 엄선한 절반으로 줄였다. 그리고 1993년 말에 마지막 공연을 했다.

반 년 뒤인 1994년 봄, 뉴욕의 헤지펀드 'D. E. 쇼'의 젊은 부사장이 부모로부터 받은 10만 달러의 종자돈으로 창업을 하기로 결심하고 인력을 물색하러 산타크루즈에 왔다. 그는 제프 베조스였고 이때 30세였다. 그의 아이디어는 꽤 간단했다. 무서운 속도로 성장하고 있는 월드와이드웹에서의 활동과 새로 등장한 사용자 친화적인 인터넷 인터페이스의 장점을 활용해 소비재 상품을 인터넷으로 판매한다는 것이었다. 베조스의 회사를 다룬 2011년 저서에서 리처드 L. 브랜트는 "가장 성공적인 기업가들은 꼭 해보고 싶은 사업에 대한 열정 때문에 회사를 창업한다"고 언급했다.[23] 그에 따르면, "베조스는 인터넷의 성장이라는 새로운 현상이 누군가 여기에서 엄청난 부를 일구게 되리라는 의미라는 데 관심이 있었고, 기왕이면 그 부가 자신에게 왔으면 좋겠다고 생각했다." 어떤 물건을 온라인에서 팔지는 아직 정하지 못해서, 사무용품, 컴퓨터 소프트웨어, 의류, 음악 등 스무 가지를 목록에 올려놓고 고심했다. 최종적으로 정해진 것은 책이었는데, 무엇보다 책은 무한대나 다름없을 만큼 종류가 많아서 온라인 매장이 오프라인 매장에 비해 다른 제품에 대해서는 갖기 어려운 비교 우위를 가질 수 있으리라는 이유에서였다.

산타크루즈에서 베조스는 두 명의 노련한 컴퓨터 프로그래머에게 아이디어를 설명했고[24] 그중 한 명의 관심을 끄는 데 성공했다. 그의 이름은 셸 카판(Shel Kaphan)이었다. 그리고 베조스와 카판은 그곳에서 사무 공간을 알아보기 시작했다. 샌프란시스코에서 남쪽으로 약 110킬로미터 떨어진 서부 연안도시 산타크루즈는 태고처럼 아름다운 연안의 경관에도 가까웠고 실리콘밸리에도 가까웠다.

그런데 문제가 하나 있었다. 1992년에 연방 대법원은 해당 사업체의 물리적 운영 시설이 존재하는 주의 구매자들에 대해서만 판매세(Sales Tax)를 산정하도록 한 1967년 판결을 재확인하는 판결을 내린 바 있었다.[25] 캘리포니아주에서 창업을 할 경우, 미국에서 가장 인구가 많은 주에서 판매세를 산정해야 한다는 뜻이었다. 그렇게 되면 거대한 캘리포니아 시장에서 온라인 매장이 전통적인 매장에 비해 가질 수 있는 결정적인 우위가 무의미해질 수 있었다. [물리적 시설을 가진] 전통 매장은 판매세를 감안해 물건 값을 올릴 테지만 온라인 매장을 운영할 베조스는 그러지 않아도 된다는 우위 말이다. 베조스는 이 막대한 장점을 잃고 싶지 않았다. 인구가 적은 주로 간다면 작은 규모의 고객에 대해서만 판매세를 산정하면 될 터였다. 몇 년 뒤에 그는 반 농담으로 캘리포니아주의 인디언 보호구역에 회사를 세워서 세금을 아예 피해볼까도 생각했다고 말했다.[26]

그의 레이더망에 들어온 곳은 시애틀이었다. 빌 게이츠나 폴 앨런과 달리 베조스는 시애틀에 연고가 없었다. 그는 앨버커키, 휴스턴, 마이애미에서 자랐고, 프린스턴 대학을 다녔다. 하지만 그가 창업하려는 회사의 초창기 투자자 중 한 명인 닉 하나우어가 시애틀에 살고 있었고, 시애틀의 장점을 설득력 있게 주장했다.[27] 한두 해 전에 시애틀을 여행한 조너선 레이번이 언급했듯이 시애틀은 "가능성의 바람 냄새를 맡을 수 있는" 곳이었다.[28] "심지어 지금도, 게임의 이렇게 늦은 시점에도, 임시적이고 반쯤 지어진 듯한 이 풍경에서 누군가는 돈을 벌 수 있다. 연고도 없이 나타나서 가게를 열고 고전적인 이민자의 전통대로 올라이트닉[alrightnik, '성공한 사람'이라는 뜻의 속어]이 될 수 있는 것이다."

시애틀은 주요 공항이 있을 만큼은 규모가 커서 책 배송의 필수조건 하나를 충족하고 있었고, 미국에서 가장 큰 도서 물류센터 중 하나가 있는 오리건주 로스버그에서 차로 6시간밖에 떨어져 있지 않았다. 또 다른 장점도 있었다. 베조스는 이 회사가 성공한다면 아주 많은 프로그래머를 고용해야 하리라는 점을 잘 알고 있었다. 이 분야의 인재를 구하기에 제일 좋은 곳은 베이 에어리어일 테지만 시애틀도 듬직한 차순위는 되었다. 워싱턴 대학 컴퓨터공학과가 졸업생들을 배출하고 있었고, 가장 중요하게는 마이크로소프트가 있어서 소규모 IT 기업들도 많이 들어와 있었다. 2018년에 베조스는 "마이크로소프트 덕분에, 여기에는 활용 가능한 인력풀이 있었다"고 시애틀을 택한 이유를 설명했다.[29]

몇 년 뒤에 시애틀은 부자가 더욱 부자가 되고 승자가 독식하는 하이테크 시대의 경제 발전 법칙을 보여주는 전형적인 사례가 된다. 처음 등장하던 당시 인터넷은 우리가 아무리 멀리 떨어져 있어도 서로 연결될 수 있게 해서 원하는 곳 어디에서든 거주하고 일할 수 있게 해주리라 여겨졌다. 사람들은 인터넷이 칸막이 책상과 사무 단지에서 우리를 해방시켜주고 경제적 기회를 전국적으로 분산시켜줄 것이라고 기대했다.

하지만 실제로는 정반대의 일이 벌어졌다. IT 기업가들은 '입지'야말로 무엇보다 중요하다는 것을 빠르게 깨달았다. 비슷한 분야의 회사들이 모여 있는 곳에서 함께 클러스터를 구성하면 인력을 구하기가 더 쉬웠다. 길 건너의 경쟁사에서 사람을 데려올 수 있다는 점에서도 그렇지만 이 분야의 중심지라는 평판이 생기면 타 지역에서 들어오는 사람이 많아질 것이어서도 그랬다. 그리고 IT 분야처럼 변동성이 큰 업계에서는 지금의 일자리가 사라져도 금방 새 일자리를 잡을 수 있을 가능성이 높은 곳에 있는 것이 합리적이다. 따라서 더 많은 사람이 허브 지역에 있고 싶어 할 것이고, 이는 다시 더 많은 고용주들을 허브 지역으로 오게 만들 것이다.

클러스터의 형성은 인적 자원 때문만이 아니라 테크놀로지의 정수라 할 수 있는 혁신 때문에도 중요했다. 어느 면에서는 딱히 새로운 이야기가 아닐 수도 있다. 고대의 아테네, 르네상스 시기의 피렌체, 산업화 시대의 글래스고처럼, 역사는 최적의 사람들이 모여 혁신을 일으키면서 세계의 수레바퀴를 전진시킨 도시들의 이야기라 해도 과언이 아니다. 물리학자 제프리 웨스트는 도시와 기업의 성장에 대한 논문에서 "도시는 물리적인 것과 사회적인 것 사이에서 서로를 증폭시키면서 벌어지는 긍정적인 피드백을 지속적으로 자극하고 통합하는 기계"라고 표현했다.[30]

하지만 새로운 디지털 경제에는 이러한 동학을 몇 배로 증폭시키는 무언가가 있었다. 산업 시대에도 기술의 혁신은 허브 지역에서 주로 발생했겠지만, 그 혁신은 자연자원, 인력, 교통망에 접할 수만 있으면 그 다음에 어디로든 퍼질 수 있었다. 일단 헨리 베서머가 제강 기술을 발명하고 나자, 그 다음에는 충분한 자본이 있고 석탄과 철광석을 안정적으로 확보할 수 있는 사람이면 누구나 철강 공장을 지을 수 있었다. 그리고 실제로도 그렇게 되어서, 펜실베이니아주 브래독, 웨스트버지니아주 위어턴, 오하이오주 영스타운, 인디애나주 게리 등 곳곳에 철강 공장이 생겨났다.

그런데 IT 경제는 달랐다. 이제는 혁신 자체에 거대한 보상이 따라왔다. 일단 혁신에 성공하면 그 다음에는 아주 적은 추가 자본만으로도 막대한 수익을 산출할 수 있기 때문이다. 가령 굉장한 새 소프트웨어 개발에 성공하면 그 다음에는 거의 비용을 들이지 않고 그것을 계속 재생산할 수 있었다. 석탄도, 철광석도 필요하지 않았다. 즉 이 경제에서는 그 최초의 혁신을 할 수 있는 두뇌를 확보하고 있느냐에 모든 것이 달려 있었다. 캘리포니아 주립대 버클리 캠퍼스의 경제학자 엔리코 모레티는 "어느 때보다도 오늘날에는 재능에 경제적 가치가 많이 달려 있게 되었다"며 "20세기에는 경쟁이 물리적 자본을 누가 더 축적하느냐의 문제였다면 오늘날에는 최고의 인적 자본을 누가 확보하느냐의 문제"라고 언급했다.[31] 그리고 매우 중요하게도, 이것은 그 허브 지역의 집값과 생활비가 지극히 높아지는 상황에서도 여전히 성립했다. 새로운 균형을 향해 시장이 조정되는 것이 아니라, 즉 더 감당 가능한 가격대에서 생활할 수 있는 다른 지역들로 경제가 분산되는 것이 아니라, 기존의 추세를 계속 강화하는 피드백 고리가 작동했다.

물론 베조스와 아내 매켄지가 시애틀에 온 1994년에는 이러한 동학이 시애틀에 의미하는 바가 아직 명확하지 않았다. 그들은 벨뷰에 월세 890달러짜리 집을 얻었다. 훗날 예의 그 '차고에서 시작한 회사' 이야기를 할 수 있도록 일부러 차고가 있는 집을 골랐다.[32] 나중에 레크리에이션 룸으로 바뀌긴 하지만, 아무튼 한두 달 정도는 실제로 그 차고에서 회사를 운영했다. 그러고서 시애틀 다운타운 남쪽의 산업 단지에 있는 한 건물에 사무실과 지하실을 임차해 회사를 차렸다.

이때는 회사에 이름이 있었다. 카다브라닷컴(Cadabra.com)부터 시작해 어웨이크닷컴(Awake.com), 브라우즈닷컴(Browse.com), 북몰닷컴(Bookmall.com), 아드닷컴(Aard.com), 릴렌트리스닷컴(Relentless.com) 등등을 고려한 끝에, 최종적으로 정해진 이름은 '아마존닷컴'이었다. 베조스는 2014년에 아마존에 대한 책을 펴낸 기자 브래드 스톤에게 "아마존은 단지 세계에서 가장 큰 강이기만 한 게 아니라 두 번째로 큰 강보다 여러 배가 더 큰 강이고, 다른 모든 강을 다 날려버리는 강"이라고 말했다.[33]

그로부터 몇 년 뒤, 시애틀은 1970년대의 시애틀을 회상하는 글을 썼던 작가 찰스 담브로시오가 거의 알아볼 수 없을 만큼 다른 도시가 되어 있었다.

"[그레이엄 그린은 이렇게 말했다. '그 나이 때는 실패와 사랑에 빠지기 마련이다. 그리고 어떤 종류든 성공은 그것을 경험하기 전에 그 맛의 절반을 이미 잃어버린다.'] 내게는 이 도시가 여전히 말로 설명하기 어렵고 어둡고 고향 같은 곳이다. 내가 실패와, 또 고요와 사랑에 빠져 있기 때문이다. 나는 여전히 그러한 시애틀에 의리와 애착을 느낀다. 이제는 시애틀이 너무나 많은 사람이 오고 싶어 하는 발할라[북유럽신화에서 죽은 영웅들이 머무는 궁전]가 되었으니 그러한 시애틀이 희한하고 생뚱맞아 보이겠지만 말이다. 시애틀이 경제적으로나 자연 경관으로나 문화적으로나 모든 이가 원하는 곳이라는 개념이 나는 좀 당황스럽다. 내 조카들이 자라고 있는 곳이 '다들 살고 싶어 하는' 도시라는 사실을 문득 깨달을 때면 약간의 충격이 느껴진다."[34]

'실패'는 정말로 시애틀에서 생소한 단어가 되었다. 이제 시애틀은 과도하리만큼 계속해서 승리만 하는 도시이기 때문이다. 미국의 주요 도시 중 20년 사이에 이렇게 크게 변모한 곳은 근현대 역사에서 찾아보기 어렵다. 대침체 이후 10년간 시애틀에서 22만 개의 일자리가 새로 생겼다. 포춘 500 기업 중 20개 이상이 엔지니어링 부서나 연구개발 부서를 시애틀에 새로 두기로 했는데, 그런 기업에는 실리콘밸리의 거대 기업인 페이스북, 구글, 애플도 있다.

2018년에 광역 시애틀의 1인당 소득은 7만 5,000달러에 육박해, 밀워키,

클리블랜드, 피츠버그 등 몇 십 년 전에는 비슷하던 도시들보다 약 25퍼센트나 높아졌다. 그러나 증가한 부는 도시 내에서 균등하게 퍼지지 않았다. 한때는 시애틀이 중산층이 두텁고 극단적으로 가난한 사람과 극단적으로 부유한 사람이 없기로 유명한 도시였는데, 2016년에는 소득 불평등이 샌프란시스코에 맞먹는 도시가 되었다. 시애틀의 소득 상위 20퍼센트 가구의 평균 소득은 2016년 한 해 동안에만도 4만 달러 이상 증가해 31만 8,000달러가 되었으며 이들 가구가 시애틀 전체 소득의 53퍼센트를 가져갔다.[35]

2018년에 시애틀은 모든 주택 유형을 통틀어 주택 구입비 중앙값이 베이 에어리어를 제외한 미국의 어느 도시보다도 높은 75만 4,000달러를 기록했다.[36] 그러한 중위 수준의 주택비용을 감당할 수 있는 임금 수준은 3년 사이에 8만 8,000달러에서 13만 4,000달러로 높아졌다. 2010년 이전까지 전국 평균 수준이던 시애틀의 아파트 월세는 5년 만에 57퍼센트가 올라서 평균 2,000달러를 넘어섰다. 미국의 다른 곳들보다 세 배나 큰 인상폭이었다.

그 결과 중 하나로, 시애틀은 가족을 부양하면서 사는 게 점점 더 불가능한 도시가 되었다. [2014년에] 시애틀은 샌프란시스코에 이어 두 번째로 아동이 드문 도시였고 전체 가구 중 아이가 있는 가구가 5분의 1도 안 되었다.[37] 그런데도 인구는 계속 늘었다. 2015년에 시애틀은 미국의 큰 도시 중 인구 증가 속도가 가장 빠른 도시였다. 새로 들어오는 사람들은 고학력, 고소득의 젊은 층이 압도적으로 많았다. 2018년에는 **매주** 50명의 소프트웨어 개발자가 시애틀로 이주하는 것으로 추산되었다.[38]

하지만 이러한 숫자들도 그것만으로는 변화의 정도를 온전히 전달하지 못한다. 이 숫자들은 다운타운 전역에 솟아 있는 수많은 크레인의 풍경을 눈앞에 그려주지 않는다. 2019년에 시애틀에서는 어느 도시보다도 많은 58개의 크레인이 작동되고 있었다.[39] 또 이 숫자들은 그런지룩 아니면 정장 차림이 전형적이던 도시에 새로이 나타난 과시적인 부의 모습도 눈앞에 그려주지 않는다. 캐피톨힐과 벨타운에는 테슬라 자동차가 돌아다니고, 검정색의 쉐보레 서버번이 차량 공유 서비스를 제공하며, 구찌 매장에서는 650달러짜리 슬리퍼를 팔고,[40] 루프탑 바에서는 200달러짜리 마티니가 포함된 '백만장자 메뉴'를 판매하고,[41] 네모난 유리 상자를 삐뚤빼뚤 얹어놓은 것처럼 생긴 41층짜리 넥서스 타워 꼭대기 층의 84평 펜트하우스는 가격이 500만 달러까지도 나가고, 인시그니아 타워는 실내 랩풀[왕복 훈련용의 기다란 풀장], 사우나, 영화감상실 등이 구비된 '하늘의 휴양지'를 제공한다고 광고한다.

또한 이 숫자들은 새로 들어온 사람들이 불러온 새로운 문화도 보여주지 않는다. 이들은 벨뷰에 새로 들어선 고급 주거 건물 지하의 예약손님 전용 와인 시음실이나 트렌디한 밸러드 지구에 있는 '위저드 펍' 같은 곳에 간다. 위저드 펍에서는 '나만의 마술 지팡이'를 주는데, "개개인에게 맞춤형으로 제작되며, 생일에 따라 다른 종류의 나무를 사용하고 열두 가지 마법의 향수 중 하나로 향을 입힌다."[42] 시애틀은 아동 인구가 매우 적지만 아동기를 다시 상연하는 데 쓸 소득이 넉넉한 어른은 많다.

스타벅스, 노드스트롬, 마이크로소프트 등 시애틀에는 이러한 '초번영'을 낳은 기업 아버지들이 많고 이 기업들은 워싱턴호 건너편에서 여전히 번창하고 있다. 하지만 이들 모두를 압도하는 기업이 하나 있다. 2019년에 아마존은 시애틀에서 4만 5,000명, 시애틀 인근 교외에서 추가로 8,000명을 고용하고 있었다. 이들은 평균적으로 15만 달러를 벌고 있었고[43] 상당한 가치의 스톡옵션도 가지고 있었다(스톡옵션은 회사에 충성도를 높이는 효과적인 인센티브보다). 시애틀에서 2010년대에 새로 생긴 일자리의 30퍼센트가 아마존에서 나왔다.[44] 또한 아마존은 시애틀 사무 공간의 5분의 1을 차지하는데, 미국 어느 도시에서 어느 기업이 차지하는 비중보다 높으며 시애틀에서 그 다음으로 큰 40개 회사가 차지하는 비중을 다 합한 것보다도 높다. 델타 항공과 알래스카 항공은 시애틀-터코마 국제공항에 아마존 직원 전용 창구까지 열었다.

2007년에 아마존은 사무실들을 다운타운 바로 북쪽의 사우스 레이크유니언에 모아 하나의 본사 단지를 만들겠다고 발표했다.[45] 옛날에 커다란 목재 공장들이 있던 곳인데, 1990년대 무렵에는 물류창고, 자동차 수리점, "예쁜 여자는 100달러, 못생긴 여자는 3달러"라는 광고가 붙은 스트립 클럽 등이 들어선 경산업 단지가 되어 있었다. 커다란 공원을 만들고 그 주위에 주택과 사무 건물들이 들어서도록 재개발한다는 계획이 1990년대에 몇 차례 나왔다. 마이크로소프트 공동 창업자 폴 앨런[과 그가 세운 부동산 회사 벌컨]도 그것을 염두에 두고 이곳 땅을 사기 시작해 60에이커 이상을 소유하게 되었는데, 그 재개발은 성사되지 않았다.

대신, 아마존이 앨런에게 약 4만 8,000평 규모의 본사 단지를 지어달라고 했다. 앨런은 그렇게 했고, 추가로 더 많은 건물을 지었다. 아마존은 시애틀에서 22만 5,000평이 넘는 사무 공간을 사용해야 할 정도로 규모가 커졌다. 아마존의 사무 공간 대부분은 사우스 레이크유니언과 인근 지역에 있는 35개 가량의 건물에 들어와 있으며, 이 단지는 도시에 들어선 기업 단지로는 미국에서 최대 규모다. 중간 정도 높이의 네모난 사무 건물들이 격자로 들어서 있고, 건물들은 유리, 스테인리스, 그리고 산업화 시대의 벽돌을 흉내 내서 붉은색으로 칠한 알루미늄 패널이 '테트리스'처럼 차곡차곡 쌓인 모양을 하고 있다. 시애틀의 엔지니어이자 비판 이론가인 키스 해리스는 이 단지를 '네오모던 하이테크 게토'라고 묘사했다.[46] 비슷비슷하게 생긴 건물들을 구별하기 위해 직원들은 자기들끼리 통하는 이름을 붙였다. 루푸스(초창기 직원 두 명이 키우던 웰시코기의 이름), 도슨(초창기 물류센터 중 하나가 있던 거리 이름), 피오나(최종적으로는 '킨들'로 정해진 전자책 리더기의 이름 후보 중 하나)….

아마존은 반려견을 데리고 출근할 수 있게 허용한다. 매일 6,000마리 이상이 주인과 함께 출근하며 근처의 보도는 블루투스 이어폰을 끼고 파란 사원증을 걸고 스마일 모양의 회사 로고가 있는 백팩을 맨 사람들과 함께 걷는 개들로 가득하다. 한 건물의 엄청나게 전망 좋은 17층 테라스는 인조 잔디와 노란색 소화전까지 마련된 강아지 공원으로 꾸며졌고 다른 건물 1층에는 개 전용 음식을 조리하는 카페도 생겼다.

단지 내의 주요 통행로에서는 지나가는 사람 모두에게 바나나를 공짜로 나누어준다. 직원 아닌 사람도 먹을 수 있다. 또 스물네 개의 커피숍이 단지 곳곳에 있고 직원들이 현장에서 계산을 치르지 않고도 물건을 살 수 있는 회사 소유의 상점도 있다. 무엇을 고르는지 카메라가 추적해서 그 사람의 신용카드로 청구한다. 단지에서 한 블록 떨어진 곳에 훨씬 더 큰 마트가 있는데, 전국에 고급 슈퍼마켓 매장 약 500개를 운영하는 체인점이고 현재 아마존이 인수해 소유하고 있다.

거의 아마존 직원들만을 위한 술집과 레스토랑도 단지 내에 속속 생겨났다. '브레이브 호스 태번' 술집에서는 [저자가 가보았던] 어느 평일 저녁에 정장 재킷을 입은 남자 손님들이 셔플보드 게임을 하고 있었다. 6월의 어느 수요일에는 플리스 집업 재킷을 입은 40대 가량의 남성이 부모와 함께 술집에 왔고 초록색으로 머리를 염색한 한 웨이트리스가 그들에게 샴페인을 서빙했다. 그들은 거의 1시간 동안 말없이 각자의 핸드폰을 들여다보았고, 밖에서는 개가 기둥에 묶여 기다리고 있었다.

아마존 본사 단지 이야기에서 '아마존 스피어'(Amazon Spheres)를 빼놓을 수 없을 것이다. 5년에 걸쳐 아마존은 서로 연결된 세 개의 거대한 구체를 만들었다. 620톤의 강철과 2,643개의 유리창이 사용되었고 본사 단지 중 다운타운에서 가장 가까운 쪽의 한 블록 절반에 걸쳐 있다. 스피어 안에는 28미터 높이의 개방형 계단으로 연결된 여러 층의 공간이 들어서 있다. 4.25달러에 도넛을 파는 카페가 하나 있고, 회의 공간인 '트리 하우스', 그리고 사람이 들어갈 수 있는 크기의 거대 새둥지(짚 대신 삼나무를 길게 잘라 만들었다)도 있다. 거대 새둥지는 더 은밀하게 브레인스토밍을 할 때 이용할 수 있다. 이 모든 것을 세계 각지에서 가져온 400여 종의 식물 4만 점(에콰도르에서 온 파인애플 나무와 앤슈리엄[안스리움], 볼리비아에서 온 철쭉, 동남아시아에서 온 부처손 등)과 40그루가 넘는 나무가 울창한 숲처럼 둘러싸고 있다. 키 15미터에 무게가 1만 6,000킬로그램이나 되는 벤자민 고무나무도 있는데, '루비'라는 별명을 가진 이 거대한 나무는 하도 커서 스피어 천정의 유리 패널들을 떼어내서 큰 구멍을 만든 후 크레인으로 나무를 들어 올려 그 구멍을 통해 위에서부터 내려 보내야 했다. 세 개의 스피어는 한 번에 최대 1,000명 정도의 인원을 수용할 수 있다.

아마존의 원예 서비스 수석 매니저는 한 기자에게 직원들이 "진짜 자연에 반응하는 내면의 생명애를 찾게 하는 데 도움이 될 것"이라고 말했다.

2018년 초, 스피어를 오픈하는 날 큰 기대를 안고 직원들이 모였다. 제프 베조스가 스마일 로고 모양으로 보이게끔 식물을 덮은 벽 앞에 서 있었다. 전등과 분무 시스템을 오픈할 시간이 되자 베조스가 말했다.

"알렉사, 스피어를 열어."[47]

알렉사가 대답했다. "그러죠, 제프."

이것은 마일로 듀크의 세 번째 시애틀이자 마일로 듀크와 패트 라이트 모두에게 마지막 시애틀이 될 것이었다.

골판지

미국 중부의 계층 하향이동

2

오하이오주 데이턴

토드 스왈로스(Todd Swallows)와 세라(Sarah)는 아이들에게 캠프장에 온 것이라고 말했다. 좀 이상한 캠프이기는 했다. 현관에는 보안요원이 있어서 들어갈 때 그에게 신고해야 했다. 그러고 나면 프런트 데스크에서 무슨 일이 벌어져도 안 놀랄 것 같은 표정의 무뚝뚝한 여성 중 한 명이 손짓으로 그들을 불렀다. 복도 오른쪽 끝에는 여성들 몇 명이 아무렇게나 누워 있었는데, 문제가 되는 행동을 했기 때문에 숙소 방에서 쫓겨난 사람들이었다. 바깥이 영하 9도가 아니었다면 건물 밖으로 내쫓겼을 것이다. 약간이나마 캠프와 비슷한 것이라면, 투숙객이 복용하는 약을 보관해주는 아래층의 의무실이었다. 하지만 어느 캠프장에서도 여기에 있는 것 같은 약 봉투들은 볼 수 없을 것이다. 커다란 지퍼백이 빵빵하도록 약통이 가득 들어 있었는데, 라벨은 지워져서 거의 읽을 수 없었고 유통기한도 한참 지나 있었다. 그리고 이렇게 아무렇게나 약을 내어주는 캠프장도 찾기 어려울 것이다. 그들은 어떤 약을 먹는지 혹은 먹지 않는지 등은 거의 확인도 하지 않고 약 봉투를 그냥 내어주었다. 그들에게는 신경 써야 할 훨씬 더 큰 문제

늘이 있었다.

가령 1년 전에 여기에서 숨진 15주 된 아기 제러마이아의 비극이 다시 일어나지 않게 하는 것. 혹은, 아마도 다시 마약을 하고 있을지 모를 키가 크고 푸른 눈을 한 임산부 니콜의 문제 같은 것. 혹은, 유급 직원 여섯 명이 매일 1,200인분을 조리하는 주방에 자원봉사 인력이 채워지지 않는 것. 이들은 [이 건물에 머무는] 270명의 여성과 아동, 그리고 게티스버그가에 있는 예전의 감옥 건물에 머무는 225명의 남성이 먹을 식사를 준비한다.

이곳은 오하이오주 데이턴에 있는 '생 뱅상드폴 게이트웨이 여성/가족 쉼터'이고, 물론 캠프장이 아니다. 하지만 위의 두 아이인 다섯 살 아이작과 네 살 재즐린은 캠프장이라는 토드와 세라의 말에 토를 달지 않았다. 아마도 어떤 감각으로 부모가, 특히 엄마가, 지금 그들이 와 있는 곳에서 얼마나 힘들어 하고 있는지 알고 있어서였을 것이다. 어쩌면 진짜 캠프장에 가본 적이 없어서 차이를 몰랐을 수도 있다. 이를테면 진짜 캠프장에는 수십 명이, 그중 많은 수가 정신 질환이 있고 일부는 휠체어에 앉아서, 종일 초점 없는 눈으로 입을 벌리고 텔레비전에 나오는 토크쇼나 게임쇼를 보고 있는 휴게실이 없다는 것을 아이들은 몰랐을 것이다. 진짜 캠프장에서는 매일 저녁 방에 들어갈 때마다 소지품 검사와 몸수색을 하지 않는다는 것도 몰랐을 것이다.

평일 아침이면 쉼터 아이들은 건물 밖에서 줄을 서서 스쿨버스가 오기를 기다렸다. 꽤 한참 전부터 인근 학교들은 버스가 생 뱅상드폴 게이트웨이 쉼터에 들르도록 하고 있었다. 하지만 세라는 몇 주 전인 1월 초에 여기에 오고 나서 아직 아이작을 어느 학교에도 등록시키지 않았다. 아이들과 이곳에서 지내는 시간이 길어질 수도 있다는 것을 한사코 인정하지 않겠다는 의지의 표현이었다. 세라는 서류에 아이작이 '홈스쿨링' 중이라고 표시했다. 이 말은, 아이작이 낮 시간을 학교에서 보내지 않고 엄마와 여동생, 그리고 18개월 된 남동생 아기 니컬러스와 함께 쉼터의 가족 휴게실에서 보내야 한다는 뜻이었다. 가족 휴게실에는 구부정히 앉아 텔레비전을 보고 있는 사람들은 없었지만, 그래도 안락한 환경과는 거리가 멀었다. 벽에는 텔레비전이 하나 걸려 있었고 양옆이 불자동차 같은 빨간색으로 칠해진 약간 녹슨 사물함이 있었다. 그리고 가족 휴게실 안에 다시 작은 방이 하나 있었는데, 크기로 보나 안을 들여다볼 수 있게 내벽 창문이 난 것으로 보나 경찰서 취조실처럼 보였다. 하지만 여기는 '도서관'이었다. 그 안에는 책꽂이 두어 개와 장난감 상자 두어 개, 그리고 플라스틱 글자들이 붙어있는 자석판이 있었다. 아이작은 플라스틱 글자들로 자기 이름을 맞출 수 있었다. 그리고 미심쩍게 바라보는 사람들에게 's' 자석이 아니라 'z' 자석이 맞다고 말했다. 아이작의 철자는 정말로 'Isaac'이 아니라 'Izacc'이었는데, 동생 재즐린(Jazzlynn)의 이름에 z가 두 개나 들어간 것과 같은 이유에서였다. 아빠 토드가 재즈댄스 애호가였던 것이다. 재즈댄스라니, 오하이오주 남서부에서는 퍽 흔치 않은 열정의 대상인데, 아무튼 그는 이것을 딸의 이름 재즐린으로 기념했다.

경고문에 쓰여 있듯이 책이나 놀이도구를 '도서관' 밖으로 가지고 나갈 수 없었다. 그래서 도서관 밖의 휴게실 공간이 통제 불능으로 뛰어다니는 아이들 때문에 더더욱 난리였다. 이런 상황은 다들 자신이 여기에 오래 머물지는 않을 것이라고 예상하는 공간, 오래 머물지 않을 것이니 소란과 소음은 그냥 참자고 생각하는 공간에서 흔히 볼 수 있는 모습이다. 문제는, 많은 사람들이 여기에 상당히 오래 머문다는 것이다.

세라는 이렇게 아이들이 시끄럽게 구는데도 부모들이 그냥 내버려두고 있는 게 너무 어리둥절했다. 세라는 한 시간도 견딜 수 없었고 1주일은 상상도 할 수 없었다. 상황을 통제해보고자, 그리고 자신의 아이들이 과잉 에너지에 자극받아 흥분하지 않게 하고자, 세라는 그곳에 있는 수많은 다른 아이들도 돌보기 시작했다. 그 아이들은 난리통을 만들고 있는데도 엄마가 신경 쓰지 않는다는 점에서, 그리고 대부분 흑인이라는 점에서. 세라의 아이들과 달랐다. 세라는 반투명하다 싶을 정도의 흰 피부를 가진 백인이었다. 하지만 세라는 피부색보다 다른 엄마들이 아이들의 소란을 신경 쓰지 않는 게 더 불편했다고 말했다. 내 아이 셋만으로도 힘들어 죽겠는데 왜 다른 사람 애들까지 내가 챙겨야 하나 싶었다는 것이다.

토드가 옆에서 도와줄 수 있다면 얼마나 좋았을까마는, 토드는 가끔씩만 이곳에 있을 수 있었다. 여기에는 여러 가지 이유가 있었는데, 그중 하나는 '여성/가족 쉼터'라는 이름과 달리 이곳이 꼭 가족이 다 함께 머물 수 있는 곳은 아니라는 점이었다. 남성은 싱글 대디일 경우에만 이 쉼터에서 지낼 수 있었다. 따라서 토드와 세라 가족의 경우에는 가족 모두가 함께 사는 것이 허용되지 않았다. 아빠와 엄마가 다 포함된 가족이라는 바로 그 이유에서 말이다. 그래서 세라와 아이들은 이곳 가족 쉼터에서 지내고 토드는 8킬로미터 떨어진, 예전 감옥 건물에 있는 남성 쉼터에서 지내고 있었다(그가 오고 얼마 뒤에 이 쉼터에서 한 남성이 또 다른 남성을 칼로 찔러 체포되는 사건이 일어났다). 이렇게 이산가족을 만드는 것은 토드와 세라가 사회복지센터들에서 숱하게 겪어온 불공정한 면들의 당연한 일부 같았다. 사회복지센터들은 그들이 푸드스탬프[취약계층 사람들에게 제공되는 식품 구입 바우처]를 더 적게 받아야 한다고 했고, 토드가 일자리가 있기 때문에 주거 보조금과 아동 보조금을 받을 자격이 되지 않는다고 했다.

토드가 일자리가 있다는 것은 그가 쉼터에서 세라를 도와줄 시간을 많이 낼 수 없는 또 다른 이유였다. 토드는 전일제 일자리가 있었고, 성인이 된 이후로 일을 하지 않은 적이 없었다. 그래서 토드와 세라는 쉼터 신세가 되었다는 것이 더욱 초현실적으로 느껴졌다. 하지만 지금 그들이 쉼터에서 지내는 것은 토드의 일자리가 전혀 충분한 소득이 되지 못했기 때문이다. 이것만이 이유의 전부는 아니지만 말이다.

어쨌든 토드는 일자리가 있었다. 이제까지 그는 수많은 일자리를 전전했는데, 현재는 골판지 상자를 만드는 공장에서 일하고 있었다.

연안 도시들의 젠트리피케이션에 대한 논의도 그렇듯이, 탈산업 시기 중서부 지역의 쇠락에 대한 논의도 너무나 자주 규모와 맥락이 제거된 채 이야기되곤 한다. 멀리서 보면 어떤 가차 없는 요인에 의해 통째로 쇠락과 황폐화를 겪는 것으로 보인다. 하지만 가까이에서 보면 계단식 논처럼 단계가 있고 중간 중간 평평한 곳이 있다. 그렇게 본다면, 뭉뚱그려서 숙명주의적인 결론에 빠지기보다 구체적으로 어떤 의사결정과 어떤 정치적, 경제적 행위자들이 어떤 영향들을 낳았는지 더 정확하게 판별해볼 수 있다.

스왈로스 가족에게 삶은 한 번도 쉬웠던 적이 없지만 조지 W. 부시 대통령 집권 말기에 완전히 산산조각이 났다. 데이턴시 전체적으로도 이렇게 말할 수 있을 것이다. 물론 데이턴은 19세기 말과 20세기 초의 영광의 시기 이후로 오랫동안 쇠락의 길을 걷고 있었다. 전성기 때의 데이턴은 오빌과 윌버 라이트 형제가 밴클리브 자전거와 세인트클레어 자전거를 만들어 히트를 치고 '플라이어'[Flyer, 하늘을 나는 기계]를 만들 꿈을 꾸던 곳이다. 그들 외에도 오늘날이라면 **혁신가**라 불렀을 수많은 발명가가 있어서 1인당 특허신청 건수가 어느 도시보다 많았던 곳이기도 하다. **당대의 실리콘밸리**였다고도 말할 수 있을 것이다. 요즘에는 그렇게 말한 다음에 "안 믿어시지?"라고 속으로 덧붙이겠지만 말이다. 1870년대 말에 술집을 운영하던 제임스 리티는 바텐더들이 돈을 슬쩍하는 것을 막기 위해 기계식 금전등록기를 발명했다.[1] 존 H. 패터슨은 이 혁신을 전국으로 확장해 '내셔널 캐시 레지스터'라는 회사를 설립하고 매우 인상적인 광고 문구로 영업을 했다.[2] "내셔널 금전등록기를 구매하시는 것은 지출이 아닙니다. 손실을 막아주어 들어간 돈을 충분히 뽑아줄 테니까요." 패터슨은 진정 괴짜였다. 당구대 펠트 천으로 만든 속옷을 입었고 내쉰 숨을 다시 들이마시지 않기 위해 머리를 침대 아래로 늘어뜨리고 잤다. 또한 불가리아에서 사람들이 매운 향신료를 즐겨 먹는 것과 치아 상태가 좋은 것을 보고 자기 회사의 구매 담당자에게 사내 매점에 1,800킬로그램 분량의 파프리카를 구매해두라고 지시했다. 하지만 무엇보다 패터슨은 현대 미국의 비즈니스 도구를 발명한 사람이다. 세일즈맨을 교육시켜 현장에 내보내는 것, 세일즈맨마다 담당 구역과 할당량을 지정하는 것, 그리고 무시무시한 연례 업계 컨벤션까지 말이다.

엔지니어 찰스 케터링도 빼놓을 수 없다.[3] 그는 금전등록기를 전자식으로 개조했고 그밖에 전기식 시동기, 유연 휘발유, 프레온, 자동차용 유색 도료 등 아주 많은 것을 발명했다. 발명을 너무나 사랑한 나머지, 160만 달러의 생명보험을 들면서 수령자를 '자동차 연구'로 지정하기도 했다.

1913년에 그레이트마이애미강이 범람해 100명 넘게 사망하는 재앙이 있었지만 데이턴은 무너지지 않았다. 3년 뒤에, 남북전쟁 전에 켄터키주 노예였던 사람의 아들이자 시인인 폴 로런스 던바[데이턴에서 자랐다]는 다음과 같은 시를 썼다.

고향에 대한 사랑,

인간의 심장이 알 수 있는 가장 숭고한 열정!
운명과 유행은 뜨고 지고, 오고 가지만
변하지 않고 고요한 열정.
우리 국민의 영광을 위해
우리 국가의 안녕을 위해
우리 모두 존중을 담아
모든 노력을 축성하자.
우리가 우리 도시를 저버리게 될까?
우리 도시가 가진 고귀한 대의를 저버리게 될까?
아니, 우리는 충심으로 우리 도시를 환호하리라.
우리 도시의 고결한 법을 존중하리라.
우리 도시는 언제나 우리에게 의무를 요구할 수 있으리라.
이는 우리 도시가 찬란하게 빛나기 때문이리니.
이제껏 어떤 아름다움으로 장식된 보석보다도 찬란한,
오하이오의 귀한 왕관.

지금 읽으면 조금 코웃음이 날지도 모르지만, 실제로 데이턴에는 부인할 수 없는 위대함의 분위기가 있었다. 이를테면 고객들이 수입 대리석과 마호가니 목재로 마감된 로비로 들어와 청동으로 된 창구 데스크에서 일을 보던 제3내셔널 은행에서,[4] 이름부터 야심찬, 그리고 실제로도 그 이름에 타당성이 없지 않았던 빌트모어 호텔과 앨곤퀸 호텔[뉴욕의 화려한 대형 호텔들의 이름이다]에서, 나중에 엘더-비어만이 되는 엘더 앤 존스턴이나 라이크스 같은 커다란 백화점에서, 그러한 분위기를 볼 수 있었다. 특히 9층이나 되는 라이크스에서는 한때 스포츠용품 코너에서 할리 데이비슨를 팔았고, 무료로 개조 서비스도 해주었으며, 주부들이 쇼핑한 것을 번거롭게 들고 다닐 필요 없이 '모드 뮬러 티룸'에 들러 차를 마실 수 있도록 배달 서비스도 제공했다.

인구수로 보면 데이턴의 전성기는 1960년경이었다. 남부에서 넘어온 이주민이 급격히 늘고 나서였다. '이주의 물결'은 흑인과 백인 모두의 이야기였다. 미시시피주와 앨라배마주로부터의 '흑인 대이동'뿐 아니라 켄터키주와 테네시주로부터의 '힐빌리 하이웨이'[Hillbilly Highway, 애팔래치아 산맥 지역 사람들이 도시로 대거 이주한 일]도 있었던 것이다. 다들 비슷비슷하게 낮은 사회적 배경을 가진 사람들이었고 다들 같은 이유로 이 도시에 온 사람들이었다. 이들은 수십 년 전에 혁신가들이 발명한 것들을 대량생산하는 회사들, 그러니까 내셔널 캐시 레지스터('더 캐시'라고 불렸다)나 케터링이 공동 창업한 '델코' 같은 회사들에서 일자리를 구하기 위해 이곳에 왔다.

하지만 이들이 데이턴에서 똑같은 반응에 직면한 것은 아니었다. 1960년대 초 무렵이면 데이턴 도심에서의 백인 이탈은 이미 통계로 나타날 정도로 뚜렷했다. 손재주 좋은 독일인과 폴란드인들이 수십 년 전에 지은 현관에 툇마루가 있는 2층 목조주택에 살던 백인들이, 앨라배마주와 미시시피주에서 온 흑인들이 모여 사는 웨스트 데이턴과 멀다는 게 주된 장점인 외곽 지역의 밋밋한 단층 주택들로 대거 빠져나갔다. 흑인들이 자유의지로 웨스트 데이턴에 모여 산 것은 아니었다. 그들은 다운타운이 시작되는 강의 동쪽이나 유대인 마을이 있는 울프크리크 북쪽에 정착하면 안 된다는 것을 암묵적으로 알고 있었다. 또한 흑인들은 자녀가 갈 수 있는 고등학교가 던바 고등학교(열렬한 데이턴 찬가를 쓴 시인에게서 따온 이름으로, 던바는 한참 전에 결핵으로 사망했다)뿐이라는 것도 암묵적으로 알고 있었다. 암묵적인 인종 구분선은 오래도록 존재했다. 1960년대에 한번은 웨스트사이드의 [흑인] 아이들이 울프크리크 건너편에 세워져 있는 불자동차를 구경하고 싶은 유혹을 이기지 못해(아이들에게 불자동차는 거부할 수 없이 압도적인 볼거리다) 그쪽으로 잠시 건너갔다가 경찰에게 야단을 맞기도 했다.[5]

중서부의 많은 도시들에서처럼 데이턴에서도 백인들은 [흑인] 인구가 대거 유입되자 그들을 피해 다른 곳으로 빠져나갔다. 노동자 계급 백인들은 후버하이츠, 웨스트캐럴턴, 마이애미스버그, 페어본으로, 잘 사는 백인들은 센터빌, 오크우드, 케터링, 비버크리크로 이사했다. 1990년이면 데이턴시 자체의 인구는 4분의 1 이상 줄어 있었고 남은 사람의 40퍼센트(18만 2,000명 중 7만 3,000명)가 흑인이었다. 이제 그들은 원한다면 웨스트 데이턴을 벗어날 수 있었다. 데이턴시에 이제는 비어 있는 곳이 많았으니 말이다.

인구가 줄긴 했어도 어느 정도 이상은 늘 유지되었다. 오래도록 죽어가고 있던 철강 도시나 탄광 도시들과 달리 데이턴은 디트로이트에 이어 두 번째로 큰 자동차 도시였고 1990년대에 미국은 여전히 자동차를 만들고 있었다. 클린턴 시절 값싼 휘발유를 꿀꺽꿀꺽 삼키던 대형 자동차, SUV, 트럭 등이 여전히 미국에서 제조되고 있었던 것이다. 모레인에는 GM 공장과 GM에 납품하는 부품업체 델파이 공장이 있었다. 델파이는 케터링이 세운 델코의 후신으로, 여전히 이 근처에서 10여 개의 공장을 운영하고 있었다. 또한 데이턴에는 내셔널 캐시 레지스터(NCR)도 있었다. 이 시점에는 금전등록기 외에 ATM과 바코드 스캐너도 만들고 있었다. 도시 끄트머리인 라이트패터슨에는 공군기지도 있었다. 이 기지는 1995년에 세르비아인들이 마지못해 '데이턴 협정'을 맺은 곳이기도 하다. 그리고 데이턴의 자랑스러운 로컬 인디밴드 '가이디드 바이 보이시스'(Guided by Voices)도 있었다. 이들은 데이턴을 잘 모르는 더 넓은 지역의 팬들에게 데이턴의 장대한 서사를 노래로 전했다. 이를테면, 1996년에 [밴드 리더인] 로버트 폴라드는 다음과 같이 노래했다. 이 노래가 무엇을 연상시키려는 것인지 데이턴 밖의 사람들은 잘 몰랐겠지만 말이다.

> 역사의 이 시점에 존재한다는 것은 위대하지 아니한가?
> 과일은 썩지만 아무도 잊히지 않는 곳,
> 딸기가 가득한 필라델피아 드라이브에서.
> 분수대의 아이들,
> 골목의 마약 중독자들,
> 튀긴 음식과 뜨거운 타르 냄새
> 이보게, 온전히 살아있다는 느낌을 가지려고 굳이 멀리 여행갈 필요는 없어.
> 딸기가 가득한 필라델피아 드라이브에서.
> 천구백 몇 십 오년이더라, 아무튼 그 안개 낀 날에는.

그 천구백 몇 십 오년인가에 토드 스왈로스는 다섯 살이었고 그의 가족은 데이턴에서 서쪽으로 50킬로미터 떨어진 라큰그린호 지구에 살았다. 성인이 된 토드는 자신이 '외부인 출입통제 주거지'(gated community)에서 자랐다는 사실이 새삼 놀랍게 느껴진다고 했다. 이 표현이 일반적으로 연상시키는 부유층 주거지만큼 화려한 곳은 아니었지만 말이다. 라큰그린호 지역은 약 3킬로미터 길이의 인공 호수를 따라 조성된 지구로, 실제로 외부인 출입을 통제하는 문이 두 개 있었다. 하지만 스왈로스의 집은 맥맨션[McMansion, 중산층 대상으로 개발된 주택단지의 특색 없는 대형 주택들을 조롱조로 부르는 말]이 아니라 1977년에 지은, 노란 벽돌 벽에 덩굴이 있는 집이었고 구매했을 때 가격은 9만 달러가 채 되지 않았다. 아무튼 출입이 통제된 주거지였던 것은 맞다. 하지만 토드가 그렇다고 주장할 때 아무도 그를 시기하거나 재수 없다고 생각하지는 않을 것이다. 특권을 뻐기려고 하는 말이 아니라 그 이후로 얼마나 몰락했는지를 설명하려고 하는 말이기 때문이다.

라큰그린에서의 삶은 전혀 완벽했다고 할 수 없었다. 토드의 어머니는 성미가 보통이 아니었고 툭하면 아들을 체벌했다. 아들은 조숙했고 훨씬 큰 아이용으로 나온 퍼즐을 할 정도로 똑똑했지만 과잉행동장애 비슷한 증상이 있었다. "아버지는 며칠씩 일하러 나가 계시는 경우가 많았고 어머니가 많은 것을 담당해야 했습니다. 나는 말을 안 듣고 버릇없이 굴었어요. 어떤 때는 정말 심한 체벌을 받았는데, 그렇다고 어머니를 미워하는 건 아니에요." 적어도 경제적으로는 안정적인 삶이었다. 토드의 아버지 토드 시니어는 트럭 열 대를 가지고 작은 운송회사를 시작했다. 그는 델코와 같은 자동차 부품업체가 제조하는 것들 모두를 I-75 주간 고속도로를 타고 톨레도, 디트로이트, 플린트로 나르면서, 데이턴의 거대한 자동차산업 기계에서 하나의 나사 역할을 했다. '스왈로스 트럭 운송회사'는 공급망이 번영을 누리던 시기의 상징이었다. 작은 도시의 제조업체들이 큰 도시의 큰 회사들이 성공하는 데 필요한 것들을 공급하고 그와 동시에 큰 회사들의 성공에 의존하면서, 전체에 걸쳐 밀접한 공생의 연결망을 형성하고 있던 시기 말이다.

이 거대한 기계와 연결망이 21세기 들어 10년 사이에 점진적으로, 그러나 사정없이 망가졌다. 당시에 사람들은 으레 북미자유무역협정(NAFTA)과 멕시코 사람들을 탓했다. 부품 생산과 조립의 상당 부분이 I-75 고속도로에서 반대 방향으로, 그러니까 멕시코의 몬테레이, 셀라야, 아과스칼리엔테스 등으로 내려가고 있는 것이 사실이기도 했다. 그러다 얼마 후에는 경제학자들이 다른 것을 주범으로 꼽기 시작했는데, 2001년 중국의 세계무역기구(WTO) 가입이었다. 그로 인해 미국 제조업의 일자리 상실이 가속화되었고 특히 데이턴 같은 지역이 큰 타격을 입었다는 것이다. MIT 경제학자 데이비드 오터는 동료들과 함께 쓴 2016년 논문에서 1999~2011년 사이에 중국과의 경쟁으로 없어진 미국 제조업 일자리가 100만 개 가까이 되며 공급업체와 기타 연관 산업까지 합하면 240만 개의 일자리가 사라졌을 수도 있다고 추산했다. 그 논문에서 오터는 이렇게 설명했다. "무역 조정은 느리게 이뤄지는 과정이며 … 그 비용은 전국에 분산되기보다 교역에 노출된 지역의 시장이 더 크게 떠안는다."[6] 다른 말로, 데이턴 같은 곳의 사람들이 워싱턴 DC나 뉴욕에서는 우리한테 무슨 일이 벌어지고 있는지에 대해 쥐뿔도 신경 쓰지 않는다고 느끼는 데는 그럴 만한 이유가 있는 것이다.

아무튼 이러한 학문적인 분석은 훨씬 더 나중 이야기이고, 당시에 데이턴 사람들이 알 수 있었던 것은 그 거대한 기계가 멈추고 있다는 사실이었다. 델파이 부품 공장들은 하나씩 문을 닫았다. 10년 사이에 이 지역에서 델파이가 고용하는 노동력이 1만 명에서 800명으로 급감했다. 그리고 2008년 10월 3일, 가장 큰 일격이 닥쳤다. GM이 데이턴 남쪽 모레인에 있는 커다란 공장을 닫기로 한 것이다. 그때까지 이곳은 규모를 줄이기는 했어도 SUV 라인에서 여전히 2,400명이 일하고 있었다.

자동차 일자리만이 아니었다. 데이턴의 마지막 포춘 500 기업이자 제임스 리티의 술집으로까지 거슬러 올라가는 역사 깊은 기업 NCR에서도 불길한 징후가 보이고 있었다. 새 CEO 빌 누티가 "가족 문제 때문에" 뉴욕에서 데이턴으로 이사 오지 않을 것이라고 밝혔을 때,[7] 데이턴 사람들은 누티의 아내가 오하이오주 데이턴에 살기 싫어한다는 말로 이해했다. 2001~2008년 사이에 데이턴에서부터 북동쪽의 더 작은 도시 스프링필드까지 이어지는 광역 데이턴 지역에서 노동력의 7.5퍼센트에 해당하는 3만 2,000개 일자리가 사라졌고, 사라진 일자리 대부분(2만 7,000개)이 제조업 일자리였다. 한 번의 대통령 임기 동안 이 지역의 제조업 일자리 세 개 중 하나가 사라졌다. 오하이오주 전체적으로도 10년 사이에 너무 많은 공장이 문을 닫아서 주의 산업용 전기 소비량이 4분의 1 이상 감소했다.[8]

이렇게 해서 스왈로스 트럭 운송회사는 고객을 잃었다. 종말의 과정은 참으로 효율적이게도 신속히 진행되었다. 2009년 3월 2일, 버락 오바마의 임기가 시작되고 6주 정도가 되었을 때이자 미국이 한 달에 70만 개의 일자리를 잃고 있던 때, 토드 스왈로스 시니어는 연방 오하이오주 남부법원에 파산 신청을 했다. 또한 토드의 할아버지가 받던 GM 연금이 줄어서 할머니가 70대의 나이에 방문 간병인으로 일해야 했다.

3개월 뒤에 NCR은 본사를 애틀랜타 교외로 옮긴다고 발표했다. 데이턴에 남아있던 1,200개의 일자리도 함께 말이다. 누티는 이렇게 설명했다. "우리는 데이턴에 거주하면서 일할 의향이 있는 직원을 채용하는 데 어려움을 겪었습니다." 누티 본인도 데이턴으로 이사 오기 싫었다는 것이 더없이 분명했다. 10년 동안 데이턴 인구는 2만 5,000명이 줄어서 전성기 때의 절반인 14만 1,000명이 되었다. 같은 시기에 데이턴이 속한 몽고메리 카운티의 근로소득자 급여 총액은 30억 달러나 감소해 오하이오주의 큰 카운티들 중 가장 큰 감소폭을 보였다.[9]

토드 스왈로스 시니어는 다른 소송으로도 이 법원에 와본 적이 있었다. 이혼 소송이었다. 훗날 아들인 토드 주니어는 '스왈로스 트럭 운송회사'가

볼락해가던 것이 부모의 이혼에 영향을 미쳤다고 말했다. 그리고 이혼은 다시 회사의 내리막을 촉진했다. 이혼 합의 내용이 아버지에게 상당한 비용 부담이 되었기 때문이다.

아버지는 데이턴 인근 브룩빌에 있는 트레일러 파크[컨테이너 주택, 이동식 차량 주택 등이 모여 있는 취약 주거지역]로 이사했고, 이제 컴퓨터수리 기술자로 일하고 있던 어머니는 라큰그린 근처의 이튼으로 이사했다. 토드는 라큰그린에 있는 고등학교를 다니고 있었다.

토드는 아직 십대 소년이었다. "3년 동안 아버지 집과 어머니 집을 왔다 갔다 하며 살았습니다. 아버지 집에서는 아버지가 고생하는 것을 보고 어머니 집에 와서는 또 어머니가 고생하는 것을 보면서, 그리고 그 이유가 아버지, 어머니가 더 이상 한 팀이 아니기 때문이라는 것을 지켜보면서, 계속 그렇게 살 수는 없었어요." 그는 바닥을 치고 있는 도시에서 자신의 인생을 향해 새로 출발하기로 했다.

한때는 데이턴을 홍보하는 사람들이 이곳을 혁신의 허브라고 불렀다. **데이턴—비행기의 탄생지, 전기식 시동기의 출발지**. 그런데 지금은 이런저런 물건들을 제조하는 다른 지역들에 얼마나 가까이 위치해 있는지를 이야기하고 있었다. 지역 공항은 취항 편수를 많이 잃었지만 데이턴은 여전히 I-70과 I-75, 두 개의 주간 고속도로가 교차하는 곳이었고 하루 운전 거리 안에 미국 인구의 3분의 1이 사는 곳이었다. 인구 10만 명 이상인 도시 중에 이런 곳은 흔치 않았다. **데이턴—당신이 진짜로 살고 싶은 곳에서 가장 덜 멀리 있는 곳!** 왕년의 실리콘밸리였던 데이턴은 물류 중심지로 변모를 꾀하고 있었다. P&G의 가정용품부터 통신판매 강아지사료 '츄이'까지 모든 것을 이곳에서 분류하고 포장해서 트럭으로 나르는 것이다. 데이턴 상공회의소는 '데이턴 지역 물류협회'를 세웠다. 2015년에 시작된 '남서부 오하이오주 물류 컨퍼런스'도 데이턴에서 열린다. 그런데 제조업 허브에서 포장과 운송 허브로 변모하려면 꼭 필요한 것이 바로 판지다.

판지 업체들은 이것을 '판지'라고 부르는 것을 싫어한다. 이것은 정확하게 '골판지'다. 기술적으로 말하자면 판지(cardboard)는 두껍고 빳빳한 종이를 통칭하는 말이다. 포커게임용 카드, 축하 카드 등도 다 판지 재질이다. 이와 달리 골판지(corrugated cardboard)는 훨씬 복잡한 소재다. 배송용 상자를 만드는 데 쓰이는 골판지는 세 겹의 종이로 만드는데, 평평한 두 장의 종이 사이에 '골심지'라 부르는 구불구불 골이 파인 종이를 끼운 뒤 풀로 고정한다. 골판지는 튼튼하고 위에 글자도 찍을 수 있어서 내용물을 광고하고 운반하는 데 제격이다. 그리고 대침체 이후에 데이턴에는 운반할 물품이 아주, 아주 많아지게 된다.

하지만 십대의 토드 스왈로스 주니어가 그 변화를 알게 되는 것은, 그리고 골판지 공장에서 일하게 되는 것은 한참 더 나중의 일이다.

그는 십대 초부터 일을 했다. 어렸을 때는 아버지 회사에서 트럭 청소를 했고 열다섯 살 때는 웬디스 버거에서 일했다. 그러다 열일곱 살 때 학교를 그만두었다. 싸움이 났는데 상대 학생이 병원 치료를 받게 되는 바람에 법정에 서게 된 것이다. 자칫하면 형사상 성년으로 중범죄 판결을 받을 수도 있었는데, 다행히 '직업훈련단'(Job Corps)에 참가함으로써 그 운명을 피할 수 있었다. 직업훈련단은 문제를 겪는 16~24세 청소년과 청년들이 직업 교육을 받을 수 있는 연방 정부 프로그램이다. 그는 켄터키주 모건필드에 있는 '얼 C. 클레먼츠 직업훈련센터'에 배치되었다. 인디애나주 에번즈빌에서 오하이오강 건너편에 있는 인구 3,000명 정도의 마을이었다. 훗날 그는 그곳에서의 생활이 "창살 없는 감옥"이었다고 회상했다. 주변에 갈 만한 데가 아무데도 없었다. 행실이 좋으면 1주일에 한 번 월마트에 데려다주고 가끔 영화도 보게 해주는 정도가 다였다. 그는 검정고시를 치렀고 센터의 컴퓨터 프로그래밍 팀에 들어가려고 했지만 자리가 없었다. 그래서 '군 입대 예비반' 프로그램에 신청했고 그곳의 시설관리 일을 하기 시작했다.

원래는 1년간의 계약이 끝나면 입대할 계획이었지만, 회사가 파산하고 인생의 바닥에 있던 아버지에 대한 의무감에서 오하이오주로 돌아왔다. 그는 이렇게 설명했다. "아버지는 제 영웅이셨거든요. 늘 아버지를 우러러보았어요. 아버지에게 아들은 나 하나뿐이기도 하고요. 아버지가 하신 모든 일은 나와 동생을 위한 것이었어요. 그런데 그것이 아버지에게 얼마나 극심한 우울증을 일으켰는지 알게 되었고 아버지의 활력과 의욕을 다 갉아먹고 있다는 것을 알게 되었죠. 그런 사실이 나를 무겁게 짓눌렀습니다."

얼마간 그는 이튼에 남은 몇 안 되는 제조업체 중 하나인 '파커'에서 파이프 이음쇠 만드는 일을 했다. 그때는 어머니 집에 살고 있었는데 마침 파이프 공장이 어머니 집에서 몇 블록밖에 떨어져 있지 않았다. 어느 날 그는 친구 한 명과 (제약회사들이 몇 년 전부터 맹렬하게 판촉했던) 마약성 진통제를 해보기 시작했다. 그리 심각한 정도는 아니었지만 어머니한테 들켰을 때 어머니는 그를 쫓아냈다.

토드는 여동생과 함께 콜럼버스로 가서 도나토스 피자에서 일자리를 구했다. 6개월 뒤에는 팀장이 되어 여덟 명의 직원을 관리하게 되었다. 그는 열아홉 살이었고 팀원 대부분이 그보다 나이가 많았다. 그는 팀장이 된 것을 두고두고 자랑스러워했다. "사람들이 나한테 와서 이것저것 물어보고 알려달라고 하는 것이 좋았어요."

이때 토드 스왈로스는 다른 사람들 같으면 자신이 하기에는 너무 급이 낮은 일이라고 생각했을 종류의 일, 그의 타고난 두뇌를 활용하기보다는 몸을 쓰는 종류의 일에서 처음으로 (그리고 앞으로도 많이 느끼게 될) 보람과 만족을 맛보았다. 라큰그린에서 중산층으로 살던 안락한 삶이 무너지면서 그는 노동에 구원이 있다는 윤리를 체득하게 되었다. 노동연령대 인구 중 충분한 소득을 올릴 일자리를 갖지 못한 사람이 전에 없이 늘고 있었지만, 그는 그 대열에 속하지 않을 것이었다. "나는 부모님이 하루도 일을 안 하시는 것을 본 적이 없어요. 하루도요. 아버지와 어머니는 어렸을 때 엄청 고생하셨대요. 그리고 나와 동생이 힘들게 자라지 않게 하려고 또 고생하셨고요. 그런데 내가 성인이 되고 보니 모든 상황이 아버지, 어머니가 어렸을 때와 일하셨을 때에 비해 100배는 나빠져 있었어요." 이후의 삶에서 구원의 필요성이 점점 커지면서, 토드는 이 노동 윤리를 점점 더 강하게 부여잡게 된다.

아버지는 재혼했고 토드는 새어머니의 아들에게 써브웨이 샌드위치에서 일자리를 구해주었다. 그리고 둘은 각자의 일터 사람들을 위해 음식을 교환했다. 도나토스 사람들은 피자만 물리도록 먹지 않아도 되었고 써브웨이 사람들은 샌드위치만 물리도록 먹지 않아도 되었다. 토드와 의붓형제는 함께 집도 얻어 이사했다. 하지만 의붓형제가 써브웨이 일자리를 잃었고 그들은 트레일러 파크의 아버지 집으로 다시 들어왔다.

그러던 중 토드에게 여자친구가 생겼다. 여자친구는 데이턴과 신시내티 중간에 있는 미들타운에 살고 있었고, 토드는 여자친구와 함께 살면서 오하이오주 마이애미 대학의 미들타운 분교에서 대학 공부를 시도해보았다. 선수 과목들을 무사히 통과했지만 한 학기가 지나자 흥미가 사라졌다. 여자친구에게 푹 빠져서 강의는 뒷전이었다. 토드는 캡튼 D 시푸드키친과 도미노 피자에서 파트타임으로 일했다. 아침에 캡튼 D의 문을 열고 일을 시작해 밤에 도미노 피자의 문을 닫고 퇴근했다. 여자친구와는 곧 헤어졌다. "우리의 삶은 서로 다른 방향을 향하고 있었어요." 그는 미들타운에 있는 윌리엄스버그 플레이스 아파트에 집을 얻어 처음으로 혼자서 자취를 시작했다.

세라 랜더스를 만난 것이 이때였다. 아름다운 금발 여성인 세라는 그와 나이도 같았고, 윌리엄스버그 플레이스에 살고 있었으며, 이혼 가정 출신인 것도 같았다. 사실 이 시점까지 토드가 지내온 삶의 경로는 세라에 비하면 순탄했다고 할 정도였다. 세라의 가족도 한때는 경제적으로 꽤 안정적이었다. 아버지는 건설 쪽에서 일했고 어머니는 미들타운에 있는 커다란 AK스틸 공장에서 일했다. 하지만 세라가 여덟 살 때 아빠가 집을 나가 멀리 캐나다에서 새살림을 차렸다. 한참 뒤까지도 이 일은 세라의 인생에, 특히 세라가 다들 좋은 생각이 아니라고 여긴 결정들을 내리는 데 크게 영향을 미쳤다. 그리고 세라가 열한 살이 되었을 때 엄마가 일터에서 큰 부상을 입었다. 기계에 손을 넣어 내부를 청소하고 있었는데 누군가가 기계에 시동을 건 것이다. 엄마는 더 일할 수 없게 되었고 장애수당 대상자가 되었다.

세라의 엄마도 새로 남자를 사귀었는데, 헤로인 중독자였다. 세라 엄마 본인도 파티를 좋아해서 세라와 여동생을 베이비시터에게 맡기고 놀러 나가곤 했다. 세라가 열한 살인가 열두 살인가 되었을 때 엄마가 세라를 이웃집에 맡기고 나갔는데 그 집 남편이 세라를 성폭행했다.

이 일로 캐나다에 있던 아빠가 잠시 미국에 들어왔지만 금방 다시 돌아갔다. 아빠가 오하이오주로, 그리고 세라의 삶으로 돌아온 것은 10년이나 더 뒤의 일이다. 성폭행 사건 이후 세라는 극심한 우울증에 빠졌고 의사들은 온갖 약을 처방했다. 하지만 세라는 약 먹는 게 싫었고 술이 더 좋았다.

그래서 십대 시절에 술을 많이 마셨다.

세라는 전에 사귀던 남자와의 사이에 아이가 셋 있었다. 그는 멕시코 이민자였고 부분적으로는 세라와의 관계 덕분에 체류 자격을 가질 수 있었다. 그는 돈을 잘 버는 조경 일을 하고 있었지만 세라를 함부로 대했다. 그와 달리 토드는 세라에게도, 자기 아이가 아닌 세라의 세 아이에게도 다정했다. 세라는 내게 이렇게 말했다. "그가 내 인생에 들어왔어요."

토드는 세라의 집으로 들어갔고, 커비 진공청소기를 파는 방문판매원 일자리를 얻었다. 그는 멀끔하게 양복을 차려 입은 젊은 남자가 공짜로 카펫 물청소를 시연해준다며 화려한 언변으로 말하는 데 넘어가서 자기가 보기에는 400달러쯤 할 것 같은 진공청소기를 1,200달러에 살 사람을 찾아나서야 했다. 드물지만 누군가가 홀랑 넘어가서 정말로 구매를 하면 세일즈 관리자가 돈의 일부를 떼어가고, 차량을 운전하는 사람이 또 일부를 떼어간 뒤, 토드는 마지막으로 200달러를 가져갈 수 있었다. 이게 그의 임금이었다. "힘든 일이었어요."

같이 살고서 얼마 뒤에 세라가 임신을 했다. 하지만 둘은 헤어졌는데, 세라의 어머니가 예비 손주의 아빠를 탐탁지 않아 한 것이 한 가지 이유였다. 훗날 토드는 세라 어머니의 말에 "큰 상처를 받았다"고 말했다. 게다가 병원이 알려준 출산 예정일을 보건대 세라의 전 남자친구가 아니라 자신이 아이 아버지라고 확신하기도 어려웠다.

둘은 매우 안 좋게 헤어졌고, 토드는 최대한 먼 곳으로 떠나기로 했다. 토드는 친구가 살고 있는 텍사스주 샌앤젤로에 가서 2011년 말부터 16개월을 살았다. 처음에는 로우스 슈퍼마켓에서 계산원으로 일했고 곧 냉동식품회사 PAK의 창고에서 지게차를 모는 일까지 투잡을 뛰었다. 그때까지 해본 일 중에서 제일 좋았다. "드디어 내 일을 찾았다고 생각했습니다."

토드는 다시 한 번 집중을 요하는 육체노동에서 의미와 보람을 느낄 수 있었다. 하지만 2013년 초에 DNA 테스트 결과가 나왔는데, 전에 병원에서 알려준 세라의 출산예정일이 오류였던 것으로 판명 났다. 그러니까, 토드가 아이 아버지가 맞았다. 이 아이가 아이작이고, 이때는 한 살이었다.

이 시점에 세라는 위의 세 아이를 아이들 친부에게 잃은 상태였다. 아이작을 가졌을 때 임신이 너무 고생스러웠던 게 발단이었다. 세라는 '하이퍼에메시스 그라비다룸'[hyperemesis gravidarum, 임신오조증]에 시달렸는데, 굉장히 있어 보이는 이 병명은 임신 기간 내내 끝없이 구토를 하고 임신성 당뇨를 겪으면서 계속 자리에 누워 지내야 한다는 의미였다. 그래서 세라는 요양원과 맥도날드에서 하던 일을 계속할 수 없게 되었고, 자동차와 집도 유지할 수 없게 되었다. 상황이 이렇게 되자, 아이들이 세라보다는 자신과 친가 쪽 집에서 지내는 게 더 좋을 거라는 아이 아버지의 주장에 결국 동의하고 아이들을 보냈다(형식상으로는 공동양육권을 유지했다).

세라는 페이스북에서 토드의 차단을 풀었다. 토드가 세라에게 전화를 했고 세라의 첫마디는 "집에 언제 올 거야?"였다.

토드는 오하이오주로 돌아와 세라와 함께 지내게 되었고 아들을 만났다. '부지런하고 성실한 노동자'라는 자기 정체성은 이제 더 전통적인 야망으로 확장되었다. 라큰그린에서 영광의 시기 동안 아버지가 그랬듯이 토드도 '가장'이 될 것이었다. "아버지는 제가 늘 부양하고 제공하는 사람이 되도록 키우셨습니다. 이제 나는 가정을 꾸렸고 가정을 부양해야 합니다." 하지만 토드와 세라는 결혼을 하지는 않았다. '가족'을 꾸리더라도 굳이 '결혼'을 하지는 않을 생각이었고, 백인 노동자 계급의 많은 사람들이 그렇게 하고 있었다. 전체적으로 18~44세 성인 중 결혼한 적이 있는 사람은 2002년부터 약 10년 사이에 10퍼센트포인트나 줄어서 50퍼센트 수준밖에 되지 않게 되었는데, 최근의 감소세는 백인 노동자 계급 사이에서 결혼이 줄어든 것과 관련이 컸다.[10] 그리고 이제 그의 삶에는 라큰그린도 없었고 '스왈로스 트럭 운송회사'도 없었다. 가령, 아버지와 함께 일하면서 '스왈로스 앤 선'[아버지와 아들이 공동 경영하는 가족기업이라는 의미]으로 사명을 바꾸고 그곳에서 트럭을 몰거나 배송 관리를 하거나 일반 관리자가 되어 경영을 하는 미래 같은 것은 이제 그의 삶에 없었다.

토드는 테슬라의 부품을 만드는 공장에서 용접 일자리를 얻었다. 단기 계약직이었고 시간당 11.85달러밖에 벌지 못했지만 데이턴의 영광의 시기와 가장 근접한 일이었다. 이곳의 계약 기간이 끝나고는 홈디포의 정원용품 코너에서 파트타임으로 일했다. 그의 아버지도 여기에서 일하고 있었고 아버지는 학교로 돌아가 공부도 새로 하는 중이었다. 하지만 홈디포 일자리는 토드가 가족을 부양하기에 충분하지 않았다. 이때는 재즐린도 태어나 식구가 더 늘어 있었다. 토드는 아버지처럼 자신도 학교로 돌아가 활로를 모색해보기로 했다.

2014년에 토드는 데이턴에 있는 싱클레어 커뮤니티칼리지의 응급구조사 과정에 등록했다. 어찌어찌 수업을 몇 개 듣기는 했지만 자격증을 딸 만큼 듣지는 못했다. 수업을 들으면서 가족 부양을 위해 일할 시간까지 내는 것은 불가능했기 때문이다. 세라는 정부가 지원하는 어떤 아동 돌봄 프로그램에도 자격 조건이 부합하지 않아 아이들을 맡기고 일을 할 수 없었다. 그런데 아동 돌봄 보조를 받지 못하는 이유는 일자리가 있는 남자와 살고 있어서였다. 2015년이면 토드의 학교 계획은 흐지부지되었고 이제는 라큰그린호 근처, 데이턴 서쪽에 있는 도시 이튼의 자동차부품회사 '어드벤스 오토 파트' 공장에서 일하고 있었다. 임금은 시간당 10달러도 되지 않았다.

이때는 2015년 여름이었다. 오바마 대통령 재임 기간 동안 토드는 다음과 같은 일을 했다.

얼 C. 클레먼츠 직업훈련센터—시설 관리
이튼에 있는 파커—파이프 이음쇠 제조
콜럼버스에 있는 도나토스 피자
미들타운에 있는 캡틴 D
미들타운에 있는 도미노 피자
미들타운에 있는 커비—진공청소기 방문판매
샌앤젤로에 있는 로우스 슈퍼마켓
샌앤젤로에 있는 PAK—냉동식품 물류창고 지게차 운전
데이턴에 있는 셀렉트 아크—용접
미들타운에 있는 홈디포
이튼에 있는 어드밴스 오토 파트

그리고 세라가 또 임신을 했다. 피임 주사를 맞았는데 어떻게 된 일인지 알 수가 없었지만, 아무튼 그렇게 되었다.

1980년대 중반까지 데이턴에는 노숙인 쉼터가 없었고, 그때 처음으로 하나가 소방서에 문을 열었는데 머무는 사람은 25명뿐이었다. 그리고 2005년에 [종교 기반 자선기관인] '생 뱅상드폴'이 다운타운 남쪽의 애플가에 게이트웨이 쉼터를 열었다.

쉼터가 들어선 커다란 건물은 전에 엘더-비어만 백화점의 창고였다. 드레스와 정장 등 온갖 옷이 이곳으로 왔다가 코트하우스 스퀘어의 주력 매장에 진열되었다. 그런데 2002년에 코트하우스 매장이 문을 닫았고 도심 경제에 결정적인 타격을 입혔다. 이제 텅 빈 가게 자리들과 인적 드문 보도들이 도심의 넓은 길과 테라코타 장식의 건물 전면을 조롱하고 있었다.

2018년에는 백화점 창고였던 애플가 건물에는 이제 212개의 간이침대, 주방, 휴게실 등이 들어서 있었다. 전과는 사뭇 다른 형태이긴 하지만 의류도 있었다. 여기에서는 옷들이 지하층 차고 공간에 마련된, 자원봉사자들이 기부 물품을 분류하는 곳에 쌓여 있었다. 쉼터에서 묵는 사람들이 원하는 것을 먼저 챙기고 나면, 나머지 옷들은 이 건물에 딸린 기부물품 할인매장에서 판매되었다.

남성 쉼터는 2007년에 게티스버그가에 문을 열었다. 전에는 감옥이었고 여전히 교정 시설들에 둘러싸여 있었다. 한쪽에는 주 여성 교도소가 있었고 다른 쪽에는 출소가 얼마 남지 않은 남성 복역수들이 머무는 교도소가 있었다. 남성 쉼터도 생 뱅상드폴이 운영했는데, 교도소였던 건물을 써야 한다는 것이 유감스럽긴 했어도, 250만 달러 예산으로 날마다 500명을 돌보아야 하는 상황에서 그나마 감옥 건물은 저렴하게 쓸 수 있었다. 시내의 노숙인 남성들에게는 버스로 30분이나 걸리는 매우 불편한 위치였지만, 출소 예정자 교도소에 있다가 나온 사람들에게는 매우 편리한 위치였다. 어떤 이들은 교도소에서 나와 곧바로 길을 건너서 가시 철망이 둘러쳐진 예전 교도소 건물의 쉼터로 직행하기도 했다고 한다.

토드는 '교도소 출소 후 쉼터 직행'의 루트를 타본 적은 없었다. 하지만 법을 어긴 적은 있는데, 어떻게 보느냐에 따라 상황 탓이라고 말할 수도 있고 그의 성향 탓이라고 말할 수도 있다.

열여덟 살 때 그는 어떤 여성의 지갑을 훔치려 했다가 붙잡혔다. 나중에 그는 파산한 아버지를 도우려는 마음에 우발적으로 저지른 일이라고 말했다. 1년 뒤에는(마리화나를 많이 피우던 시절이었다) 친구들과 아주 배가 고픈 상태로 월마트에 들어갔는데, 자신이 먹은 것에 대해 돈을 냈지만 계산대에 가기 전에 먼저 뜯어서 마시고 있던 네스퀵 음료의 값을 치르는 것을 깜빡했다. 토드는 일반절도죄로 190달러의 벌금을 선고받았다.

그리고 얼마 후 콜럼버스에 살던 시절, 오하이오 주립대학과 미시건 대학의 경기가 있던 날 파티를 마치고 친구가 모는 차의 조수석에 앉아 집으로 오고 있는데 경찰이 차를 세우라고 하더니 운전하던 친구를 '주취 또는 약물 상태에서의 운전'(driving under the influence, DUI)으로 체포했다. 토드가 걸어서 집으로 가려는데 뒤에서 경찰이 갑자기 그를 덮쳤다. 조수석 아래에서 발견된 가루 봉지가 토드의 것이라고 생각한 것이었다. 그것은 유사마약이었다. 토드는 맹세코 자신의 것이 아니라고 했지만, 어쨌든 '유사마약 소지' 혐의에 대한 유죄 인정(guilty plea)으로 [재판까지 가지 않고] 벌금 150달러를 냈다. 그래서 이것도 전과 기록으로 남게 되었다.

2013년 5월에는 '치안 문란 행위'로 체포되었다. 토드의 설명에 따르면 당시 상황은 이렇다. 세라가 재즐린을 임신했을 때였는데 어느 날 토드가 웬디스 드라이브스루 매장에서 욕정을 이기지 못하고 자동차 안에서 세라의 머리를 부여잡고 격정적인 키스를 했다. 그런데 그걸 본 누군가가 세라의 목을 조르는 것으로 착각을 해서 신고했다. 경찰 조서에는 다음과 같은 내용이 나온다. "스왈로스 씨는 자신과 세라가 늘 이런 식으로 장난을 친다고 진술했으며 자신의 손이 세라의 목에 있었지만 조르지는 않았다고 했다. 아이작 경관이 세라 랜더스 부인을 조사했는데, 랜더스 부인은 스왈로스 씨가 단지 장난을 치고 있었을 뿐이며 절대로 자신을 다치게 하는 사람이 아니라고 말했다." 아무튼 토드는 체포되었고, 세라는 가정폭력에 어떻게 대처해야 하는지에 대한 정보가 담긴 소책자를 받았다.

2016년 3월 12일 토요일, 도널드 트럼프가 데이턴에 왔다. 더 정확하게 말하면 밴데일리아의 북쪽에 있는 공항에 왔다. 밴데일리아는 문 닫은 델파이 공장 중 하나가 있던 곳이다. 오하이오주의 대선 프라이머리(예비선거)를 앞두고 유세차 방문한 것이었다. 시카고에서 예정되었던 유세가 대대적인 시위로 취소된 다음날이었는데, 전날의 대치 상태에서의 긴장이 데이턴 공항 주위의 평평하고 텅 빈 풍경에까지 따라온 것 같았다. 그가 도착하기 몇 시간 전부터 진입로에 차들이 몰렸고 시위대도 일찍부터 와 있었다. 한 팻말에는 "우리 주에 혐오는 없다"고 쓰여 있었고 또 다른 팻말에는 "트럼프, 데이턴을 다시 위대하게 하라—제발 떠나라. 트럼프와 100명의 난민을 교환하자"라고 쓰여 있었다.

항공기 계류장 안은 축제 분위기였다. 트럼프가 좋아하는 알파메일 음악(롤링스톤스, 빌리 조엘, 파바로티 등)이 계속해서 되풀이되고 있었고 깔끔하게 손톱을 손질한 아내들과 골프 캡을 쓴 남편들, 그리고 어설퍼 보이는 소년들이 있었다. 성인이 된, 혹은 거의 성인이 된 아들과 함께 온 아버지들이 많은 것이 눈에 띄었다.

방금까지는 여기에 비행기가 없었는데 다음 순간에 비행기가 나타났고, 록 콘서트장에 첫 드럼 비트가 울릴 때처럼 군중이 앞으로 몰려들었다. 트럼프는 계류장 한쪽에 마련된 단상으로 올라갔다.

"오하이오, 나는 오하이오를 좋아합니다."

그런데 몇 분 뒤에 트럼프는 자신이 어디에 와 있는지 까먹은 듯했다. "나프타(NAFTA)가 뉴잉글랜드를 파괴했습니다." 하지만 군중은 상관하지 않는 듯했다. "여러분은 몇 년이나 싸우고 또 싸웠는데 아직도 거기에서 결코 회복되지 못했습니다. 하지만 나를 뽑아주면 회복될 겁니다. 내 생각에, 나프타는 말이에요, 그리고 여기에 찬성한 사람 모두요, 클린턴이 여기에 서명을 했어요. 그런데 나프타는 우리의 주들을 쓸어 없애고 있습니다. 주들을 통째로 쓸어 없애고 있어요. 뉴잉글랜드를 쓸어 없애고 있습니다. 여기에는 오랜 시간이 걸렸습니다. 그 공장들 좀 보세요. 그들은 그곳들을 노인 주거지로 바꾸었어요. 다 좋아요, 좋은데, 우리는 일자리가 필요합니다. 친구들, 우리는 일자리가 필요해요. 그런데 더 이상 우리는 일자리가 없습니다. 우리 일자리가 일본, 중국, 멕시코로 가고 있어요. 베트남으로 가고 있습니다. 우리는 일자리를 잃고 있습니다. 우리의 기반을 잃고 있어요. 우리의 제조업을 잃고 있어요. 우리는 모든 것을 잃고 있어요. 우리는 모든 것을, 그게 뭐든 간에, 하나씩 다 잃고 있습니다."

한때 데이턴과 주변 지역은 공화당이 냉철하고 합리적인 정신을 잃지 않도록 지켜주는 성채였다.[11] 시골 변호사 출신으로 공화당 의원이 된 데이턴 북쪽 작은 마을 출신 빌 매컬러(Bill McCulloch)는 하원에서 민권법 통과를 이끌어내는 데 기여했다. 12년 동안 연방 하원의원을 지낸 데이턴 출신 정치인 찰스 웨일런(Charles Whalen)은 오하이오 주의원 시절 오하이오주의 공정주거법을 입안했고 민권법 통과 과정을 다룬 책도 썼으며 베트남 전쟁에 공개적으로 반대했다.

하지만 맥컬러와 웨일런은 오래전의 옛이야기다. 교외로 인구가 대대적으로 빠져나가면서 광역 데이턴 전역에 새로운 정치적 풍경이 나타났다. 원거리 교외 지역에는 뉴트 깅그리치, 제리 폴웰, 그로버 노키스트 등의 후예인 이데올로기적 보수주의자들이 주로 살았다. 인구가 줄고 있는 도시 내부 지역에는 일상에서는 서로 거의 접점이 없는 흑인과 백인 전문직 종사자들이 주로 살았는데, 그래도 이들은 민주당 전국 조직이 밀고 있던 민권, 난민, 사회안전망 등의 진보 의제에서는 공동의 대의를 발견할 수 있었다. 그 중간 지역, 즉 근거리 교외와 이튼, 미들타운 등 쇠락하는 소도시의 노동자 계급 지역에는 이 같은 지역적 분리에서 마음 둘 곳을 잃은 사람들, 한때는 민주당 지지자였거나 민주당 지지자의 자녀였지만 원거리 교외의 맥맨션에 사는 보수주의자에 대해서만큼이나 도시 내부에 사는 진보 세력에 대해서도 소외감을 느끼는 사람들이 주로 살았다.

그런데 이 세 번째 유권자들이 이제 마음 둘 곳을 찾은 듯했다. 3월 15일에 오하이오주 공화당 프라이머리에서 트럼프는 주지사 존 케이식(John Kasich)에게 패했다. 하지만 데이턴이 속한 몽고메리 카운티에서는 오하이오주의 나머지 아홉 개 대규모 카운티에서보다 득표 성적이 좋았다. 트럼프는 위축된 지역 대부분에서 많은 표를 얻었고, 몽고메리 카운티에서는 민주당 프라이머리에서 승리한 힐러리 클린턴이 얻은 것보다 많은 표를 얻었다. 몽고메리 카운티가 1988년 이래 공화당에 넘어간 적이 없었다는 점을 생각할 때, 이것은 매우 놀라운 일이었다.

2016년 9월 13일, 토드와 세라와 아이들은 토드의 스물여섯 번째 생일을 축하했다. 다음날, 토드와 세라는 이튼의 메인가에 월세로 얻은 집에서 대판 싸웠다. 세라가 다른 남자와 문자를 주고받는 것을 토드가 보았기 때문이다. 세라는 경찰 진술에서 이렇게 밝혔다. "남자친구와 싸우던 중에 그가 내 후드티를 붙잡고 목을 졸랐습니다. 그리고 머리채를 잡고 나를 바닥에 내동댕이쳤습니다." 세라는 자기방어를 위해 자신도 간신히 그를 한두 차례 때렸다고 했다. 세라의 무릎에 작은 상처가 났다. 세라는 이렇게 덧붙였다. "그는 우리가 나가기를 원했습니다. 우리는 별것 아닌 일로 싸웠습니다."

경찰은 월마트에서 토드를 발견해 체포했고 그를 프레블 카운티 구치소에 보냈다. 토즈는 법원 제출 서류에 재산 목록을 이렇게 기입했다.

은행계좌 잔고: 0원

주식, 채권, 양도성예금증서: 0원

기타 유동자산이나 현금: 0원

소득 난에는 '어드밴스 오토 파트'에서 시간당 9.93달러를 받는다고 적었고 메디케이드[Medicaid, 저소득층과 장애인에게 제공되는 의료지원 프로그램]와 푸드스탬프 수급자라고 적었다. 자신과 세라의 지출은 이렇게 기입했다. 월세 550달러, 식비 600달러, 전화비 70달러, 교통비와 연료비 180달러, 공과금 25달러.

토드는 2주일 동안 구치소에 있었다. 혐의는 처음에 '가정폭력'이었다가 '치안 문란 행위'로 완화되었다. 하지만 판사는 90일간 세라에게 접근하지 못하게 접근금지 명령을 내렸다. 또 법원 비용 190달러를 청구했다. 매달 25달러씩 할부로 낼 수 있었다. 그런데 구치소에서 나와 보니 어드밴스 오토 파트의 일자리가 날아가서 돈을 내고 명령을 따르는 일이 쉽지 않아졌다.

이것은 많은 가정폭력 사건에서 나타나는 고전적인 난제다. 자료들에 따르면, 가정폭력은 저소득층 가구에서 훨씬 많이 발생한다. 물론 가해자는 응분의 책임을 져야 하지만, 이를 위해 우리가 사용하는 주요 수단인 수감은 그의 일자리를 잃게 만드는 경우가 많고, 그 때문에 경제적 어려움이 한층 더 심해진다. 상당 경우 애초에 폭력적인 행동을 증가시켰던 원인 중 하나가 경제적 어려움이었는데 말이다. 메릴랜드 대학 법학 교수 리 굿마크는 "친밀한 관계에서의 폭력은 빈곤과 강한 상관관계가 있는데, 체포와 처벌에 주되게 의존하는 방식은 그러한 폭력의 조건을 한층 강화한다"고 설명했다.[12] 그에 따르면, "저소득층 여성은 [그렇지 않은 여성보다] 가정폭력 피해자가 될 가능성이 더 크고, 고용 상태가 아니거나 부적절한 고용 상태의 남성은 가해자가 될 가능성이 더 큰데, 전과가 있으면 일자리를 구하고 유지하기가 더 어려워진다." 또한 굿마크는 가정폭력 가해자들의 또 다른 일반적 특징으로 어린 시절의 체벌 경험을 언급했는데, 이 또한 토드에게도 해당되었다. 굿마크는 이렇게 설명했다. "트라우마도 중요한 요인이다. 어린 시절의 학대, 방임, 폭력 목격 등의 경험은 나중에 성인이 되어 자신의 집에 폭력을 불러오게 될지 여부와 관련이 있다." 굿마크는 감옥에서 보내는 시간이 바람직한 기대 효과를 못내는 경우가 왕왕 있는 것은 놀랄 일이 아니라고 언급했다. "수감도 트라우마를 일으키는 경험이다. 우리는 폭력 행사자를 폭력을 목격하거나 경험하기 좋은 환경에 넣어 처벌하고서 그들을 공동체와 인간관계의 장에 돌려보낸다."

일자리는 없어졌지만, 그가 구치소에서 나온 시점은 또 다른 무언가에 몰두하기에 딱 맞는 타이밍이었다. 바로 2016년 대선이었다. 그는 이전 대선에서 버락 오바마에게 두 번 투표했다. 하지만 도널드 트럼프의 말에 수긍이 가기 시작했다. 그 어느 것도 시간당 11달러 이상을 주지는 않았던 수많은 일자리를 10년 동안 전전하고 난 그에게 개인 비행기를 타고 날아온 갑부가 하는 번영의 약속이 솔깃하게 들렸다. 훗날 토드는 이렇게 말했다. "그는 기업가잖아요. 자기 기업을 운영해본 사람이요. 그는 수십억 달러의 가치가 있고 수백 개의 회사를 운영합니다. 그가 그것들을 소유하고 운영하고 있어요. 그래서 나는 이렇게 생각했습니다. 이 사람이 미국을 바꿔줄 거야."

토드는 트럼프를 찍었다. 트럼프는 버락 오바마가 4년 전에 2퍼센트포인트 차이로 이긴 오하이오주에서 8퍼센트포인트 차이로 승리했다. "나는 얼른 트럼프에게 투표하러 가고 싶어서 오매불망 투표 날만 기다렸어요."

토드는 다른 사람 말을 전하듯이 당시 가졌던 생각을 말했다. "트럼프가 일자리를 가져다줄 거야. 그가 경제를 우리 부모님이 일하던 시절의 방식으로 다시 돌려놓아줄 거야."

도널드 트럼프는 대통령이 되었고 토드 스왈로스는 골판지 공장에서 일자리를 얻었다.

'루이스버그 컨테이너'는 데이턴에서 서쪽으로 30분, 이튼에서는 약 15킬로미터 떨어진, 같은 이름을 가진 작은 도시에 있었다. 이 회사는 호주의 억만장자가 소유한 글로벌 제지 및 포장재 업체 '프랫 인더스트리스'의 자회사였고, 프랫은 미국에서 4,000명을 고용하고 있었다. 루이스버그 컨테이너 바로 옆에 골판지용 원지를 만드는 프랫 공장 하나가 있었다. 여기에서 직접 뽑아낸 펄프로 원지를 만들면 루이스버그 컨테이너가 그 원지로 골판지 상자를 만들었다.

토드는 골판지 일이 좋았다. 앞에 놓인 일감과 홀로 대면해 자신의 역량을 스스로에게 계속해서 증명하는 것이 좋았다. 원지가 가득 쌓인 팰릿이 커다란 기계 앞에 놓인다. 원지는 폭이 30센티미터인 것에서 2미터인 것까지 다양하다. 인쇄, 주름 넣기, 접기, 풀칠 등 주문된 대로 필요한 작업이 진행되도록 기계를 세팅한다. 그 다음에 '호퍼'라고 부르는 급지 장치를 통해 원지를 넣으면 공기흡입식 장치가 용지를 빨아들여 아래로 보내고, 그가 세팅한 대로 볼트가 원지를 접으면 롤러는 주름을 만들고 프레스가 풀로 접착한다. 마지막으로, 작업이 끝난 골판지를 기계에서 내려 먼저 나온 것들 위에 차곡차곡 쌓고 밴딩 머신을 통과시킨 다음 잘 묶였는지 확인한다. 그러고 나면 새로 작업해야 할 원지 팰릿이 도착한다. 새 주문에 맞춰 기계를 다시 세팅하고 원지가 정확하게 접힐 수 있도록 벨트를 조정한다. 세팅을 제대로 하지 않으면 제품이 제대로 나오지 않는다. 작업이 잘못될 수 있는 방법은 아주 많다.

육체적으로 힘든 노동이었다. 테슬라 부품 회사에서 용접 일을 하던 때보다도 힘들었다. "보통 사람이라면 안에 들어가자마자 압도될 거예요." 허세로 한 말이 아니었다. 작업량이 시간당 무려 6,000~1만 상자 분량이었기 때문이다. 한번은 건전지 회사 듀라셀에서 들어온 주문을 맞추느라 이틀 만에 10만 장을 작업해야 했다.

토드는 필요에 따라 여러 가지 일을 하는 잡무 노동자로 시작했다. 여섯 개의 기계를 왔다 갔다 하면서 쉬는 날인 사람의 일을 커버하는 등 그때그때 손이 필요한 일들을 했다. 임금은 시간당 12달러로, 이제까지 그가 해본 일 중 가장 높았다. 하지만 곧 그의 삶은 이전 어느 때보다도 깊은 나락으로 떨어지게 된다.

90일간의 접근금지 기간 중에도 그와 세라는 헤어지지는 않은 상태였다. 그러니까, 둘이 갈라선 것은 아니었다. 그런데 골판지 공장 일을 시작하고 두어 주가 지난 1월 말에 세라가 '직업 및 가족 서비스 부'에서 받는 복지 급여와 관련해 토드를 가족 구성원 목록에서 제외했다는 것을 토드가 알게 되었다. 그는 야간 근무를 마치고 새벽에 이튼에 돌아와서 술을 마셨다.

그 다음에 일어난 일을 세라는 경찰 진술에서 이렇게 설명했다. "아침 7시 반에 술 취한 토드가 소리를 지르며 들어와 나를 깨웠습니다. 싸우다가 격앙이 되어서, 그가 니컬러스를 안고 있는 내 목을 조르고 턱을 두 번 때렸습니다."

경찰은 토드를 곧바로 찾지 못했다. 사흘 뒤에 법원은 새로 접근금지 명령을 내렸고 토드는 식구 전체에게 모든 방식의 접근이 금지되었다. 그날 저녁에 세라가 집에 와보니 집이 쑥대밭이 되어 있었고 베개 몇 개와 세라의 브라가 잘려 있었다. 얼마 뒤에 토드가 경찰서에 와서 새로 접근금지 명령이 내려진 것을 모르고 집에 갔었다고 말했다. 어쨌거나 접근금지 명령을 어긴 것이므로 체포되었다.

1주일 뒤에 토드는 4개월 전에 썼던 것과 동일한 양식에 재정 상태를 기입했다. 자산은 여전히 0원이었고, 소득은 루이스버그 컨테이너에서 버는 월 1,800달러였다. 가족 구성원에는 지난번과 마찬가지로 세라, 아이작, 재즐린, 니컬러스를 적었다. 정확히 그가 지금 접근하면 안 된다는 명령을 받은 사람들이었다.

그는 유죄 인정을 하지 않았고 [따라서 사건이 재판 절차에 들어간 상태에서] 다시 루이스버그 컨테이너 일을 시작했다. 그는 이곳에서 빨리 4개월을 채워서 인력 파견 업체에서 보낸 임시 계약직이 아니라 루이스버그 컨테이너의 정규직으로 전환되기를 기대하고 있었다. 그러면 오퍼레이터 보조로 일할 수 있고 단순한 일보다는 기계 세팅과 같은 일을 더 많이 할 수 있을 터였다. 임금도 시간당 14달러로 오를 것이어서 세라와 아이들에게 쓸 돈도 더 많아질 것이고, 그러면 세라에게, 그리고 법원에, 재결합을 더 설득력 있게 주장해볼 수 있을 것이었다.

정규직 전환에 필요한 서류도 이미 다 받아두었다. 하지만 이번에도 그는 일을 그르치고 말았다. 어느 월요일에 매사에 불평을 하고 징징거리면서 일은 안하고 게으름을 피우는 한 젊은 동료에게 넌더리가 난 토드는 그를 심하게 몰아세웠다. "아, ×발, 구시렁대지 좀 마!" 젊은 동료는 곧바로 토드를 인사부서에 신고했고 인사부서장이 토드를 불러서 징계 이야기를 했다. 그런데 이 일이 처리되는 데 며칠이 걸렸다. 그가 인력 파견 업체와 이 회사 사이의 어중간한 상태에 있었기 때문이다.

어중간한 상태에 있던 그 주 후반부의 어느 날 새벽, 토드는 열두 시간의 야간 근무를 마치고 이튼으로 차를 몰고 돌아오고 있었다. 원래 열 시간 근무였지만 자청해서 두 시간을 추가로 일했다. 그런데 길에 사슴 한 마리가 튀어나왔다. 사슴을 칠 확률을 줄이기 위해 속도를 내서 달리라던 아버지 말씀대로 토드는 가속 페달을 세게 밟았다. 사슴은 그 자리에서 죽었고 토드는 발에 세 군데 골절을 입었다. 전에 부상으로 약해진 곳이 골절된 것이었다. 그리고 보험에 가입되어 있지 않은 1993년식 검정색 크라운 빅토리아 자동차는 완전히 망가졌다.

2017년 상반기는 데이턴에도 악몽이었다. 몽고메리 카운티는 그 전에도 몇 년 동안 오피오이드 중독 확산의 최전선에 있었다. 전문가들은 주요 고속도로들이 만나는 곳이라는 점(물류의 허브라는 말은 암거래의 허브라는 말도 된다)과 지역경제의 붕괴(해고당한 제조업 노동자들이 우울증에 많이 시달리기도 했을 뿐 아니라 전에 일하다 당한 부상으로 진통제를 합법적으로 처방받기도 쉬웠다. 오하이오주 남부 전역에서 제약회사들이 마약성 진통제 처방전을 잘 써주게끔 의사들에게 매우 공격적인 판촉을 전개한 바 있었다)의 불행한 조합을 원인으로 꼽았다.

그런데 2017년으로 넘어가는 겨울과 봄에 이 지역에서 펜타닐, 심지어는 더 강력한 카르펜타닐 공급량이 급증했다. 데이턴은 전례 없는 하강 나선을 타고 있었다.[13] 1월부터 5월 사이에 몽고메리 카운티에서 365명이 약물 과다복용으로 숨졌는데, 2017년의 첫 5개월 동안 2016년 1년 전체에 맞먹는 사망자가 나온 것이었다. 검시관(그의 팀은 몽고메리 카운티뿐 아니라 다른 카운티들의 부검도 담당한다)은 시신 안치소 공간이 부족해질 것을 우려해서 위기시 비상대응 계획을 짰다. 장례식장들에 시신을 얼마나 추가로 받을 수 있는지 확인했고 "대규모 사상자 발생에 대비해" 냉장 트럭으로 시신을 운반해 보관해두는 방법도 생각했다.

이제 자동차가 없는 토드는 루이스버그 컨테이너에 출퇴근을 할 수 없게 되었다. 어차피 임박한 징계 때문에 그곳의 일자리는 위태로웠다. 이렇게 해서 그는 골판지 공장 일자리를 잃었고, 발 통증을 누그러뜨리기 위해 진통제 퍼코셋을 처방받았다.

어려서 마약성 진통제를 조금 먹어보긴 했지만 그 후로는 오하이오주 남서부에서 점점 높아지던 오피오이드의 유혹에 비교적 잘 버티고 있었다. 그는 담배와 술이면 대체로 충분했다. 하지만 이번에 부상으로 진통제를 먹기 시작하고 몇 주가 지나자 처음에는 하루에 두세 알만 먹으면 되던 것이 이제는 몇 알을 더 먹어야 한다는 것을 깨달았다. 훗날 그는 이렇게 설명했다. "진통제를 오래 먹을수록 그것을 더 많이 필요로 하게 된다는 것을 깨달았습니다. 실제로는 더 이상 존재하지 않는 환상통을 완화하기 위해 계속 약에 취해 있는 상태가 되어야 하는 거죠." 처방받은 90일치 약이 다 떨어지자 심각한 금단 현상이 왔다. 그는 완전히 수렁에 빠져 있었다. 아무것도 먹을 수 없었고 밤에는 식은땀을 흘렸다. 그는 마리화나와 다른 이들에게서 어찌어찌 구한 진통제를 계속 사용했다. "나는 암흑 속에 있었습니다. 한동안 나 자신을 포기했어요."

그는 재판 절차에 들어간 1월의 사건과 접근금지 명령 위반 건에 대해 법원에 계속해서 심리 연기를 요청했다. 골판지 공장 일자리를 잃은 뒤에 그가 월세를 내지 못해서 세라와 아이들이 집에서 쫓겨났고 토드는 이튿에 세라와 아이들이 지낼 집을 새로 구했다. 8월 초에 그와 세라는 그곳에서 잠시 다시 합쳤는데 또 싸웠고, 이번에는 세라가 그를 세게 때렸다. 그는 경찰을 부르지 않았지만, 엄마 집에 가려고 길을 걸어가는데(이때 그는 엄마 집에서 지내고 있었다) 경찰이 그의 팔에 피가 묻은 것을 발견하고 무슨 일이냐고 물었다. 기록에 따르면, 그들은 세라를 체포하러 갔고 세라는 경미한 폭행 혐의로 유치장에서 하루를 보냈다.

세라는 아이들을 데리고 이튼을 떠나 친정 엄마와 엄마의 남자친구가 사는 미들타운으로 갔다. 토드는 세라가 나가고 비어 있는 아파트로 들어갔다. 그런데 그가 그 아파트에 있는 것이 접근금지 명령 위반이라고 해서 곧 쫓겨났다. 세라가 거기에 살고 있지 않았는데도 말이다. 얼마 뒤에는 토드가 세라에게 전화를 두 번 걸고 문자를 한 번 보낸 것이 접근금지 명령 위반이라고 경찰에 체포되었다. 이번에도 토드는 재정 상태 양식에 재산을 0원이라고 기입했다. 그리고 이제는 루이스버그 컨테이너 일자리를 잃어서 소득도 0원이었다. 주소 난에는 "CPO[civil protection order, 접근금지 명령]로 인해 주소지가 없음"이라고 적었다.

유치장에서 나온 토드는 접근금지 명령을 지키고야 말겠다는 듯 다른 여성을 만나기 시작했다. 며칠은 이 여성의 집에서 보냈고 며칠은 아버지의 트레일러에서 보냈다. 그리고 브룩빌에 있는 한 피자집에서 일자리를 구했다.

2017년 하반기에는 데이턴의 상황이 약간 나아졌다. 다운타운에 고층 아파트와 술집들이 새로 들어섰다. 숱한 고난을 겪었지만 그래도 데이턴에는 옛 영광의 웅장함이 남아있어서 오하이오주의 수많은 탈산업화된 소도시들이 갖지 못한 매력이 있었다. 사망률도 조금이나마 줄기 시작했다. 소문으로는 마약 딜러들이 자기들의 고객을 자기들이 죽이고 있다는 사실을 깨닫고 펜타닐 비율을 낮추었다고 한다. 모레인의 예전 GM 공장에서 채용도 다시 이뤄지고 있었다. 이곳은 중국의 자동차유리 제조업체 푸야오(福耀)에 인수되어 있었다. 시간당 임금은 13달러에서 시작했는데,

전에 GM이 주던 것보다 훨씬 낮았다. 연방 조사감독관들이 이 공장에 안전수칙 위반이 만연했다는 것을 적발하기도 했고, 푸야오는 노조 조직화도 맹렬하게 방해했다. 그렇더라도, 아무튼 채용이 다시 이뤄지고 있다는 것은 중요했다.

그리고 또 하나의 대규모 고용주가 오하이오주 남서부로 오고 있다는 이야기가 돌았다. 데이턴 지역이 물류 중심지라는 점을 생각하면, 이 회사는 여기에 올 수밖에 없었을 것이다. 포장, 분류, 운송이 다 여기에서 이뤄지고 있는데, 그 소문의 회사는 포장, 분류, 운송에 어느 회사보다도 크게 의존하는 회사였기 때문이다. 2005년에 아마존이 연 79달러를 내면 무료로 이틀 내에 빠르게 배송해주는 '프라임' 서비스를 시작했을 때는 전국에 아마존 물류센터가 열 개도 되지 않았다. 그런데 2017년에는 전국에 약 100개의 물류센터가 운영되고 있었다. 그러고도 아마존은 물류센터가 더 필요했다. 이제 아마존은 미국 온라인 상거래의 40퍼센트를 차지하고 있었고, 이것은 그 아래 아홉 개 경쟁업체를 **다 합한** 것보다도 두 배나 높은 점유율이었다.[14] 그리고 미국 전역에서 프라임 서비스에 가입한 약 8,000만 명에게 이틀 안에 배송을 할 수 있으려면 물류센터가 전국에 퍼져 있어야 했다. 8,000만 명은 2014년 중간선거 때 투표한 유권자 수에 맞먹는다.

오랫동안 아마존은 되도록이면 오하이오주에 물류센터를 짓지 않으려고 했다. 미국에서 일곱 번째로 인구가 많은 주에서 발생한 매출에 판매세가 잡히는 것을 피하기 위해서였다. 그런데 차차로 계산이 달라졌다. 그동안 아마존이 진입을 피해왔던 다른 주들에서도 마찬가지였다. 이제까지 아마존은 물류센터 없이 이들 주에서 거대한 고객 기반을 형성해왔는데, 여기에는 높은 판매세를 내야 하는 오프라인 판매자들에 비해 가졌던 경쟁우위가 주된 기여를 했다. 그런데 이제는 고객 기반이 굉장히 커져서 이들 주에도 물류센터를 짓고 이틀 배송을 무리 없이 수행하는 것이 더 합리적인 일이 되었다. 판매세는 내야 할 테지만, 그렇더라도 여전히 매출 전체에 대해 판매세가 잡히는 것은 아니었다. 한두 개 주를 제외한 대부분의 주에서는 제3자 사업체를 통한 매출에 판매세를 물리지 않았는데, 제3자 사업체를 통한 매출이 아마존 매출의 절반을 차지하고 있었다. 이는 주 정부가 수억 달러의 조세 수입을 잃고 있었다는 의미이기도 하다.[15]

게다가 오하이오주는 아마존에 상당한 인센티브까지 제공해줄 가능성이 있었기 때문에 한층 더 매력적이었다. 온라인 상거래 회사가 판매세를 회피하려고 이제까지 진입을 피하는 바람에 세수가 줄어서 고전하고 있는 주 정부에 대고 이제는 거기에 들어갈 테니 조세 혜택을 내놓으라고 요구하는 것은 얼굴이 아주 두꺼워야 할 수 있는 일이다. 그리고 아마존은 얼굴이 아주 두꺼웠다. 2015년에 아마존은 오하이오주에 물류센터 두 개를 짓기 위한 협상을 시작했다. 콜럼버스 주위 순환도로인 I-270번 도로와 가까운 곳이었다. 주 당국 쪽의 협상 당사자는 주 정부 기구인 '오하이오 개발 사업국'(Ohio Development Services Agency)과, 존 케이식 주지사가 2011년 오하이오주에서 일자리를 창출하는 기업에 혜택을 주기 위해 설립한 비영리 민간기구인 '잡스오하이오'(JobsOhio)였다. 한 보도에 따르면, 잡스오하이오는 매년 30억 달러에 해당하는 주 정부 보조금의 집행을 관리하고 있었다.[16] 아마존은 협상에 내보낼 적임자가 있었다. 10년 전에 오하이오주에서 '조세 인센티브 선임 전문가'로 일한 적이 있는 토니 보에토였다.

'오하이오 개발 사업국'의 전신은 오랫동안 주의 경제 발전을 관장하던 훨씬 더 규모가 큰 기관이었는데, 이제는 몇 사람만 남고 실제 활동은 옆 건물의 잡스오하이오에서 이뤄졌다. 잡스오하이오에서는 수십 명의 직원이 정부 기관이었더라면 지켰어야 할 번거로운 투명성 절차들을 신경 쓰지 않고 조세 인센티브 협상을 진행했다. 그리고 매달 '오하이오 조세 혜택' 위원회가 열려서 잡스오하이오에서 실무 협상을 끝낸 조세 인센티브안을 승인했다. 위원회 회의가 열리는 곳은 잡스오하이오 사무실의 두 층 위였다. 이론상으로는 대중에게 공개되는 세션이지만 실질적으로는 비공개라고 보아야 했다. 월요일 회의의 의제는 금요일 오후에 위원들에게 전달되었다. 방문객은 두 개의 보안 검색대를 통과해야 위층으로 올라갈 수 있었고, 한번은 처음 오는 방문객이 회의가 열리는 곳이 어디냐고 안내 데스크에 물어보았는데 안내 데스크 사람도 잘 모르고 있었다.

평범한 시민이 딱히 이 회의를 직접 가서 보고 싶어 할 이유는 없었다. 이 회의는 은밀하고 끈끈한 비밀 모임처럼 알아듣기 어려웠고 내용은 미리 다 짜여 있었다. 주지사와 시 의회가 지명하는 다섯 명의 위원이 한쪽에 앉고 잡스오하이오 사람들과 세제 혜택을 원하는 기업 대표자들이 맞은편에 앉았다. 화기애애한 근황 이야기가 오갔다. 서로서로 잘 아는 것처럼 보였는데, 실제로 그들은 서로서로 잘 알았다. 이어서 위원장이 개회를 선언하고 기업 쪽 사람들과 잡스오하이오 사람들이 순서대로 미리 합의된 세제 혜택 안이 담긴 제안서의 개요를 발표했다. 모든 업체의 발표는 마치 공식처럼 동일한 틀을 따르고 있었다. 우선, 이 사업을 통해 오하이오주에 x개의 일자리를 창출하거나 유지하겠다고 약속한다. 이어서, y주와 z주 등 몇몇 다른 주에 가는 것도 고려하고 있다고 은근히 협박을 하면서 오하이오주에 오기로 결정하려면 조세 혜택이 필요하다고 주장한다. 업체의 발표가 끝나면 위원들이 한두 개의 형식적인 질문을 하고, 이어서 투표를 하는데 거의 언제나 만장일치로 승인된다. 4년간의 어느 한 임기 동안에는 위원회가 총 700건의 조세 보조안을 단 한 명의 반대표도 없이 통과시켰다.[17] 회의는 종종 30분이면 끝난다.

2015년 7월 27일에 아마존이 이 회의에 나타났다. 아마존은 새 물류센터로 2,000개의 풀타임 일자리를 창출하겠다고 했고 이들의 소득이 총 6,000만 달러가 될 거라고 했다. 잡스오하이오 직원 한 명이 현재 "아마존이 신규 오픈을 계획 중인 풀필먼트 센터 두 곳 모두에 대해 오하이오주가 중서부에 있는 복수의 주들과 경합하고 있는 상태"라고 말했다. 아마존이 다른 데로 안 가고 오하이오주에 오게 하려면(다시 말하지만, 오랫동안 아마존은 오하이오주에 들어오기를 기피해왔다) 15년간 1,700만 달러에 해당하는 조세 감면을 약속해야 했다. 그리고 이것은 오하이오주의 주류 전매 수입에서 나오는 자금(이 자금의 집행도 잡스오하이오가 관리한다)을 통한 150만 달러의 현금 보조에 더해 추가로 제공될 금액이었다.

위원회는 이 안을 4대 0으로 승인했다. 기권한 한 명은 로펌 '프로스트 브라운 토드'에서 일하는 에밋 켈리였는데, 이중으로 이해 상충이 있을 수 있었기 때문에 투표를 하지 않았다. 그곳 변호사 중 한 명이 아마존의 투자를 원하는 몇몇 도시의 법무 디렉터 또는 법무 디렉터 보조로 일하고 있었고, 그 로펌의 또 다른 변호사들이 고용관계법과 관련해서(즉 노조가 생기는 것을 막기 위한 일에서) 아마존을 대리하고 있었다.

이 두 개의 신규 물류센터를 어느 주에 지을지 아직 결정하지 않았다는 아마존의 말이 사실이 아니었다는 것은 조세 감면안이 승인되자마자 얼마나 빠른 속도로 일이 진행되었는지를 보면 알 수 있다. 2015년 12월 초에 아마존의 토니 보에토는 오하이오 개발 사업국과 잡스오하이오에 이메일을 보내 물류센터 관련 세부사항에 대한 합의 내용을 확인해달라고 했다. 그리고 그해 말에는 거의 모든 내용이 확정되어 있었다.

오하이오 개발 사업국의 변호사 에릭 린드너가 이메일로 "연말 잘 보내세요!"라고 인사했다.[18]

보에토도 이렇게 답신했다. "여러분 모두 즐거운 명절 보내세요! 2016년에도, 그 이후에도, 여러분과 함께 일할 날을 고대하고 있겠습니다."

2016년 말에는 아마존과의 협상을 담당했던 잡스오하이오의 젊은 직원 라이언 윌슨이 아마존으로 옮겨가서 테이블의 정확히 반대쪽에 앉게 되었다. 얼마 전까지 자신이 다녔던 곳과 비슷한 주 정부 기관들로부터 조세 혜택을 얻어내기 위해 이제는 아마존 쪽에서 협상을 하게 된 것이다.

이듬해에 아마존은 데이턴에서 후보지를 답사했다. 이제 아마존이 오는 것은 공개된 사실이나 다름없었다. 한때 혁신의 첨병이었던 데이턴은 이제 3,200킬로미터 떨어진 곳에 본사를 둔 혁신가를 위해 물건들을 나르는 첨병이 될 것이었다. 아마존은 데이턴에서 남쪽으로 한 시간 반 떨어져 있고 신시내티로 향하는 I-75번 고속도로에 면한 곳을 물류센터 장소로 정했다. 농촌 지역의 넓은 땅으로, 근처에는 아울렛 하나, 카지노 하나, 카운티 교도소가 있었다. 그리고 여러 회사들의 물류센터가 들어서서 점점 널리 퍼져가는 물류 단지가 되어가는 중이었다. 2017년이면 홈디포, 헤이니들, 세르타 등의 물류센터가 여기에서 운영되고 있었다. 딱 아마존이 필요로 하는 조건이자 딱 아마존이 필요로 하는 위치였다. 이곳은 오하이오주에서 가장 큰 두 도시 사이에, 그리고 미국에서 가장 큰 화물 고속도로 중 하나에 위치해 있었다. 한때 '스왈로스 트럭 운송회사'가 지역에서 제조된 자동차 부품을 실어 나르던 I-75번 도로는 이제 세계의 저편에서 제조되어 지역에서 분류되고 포장된, 훨씬 더 많은 물건들을 실어 나르게 될 것이었다.

그런데도 아마존은 절실한 구애자 쪽이 아니라 시큰둥한 상대방 쪽의 포지션을 취하는 데 놀라운 수완을 발휘했다. 아마존은 주 정부와 먼로시 정부 둘 다에 조세 혜택을 요구했다. 또한 완전한 비밀 보장도 요구했다. 결론이 확실히 나기 전까지는 협상 과정에 대중과 언론의 눈초리가 쏠리지 않아야 한다는 것이었다. 지역 당국자들은 이 계획을 '럭스 프로젝트'라는 암호명으로만 불렀고, 다른 곳의 아마존 프로젝트에 이미 쓰였던 이름이라는 것을 알게 되고서는 '빅 대디 프로젝트'라고 바꿔 불렀다.

먼로시는 행여 아마존의 심기를 거스를세라 시 정부가 이 협상 때문에 고용한 로펌 '브리커 앤 에클러'에도 상대방의 정체를 알리지 않았다. 먼로시의 협상 책임자인 제니퍼 패터슨은 2017년 8월에 아마존 측 변호사에게 다음과 같이 안심시키는 메시지를 보냈다. "브리커는 클라이언트가 누구인지 모릅니다. 저희 먼로시 정부는 이 부분을 굉장히 신경 쓰고 있습니다."[19] 몇 달 뒤에는 한 카운티 당국자가 회의 때 필요한 정보들을 요청했는데, 이에 대해 패터슨은 브리커의 변호사에게 이렇게 알렸다. "저는 의도적으로 그분이 필요로 하는 숫자가 담긴 공식 문서를 만들지 않았습니다. 그분이 더 상세한 숫자를 알고 싶어 한다면 이 이메일의 아래에 있는 내용을 보시면 될 거예요. ☺"

이러한 투명성의 부재는 최종 발표일까지 이어졌다. 그날 패터슨은 두 명의 아마존 임원에게 이메일을 보내서 오늘 지역방송 기자인 제이 워런에게 자신이 이 프로젝트에 대해 코멘트한 것은(민감한 내용은 전혀 없었다) 인터뷰가 아니었다고 해명했다. "우리는 계속해서 모든 전화와 이메일에 응답하지 않고 있습니다. 제이 기자와는 말 그대로 시 청사 주차장에서 우연히 마주친 것이었고 저는 노코멘트라고 말했습니다. 그런데 제이가 오늘 회의에 대해 캐물었어요. 물론 여전히 노코멘트입니다. 내일은 사람들이 저를 알아보지 못하게 공공근로 티셔츠와 청바지를 입고 출근하려고 합니다."

합의된 내용에 따르면 주 정부는 10년간 380만 달러에 달하는 조세 혜택을 제공하고 추가로 지방 정부가 15년 동안 재산세를 100퍼센트 면제해주어야 했다.[20] 먼로시만 이렇게 파격적인 혜택을 준 것이 아니었다. 2017년 한 해에만도 아마존은 미국 전역에 풀필먼트 센터를 열면서 1억 달러는 족히 넘는 보조금을 챙겼고 이전 10년간을 합하면 10억 달러가 넘는 보조금을 챙겼다. 아마존은 보조금 확보를 전담하는 부서도 두고 있는데, 이 부서는 '경제개발부'라고 불린다.

2017년이 저물고 데이턴에서 어둠이 약간 물러가면서 토드 스왈로스도 기운을 차리기 시작했다. 10월 초에 그는 드디어 법원에 출석했다. 그는 1월의 사건에 대해 가정폭력 혐의의 유죄를 인정했다. 아동을 위험에 빠뜨렸다는 혐의와 접근금지 명령을 위반했다는 혐의는 검사 스스로 철회했다. 토드는 추가로 1년의 보호관찰 명령을 받았고 법원 비용 총 270달러가 청구되었다.

이때쯤에는 약을 끊었고, 만났던 다른 여자와도 헤어졌으며, 세라와 재결합을 이야기하기 시작했다.

세라의 친구와 친지들은 어이없어 했고 세라는 설명하려고 애썼다. 토드는 보호관찰의 조건으로 분노조절 상담을 받고 있었다. 세라의 친정 엄마도 이제 세라가 얹혀사는 것을 슬슬 불편해하고 있었다. 방 하나, 욕실 하나, 거실 하나인 친정 엄마와 남자친구 집에서 아이들까지 데리고 계속 지낼 수는 없을 것이었다. 또 친정 엄마가 남자친구와 싸웠을 때 세라가 그에게 대든 것 때문에라도 그 집에 더 있기는 민망했다. "엄마는 내가 두

분 사이에 끼어드는 것을 싫어했어요."

하지만 무엇보다 세라의 결정에 영향을 미친 것은 20년도 더 전에 떠난 아버지, 그리고 그로 인해 벌어졌던 사건들이 남긴 흔적이었다. 세라는 아이들이 (적어도 지금 남자와의 사이에서 태어난 두 번째 세 명만이라도) 아빠가 있는 온전한 가정에서 크기를 간절히 바랐다. 그리고 아이 아빠에게 희망을 걸어보아도 될 것 같았다. 그간 험한 일들이 있었고 토드의 성격에 문제가 없는 것도 아니었지만, 그래도 토드는 그와 같은 상황에 처한 어떤 사람이 할 수 있는 것보다도 최선을 다해 가족을 부양하려 애쓰고 있었다. "나는 토드를 사랑해요. 아이들이 내가 겪은 것을 겪게 하고 싶지 않았어요. 누구와 사랑에 빠지는지는 내가 어쩔 수 있는 게 아니잖아요. 마음이 시키는 일이니까요. 그리고 꿈에서 눈을 떼지 않게 되지요. 누구에게나 변화의 기회가 있잖아요. 나는 결혼과 가정이 깨지는 경험을 한 번 했는데, 또 그러고 싶지는 않았습니다."

두 가지 문제가 있었다. 하나는 토드의 접근금지 명령, 다른 하나는 가족이 살 집을 얻을 돈이 없다는 것이었다.

토드가 한 가지 해법을 찾았다. 어디에선가 들었는데 노숙인 쉼터라는 곳이 있어서 교회처럼 '은신처'(safe heaven)를 제공해준다고 했다. 그는 '은신처'라는 말을 자신이 가족과 함께 있어도 체포되지 않을 거라는 말로 해석했다. 그리고 이 은신처는 무료였다. 이 방법을 생각해낸 것이 자랑스럽기까지 했다. 물론 부끄럽기도 했다. "내 가족을 이렇게 살게 하고 싶지는 않습니다. 저는 부모님 두 분 다 일을 하실 수 있었고 두 분 다 일을 하셨기 때문에 걱정 없이 자랐어요. 우리는 꽤 좋은 동네에 살았고 저는 좋은 학교에 다녔습니다. 나보다도 아이들이 걱정이에요." 하지만 적어도 그의 해법은 가족이 모두 모일 수 있게는 해주었다. 그는 자신의 가족이 이렇게 비닥으로 떨어진 것이 대부분 자기 탓이라는 것을 알고 있었다. 하지만 분노조절 상담에 크게 희망을 걸고 있었다. 그는 상담 프로그램에 대해 새로운 종교나 새로운 대의로 전향하는 사람들이 보이는 것 같은 강렬함을 가지고 이야기했다. "매주 한 번 상담을 갑니다. 나는 **반드시** 상담에 **갈 수 있어야만 해요.**"

하지만 세라는 쉼터 해법이 미심쩍었다. 그들이 게이트웨이 쉼터에 들어가고서 1주일 뒤에 세라를 만나 어떻게 지내느냐고 물었더니 세라는 울기 시작했다. 방이 너무 춥고 처음 사흘은 잠을 잘 수 없었다고 했다. "우리는 이런 상황에 있어본 적이 없어요." 많지도 않은 나이에 어린 시절의 성폭력, 첫 세 아이에 대한 실질적인 양육권 상실, 가정폭력으로 유죄 선고를 받은 사람과의 관계 등 산전수전을 다 겪은 세라가 지금이 더 바닥이라고 말하고 있었다. 미국 전체적으로 빈곤선의 절반 이하 소득으로 살아가는 극빈곤 가구 비중이 1975년 이래 두 배가 되었고, 이제 세라의 가족도 여기에 속했다.

쉼터가 성별로 나뉘어 있는 것도 이들에게는 큰 문제였다. 하지만 토드는 '은신처 이론'에 대한 그의 매우 폭넓은 해석을 바탕으로, 그리고 쉼터에는 접근금지 명령을 받았다는 사실을 알리지 않았기 때문에, 낮에 여성/가족 쉼터에서 얼마간 가족과 시간을 보낼 수 있었다. 다만 그것은 그가 낮에 일을 하고 있지 않아야 가능한데, 그는 새 일자리를 잡아서 이제 막 일을 시작하려는 참이었다.

2011년에서 2016년 사이에 온라인 상거래 규모는 3,500억 달러로 두 배가 되었다. 2000년으로 넘어가던 시점에는 자동차와 휘발유를 제외한 전체 소매 매출 중 1퍼센트 정도였는데 이제는 17퍼센트를 차지했다. 아주 많은 골판지 상자가 필요해졌다는 의미였다. 온라인 판매와 우편 판매는 오프라인 판매보다 매출 1달러당 상자를 일곱 배나 더 사용하며 소매 유통 분야에서 사용하는 골판지 상자 전체의 절반(2019년 기사에 따르면 약 37억 평방미터 분량)을 사용한다.[21] 미국의 연간 운송용 판지 생산은 2014년에 3,500만 톤을 넘어섰고 2017년 말까지 계속 증가해 2017년 12월에는 전년 12월 대비 3.6퍼센트가 늘었다. 신문용지 같은 여타의 주요 화물이 줄어드는 와중에도 골판지를 만드는 '갈색 용지'는 운송 물량이 급증해서 화물 열차에 새로운 임무가 생겨났다.

그러니 2018년 1월에 토드가 몇 년 전보다 더 길어진 전과 기록을 가지고도 취직할 수 있게 된 분야가 다시 골판지 일이었다는 것은 놀랄 일이 아니다. 전에 일했던 루이스버그 컨테이너는 아니었고 '마이애미밸리 포장 솔루션'이라는 데이턴 소재의 더 작은 회사였다. 그는 자신이 잘하는 일이라고 생각하는 일자리로 돌아갈 생각에 들떠 있었다. 단점은 인력 파견 업체 소속의 계약직이라는 것이었다. 시간당 10달러에서 시작한다고 했는데, 오하이오주의 최저 임금 8.3달러보다 별로 높지 않은 수준이었다. 27세가 된 그가 10년 전에 피자집에서 일할 때보다 그리 더 많이 벌지 못하는 것이다. 이것은 토드만 겪는 문제가 아니었다. 전국적으로 가장 가난한 10퍼센트의 시간당 임금은 인플레를 반영한 실질소득 기준으로 40년 사이 고작 4퍼센트가 올랐다. 미국 일자리 중 3분의 1이 시간당 임금 15달러에 미치지 못한다.[22] 소득 사다리의 아래쪽 절반은 인플레를 반영한 수치로 30년 전보다 자산이 적어졌고, 대학 학위가 없는 남성은 더 심각해서 50년 전에 비해서도 자산이 적어졌다.

토드는 금요일에 일을 시작했다. 아직 고객사가 어떤 곳들인지는 몰랐다. 루이스버그에서 일할 때는 배스 앤 바디워크, 스미노프, 캡틴 모건 등에서 주문을 받았다. 하지만 뭐니 뭐니 해도 가장 큰 고객사는 오하이오주에 새로 온 회사, 바로 아마존이었다.

아마존은 매년 루이스버그 컨테이너의 모회사 프랫 인더스트리로부터 14만 톤의 골판지 상자를 구매했다. 게다가 프랫은 아마존에 상자를 대는 수많은 공급업체 중 하나일 뿐이었다. 골판지 상자 수요 증가세는 꺾일 기미가 보이지 않았다. 프랫 인더스트리 소유주인 호주 기업가 앤서니 프랫은 "이 소박한 골판지 상자가 정말 흥미로운 시절을 지나고 있다"고 말했다. 아마존 덕분에 상자 수요 증가세가 너무나 탄탄해서, 프랫 인더스트리는 데이턴에서 80킬로미터 북쪽에 새로운 골판지 공장을 지었다. 나중에 프랫은 『워싱턴포스트』에 게재한 전면 광고에서 이 공장이 "트럼프 당선 이래 약속되고 실제로 지어진 가장 큰 공장"이라고 자랑했다. 트럼프가 이 공장을 방문하기도 했다.

토드는 금요일에 마이애미밸리에 첫 출근을 하고서 그 주말에 가족 쉼터에서 세라 그리고 둘의 아이들과 많은 시간을 보냈다. 늘 그랬듯이 그는 남성 쉼터에 머무는 사람 중 이쪽 쉼터를 찾아오는 유일한 아빠였다. 일요일에는 저녁 시간까지 남아서 저녁식사도 함께 할 수 있었다. 그날 메뉴는 복숭아 통조림을 곁들인 파스타였다. 토드는 자신의 집에 있는 자신의 식탁에서 자신의 음식을 먹는 양 저녁상을 차렸다. 그리고 슬리핑백을 질질 끌며 돌아다니고 있는 재즐린에게 말을 걸었다. "배 안 고파? 아니면 추워서 그래?"

하지만 곧 남성 쉼터로 가야 할 시간이 되었다. 다음날에 그는 버스를 한 번 갈아타고 10킬로미터, 45분 떨어진 곳의 골판지 공장으로 출근할 것이었다. 첫 임금이 들어오기 전까지 버스비를 어떻게 마련할지는 아직 막막했다.

그를 태운 차량이 교도소였던 쉼터에 그를 내려주었다. 문 안쪽에는 보안 검색봉을 든 경비원이 있었다.

안보 산업 3

미국 수도의 엄청난 부

워싱턴 DC

홀 구석에서 큰 금속제 쟁반에 샐러드를 담고 있는 서빙 직원들 외에 힐튼 대연회장은 아직 비어 있었다. 쟁반에 담긴 샐러드를 또 다른 직원들이 커다란 테이블들로 가져가서 약 1,500개의 접시에 나눠 담았다. 쟁반에 큰 스푼이 닿을 때 금속이 부딪히는 소리가 음악처럼 리듬감 있게 들렸다.

저녁 6시가 조금 지나자 서빙 책임자로 보이는 삼십대 초반 가량의 체격 좋은 백인 남성이 연회장 중간의 단상으로 올라가 크게 외쳤다. “자, 제군들, 샐러드 완료! 주방 뒤에 모여서 브리핑 들으세요!” 제군들이라기에는 대부분 여성인 서빙 직원들은 하던 일을 서둘러 마무리했다.

이날의 만찬은 ‘워싱턴 DC 경제인클럽’이 주최하는 행사였다. 이 대연회장은 백악관 출입기자 연례 만찬이 열리는 커다란 연회장인데, 일반적으로 이 경제인클럽의 만찬 행사는 이것보다 소규모로 열린다. 하지만 오늘 같은 초대 손님이 온 적은 이제껏 없었다. 그간 초청된 연사 중에는 빌 게이츠, 워런 버핏, 연방 하원의장도 있었지만 오늘의 귀빈은 차원이 달랐다. 오늘의 귀빈은 더 엄격한 경호를 요구했고, 그래서 귀에 리시버를 꽂은 남성들이 많이 보였다. 오늘의 귀빈은 공군 의장대 기수단의 환영을 받을 것이었다. 그리고 오늘의 귀빈을 보기 위해 이곳이 주최했던 어느 행사 때보다도 많은 청중이 참석할 것이었다. 그를 섭외한 일은 워싱턴 경제인 클럽 회장 데이비드 루벤스타인의 엄청난 위업이었다.

루벤스타인은 워싱턴 경제인클럽을 10년째 이끌어오고 있었고 이 단체의 부흥에 혁혁한 공을 세웠다. 연간 행사 수가 두 배가 되었고 회원 수도 크게 늘었다. 그는 만찬 모임을 진행하는 방식도 완전히 바꾸었다. 전에는 그날의 초청 귀빈이 오면 함께 식사를 하고 클럽 사무와 관련해 몇 가지 공지 사항을 청중에게 이야기한 뒤 귀빈이 단상에 올라와 연설을 했다. 하지만 때때로 연설은 지루했다. 그래서 루벤스타인은 귀빈에게 연설을 청하는 대신 무대에서 직접 귀빈과 인터뷰를 하는 방식으로 형식을 바꾸었다. 그는 나서서 말하는 적도 별로 없는 내성적인 사람이었는데, 뜻밖에도 인터뷰 진행에 매우 소질이 있었다. 유들유들한 말재간이 없다는 점이 돌직구 질문을 던지기에는 안성맞춤이었던 것이다. 더 유려하고 부드러운 진행자가 그렇게 물었다면 유달리 캐묻는다고 여겨졌을 법한 직접적이고 개인적인 질문도 루벤스타인이 하면 그리 이상하게 들리지 않았다.

엄밀히 말하자면 루벤스타인의 개인적 활약만으로 이 클럽이 워싱턴 일대에서 잘 나가는 단체가 된 것은 아니다. '워싱턴 경제인클럽'은 1986년에 워싱턴에서 재계 리더들, 기업계를 좌지우지하는 사람들이 교류하는 모임으로 시작되었다. 그런데 루벤스타인이 클럽을 이끈 10년 동안 워싱턴에서 기업계를 좌지우지하는 사람들의 규모가 상당히 커졌다. 상당히 줄었어야 하지 않느냐고 생각할 수도 있을 것이다. 루벤스타인이 회장이 되었을 때가 전 지구적인 금융 붕괴가 닥친 2008년이었으니 말이다. 당연히 미국의 다른 지역에서는 금융 붕괴가 상공회의소 스타일의 재계 모임에 우호적인 사건이 아니었다.

하지만 워싱턴은 미국의 다른 지역이 아니었다. 워싱턴은 대침체를 힘들지 않게 빠져나왔다. 아니, 금융 위기는 오히려 워싱턴에 커다란 호재였다. 연방 정부가 경기 부양을 위해 푼 막대한 돈의 적지 않은 몫이 그대로 워싱턴에서 돌았다. 이곳의 연방 정부 기관들, 그리고 연방 정부가 발주하는 계약을 따는 수많은 민간업체들로 들어간 것이다. 정부가 정부 프로그램의 운영을 점점 더 민간업체에 많이 맡기면서 그 무렵이면 워싱턴 벨트웨이[광역 워싱턴 DC를 둘러싼 순환도로] 지역에 정부 계약을 수주하는 업체가 우후죽순 생겨나 있었다.[1] 노던 버지니아의 몇몇 근교에서는 주택 버블이 터지고 나서도 주택 가격이 계속 올랐다. 페어팩스 카운티에 들어선 새 아파트 단지는 이름이 '프로스퍼리티 플랫'[Prosperity Flat, '번영 아파트'라는 뜻]이었다. 1975년에는 포춘 500 기업 중 워싱턴 지역에 소재한 곳이 네 개뿐이었는데 2010년에는 17개가 되었다. 2012년에는 가구소득 중앙값 기준으로 미국에서 가장 부유한 카운티 열 개 중 일곱 개가 워싱턴 지역에 있었다.[2]

이러한 번영은 협의의 DC[행정구역상의 워싱턴 DC]에서 가장 가시적이었다. 2011년에 개발업자들은 10에이커 면적에 걸친 7억 달러짜리 건물 '시티센터DC'를 짓기 시작했다. 카타르가 투자한 주상복합 건물로, 에르메스, 불가리, 루이 비통, 디올 등 명품 매장이 종합세트로 들어섰다. 한때는 고루한 이미지이던 워싱턴 DC에서 이제 4만 1,000달러짜리 구찌 악어가죽 지갑을 살 수 있었다. 이 지역의 명문 사립학교들은 수업료가 4만 달러까지 치솟았다. 학생들은 레인지로버, 렉서스, 메르세데스벤츠를 몰았고 여학생들은 학교의 스타 운동선수에게 구찌 슬리퍼와 에어조던을 선물했다.[3]

부터 나는 멋스러움을 몰고 온 눈에 띄는 새 인물이 한 명 있었다. 2008년에 버락 오바마가 대통령이 되었고 그가 펜실베이니아가 1600번지에 산다는 사실만으로도 도시 전체에 '쿨함'이 풍겼다. 그의 선거캠프 사람들이 새 행정부에서 일하기 위해 워싱턴으로 몰려와 한때는 흑인 노동자계급 동네였던 쇼, 블루밍데일, U스트리트 일대의 아파트를 채웠다. 에드워드 P. 존스[Edward P. Jones, 워싱턴 출신 흑인 작가. DC를 배경으로 흑인들의 삶을 다룬 작품을 많이 썼다]가 소설에서 묘사한 풍경은 이제 야망 있는 백인들의 경기장이 되었고 이곳의 역사는 마케팅 포인트가 되었다. 마빈 게이[워싱턴 DC 출신 흑인 가수]의 이름을 딴 레스토랑 '마빈'은 벨기에풍 음식을 판다. '랭스턴 휴스'[워싱턴에 산 적이 있는 흑인 작가] 빌딩의 집은 매매가가 50만 달러다. '엘링턴'[워싱턴 출신 흑인 재즈음악가 듀크 엘링턴] 빌딩의 방 하나짜리 아파트는 월세가 2,000달러다.

워싱턴의 팽창하는 풍요로움은 워싱턴 자체로도 매우 기이한 변신이었지만 미국의 다른 곳들과 비교하면 한층 더 기이했다. 물론 원래 워싱턴 DC는 다른 어느 곳과도 구분되는 별도의 지역으로 만들어진 도시였지만, 그것은 연방 정부의 행정구역으로서 그렇다는 의미였고 '건국의 아버지들'은 국가 구조를 고안할 때 연방 정부가 제한적인 권한만 갖도록 설계했다. 그런데 이제는 완전히 다른 의미에서 워싱턴은 다른 어느 곳과도 구분되는 별도의 지역이 되었다. 워싱턴은 다른 데서는 볼 수 없는 어마어마한 부를 가진 곳이었고 다른 곳들이 겪고 있는 충격이 미치지 않는 곳이었다. 워싱턴의 이러한 예외성이 두드러지게 가시화된 것은 금융 위기 이후이지만, 이 변화는 오래전부터 조용히 만들어지고 있었다.

워싱턴에 막대한 부의 시대가 열리게 된 발단은 기아에 대한 의회 청문회였다.

게리 캐시디(Gerry Cassidy)는 뉴욕의 브루클린과 퀸스에 정착한 가난한 아일랜드계 가정 출신으로, 집안 최초로 대학에 간 인물이었다. 그는 빌라노바 대학과 코넬 로스쿨을 졸업하고 사우스 플로리다에서 이민자에게 법률 조언을 해주는 변호사가 되었다. 그는 이 일을 보수가 더 좋은 직장을 잡기 전에 거쳐가는 징검다리로 여겼다. 그는 가족에게 탄탄한 재정적 안전망이 되어줄 직장을 잡고 싶었다. 어렸을 때 그의 가족에는 재정적 안전망이 전혀 없었다. 캐시디의 결혼식 때 신랑 들러리였던 대학 시절 친구는 워싱턴 로비 역사를 다룬 2009년 책 『어마어마하게 많은 돈』의 저자 로버트 카이저에게 이렇게 말했다.[4] "그는 부자가 되고 싶어 했어요."

사우스 플로리다에 있던 동안 캐시디는 조지 맥거번을 만나게 되었다. 사우스다코다주 출신의 진보 성향 상원의원인 맥거번은 전국적인 기아퇴치 활동의 일환으로 사우스 플로리다를 방문한 참이었다. 몇 가지 일이 결합해서 이 시기에 기아 문제가 미국에서 최전선의 이슈가 되어 있었다. 먼저 1967년에는 로버트 F. 케네디와 동료 상원의원 한 명이 미시시피주 클리블랜드에서 기아 아동들을 만난 것이 언론에 널리 보도되었다. 1년 뒤에는 CBS 방송이 〈미국의 기아〉(Hunger in America)라는 제목의 프로그램을 내보냈고, 같은 해에 제3세계의 문제인 줄로만 알았던 기아와 영양실조 관련 질병이 미국에도 존재한다고 밝힌 「기아 USA」(Hunger USA)라는 보고서도 나왔다.

1968년에 의회는 '영양 및 인간 필요 특별위원회'(Select Committee on Nutrition and Human Needs)를 구성했고, 이 위원회는 위원장 이름을 따서 '맥거번 위원회'로 불렸다. 이 위원회에는 양당 모두의 비중 있는 중진 의원들이 많이 포함되어 있었다. 이들은 전국을 돌며 빈곤 지역을 방문했고, 1969년 3월에는 이주 노동자들의 텐트촌들이 있는 플로리다주 이모칼레에 도착했다. 젊은 게리 캐시디는 맥거번을 만나고 얼마 뒤에 워싱턴으로 가서 맥거번 위원회의 실무 스태프로 일하고 싶다는 뜻을 밝혔고, 그렇게 성사되었다. 다시 몇 년 뒤인 1975년 캐시디는 이 위원회에서 함께 일한 고참 동료 케네스 슐로스버그(Kenneth Schlossberg)와 함께 자신이 가진 워싱턴 인맥을 활용해 사업을 시작하기로 결심했다.

로비의 역사는 미국의 역사만큼 길다. 1789년에 미국 최초의 의회가 열렸을 때 뉴욕 상인들은 관세를 없애기 위해 로비했다. 미국의 수정헌법 제1조에는 '고충 처리를 위해 정부에 청원할 수 있는 권리'가 무려 언론의 자유, 종교의 자유, 결사의 자유와 나란히 명시되어 있다. 이러한 '청원', 즉 로비가 얼마나 활발했는지는 시대에 따라 차이가 있었다. 남북전쟁과 그 직후의 몇 년간은 '에이전트'(19세기에 로비스트를 부르던 말)의 활동이 매우 활발했다. 철도회사를 위해 의원을 돈으로 그냥 매수해버리기도 했다. 뉴딜 시기에도 로비가 상당히 적극적으로 벌어졌다. 수많은 규제가 새로 도입되는 분위기에서 많은 기업이 위협을 느꼈기 때문이다.

그렇더라도 1970년대 초에 로비 산업은 워싱턴에서 작은 틈새 정도만 점유하고 있었다. 전문적인 로비 업체도 아직 없어서, 로펌들이 클라이언트를 위해 법무 대리의 일환으로 로비 업무를 병행했다. 캐시디와 동업하기로 한 맥거번 위원회 선임 동료 슐로스버그는 매사추세츠주의 장례업자 집안에서 태어났다. '로비'에 대해 흔히 가지고 있는 꺼림칙함을 그도 가지고 있었기 때문에 자신과 캐시디를 '컨설턴트'라고 부르는 편을 선호했다. 식품 분야에 대해 그가 가지고 있는 전문성을 활용해서 농무부나 국제개발처 같은 곳에 조언을 할 수 있으리라는 것이 슐로스버그의 생각이었다. 이들의 회사인 '슐로스버그-캐시디 앤 어소시에이츠'의 설립 정관에는 '로비'라는 단어가 나오지 않는다.[5] 회사 주소지 난에는 캐피톨힐에 있는 슐로스버그의 집 주소가 기재되었다.

문제는, 슐로스버그가 생각했던 컨설팅 서비스에는 수요가 없었다는 점이다. 하지만 로비에는 수요가 있었다.[6] 이 회사의 첫 비즈니스는 자사 제품을 연방 정부의 식품 지원 프로그램에 포함시키고 싶어 하는 기업들에서 나왔다. 닉슨 대통령 시기를 거치면서 연방 정부의 식품 지원 프로그램이 대폭 확대되어 있었다. 캘리포니아주의 한 식품 회사는 연방 학교 급식 프로그램의 식재료에 자사 제품을 포함시켜 20만 달러의 매출을 올리고 싶어 했고, 여기에 도움을 얻기 위해 슐로스버그와 캐시디의 회사에 1만 달러를 지급했다. 학교 식당에 자사의 시리얼을 넣고 싶었던 켈로그도 이를 위해 캐시디와 슐로스버그의 회사에 5,000달러를 지불했다. '전국 가축 및 육류 위원회'(National Livestock and Meat Board)는 의회의 영양 관련 정책이 축산업에 어떻게 영향을 미칠지에 대한 보고서를 의뢰하고 2만 5,000달러를 지불했다. 분유 회사 미드존슨은 여성과 영유아를 위한 새로운 식품 프로그램에 대해 조언을 얻기 위해 1만 달러를 지불했고, 그 프로그램은 이 회사의 분유를 상당히 많이 구매했다. 곧 필스버리, 나비스코, 제너럴 밀스 등 다른 식품 회사들도 슐로스버그와 캐시디의 회사에 문을 두드렸다. 두 사람은 '빈곤과의 전쟁'과 관련된 정부 프로그램에 관심이 있는 기업들의 의뢰를 받아 로비로 많은 돈을 벌었고, 곧 랑팡 플라자에 크지는 않지만 번듯한 사무실도 얻을 수 있었다.

하지만 이들의 진짜 획기적인 비즈니스는 식품 영역이 아니라 다른 영역에서 펼쳐졌다. 바로 고등교육 영역이었다.[7] 터프츠 대학의 새 총장이 된 영양학자 진 메이어는 이 대학의 명성이 보스턴 일대에 있는 명문 대학들의 그늘에 가려지지 않게 하고 싶었다. 1976년에 메이어는 슐로스버그와 캐시디를 찾아와 학교에 '전국 영양 연구센터'를 열 자금을 지원받을 방법에 대해 조언을 구했다. 이후 2년 동안 슐로스버그와 캐시디는 인맥을 총동원해서 의회가 터프츠 대학에 이 연구센터를 건립할 용도로 2,000만 달러, 센터 운영 용도로 추가 700만 달러를 특별 배정하게 만드는 데 성공했다. 이 일을 하는 동안 그들은 월 1만 달러의 수임료를 받았다.

의회가 특정 대학에 특정 용도로 자금을 배정하는 것은 매우 이례적인 일이었다. 더 이례적이었던 것은, 이러한 자금 배정이 로비스트에 의해 이뤄졌다는 점이었다. 캐시디와 슐로스버그가 '이어마킹'(earmarking, 의회가 특정 목적의 자금 배정을 법에 명시하는 것)의 창시자냐 아니냐에 대해서는 논란이 있을 수 있지만, 이어마킹과 관련해 매우 수익성 있는 새 사업을 발명한 사람들이라는 데는 논란이 없을 것이다. 의회가 특정 용도로 지정하는 예산을 확보하려는 고객에게 그것을 성사시켜주고 수임료를 받는 것이다. 슐로스버그는 이렇게 설명했다. "우리는 우리가 아니었다면 이런 것이 가능하리라고 생각도 못했을 사람들에게 구체적인 이익을 가져다 줄 수 있는 회계 항목들을 만들고 그것을 확보하는 기법을 완비하고 있었다."[8] 곧 이들은 터프츠 대학에 신설된 수의학과를 위해 1,000만 달러, 그리고 외교학 전문대학원을 위한 자금 조성에 쓰일 1,900만 달러(이 돈은 조지타운 대학과 나눠 쓰도록 되어 있었다)를 추가로 확보해주는 데 성공했다. 그리고 대학을 위해 연구 지원금을 따오는 데 뛰어난 세 번째 멤버를 영입했다. 로버트 카이저는 이렇게 설명했다. "케네스 슐로스버그와 게리 캐시디는 연방 정부의 금고에 있는 돈을 꺼내서 그들에게 수임료를 내는 고객에게로 그 돈이 흘러가게 해주는 새로운 종류의 비즈니스를 발견했다."[9]

이들이 이쪽 방면으로 사업을 개척해가던 동안, 워싱턴의 로비 업계는 또 다른 전선에서도 영역을 확장하고 있었다. 1970년대 초가 되자 [1960년대부터] 린든 존슨 대통령이 추진한 '위대한 사회'(Great Society) 정책이 부상하고 새로운 연방 기관과 규제가 대거 생겨나면서 기업들의 경계심도 바짝 높아졌다. 이 추세는 닉슨 대통령 시기에도 계속되었고 특히 환경보호청과 직업안전보건국(OSHA)의 신설은 기업계에 엄청난 경고등을 울렸다. 자동차 안전 문제 등을 제기하며 소비자 운동의 기수가 된 랠프 네이더 같은 사람들이 기업계를 눌러버릴지 모른다는 우려가 일었다. 1971년에 훗날 대법관이 되는 버지니아주의 기업 변호사 루이스 파월은 다음과 같은 메모를 작성했는데, 이와 같은 우려를 잘 보여준다. "미국의 경제 시스템은 광범위한 공격에 노출되어 있다. 기업은 … 교훈을 얻어야 한다… 정치권력이 필요하다는 것 … 그러한 권력은 면밀하게 연마되어야 한다는 것, 그리고 필요할 경우, 이제껏 너무나 자주 미국 기업들이 보여 왔던 모습처럼 부끄러워하거나 머뭇거리지 말고, 공격적이고 단호하게 그 권력을 사용해야 한다는 것."

게다가 워터게이트 스캔들에 이은 1974년 선거에서 운동가 성향의 민주당 정치인들이 의회에 들어오면서 기업계가 느끼는 위기감은 한층 더 높아졌다. P&G 사의 로비스트 브라이스 할로는 훗날 이렇게 회상했다. "위험이 갑자기 높아졌다. 우리는 이번 의회에 의해 기업들이 둘둘 말려 쓰레기통에 처박히는 것을 막아야 했다."[10]

기업들은 이러한 경고를 귀담아 들었다.[11] 헤리티지 재단 등 새로 생긴 보수 성향 싱크탱크들에 기업의 돈이 대거 유입되었고, 기업들은 업계를 대변해 로비를 하는 업계 협회와 모임에 속속 가입했다. 미국 상공회의소는 1974년에서 1980년 사이에 회원사가 두 배로 늘었고 골수 보수주의 성향인 전국독립사업자연맹(NFIB)도 1970년대를 거치면서 규모가 두 배로 커졌다. 1968년에는 워싱턴에 '퍼블릭 어페어'(Public Affairs, 대對정부 관리) 담당부서를 두고 있는 기업이 100개뿐이었는데 10년 뒤에는 500개가 넘었다. 워싱턴에 등록 로비스트를 둔 기업은 1971년의 175개에서 1982년에는 2,500개로 늘었다. 전국제조업협회(NAM)는 1972년에 뉴욕에서 워싱턴으로 사무실을 옮기면서 "더 이상 기업과 기업 사이의 상호관계가 기업과 정부 사이의 상호관계만큼 중요하지 않기 때문"이라고 설명했다.

정책에 영향을 미쳐야 한다는 기업계의 각성은 당연히 선거로도 이어졌다. 기업이 구성한 정치활동위원회[political action committee, PAC. 지지 후보를 위해 정치자금을 모금하는 조직]가 1976년에서 1980년 사이에 네 배가 되었다. (아이러니하게도, PAC의 성장은 워터게이트 이후에 추진된 개혁에서 자극을 받은 면이 크다. 개인이 기부할 수 있는 정치자금 액수가 제한되면서 여럿이 집단을 꾸려 후원하는 형태가 떠오른 것이다.) 1970년대 초까지만 해도 의원 선거에서 노조가 구성한 PAC이 기업이 구성한 PAC보다 돈을 더 많이 썼지만, 1970년대 말에는 기업의 PAC이 지원하는 돈이 비교도 안 되게 많아졌고 전체 PAC 지원금에서 노조 PAC의 지원금이 차지하는 비중은 4분의 1 이하로 떨어졌다.

기업 PAC의 선거 자금이 크게 증가한 것은 1978년에 노조 조직화를 더 용이하게 하려는 취지로 발의된 법안이 통과에 실패하는 데 지대한 영향을 미쳤다. 백악관과 의회 모두 민주당이 장악하고 있었기 때문에 무사히 통과될 것이라고 노조가 거의 확신하고 있던 법안이었는데도 실패한 것이다. 또한 이 시기에 텔레비전 광고가 떠오르면서 기업 PAC의 정치자금은 정치인들이 연방 선거에 나설 때 들여야 할 비용을 어마어마하게 증가시켰다. 워터게이트 직후인 1974년 선거에서는 상하원 통틀어 총 7,700만 달러의 선거 자금이 쓰였는데, 10년도 안 지난 1982년에는 무려 네 배인

3억 4,300만 달러가 쓰였다.[12]

기업 PAC을 통한 대대적인 자금 지원은 우파 진영에서 시작되었지만, 전직 맥거번 위원회의 실무진이었던 슐로스버그와 캐시디가 이 흐름에 동참하는 데 걸림돌이 되지는 않았다. 이들의 굵직한 고객사 중에는 매사추세츠주의 기업 '오션 스프레이'도 있었는데, 설탕 함량이 상당히 높은 자사의 크랜베리 주스가 학교 급식에 포함되게 하려고 굉장히 애쓰고 있었다. 게리 캐시디는 오션 스프레이가 직접 PAC을 만들도록 도왔고 구체적으로 어떤 의원들을 후원해야 하는지 조언했다.

그의 파트너 슐로스버그는 이런 종류의 일이 점점 더 내키지 않았지만, 이후로도 수년간 이 일에서 돈을 버는 것을 마다할 정도는 아니었다. 1984년에 두 사람은 각각 연간 50만 달러를 벌고 있었다.[13] 10년 전에 의회 위원회의 실무 직원으로 벌던 것보다 열 배는 족히 넘는 수입이었다. 둘 다 포토맥 강변에 있는 노던 버지니아의 배타적인 부유층 동네 맥린에 살았다. 캐시디는 메르세데스를 몰았고 슐로스버그는 재규어를 몰았다. 슐로스버그는 집에 개인 테니스코트도 마련했다. 그는 이렇게 말했다. "어릴 때부터 개인 테니스코트를 갖는 게 꿈이었거든요. 그래서 꿈대로 했습니다."[14]

1984년에 슐로스버그는 9년 전에 자기 집 지하실에서 시작한 회사를 떠나기로 했다. 그는 "대부분은 아주 재미있었지만 그 다음에는 재미있지 않아졌다"고 이유를 설명했다.[15] 캐시디와 슐로스버그의 회사는 워싱턴에서 돈을 버는 새로운 방법을 개척했고, 그 과정에서 워싱턴에 완전히 차원이 다른 수준의 부가 흘러들어오게 했다. 슐로스버그가 나가면서 이제 회사 이름은 '캐시디 앤 어소시에이츠'가 되었고, 월 수임료를 수만 달러씩 내더라도 의회에서 용도 지정 예산을 확보하려는 기업들 사이에서 수요가 팽창하면서 수많은 아류 업체가 생겨났지만 캐시디의 회사는 한참 동안 단연 독보적이었다. 이 회사는 로비의 전 세계 수도에서 가장 큰 로비 기업이라는 왕좌를 계속 유지했다.

캐시디와 슐로스버그가 워싱턴에서 '영향력 산업'[로비 산업] 분야를 개척했다면, 데이비드 루벤스타인은 '고도 금융'이라는 또 다른 산업을 활용해 이것을 완전히 다른 규모로 올려놓았다.

루벤스타인은 워싱턴에서 돈 잔치판의 일부가 될 사람이나 심지어 그 판을 지배할 사람으로는 전혀 보이지 않았을 것이다. 그는 북서부 볼티모어의 방 두 개짜리 연립 주택에서 자랐다. 아버지는 우체국에서 우편물 분류하는 일을 했고 어머니는 주부였다. 어머니는 아들이 치과의사가 되기를 원했지만 열한 살 때 루벤스타인은 존 F. 케네디의 취임 연설에 감명을 받았다. "당신이 이 나라를 위해 할 수 있는 일이 무엇인지 물으십시오." 훗날 워싱턴의 첫 선출직 흑인 시장이 되는 커트 슈모크는 고등학교 때 루벤스타인이 "매우, 매우 조용했다"며 "정부와 정치에 대해 이야기하기를 좋아했고 기업 이야기는 그리 좋아하지 않았다"고 회상했다.[16]

루벤스타인은 장학금을 받고 듀크 대학에 진학했고 이어서 시카고 대학 로스쿨을 나왔다. 졸업 후 뉴욕의 로펌에서 2년간 일하다가 정치 마니아들의 마음의 고향인 의사당으로 가게 되었다. 그는 '헌법 소위원회'에서 인디애나주 출신 민주당 상원의원 버치 베이의 자문 변호사가 되었다. 의회의 일 중에서 가장 멋대가리 없게 들리는 일이었을 것이다. 그리고 1년 뒤에 많은 젊은 이상주의자들이 그랬듯이 지미 카터의 선거 운동에 합류했다.

카터가 이겼고 루벤스타인은 모두가 원하는 일자리를 갖게 되었다. 카터의 국내정책 자문인 스튜어트 에이젠스타트를 보좌하게 된 것이다. 루벤스타인은 카터에게 전달될 메모 작성을 보조했고 카터의 기자회견 준비를 도왔으며 카터가 연설할 연두교서 초안을 잡았다. 그는 자판기 과자로 식사를 때워가며 밤늦게까지 일했다. 회의 때는 직접 말을 하기보다 자신이 강조하고 싶은 포인트를 메모로 적었다가 다들 퇴근하고 마지막으로 그도 퇴근하기 직전에 문서더미 맨 위에 놓아두는 방식으로 의견을 전달했다. 훗날 에이젠스타트는 "데이비드는 카리스마 있는 스타일은 분명 아니었다"며 "그가 가진 것은 지적인 밀도와 공익에 대한 헌신이었다"고 회상했다.[17]

하지만 카터는 재선에서 로널드 레이건에게 패했다. 이제 서른한 살인 데이비드 루벤스타인에게 이것은 정치의 지각변동을 의미하는 징후로만이 아니라 공익에 대한 그의 이상주의를 꾸짖는 질책으로도 느껴졌다. 그는 "나는 나의 나라를 위해 할 수 있는 일을 하려고 노력했는데 잘 풀리지 않았다"고 회상했다.[18] 그래서 이제 다른 것을 시도하기로 했다. 그는 주위에서 떠오르고 있던 '또 다른 워싱턴'에 뛰어들 참이었다.

루벤스타인은 그의 백악관 친구 다수가 비즈니스 분야에서 엄청나게 잘 나가고 있는 것을 보았다. 훗날 그는 "나는 내 머리가 꽤 좋다고 생각했는데 내가 보기에는 그렇게 똑똑하지 않은 것 같은 사람들이 나보다 훨씬 돈을 많이 벌고 있었다"고 회상했다.[19]

특히 어떤 개념 하나가 그의 관심을 끌었다. 뉴욕과 보스턴에서 '차입매수 기업'(leveraged-buyout firm)이라는 것이 뜨고 있는 듯했다. 베인 캐피탈 같은 곳이 대표적이었는데, 빌린 돈으로 다른 회사를 사서 인원 감축, 효율성 제고 등을 통해 수익성을 끌어올린 뒤 되팔아서 이윤을 올리는 곳이었다. 나중에 이러한 회사들은 '사모펀드'(private equity)라고 불리게 된다.

뉴욕과 보스턴에서 차입매수가 떠오르는 동안, 워싱턴에서는 캐시디의 회사와 같은 로비 산업이 떠오르고 있었다.

하지만 이 두 개의 수익성 있는 사업을 하나로 결합한 사람은 아직 없었다. 정부 인사들과의 인맥이 있고 산업계에 대한 정부 규제에 전문지식이 있는 사람들로 파트너를 골라서 차입매수 기업을 세워보면 어떻겠는가? 당시 소비자 가전 분야 로비스트였던 게리 샤피로는 1980년대 초에 루벤스타인과 함께 일본에 가던 길에 이 아이디어를 들었던 순간을 이렇게 회상했다. "루벤스타인의 아이디어는, 전 세계 어디에 있든 내 전화라면 받는 정치인들이 포진해 있을 정도로 정치적 인맥이 탄탄한 사람과 자본을 결합한다는 것이었다. 우리는 이렇게 비웃었다. '아 네네.'"[20]

1987년 말에 루벤스타인은 워싱턴 DC 회사인 매리어트 출신 두 명과 텔레콤 회사 MCI 출신 한 명을 파트너로 영입해 칼라일 그룹(Carlyle Group)을 세웠다. 회사 이름은 뉴욕의 호텔 이름을 딴 것인데, 옛 거부들의 거창한 장엄함과 금융 수도인 뉴욕을 떠올리게 하려는 것이었지만 이 회사는 빠르게 워싱턴의 상징이 되었다. 정확히 루벤스타인이 생각한 비전대로였다. 그리고 여기에 큰 도움이 된 행운의 반전도 있었다. 1988년 9월, 오랫동안 공화당의 해결사였고 조지 H. W. 부시의 1988년 대선 캠프에도 합류해 있었던 프레드 말렉이 거센 사임 압력을 받게 되었다. 그가 1972년에 닉슨 행정부의 노동통계국에서 '유대인 리스트'를 만들었다는 사실이 드러났기 때문이다. 공화당 직위에서 사임하게 된 말렉은 칼라일에 들어왔고, 레이건의 마지막 국방장관 프랭크 칼루치를 함께 데리고 왔다. 칼루치의 도움으로 칼라일은 포드 에어로스페이스로부터 방위산업 컨설팅 회사 BDM을 인수했는데, 이것은 앞으로 있을 수많은 군산복합체 투자의 시작이었다. 7년 뒤에 칼라일은 BDM의 영업을 사우디아라비아로 확장시키고서 매각해 650퍼센트의 수익을 올렸다.

칼루치의 선례를 따라 부시 행정부의 또 다른 핵심 멤버 두 명이 칼라일에 합류했다. 예산실장이었던 리처드 다먼과 국무장관이었던 제임스 베이커 3세였다. 1990년대 말에는 부시 본인도 칼라일에 합류해 한국의 한 대형 은행 인수전에서 칼라일이 승리하는 데 일조했다. 이 시점이면 루벤스타인은 부시 전 대통령과 절친한 사이였다. 2000년에 그와 그의 가족은 바버라 부시와 부시의 손주들과 함께 사파리 여행을 갔고 같은 해에 루벤스타인과 아내는 케네벙크포트에서 열린 바버라 부시의 75세 생일파티에 참석했다.

루벤스타인이 훗날 설명했듯이 그는 정치의 영역을 넘어서 있었다. "나는 정치인들에게 정치자금을 주거나 '나는 민주당이다'라든가 '나는 공화당이다'라고 말해서 영향을 미치는 일에는 관여하지 않습니다. 지금으로서 나는 그저 나 자신을 미국인이라고 생각합니다."[21]

2001년 9월 11일 오전 9시 37분, 덜레스 국제공항을 출발해 로스앤젤레스로 향하던 아메리칸 항공 77편 비행기가 펜타곤의 서쪽 면에 충돌했다. 탑승자 64명 전원에 더해, 펜타곤에 있던 사람 중 125명이 사망했다. 1995년 오클라호마시티 폭탄 테러 때보다도 사망자가 많았다. 미국 본토에서 벌어진 최대 규모의 테러 공격이 되었을 수도 있었는데, 이보다 훨씬 더 규모가 크고 시각적으로 훨씬 더 경악스러운 테러가 같은 날 아침 뉴욕에서도 벌어져서 펜타곤 사고는 상대적으로 주목받지 못했다. 그런데 펜타곤의 사상자가 가시적으로 드러나지 않은 이유가 또 있었다. 정보 노출에 대한 군 특유의 조심성 때문이었다. 희생자 중 일곱 명은 국방정보국(DIA) 직원이었고 다른 사람들은 각기 다른 수준의 기밀 등급을 가지고 있는 민간 계약업체 직원들이었다. 뉴욕의 '그라운드 제로'[9·11 테러로 붕괴된 세계무역센터 건물이 있던 자리]에는 추모와 기억을 위한 뮤지엄과 커다란 인공 연못 '리플렉팅 풀' 두 개가 지어졌지만, 팬타곤에는 건물 서쪽 면에 벤치 몇 개로 구성된 아주 작은 조형물만 세워졌다.

이에 더해, 그날의 펜타곤 공격이 현지에 남긴 흔적은 또 다른 요인 때문에도 특이했다. 9·11 이후, 로비 산업에 의해 이미 번영을 구가하고 있던 광역 워싱턴 지역은 국토안보 산업에 의해 완전히 새로운 차원의 번영을 누리게 되었다. 테러 징후를 미리 포착하지 못해 체면을 구긴 정부는 앞으로 있을지 모를 공격의 징후를 포착하기 위한 시스템 구축에 수십억 달러가 넘는 돈을 배정했고, 그 돈의 상당 부분이 워싱턴에 흡수되었다.

테러 이후 10년 사이에 이 지역에는 일급 보안용으로 설계된 연방 정부 건물 서른세 개 동이 들어섰다.[22] 총 공간 면적은 거의 펜타곤 세 배에 달했다. 2009년에 미국의 첩보 및 정보 보안 예산은 테러가 발생했을 때의 2.5배인 750억 달러가 되어 있었다. 그리고 이 지출의 상당 부분이 워싱턴의 굵직한 정부 기관들로 들어갔다. 펜타곤의 국방정보국은 직원 수가 2002년의 7,500명에서 2011년에는 1만 6,500명으로 늘었다. 메릴랜드주 교외 포트미드에 위치한 국가안보국(NSA)도 같은 기간에 예산이 두 배로 늘었다. 또한 국토안보부(Department of Homeland Security)라는 정부 부처 하나가 통째로 신설되었다. 오웰적 이름을 가진 이 신설 부처 산하에 22개 기관을 두고, 워싱턴을 굽어보는 예전 세인트엘리자베스 정신병원 건물에 34억 달러를 들여 본부 단지를 짓는다는 계획도 세워졌다.

늘어난 방위 지출의 많은 부분이 사업 기회를 포착하고 달려온 민간 계약업체들로 흘러갔다. 『워싱턴포스트』에 따르면 2011년에 일급기밀 취급 인가를 가지고 있는 85만 4,000명 중 26만 5,000명이 정부 직원이 아니라 민간업체 직원이었다. 중앙정보국(CIA)은 100곳 이상의 민간 계약업체에서 약 1만 명을 고용하고 있었는데, CIA 인력의 3분의 1이 넘는 숫자였다. 국토안보부에서는 연방 직원 수와 비슷한 수의 계약업체 직원들이 일하고 있었다. 오바마 행정부의 첫 국방장관 로버트 게이츠는 『워싱턴포스트』 기자에게 자신이 이끄는 부서에 계약업체 직원이 몇 명 일하고 있는지 모른다고 인정했다. 일반적으로 연방 직원을 직접 고용하는 것보다 계약업체를 고용하는 것이 해당 정부 기관에 훨씬 큰 비용을 야기하는데도 연방 정부의 계약업체 고용은 계속 증가했다.

연방 정부에서 일하는 민간업체 직원 중 많은 수는 록히드 마틴, 제너럴 다이내믹스, 레이시온 같은 거대 방산 기업 사람들이었다. 이 기업들은 1만 5,000달러의 계약 보너스와 BMW 자동차 등으로 유혹하며 높은 기밀 취급 자격을 가진 사람들을 물색했다. 국토안보부 건물 설계를 담당한 제너럴 다이내믹스는 2000년에서 2009년 사이에 매출이 세 배로 뛰어 약 320억 달러에 달했고 인력도 두 배로 늘어 9만 명 이상이 되었다.

하지만 민간업체 직원의 훨씬 더 많은 수는 워싱턴 지역에 우후죽순 생겨난 작고 알려지지 않은 회사들 소속이었다. 이들 소규모 방산 업체들은 'SGIS'라든가 '아브락사스'라든가 '카라소프트' 같은 모호한 이름을 가지고 있었다. 적시에 기회에 올라타는 데 일가견이 있는 창업자가 자기 집에서 설립한 회사도 많았다. 방위 및 보안 업체들은 어마어마하게 풀리고 있는 국민의 세금을 있는 힘껏 흡수해가며 빠르게 성장했다. 2010년이면 민간 계약업체에 나가는 정부 지출이 800억 달러로 [2000년의] 두 배가 되어 있었다.[23] 정부 계약 분야가 빠르게 성장하면서, 계약을 따는 데 도움을 줄 수 있는 인맥과 연줄에 대한 수요도 커졌다. 2000년에서 2011년 사이에 워싱턴 로비스트에게 들어간 돈은 두 배 이상 증가해 33억 달러가 되었다.

새로운 국토안보 복합체는 워싱턴의 '영향력 산업'을 대체하기는커녕 성장을 촉진했다.

이 새로운 산업은 워싱턴 지역의 풍경을 변모시켰다. 맥린에 있는 거대한 정부 단지 '리버티 크로싱'은 정문에서 무장한 경비와 수압식 출입 차단기가 그 안에 입주한 국방정보국과 '국가 대테러 센터'를 철통 같이 지켰다. 건물들은 창고처럼 보이게 설계되었고 안의 공간들은 도청방지 기능이 되어 있었다. 교외 외곽의 농촌 지역에 간판도 없고 구글맵에도 나타나지 않는 창문 없는 거대 건물들이 난데없이 불쑥 나타났다. 밴들이 옆길로 빠져 빠르게 질주하다가 쇼핑 플라자를 가로지르며 테러범을 쫓는 훈련을 했다. 이 새로운 풍경에 사는 사람들은 그들의 언어로 이야기했다. 이를테면, 자신이 일하는 곳의 'SCIF'(민감정보 취급시설) 규모를 비교하거나 'SAP'(특별접근 프로그램)에 대해 들리는 소문들을 나눴다. 애플비나 칠리스 같은 식당에서 누군가가 어디에서 일하냐고 물으면 "아, 그게, 군대 쪽하고 일해요"라고 얼버무렸다.[24]

무엇보다, 이 새로운 산업은 막대한 부를 통해 풍경을 변모시켰다. 21세기의 첫 10년 동안 광역 워싱턴 지역은 부동산 가격이 미국의 어느 도시보다도 많이 뛰었다. 뉴욕, 샌프란시스코, 로스앤젤레스보다도 상승폭이 컸다. 또한 이 새로운 산업은 정부보다는 테크놀로지에 관심이 있고 권력보다는 돈에 의해 동기부여되는 새로운 유형의 사람들을 워싱턴에 대거 불러왔다. 한 연구소의 추산에 따르면, 대침체 이후 온 나라가 힘들었던 2008~2012년에 워싱턴 지역에서는 투자 가능한 순자산을 100만 달러 이상 보유한 가구 수가 30퍼센트나 늘어 16만 6,000가구가 되었다.[25]

[페어팩스 카운티의] 타이슨스 코너에는 애스턴마틴 대리점이 있다. 28만 달러나 하는 맞춤형 제임스본드 스포츠카를 타는 사람이 워싱턴 일대에

500명이 넘는다. 워싱턴 지역의 레스토랑들은 속속 미슐랭 별표를 획득했다. '플룸' 레스토랑은 자두, 아로니아, 배, 커런트를 섞어서 미니 샴페인 잔에 담은 어린이용 음료 '쿠베 넘버 25'를 서빙하면서 '곁들일 음식'은 무엇으로 할지 묻는다. 이 음료의 가격은 12달러다.[26] 포토맥 강변의 버지니아주 그레이트폴스에서는 한 가족이 베르사유를 흉내 낸 700평 규모의 저택을 짓기도 했다.[27]

옛 방위산업에서 굉장히 잘 나갔던 워싱턴 소재의 한 기업이 새로운 방위산업 붐의 주요 수혜자였으리라 예상하기 쉬울 것이다. 칼라일 그룹 말이다. 하지만 데이비드 루벤스타인과 파트너들은 9·11 테러를 워싱턴의 로비 분야 너머로 사업을 다각화해야 한다는 신호로 받아들였다. 9·11 테러 이후에 칼라일이 그동안 얼마나 수완 있게 이 게임을 해왔는지가 드러났기 때문이다. 공교롭게도 테러 공격이 있던 날에 칼라일 투자자들의 컨퍼런스가 열렸는데, 참석자 중에는 샤피크 빈 라덴도 있었다. 그는 방대한 빈 라덴 일가 중 한 명이고, 빈 라덴 집안은 칼라일 펀드에 200만 달러를 투자한 바 있었다. 당연히 이러한 사실이 드러나는 것은 칼라일에 도움 되는 일이 아니었다. 칼라일은 정치적 리스크를 감지하고서 던킨도너츠, 허츠, HCR 메노케어(요양원 체인) 등 더 넓은 분야로 눈을 돌렸다.

다각화는 칼라일의 수익에 전혀 해가 되지 않았다. 2012년에 칼라일은 상장을 했는데, 루벤스타인과 공동 창업자 대니얼 다니엘로, 윌리엄 콘웨이 주니어가 그 전해에 도합 1억 4,000만 달러를 받았다고 공시했다. 그들은 개인적으로 칼라일 펀드에 투자한 돈에서도 막대한 수익을 올렸는데, 루벤스타인이 번 것만 해도 5,700만 달러였다.

부가 워싱턴으로 흘러들어오면서 언론도 워싱턴으로 흘러들어왔다. 신문사의 사업 모델이 세 차례의 일격을 받으면서, 큰 도시 작은 도시 할 것 없이 다른 모든 도시에서는 신문 산업이 빠르게 쇠퇴하고 있었다. 첫째, 한 회사(크레이그스리스트)가 신문사의 주요 매출원인 항목별 광고를 무료로 제공했다. 둘째, 또 다른 한 회사(아마존) 때문에 지면광고의 주 광고주이던 백화점들이 영업 기반을 심각하게 상실했다. 셋째, 두 회사(구글과 페이스북)가 그마나 지면광고 손실을 메워주던 온라인 광고 수입을 쓸어갔다. 2005년에서 2015년 사이에 언론/보도 분야 일자리 네 개 중 한 개, 총 1만 2,000개가 사라졌다. 시 의회, 교육위원회, 지방 법원에서 벌어지는 일들이 언론에서 전혀 다뤄지지 않았고 주 선거 및 지방선거 후보들도 언론에서 검증이 이뤄지지 않았다.

하지만 같은 기간에 워싱턴에서는 언론/보도 분야 일자리가 두 배로 늘었다. 디지털 매체는 지역 단위보다 전국 단위로 활동하는 게 더 유리했다. 워싱턴에서 펼쳐지는 드라마에 대한 기사 한 건이 주의 수도나 중간 규모의 광역 도시에서 벌어지는 일에 대한 기사보다 전국에서 더 많은 클릭을 끌어올 수 있기 때문이다. 그리고 정말로 눈길 끄는 사건이 있을 때는 그 소식을 다룬 기사들을 그저 긁어모아(aggregate) 재탕하면 내 웹사이트로도 트래픽이 일부 흘러오게 할 수 있었다. 한편, 로비스트와 업계 협회를 통해 워싱턴에서 영향을 미치는 데 많은 돈을 쓰게 된 산업계는 그러한 로비의 결과에 대해 알고 싶어 했고, 이는 워싱턴에서 업계 협회의 출판물이 급증하는 결과로 이어졌다. 이러한 출판물 중에는 자신이 접근할 수 있는 내부의 고급 정보를 제공하면서 많게는 구독료를 8,000달러나 받는 곳도 있었다.[28]

워싱턴 언론 시장의 팽창은 언론 종사자에게 적어도 한 가지 이득을 가져다주긴 했다. 다른 곳에서 일자리를 잃은 기자 중에 최소한 일부는 워싱턴에서 새 일자리를 구할 수 있었던 것이다. 오랫동안 취재해온 도시를 떠나 워싱턴에서 종일 컴퓨터 스크린 두 대를 띄워 놓고(기사를 '긁어모으는' 데 더 편리하다) 일하거나 의원들의 뒤를 우르르 따라가는 무리의 일부가 되는 것을 모두가 좋아한 것은 아니었겠지만 말이다. 그리고 기자들이 워싱턴에 몰려 있게 된 상황은 2008년과 2009년에 대침체가 왔을 때 국가에 커다란 비용을 초래했다. 세인트루이스나 버펄로나 탬파 같은 도시가 아니라 호황을 구가하는 워싱턴에 기자들이 몰려 있었다는 말은, 어느 곳보다도 상황이 좋은 곳에 기자들이 살고 있었다는 말이고, 따라서 많은 전국 매체들이 저 밖에서 무슨 일이 일어나고 있는지 몰라서 미국의 상태를 제대로 인식하지 못했으리라는 의미이기 때문이다.

제이 카니(Jay Carney)는 지방 도시에서 워싱턴으로 옮겨온 기자 중 한 명이 아니었다. 이미 한참 전부터, 아니 거의 맨 처음부터 그는 언론계에서 전국적인 명성을 가지고 있었다. 카니는 북부 버지니아에서 어린 시절을 보냈고 뉴저지주의 명문 사립학교 로렌스빌과 예일 대학을 나왔으며 1987년에 『마이애미 헤럴드』에 취직했다. 당시 도시 단위 신문사 중 가장 좋은 곳으로 꼽히는 신문사였다. 그리고 2년이 채 안 되어 『타임』 매거진에 스카우트가 되었고 스물다섯도 안 된 나이에 『타임』의 마이애미 지국장이 되었다. 그 다음에는 모스크바에 가서 대학 때 배운 러시아어를 십분 활용하며 소비에트의 붕괴를 취재했다. 훗날 아내가 되는 ABC 방송의 클레어 시프먼(Clair Shipman)도 모스크바에서 처음 만났다. 모스크바 취재의 활약에 대한 포상으로 미국에 돌아와서는 백악관 출입 기자가 되었고 2005년에는 『타임』의 워싱턴 지국장으로 승진했다. 당시 뉴욕 시장이던 마이클 블룸버그가 그의 승진을 축하하는 파티에서 건배사를 하기도 했다.

하지만 2009년 무렵이면 카니는 드물게 성공적인 경력을 쌓기는 했지만 언론 분야에서 하는 일에 진력이 나기 시작하고 있었다. 그는 2008년 대선 때 언론이 보인 오바마 찬사가 지나쳤다고 생각했다. 그랬던지라 그의 다음 행보는 매우 의외였다. 본인이 오바마 행정부에 합류한 것이다. 그는 조 바이든 당시 부통령의 대변인이 되었고 2011년 1월에는 대변인실 서열 1위인 백악관 언론 비서관이 되었다.

그는 20년 넘게 백악관 기자회견장에서 기자석에 있었지만 『뉴욕타임스』는 그가 그 반대쪽 자리인 백악관 대변인이 되기에 핵심적인 자질을 가지고 있었음을 알아보았다. "권력을 가진 사람 주위에 있는 것이 늘 편안해 보였다"는 것이다.[29] 오래지 않아 카니는 이 일에서 두각을 나타냈다. 그는 농담을 진부하게 받아치고 기자의 말에 끝없이 이의를 제기하는 데서 발군이었다. 2013년 6월에 한 웹사이트는 [언론 비서관이 된 이후 그가 했던 444건의 브리핑을 분석해서] "다른 분께 연결시켜드리죠"(1383회), "답변드릴 수 없습니다"(939회), "추측으로 답변 드릴 수는 없지요"(525회)와 같은 방식으로 그가 기자의 질문을 회피한 경우가 무려 1만 차례 가까이 된다고 지적했다.[30]

그는 뜬금없는 화젯거리로 명사 대접도 받기 시작했다. 예를 들어, 그의 수염과 안경에 대한 기사가 나왔다. 그리고 더 제대로 작정한 명사 대접도 받았는데, 『워싱턴 맘』이라는 매거진에 그와 아내 클레어가 200만 달러가 넘는 방 다섯 개짜리 집에서 두 아이와 기자회견 놀이를 하고 젠가 블록을 쌓고 파자마 차림으로 계란 프라이를 뒤집는 모습에 더해 패션에 대한 사진 설명으로 완벽하게 마무리한 기사가 실렸다. 그리고 2014년 5월에 카니는 가족에게 더 시간을 쓰고 싶다며 백악관을 떠났다. 전직 오바마 행정부 사람들에게 새로운 경로가, 혹은 옛 경로의 새로운 버전이 열리고 있었다.

워싱턴의 회전문은 태초부터 돌고 있었다. 이제까지는 일반적으로 워싱턴과 월가 사이에서 돌았다. '건국의 아버지' 중 한 명인 알렉산더 해밀턴은 대륙회의 일원으로 활동하고 나서 뉴욕 은행을 설립했고 그 다음에 재무장관이 되었다. 워싱턴과 금융계 사이의 네트워크는 오래전부터 공화당과 관련이 많았다. 공화당은 비즈니스인의 정당이었다. 하지만 2차 대전 시기에 양당 모두에서 기업인들이 정부로 들어오면서 워싱턴-금융계 네트워크는 민주당 사람들도 흡수했다. 진보 성향의 민주당원이자 그의 가족이 경영하는 투자회사 '리먼 브러더스'의 파트너였던 허버트 리먼은 프랭클린 루스벨트의 뒤를 이어 뉴욕 주지사가 되었다가 국무부로 자리를 옮겨 해외원조 활동을 이끌었고, 이후 상원의원이 되었다. 공화당의 로버트 러빗은 투자은행 '브라운 브러더스 해리먼'의 부회장이었는데 조지 마셜이 국방장관이던 시절에 국방부 차관이 되었고, 이어 해리 트루먼 행정부의 국방장관이 되어 NATO와 CIA 창설에 일조했다. 러빗은 '와이즈 맨'(Wise Men)이라는 별칭으로 불린 외교정책 분야 거물 중 한 명인데, 당시에 월가와 워싱턴 사이의 인적 순환이 얼마나 무해하게 여겨졌는지를 잘 보여주는 표현이다.

전후에 경제가 호황을 맞고 뉴딜 이후에 국가의 규제가 많아지면서 이러한 움직임은 더 가속화되었다. 존 F. 케네디는 전직 투자은행가 C. 더글러스 딜런을 재무장관으로 임명했다. 린든 존슨의 재무장관 헨리 파울러는 나중에 골드만삭스에 합류했다. 공화당 인사들 사이에서 이러한 순환은 으레 그러려니 할 정도로 당연하게 여겨져서 메릴린치 CEO이던 도널드 리건이 로널드 레이건 대통령의 재무장관으로 임명되었을 때도, 필 그램 텍사스주 출신 상원의원이 UBS의 투자은행 부문 부회장이 되었을 때도, 조지 W. 부시가 골드만삭스 CEO 헨리 폴슨을 재무장관으로 임명했을 때도 반대가 거의 없었다.

하지만 1990년대에 나프타, 복지 축소, 자본이득세 인하 등이 모두 클린턴 행정부 시절에 통과되어 민주당 정치인들이 당의 뿌리인 저항 정신을 잃었다는 세간의 비난에 더 민감해지면서, 민주당에서는 워싱턴-월가 회전문 인사가 파문을 일으켰다. 골드만삭스 임원 출신인 로버트 루빈이 1995년에 클린턴의 재무장관이 되었다가 그 다음에 시티그룹으로 가서 1억 2,600만 달러를 번 것이 너무나 큰 논란을 불러일으켜서, '루비나이트'(Rubinite)라는 말이 진보 진영에서는 맹비난의 의미를 담은 말이 되었다. 루빈과 그의 뒤를 이어 재무장관이 된 로렌스 서머스는 파생금융상품 규제 시도를 무산시켰고 상업은행과 투자은행을 분리하도록 한 글래스-스티걸 법의 폐지를 밀어붙였다.

그러한 움직임은 월가를 크게 팽창시켰고 이는 결국 금융 붕괴로 이어졌다. 그런데 오바마 행정부는 금융 붕괴에 대해 투자은행가들이 마땅한 책무를 지게 만들지 못했고, 이 때문에 월가와 관련된 민주당 쪽 인사들에 대한 평판은 더욱 나빠졌다. 그 와중에도 워싱턴과 월가 사이의 움직임은 계속되었다. 모건스탠리의 톰 나이즈는 힐러리 클린턴 국무장관의 최고 자문이 되었고 오바마의 예산실장이던 피터 오재그는 시티그룹으로 옮겨 갔다. 오재그의 후임은 시티그룹 출신의 잭 루였는데 그는 나중에 재무장관이 되었다. 오바마의 첫 재무장관 팀 가이트너는 사모펀드 '워버그 핀커스'의 경영자였다. 그렇긴 해도, 정계와 월가 사이를 대놓고 오가기는 어려워지고 있었다.

이러한 상황에서 전직 행정부 고위 관료가 갈 수 있는 또 다른 경로가 열렸으니 그들이 얼마나 반가웠겠는가? 역사적으로 IT 업계는 워싱턴과 거리를 두는 경향이 있었다. IT 분야 사람들은 워싱턴을 밋밋하고 고루한 관료와 정치인들의 영역이라고 생각했다. 서버와 라우터도 구분 못하고 인터넷을 '일련의 튜브'라고 묘사하는 사람들 말이다[상원의원 테드 스티븐스가 인터넷을 'series of tubes'라고 잘못 비유한 이후, 기술에 무지한 정치인을 일컫는 사례로 종종 언급된다]. 하지만 IT 산업이 과거에 연방 정부의 막대한 투자를 받은 것을 생각하면 이들이 워싱턴을 이렇게 비아냥거릴 계제는 아니었다. 게다가 IT 산업이 성장하면서 실리콘밸리의 자유지상주의자임을 가장 자랑스럽게 자처하는 사람들마저도 밋밋하고 고루한 워싱턴 사람들을 상대해야 할 필요가 있다는 사실을 부인할 수 없게 되었다. 1998년에 법무부가 마이크로소프트에 일격을 가했던 것 같은 반독점법 기소도 피해야 했고, 온라인 플랫폼에서 수집한 개인정보의 사용에 대해 귀찮은 규제가 생기는 것도 막아야 했으며, 역외 조세피난처에 어마어마한 수익을 숨겨두지 못하게 하려는 움직임도 꺾어야 했다.

이렇게 해서 완전히 새로운 종류의 고객군이 '캐시디 앤 어소시에이츠' 및 이와 비슷한 회사들의 문을 두드리게 되었다. 2002년만 해도 구글은 로비에 쓰는 돈이 5만 달러가 되지 않았는데 2015년이면 한 분기에 500만 달러를 쓰면서 세 번째로 큰 기업 로비스트가 되었다. 그리고 IT 기업들이 직접 로비에 나서면서 자연스럽게 이들은 회전문으로도 향하게 되었다. 페이스북은 조지 W. 부시의 전직 부비서실장인 조엘 캐플런을 고용했다. 구글은 공화당 의원 출신 수전 몰리나리를 고용했다. (몰리나리를 비롯해 로비스트로 일하고 있는 전직 의원이 400명이 넘었고 이들은 의원 시절에 받던 17만 4,000달러보다 많게는 열 배도 넘는 보수를 받았다. 1970년에는 의원 출신 로비스트가 3퍼센트에 불과했지만 30년 뒤에는 40퍼센트가 되었다.)[31]

하지만 IT 업계는 민주당 쪽에서 진직 고위 정치인들을 고용하는 게 더 쉬웠다. 적어도 1990년대 초부터는 IT 업계가 진보 성향으로 기울어 있었다.[32] 무엇보다, 빌 클린턴이나 IT 친화적인 앨 고어 같은 민주당 인사들이 미래가 어디에 있는지를 내다보고서 실리콘밸리를 자유지상주의적이고 친기업적인 공화당 성향(일례로, 휴렛패커드의 공동 창업자 데이비드 패커드는 닉슨 대통령 시절 국방부 차관이었다)에서 돌려놓는 데 일조했다. IT 업계는 민주당의 규제와 조세 입장에 대해서는 여전히 우려하고 있었지만 동성 결혼이나 이민자 문제와 같은 사회적 사안들에서는 전적으로 민주당 성향이었다. 오바마도 2013년에 아마존의 채터누가 물류센터를 방문해 다음과 같이 찬사를 보냈다. "아마존은 무엇이 가능한지를 보여주는 좋은 사례입니다. 저는 이곳에서 이 놀라운 시설과 여러분들을 보고 있습니다. 여러분은 한 치도 부정확함이 없이 이 모든 물건들이 나갈 수 있도록 엄청난 일을 하고 계십니다. 강아지 사료부터 킨들까지, 또 수염 다듬는 도구까지, 모든 것이 지금 여기에 있습니다. 하지만 포장되고 나면 이것들은 모두 고객에게로 갑니다."

이제 오바마 행정부의 전직 고위 관료들은 돈을 밝히는 모양새로 월가에 가는 대신 미래의 진보를 향해 힙한 걸음을 내딛는 사람의 모습으로 실리콘밸리에 갈 수 있었다.

이렇게 해서, 이쪽 방향으로도 꾸준한 인적 흐름이 생기기 시작했다. 오바마의 2008년 대선 승리에 혁혁한 공을 세운 전략가 데이비드 플러프는 우버로 갔다. 오바마 시절 환경보호청장이었던 리사 잭슨은 애플로 갔다.

그리고 제이 카니는 백악관을 떠난 지 1년도 안 지난 2015년 2월에 아마존으로 갔다.

이 집은 2016년 10월 21일에 워싱턴에서 사상 최고가를 기록하며 2,300만 달러에 매매되었다. 이곳 노스웨스트 사우스가 2320~

2330번지는 사실 인접한 두 채의 집이고, 1900년대 초에 두 건축가가 각기 디자인했는데 그중 한 명은 제퍼슨 기념관을 지은 존 러셀 포프다. 최근까지 직물 박물관으로 쓰였지만 이제는 제프 베조스의 네 번째 세컨드하우스가 될 것이었다. 이것이 베조스의 마지막 세컨드하우스는 아닌데, 두어 해 뒤에 베벌리힐스에 있는 영화제작자 데이비드 게펜의 저택을 1억 6,500만 달러에 매입했기 때문이다. 캘리포니아주에서 사상 최고가의 주택 거래였다.

베조스는 워싱턴 DC에서 보내는 시간이 점점 많아지고 있었다. 많게는 1년에 열 번 넘게 갈 때도 있었다. 그는 6,600만 달러짜리 걸프스트림 G650 개인 비행기를 타고 가서 제퍼슨 호텔이나 세인트레지스 호텔이나 포시즌스 호텔에 묵었다. 워싱턴에서 그는 '사교계 명사'가 되었는데, 시애틀에서는 코빼기도 잘 보이지 않는 그가 워싱턴에서 그러고 있는 게 시애틀 사람들에게는 좀 우스운 일이기도 했다. 워싱턴에서 베조스는 카페 밀라노, 르 디플로메이트, 미니바, 피올라 마레 같은 고급 레스토랑에서 파티를 열고 사람들을 만났다. 워싱턴의 전설적인 파티 여주인 샐리 퀸(『워싱턴포스트』의 전 편집국장 벤 브래들리의 아내)에게도 인상적일 정도였다. 4시간 동안 이어진 한 파티에 대해 퀸은 이렇게 말했다. "아무도 집에 가고 싶어 하지 않았습니다. 어마어마했어요."[33]

베조스는 워싱턴 DC의 신문사도 하나 인수했다. 2013년에 그레이엄 가문은 신문 업계에 몰아닥치고 있는 격동에 압도되어 80년이나 경영해 온 『워싱턴포스트』를 넘길 준비를 하고 있었다. 돈 그레이엄은 투자은행 '앨런 앤 컴퍼니'가 아이다호주 선밸리에서 주최하는 연례 컨퍼런스에서 베조스를 만나 이 일을 논의했고, 4주 뒤에 『워싱턴포스트』를 2억 5,000만 달러에 매각한다고 발표했다. 이 금액은 당시 베조스의 순자산 추정액의

1퍼센트가 되지 않았다.

신문사를 인수한 새 소유주는 상당한 돈을 지출해 편집국 인원을 늘리고 웹사이트를 업그레이드하고 프랭클린 스퀘어를 굽어보는 멋진 건물로 사옥도 옮겼다. 오랫동안 긴축과 축소를 감내해야 했던 수백 명의 『워싱턴포스트』 직원들은 이러한 투자에 안도했고 '좋은 저널리즘'이라는 대의에 다시금 의기충천해졌다.

하지만 베조스의 『워싱턴포스트』 인수는 워싱턴에 이해관계가 점점 더 커지고 있던 회사의 소유주가 워싱턴에서 위상을 높이는 데도 기여했다. 2012년에서 2017년 사이에 아마존의 로비 지출은 다섯 배가 되었고 2018년에는 IT 기업 중 워싱턴에서 가장 규모가 큰 로비 부서를 두고 있었다.[34] 28명의 자체 직원뿐 아니라 워싱턴에 있는 십 수개 기업에서 100명이 넘는 계약 로비스트도 활용했다. 아마존의 로비 팀에는 전직 의원이 네 명이나 있었고, 이사회에는 벨트웨이의 잔뼈 굵은 내부자로서 부법무장관을 지낸 제이미 고렐릭을 영입했다. 로렐릭은 주택대출 업체 '패니 매'에서 4년간 일하면서 2,500만 달러를 벌었고 BP의 걸프만 원유 유출사고 이후 소송에서 BP를 대리하기도 했다.

아마존은 여타의 IT 기업들에 비해서도 연방 정부에 많은 로비를 했다.[35] 아마존은 판매세와 관련해 로비했고(여전히 아마존은 자사의 미국내 소매 매출에서 절반 이상을 차지하는 제3자 판매에 대해서는 판매세를 잡지 않고 있었다), 드론에 대한 규제를 막기 위해 로비했고(아마존은 드론을 배송에 활용하고 싶어 했다), 우정청에서 제공받고 있는 할인율을 유지하기 위해 로비했고, 연방 정부가 구매하는 모든 것에 대해 원스톱 조달 창구가 되기 위해 로비했고, 아마존의 반독점법 위반 혐의를 조사하려는 모든 시도에 반대하기 위해서도 로비를 했다.

그리고 이제 베조스는 워싱턴에서 기업의 영향력과 정치 사이의 연결고리를 취재하는 핵심 기관을 소유하고 있었다. 또한 그레이엄 가문으로부터 신문사 자체만 이어받은 것이 아니라, 캐서린 그레이엄이 본인의 살롱에 워싱턴 사교계를 불러온 것으로 유명했듯이 자신의 집을 워싱턴 명사들이 교류하는 장으로 만드는 것도 이어받았다.

이것이 그가 고급 저택을 구매한 이유였다. 베조스는 스타 건축가인 앤키 반스에게 760평 면적의 리노베이션을 의뢰했다. 1,300만 달러짜리 프로젝트였다. 정보공개 청구를 통해 설계도를 확보한 『워싱터니언』은 이를 보도하면서 '파라오적 규모'의 프로젝트라고 표현했다.[36]

설계도에 따르면 191개의 문(일부는 마호가니 또는 청동으로 맞춤 제작될 예정이었다), 25개의 욕실, 11개의 침실, 5개의 거실 또는 라운지, 5개의 계단, 3개의 주방, 2개의 도서실 및 서재, 2개의 운동실, 2개의 엘리베이터가 들어서고, 287개의 화재진압용 스프링클러와 1,006개의 조명이 설치될 예정이었다. 두 채 중 포프가 설계한 쪽은 살림집으로 쓰일 것인데, 와인셀러, 위스키창고, 라운지, 벽화로 장식된 천정, 각각에 벽난로가 설치된 두 개의 드레스룸, 그리고 '오토만' '가든' '벙크' 같은 이름이 붙은 침실들로 꾸며질 예정이었다.

다른 한 채는 손님용이었다. 설계도에 따르면, 현관을 들어서면 정면에 대리석 상판으로 된 커다란 계단이 나오고 현관 왼쪽으로는 가로 세로 10×3미터의 갤러리 공간이 있다. 현관 오른쪽에는 40평 정도의 연회장이 있고 바닥부터 천정까지 닿는 이오니아식 기둥과 석회석 벽난로가 있다. 건물 북쪽으로는 철제 레일로 된 발코니가 달린 산책로가 있다. 손님들은 새로 심은 나무들 사이로 자갈이 깔린 길을 따라 두 개의 분수대, 덩굴 식물이 타고 올라갈 수 있는 격자 구조물, 가스등이 켜진 정자들 주위를 산책할 수 있다. 『워싱턴포스트』 편집국장 마티 배런은 "정말 큰 집"이라며 "그가 이 집에서 파티를 열고 우리를 초대해주면 좋겠다"고 말했다.[37]

이 저택은(정확히는 저택들은) 워싱턴의 고급 주거지 캘러라마 중에서도 특히나 '위풍당당한' 지역에 위치해 있다. 한쪽에는 우드로 윌슨 하우스가 있고 다른 쪽에는 미얀마 대사관이 있으며 길 건너 쪽에는 파키스탄 대사관저가 있다. 베조스를 비롯해 몇몇 유명인사가 들어오면서 이 동네는 배타성이 차원 다르게 높아지고 있었다. 버락 오바마와 미셸 오바마도 백악관 임기가 끝난 뒤 이 동네에 집을 빌렸다. 베조스의 집에서 코너를 돌면 또 다른 유명한 부부의 집이 있는데, 도널드 트럼프가 당선되고서 워싱턴으로 이사한 이방카 트럼프와 재러드 쿠슈너 부부였다.

트럼프의 당선은 거의 전적으로 그의 상대 후보에게 투표한 도시에 침울함을 드리웠다. 그러나 이 도시의 치솟는 번영에는 전혀 찬물을 끼얹지 않았다. 새 대통령은 군비 지출을 늘리겠다고 약속했는데, 이는 벨트웨이에 줄 서있는 민간 계약업체들에 더 많은 돈이 지출되리라는 것을 의미했다. 또한 새 행정부는 트럼프와 연줄이 있다고 주장하는 사람들에게 '영향력 산업'에 진입할 수 있는 길을 열어주었다. 2017년 연방 로비 지출은 33억 달러를 넘어섰고, 이것은 2000년의 두 배가 넘는 것이었다.

브라이언 밸러드도 트럼프 당선 이후 워싱턴에서 '영향력 산업'에 진입한 사람 중 한 명이다. 이전 몇 년 동안 그는 플로리다주에서 주 차원의 로비 제국을 건설하고 있었다. 25세이던 1986년에 그는 공화당 주지사후보 밥 마르티네스의 수행 비서로 서류가방을 들고 다니고 다이어트 콜라를 대령하는 일을 했다. 하지만 말단 수행원인데도 말과 행동에 거침이 없었다. 선거 전에 마르티네스가 공화당 경선에서 경쟁자 중 한 명이었던(사실은 유일한 경쟁자나 마찬가지였던) 톰 갤러거와 함께 비행기를 타고 주 여기저기를 이동하게 되었는데, 톰 갤러거가 자신의 선거 캠프가 잘했던 일들을 자랑하자 이렇게 대꾸했다. "궁금한 것이 있는데요, 톰. 그렇게 똑똑하시고 그렇게 훌륭한 선거팀을 두셨다면, 왜 저희한테 지셨을까요?"[38] 선거 후에 마르티네스는 밸러드를 수석 보좌관으로 승진시켰다. 연봉은 6만 8,000달러였다. 밸러드는 그 돈으로 은색 BMW를 한 대 뽑았다.[39]

밸러드는 서른도 안 되어 비서실장으로 승진했다. 그는 장난감 병정이 달린 멜빵을 즐겨 착용했고[40] 플로리다주의 정무장관과 법무장관을 지낸 사람의 딸과 결혼했다. 트럼프가 쓴 『거래의 기술』을 읽고 트럼프에게 편지를 써서 책이 너무 좋았다고 찬사를 보냈고, 트럼프도 화려한 편지지에 답신을 보내왔다. 그러자 밸러드는 다시 트럼프에게 연락해서 "플로리다주에서 문제가 생기면 주저 말고 전화해 달라"고 했다.[41]

1990년에 마르티네스가 재선에 실패하자 밸러드는 '민간 부문'에서 활동하기 시작했다. 1996년에 공화당이 122년 만에 플로리다주 하원의 다수당이 되면서, 공화당 인맥이 있는 로비스트에 대한 수요가 급증했고 2년 뒤에 조지 W. 부시의 동생인 젭 부시가 주지사로 선출되면서 그 수요는 한층 더 높아졌다. AT&T, 프루덴셜, 뉴욕 양키스, 병원들, 첨단기술 회사 등 다양한 고객이 그에게 몰려왔다. 밸러드는 탤러해시[플로리다주의 주도] 지역에 각각 130만 달러 이상 값이 나가는 두 채의 집을 구매했다.

그는 정말 열심히 일했다. 새벽 6시에 출근해서 종종 밤 9시까지 일했다. 그는 "당신이 이 일에 소질이 있다면 스스로를 더 몰아붙이게 된다"며 "사람들은 중요한 사안에서 자신의 논리를 방어하기 위해, 궁극적으로는 성공하기 위해, 당신에게 많은 돈을 지불한다"고 말했다.[42] 이때 그는 겨우 서른일곱 살이었다.

2016년이면 밸러드는 플로리다주에서 일곱 개 도시에 사무실을 두고 있었다. 그는 지지 후보를 매끄럽고 수완 있게 골랐다. 처음에는 젭 부시를 지지했다. 젭 부시가 주지사였다는 사실은 밸러드가 탤러해시에서 로비스트로 성공하는 데 지대한 기여를 한 바 있었다. 하지만 젭 부시의 대선 캠프가 시들해지자 밸러드는 플로리다주 출신 공화당 의원인 마르코 루비오 쪽으로 옮겨갔다. 경선에서 루비오 또한 떨어져나가자 밸러드는 물 흐르듯 자연스럽게 도널드 트럼프 쪽으로 옮겨갔다. 옛날에 트럼프가 그에게 손편지를 보낸 적도 있었고 트럼프 그룹이 트럼프 소유의 플로리다주 마라라고 리조트와 관련해 로비를 하기 위해 지난 몇 년간 46만 달러를 지불하고 밸러드를 고용한 적도 있었으니, 아예 엉뚱한 일은 아니었다. 밸러드는 트럼프 선거 운동에 1,600만 달러를 모금했고 트럼프 캠프에서 일하기로 계약도 하기 전에 플로리다주에서 트럼프가 힐러리 클린턴을 이길 수 있도록 자기 회사의 최고 로비스트 중 한 명인 수지 와일스를 트럼프 캠프에 보내 큰 도움을 주었다.

그가 트럼프를 지지한 것은 이념적 이유에서가 아니었다. 로비스트로서 그는 오랫동안 중도 성향을 유지하고 있었고 환경 문제 같은 사안에 대해서도 그랬다. 일부 정통 공화당 사람들은 트럼프의 추잡한 면모들 때문에 트럼프와 거리를 두었지만, 밸러드는 그러한 면모를 넘어 트럼프라는 인간 자체를 보고자 했고 아마도 그래서 트럼프를 지지할 수 있었을 것이다. 그는 이렇게 말했다. "많은 사람들이 트럼프 선거 셔츠를 입고 싶어 하지 않지만, 그는 우리 후보이고 솔직히 나는 그가 매우 좋은 사람이라고 생각합니다."[43]

그리고 이제 트럼프가 백악관에 있게 되었으므로 밸러드는 자신에게 엄청난 기회가 왔음을 감지했다. 이제까지 그는 플로리다주에서 키울 수 있는 최대한의 규모로 영향력 산업의 제국을 건설했다. 이제는 전국 차원으로 가야 할 때였다.

트럼프가 취임하고 2주 뒤인 2017년 2월 초의 어느 날, 그는 '밸러드 파트너스'라는 회사를 세우고 백악관에서 세 블록 떨어진 호화로운 호머 빌딩에서 개업식을 했다. 플로리다주에서 트럼프 선거 운동에 참여했던 와일스, 트럼프 인수위원회 위원 한 명, 전 베네수엘라 주재 미국 대사로 미 회계감사원의 조사 결과 니카라과 반군을 지원하기 위해 '금지된 은밀한 프로파간다'에 관여했다는 것이 드러나기도 했던 오토 라이히 등이 포진해 있었다. 입구에는 전형적인 철회색 벽에 은색으로 회사 이름이 새겨져 있었고, 『이코노미스트』와 『애틀랜틱』 매거진이 '안티카 파마시스타' 사의 막대형 방향제(오렌지 꽃 향, 라일락 향, 재스민 향)가 꽂혀 있는 병 옆에 놓여 있었다.

로비스트가 여섯 명뿐인 밸러드 파트너스는 워싱턴 기준으로는 작은 회사였다. 하지만 워싱턴의 로비 회사들이 그때까지 진지하게 여기지 않았던 새 대통령과 간절히 접촉을 원하는 고객들이 밸러드의 회사로 몰려들었다. 2018년 5월이면 아직 1년 남짓밖에 안 된 이 회사는 1,300만 달러 이상의 수임료 매출을 올려 11번째로 큰 로비 회사가 되었다.[44]

이 회사의 고객 명단에는 눈에 띄는 곳이 몇 군데 있었다. 미국 최대 영리 교도소 운영 업체 중 하나인 GEO 그룹은 1억 1,000만 달러 규모의 텍사스 이민자 수용시설 운영 계약을 맺기 3개월 전에 밸러드와 연 60만 달러의 계약을 맺었다. 튀르키예 공화국은 에르도안 대통령의 경호원들이 워싱턴 주재 튀르키예 대사관 밖에서 평화적인 시위대를 구타하기 며칠 전에 밸러드 파트너스와 연간 150만 달러의 계약을 체결했다.

그리고 아마존이 밸러드 파트너스와 연간 28만 달러의 계약을 체결했다.

워싱턴 힐튼의 대연회장은 준비가 완료되었지만 VIP들을 위해 기자 등 다른 사람들이 보지 못하도록 로비에 따로 마련한 공간에서는 아직 비즈니스가 오가고 있었다. 이날 참석한 VIP 중의 VIP로는 민주당 상원 원내대표 출신의 로비스트 톰 대슐, 워싱턴의 저널리스트 마이크 앨런, 오늘의 귀빈이 인수한 신문사의 예전 발행인이자 전에 이 신문사를 소유했던 가문의 일원인 캐서린 웨이마우스, 워싱턴에서 가장 큰 집을 가지고 있는 워싱턴 시장 뮤리엘 바우저 등이 있었다. 또한 일곱 개 국가의 주미 대사, 오늘의 귀빈이 운영하는 회사가 크게 의존하고 있는 배송 할인을 제공하는 미국 우정청장, 이 회사가 점유율을 높이기 위해 공을 들이고 있는 연방 정부의 구매를 총괄하는 연방 조달청장도 참석했다.

데이비드 루벤스타인은 모여 있는 VIP들 앞에서 공식적으로 그날의 귀빈을 환영하는 인사말을 하기 위해 마이크를 잡았다. 이 순간은 오래전부터 만들어지고 있었다. 신문사 인수, 저택 개조, 로비 지출 확대 등이 모두 그 과정의 일환이었다. 그리고 마침내 워싱턴에서 공식적으로 모습을 드러낼 시간이 되었다.

루벤스타인이 오늘의 귀빈을 소개했다. "아시다시피 오늘 행사는 워싱턴 전역과 미국 전역에서 언론과 카메라의 엄청난 관심을 끌었습니다. 그리고 그 이유는 오로지 오늘의 특별 게스트로 제프 베조스를 모실 수 있었기 때문이라고 생각합니다."

VIP들이 박수를 치며 연회장으로 입장했다. 공군 의장대가 그들을 맞았다.

드롭존 9

펜실베이니아주 칼라일(Carlisle)

조디 로즈(Jody Rhodes)는 2014년 3월 31일 토요일 저녁을 두 아들 중 한 명과 텔레비전을 보면서 보냈다. 나중에 그 아들이 경찰서에서 밝힌 진술에 따르면 그렇다. 조디는 9시 반에 잠자리에 들었고 앨런로드에 있는 물류센터에 제시간에 출근하기 위해 새벽 5시 20분에 일어났다. 조디는 2만 3,400평 규모의 이 물류센터에서 일요일부터 수요일, 아침 7시 반부터 저녁 6시까지 일했다.

로즈는 52세였고 유방암에 걸렸다가 회복되었으며 이 물류센터에서 3년째 일하고 있었다. 이직률이 매우 높은 직종임을 생각하면 비교적 긴 경력을 가진 베테랑이었다. 이 물류센터에서 일하는 아마존 직원 690명 중 상당수가 그렇듯이 조디는 인력 파견 업체 '스태프 매니지먼트 | SMX'에 소속된 260명의 계약직 노동자로 시작했다. SMX 소속으로 280시간을 일하고 나면, 그리고 결근율이 낮고 공식 경고를 받은 적이 없으면, 아마존 지원으로 전환할 기회가 주어졌다. 로즈는 성공적으로 아마존 직원이 되었다. SMX 소속 계약직 노동자는 흰색 신분증을 받지만 아마존 직원으

로 전환되면 파란색 신분증을 받는다.

로즈는 팰릿 운반 기사였다. 그는 'PIT'(powered industrial truck)이라 부르는 전동 지게차로 밖에서 들어오는 팰릿들을 물류창고 안으로 운반했고, 매 근무조마다 6, 7명 정도가 이 일을 했다. 로즈가 몰던 지게차인 크라운 PC4500 모델은 팰릿을 싣는 부분이 꼬리처럼 뒤쪽에 달려 있고(픽업트럭 같은 구조) 앞에 운전자가 서서 운전하는 입승식 지게차였다. 운전자는 폭이 90센티미터인 운전석에 서서 막대 핸들을 앞뒤로 조종해 지게차를 운전했다. 이 지게차에는 브레이크가 없기 때문에 속도를 늦추거나 세우려면 막대 핸들을 뒤로 당겨야 했다. 운전자가 가속을 하지 않는 상태로도 지게차가 길게는 10미터까지 혼자 미끄러질 수 있었다. 운전자가 서 있는 곳 뒤에는 53.5인치(약 136센티미터) 높이의 등받이가 있어서 운전석 공간과 적재 공간을 분리했다. 뒤로 이어져 있는 적재 공간은 길이가 2.5미터나 되었다. 이 물류창고에서 지게차의 속도는 '거북이'로 설정되어 있었고 '토끼' 모드로는 작동하지 못하게 비활성화되어 있었다.

2009년 7월, 직업안전보건국은 입승식 지게차와 관련된 '언더라이드 위험'[under-ride hazard, 충돌시 높이가 낮은 쪽이 아래로 끼이는 사고 유형]에 대한 주의문을 공지했다. 공지문은 "입승식 지게차 운전자에게 벌어질 가능성이 있는 위험 중 하나는 뒤쪽에 짐을 싣고 창고 내부를 이동하다가 발생할 수 있는 압사 위험"이라고 설명했다. "[가령 지게차가 앞으로 미끄러져 선반과 충돌할 때] 선반 평대 또는 그와 비슷한 장애물이 운전석으로 밀고 들어오면 운전자가 '언더라이드' 상태가 될 수 있다"는 것이었다. 직업안전보건국은 공지문에서 지난 15년 동안 전국적으로 최소 9명의 노동자가 이 같은 사고로 사망했고 3명이 중상을 입었다고 밝혔다.

전날 일찍 잠자리에 들었는데도 오전에 조디 로즈는 눈에 띄게 피곤해

보였다. 나중에 경찰 진술에서 조디의 아들은 조디가 남편이 사망한 지 1년도 되지 않았고 감옥에 있는 동생 문제로 걱정하느라 우울증이 와서 내내 잠을 못잔 것 같다고 말했다. 50세인 조디의 남동생 브라이언은 칼라일 C번가와 노스웨스턴가의 교차로에서 사이가 소원해진 아내가 남자친구의 트럭에 있는 것을 보고서 자신의 트럭에 있던 노리쇠 장전식 소총으로 아내의 남자친구를 쏘아 감옥에 갔다(살해 시도는 미수에 그쳤다).

그날 아침 조디의 몸 상태가 무엇 때문이었든지 간에, 가까이서 일하던 몇몇 동료들이 조디가 너무 기운 없어 보이는 것을 알아차렸다. 오전 11시 반에 한 동료가 괜찮으냐고 물었고 조디는 괜찮다고 대답했다. 또 다른 동료가 "물 갖다 줄까?"라고 물었고 조디는 알아들을 수 없게 웅얼웅얼하는 소리를 했다. 또 다른 동료는 나중에 이렇게 말했다. "정말 피곤해보였습니다. 하지만 다들 피곤하잖아요." 조디는 점심시간인 12시 반에 아들과 통화를 하면서 오늘따라 사람들이 계속 나더러 정신 차리라고 한다고 말했다.

곧 상사도 조디가 기력이 없는 것을 알아차렸다. 평균적으로 지게차 운전자의 작업속도는 시간당 13개 팰릿인데 조디는 그날 몇 시간째 시간당 11개 팰릿 정도밖에 처리하지 못하고 있었다. 매니저가 '프로세스 어시스턴트'라고 부르는 현장 관리자 한 명에게 조디에게 가서 이를 알리라고 했다. 조디가 점심을 먹고 돌아왔을 때 프로세스 어시스턴트가 조디에게 와서 이야기했고, 그가 나중에 진술한 바에 따르면 조디는 짐을 내가는 아웃바운드 작업자가 너무 느리게 작업하는 바람에 자신의 속도가 늦어지는 것이라고 대답했다. 나중에 경찰 조사에서 프로세스 어시스턴트는 이 이야기를 나눌 때 조디가 "평소와 다름없어 보였다"고 말했다.

2시 반이 조금 지나서 조디는 드롭존 9의 630 통로에 인바운드 물품을 들여놓는 일을 끝냈다. 근처에는 개 사료가 담긴 팰릿들이 세워져 있었다. 이제 조디는 빈 지게차를 뒤로 빼서 나가야 했다. 그런데 '적재칸 P1E630-A240' 지점쯤에 왔을 때 조디가 몰던 지게차가 경로를 벗어나 미끄러지기 시작했다. 지게차는 오른쪽으로 치우쳐서 미끄러지다가 선반과 충돌했다.

선반에 쌓여 있던 물건(마키타 전동커터 두 개와 상자 여덟 개)이 반대쪽 통로 바닥으로 와르르 떨어질 정도로 세게 충돌했다. 그리고 조디 로즈의 목이 지게차 등받이와 바닥에서 125센티미터 높이에 있는 선반의 낮은 쪽 가로대 사이에 끼였다.

동료 작업자들이 즉시 사고를 발견하고 달려왔다. 어떤 이들이 조디의 이름을 불렀지만 대답이 없었고, 어떤 이들은 도와줄 사람을 소리쳐 불렀다. 현장에 있던 사람들의 증언에 따르면 조디 로즈는 머리가 옆으로 꺾인 채 눈은 뜨고 손은 지게차의 막대 핸들을 잡고 있었다. 손 스캐너와 동물 모양 크래커가 든 투명한 비닐봉지가 지게차 운전석 근처에 굴러다니고 있었다. 동료들이 지게차를 뒤로 빼보려고 했지만 지게차가 말을 듣지 않았다.

마침내 동료들이 비상 브레이크로 조디가 나올 수 있을 만큼 지게차를 15센티미터 정도 뒤로 빼는 데 성공했다. 청바지에 회색 스웨터, 노란색 안전조끼 차림의 조디가 옆으로 쓰러졌고 동료 한 명이 165센티미터 키에 몸무게 64킬로그램인 조디가 바닥에 떨어지지 않도록 팔로 받쳐 안았다.

안색은 푸르스름했고 입술에는 동물 모양 크래커 부스러기가 묻어 있었다. 맥박은 가늘게 뛰었지만 숨을 쉬지 않았다. 몇몇 동료가 조디의 턱에 멍이 든 것을 보았다. 철제 선반 가로대에 부딪힌 자리였다. 한 동료는 조디의 등이 부러진 것 같다고 생각했다.

무전기를 가진 동료가 사내 의무팀을 호출했지만 일요일 오후에 의료

팀은 근무하지 않았다. 그래서 오후 2시 42분에 구급차를 불렀다. 피츠버그 스틸러스 티셔츠를 입은 한 동료가 심폐소생술을 시도했지만 소용이 없었다. 누군가가 제세동기도 가지고 와서 사용해보았지만 이것도 소용이 없었다. 걱정스러워하며 노동자들이 모여들자 한 관리자가 가서 일하라고 했다. 누군가가 630 통로와 그 옆의 625 통로에 붉은 테이프를 둘러 접근을 막았다.

'컴벌랜드 굿윌 응급의료 서비스'의 구급차가 도착했고 구급대원들은 제세동기로 심폐소생을 시도했다. 그리고 3시 20분경 칼라일 의료센터까지 1.5킬로미터를 질주했다. 하지만 조디는 오후 3시 55분에 사망했다.

6시간도 더 지나서, 밤 10시가 조금 넘은 시각에 아마존의 이 지역 안전관리자인 그레그 윌리엄스가 1-800 번호로 직업안전보건국에 전화해 펜실베이니아주 칼라일 앨런로드 675번지에서 사망자가 발생했다고 음성 보고를 남겼다.

"본 사고에 대한 간략한 설명은 다음과 같습니다. 직원이 전동 지게차에서 무반응 상태로 발견되었고 동료들이 장비에서 그를 빼내 맥박, 호흡 등 바이탈 사인을 체크하고 심폐소생술을 시도했으며 911에 신고했습니다. 도착한 응급구조대는 3시 20분에 관계자와 함께 현장을 떠났습니다." 조디가 선반에 부딪힌 것, 조디의 목이 철제 선반과 지게차 사이에 끼인 것, 턱에 멍이 든 것 등은 언급하지 않았다. 윌리엄스는 "현재로서 우리는 이번 사고가 업무와 연관이 있다고 생각하지 않는다"고 말했다.

다음날 아침 직업안전보건국 해리스버그 사무소 책임자인 케빈 킬프가 직원 한 명을 물류센터 현장으로 보내 아마존 안전 담당자 다이애나 윌리엄스(위의 그레그 윌리엄스와 성은 같지만 친인척은 아니다)를 만나 전날 밤 신고된 메시지(업무상 재해가 아니라는)를 토대로 사고에 대해 더 상세한 정보를 파악하도록 했다. 직업안전보건국 직원은 회사가 보기에 조디 로즈가 자연사인 것이 확실하냐고 재차 물었고 다이애나 윌리엄스는 "피도 없었고 다른 것도 없었다"며 회사는 자연사가 맞다고 본다고 대답했다.

다음날 직업안전보건국 해리스버그 사무소는 컴벌랜드 카운티 부검실에 연락을 취했고, 부검 결과 조디의 사인이 "팰릿 운반차 사고로 인해" "다량의 내장 출혈", "간의 자상", "심장의 타박상" 등 "여러 건의 치명적인 부상이 발생"한 것이었음을 알게 되었다.

그날 직업안전보건국 해리스버그 사무소는 공식적인 조사에 착수했다. 조사 보고서 중 하나는 사망 사고가 발생한 회사의 업태와 일반 정보를 다음과 같이 설명하는 것으로 시작하고 있다.

"이 회사는 전국에서 물류창고와 풀필먼트 센터를 운영하고 있으며 국내외에서 소매 상품을 판매하고 유통한다. 본사는 워싱턴주 시애틀에 있으며 주간 상거래를 한다."

존엄한 노동

전통 노동의 몰락

4

볼티모어

윌리엄 케네스 보다니 주니어(William Kenneth Bodani, Jr.)는 화장실에 가야 했다. 69세인 그는 젊은 사람들보다 화장실에 더 자주 가야 했고 한 번 갈 때 시간도 더 오래 걸렸다. 하지만 열 시간 근무 중 식사시간 외에 허용된 '업무 타임오프' 시간은 20분뿐이었다. 그리고 22에이커 면적의 물류창고에서 화장실까지 가는 데만도 20분의 절반은 족히 소요되었다. 허용된 20분을 넘기면 벌점을 받아서 임금이 깎이거나 고용이 종료될 수 있었다. 그래서 그는 최대한 참으려고 노력했다.

그는 지게차 운전자였다. 트럭에서 팰릿들을 내려 물류창고 안으로 들여놓는 것이 그의 일이었다. 트럭 한 대 분량의 물건을 내리는 데 시간이 얼마나 걸리는지가 시스템에 의해서 면밀히 체크되는데, 대략 15~20분 안에 내려야 했다. 일반적인 52피트(약 16미터) 길이 트레일러의 경우, 한 대에 적어도 20대의 팰릿이 들어갔다. 그는 트레일러까지 지게차를 몰고 가서 한 번에 팰릿을 하나 또는 두 개씩 들어서 내렸다. 때로는 물건이 느슨하게 쌓여 있어서 누군가가 팰릿에 물건을 다시 쌓아주어야 옮길 수 있었다. 또는 트레일러 천정까지 닿을 정도로 팰릿에 물건이 너무 높이 쌓여 있어서 운반하는 동안 누군가가 옆에서 넘어지지 않게 잡아주어야 했다.

지게차 운전자가 물건들을 안으로 들여놓으면 '워터 스파이더'라고 불리는 사람들이 물건을 분류해 워크스테이션으로 보낸다. 그러면 '스토워'라고 불리는 사람들이 '포드'라고 하는 노란색의 키 큰 운반용 선반에 물건을 쌓는다. 그 다음에 오렌지색 로봇들이 포드를 '피커'라고 불리는 사람들에게 운반한다. 피커는 [고객의 주문대로 물건들을 집어서] 다시 포장 및 발송을 맡은 팀으로 보낸다. 요즘은 휴일처럼 바쁜 날에는 주문이 많은 물품들의 경우 포장 구역까지 곧장 이어지는 컨베이어 벨트에 올리기도 한다. 늘어난 수요를 따라잡기 위해 [물건들이 물류창고에 들어오자마자 곧바로 다시 내보내는] '인 앤 아웃' 시스템을 돌리는 것이다. 칼, 접시, '에코' 스피커, 변신 로봇, 노트북, 아이패드…. "빈틈없이 준비되어 있어야 합니다. 라인에 물건들이 계속해서 들어가게 하는 것이 내 일입니다. 트레일러에서 물건들을 내리면, 내린 물건들이 바로 그 사람들에게 가야 합니다. 물건들이 계속 라인에 들어가게 해야 하는 거죠."

그는 3년째 여기에서 일하고 있었다. 12년 전에 전 직장에서 은퇴했을 때는 친구의 오토바이 수리점에서 소소하게 일을 도와주는 것 말고는 일을 더 할 생각이 없었다. 그는 천식, 석면폐증, 폐기종, 만성 폐쇄성폐질환, 외상후 스트레스 장애가 있었다. 그런데 전에 다니던 회사가 파산하면서 다달이 들어오던 연금이 3,000달러에서 1,600달러로 줄었다. 그와 당뇨가 있는 아내의 의료비가 늘고 있었고 그들이 살고 있는 단층 주택도 수리가 필요했다. 그래서 2015년에 이 물류센터가 문을 열었을 때 이곳의 일자리에 지원했다.

처음에는 물류센터에서 그를 고용하지 않으려고 했다. 보다니는 나이 때문인 것을 알고서 소송을 걸겠다고 협박했고, 채용되는 데 성공했다. 우습게도, 그는 이 일을 매우 잘했을 뿐 아니라 지금은 다른 지게차 운전자들을 교육하는 일까지 맡고 있었다. 일흔이 다 되어가는 과체중의 노인이 이십대와 삼십대 젊은이들에게 지게차 모는 법을 알려주는 의외의 모습은 꽤 볼 만한 광경이었다. 하지만 빌 보다니(옛 일터에서는 다들 '보'라고 불렀다)는 지게차 다루는 데 선수였다. 사실 그는 훨씬 더 복잡한 온갖 장비와 기계를 다루는 데 익숙했다. 그는 30년 동안 지금 하는 일보다 더 어렵고 위험한 일을 했다. 하지만 그때 일이 더 보람 있었다.

그때도 정확히 같은 장소, 바로 이곳에서 일했지만 완전히 다른 세상의 일 같았다. 이 장소는 미국의 어느 일터 못지않은 근본적인 변모를 겪었다. 지난 세기에 걸친 미국 노동의 변천사를 이 한 장소에서 이야기할 수 있다. 이곳의 이름은 스패로스 포인트다.

스패로스 포인트라는 지명은 '참새'(sparrow)에서 나온 게 아니다. 그랬으면 더 낭만적이었겠지만, 이 지명은 영국의 식민지 개척가로 1652년에 볼티모어 경에게서 이 지역의 상당한 땅을 하사받은 토머스 스패로를 딴 것이다.[1] 체서피크만에서 안쪽으로 볼티모어 내항까지 쑥 들어가는 퍼탭스코강 어귀에 퍼탭스코 넥 반도가 있다. 이 반도의 끝부분에 다시 독수리 발톱 모양으로 튀어나온 작은 반도 중 가로 세로 2.5킬로미터 정도의 땅이 스패로스 포인트다. 미국과 영국이 다시 맞붙은 1812년 전쟁 때 영국군 4,500명이 상륙한 포트 하워드의 서쪽이고, 시인 프랜시스 스콧 키가 장엄하게 묘사한 포트 맥헨리 전투[스콧 키는 미국 국가 'The Star-Spangled Banner'의 작사자로, 미국 포병대가 영국 해군을 무찌른 이 전투에서 영감을 얻었다고 한다]가 벌어졌던 곳이 육안으로 보이는 거리에 있다. 하지만 스패로스 포인트 자체는 1887년까지 계속 늪지대와 농지였고 별로 개발되지 않은 상태였다. 그런데 그때 프레더릭 우드가 이곳을 발견했다.

우드는 '펜실베이니아 스틸 컴퍼니'의 엔지니어였다. 펜실베이니아 스틸은 메릴랜드주 스패로스 포인트에서 150킬로미터 북쪽에 있는 펜실베이니아주 스틸턴에 공장이 있었고, 공장에서 쉽게 접할 수 있을 만한 대양항을 찾고 있었다. 철강 제조업은 헨리 베서머라는 영국 발명가가 개발한 제강 기술로 생산성이 증대된 데다 거대 철도회사들이 앞다퉈 철로를 놓으면서 수요가 급증해서, 펜실베이니아주부터 서쪽으로 시카고까지 활황을 구가하고 있었다. 철강 생산에는 석탄, 석회석, 철광석이 필요했다. 석탄은 애팔래치아 산맥을 따라 풍부하게 매장되어 있었고, 석회암도 펜실베이니아주에 풍부했다. 그런데 철광석이 문제였다. 알려져 있는 미국 내 철광석 매장지 중 가장 규모가 큰 곳은 미시건주의 어퍼 반도였는데 중서부 지역의 철강 공장으로는 5대호를 통해 운반할 수 있었지만 동부에 있는 펜실베이니아주의 공장으로는 운반이 쉽지 않았다.

동부 연안으로서는 무척이나 다행스럽게도, 철광석 탐사에 나선 우드가 1882년에 쿠바에서 철광석 광맥을 발견했다.[2] 당시 그의 나이는 스물다섯이었다. 펜실베이니아 스틸 회장 루터 벤트와 한 증기선 소유주가 스페인에서 파견된 쿠바 총독을 설득해 20년 동안 로열티를 내지 않고 철광석을 채굴할 권리를 얻었다. 이제 그것을 실어올 항구만 있으면 되었다. 1887년에 이제 막 서른이 되어가는 우드는 스패로스 포인트에 도착했고 펜실베이니아 스틸은 다섯 명의 땅주인에게서 이 반도의 대부분을 고작 5만 7,900달러에 구매했다.

몇 주 만에 벽돌 공장이 뚝딱 지어졌고 철강 공장을 짓는 데 들어갈 벽돌이 하루에 3만 장씩 생산되었다.[3] 부두와 선창까지 가는 270미터 길이의 선로도 깔렸다. 스패로스 포인트는 단순한 항구 이상의 역할을 할 것이었다. 쿠바에서 들여온 철광석을 이곳에서 선철(銑鐵)로 만든 뒤 그것을 기차로 스틸턴까지 옮길 생각이었다. 7월에 첫 기관차가 도착했고 8월에는 회사 직영 상점이 문을 열었으며 10월에 용광로가 돌아가기 시작했다. 늪지는 물을 빼고 굴 껍데기로 바닥을 메워 간척을 했다. 이후 2년 동안 커다란 철강 공장을 짓기 위해 날마다 15톤의 자재가 기차와 바지선에 실려 이곳에 들어왔다. 우드의 형 루푸스는 이 공장이 필요로 하게 될 수많은 노동자들이 거주할 마을의 설계를 맡았다. 그리고 이 회사는 귀찮은 법인 설립도 하지 않고 스패로스 포인트가 속한 볼티모어 카운티의 선출직 당국자들의 관리 감독도 받지 않으면서 이 새로운 영지의 군주로 계속해서 군림하기 위해 [메릴랜드주 주도인] 아나폴리스에서 로비를 했다. 스패로스 포인트는 완전한 '컴퍼니 타운'이 될 것이었다.

1890년 5월 30일, 공장 준공식 준비가 마무리되었다.[4] 워싱턴, 볼티모어, 펜실베이니아에서 기차를 타고 명사들이 도착했다. 그들은 엘리베이터를 타고 25미터 높이로 이동해 용광로 위의 장입대에 서서 노동자들이 60미터 떨어진 또 다른 용광로의 가동을 개시하는 것을 황홀하게 바라보았다. 하늘 높이 불길이 치솟았다.

그들이 내보인 경외는 화려한 오찬으로 보상받았다. 게살로 만든 식전 요리, 테라핀 요리, 영계 한 마리 요리, 그리고 시가와 건배가 이어졌다. 마크 로이터가 이 지역에 대해 쓴 권위 있는 역사서에 그날의 준공식 묘사가 나온다. 당시 볼티모어 대교구 교구장이었던 제임스 기번스 추기경은 루터 벤트의 새 공장을 '일감이라는 큰 문제'에 대한 해법으로 환영하면서 이렇게 말했다. "나는 늘 노동자들 편에서 말했습니다. 그런데 오늘은 내가 자본가들 앞에 있습니다. 이 큰 문제를 풀 역량이 있는 사람이 이 세상에 있다면, 바로 여기에 있는 우리의 친구일 것입니다. 그는 이와 같은 거대한 용광로를 세우고 배당금을 지급해 자본가들을 기쁘게 할 것이고 좋은 임금을 지급하고 안락한 집을 구할 수 있게 해 노동자들을 기쁘게 할 것입니다. 양쪽 모두가 자기 몫의 이익을 가질 수 있는 것입니다."

존 데이비드슨 볼티모어 시장의 눈에도 행복한 공생 관계만 보인 것 같았다. 그는 벤트에게 이렇게 말했다. "당신의 번영은 우리의 번영이고 당신의 이익은 우리의 이익입니다."

자본가들은 스패로스 포인트에서 흘러나오는 결과에 실제로 만족했다. 곧 이곳은 [선철을 강철로 바꾸는] '베서머 전로(轉爐)'를 포함해 전 공정을 갖춘 제철소가 될 수 있을 것이 분명했다. 프레더릭 우드는 미국의 다른 어느 제철소에도 없는, 밀집되어 있으면서도 병목 현상이 발생하지 않는 생산 라인을 고안해냈다.[5]

3년 뒤면 이 공장의 베서머 반원들은 하루에 300톤의 철강을 생산할 수 있었다.[6] 이때는 이 공장에 자체 조선소도 있었다. 1900년경이면 스패로스 포인트에서 3,000명이 일하고 있었고 3,500명이 이곳에 거주하고 있었다.[7] 그리고 1906년 무렵이면 뉴욕에서 새크라멘토까지 복선 철로를 깔기에 충분한 양의 철강이 이곳에서 생산되었다.[8]

노동자들에게도 이곳이 그만큼 만족을 주었을지는 덜 분명하다. 프레더릭 우드는 노동자들에게 어마어마하게 혹독한 일과를 강요했다.[9] 주간 조는 하루에 10~11시간, 야간 조는 13~14시간씩 일했다. 노동자들은 주간 조로 1주일간 일을 하고, 이어서 야간 조로 1주일간 일을 했다. 주야간 근무가 바뀌는 일요일에는 야간 조가 24시간을 내리 일했고 그 다음 일요일이 되어서야 쉴 수 있었다. 그 일요일에는 그 주의 야간 조가 24시간 근무를 했다.

이렇게 가차 없는 일정으로 돌아가는 노동에 대해 펜실베이니아 스틸이 지급하는 임금은 1895년에 일당 1.10달러였다.[10] 1년에 휴일은 크리스마스와 독립기념일, 딱 이틀이었고 둘 다 무급이었다.[11] 이 이틀만 빼고 1년 내내 일할 경우 연 400달러 정도를 벌게 되는데, 로이터가 저서에서 언급했듯이, 당시 미 노동국이 5인 가족 기준으로 '미국의 생활수준'을 유지하는 필요한 최소한의 임금이라고 간주한 연소득은 500~600달러였다.

노동자들이 제기하는 어떤 불만에 대해서도 회사는 적어도 회사가 주거 지원을 해주지 않느냐는 반론을 펼 수 있었다. 루푸스 우드가 설계한 주거지는 용광로 쪽에서 바람이 불어오는 방향으로 800미터쯤 떨어진 곳에 깔끔한 격자형으로 구성되어 있었고 험프리 크리크 시냇물이 가운데를 가로지르고 있었다. 주거지는 명시적으로 계급에 따라 나뉘어 있었다.[12] 관리자급은 스팀 난방과 전등을 갖춘 B거리와 C거리의 큰 집에서 살았다. 이 집들에는 1주일에 하루씩 따로 전기도 들어왔는데, 주부들을 위한 '다림질의 날'이라고 했다.

펜실베이니아주와 오하이오주의 철강 도시들에서 건너온, 대체로 영국계나 독일계 이민자인 숙련 노동자들은 등유 램프가 길을 밝혀주는 E거리와 F거리의 평범한 연립 주택과 단층 주택에 살았다. 동유럽과 남유럽에서 더 최근에 온 이민자들은 가족이 있을 경우에는 개울가의 오두막에, 가족이 없을 경우에는 용광로 뒤쪽에 지어진 조악한 판자촌에 살았다. 프레더릭 우드는 이들을 안정적인 인력이 아니라고 보아서 신경 쓰지 않았다.

우드가 저숙련 노동자로 더 선호한 인력은 흑인이었다.[13] 하지만 볼티모어 출신 흑인은 아니었다. 1890년이면 볼티모어에는 이미 흑인 인구가 6만 7,000명에 달했지만 그들은 고집이 셌다. 우드는 남부인 버지니아주의 튼튼하고 젊은 흑인이 훨씬 낫다고 생각해서 그리로 채용 담당자를 보냈다. 사우스캐롤라이나주 출신으로 여기에 와서 일했던 한 노동자의 아들은 역시 철강 노동자의 딸이며 2010년에 이곳에 대한 책을 펴낸 데버러 루다실에게 이렇게 말했다. "도시 흑인들은 이런 일은 안 하겠다고 단도직입적으로 말할 것입니다. 하지만 남부에서 왔다면 그렇지 않지요."[14] 남부의 흑인이 가족과 함께 왔을 경우에는 험프리 크리크 북쪽의 I거리와 J거리에 널빤지로 지은 방 두 개의 허름한 오두막에 살았다. 험프리 크리크에는 보행자용 다리가 있어서 걸어서 양쪽을 오갈 수 있었다. 가족이 없는 흑인 노동자는 판자촌에 살았다. 1906년에 『볼티모어 선』은 한 기사에서 이 회사의 깔끔한 주거지 배열에 감탄하면서 스패로스 포인트에서는 "인종 문제가 … 흑인들을 넓은 개울의 저쪽 편에 백인과 떨어뜨려 놓음으로써 해결"되었다고 언급했다.[15]

루퍼스 우드가 생각한 비전의 나머지 부분도 면밀하게 인종적으로 분리된 격자 구조를 따라 구체화되었다. 회사의 상점은 거대한 복합매장으로 확장되어[16] '흡연 홀', 남성복 매장, 여성복 매장이 들어섰고, 밀가루, 설탕, 냄비, 팬, 가구, 장작, 석탄, 철물, 10센트짜리 과일파이 등을 살 수 있는 잡화점이 들어섰다.[17] 회사는 빵을 직접 구웠고, 야채를 직접 재배했고, 150마리의 소에서 우유를 직접 생산했고, 1주일에 스무 마리의 소를 직접 도축했고, 휘발유도 직접 배합했다. 우유 배달차는 매일, 그리고 빵, 고기, 신선식품 배달차는 1주일에 두어 차례씩 돌아다녔다. 험프리 크리크 개울에는 주방시설이 딸린 배가 있었고 여기에서 달달한 주전부리를 팔았다.[18] 여관도 있어서 여름방학 때 실습을 나온 공학 전공 학생들이 여기에 묵었다. 이 여관에는 레스토랑도 있었다.

또한 스패로스 포인트에는 두 개의 학교(백인용, 흑인용)가 있었고 메이슨-딕슨 라인[Mason-Dixon Line. 식민지 시절 펜실베이니아와 델라웨어를 나누는 경계였으나 문화적으로 북부와 남부를 가르는 경계가 되었고, 스패로스 포인트는 이 경계 바로 남쪽에 위치해 있다] 남쪽 최초의 유치원도 있었다.[19] 여섯 개의 교회(백인용 4곳, 흑인용 2곳), 대장간, 마차 공방, 선구(船具) 상점, 지하에 덕핀 볼링장이 있는 영화관('리시움'이라고 불렀다)도 있었고, A거리에 면한 해수욕장도 있었다. 또한 스패로스 포인트에서는 펜실베이니아주 최초로 여학생들에게 가정경제학을 가르쳤고 모델하우스에서 실습도 할 수 있었다.[20] "젊은 숙녀들이 가사 관리의 세부 사항에서 부주의하고 게을러지지 않도록" 하는 것이 목적이었다. 1910년에는 스패로스 포인트 고등학교가 개교했고 1922년에는 성처럼 첨탑으로 장식된 학교 건물도 생겼다.

딱 한 가지 없는 것은 술집이었다. 반경 1.5마일(약 2.4킬로미터) 안에서 알코올 판매는 금지였다. 이 말은, 노동자들이 기차를 타고 마을 경계 근처에 속속 생겨난 술집들에 가서 술을 마셨다는 뜻이다.[21]

누가 그들을 비난할 수 있었겠는가? 노동은 너무나 고되었고 사정없이 위험했다. 이곳의 노동이 얼마나 위험했는지를 루다실의 2010년 저서에서 뚜렷이 볼 수 있다.[22] 1910년에 6개월의 한 기간 동안 열 건의 사망 사고가 있었다. 이에 더해 영구적인 장애가 남은 사고가 세 건 있었고 304건의 '심각한' 사고와 1,421건의 '경미한' 사고가 있었다. 회사는 이러한 사고를 기업 활동에 수반되는 사소한 비용으로 치부했다. 로이터는 스패로스 포인트 병원의 장부에서 1902년 사고 환자 계정을 살펴보았는데, 그해 발생한 2,336건의 사고에 대한 비용이 건당 3.91달러라고 쓰여 있었다.[23] 150달러의 '인공 수족', '인공 안구' 등과 638.5달러의 장례비용을 포함해 계산한 것이었는데도 말이다. 사망 위험이 오죽 높았으면 회사는 시신을 시립묘지까지 나르는 운구 차량까지 마련했다. 이 차량은 '돌로레스'라고 불렸다.[24]

로이터가 지적했듯이, 매우 적은 임금에 휴게시간도 거의 없는 채로 지극히 위험한 일을 해야 하는 노동 조건은 "노조가 없는 환경에서만 작동"할 수 있었다.[25] 이것을 잘 알고 있는 회사는 노조 없는 '청정한' 환경을 유지하고자 갖은 노력을 다했다. 우드는 노동자들에게 '선동'과 '불복종'이 해고 사유가 된다고 명시한 '고용계약서'에 서명하도록 강요했다. 주거를 잃을 수 있다는 점도 노동자들을 위협하는 요인이었다. 마을 안의 주거지에 신청하려면 작업반장의 서명이 필요했기 때문이다. 스틸턴의 노동자들이 파업을 벌였을 때(소득 없이 끝났다) 우드는 스패로스 포인트를 노조의 기미가 없는 '오픈 숍'[open shop, 노조 가입이 의무가 아닌 형태]이라고 자랑했다. 볼티모어의 한 노동자 신문은 1891년에 스패로스 포인트를 다룬 기사의 제목에서 "여기 들어오는 자 모든 희망을 버려라"[단테 『신곡』에서 지옥문에 쓰여 있다는 글귀]고 한탄했다.

놀랍게도, 우드 형제의 반노조적 가부장제는 그 이후에 온 것에 비하면 양반이었다. 1916년에 펜실베이니아 스틸은 오랜 라이벌이었던 펜실베이니아주의 또 다른 철강 업체 베들레헴 스틸에 인수되었다. 베들레헴 스틸은 리하이 밸리에 있는 동명의 도시에 소재한 기업이었다. 찰스 슈와브(주식중개인 찰스 슈와브와는 다른 사람이다)의 경영 하에, 베들레헴 스틸은 곧 폐허가 될 유럽에 전쟁 물자를 공급하면서 빠르게 성장했다.[26] 전쟁 초기에 미국 회사들은 미국의 중립국 지위에 따라 연합군에 무기를 판매하는 것이 제한되어 있었지만 베들레헴 스틸은 이것을 교묘하게 회피했다. 이 회사는 듀폰에 이어 연합군의 주문을 두 번째로 많이 받은 회사였다. 프랑스, 영국, 독일이 100만 명 이상의 인명 피해를 보던 1916년 말의 4개월 동안 베들레헴 스틸은 영국과 프랑스에 2,300만여 달러어치의 무기를 팔았다.

이 수익성 높은 새 임무에서 자기 몫을 하기 위해 스패로스 포인트도 빠르게 확장되었다.[27] 베들레헴 스틸은 이 반도에 남은 마지막 땅 533에이커를 매입했고 추가로 100에이커를 간척으로 확장했다. 미국이 참전하고 3개월 뒤인 1917년 7월에 스패로스 포인트에서는 첫 철판과 양철판 공장이 가동되었고, 피츠버그보다 동쪽에 있는 공장 중 주석 생산의 전 공정을 다 갖춘 유일한 공장이 되었다. 스패로스 포인트의 조선소도 바로 인접한 곳에서 철강을 공급받지 못하던 동부 연안의 라이벌들을 누르고 빠르게 호황을 구가했다. 추가로 수천 명의 노동자가 스패로스 포인트에 들어왔다. 하루에 일하는 노동력이 평균 1만 2,500명으로 1917년 초의 세 배가 되었다.

1918년의 종전은 베들레헴 스틸의 비즈니스에 안 좋은 소식이었지만 회사는 곧 새로운 시장을 찾았다.[28] 1920년이면 자동차 회사들이 연간 200만 대 이상 분량의 철강을 필요로 하고 있었다. 또 캔 음식이 인기를 끌면서 식품 회사들은 캔을 만들 양철이 필요했다. 1920년대 중반에 스패로스 포인트는 매년 **20억 개**의 캔을 만들기에 충분한 만큼의 양철판을 생산하고 있었다. 이는 새로운 노동력의 고용으로 이어졌는데, 긴 작업대에 줄지어 서서 양철판의 오류나 불량을 검수하는 여공인 '양철 플로퍼'였다.[29] 10년짜리 대형 건설 프로젝트에 쓰일 철강 자재도 수요가 많았다. 허드슨강 아래를 지나가는 홀랜드 터널을 공사하는 데도, 필라델피아와 뉴저지주 캠던을 연결할 벤저민 프랭클린 다리의 상판과 들보를 만드는 데도, 몇 년 뒤에는 샌프란시스코 금문교의 상부 구조물을 짓는 데도 철이 필요했다. 노동자가 너무 많이 늘어서 서쪽의 터너 스테이션에는 새 흑인 거주지가, 북쪽의 던도크에는 새로운 도시 하나가 통째로 생겨났다.[30]

1920년대에 베들레헴 스틸은 자산 규모 기준으로 US스틸과 뉴저지주의 스탠더드 오일에 이어 미국에서 세 번째로 큰 회사였다. 하지만 공장이 처음 문을 열었을 때 기번스 추기경이 경영자와 노동자 모두에게 득이 되어야 한다고 간곡히 말한 것이 무색하게, 성장의 과실 중 노동자들에게 돌아간 것은 극히 일부였다. 우드가 경영하던 시절보다 임금이 오르긴 했지만 많이 오르지는 않았다. 1925년에 이곳 노동자들의 평균 임금은 연 2,000달러 정도였는데 오늘날 가치로 3만 달러가 되지 않는다.[31] 계절적인 해고도 다반사로 일어났다. 전쟁 시기에 연방 정부가 노동자 처우를 개선하지 않으면 정부 계약을 잃게 될 것이라고 회사에 압력을 넣었지만 슈와브는 '직원 대표 플랜'이라는 것을 만들어서 문제를 회피했다. [노조를 허용하는 대신] 경영진이 통제하는 사내 노동자 조직을 만든다는 것이었다. 그는 "우리는 우리 자체적으로 노조를 만들 것"이라며 "노동자들이 경영에 이러쿵저러쿵 명령하는 상황에 나 자신을 처하게 하지는 않겠다"고 선포했다.[32]

슈와브는 20세기 후반에 미국 CEO 다수가 채택하게 될 지배적인 조직 관리 모델을 개척하고 있었다. 그는 직원들에게 성공을 위해 강박적으로 스스로를 몰아붙이라고 촉구했다. 1917년에 그는 실무 매뉴얼에서 "탐욕을 부려야 한다면 일에 탐욕을 부리라"고 조언하며 이렇게 언급했다. "오버타임 근무를 해서 불운이 왔다는 사람 이야기는 들어본 적이 없지만 그렇게 하지 않은 사람에게 불운이 온 사례는 많이 보았다. … 신체의 부상보다 훨씬 심각한 것은 느리지만 가차 없는 병폐가 정체감, 무기력, 최종적으로는 실패를 불러오는 것이다."[33] 그는 회의를 길게 하는 것도 싫어했다. 베들레헴 스틸의 의사결정은 점심식사 자리에서 망설임 없이 결단력 있게 내려졌다. 또한 그는 지역의 은행 이사회에 참여한다든지 지역의 정치활동에 참여한다든지, 그밖에 회사가 에너지를 기업 활동으로부터 조금이라도 다른 곳에 돌려야 하는 시민사회적 참여는 무엇이건 독려하지 않았다. 그의 후계자인 유진 그레이스는 "부단히 증산하자"라는 슬로건을 만들었다.[34]

한편 슈와브는 회사가 올리는 수익의 압도적인 부분이 그를 포함한 고위 경영진에게 돌아가도록 하는 데도 만전을 기했다. 그는 보너스로 수백만 달러를 챙겼다. 베들레헴 스틸 임원들은 미국에서 가장 보수가 높은 사람들에 속했다. 로이터는 슈와브가 전쟁 시기에만도 베들레헴에 가진 지분과 자산을 통해 2,100만 달러를 벌었을 것으로 추산했는데, 오늘날의 가치로는 거의 4억 달러에 해당한다.[35] 이러한 부의 일부는 뉴욕 리버사이드 드라이브의 한 블록 전체를 점하고 있는 그의 대저택으로 들어갔다.[36] 옛 거장의 작품으로 장식된 방이 75개나 되었고 식당에는 250명이 들어갈 수 있었다. 이 집은 뉴욕에서 가장 큰 민간 주택이었다. 또한 그는 펜실베이니아주에 건물 18개 동이 들어선 1,000에이커 규모의 땅을 소유하고 있었는데, 관리 인력이 70명이나 필요했고 그 안에는 그가 노르망디에서 보았던 농촌 마을을 흉내 낸 모형 마을도 있었다.

프랜시스 보다니는 스패로스 포인트의 컴퍼니 타운에 살았다. 1920년대 말에 이곳에는 4,000명 넘는 사람들이 살고 있었다.[37] 그는 1920년대 초에 시칠리아에서 온 이민자였다. 뉴욕으로 들어왔지만 곧 볼티모어로 이사했다. 구두장이로 일하다가 실패했고 베들레헴 스틸에서 용광로 노동자가 되었다. 그는 스패로스 포인트의 북쪽에 월세 집을 얻었다. 그 지역에는 계급이 낮은 일부 백인 노동자들이 가족이 있는 흑인 노동자들의 거주 지역과 가까운 데까지 밀려와서 살고 있었다. 개울은 전쟁이 끝날 무렵에 간척으로 메워져 놀이터가 되었지만 흑인들은 여전히 I거리와 J거리에 분리되어 살았고 백인 구역을 말할 때 "개울 건너편"이라고 말했다.[38] 많은 흑인 여성들이 날마다 '개울 건너편'으로 가서 관리자 계층 사람들 집에서 가내노동을 했다.

이때는 1929년이었고 새 출발을 하기에는 좋은 시기가 아니었다. 대공황은 어느 산업보다도 철강 산업에 심각한 타격을 입혔다.[39] 1932년 초에 미국 전체 철강 노동자 50만 명 중 열에 아홉이 해고되거나 일시 감원되었다. 철강 노동자의 평균 임금은 주당 32.60달러에서 13.20달러로 급락했다. 스패로스 포인트에서도 노동자가 3분의 1이나 줄었고 남은 사람들도 거의 파트타임으로 일했다. 1932년 말에는 이 공장에 날마다 일이 있는 일자리가 3,500개밖에 남지 않았다. 노동자들은 근처의 밭에서 농작물을 서리해 먹으며 살아남았다. 슈와브와 경영진은 집세를 내지 못한 노동자들의 퇴거를 연기해주고 회사 상점에 노동자들이 진 외상을 탕감해주었다.

전에는 스패로스 포인트가 주로 공화당 성향이었다. 그런데 1932년 11월에 볼티모어 카운티의 여타 노동자계급 선거구들과 마찬가지로 민주당으로 크게 기울어서[40] 프랭클린 D. 루스벨트를 대통령으로 뽑았다. 미국 최초의 여성 장관인 노동부 장관 프랜시스 퍼킨스는[41] 철강 산업을 구하는 것을 첫 번째 임무로 삼았다. 그는 소비 수요를 회복시키려면 임금을 안정시키는 것이 필수적이라고 보았다. 루스벨트 행정부는 긴급 상황 하에서 카르텔 금지법을 예외적으로 위배하면서 업계 차원의 협의회를 주재했고 이곳에서 최저 임금 수준을 정하게 했다. 신설된 공공사업진흥국(WPA)은 철로 및 철로 체결 장치[레일을 단단하게 조이는 장치] 구입에 5,100만 달러를 지출했다. 퍼킨스는 스패로스 포인트를 방문해 노동자들을 직접 만나 이야기를 들었다.

이와 같은 정부 노력 모두가 철강 업계를 빠르게 안정시키는 데 도움이 되었다. 하지만 경영진 입장에서 반갑지만은 않은 면도 있었다. 정부는 철강 노동자들의 노조 조직화를 명시적으로 독려했다. 그리고 짙은 눈썹에 우락부락한 얼굴을 한 광산노조연합 지도자 존 L. 루이스는 철강 노동자 조직화를 사명으로 삼고 있었다.[42] 1936년에 그는 철강 업계가 "지난 35년간 노동자들에게 일반적인 생계비는 고사하고 최저 수준의 생계비도 지급한 적이 없다"며 "미국의 노동 대중이 자신의 운명을 결정하기 위해 목소리를 낼지, 아니면 우리의 천연자원을 염치없이 착취하고 영혼을 깎아내리며 자유로운 국민의 자존심을 파괴할 금융과 경제의 독재 권력에 예속된 하인이 될지" 결정할 때가 왔다고 일갈했다.

1년 뒤, 새로 결성된 철강노조는 업계 1위인 US스틸과 협상하면서 큰 진전을 이뤘다.[43] US스틸이 노동자들의 요구를 받아들인 것은 노동부 장관 퍼킨스가 설파한 '노동자들의 구매력 증진설'에 동의해서였다기보다는 나치의 위협에 맞서 군을 증강하고 있던 영국으로부터의 수요 증가를 염두에 두어서였다. 영국에서 주문을 따내려면 생산 능력을 확보해야 했고, 그러려면 노동자들의 소요를 피해야 했던 것이다.

하지만 업계 2위인 베들레헴 스틸에서는 노조가 목표 달성에 어려움을 겪었다.[44] 베들레헴 스틸은 여전히 노조 대신 '직원 대표 플랜'을 두겠다는 안을 가지고 있었고, 사측은 노동자 중 무려 97퍼센트가 이것을 지지하고 있다고 주장했다. 또한 루이스의 노조 조직화 노력에 김을 빼기 위해 US스틸의 임금 수준에 맞춰 임금을 인상하는 동시에 대대적인 반노조 선전 활동을 전개했다. 회사가 뿌린 한 문건은 "과거에 우리는 외부인이 필요하지 않았다"며 "지금도 우리에게 외부인이 필요해질 만한 일은 하나도 일어나지 않았다"고 선언했다. 회사는 이곳의 경찰 병력에 트럭 여러 대 분량의 기관총, 소총, 산탄총, 권총, 연발 권총 등을 지급했고 미국의 어느 치안 당국보다도 많은 양의 최루탄을 구매했다.

노조 조직가들은 굴하지 않았다. 이들은 볼티모어 남동쪽 동네인 하일랜드 타운의 술집에서 비밀리에 모임을 가졌다.[45] 조직가들은 비슷한 노동을 하는데도 일부 노동자들이 다른 노동자들보다 훨씬 적은 임금을 받도록 되어 있는 불가해한 인센티브 제도와 회사가 노동력을 덜 필요로 하는 자동화 공정으로 전환하려는 데 대한 노동자들의 불만을 파고들었다. 또한 흑인 노동자들에게 다가갔다.[46] 여타 업계와 도시에서는 노조에도 인종차별이 만연해 있어서 흑인 노동자들이 파업에 동참하지 않고 오히려 방해를 하는 경우가 왕왕 있었다. 노조 조직가들은 스패로스 포인트에 흑인 노동자가 3분의 1에 달하므로(앨라배마주 버밍엄 이외 지역의 흑인 철강 노동자들 중 최대 규모였다) 그런 일이 벌어지면 치명적이리라는 것을 잘 알고 있었다. 노조 조직가들은 흑인 주거지를 집집마다 방문했고 흑인 교회를 찾아가 설득했다. 노조를 결성하고자 하는 백인과 흑인 노동자들이 스패로스 포인트 북쪽의 백인 노동자 마을 던도크에서 함께 행진을 하기도 했다.

하지만 궁극적으로 노조 결성을 이뤄낸 요인은 얼마 후 일어난 전쟁이었다.[47] 1939년 전국노동관계위원회는 베들레헴 스틸이 장기간에 걸쳐 노조 와해 전략을 펼쳤다고 결론내리고 허구적인 '직원 대표 플랜'을 없애라고 명령했다. 노조 방해 전략을 계속 펼 경우 루스벨트 정부가 미국을 '민주주의의 무기고'로 만들기 위해 추진하던 일들에서 막대한 정부 계약을 놓치게 될 수 있었다. 진주만 공격이 벌어지기 두 달 전인 1941년 9월 25일, 마침내 노조 결성 찬반 투표가 열렸고 약 1만 1,000명(68.7퍼센트)이 찬성표를 던졌다. 흑인 노동자도 6,500명 중 약 6,000명이 투표에 참여했고 대다수가 찬성했다.

이렇게 해서 스패로스 포인트의 공장은 노조가 있는 사업장이 되었고 전쟁 시기에 급격히 팽창한 수요에서 막대한 이득을 누렸다.[48] 1차 대전 때의 호황도 비교가 안 될 정도였다. 평로(平爐) 용광로들이 100에이커 면적에 퍼져 있었다(이제 베서머 전로는 사용되지 않았다). 또한 이후 몇 년간 이곳의 조선소는 100척 이상의 배를 건조했고, 항구의 다른 쪽 지역인 페어필드에 전쟁 시기에 늘어난 수요를 맞추기 위해 새 조선소가 급히 세워졌다. 이곳에서 4만 5,000개의 일자리가 창출되었고 500척 이상의 배가 건조되었다. 여기서 건조된 배의 대부분은 모양은 멋없게 생겼지만 막대하게 중요했던 리버티 수송선이었다.[49]

스패로스 포인트의 많은 노동자들에게 전쟁은 새로운 사명감을 부여했다. 하지만 이미 그 전에도 이곳 노동자들은 이렇게 고되고 험한 일에서 느낄 만한 정도보다 훨씬 큰 보람과 자부심을 느끼고 있었다.[50] [스패로스 포인트에 관한 책을 쓴] 마크 로이터에게 마이크 하워드는 이곳의 평로에서 일했던 경험을 다음과 같이 묘사했다. "기분이 좋았습니다. 최고조로 일할 때 육체노동은 좋은 자극을 주는 도전이 되고, 다른 사람들과 함께 일할 때 이 일을 최고로 해내고 있다는 자부심 같은 것이 듭니다. 일이 요구하는 도전은 일에 열정을 가지고 헌신하는 종류의 사람을 만들어내는 것 같습니다." 하워드는 '잔인한 일'과 '도전적인 일'은 다르다고 했다. "평로 일을 하려면 금속학, 단조 기술, 판단력 등을 요구하는 도전들을 계속해서 다뤄나가야 합니다. 이들은 멍하니 몸만 쓰는 사람들이 아닙니다. 이들은 똑똑한 사람들이고 이들의 일은 분초를 다투는 의사결정을 내려야 합니다. 이 일은 긴장해서 에너지를 최고조 상태로 두어야만 해낼 수 있는 많은 도전이 있는 일입니다."

같은 맥락에서, 펜실베이니아주 베들레헴의 저널리스트 존 스트로마이어는 1986년에 베들레헴 스틸의 역사를 기술하면서 철강 공장의 일에는 '장인의 일'과 같은 무언가가 있다고 표현했다.[51] "근육이 있으면 누구라도 곡괭이를 휘두르고 광산을 캘 수 있지 않느냐고들 말할지 모른다. 자동차 조립은 로봇이 할 수 있지 않느냐고들 말할지 모른다. 하지만 이 일에는 흔치 않은 재능, 강인한 신체, 그리고 두려움을 모르는 정신이 필요하다. 그래야만 붉은 먼지더미와 고철을 뜨거운 금속으로 바꾸어 틀에 붓고 밀고 두들기고 모양을 잡아 문명의 틀이 되게 할 수 있다."

1942년 초 무렵에 베들레헴 스틸은 미국에서 전쟁 관련 계약을 가장 많이 따내는 회사였다. 로이터의 책에 나오는 숫자들은 실로 놀랍다.[52] 이에 따르면, 1940~45년 사이에 베들레헴 철강은 해군이 필요로 하는 장갑판과 총포 단조품의 3분의 1을 생산했다. 이 회사의 총매출은 1935년에 2억 달러 못 미치던 수준에서 1945년에 13억 달러 이상으로 뛰었다. 『볼티모어 선』은 사진작가 오브리 보딘이 1944년의 스패로스 포인트를 찍은 장엄하면서도 무시무시한 사진을 실으면서 "히틀러가 이러한 산업에 도전장을 내밀었을 때, 이는 견딜 수 없도록 퍼붓는 금속 장대비를 자초한 것이나 다름없었다"고 사진 설명을 달았다.[53]

유럽의 경쟁국들이 폐허가 되면서 미국은 이제 전 세계 철강 생산의 3분의 2 가까이를 차지했다. 미국의 전쟁 승리에 무엇보다 크게 기여한 철강 산업은 정점을 향해 가고 있었다. 전쟁 시기의 생산으로 크게 변모한 장소들도 정점을 향해 가고 있었다. 컴퍼니 타운인 스패로스 포인트, 그리고 이곳과 운명 공동체인 인근 도시 볼티모어 모두 말이다. 1945년 5월 14일, 나치가 항복하고 1주일 뒤에 볼티모어 시장 시오도어 매컬딘은 슈와브 사망 후 1939년부터 이 회사를 경영하고 있던 유진 그레이스를 명예시민으로 위촉하면서 이렇게 말했다. "스패로스 포인트의 베들레헴 스틸 공장은 거대한 시설 면에서도, 이곳 현지의 노동력을 고용하는 면에서도, 우리의 특별한 자랑입니다."[54]

전후의 호황은 스패로스 포인트에 리버티선과 전투기용 철강을 생산했을 때보다도 많은 일을 가져다주었다. 제조품의 85퍼센트 정도가 철강을 필요로 했다. 특히, 눈부신 새 자동차들 모두에 철강이 들어가야 했다. 디트로이트의 압연강판 수요는 1946년에 55퍼센트나 증가했다.[55] 스패로스 포인트에 자재를 주문하는 고객사 중에는 몇 킬로미터밖에 떨어져 있지 않은 브로닝 하이웨이의 GM 공장도 있었다.[56]

베들레헴 스틸은 생산 능력을 확대하기 위해 스패로스 포인트에 자본을 쏟아 부었다.[57] 또한 채워질 줄 모르는 수요를 충족시키기 위해 이제 이곳은 멀리 칠레와 베네수엘라에서까지 철광석을 수입하고 있었다.[58] 1953년에 베들레헴 스틸의 생산량은 전쟁 이후에 빠르게 재건된 독일 전체 생산량보다 많았고[59] 미국의 생산량은 세계의 나머지 지역을 다 합한 것보다 많았다. 1949년에 이곳에 온 노동자 아서 보걸(그는 자투리 쇠를 뭉쳐서 다시 활용할 수 있게 하는 '스크랩 베일러'로 일했다)은 규모에 완전히 압도되었다.[60] 훗날 그는 이렇게 회상했다. "이렇게 큰 공장이라니, 으스스하기까지 했습니다. 주위를 둘러보면서 '바로 이거야'라고 생각했어요."

이제 노조가 있었으므로 노동자들도 번영의 상당 부분을 가져갈 수 있었다. 1946년에 철강 노동자들의 전국적인 파업으로 시간당 임금이 18.5센트 인상되었다.[61] (화들짝 놀란 재계는 맹렬히 로비를 벌여 1년 뒤에 트루먼 대통령의 거부권을 누르고 반노조 법안인 태프트-하틀리 법을 통과시켰고 이는 향후의 노조 운동에 커다란 장애물이 되었다.)

1955년의 단체협상에서는 철강 노동자들의 임금이 평균 15센트 더 인상되었다. 철강 노동자들은 미국 블루칼라 노동자 중 최초로 민간 연금에도 가입되었다.[62] 1959년의 전국적인 파업(116일 동안 이뤄졌고, 아이젠하워 대통령의 행정 명령으로 종료되었다)에서 추가로 8퍼센트의 임금 인상과 완전한 의료 및 복지 혜택을 얻게 되었다.[63]

노조가 준 이득은 금전적인 것에만 그치지 않았다. 공장 운영에 노동자들이 더 많이 참여하면서 스패로스 포인트는 전처럼 끔찍하게 위험하지는 않게 되었다. 그리고 덜 가시적인 종류의 이득도 있었다.[64] 한 전직 노동자는 1980년대에 로이터 통신과의 인터뷰에서 이렇게 말했다. "우리가 노조에 원한 것은 연차에서 쌓인 경력과 능력을 존중받을 수 있게 해주고 가장 좋은 일자리들을 상사에게 아첨하는 사람들이 다 가져가지 않게 해주는 것이었습니다. 물론 임금도 올랐고 그것도 중요했지만, 가장 중요한 목표는 더 많은 존중을 받는 것이었습니다."

1955년의 임금 인상이 있고서 1년 뒤에 베들레헴 스틸은 공장 확장에 3억 달러를 투자해 스패로스 포인트의 생산량을 30퍼센트 가까이 늘렸다. 이로써 이곳의 생산량은 연간 800만 톤 이상, 분당 16톤 이상이 되었다. 인력도 3,000명이 더 늘어서 총 3만 명에 육박했다. 회장 유진 그레이스는 "수요 면에서 견고한 강세"를 누리고 있다며 스패로스 포인트를 "지구상에서 가장 위대한 쇼"라고 표현했다.[65]

이 말 자체에는 논란의 여지가 있을 수 있겠지만, 1958년에 스패로스 포인트가 인디애나주 게리의 US스틸 공장을 제치고 세계에서 가장 큰 철강 공장이 된 것은 사실이다.

이 시기 스패로스 포인트 공장의 규모를 어떻게 해야 잘 전달할 수 있을까? 퍼탭스코강 건너편에서 바라보면 이 공장의 건물들이 명백한 스카이라인을 이루고 있었다.[66] 20층 높이의 굴뚝이 줄지어 뻗어 있었으며 위에서 보면 마치 울창한 우림의 우듬지처럼 지붕과 굴뚝이 빼곡했다. 1,700개 동의 건물과 70킬로미터 길이에 달하는 포장도로가 있었고 60여 대의 기관차와 3,400여 대의 철도 차량이 160킬로미터가 넘는 길이의 선로를 사용하고 있었다. 기계를 냉각하기 위해 매일 5억 4,000만 갤런의 염수와 1,500만 갤런의 담수, 그리고 1억 갤런의 '산업용수'(소변 냄새가 여전히 나는 재활용 폐수를 일컫는 미사여구였다)를 소비했다.[67] 하루에 사용하는 석탄은 1만 1,000톤이 넘었고, 도합 1만 5,000킬로미터의 송전선을 통해 미국 전체 전력 소비량의 500분의 1을 소비하고 있었다. 이곳에는 110명의 소방관이 있는 소방서와 196명의 경찰관이 있는 경찰서도 있었다. 이 경찰서는 메릴랜드주에서 볼티모어 경찰서 다음으로 규모가 컸으며 볼티모어 경찰서의 경찰들도 스패로스 포인트의 사격장에서 사격 연습을 했다. 이 사격장은 미국에서 가장 큰 규모였다.[68] 공장에는 자체 감옥도 있었고, 지역사회 활동에는 거의 참여하지 않았지만 매년 200만 달러(오늘날의 가치로는 1,700만 달러 이상)의 지방세를 납부했다.[69] 또한 비교적 높은 임금으로 젊은 남성 노동자를 채용하는 데 매우 공을 들여서, 고등학교 졸업식장에 채용 부스를 차렸고 졸업생들은 학교에서 직장으로 직행할 수 있었다.[70]

이것이 윌리엄 보다니 주니어가 자란 스패로스 포인트였다. 대공황과 전쟁의 격변기에 살았던 할아버지 프랜시스 보다니는 처음에는 용광로에서, 다음에는 주물 공정에서 일했다. 그와 아내는 여섯 자녀를 두었는데 전쟁 시기에 스패로스 포인트 고등학교를 졸업한 셋째 윌리엄이 이 공장의 운송부에 트럭 기사로 취직해 불도저 및 대형 장비들을 끌고 3,000에이커 면적 전역에 운반하는 일을 했다.

그의 아들 윌리엄 보다니 주니어는 1949년에 태어났다. 주거 공급이 너무 부족해서 이들 식구는 처음 몇 년간 할아버지 집에 얹혀살다가 겨우 근처에 집을 얻이 나올 수 있었다. 어린아이가 자라기에 좋은 곳이었다. 이제는 거리에 가로수가 즐비했다. 한 해의 하이라이트는 스패로스 포인트 고등학교와 던도크 고등학교의 추수감사절 미식축구 대결인 '스틸 볼'(Steel Bowl) 경기였다. 스틸 볼 전날에는 퍼레이드도 열렸다. 26번 전차('붉은 로켓'이라고 불렸다)가 볼티모어와 스패로스 포인트 사이를 운행했다. 인근에 생긴 스패로스 포인트 컨트리클럽에는 골프 코스, 해변 산책로, 수영장, 클럽하우스가 있었고 이 클럽하우스 안에는 댄스장이 있었다.

[험프리 크리크 북쪽의 흑인 거주지인] '노스 사이드'에는 별도의 상점가가 있었다. 식료품점, 댄스홀, 흑인이 운영하는 수영장, 이발소, 점심식사용 푸드 스탠드, 스낵점 등이 있었고, 아이들은 스낵점에서 접시를 닦아주고 아이스크림을 먹을 수 있었다.[71] 험프리 크리크 남쪽의 주요 상점가에서도 흑인들이 자유롭게 물건을 살 수는 있었지만, 식당이나 푸드 스탠드에서 밥을 먹을 수는 없었고(포장해서 가져가야 했다) '리시움'에서 영화를 볼 수도 없었다(흑인들은 흑인 교회에서 영화를 볼 수 있었다).[72] 그리고 스패로스 포인트의 흑인 학교는 7학년까지밖에 없었다.[73] 1939년에 볼티모어 카운티는 흑인 학생들을 볼티모어에 있는 고등학교에 통학시키는 데 돈을 지불하기로 동의했지만 시험에 통과해야 했다. 1948년에 볼티모어 카운티는 근처의 터너 스테이션에 흑인 고등학교 하나를 세웠다. 흑인 학생과 백인 학생의 터치풋볼 경기는 인종주의적 비하와 조롱으로 얼룩지기도 했다. 로이 윈스턴 크래그웨이 시니어는 "그러면 우리는 다시 J거리로 후퇴해야 했지만 다음 주면 다시 백인 구역으로 가서 터치풋볼 경기를 했다"고 회상했다.[74]

스패로스 포인트에 살았던 흑인 주민들의 회상에는 짐 크로법의 씁쓸함이 묻어난다. 하지만 노스 사이드 공동체의 끈끈하던 유대에 대한 향수도 묻어있다.[75] 아이들을 돌보는 것은 온 마을의 일이었고, 으레 동네의 누군가와 결혼할 것으로 예상했다. 루이스 디그스는 "모두가 텃밭이 있었고 가진 것을 함께 나누었다"고 말했다. 플로렌스 파크스는 "스패로스에서의 삶은 정말 아름다웠다"고 말했다. 애니 루스 랜돌프는 "문을 잠글 필요도 없었고 무엇이든 이웃에게 의지할 수 있었다"고 말했다. 시어도어 패터슨은 "우리는 서로를 돌보았고 서로 나누었다"고 말했다. 로이 크래그웨이는 "지역공동체가 믿을 수 없을 정도로 친밀했다"고 말했다. 샬럿 케이저 하비는 "모두가 충분한 음식, 입을 만한 옷, 선량한 도덕심이 있었고, 술은 적당히 즐겼다"고 말했다. 샬럿은 겨울 아침이면 개울에서 스케이트를 타는 아버지를 바라보곤 했는데 아버지가 "정말 우아하게 스케이트를 타셨다"고 말했다.

B거리의 백인 관리자들부터 그들의 집안일을 하는 J거리의 흑인 여성들까지 모두가 공유하는 것이 하나 있었으니, 바로 공기였다. 용광로에서 뿜어져 나오는 붉은 가루 때문에 꼭 날마다 목욕을 해야 했다. 체서피크의 다른 곳은 하늘이 파란색이었을지 모르지만 스패로스 포인트에서는 훗날 『볼티모어 뉴스아메리칸』의 기자 마크 보든이 묘사했듯이 "붉은 재로 뒤덮인 대기가 매리너호가 찍은 화성 대기와 매우 흡사했다."[76] 학교에서 창문을 열면 먼지 때문에 종이가 빨개졌다. 주민들은 그것을 번영의 흔적이라는 의미에서 '골드 더스트'라고 불렀다.[77]

당연하게도 많은 아이들이 천식에 시달렸다. 윌리엄 주니어도 마찬가지였다. 열두 살 때 그의 가족은 볼티모어 시내로 이사했다. 동생들이라도 천식에 걸리지 않게 하려는 것이기도 했고 공장이 점점 더 확장되면서 공장 공간을 확보하느라 스패로스 포인트의 주거지가 축소되고 있었기 때문이기도 했다.[78]

보다니 가족이 볼티모어 시내로 이사한 것은 당시의 일반적인 흐름과 반대였다. 볼티모어는 전쟁 기간 동안 인구가 크게 늘어 100만 명에 육박할 정도가 되었다. 1950년 인구 센서스에서 94만 9,000명을 기록했는데, 10년마다 열리는 센서스 상으로 이때가 가장 많은 인구였다. 이때 볼티모어는 인구 기준으로 미국에서 여섯 번째 도시였고 워싱턴, 보스턴, 샌프란시스코, 휴스턴보다도 큰 도시였다. 하지만 이 정점의 순간에도 인구가 교외로 빠져나가면서 조용히 내리막이 진행되고 있었다. 도시의 백인들은 더 큰 집과 더 큰 잔디밭을 갖기 위해서만이 아니라 흑인이 많아진 곳을 피하기 위해서 교외로 이사했다. 1940년에 이미 볼티모어의 흑인 인구 비중은 약 20퍼센트(약 16만 8,000명)로 미국에서 가장 큰 열 개 도시 중 제일 높았다. 아직 전쟁 막바지 시기에 노동자들이 대거 몰려오기 전이었는데도 말이다. 처음에는 흑인들이 도시의 동쪽과 서쪽의 흑인 구역에 모여 살았고 이곳의 주거 환경은 좁고 열악했다. 그러다 점차 이들이 더 인간적인 생활 여건을 추구하면서 도시의 다른 곳들로 옮겨가려 하자 백인들이 화들짝 놀랐다. 백인 구역에 흑인이 이사 오는 것을 막기 위한 차별적 조례가 만들어졌고, 은행의 '레드라이닝'[redlining, 흑인에 대해 특정 지역의 부동산 담보 대출을 거부하는 식으로 진입을 막는 관행]이 만연했다. 하지만 1940년대 말까지 이어진 '흑인 대이동'으로 도심의 흑인 게토 인구가 팽창하면서, 위와 같은 차별적인 조치들로도 흑인 거주지의 팽창 압력을 막기에는 역부족이었다. 베들레헴 스틸처럼 노조가 있는 공장에서 일하는 사람 등 경제적 상황이 비교적 좋은 흑인 가구는 대담하게 흑인 게토를 벗어나 새로운 동네로 진출했다.

그러자 백인이 대대적으로 교외로 빠져나가는 탈주가 발생했다. 백인의 탈주가 얼마나 급격했는지는 아무리 과장해도 지나치지 않을 정도였다. 볼티모어 남서부의 에드먼슨 빌리지는 원래 독일 가톨릭 이민자가 주로 사는 인구 3만 명 정도의 마을이었는데 1950년대 말부터 1960년대 초 사이에 백인 마을이던 데서 흑인 마을로 완전히 바뀌었다.[79] 볼티모어 서부의 유대인 마을에 있던 그윈스폴스 초등학교는 1954년 '브라운 대 교육위원회' 사건(연방 대법원이 공립학교에서의 인종분리를 위헌으로 판결한 사건) 전까지는 전적으로 백인 학교였는데 볼티모어 당국이 대법원 판결에 따라 분리 철폐 정책을 시행하자 그해 9월에는 흑인 비중이 44퍼센트로 늘었고 2년 뒤에는 93퍼센트로 늘었다.[80] 불과 3년 만에 학생의 인종 구성이 완전히 달라진 것이다.

당시에 빌 보다니는 백인 노동자계급 사람들이 다른 곳보다 많이 남아 있는 볼티모어 남동부의 패터슨 고등학교에 다녔기 때문에 이런 상황을 거의 모르고 있었다. 천식이 있었지만 그는 축구, 야구, 라크로스, 수영 등 할 수 있는 거의 모든 스포츠를 즐겼다. 여름에는 브로닝 하이웨이에 있는 GM 공장에서 쉐보레에 범퍼 다는 일을 했다. 그리고 고등학교를 졸업했을 때 보수가 더 좋은 일이 스패로스 포인트에서 손짓했다. 베들레헴 스틸이 노동자를 채용 중이었고, 그는 그곳에서 일하고 있는 노동자의 자녀인 데다 이탈리아계여서 취직에 유리했다. 빌 보다니 주니어는 1967년에 기계 유지보수 노동자로 베들레헴 스틸에 채용되었다. 당시에 같은 공장에서 증기차 정비 일을 하던 아버지 빌 보다니 시니어와 헛갈려서 월급이 잘못 지급되기도 했다. 공장 사람들은 아버지를 '보'라고 불렀고 그는 '리틀 보'라고 불렀다.

리틀 보는 베트남전에 징집될 가능성이 높아지자 자원해서 해군에 입대했다. 2년 동안은 해군 공병대에서 복무하면서 그의 기억에 따르면 존 케리[2004년 미국 민주당 대선 후보]라는 이름의 젊은 중위와 마주친 적도 있고, 다음 4년 동안은 네이비실 소속으로 수십 년 후에도 공개할 수 없는 곳들을 다니며 복무했다. 휴가를 받을 때면 곧바로 스패로스 포인트로 돌아와서 시간을 보냈다.

1975년에 마침내 전역을 했을 때는 꽤 심한 외상후 스트레스 장애가 있었다. 그리고 일자리는 여전히 있었지만 스패로스 포인트도, 볼티모어도, 전과 달라져 있었다.

1967년에 이 공장에서 처음 일을 시작했을 때 리틀 보는 실수로 화장실을 잘못 들어갔다. "어어!" 누군가가 소리쳤다. "거기 아니야. 표지판을 보라고."

스패로스 포인트에서는 여전히 인종분리가 살아있었다.[81] 화장실뿐 아니라 탈의실, 구내식당, 음료수대도 그랬고, 업무도 그랬다.[82] 대부분의 흑인은 여전히 단순 노동자로 고용되어 시간당 2달러 남짓밖에 안 되는 임금으로 코크스로(爐) 작업을 하며 여름에도 열기로부터 몸을 보호하기 위해 땀복을 입고 엄청난 땀 때문에 소금 알약을 먹어야 했고, 빨갛게 달아오른 철사에 고리를 다는 따위의 소위 '뜨거운 몸일'이라 부르던 가장 위험한 일을 했다. 그래도 흑인의 업무와 관련해 획기적인 진전이 하나 있기는 해서, 이제 꽤 많은 흑인이 크레인 기사로 일하고 있었다.[83] 하지만 300명 넘는 전기 기술자 팀에는 흑인이 1명뿐이었다.[84]

노조는 이런 저런 사안에서 노골적인 차별에 대해 경영진에 문제를 제기해왔다. 1949년에는 회사가 숙련된 수리공이던 흑인 노동자 찰리 패리시를 제쳐두고 9년이나 경력이 적은 백인을 승진시키자 노조가 문제를 제기했고, 법적으로 중재 절차에 들어가게 되었다.[85] 노조 측 변호인은 "패리시 씨는 22년간 근속을 했는데 사측이 패리시 씨와 그 외 노동자들을 고립시키고 승진 기회를 주지 않았다"고 주장했다. 이에 대해 공장 관리자는 "그의 역량 범위 안에 있는 업무를 배정한 것"이라고 반박했다.

결국 1966년에 두 명의 노동자가 민권운동 단체인 '인종평등회의'(CORE)의 이스트 볼티모어 사무실에 가서 스패로스 포인트에 만연한 차별을 알렸다.[86] CORE는 먼저 백인 활동가 두 명을 파견해 실태를 조사하게 했고, 이어서 노동자들이 네 대의 버스를 타고 베들레헴에 있는 본사에 항의 방문을 가도록 이끌었다. 그 다음에는 워싱턴의 노동부에 대표단을 보내서, 베들레헴 스틸이 노동자 차별 행위를 저질렀으므로 린든 존슨이 서명한 1964년 행정명령에 따라 연방 정부의 계약을 수주할 수 없게 해야 한다고 주장했다. 그때는 베트남에서 새로운 전쟁이 일어나고 있어서 정부 계약 건이 많았다.

이 압력이 어느 정도 효과를 발휘했다.[87] 1967년에 정부는 요구된 개혁 목록을 준수하라고 명령하면서 그렇지 않으면 정부 계약을 잃게 될 것이라고 회사에 경고했다. 이후 두어 해 사이에 흑인 작업반장 수가 100명으로 늘었고 흑인 노동자도 숙련공이 되기 위한 견습 과정에 들어갈 수 있었다. 1974년 1월에는 흑인 노동자들이 일으킨 비공인 파업에서 코크스로 노동자들도 더 나은 노동 조건을 획득했다. 이 파업은 젊은 백인 노동자들의 지지를 받았는데, 이들 중 다수는 최근에 베트남전에서 돌아온 사람들이었다.

1974년에 법무부는 베들레헴 스틸을 포함해 철강 업계 전체에 내린 명령에서 노동자들의 연차대로 경력을 인정하도록 의무화했다.[88] 새로운 작업으로 옮겨갔을 경우에도 이전 연차를 인정받을 수 있게 함으로써 흑인 노동자들의 승진을 더 용이하게 하기 위해서였다. 또한 과거에 임금상의 차별을 받은 모든 노동자들에게 그만큼의 임금도 지불해야 했다. 하지만 이 금액은 너무 적어서 1인당 600달러에 불과했고 많은 이들이 받아들이기를 거부했다.

흑인 노동자의 처우 개선에 대한 [백인 노동자들의] 반발도 여전히 많았다.[89] 법무부의 명령이 나오자 큐클럭스클랜(KKK) 지역 지부의 광고전단지가 공장에 나붙었다. 용감하게도 최초로 흑인 견습생을 받은 백인 전기기사는 도시락에 인분이 뿌려져 있는 것을 발견했다. 그러나 새로운 현실은 점차로 자리를 잡았고, 이는 볼티모어 흑인들의 역량을 크게 강화했다. 직급이 낮은 노동자여도 베들레헴 스틸의 흑인 노동자들은 다른 곳이라면 누리기 어려웠던 고용 안정을 누렸다. 이곳에서 일했던 흑인 노동자 시어도어 패터슨은 "최고 수준의 일자리는 아니었을지 모르지만 우리는 안정적으로 일할 수 있었다"고 말했다. "스패로스 포인트에는 복지 수급자가 없었습니다."[90] 그리고 이제 흑인도 숙련 직급의 일자리와 보수가 높은 일자리에 진입할 수 있었기 때문에 계층의 상향 이동이 실제로 가능했다.

제임스 드레이턴은 18세이던 1965년에 프라이머리 공정에서 일을 시작했을 때 시간당 2.30달러를 벌었다. 그는 2차 대전과 한국전쟁 참전 용사인 아버지의 발자취를 밟고 있었다. 라커룸은 여전히 인종에 따라 분리되어 있었다. 하지만 조금씩 개혁이 자리를 잡았다. 백인 노동자들은 처음에는 발끈했지만 곧 적응했다. (새로 도입된 연차 인정 제도는 기술 발달에 따라 예전 작업에서 다른 작업으로 이동하게 된 일부 나이든 백인 노동자들에게도 도움이 되었다.) 드레이턴은 이렇게 말했다. "그들도 마침내 메시지를 받아들였습니다. 이렇게 되어야 마땅하다는 것을 그들이 이제야 이해했다고 생각합니다. 이러한 개념을 받아들인 것이지요."[91]

드레이턴은 최초의 흑인 크레인 기사 중 한 명이 되었고 이 공장에서 전에 했던 다른 업무에 대해서도 경력이 모두 인정되어서 새로 들어오는 젊은 노동자들보다 큰 권한을 가질 수 있었다. 소득도 꾸준히 올라서 1990년대에 은퇴한 시점에는 4만 달러가 넘었다. 웨스트 볼티모어의 멋진 동네에 집도 샀다. 다섯 자녀 모두 대학에 갔고, 훗날 아들 한 명은 흑인 변호사 단체인 전미변호사협회(National Bar Association, NBA)의 대표가 되었다.

드레이턴은 "나는 중산층이었다"고 말했다.

하지만 타이밍이 안 좋았다. 제임스 드레이턴을 비롯해 흑인 노동자들이 이 공장에서 기반을 다져가던 바로 그때 스패로스 포인트가 무너지기 시작했다.

경고 신호는 훨씬 이전 호황이던 때부터 있었다. 베들레헴 스틸은 새로운 사업 방식을 모색하거나 시장의 변화에 대비하지 않고 안주했다. 1909년에 도입된 와이드 플랜지형 빔(고층 건물을 짓는 데 들어가는 H빔)을 제외하면 눈에 띄는 혁신이 거의 없었다.[92] 베들레헴 스틸은 1920년대에 더 작은 철강 회사 암코가 압연 강판을 만드는 혁신적인 기술을 공유하자고 제안했지만 거절했다. 연구 개발에는 놀랄 만큼 투자를 하지 않았고, 자유로운 사고를 하는 사람보다 '회사형 인간'을 선호했다. (전성기이던 1940년대에는 대졸 남성 채용에서 머리만이 아닌 "체격과 외모가 좋은" 남성을 선호한다고 강조하기도 했다.)[93] 1950년대 후반에 확장을 하면서도 수십 년 전의 공정을 고수했다. 그래서 세계에서 가장 큰 축구장 두 개 길이의 '평로'를 지었다. 유럽에서 개발된 더 효율적인 기술, 가령 순산소전로(Basic Oxygen Furnace, BOF) 같은 것은 시도하지 않고 말이다. 신기술인 순산소전로는 45분 만에 철강을 생산할 수 있었는데 평로에서는 6~8시간이 걸렸다.

1957년, CEO 유진 그레이스에게 뇌졸중이 왔을 때 이 회사의 혼수상태 같은 정체 분위기는 으스스한 지경에까지 이르렀다. 그레이스는 미리 정한 후임에게 회사 경영을 넘기긴 했지만 여전히 이사회 회의를 주재했는데, 종종 회의하다 말고 꾸벅꾸벅 졸았다. 그럴 때면 그가 깨어서 회의가 재개될 때까지 길게는 한 시간이나 다들 침묵 속에 앉아 있었다.[94]

오만한 현실 안주는 이 회사뿐 아니라 철강 업계 전반에 퍼져 있었다. 베들레헴 스틸, US스틸, 그리고 이들보다는 작지만 그래도 상당한 규모이던 주요 철강 회사들은 카르텔 금지 규정을 회피해가며 여러 차례 담합해 가격을 인상했고, 경기가 좋았던 동안에는 노조와 합의한 임금 인상보다 가격 인상폭을 더 높일 수 있었다. 노동자의 임금으로 들어가지 않은 돈은 어디로 들어갔을까? 베들레헴 스틸의 경우, 막무가내로 공장을 확장하는 데 들어갔고 임원들이 받는 보수에 들어갔다.

수십 년 동안 이사회에 외부인을 전혀 들이지 않았던 베들레헴 스틸은 인근에 임원들이 사용할 컨트리클럽을 짓는 데 수백만 달러를 들였다. 여기에는 샹들리에가 달린 클럽하우스, 목련 테라스가 있는 실내수영장 라운지, 여기에 연결된 세 개의 수영장, 임원용 테니스코트 등이 있었다. 1956년에 유진 그레이스는 미국에서 가장 연봉이 높은 최고경영자였고, 3년 뒤에는 가장 연봉이 높은 임원 열 명 중 일곱 명이 베들레헴 스틸에 있었다. 베들레헴 철강 법무팀에서 일했던 한 직원은 베들레헴의 저널리스트인 스트로마이어에게 "당시에 베들레헴 스틸은 복도가 금으로 덮여 있고 그곳에 취직이 되면 그 금을 캘 수 있게 곡괭이를 준다는 소문이 있었다"고 말했다.[95]

이렇게 자만에 빠져 있는 동안 베들레헴 스틸은 신흥 경쟁자들의 쉬운 먹잇감이 되었다.[96] 맥주 캔은 알루미늄 업체들이 더 싸게 만들었고, 플라스틱과 콘크리트가 모든 종류의 제품에서 철강을 대체하고 있었다. 남부와 서부의 이른바 '미니 밀'[미니 제철소]은 노조에 가입되어 있지 않은 노동력과 고철을 사용해 전기 용광로에서 소형 철강 제품을 훨씬 낮은 비용으로 만들고 있었다. 또한 유럽과 특히 일본의 철강 회사들이 값싼 인건비뿐 아니라 미국의 거대 철강 회사들이 코웃음 치던 혁신적인 기술로 가격 경쟁력을 확보해 국제 시장에서 치고 올라오기 시작했다. 일본의 봉강은 15퍼센트나 값이 쌌고 철판과 코일도 톤당 60달러 정도 가격이 낮았다.

미국의 철강 수입량은 1960년 330만 톤에서 1978년 2,110만 톤으로 급증해 철강 생산량을 넘어섰다.[97] 그해에 스패로스 포인트의 생산량은 정점 대비 20퍼센트가 넘는 200만 톤이 감소했다. 게다가 아랍의 석유 금수 조치로 대형 유조선 사업도 흔들리고 있었다. 1978년이 되면 조선소의 고용은 전성기의 절반인 4,000명 아래로 떨어졌고, 스패로스 포인트 전체적으로는 2만 명 아래로 떨어졌다. 그리고 이제는 굴뚝과 배수관, 인공 석호를 통해 주변에 퍼뜨려왔던 환경오염에 대한 비용을 적어도 일부나마 계산에 넣어야 했다.[98] 부식성 있는 피클링액[철판 표면을 황산으로 산세척하고 난 폐용액], 기름, 코크스-타르, 그리고 납, 구리, 니켈 등의 중금속이 섞인 폐수가 매일 6억 4,000만 갤런씩 나왔다. 한때는 근처 살던 사람이 퍼탭스코만에서 게를 마음껏 잡을 수 있었지만, 데버러 루다실은 어렸을 때 그 물에 발가락도 담그면 안 된다고 단단히 주의를 들었다고 했다.[99]

한편, 스패로스 포인트의 마을은 1973년에 아직 남아있던 마지막 부분이 90미터 높이의 'L' 용광로를 짓기 위해 헐리면서 완전히 사라졌다.[100]

스패로스 포인트가 지나온 번영의 부침은 인근 도시 볼티모어에서도 거울처럼 똑같이 볼 수 있었다. 10, 20년 전에 슬그머니 시작된 볼티모어의 백인 이탈은 이제 맹렬한 질주가 되었다. 초기에는 흑인이 들어온다고 동네를 떠나려는 것에 대해 약간의 부끄러움이라도 있었지만 이제는 이탈이 쉽게 정당화되었다. 마틴 루터 킹이 암살되고 며칠 뒤에 일어난 폭동에서 여섯 명이 숨지고 5,000명 이상이 체포되었다. 헤로인이 퍼지면서 마약과 범죄도 많아졌다. 그리고 전례 없이 대대적인 탈산업화가 벌어지고 있었다. 볼티모어 인구는 1970년대를 거치면서 11만 9,000명이나 줄었다. 사람 수로나 감소 비중으로나 가장 큰 폭의 감소를 보인 10년이었다. 그리고 빠져나간 사람은 거의 모두 백인이었다. 1970년에 볼티모어는 주로 백인 도시였는데 10년간 백인 이탈이 이어진 후 백인 비중은 절반 아래로 떨어졌고 곧 3분의 1 미만까지 떨어질 것으로 전망되었다.

그래도 스패로스 포인트에는 여전히 일자리가 있었고, '리틀 보'가 이 공장에서의 일을 사랑했다고 말하는 것은 과장이 아니다. 30년간 말단 노동자 직급을 벗어나지 못했지만 말이다. 보는 1967년에 말단 노동자로 일을 시작했고 그와 함께 일한 동료들은 대부분 흑인이었다. 개혁이 이뤄지면서 흑인 동료 중 일부는 승진했지만 보는 계속 말단 노동자였고 업무의 종류만 계속해서 바뀌었다. 이것은 만년 말단 직급이었다는 말이기도 하지만 거의 모든 종류의 일을 해보았다는 의미이기도 하다. 그가 이 공장에서 안 해본 일은 없다고 말해도 과언이 아니다.

처음에 기계 유지보수 일에서 시작해서, 그 다음에는 운송용 철도 차량을 수리하는 일로 넘어가서 반제품을 다양한 최종 공정으로 옮기는 협궤 철도 차량을 수리했다.

그 다음에는 68인치(약 173센티미터) 열연강재 공장의 '밴더'로 일했다. 라인에서 붉은 코일이 나오면 올가미로 금속 밴드를 코일에 걸어 조이는 일이었다. 고개를 들지 않고 일해야 했는데, 고개를 들면 회사가 지급한 플라스틱 안면보호대 아래로 열기가 들어와서 아차 하는 사이에 목에 3도

화상을 입을 수 있었다. 한 번 근무할 때 마스크를 열 장도 넘게 사용했다.

그 다음에는 운송 부서에서 일했다. 이때는 그의 아버지도 여전히 여기에서 일하고 있었는데, 아버지와 마주치면 아버지는 동료들에게 "얘가 내 딸이야"라고 그의 긴 머리에 대해 농담하곤 했다. 리틀 보는 평로에서 나오는 '집진 먼지'(그의 천식을 일으킨 붉은 먼지)를 덤프트럭으로 치웠다.

그 다음에는 열연강판 공장에서 용광로 재를 제거했다. 동료 노동자가 용광로를 멈추면, 발을 열기에서 보호하기 위해 4센티미터 정도 두께의 나무 덧신을 신발에 반쯤 덮게 신고서 망치를 가지고 들어가 안쪽에 붙은 용광로 재를 두들겨서 떼어내는 일이었다. 그러면 다른 노동자가 떨어진 재를 외바퀴 수레에 실어 밖으로 가지고 나갔다. 너무 뜨거워서 45분 일하고 45분 쉬는 방식으로 작업해야 했다. 나무 덧신에서 연기가 나는 경우도 있었다.

그는 3번 평로와 4번 평로 아래로 지하 30미터 깊이를 지나가는 작은 갱도를 청소하는 일도 했다. 그가 망치를 들고 2미터×1미터 정도 크기의 갱도에 들어가 찌꺼기를 떼어내면, 장난감 같은 미니 불도저를 탄 노동자가 그것을 밀어서 모으고, 또 다른 노동자가 수레에 퍼 담고, 다시 또 다른 노동자가 크레인에서 수레를 끌어올렸다. 갱도가 무너질 경우… 같은 것은 신경 쓰지 않았다.

보는 조질압연 공장에서 기계에 무언가가 걸려서 통째로 멎어버리는 상황을 처리하는 일도 했다. 그럴 때면 부젓가락을 들고 안으로 들어가 걸려 있는 금속을 꺼내서 기계가 다시 돌아가게 했다. 하루는 조질압연 공장의 보행통로를 지나가는데 10센티미터 지름의 증기 파이프가 부러지면서 그네처럼 아래로 날아와 그의 입 부분을 가격했고 그 바람에 그는 붕 날아올랐다가 떨어졌다. 그때 그는 서른두 살이었다. 이가 부러졌고 턱이 여덟 군데 나갔다. 치아 치료와 여덟 차례의 수술을 받는 데 3만 달러가 넘게 들었다. 비용은 모두 회사가 부담했다. 말을 제대로 할 수 있게 되기까지 여러 해 동안 언어 치료도 받아야 했다.

보는 벽돌 부서에서도 일했다. 그가 용광로에 들어가 손상된 벽돌을 깨뜨려서 아래로 떨어뜨리면 불도저를 탄 노동자가 그것을 치웠다. 그 다음에 벽돌 놓는 노동자가 용광로 안에 새 벽돌을 놓으면 보가 그 위에 석면을 15센티미터 두께로 분사했다. 단단한 벽돌을 부수다보면 손에 상처 나는 일이 부지기수였는데 그 자리에 땀이 닿으면 굉장히 화끈거렸다. 회사가 지급한 얇은 먼지 마스크를 끼고 10센티미터 호스로 석면을 분사하며 내리 8시간을 일했다.

이 일을 한 첫날, 일을 마치고 나와 보니 작업복이 온통 석면으로 뒤덮여 있었다. 그는 마스크를 벗고 옷을 가리키면서 옆 사람에게 물었다. "이거 어떻게 해야 하나요?"

그러자 그 사람이 에어 호스로 그에게 바람을 쏘아 먼지를 날렸다. 그 먼지를 막으려고 얇은 마스크나마 쓰고 작업했는데, 그것을 도로 다 흡입한 셈이 되었다.

"이 마스크가 퍽이나 도움이 되었겠군요." 보가 말했다.

"아이고, 그건 소용없어요." 옆의 동료가 말했다.

보다니는 1990년에 석면폐증 진단을 받았고 소송에 나선 9,000명의 원고 중 한 명이 되었다. 이 소송은 회사와의 합의로 종결되었고, 그는 몇 년에 걸쳐 총 2만 5,000달러 정도를 받을 수 있었다.

그는 68인치 열연강재 공장에서 용접공의 조수로도 일했다. 그의 장인어른이 여기에서 일하고 있었다. 4번 평로와 순산소전로(1965년에 회사는 드디어 두 개의 순산소전로를 도입했다)의 원료 투입대에서 주괴틀이 폭발하지 않게 몇 포대 분량의 화학물질을 부어넣는 일도 했다. 또 균열로의 갱도를 청소하는 일도 했고, 압연후판 공장에서 트레일러에 적재하는 일도 했고, 크레인 기사 일도 했다.

순산소전로에서 용광로 재를 나르는 일도 했다. 재가 담긴 커다란 컨테이너를 길 건너로 옮겨 구덩이에 부어넣는 일이었다. 또 평로에서 홈통을 관리하는 일도 했다. 평로에서 뜨거운 쇳물이 내려오면 레일 카까지 죽 흘러가도록 홈통의 문을 조절하는 일이었다. 문을 올리고 내려 재는 따로 큰 통에 모이도록 유도하고 (그러면 이것은 또 다른 큰 구덩이로 옮겨서 버렸다) 녹은 금속은 핫도그를 거대하게 부풀린 것처럼 생긴 기다란 원통형의 특수 컨테이너 차량으로 가도록 유도했다.

순산소전로에서 일하던 시기에 하루는 크레인 기사가 쇳물이 든 통을 너무 많이 기울여서 뜨거운 쇳물이 쏟아졌고 노동자 한 명이 빠져나오지 못했다. 보가 소방 호스를 들고 뛰어왔지만 그 노동자의 몸이 맹렬한 열기에 분해되는 것을 보아야 했다.

이와 같은 끔찍한 일은 사업이 쇠락하면서 점점 더 자주 발생했다. 1978~79년 사이 18개월 동안 열두 건의 사망 사고가 있었다.[101] 이 공장에서 벌어진 사고의 역사를 말하자면 노동자들이 노조라는 보호막을 가지고 있지 못했던 초창기 시절로까지 거슬러 올라갈 수 있다. 그런데 이제 회사는 업무가 바뀌어도 예전 연차를 경력으로 인정하도록 한 개혁 때문에 해당 업무를 하기에는 경험이 부족한 사람이 업무를 맡게 되는 경우가 너무 많아졌다며, 사고 증가의 책임을 노조에 돌렸다. 하지만 더 유력한 범인은 장비 노후화와 기업의 비용 절감이었다고 보아야 할 것이다.

1990년대 중반까지 회사는 인력을 너무 많이 축소했고 노조가 없는 외부 업체에 너무 많은 업무를 아웃소싱했다. '뜨거운' 작업, 즉 마무리 쪽 작업이 아니라 실제로 철강을 만드는 쪽 작업을 하는 노동자들의 노조인 2610 지부 회원수가 14년 전에는 1만 1,393명이었는데 1995년에는 2,286명으로 줄었다.[102] 회사의 인원 감축은 1980년대 초에 본격적으로 시작되었는데, 이때 파이프, 봉강, 강선, 못 공장을 닫았고 3,000명 이상의 노동자를 무기한으로 일시 해고했다.[103] 노조는 1983년과 1986년에 굵직한 임금 양보에 동의했지만[104] 시장에서 회사는 여전히 누그러들지 않는 경쟁에 직면해 있었다. 1988년까지 미국의 철강 생산량은 전 세계 총량의 15퍼센트로 떨어졌다.[105]

훗날의 여러 분석에서 노조와 노동자들이 스스로의 쇠락에 공모했던 면면들이 지적되었다. 회사는 노동자들이 단체협상에서 얻어낸 조건들을 이행하는 것이 불가능해져 있었다. 임금만이 아니라 연금, 퇴직자 의료보험, 장기 근속자에 대한 휴가 확대(5년마다 13주를 요구했다) 등을 회사가 더 이상 감당할 수 없는 상태였다.[106] 또한 노조가 과거 1950년대에 자동화로 위기에 처한 노동자들을 보호하기 위해 얻어 냈던 '연차 경력' 조항 때문에 회사가 가장 효율적으로 직원을 배치하는 것이 어렵게 되었다.[107] 노조는 게으르거나 비생산적인 노동자들, 트럭에 앉아 낮잠이나 자는 노동자들을 너무 자주 보호하려 했다. 기타 등등.

이 모두가 어느 정도 사실이긴 했어도, 노조의 태만과 무책임은 고위 경영진의 태만과 무책임에 비할 바가 아니었다. 1980년에 고위 임원들은 7주간의 휴가를 누렸고 화이트칼라 직원들은 'UN의 날'과 유동 휴일을 포함해 12일의 유급 휴가를 쓸 수 있었다. 회사가 비용을 내는 경비원과 운전기사도 있었다. 어떤 정부 기관도 필적하기 어려울 정도의 관료제적 행정과 제국적 팽창도 빼놓을 수 없었다. 존 스트로마이어의 취재에 따르면, 1980년까지 이르는 25년 동안 부사장 이상의 직책을 가진 사람이 두 배로 늘었고 이들 각자가 "비서, 비서 보조, 매니저, 부매니저, 여비서를 필요로 했다."[108] 1980년에 베들레헴 스틸은 모든 임원을 부부 동반으로 플로리다의 휴양지 보카러톤에 초대해(약 500명이나 되었다) 새 회장 취임식을 했다. 취임식 후에 전임 회장 내외와 신임 회장 내외는 회사 비행기를 타고 싱가포르, 카이로, 런던 등을 도는 세계 일주를 했다.[109] 새 회장은 6년 후에 20억 달러의 손실을 기록하고 회사를 떠나면서 자신에게 11퍼센트 인상된 임금과 열세 명의 부사장 모두에 대해 100만 달러의 퇴직금을 승인했다.[110] 한 부사장은 자녀를 대학에 데려다주고 업스테이트 뉴욕의 휴양지에 놀러가는 등의 개인적인 일에 회사 비행기를 사용했다.[111]

노동자들도 이러한 과잉을 모르지 않았고 오히려 본보기로 삼았다. 전직 노조간부 렌 신델은 "엉망진창 문화였고 그 문화는 위에서 시작되었다"고 말했다.[112]

회사의 도덕적 쇠락은 노동자들의 의욕과 관련해 신체적으로도 영향을 미치고 있었다. 전에도 공장 노동자들이 마약과 술을 은밀히 하는 경우는 꽤 있었다.[113] 노동자들은 야간 근무를 마치면 '밀키스' 등 던도크에 있는 술집으로 가곤 했고 마리화나도 흔했다. 하지만 이제는 점점 더 많은 노동자들이 헤로인, 심지어는 코카인 같은 더 강한 약물을 했다.[114] 젊은 노동자들이 나이든 노동자들에게 버젓이 공장에서 마약을 판매하는 일도 왕왕 있었다.

빌 보다니는 이러한 혼탁에 빠지지 않았다. 그는 말 그대로 팀 플레이어였다. 구매부의 야구팀에서 몇 년간 선수로 뛰었고, 처음에는 철강노조의 스패로스 포인트 작업장 대표로, 나중에는 직원 보상 위원회 위원으로, 노조 활동도 했다.

1998년, 회사의 거의 마지막 시기에 보다니는 이제까지 해본 중 최고의 일을 맡게 되었다. 회사는 인력 부족에 대처하기 위해 '캐피탈 워크포스'라는 이름의 다목적 팀을 신설했다. 이것은 긴축 경영을 해야 하는 어려운 시기를 상징적으로 보여주는 조치였지만, 보에게는 이 팀이 꿈의 팀이나 다름없었다. 어떤 일이라도 할 수 있는 사람이라는 것을 인정받은 셈이었기 때문이다. 어느 부서에서 전기 기술자가 필요하면 그가 출동했고, 어느 곳에서 연속 주조기의 라인을 교체할 사람이 필요해도 그가 출동했고, 월마트 여덟 개만 한 면적에 3억 달러의 냉간압연 공장을 짓는 일을 도울 사람이 필요해도 그가 출동했다. 회사는 많은 노동자들이 냉간압연 공장 도입이 필요하다고 오래도록 요구했는데도 내내 묵살하다가 마침내 2000년에 이 공장을 열었다.

냉간압연 공장이 문을 연 지 1년이 채 지나지 않은 2001년 10월 15일에 회사는 파산 신청을 했다.

그리고 다시 약 1년 뒤, 보가 연속 주조기의 마모된 롤러를 교체하고 있는데 크레인의 케이블이 끊어졌고 제때 빠져나오지 못해 두 개의 거대한 롤러 사이에 다리가 끼어 으스러졌다. 그는 너무 아파서 비명을 질렀고 저쪽 끝에서 동료들이 달려왔다. 곧바로 헬기로 후송되었지만 다시는 걷지 못할 거라는 말을 들었다. 2년간의 수술과 금속봉 삽입과 물리치료 끝에 다시 걸을 수는 있게 되었지만, 장애 때문에 더 이상 이곳에서 일을 할 수 없게 되었다.

이참에 보가 이제 일을 아예 그만두고 싶지 않았을까 싶을 수도 있을 것이다. 이제 오십대 중반인 그는 이 공장에서 일하면서 치아를 잃었고 석면폐를 얻었고 다리도 잃을 뻔했다. 20년 전에 입과 턱을 다친 이후로 언어치료도 계속 받고 있었고 아직도 어떤 단어는 제대로 말하기 어려웠다. 그리고 파산 절차가 이뤄지고 있는 회사에 다니는 것은 즐거운 일일 수 없었다. 노동자들은 임원들이 받는 퇴직 보상을 보면서 씁쓸해 했다. 임원들은 임금의 두 배 반을 일시불로 받았고 이곳에서 일한 지 16개월밖에 안 된 CEO가 250만 달러의 퇴직금을 받았다.

그래도 보는 공장을 떠나고 싶지 않았다. 훗날 그는 "그럴 수만 있었다면 영원히 그곳에 있었을 것"이라고 말했다. "은퇴를 꿈꿔본 적은 없었습니다. 일을 즐겼거든요. 얼마나 더럽고, 얼마나 위험하고, 내 몸이 얼마나 망가졌든지 간에, 일이 너무 좋았어요."

그는 이 무렵에 시간당 35달러를 벌고 있었고 많이 받을 때는 200달러나 보너스를 받기도 했다. 어떤 업무를 하는지에 따라 다르긴 했지만 마지막 몇 해에는 연간 7주의 휴가도 쓸 수 있었다. 그리고 20년 동안 주간 근무 1주일, 하루 24시간 근무, 야간 근무 1주일의 사이클로 일하던 데서 벗어나 계속 주간 근무만 할 수 있게 되었다. 하지만 보가 공장에 더 있고 싶었던 이유는 이러한 개선 사항들 때문이라기보다 일 자체가 좋았기 때문이었다. 그는 노동의 세계 전체가 좋았다. 일이 그에게 '충족감'을 주었다고 말할 수 있을 것이다.

"사람들과 있는 것이 좋았어요. 사람들이 일을 즐겁게 만들어주었습니다. 흑인이든, 백인이든요. 5분만 알면 곧 서로를 받아들였죠. 그리고 우리 모두 서로를 돌보았습니다. 이 일이 위험하다는 것을 다들 알고 있었으니까요. 아무리 심하게 다치더라도, 아무리 상황이 나빠지더라도, 항상 밝은 면이 있었습니다. 여기에는 그 사람들이 함께 있었으니까요."

죽음의 과정이 으레 그렇듯이, 스패로스 포인트의 죽음도 전혀 빠르고 깔끔한 과정이 아니었다. 그것은 결국에는 올 죽음이 연기된 것일 뿐이었던, 여러 차례의 거짓 희망으로 질질 늘어진 드라마였다. 2003년에 월가의 금융인인 윌버 로스의 인터내셔널 스틸 그룹이 베들레헴 스틸을 인수했다. 이와 함께 퇴직자 의료보험이 없어졌고 40억 달러 넘게 부족했던 연금 기금이 연금지급보증공사로 넘어가면서 빌 보다니 등 수많은 전직 노동자에게 다달이 들어오는 연금 액수가 크게 줄었다.

18개월 후에 윌버 로스는 이곳을 인도의 억만장자 락슈미 미탈의 '아르셀로미탈'에 매각해 3억 달러의 수익을 남겼다. 아르셀로미탈은 2008년에 러시아 철강 회사 세베르스탈에 이곳을 매각했고, 다시 2011에 세베르스탈은 뉴욕의 투자펀드 렌코 그룹에 매각했다. 렌코 그룹은 이곳을 다른 두 곳의 철강 회사와 합병해 'R. G. 스틸'로 개편했다.

그리고 1년 후인 2012년 5월에 R. G. 스틸은 파산을 선언했고 스패로스 포인트의 공장은 청산 절차에 들어갔다. 6월 15일 오전 7시 21분, 68인치 열연강재 공장에서 마지막 봉강이 제조되었다. 프레더릭 우드가 이곳을 세운 지 125년이 지나서 스패로스 포인트 공장은 공식적으로 문을 닫았다.

질질 끄는 과정을 지켜보면서도 많은 사람들이 공장이 아예 문을 닫는 '진짜 마지막'에 대해서는 마음의 준비가 되어 있지 못했다. 사람들은 권력층의 누군가가 개입해 최종적인 청산은 막아주겠지, 누군가가 인수해서 되살려주겠지, 하는 막연한 기대를 계속 가지고 있었다. 노조 대표이던 신델은 "정말 충격이었던 것은, 아무도 이 공장을 원하지 않는다는 사실이었습니다"라고 말했다.[115] "물이 우리를 영원히 지켜줄 것이라고들 생각했었습니다. 우리는 물 위에 있었으니까요." 하지만 이 시점에 물은 또 하나의 부담 요인이었다. 항구에 면해 있다는 지리적 특징은 원거리 시장에 접하게 해주었지만, 바로 그 지리적 위치가 회사를 치열한 국제 경쟁에 노출시키는 요인으로 작용하고 있었다. 그리고 물 위에 있다는 말은 수십 년 동안 간척에 막대한 비용을 들였다는 의미이기도 했다.

10년을 끈 죽음의 과정 동안 어디든 탓할 곳을 찾아 비난의 화살을 돌리는 일도 점점 심해졌고 퍼탭스코 넥 전역에서 손에 잡힐 듯이 명백한 분노의 분위기가 팽배했다. 1960년대 이래로 이곳의 정치 성향은 계속 변해왔지만 이제는 변화가 가속화되고 있었다. 비난의 대상 목록은 아주 길었다. 일본, 중국, 독일의 경쟁자들, 미국 세금으로 개발도상국 공장에 자금을 지원한 수출입은행, 외국에서 국가 보조를 받는 값싼 철강이 수입되는 것을 막지 않은 양 정당의 모든 대통령, 환경주의자들, 무능하고 탐욕스러운 경영진, 기타 등등. 이곳 노동자였던 크리스 매클라리언은 스패로스 포인트에 대한 애가에서 다음과 같이 토로했다. "오늘, 나는 그저 증오하고 싶다. 너를 나와 우리에게서 빼앗고 너를 죽게 한 자들을. 너를 위해 일어서지 않은 자들을. 너의 생존을 위해 몸을 던지지 않은 자들을."[116]

스패로스 포인트가 최후의 경련을 겪는 동안, 볼티모어 인근의 유서 깊은 여타 산업체들도 상당수가 문을 닫고 있었다. 2005년에 GM은 1960년대에 고등학생 리틀 보가 방학 때 쉐보레 라인에서 일했던 브로닝 하이웨이의 공장을 폐쇄했다. 이제까지 이 공장에서는 여전히 2,500명의 노동자가 GMC 사파리와 쉐보레 아스트로 미니밴을 만들고 있었다.

2012년 볼티모어 인구는 62만 1,000명으로 줄어서 반세기 전에 인구 규모 6위이던 도시가 26위가 되었다. 그래도 볼티모어에는 아직 경제적 자산이 있었다. 항구가 있어서 석탄을 유럽으로 보내고 독일에서 자동차를 들여올 수 있었다. 존스홉킨스라는 바이오 의료 제국도 있었다. 또 이곳은 북동간선 경로 상에 위치해 있었기 때문에 세인트루이스, 버펄로, 클리블랜드, 디트로이트 같은 탈산업 도시들이 겪던 것 같은 고립은 겪고 있지 않았다.

하지만 북동간선 경로 상에 있다는 위치는 초라한 대조를, 특히 남쪽의 한 도시와 부인하기 어려운 명백한 대조를 드러냈다. 바로 워싱턴 DC였다. 1980년까지만 해도 볼티모어는 워싱턴 DC보다 15만 명이나 인구가 많았다. 워싱턴은 1950년까지 미국 10대 도시에 들지 못했다. 1990년대 초에는 두 도시 모두 심각한 폭력 문제로 고전했다. 그런데 2010년에 워싱턴은 살인 범죄율이 볼티모어의 절반 이하로 떨어졌고 이후 몇 년 동안 인구수도 볼티모어를 뛰어넘어 70만 명에 육박하게 되었다.

2015년 4월, 흑인 청년 프레디 그레이가 구금 중에 볼티모어 경찰의 폭력으로 숨졌고 볼티모어 전역에서 대대적인 항의 시위가 벌어졌다. 그보다 몇 개월 전인 2015년 1월, 철거업체가 스패로스 포인트에 남아있는 가장 큰 구조물을 철거하기 위해 94개의 폭발물을 설치했다. 1978년에 2억 달러를 들여 건설한 32층 높이의 'L 용광로'였다. 높아져 있던 지역민들의 분노를 자극하지 않기 위해 철거는 당일까지 비밀에 부쳐졌다. 사람들은 퍼탭스코 넥에서 폭발물이 터지는 것을 보고서야 L 용광로가 철거되는 줄을 알았다. 볼티모어 카운티 커뮤니티칼리지의 전직 노동학 교수 빌 배리는 『볼티모어 선』과의 인터뷰에서 "이 도시는 사라진 '언덕 위의 도시'[성경에 나오는 이상 도시]였다"며 "이곳을 대체할 만한 곳은 없다"고 말했다.[117]

그 해 9월, 광역 볼티모어의 고위 선출직 공직자들이 브로닝 하이웨이의 전 GM 공장 부지에 모였다. 수천 명의 남녀 노동자들이 사파리와 아스트로를 조립하던 곳에 거대한 물류창고가 들어서 있었다. 크기가 축구장 열여덟 개에 맞먹는 2만 8,000평에 달하고 길이는 0.5킬로미터에 달했으며 건물 주위로 1,900대가 들어갈 수 있는 주차 공간이 있었다. 밝은 회색의 창문 없는 네모난 건물 옆면에는 검정색의 큰 글자로 다음과 같이 쓰여 있었다.

눈길을 끄는 두 단어였다. 한편으로 보면 이것은 단순히 이 공간에서 수행되는 작업의 종류를 언급하는 업계 용어다. 아마존은 주요 대형 물류센터를 '풀필먼트 센터'라고 부른다. 로봇 노동자와 인간 '피커' 노동자가 주문에 따라 물건들을 찾고 '패커' 노동자들이 그것을 포장한다. 즉 이곳은 고객의 주문을 **'완수'**(fulfill)하는 곳이다. 포장이 완료되어 배송지 주소가 붙은 꾸러미들을 분류하는 곳은 이와 별도로 '분류센터'(sortation center)라고 부르며, 분류센터는 풀필먼트 센터보다 규모도 작고 수도 적다.

하지만 회사 이름과 나란히 붙어 있는 '풀필먼트'라는 단어는 이 건물의 기능적 목적을 넘어서 더 큰 의미를 연상시키려는 것 같아 보인다. 이 두 단어는 근처를 오가며 이것을 볼 모든 사람에게 아마존이 약속하려는 바를 광고한다. 내 필요를 (심지어 내가 필요로 하는 것이 정확히 무엇인지 모르고 있을 때에도) **'충족시켜줄'**(fulfill) 물건들을 누가 보내주는지 알게 되는 것이다.

하지만 '풀필먼트'라는 말의 약속이 그 안에서 일하고 있는 노동자들에게 무엇을 의미하는지는 분명하지 않다. 브로닝 하이웨이에 있던 GM 공장은 노동자에게 평균 시간당 27달러를 지불했고 많은 부가급부도 제공했다.[118] 그런데 10년이 지난 지금, 동일한 장소에 세워진 이 물류센터는 시간당 12~13달러를 지급하고 부가급부도 훨씬 적게 제공한다. 그렇다고 지역 정부와 주 정부가 이 물류센터를 유치하기 위해 어마어마한 혜택을 제공하지 않은 것도 아니다. 회사가 챙긴 혜택이 도합 4,300만 달러나 된다.[119]

볼티모어 지역의 아마존 물류센터 1호인 브로닝 하이웨이 센터는 그해

초에 문을 열었고 고위 선출직 공직자들이 오프닝 행사에 참석한 9월이면 이미 3,000명이 일하고 있었다. 내빈들은 한 명씩 일어나서 볼티모어에 와준 이 회사를 칭송했고 나아가 이 회사가 개인적으로 자신의 삶도 얼마나 더 나아지게 해주었는지 이야기했다.[120]

이곳이 지역구인 민주당 하원의원 더치 루퍼스버거가 말했다. "저는 이제 탈취제 구하느라 땀 뺄 필요가 없습니다."

볼티모어 시장 스테퍼니 롤링스블레이크가 말했다. "보습제가 정말 믿을 만하게 제시간에 딱 도착합니다."

거대한 창고 안에서는 피아노 의자만 한 크기의 납작한 오렌지색 로봇들이 울타리가 쳐진 넓은 구역 안을 분주히 돌아다니고 있었다. 로봇이 인간 노동자에게 켜켜이 놓인 선반을 날라다주면 인간 노동자가 거기에서 고객이 주문한 물건들을 꺼내 포장을 한다. 이곳은 인간 노동자들이 스캐너를 들고 통로를 다니는 대신 로봇 피커들이 돌아다니게 설계된 수십 개 물류센터 중 하나다. 이 로봇은 보스턴에 소재한 로봇 회사 '키바(Kiva) 시스템스'가 개발했는데, 2012년에 아마존은 이 기술을 경쟁사가 쓰지 못하도록 키바 시스템스를 7억 7,500만 달러에 인수했다.

로봇들이 선반을 날라다주면 인간 노동자들이 선반에서 물건을 꺼낸다. 다이어트 보조 식품, 농구공, 리스테린 구강청정제, 전동 드릴, 팝피토피 장난감….

키바가 도입되기 전에는 인간 피커가 시간당 약 100개의 아이템을 처리했는데, 키바가 선반을 날라다주면서 이제 피커는 시간당 300~400개의 아이템을 처리해야 한다. 끝없이 통로 사이를 걸어서 돌아다니느라 낮에는 아마존이 자판기에서 제공하는 애드빌(해열진통제)을 먹으면서 통증을 참고 밤이면 아픈 발을 질질 끌고 걷느라 '아마좀비'가 되는 일은 면했지만,[121] 이제는 한 자리에 가만히 앉아서 일해야 하는 단조로움과 싸워야 한다. 피커의 앞에 놓인 스크린에서 다음에 꺼내야 할 물건이 무엇이며 어느 칸에서 꺼내야 하는지 알려주는 화면이 번쩍거린다. 해당 칸에 불이 들어오게 되어 있는 물류센터도 있다. 그래서 이제 피커는 물건을 찾아내는 작은 사냥의 만족감조차 느낄 수 없다. 『뉴욕타임스』의 산업 담당 기자 노엄 셰이버가 지적했듯이, 아직 로봇의 도입은 인간 노동자를 대체하고 있다기보다 인간 노동자를 더 로봇처럼 만들고 있었다.[122] 이론상으로는 자동화가 인간의 정신을 [단조로운 일에서 해방시켜] 더 생산적인 일에 사용하도록 해줄 수도 있겠지만, 이 경우에는 자동화가 인간의 정신에서 사고의 기능을 완전히 제거하고 있었다.

스팀 청소기, 제빵 세트, 스마트 베개, 베이비뵨 유아용품, 천연꿀, 쥐 퇴치제….

이 창고에는 1,400만 개의 물품, 1분에 180미터를 이동할 수 있는 23킬로미터 길이의 컨베이어 벨트, 그리고 벨트를 타고 포장 구역으로 물건을 나르는 노란색 플라스틱 바구니 '토트' 4만 개가 있었다. 이곳에서 분당 100개, 시간당 6,000개의 소포가 꾸려졌다. 포장된 소포가 컨베이어 벨트를 타고 가다가 분류 구역에 도달하면 작은 막대(어떤 직원들은 '발foot'이라고 부른다)가 소포를 툭 쳐서 옆으로 떨어뜨리고, 소포는 해당 목적지로 가는 트럭이 있는 쪽으로 운반된다. 어느 트럭으로 보내야 할지 스캐너가 읽기 어렵게 소포가 놓여 있으면 그대로 컨베이어 벨트를 타고 다시 한 바퀴를 돈다.

모든 것이 매끄럽게 돌아가는 것처럼 보였지만 아마존은 누수를 한층 더 없앨 방법을 찾고 있었다. 우선, 작업자의 일거수일투족을 추적할 수 있는 스마트 손목밴드 특허를 두 건 확보했다. 설정된 작업량과 실제 작업

량 사이에 차이가 감지되면 노동자에게 진동으로 경고도 해줄 수 있다.[123]

건물 밖에서는 (건물 안과 달리) 교대 시간에 수백 대의 차량이 주차장에 들어오고 나가는 과정이 상당히 비효율적이었다. 볼티모어 시 당국은 웨스트 볼티모어부터 이 물류센터에서 겨우 1.5킬로미터 떨어진 곳까지 도시를 가로지르는 새 경전철 노선을 계획하고 있었다.[124] 전철역에서 물류센터까지 마지막 짧은 거리는 셔틀버스가 다닐 예정이었다. 하지만 래리 호건 주지사는 프레디 그레이의 사망에 대한 항의 시위가 있은 지 몇 달 뒤에 이 프로젝트를 중단하고 연방 정부의 지원금 9억 달러를 반납했고 여기에 배정했던 주 정부의 예산은 외곽 고속도로 건설 쪽으로 돌렸다. 그래서 아마존은 셔틀버스를 멀리 다운타운까지 죽 운행하기로 했고 공기업인 볼티모어 개발공사가 10만 달러의 비용을 댔다.

빌 보다니 주니어는 2016년에 브로닝 하이웨이의 아마존 물류센터에서 일을 시작했다. 처음에는 유지보수 일을 하다가 몇 달 뒤에 지게차 운전 일로 옮겨갔다. 한때 그가 쉐보레를 만들던 동일한 장소에서 50년 뒤인 지금은 주로 해외에서 만들어진 물건들을 트럭에서 내리는 일을 하고 있었다.

이 물류센터에는 배들레헴 스틸에서 일하던 다른 노동자들도 몇 명 있었지만 그가 나이가 제일 많았다. 젊은 노동자들은 그를 '할배' 또는 '어르신'이라고 불렀다.

한동안 그는 밤 11시부터 아침 7시까지 야간 근무를 했다. 몸은 힘들었지만 한 가지 장점이 있었다. "야간에는 주간만큼 위에서 시시콜콜 나에게 신경을 쓰지 않거든요. 낮에는 주위에 너무 많은 상사가 있어요." 그리고 밤 근무 때는 화장실에 갈 시간도 조금 더 낼 수 있을지 몰랐다.

하지만 결국 주간 근무조가 되었는데, 지게차 기사들을 교육시키는 일이 낮 시간에 있었기 때문이다. 이제 그는 상사를 더 신경 써야 하고 카메라들을 더 신경 써야 하며 알고리즘을 더 신경 써야 하게 되었다. 아마존에는 작업속도, 휴게시간 등 노동자들의 업무 상태를 자동으로 추적할 수 있는 시스템이 있고, 이 시스템은 노동자의 작업량이 여러 차례 뒤처지면 계약 종료를 알리는 경고를 발송할 수 있다. 알고리즘이 노동자를 해고할 수 있는 것이다.[125] 브로닝 하이웨이 물류센터에서 2017~18년 사이 13개월 동안 300명이 '비효율'을 이유로 해고되었다. 아마존을 대리한 변호사는 관련된 한 사건의 서면에서 "아마존 시스템은 각 노동자의 생산성 속도를 추적하며 노동의 질이나 노동자의 생산성과 관련해 상사의 의견이나 평가 없이도 자동으로 경고 또는 고용종료 메시지를 생성할 수 있다"고 설명했다.

빌 보다니는 시간당 12달러 정도에서 시작했다. 아마존의 임금과 노동조건에 대해 전국적으로 불만이 거세지고 있었다. 가장 악명 높은 사건은 2011년 펜실베이니아주 앨런타운의 물류센터에서 회사가 에어컨 비용을 지출하는 대신 노동자가 더위로 탈진해 쓰러질 때 노동자들을 돌보기 위해 작업장 외부에 의무팀을 배치하기로 한 것이었다. 회사 전체적으로 임금 중앙값은 시간당 약 13달러, 연 2만 8,000달러에 불과했다. 임금이 너무 낮아서, 아마존이 필요로 하는 노동자 수요가 급증했는데도 전국 물류창고 노동자의 평균 임금은 낮아지고 있었다.

몇몇 경제학자는 이를 '구매 독점' 상황으로 볼 수 있다고 설명했다. 여기에서 독점적 구매자가 구매하는 상품은 노동력이다. 아마존의 규모가 더 커지고 더 많은 지역의 노동시장을 지배할수록 노동시장에서 고용주들 사이의 경쟁은 줄어들 것이고 따라서 임금을 높여주어야 할 필요도 줄어들 것이다. 2012년까지만 해도 아마존이 전 세계에서 고용한 노동자 수는 8만 8,000명 정도였다. 그러나 그 이후 10년 동안 엄청나게 규모가 커져서 월마트에 이어 미국에서 두 번째로 큰 민간 고용주가 되었고, '구매 독점' 이론은 매우 실질적으로 있을 법한 일이 되었다. 2019년 말에 아마존이 전 세계적으로 고용하고 있는 인원은 75만 명이 넘었고 미국 안에서만 40만 명을 고용하고 있었다. 이들 중 압도적 다수는 200개가 넘는 풀필먼트 센터, 분류센터, 기타 배송센터에서 일하는 노동자들이다. 2017년 한 해에만도 전 세계에서 13만 명을 새로 고용했고 2019년 여름에는 구글의 전체 직원 수에 맞먹는 9만 7,000명을 새로 고용했다. 게다가 이것은 2020년 봄에 터진 글로벌 팬데믹[과 그에 따른 온라인 쇼핑의 급증]으로 아마존이 대대적으로 추가 고용에 나서기 **전의** 이야기다.

전에는 물류창고 일과 배송 일이 고숙련 직종으로 여겨졌다.[126] 시간당 20달러 이상 받았고 한 직장에서 몇 년씩 근속했다. 하지만 아마존에서는 물류 및 배송 노동자가 훨씬 더 유동적인 노동력이 되었고 나이도 더 젊어졌다. 이직률은 지극히 높고, 계절적으로 고용되는 노동력은 말 그대로 일시적으로만 고용된다. 아마존 '캠퍼포스' 프로그램처럼, 일이 몰리는 연휴 시즌 등에 자동차에서 거주하며 이동 생활을 하는 은퇴한 노년층 노동력을 고용하는 것이 그런 사례다.[127]

일시적 단기 고용자가 이렇게 많은 것은 회사에 매우 득이 된다. 노동자들이 서로서로 유대를 형성하기 전에 회사를 떠나므로 노조 조직화 노력을 와해시키기가 훨씬 쉽다. 또한 물류창고에서 하는 일 자체가 원자화되어 노동자들이 유대를 쌓기도 한층 더 어려워졌다. 물류창고에서 잠시 일한 적이 있는 에밀리 구엔델스버거는 물류창고의 작업 배치와 알고리즘이 노동자들을 서로에게서 고립시키기 위해 고안된 것 같았다고 언급했다.[128] 어찌어찌 어려움을 극복하고 노조 조직화 노력이 성공적으로 탄력을 받는 경우, 아마존은 노조 와해에 전문성이 있는 로펌을 고용해 노조의 탐욕과 부패에 대한 이야기를 퍼뜨리는 등 이미 오래전부터 널리 쓰여서 잘 알려져 있는 노조 와해 기법들을 사용했다. (이러한 기법들은 익히 효과가 증명되어 미국 민간 영역의 노조 가입률은 6퍼센트밖에 되지 않는다.)[129]

한두 해가 지나자 브로닝 하이웨이 물류센터만으로는 이 지역의 수요를 감당할 수 없다는 것이 분명해졌다. '이 지역'은 볼티모어뿐 아니라 빠르게 성장하고 있는 워싱턴의 더 큰 시장까지 포함하고 있었다.

아마존은 새 물류센터 후보지를 물색했고 2017년에 한 곳을 발견했다. 스패로스 포인트였다.

스패로스 포인트는 2014년에 개발자와 부동산 투자자들이 구성한 컨소시엄에 인수되었고 그들은 이곳을 물류 허브로 재개발하고 있었다.[130] 컨소시엄은 3,100에이커 이상의 해안 지역과 심해 항구, 그리고 160킬로미터 길이의 철로를 경매에서 7,200만 달러(스패로스 포인트가 마지막으로 팔렸을 때 가격의 10분의 1도 안 되는 금액)에 사들였고, 4만 7,000곳의 슈퍼펀드 지역['포괄적 환경처리, 보상, 책임에 관한 법', 별칭 '슈퍼펀드 법'에 의해 환경보호청이 시급히 정화할 필요성이 크다고 판단한 오염 지역] 중 아마도 가장 심각한 오염 지역에 속할 이곳의 오염 제거 작업에 추가로 4,800만 달러를 쓰겠다고 약속했다.[131]

이제 이곳에는 페덱스 물류창고 하나, 언더아머 물류창고 하나, 차량 운반 서비스 회사, 퍼듀의 곡물 저장시설이 들어서 있었다. 개발자들은 도로와 상하수도를 짓는 데 볼티모어 카운티로부터 카운티 사상 최대 규모인 7,800만 달러의 보조금을 받을 예정이었고, 이에 더해 연방 정부로부터 항만 현대화 자금 2,000만 달러도 받을 예정이었다.

전면 재개발의 일환으로 컨소시엄은 이곳의 브랜드도 바꾸었다. 이제 이곳은 더 이상 스패로스 포인트가 아니고 '트레이드포인트 애틀랜틱'이었다. 컨소시엄 외에 아마존도 여기에 지을 새 물류센터에 대해 주 정부와 지방 정부에서 1,900만 달러 규모의 조세 혜택을 받았다. 새 물류센터는 브로닝 하이웨이 물류센터와 비슷한 2만 4,000평 규모로 지어지고 총 18킬로미터 길이의 컨베이어 벨트들이 설치될 예정이었다.

아마존은 2018년 8월에 채용 공고를 냈고 이 지역에서 여덟 차례의 채용 행사를 열었다. 지원자들은 먼저 온라인으로 지원서를 제출하고 온라인으로 업무 역량 평가를 받아야 했다.

아마존의 채용 웹사이트는 지원자들에게 이렇게 안내했다. "고객들이 우리를 믿고 의지하시니까 아마존 동료들은 환상적인 노동 윤리와 긍정적인 태도로 모든 문제를 해결합니다. 창업자 제프 베조스의 말대로, 우리의 접근 방식은 '열심히 일하라', '재미있게 일하라', '역사를 만들라'입니다."[132]

'아마존 직원을 위한 가상작업 테스트'의 첫 번째 과제는 다양한 크기의 상자를 트럭에 쌓는 테스트였다. 두 번째 과제는 주문된 대로 선반에서 물건을 꺼내는 테스트였다. 기다란 라벨 번호를 잘못 읽어 물건이 뒤섞이지 않게 조심하면서도 시간에 맞추기 위해서는 매우 서둘러야 했다. 세 번째 과제는 창고 안으로 들어오는 인바운드 물건들을 정해진 규칙에 맞게 특정 위치의 선반에 정리하는 테스트였다.

온라인 테스트를 마치자 오프라인 채용 행사에 참석하라는 안내가 떴다. 2018년 9월의 마지막 금요일, 10여 명의 지원자가 던도크의 '솔러스 포인트 다목적센터'에 도착했다. 예전에 철강노조 지부가 있던 데서 몇 킬로미터 떨어진 곳이었다. 지원자들은 볼티모어 카운티 인력개발부에서 나온 사람들과 아마존 티셔츠를 입고 있는 여성 도우미들의 안내를 받아

작은 체육관으로 들어갔다. 여성 도우미들은 아마존 직원이 아니라 인력 파견 업체 인테그리티의 직원들이었다. 그들은 지원자들에게 접이식 의자를 펴서 앉으라고 했다.

인테그리티 도우미 중 한 명이 일어서서 노트북을 들고 의자에 앉아 있는 지원자들에게 다가와서 곧 옆방으로 가서 약물 검사를 받아야 하며 검사는 다 같이 받을 것이라고 말했다.

"우리는 한 가족으로서 함께 일하기 때문에 약물 검사도 한 가족으로서 함께 받습니다."

그리고 지금부터 검사 때까지 입에 아무것도 넣지 말라고 말했다. 껌도 안 되고, 아무것도 안 된다고 했다. 그리고 뒤늦은 인사말을 했다. "축하합니다. 여러분은 아마조니언(Amazonian, 아마존 사람)이 되기 위한 첫 단계를 밟고 계신 거예요."

그 다음에 설명이 이어졌다.

이 일을 하려면 많게는 20킬로그램 이상의 무게를 들어올릴 수 있는 힘이 필요하다고 했다.

이 일에는 사탕부터 카약까지 상상할 수 있는 모든 것을 들고 나르고 포장하는 일이 포함된다고 했다.

복장 규정은 없어서 무엇이건 입고 일해도 되지만 미성년자 불가 등급의 슬로건이 쓰인 옷은 입을 수 없다고 했다.

몸 움직이는 것을 싫어한다면 적성에 맞지 않을 수도 있지만 일단 일을 시작하면 몸이 적응할 것이라고 했다.

몸을 써야 하는 일이므로 구두는 적합하지 않을 것이라고 했다.

인테그리티 여성은 노트북으로 동영상을 틀어서 사람들이 조금씩 볼 수 있게 줄의 앞뒤로 왔다 갔다 했다. 동영상은 이들이 하게 될 일을 보여주고 있었다. 피커, 패커, 라벨러, 상차원 등등. 인테그리티 여성이 말했다. “이렇게 해서 이 물건들이 여러분의 집으로 배달됩니다.”

시간당 13달러 75센트를 받을 것이고 첫 30일 동안 하루도 빠지지 않고 정시에 도착하면 1퍼센트, 팀이 성과 목표를 달성하면 다시 1퍼센트가 인상될 것이라고 했다. “그 2퍼센트는 꽤 도움이 됩니다. 특히 여러분의 돈을 다 잡아먹는 아이들이 있다면요.”

이것이 오리엔테이션의 전부였다. 이보다 더 익명적이고 임시적이라는 느낌일 수는 없을 것이다. 한때는 스패로스 포인트의 젊은이들이 고등학교에 설치된 채용 부스, 노조 사무실, 그리고 아버지나 삼촌의 소개(“자, 다들 게리 알지?”)와 같은 촘촘한 연결망을 통해 회사에 들어갔다. 그런데 이제는 복도 벽에 ‘아마존’이라고 휘갈겨 쓴 종이와 접이식 의자 쪽을 가리키는 화살표가 붙어 있는 곳에서 파견 업체 직원들이 이들을 안내하고 있었다. 자금이 쪼들리는 정부 프로그램이라면 모를까, 가장 잘 나가는 회사의 채용 행사라고는 도무지 보이지 않았다.

지원자들은 옆방에서 들어오라고 부르기를 기다렸다. 염소수염을 기른 45세의 백인 남성이 28세의 여자친구와 페이스타임 앱으로 통화를 했다. 그는 경비 일을 했었는데 시간당 10달러 정도밖에 받지 못했다고 했다. 최근에 새로 자동차를 샀기 때문에 돈이 더 필요했다. 여자친구와는 그녀가 일하던 1달러숍에서 만났다. 현재 여자친구는 버지니아 비치 근처의 던킨 도넛에서 일하면서 몇 가지 법적 문제들을 다루고 있었다.

“오리엔테이션 중이야.” 그가 말했다.

“아! 붙었구나! 너무 잘됐다!” 전화기 밖으로 소리가 다 들렸다.

드디어 지원자들은 전에 강의실이었던 곳으로 가서 사원증에 쓸 얼굴 사진을 찍고 약물 검사를 받았다. 그들은 테이블 옆에 네 명씩 섰고 또 다른 인테그리티 여성이 흡수제가 붙어 있는 작은 플라스틱 막대를 나눠주면서 입에 물고 있으라고 했다. 막대사탕처럼 그렇게 5분 동안 물고 있다가 꺼내서 봉인한 후 라벨이 붙어 있는 비닐봉투에 넣고 자리를 떴다.

며칠 뒤, 약물 검사에 통과한 사람들에게 이메일이 왔다. "아마존닷컴 서비스 컴퍼니에 입사하게 되신 것을 축하합니다." 일자리를 수락한다는 클릭을 하기 전에 물류창고에서의 일에 대해 어떠한 것도 외부로 공개하지 않는다는 동의서에 전자 서명을 해야 했다. "고용된 기간 및 그 이후의 모든 기간 동안, 직원은 모든 비밀 정보를 가장 엄격하게 지키며 사전에 아마존 담당자로부터 서면으로 허가를 득하지 않은 한 업무와 관련해 꼭 필요한 경우가 아니면 어떤 비공개 정보도 획득하거나 사용하거나 출판하거나 공개하거나 소통하지 않는다."

풀필먼트 센터 이름은 모두 공항 코드명을 따서 지어졌다. 볼티모어의 첫 물류센터는 볼티모어 공항인 BWI2로 명명되었고 스패로스 포인트 물류센터는 워싱턴 레이건 공항인 DCA1로 지어졌다. 워싱턴에는 아마존 물류센터가 없어서 워싱턴 공항 이름을 여기에 사용할 수 있었다. 워싱턴 DC는 물류창고 도시가 아니었다.

빌 보다니는 DCA1가 문을 열었을 때부터 이곳에서 일한 첫 노동자 중 한 명이다. 아마존은 브로닝 하이웨이 물류센터 노동자들이 원한다면 스패로스 포인트로 옮길 수 있게 해주었고 보다니는 그렇게 하기로 했다. 스패로스 포인트가 완전히 달라졌음을 날마다 실감해야 하는 괴로움을 피하고 싶지 않았을까 싶겠지만 오히려 그는 바로 그 변모를 보기 위해, 무감각한 이 일과의 와중에서 그 감각을 경험하기 위해 스패로스 포인트로 전출을 지원했다고 말했다. "고향에 온 것 같아요. 여기에 있는 느낌 말이에요. 나는 인생의 대부분을 여기에서 보냈습니다. 고향에 온 느낌이에요. 마음 아프기도 하지만 좋기도 합니다."

그는 출근길에 키 브리지를 건너다가 아래를 내려다보면서 몇 차례 눈물을 흘리기도 했다. 이 넓은 간척지에서 거대한 공장 단지, 그리고 그와 그의 아버지가 자랐던 마을 모두가 흔적도 없이 통째로 사라져 있었다.

그는 젊은 동료들에게 예전에 여기에 무엇이 있었는지 말해주곤 했다. "여기에는 68인치 열연강재 공장이 있었고, 저 위쪽에는 주석 공장, 이쪽에는 파이프 공장이 있었어."

스패로스 포인트의 물류센터로 옮겨와서 안 좋은 점도 있었다. 여기에서는 심지어 이전 센터에서보다 상사들이 더 빡빡하게 굴었다. 보는 바로 이 장소에서 옛날에 받던 임금의 3분의 1 정도를 받고 있었다. 당시에 받던 보너스는 치지 않은 것인데도 그랬다. 이제는 노조도 없었다. 아마존 경영진은 노동자들에게 노조 결성을 시도하면 일자리를 잃을 수 있다고 경고했다.

한 세기도 더 전에 프레더릭 우드는 '선동'이 해고 사유가 될 수 있다고 명시한 '고용계약서'에 노동자들이 서명하도록 강요했다. 하지만 그 이후 몇 십 년간 노동자들은 더 나은 임금과 더 안전한 환경을 위해 스스로를 조직할 권리를 갖고자 싸웠고 그 권리를 쟁취했다. 전보다 안전한 환경과 높은 임금을 누릴 수 있게 되었고, 그와 함께 중산층의 생활수준으로 가족을 부양할 수 있다는 데서 오는 존엄과, 동등한 상대로서 자신의 노동에 대해 협상할 수 있다는 데서 오는 존엄도 가질 수 있었다.

그런데 모든 것이 원점으로 돌아갔다. 예전에 베들레헴 스틸의 CEO 유진 그레이스가 지은 슬로건 "부단히 증산하자"는 옛 열연강재 공장 자리에 들어선 현재의 물류센터에도 잘 들어맞는 것 같았다. 1907년에 언론인 허버트 캐슨은 "철강 공장 일의 위험에 대해서는 여론의 공분이 거의 일지 않는데, 외부 사람들이 그 안의 노동 조건을 직접 알지 못하는 것이 한 가지 이유"라고 언급한 바 있다.[133] 물류센터는 물리적 위험은 그보다 덜할지 몰라도 투명성의 부재는 그에 뒤지지 않는다. 물류센터는 모든 것을 드러나지 않게 가리며, 그럼으로써 [불편한 문제를 알고 싶지 않은] 소비자들의 무관심을 교사한다.

트럭들이 속속 들어왔다. 카메라와 관리인들이 계속해서 작업 진도를 체크했다.

방광에 압박이 오기 시작했다. 보는 할당된 휴게시간을 이미 다 사용했기 때문에 최대한 참아보려고 했다. 정말로 그는 늘 최대한 참아보려고 노력했다.

하지만 도저히 안 될 때가 있었다. 그는 조용한 구석으로 가서 가림막이 되어주기를 바라며 지게차를 세웠다.

고객 서비스

로컬 기업의 싸움

5

텍사스주 엘파소

테레사 간다라(Teresa Gandara)의 아버지 에드문도 로하스(Edmundo Rojas)는 엘파소 남부에서 작은 식료품점을 운영했다. 국경과 가까운 곳이어서 불법으로 경계를 넘어온 많은 사람들이 자연스럽게 맨 처음 들르게 되는 곳이었다. 에드문도는 자신의 식료품점에 세탁기 두 대와 건조기 두 대, 샤워기 세 대를 설치해 그들이 이용할 수 있게 했다. 비누과 수건은 25센트면 살 수 있었다. 이것이 연대의 행위였다면, 시간차 연대였다고 말할 수 있을 것이다. 로하스 가족은 기억도 못할 만큼 오래전에 국경을 넘어온 이주민 출신이다. 에드문도에게 이것은 [이민자에 대한 동류의식에서라기보다는] 해야 마땅한 행동이었을 뿐이었다. 딸은 아버지가 "모든 사람이 샤워를 하고 개운한 기분을 느낄 자격이 있다고 생각하셨다"고 말했다.

테레사는 형제자매가 일곱이었다. 넉넉한 집은 아니었어도, 적어도 고등학교 가기 전까지는 모두 그다지 박탈감을 느끼지 않고 자랐다. 그런데 고등학교에서 친구들은 다 입는 청바지를 자신은 입지 못한다는 것을 알게 되었다. 대학도 그랬다. 테레사의 언니 로사는 대학에 갈 만한 재목으로 이겨겼지만 대레시는 아니었다. 부모의 생각이 틀렸음을 증명하기로 결심한 테레사는 언니 로사와 육군 대위인 형부가 사는 워싱턴주 터코마에서 언니네 집에 얹혀살면서 커뮤니티칼리지 수업을 듣기 시작했다. 그리고 엘파소로 돌아와서도 계속 수업을 들었다. 팰 그랜트[Pall Grant, 연방정부가 저소득층에게 제공하는 대학 학비보조 장학금] 신청서에 부모의 서명을 위조해야 했지만 말이다. 나중에 그는 "그게 내 첫 연방 범죄였다"고 농담했다. 테레사는 일하는 틈틈이 텍사스 주립대 엘파소 캠퍼스에서 최대한 많은 수업을 들었다. 하는 일은 다양했다. 대학 수영장 관리, 집 페인트칠, 집 청소 등등. 몇 년 후에는 석사학위까지 받았다. 테레사는 체육교사가 되었고 사무용품 도매 일을 하던 카를로스 간다라(Carlos Gandara)와 결혼했다.

테레사는 아이들이 쉽게 접하기 어려운 테니스나 라크로스 같은 운동을 학교에서 가르쳐야 한다고 생각했다. "나는 너희들에게 농구는 가르치지 않을 거야. 농구는 알아서 배울 수 있으니까." 그리고 1주일에 하루는 배우고 있는 스포츠에 대해 가령 경기장 넓이 같은 것을 가르치는 이론 수업을 했다.

테레사는 교감으로 승진했다. 하지만 행정 일에는 관심이 별로 없었다. 한번은 '위기 아동'인 아이들에게 너무 시간을 많이 쓰고 서류 업무는 등한시한다고 한소리를 듣기도 했다. 2000년에 남편 카를로스는 십대 시절부터 일하기 시작해 거의 모든 종류의 업무(전화 판촉, 현장 판촉, 경영관리 등)를 섭렵했던 사무용품 도매 일을 그만두었다. 그가 일하던 회사가 매각되었고 그는 경업금지 조항[noncompete clause, 기밀 유지 등을 위해 동종업계에 일정 기간 동안 취업하지 못하게 하는 규정]에 묶여 2년간 같은 직종에서 일을 할 수 없었다. 경업금지 기간이 끝났을 때 다시 그쪽 일자리를 알아보기 시작했는데, 테레사는 생각이 달랐다.

"왜 우리 멕시코 사람들은 늘 다른 사람 밑에서 일해야 한다고만 생각하는 거지? 당신처럼 고객 생각 많이 하고 고객한테 정성을 쏟는 사람은 없잖아. 차라리 우리 자신에게 투자해보는 게 어떨까?"

"하지만 우리는 사업에 대해 잘 모르는데?" 카를로스가 말했다.

"그럼 실패하라지 뭐. 유일한 실패는 시도하지 않는 거야. 우리는 시도할 기회가 있다고."

2001년에 그들은 '펜슬컵 사무용품'을 창업했다. 테레사는 계속 교감으로 일하면서 봉급 중 가능한 많은 부분을 사업에 쏟아 부었고 주말에는 펜슬컵에서 일했다. 주중의 일은 카를로스가 맡았다. 한 산업용 기계 수리소 주인이 창고 공간을 사용하도록 해주었다. 열세 살이었던 아들 카를로스 주니어도 방과 후에 일을 거들었다.

처음에는 고객사가 세 곳뿐이었다. 회계 회사, 산업장비 회사, YWCA. 그러나 2006년에는 테레사가 학교 일을 그만둘 수 있을 정도로 회사가 성장했고, 2010년에는 18명의 직원을 둔 회사가 되었다. 이중 한 명은 나중에 최고 세일즈맨이 되는 아들 카를로스 주니어였다. 그는 운동 삼아 예전에 이곳이 기계 수리점이었을 때 버스나 트램에서 엔진을 꺼내는 데 쓰던 도르래의 육중한 체인을 끌고 왔다 갔다 하는 것을 좋아했다. 딸 크리스티나는 뉴멕시코주에서 경영학 학위를 땄다. 처음에는 고향으로 돌아올 생각이 없었지만 나중에 마음을 바꾸었다. "아빠가 제 학위에 돈을 대셨으니 이제 그걸 써먹어보셔야죠."

이들의 고객 중 시 정부와 교육위원회의 비중이 점점 더 커져서 매출의 거의 3분의 1을 차지하게 되었다. 이와 같은 정부 기관들은 로컬 기업, 소수자(소수인종) 기업, 여성 기업과 계약하는 것을 선호하는데, 펜슬컵은 이 조건을 다 만족하는 곳이었다. 하지만 펜슬컵의 성공은 이것 때문만이 아니었다. 테레사와 남편 카를로스는 '고객 서비스'라는 개념을 극한까지 실천했다. 주문받은 가구는 배달만 하는 것이 아니라 반드시 조립까지 해주었다. 의자든 책상이든 뭐든 간에 펜슬컵은 가구를 상자에 든 채로 그냥 두고 가는 법이 없었다. 그리고 고객사들을 돌면서 빈 상자, 다 쓴 토너 카트리지 등을 수거했다.

어려움에 처한 고객이 있으면 언제나 도왔다. 한번은 한 교육위원회가 800개의 형광펜을 주문에 포함시키는 것을 깜빡 하고서 아침 8시에 다급히 전화를 해왔다. 그날 당장 형광펜 800개가 필요하다고 했다. 간다라 가족과 직원들은 대형 사무용품 매장들, 즉 그들의 경쟁사들을 돌면서 최대한 형광펜을 구했다. 그들이 거래하는 도매상에서보다 비싸게 사야 했는데도 말이다. 또 한 번은 국경수비대의 구매 담당자가 펜슬컵에 전화를 걸어와서 AAA건전지 5,000개를 사야 하는데 그만 AA건전지를 잘못 샀다고 했다. 이 일로 해고될지도 모른다고 어쩔 줄 몰라 했다. 그가 그 건전지를 펜슬컵에서 산 것도 아니었는데, 펜슬컵은 개의치 않고 자신의 공급상으로부터 AAA건전지 5,000개를 구입해 국경수비대 관리자가 가지고 있는 AA건전지 5,000개와 교환해 주었다. 펜슬컵으로서는 손해를 보는 교환이었는데도 말이다. "그분은 우리 고객이니까요. 그분이 일자리를 지킬 수 있게 도와드리는 거예요."

2017년의 어느 날 간다라는 아마존으로부터 전화를 한 통 받았다. 아마존 웹사이트를 통해 판매를 해보라는 것이었다. 전화를 건 아마존 사람은 아마존에 입점하면 훨씬 더 큰 시장을 갖게 된다며 사실 전 세계가 시장이 되는 것이라고 했다. 테레사는 소수자가 소유한 기업이라는 점이 아마존이 펜슬컵을 입점하게 하려는 이유라는 것을 알고 있었다. 이 조건을 갖춘 공급업체를 원하는 구매자가 많았기 때문이다.

이유가 무엇이든 우쭐한 생각이 들었다. "처음에는 정말 신이 났어요. 우와, 아마존! 하지만 그 다음에 우리끼리 질문을 하면서 좀 따져보기 시작했지요."

샌디 그로딘(Sandy Grodin)이 사무용품 분야로 오게 된 경로를 되짚어보면, 시작은 청바지였다. 더 정확히는 스톤워시 청바지[일부러 낡고 해져보이게 돌과 함께 빨아 얼룩덜룩 물을 뺀 청바지]였다. 그는 '스톤워시 블루 리바이스 501'의 선조 중 하나로 불릴 만하다. 적어도 그렇게 불리는 것을 본인이 부인하지는 않을 것이다.

그는 브루클린에서 태어났고 한 살 때 가족이 엘파소로 이사했다. 부모는 둘 다 유럽계 유대인이었지만 미국으로 온 경로는 매우 달랐다. 친가 쪽은 20세기 초에 동유럽을 떠나 영국을 거쳐 브루클린에 왔다. 외가 쪽은 1930년대에 폴란드를 탈출했지만 그들이 탄 배가 뉴욕 엘리스 섬에서 입국을 거부당했다. 그래서 아바나로 갔다가 거기에서도 거부당해서 멕시코의 베라크루스에 도착했다. 그리고 어머니가 일곱 살이었을 때 후아레스로 가서 리오그란데강을 몰래 건너 미국 엘파소로 들어왔다. 외할아버지는 여기에서 중고옷 가게를 열었다.

2차 대전 때 아버지 어윈 그로딘은 엘파소의 북동쪽 끝에 있는 포트 블리스에 주둔했다. 이때 어머니 도로시 캐플런을 만났지만 어윈이 남태평양으로 배치되었다. 전쟁이 끝나고 둘은 결혼해 브루클린으로 갔다가 곧 다시 엘파소로 돌아와서 아이를 키우기로 결정했다. 그들뿐 아니라 조부모와 고모들까지 일가 전체가 엘파소로 왔다. 어윈 그로딘은 아버지의 도움을 받아 보험 분야에서 일했다.

이들의 다섯 자녀 중 둘째 아들인 샌디는 인근의 텍사스 주립대 엘파소 캠퍼스에 진학해 경영학을 전공했다. 1975년에 졸업을 하고서는 리바이스에 취직해 샌프란시스코에 있는 본사에서 일하게 되었다. 어느 날 청바지 부문 최고경영자 앨 상귀네티가 그를 비롯한 상품기획팀 사람들을 소집했다.

회의실 탁자에 청바지가 몇 벌 놓여 있었다. 리바이스 청바지가 아니라 새손, 죠다쉬 같은 경쟁사 제품이었다. 그들이 내놓은 스톤워시 모델이 인기를 끌면서 리바이스의 아성을 위협하고 있었다.

상귀네티가 물었다. "여기에 우리는 어떻게 대응해야겠는가?"

그로딘의 동료 한 명이 대답했다. "기본 청바지를 미리 세탁하는 게 어떨까요?"

"좋군." 상귀네티가 무표정하게 말했다. "그것을 어디서 할 수 있겠나?"

이때 그로딘이 손을 들었다. "엘파소에서 기업형 규모로 세탁소를 운영하는 사람을 두 명 알고 있습니다."

운이 좋았는지, 이 회사의 주요 공장 중 하나가 엘파소에 있었다. 상귀네티는 그로딘에게 당장 고향으로 가는 비행기를 타라고 했다.

그로딘은 두 세탁소 주인 중 골드버그 씨를 먼저 찾아갔다. 하지만 그는 자신의 세탁기에 돌을 넣고 빨래를 돌리는 것을 절대 허용할 수 없다고 했다. 그래서 그로딘은 두 번째 세탁소 주인인 골드만 씨에게 갔다. 그는 해보겠다고 했다.

다음 문제는 어떤 종류의 돌을 사용할 것인가였다. 그로딘은 바지가 아예 찢어지는 것을 피하려면 부드러운 돌을 사용해야 할 거라 생각했고 염두에 둔 종류도 있었다. 조경에 사용되는 용암석이었다. 게다가 그는 뉴멕시코주에서 용암석 채석장을 운영하는 사람을 알고 있었다. 그는 골드만 씨의 세탁소 앞으로 한 트럭 분량을 주문하고 손수레와 삽을 준비했다. 처음에는 30벌당 두 삽 분량을 섞어서 돌려보았고 이어서 수많은 다른 조합도 시험해보았다. 결과물은 샌프란시스코로 보내서 회사의 윗사람들이 평가할 수 있게 했다. 곧 청바지가 돌과 함께 빠는 것을 견디지 못하리라는 것이 명백해져서 더 튼튼하고 질긴 바지를 만들기 시작했고 골드만 씨는 점점 더 많은 청바지를 세탁기로 돌리기 시작했다. 1주일에 수천 벌을 돌렸다.

그들은 최적의 방식을 찾아냈고 리바이스는 스톤워시 청바지 제조를 테네시주 녹스빌에 있는 커다란 공장으로 집중시키기로 했다. 회사는 그곳에 자체 세탁 시설을 짓고 사내의 전문가인 샌디 그로딘을 파견했다. 샌디는 승진 사다리를 높이 올라가서 이제는 회사 사업계획의 은밀한 부분까지 알 수 있게 되었는데, 회사는 10년에 걸쳐 생산 시설을 모두 미국 밖으로 옮기려 하고 있었다.

샌디 그로딘은 회사가 자신의 능력을 더 이상 필요로 하지 않게 될 때까지 가만히 앉아서 기다릴 생각이 없었다. 1986년에 그는 엘파소로 전근을 요청했고 시도해볼 만한 다른 일을 틈틈이 물색하기 시작했다. 그는 차를 몰고 엘파소의 무질서한 산업 단지를 돌아다니며 매물로 나온 업체를 살펴보았다. 어느 날 시내 쪽으로 차를 몰고 가던 그는 얀델가에 있는 '스터기스 앤 컴퍼니'라는 회사 밖에 멕시코 번호판을 단 차들이 줄지어 서 있는 것을 보았다. 그 이름을 보니 아련한 향수가 느껴졌다. 어렸을 때 그가 쓰던 학용품이 스터기스(Sturgis) 제품이었기 때문이다.

며칠간 계속해서 살펴보니 스터기스의 사업이 꽤 잘 돌아가는 것 같았다. 관심이 생긴 그는 스터기스에 전화를 해서 소유주가 누구냐고 물어보았다. 하비 조지프라는 사람이 소유주라는 것을 파악하고서 잠시 후에 다시 전화를 걸어 하비 조지프를 바꿔달라고 했다. 수화기 저편에서 우락부락하게 들리는 목소리의 인물이 전화를 받았다. 샌디가 이야기를 시작했다.

"하비 씨, 저는 샌디 그로딘이라고 합니다. 혹시 관심이 있으실까 해서…."

하지만 하비 조지프는 전화를 끊어버렸다. 그로딘은 다시 전화를 걸었다. 그러자 조지프는 "뭐 물건 파시게요?"라고 물었다. 그로딘이 대답했다. "아, 아닙니다. 저는 당신이 사업을 매각하는 데 관심이 있으실까 해서 전화를 걸었습니다."

놀랍게도 조지프는 이 제안을 불쾌하게 받아들이지 않았다. "정말로 아직까지는 생각해본 적이 없는 일인데요, 생각 좀 해볼게요. 내일 다시 전화 주시죠."

다음날 조지프는 스터기스를 100만 달러에 팔겠다고 했다. 35만 달러는 선금으로 내고 나머지는 나중에 내는 조건이었다. 그는 스터기스의 매출이 연 200만 달러는 족히 된다고 했다. 이 말을 뒷받침할 만한 서류상의 자료는 전혀 없었지만 샌디 그로딘은 며칠간 사업이 돌아가는 것을 지켜본 터였다. 그래서 35만 달러를 마련하는 일에 착수했다. 아버지와 형이 2만 5,000달러, 할아버지가 5만 달러 빌리는 데 연대 보증을 섰고, 몇몇 친구들이 '프라임 금리 플러스 3퍼센트포인트'로 각각 5,000달러를 빌려주었다. 그가 아직 일하고 있는 리바이스 사무실에 스터기스 문구를 팔러 세일즈맨이 왔을 때 그는 이렇게 농담했다. "제가 곧 그 회사를 살 거예요." 여성 세일즈맨은 이렇게 대답했다. "아, 네에 네에."

그는 1976년식 올즈모빌 커트라스 자동차 뒤에 "팝니다"라고 써 붙였다. 하루는 I-10 고속도로로 진입하기 전에 신호등에 걸려서 서 있는데 누군가가 그의 옆에 차를 세우더니 차를 얼마에 팔 거냐고 물었다. 그가 7,500달러라고 대답하자 그 사람은 차를 옆으로 빼라고 하더니 그 자리에서 현금으로 7,500달러를 지불하고 소유권 관련 서류는 나중에 달라고 했다. 갑자기 차 없이 덩그러니 남게 된 그로딘은 주유소에서 아내 주디에게 전화를 해서 데리러 와달라고 했다. 아내는 갑자기 차를 판 것에 어리둥절해 했다. 그로딘이 스터기스를 인수할 거라는 말을 하지 않았기 때문에 영문을 알 수가 없었다.

조지프와 대화를 나누고 9개월 뒤, 샌디 그로딘은 조지프에게 전화해 돈이 마련되었다고 알렸다. 둘은 만났고, 샌디는 20만 달러짜리 수표를 탁자에 올려놓았다.

조지프가 그것을 보더니 말했다. "부족한데요?"

"하비, 이게 내가 가진 전부예요." 그로딘은 이렇게 말하고서 한 가지 제안을 했다. "이 수표를 받으세요. 내가 일을 망치면 당신이 이 수표도 갖고 스터기스도 다시 가져가세요."

조지프는 수표 한 번, 그로딘 한 번을 계속해서 번갈아 바라보았다. 영원 같은 시간이 지난 뒤, 드디어 조지프가 말했다. "당신 변호사에게 연락하세요. 계약합시다."

이제 그로딘은 주디에게 이야기해야 했다. 그는 리바이스가 매번 직원 수백 명을 초청하는 대학 미식축구 '선볼' 경기를 보러 간 자리에서 폭탄 선언을 했다. 기겁한 주디가 물었다. "당신, 뭘 했다고? 값이 얼만데?"

"100만 달러."

주디는 호흡 곤란이 오지 않을까 싶을 만큼 화를 냈다.

며칠 뒤, 샌디가 스터기스에 나타났다. 전에 그의 리바이스 사무실에 왔던 세일즈맨 여성을 거기에서 다시 마주쳤다. "제가 이 회사 살 거라고 했었잖아요. 봐요, 진짜로 샀어요."

마이크 터커(Mike Tucker)는 슬롯머신으로 일을 시작했다. 그의 아버지는 메릴랜드주 남부에서 여러 식당과 술집을 운영했다. 치킨 하우스, 하프웨이 하우스, 더 모던… 그리고 그가 운영한 것 중 가장 큰 식당은 블랙 스티어였다. 워싱턴과 볼티모어의 주말 여행객과 파투센강의 해군 항공대 사람들, 그리고 여전히 번창하고 있던 담배농장 사람들이 주 고객이었다. 매장에 슬롯머신이 있었는데 동전이 기계에 걸려 안 내려가는 일이 자주 있었다. 그럴 때 커다란 고무망치로 기계를 쾅쾅 두드리는 것이 마이크의 일이었다. 열에 아홉은 그렇게 하면 문제가 해결되었다.

마이크는 대학에 가기 위해 집에서 먼 곳으로 갈 필요가 없었다. 길 바로 위쪽이 메릴랜드 대학이었다. 그는 대학 야구팀 선수였다. 그리 두각을 나타내는 학생은 아니었고, 엄격한 기숙학교인 군사고등학교에서 익힌 규율은 1970년 무렵의 대학 캠퍼스 분위기에서 금세 사라졌다. 그는 야구팀 선수로 계속 뛰는 데 필요한 '젠틀맨 C' 평점[기부자, 운동선수 등 학점을 채워야 하는 특수 사유 학생들에게 F 대신 C를 주는 것]을 간신히 유지했다. 하지만 마지막 학기에 졸업 학점에서 23학점이나 모자란다는 것을 알게 되었다. 학부 졸업장도 없이 베트남 전쟁에 징집될지 모른다는 생각에 정신이 번쩍 들어서, 마지막 시즌에 야구팀에서 뛰는 것을 포기하고 학업에 전력을 다했다. 그는 경영학 학위를 받았고, 징집 번호가 낮았기 때문에[무작위로 배정되는 번호에서 숫자가 낮으면 먼저 징집되었다] 전투원으로 징집되는 것을 피하기 위해 해군 비행학교에 지원했다. 운명이 결정되기를 기다리면서, 한 시즌 동안 포기했던 야구를 셰넌도어 밸리의 마이너리그에서 보충하기로 했다. 그는 여기에서 3주, 그 다음에 필라델피아 필리스 소속의 마이너리그 중 최약체인 플로리다 팀에서 3주간 경기를 했는데, 그리 인상적인 경기를 펼치지는 못했다.

그 다음에 일어난 일은 그도 어떻게 된 일인지 모른다. 징집 등급이 갑자기 '2S'[학업 중이어서 징집이 연기되는 등급]에서 '1H'[곧바로 징집되지는 않는 등급]로 바뀐 것이다. 할머니가 세인트루이스 징집위원회 사람과 친해진 것과 관련이 있을 수도 있고, 단순히 전쟁이 끝나가고 있어서였을 수도 있다. 아무튼 이때 이후 터커가 생각도 없고 열의도 없던 그때까지의 대학생 터커와 완전히 다른 사람이 되었다는 것은 분명하다. 이제 터커는 자신에게 찾아온 행운을 최대한 활용하기 위해 최선을 다할 작정이었다.

그는 유제품 회사 '카네이션'에 세일즈맨으로 취직했다. 볼티모어와 워싱턴 지역의 식료품점들을 다니면서 카네이션 제품이 들어가도록 하는 일이었다. 그리고 메릴랜드주 오션시티에서 영업 중에 만난 여성과 결혼했다. 얼마 후 아내의 친구 아버지가 그에게 파버카스텔에서 일해 볼 생각이 있느냐고 물었고 터커는 그리로 옮기기로 했다. 이제 우유 대신 연필을 팔게 되었다.

그리고 볼펜도.

1980년대에 파버카스텔은 미쓰비시 펜슬 컴퍼니가 만든 인기 제품 '유니볼'의 미국 총판업체가 되었다. 터커는 상사에게 이 새 제품군으로 새 판매라인을 뚫어보자고 제안했다. 바로 정부였다. 그는 연방 정부의 구매를 담당하는 조달청의 '연방 조달업체' 목록에 성공적으로 회사 이름을 올렸다. 또한 제품에 '재고 번호'를 부여받았고 그 제품들은 열 곳의 지역 물류창고에 보관되었다. 이어서 터커는 전국의 군 기지를 돌아다니며 볼펜 영업을 시작했다. 유럽에 있는 미군 기지까지 갔다. "저희는 연방 정부 계약을 따낸 회사예요. 여기 필요하실 법한 통계 자료들이 있습니다. 볼펜이 필요하지 않으신지요?"

군 기지 사람들은 놀라서 이렇게 묻곤 했다. "볼펜 팔려고 여기까지 오신 거예요?"

왜 아니겠는가. 5,000명이 주둔하고 있는 한 기지는 그에게서 아주 많은 펜을 구매했다. 파버카스텔의 대정부 매출은 제로에서 700만 달러로 뛰었다. 터커는 15년 동안 파버카스텔에서 일하고 나서 플로리다주에 소재한 올스테이츠라는 회사로 옮겼다. 이곳은 페이퍼메이트[문구 업체]의 판매 채널이었다. 그는 동일한 방법으로 정부 조달업체 목록에 회사 이름을 올렸다. 하지만 그때 올스테이츠가 오피스디포에 인수되었다. 사무용품 업계의 양대 산맥인 오피스디포와 스테이플스는 공격적으로 인수합병을 하고 있었다. 마이크 터커는 거대 기업을 위해 일하는 것이 자신의 적성에 맞지 않는다는 것을 처음으로 알게 되었다. 그는 무거운 추의 반대편에서 작동하는 균형추이고 싶었고, 헤비급 플레이어에게 묻어가기보다는 맞서고 싶었다.

터커는 오피스디포를 떠나 자신의 사업을 할 때가 되었다고 생각했다. 1995년에 그는 경영난에 시달리던 워싱턴 교외의 사무용품 회사 '조지 W. 앨런'의 절반을 인수했다. 그리고 이 회사를 연방 정부 조달업체로 만들었고 파버카스텔에 정부 공급 물량을 납품하는 업체가 되도록 주선했다. 곧 조지 W. 앨런은 매출이 350만 달러에서 2,600만 달러로 뛰었다. 그리고 소매업자 거래 기반이 있는 사무용품 회사 한 곳과 합자회사를 세웠다. 이 회사는 2016년까지 매출 6,500만 달러 규모 회사로 성장했다. 그때 그와 합자회사의 파트너는 회사를 매각했다.

이제 마이크 터커는 66세였다. 그는 부자였고, 메릴랜드주 하워드 카운티의 말 농장에 있는 3에이커의 땅에 커다란 집도 가지고 있었으며, 오션

시티 해변에 별장도 있었고, 손주도 많았다. 일을 그만하고 유유자적 쉬어도 좋을 만했다.

하지만 그는 그러지 않고 최근에 막 생겨나기 시작한 싸움에 참전하기로 했다. [공격적인 인수합병을 벌이던] 대형 문구 유통업체들마저 이제 그들보다 훨씬 큰 또 다른 유통업체에 의해 잠식당하고 있었다. 그리고 바로 이 더 큰 유통업체가 터커의 반골 기질을 전보다 훨씬 세게 건드렸다.

당시에 전국의 다윗들, 즉 소규모의 독립 사무용품 업체들은 '독립 사무용품 및 사무가구 딜러 협회'를 결성해 골리앗과 싸우고 있었는데, 이들은 협회장을 맡아줄 사람을 찾고 있었다.

사무용품 도매는 일반 소비자와는 직접적인 접점이 거의 또는 전혀 없이 무대 뒤에서 돌아가는 분야다. 이 분야의 사업은 유동 인구가 거의 없고(유동 인구를 필요로 하지 않는다) 무엇을 하는 곳인지 알기 어려운 산업 지구에서 조용히 돌아간다. 사무용품 도매가 대중에게 알려지는 경우는 코미디 프로 같은 데서 어떤 등장인물이 대단히 밋밋한 일을 한다는 설정을 돕는 장치로 쓰일 때 정도다.

사무용품 도매업체들로부터 물품을 구매하는 상대방도 이에 못지않게 일반 대중에게 잘 드러나지 않는다. 정부 기관이나 기업체, 기관 등에서 사무용품 조달을 담당하는 부서가 이들의 거래 상대방이다. 정부에서 '조달' 부문은 관료제 내의 관료제다. **조달**(procure)이란 참으로 흥미로운 단어인데, 한편으로는 무엇을 의미하는지 잘 알기 어렵지만 또 한편으로는 너무 뻔하고 평범한 단어다. 정부 기관이 돌아가려면 연필, 펜, 종이, 컴퓨터, 프린터, 소프트웨어, 책상, 의자, 램프, 소파, 테이블, 카펫, 비누, 종이타월, 화장지 등 수많은 물품이 필요하고 이런 것들을 조달해야 한다.

앤 렁(Anne Rung)은 바로 이 조달 분야, 이렇게나 대중의 눈에 드러나지 않는 분야에서 이름을 알리는 것이 가능한 최고 한도까지 명성을 쌓았다.

렁의 아버지는 펜실베이니아 주립대에서 수학을 가르쳤고 어머니는 여섯 자녀를 키웠다. 하지만 앤은 어린 시절을 펜실베이니아와 아주 먼 곳들에서 주로 보냈다. 렁의 아버지는 방문 교수 등의 일로 하와이, 캐나다, 타이완 등에 가는 일이 많았다. 나중에 앤 렁은 아버지를 따라 해외에서 보낸 어린 시절과 (펜실베이니아 주립대 졸업 후) 영국의 런던정경대학에서 보낸 유학 시절이 고국의 수도에서 일하고 싶다는 생각을 갖게 된 토대였다고 말했다.[1]

앤은 1980년대에 민주당을 [기존의 좌파 지향에서] 중도 성향 쪽으로 움직이기 위해 결성된 '민주당 리더십 회의'에 초창기부터 함께 했다. 이곳은 빌 클린턴 등 여러 인물을 배출했다. 앤은 5년 동안 대(對)의회 담당 디렉터로 일하면서 의회 쪽에 연줄을 마련했다. 하지만 그 다음에는 펜실베이니아주로 돌아와서 에드 렌델 주지사 시절의 주 정부에서 조달부(Department of General Services)를 맡았다.

조달부는 정부의 나머지 부분을 관리하는 곳이다. 정부 일이 다 그렇듯이, 이곳에서 하는 일은 잘 되어도 고맙다는 말을 듣는 일이 거의 없고, 잘못되었을 때는 맹렬한 비난을 받는다. 서신 삽입기에 종이가 걸려서 2,845건의 복지급여 갱신 안내문이 엉뚱한 집에 발송되었는데 그중 절반에 사회보장번호 같은 민감 정보가 포함되어 있었던 사고 때처럼 말이다.[2]

간혹 이와 같은 사고가 터지긴 했어도 렁이 내부 사다리를 타고 승진하는 것을 늦추지는 못했다. 2006년에 렁은 주 정부 조달부장에서 렌델 주지사의 행정 담당 부비서관이 되었고, 2010년 8월에는 워싱턴으로 와서 상무부의 행정 담당 선임 디렉터가 되었다. 정부 부처 중 가장 눈에 안 띄는 부처 안에서도 가장 눈에 안 띄는 자리였다.

2010년 중간 선거에서 민주당이 크게 패하고 얼마 되지 않은 그해 11월에 렁은 진보 성향 싱크탱크인 미국진보센터에서 연방 정부 조달 시스템의 개혁을 주제로 개최한 컨퍼런스에 패널로 참여했다. 렁은 조달 시스템 개혁에 대해 확고한 견해를 가지고 있었다. 렁은 정부가 물품을 구매할 때 각 물품에 전문성이 있는 구매자가 구매하는 게 아니라 한 구매자가 하루는 이 물품을 사고 하루는 저 물품을 사는 것이 불합리하다고 생각했다. 한 사람이 오늘은 차량을 구매하고 내일은 IT 제품을 구매하는 식으로 말이다. 또한 렁은 동일한 물품을 한 기관이 다른 기관보다 비싸게 구매한 경우를 보면 분개했다. 렁이 지금까지도 두고두고 이야기하는 케첩 사례처럼 말이다. "주립병원이 케첩을 상자당 23달러에 샀는데 주 교도소는 똑같은 케첩을 상자당 12달러에 샀더라고요."

이러한 관점은 렁을 매우 뛰어난 조달 담당자가 되게 해주었다. 렁 덕분에 펜실베이니아주 정부도, 연방 상무부도 많은 돈을 절약할 수 있었다. 조달 분야의 '데스스타'[영화 〈스타워즈〉에 나오는 제국군의 거대 요새이자 무기]인 연방 조달청에서 렁을 부르는 것은 시간 문제였다. 연방 조달청에는 1만 2,000명이 근무하면서 600억 달러 어치의 연방 구매를 관장하고 5,000억 달러어치의 연방 자산을 관리한다. 2013년에 렁은 조달청의 범정부 조달정책국장이 되었다.

앤 렁은 새 임무에 몸을 던졌고 조달 시스템 개혁에 나섰다. 얼마 지나지 않아 렁은 범정부 조달정책국이 정부의 사무용품 관련 지출에서 2억 달러를 절약했다고 자랑스럽게 보고했다.

1년 후 렁은 더 이상 올라갈 데가 없는 가장 높은 직책으로 승진했다. 오바마 대통령이 예산관리국 산하 연방 조달정책 책임자로 앤 렁을 지명한 것이다. 이제 앤 렁은 모든 연방 정부의 구매를, 즉 3,000개의 조달 담당 부서에서 일하는 10만 명의 연방 직원이 다루는 총 4,500억 달러어치의 구매를 관장하게 되었다. 그의 공식 직함이 모든 것을 말해주고 있었다. 미국 최고조달책임자(US chief acquisition officer).

이 직책을 맡으려면 상원의 인준을 받아야 했다. 2014년 7월 24일, 앤 렁은 상원의 '국토안보 및 정부 사안 위원회'에 출석했다. 아버지, 어머니, 사촌, 83세인 사촌의 어머니, 남동생 부부, 그들의 두 자녀 등이 테네시주에서 밤 버스로 아홉 시간을 달려 인사 청문회에 참석했다. 앤 렁은 상원 의원들에게 "교사, 전직 군인, 정부 경력직 공직자, 영세 자영업자인 나의 가족과 친지는 청렴하고 공공서비스에 헌신적이고 열심히 일하는 것의 가치를 알고 그에 따라 살아가는 사람들"이라며 "나 역시 항상 그와 같이 일하려고 노력해왔다"고 말했다. 또한 앤 렁은 자신이 "정부가 봉사의 대상인 국민을 위해 일을 더 잘하게 만들 방법에 대해 특히 많은 고민을 하고 있다"고 말했다.

앤 렁은 인준되었고 일에 착수했다. 렁은 조달의 '새 패러다임'을 촉구하는 메모를 돌렸다. 또 20명의 전문가로 구성된 조달 '긴급대응팀'을 꾸렸다고 기자들에게 말했다. 한 기자의 묘사에 따르면, 이들은 "각 정부 기관의 젊고 똑똑한 계약 담당 공무원들로, 6개월의 훈련을 받고 자신의 기관으로 돌아가면 시장을 더 잘 꿰고 있는 상태에서 더 명료하게 연방 조달 제안서를 작성할 수 있게 될 것"이었다.

앤 렁은 구매 담당자들에게 혁신을 촉구했고, 공급업체들과 좋은 관계를 일구고 옛 방식에 얽매이지 말라고 촉구했다. "규칙을 어기지 마십시오. 하지만 책임 있는 위험을 감수하십시오."[3]

2년 뒤인 2016년 9월에 앤 렁은 승리를 선언했다. 그는 메모에서 득의 양양하게 이렇게 밝혔다. "개혁을 통해 정부는 20억 달러를 절약할 수 있었다." 그해 말이면 정부가 컴퓨터에 지출하는 연간 10억 달러의 구매 중 절반 가까이가 이제 세 개의 범정부 계약을 통해 이뤄질 예정이었다. [디지털 IT 분야의] 첫 '정예 부대' 팀이 졸업을 해서 IT 구매 전문가들이 각 기관에 파견되었다. "나는 개인적으로 이 일을 자랑스럽게 생각하며 우리는 속도를 늦추지 않고 있다."[4]

이 메모를 보면 앤 렁이 앞으로도 이 일에 매진하고자 했으리라 예상하기 쉬울 것이다. 하지만 2주 전에 앤 렁은 정부와 워싱턴을 떠날 것이라고 밝힌 상태였다.

앤 렁은 시애틀로 가서 '아마존 비즈니스'에 합류할 참이었다. 2015년에 아마존에 신설된 부문으로, 다른 기관이나 사업체에 물품을 판매하는 일을 담당하는 곳이었다. 앤 렁은 그중에서도 정부 대상 판매를 담당하는 '공공부문' 영업을 이끌 예정이었다.

다시 말하면, 연방 정부에서 4,500억 달러어치의 조달을 관장하던 사람이 그 연방 정부 조달 시장에서 더 큰 몫을 차지하기 위해 작정하고 나선 기업에 합류한 것이다.

샌디 그로딘이 속았나 싶은 생각이 들기까지는 오래 걸리지 않았다. 하비 조지프가 매출을 기록으로 거의 남기지 않았기 때문에 샌디는 스터기스의 연매출이 약 200만 달러라는 그의 말을 그냥 믿었고, 그 정도면 100만 달러의 인수 비용이 충분히 타당하다고 생각했다. 그런데 막상 인수해서 운영해보니 매출이 그에 못 미치는 게 명백했다. 하지만 엎질러진 물이었고 지금 그가 할 수 있는 일은 최선을 다하는 것뿐이었다. 첫 번째 과제는 먼지투성이로 무질서하게 쌓여 있는 재고를 정리하는 것이 있다. 그는 스터기스의 몇몇 직원에게 주말에 창고에서 함께 일을 좀 하자고 했다.

그들은 통로마다 돌아다니면서 물품을 하나하나 확인했다. 샌디가 물품마다 잘 팔리는 물품인지 아닌지 질문했다. 잘 팔리는 것은 녹색 점, 잘 안 팔리는 것은 빨간 점으로 표시하고 부품 번호와 제조사 번호를 기록했다. 빨간 점이 녹색 점보다 훨씬 많았다. 그 다음에 그로딘은 IBM에 전화해 재고, 유통, 재무 추적을 위한 소프트웨어를 주문했다.

스터기스는 디지털 시대에 진입했고 번성했다. 1994년이면 직원 40명과 연매출 1,200만 달러 규모로 성장해 있었다. 소규모의 사무용품 업체를 인수하는 데 관심이 많았던 U.S. 오피스프로덕츠라는 회사가 연락을 해왔을 때 그로딘은 대형 업체로 집중화되는 추세에 맞설 수 없다는 것을 깨달았다. 그는 스터기스를 U.S. 오피스프로덕츠에 매각했고 그 회사에서 계속 일하면서 작은 회사들에 매각 의사를 타진하러 다니는 일을 했다.

5년이 지나자 이제 이 일은 할 만큼 했다는 생각이 들었다. 돌아다니다 눈에 띈 기업에 다짜고짜 연락해 나한테 회사를 팔라고 말하는 사람인 그에게 대기업의 사절단 역할은 적성에 맞지 않았다. 1999년에 샌디 그로딘은 U.S. 오피스프로덕츠를 그만두고 새 개척지인 온라인에 도전하기로 했다. 닷컴 버블이 절정을 향해 가던 시기였고, 그는 꽃과 애완동물을 온라인으로 팔 수 있다면 종이와 프린터 카트리지도 팔 수 있을 거라고 생각했다. 그로딘은 댈러스에서 두 명의 기술자를 고용해 '쿨오피스서플라이닷컴'(coolofficesupplies.com)이라는 웹사이트와 소프트웨어를 만들었다. 그는 자신이 취급하는 물건의 품목 번호와 대형 매장의 품목 번호를 대조해서 일치시킨 뒤, 대형 매장에서 판매하는 가격보다 약간 낮은 가격을 설정했다. 고객이 그의 웹사이트에 들어와서 수백 개의 일반 소모품 중 필요한 것을 검색하면 대형 매장에서 파는 가격과 쿨오피스서플라이에서 제공하는 할인 가격이 함께 나타났다. 고객이 이 홈페이지에서 쿨오피스서플라이 제품을 선택하면 그로딘에게 물품을 대는 도매업체 S.P. 리처즈로 곧바로 주문이 들어가게 되어 있었다.

동아시아, 호주, 모스크바 주재 미국 대사관 등 뜻밖의 곳들에서 주문이 들어오기 시작했다. 자주 구매하는 고객은 (고객이 선택한 대로) 잘생긴 남성이나 아름다운 여성이 나타나 친근하게 이름을 부르면서 반겨주었고, 500번째 구매를 하면 1-800-FLOWERS로 자동 주문이 들어가 감사 인사와 화환이 배달되었다. 그로딘은 "매우 정교한 웹사이트였다"고 말했다. 이 회사는 첫 해에 100만 달러의 매출을 올렸다. 그로딘은 전략적으로 핵심 제품은 마진이 거의 남지 않을 정도로 할인해 판매하고 나머지 제품에는 충분한 마진을 두어 판매했다. "핵심은, 사람들에게 이곳이 사무용품을 저렴한 가격에 판매하는 곳이라는 인식을 심어주는 것이었습니다."

이 사업의 호시절은 인터넷 버블이 터지면서 꺼진 게 아니라 1998년에 구글이 설립되어 급속히 성장하면서 꺼졌다. 불과 한두 해 사이에 구글은 온라인 검색 시장을 장악했다. 살아남기 위해 그로딘은 구글 광고를 통해 들어오는 모든 고객에 대해 구글에 일정 금액을 지불하는 '클릭당 수수료 지불 계약'을 해야 했다. "그들이 이 공간을 소유하기 시작했고 나는 방법이 없었습니다. 그들을 따라잡을 수 있을 만한 자본이 없었으니까요."

2001년에 그는 쿨오피스서플라이닷컴을 폐쇄하고 오프라인으로 돌아왔다. U.S. 오피스프로덕츠와의 경업금지 기간이 끝나서 다시 이 분야에서 일할 수 있었다. 9·11일 테러가 발생한 지 2주 후인 그해 가을, 그는 도시 동쪽 끝의 경공업 단지에 있는 밋밋한 건물에 '엘파소 오피스프로덕츠'를 창업했다.

그는 맨 처음부터 다시 시작한다는 마음으로 임했다. 옛 스터기스 시절 고객들과 접촉하고 10여 명의 예전 직원도 고용했다. 2017년까지 이 회사는 400만 달러 이상의 매출을 올리는 곳으로 성장했고, 매출의 절반 이상이 지역 교육구와 그의 모교인 텍사스 주립대 엘파소 캠퍼스 등 교육 당국에서 발생했다. 그는 카나리아색 2008년식 쉐보레 콜벳을 샀고, 다시 한번 그 옛날 인수할 만한 사업체를 물색하러 돌아다니기 시작했을 때 꿈꾸었던 성공한 로컬 기업 CEO가 되었다.

그러던 어느 날, 가장 큰 고객 중 하나인 엘파소 독립교육구에서 구매처를 아마존으로 옮기게 될지도 모르겠다는 이야기를 들었다. 비슷한 시기에 아마존이 제3자 업체들의 판매 플랫폼인 '아마존 마켓플레이스'에 입점하라며 그에게 접근해왔다. 아마존에 입점하면 예전 고객인 엘파소 교육구에도 (아마존 마켓플레이스 상에서) 여전히 판매할 수 있을 뿐더러 아마존을 찾는 다른 모든 고객에게 제품을 판매할 기회도 열릴 수 있다고 했다. 완전히 새로운 고객들의 우주가 열린다는 것이었다.

하지만 한 가지 문제가 있었으니, 아마존 마켓플레이스에서 이뤄지는 모든 매출에 대해 아마존에 15퍼센트의 수수료를 내야 했다. 이제까지 직접 거래했던 엘파소 교육구에 판매하는 것에 대해서도 말이다.

아마존은 세부적인 계약 조건을 정리하기 위해 그로딘과 다시 통화하기로 약속을 잡았다. 연락을 해온 아마존 사람은 그로딘과 30분 정도 이야기할 수 있다고 했다. 목소리가 아주 젊어 보였다.

그로딘은 아마존 사람과 계속 통화를 하면서, 구매 담당 이사인 하이디 실바에게 가장 흔한 일반 소모품 중 하나인 '에이버리5160 주소라벨'을 아마존에서 검색해보라고 했다. 상자당 15.25달러로, 그로딘이 도매상에 지불하는 18달러보다 훨씬 낮았다. 어안이 벙벙해진 그로딘은 하이디에게 에이버리에 전화해서 아마존 가격으로 제품을 달라고 요청해보라고 했다. 하이디의 전화를 받은 에이버리 사람은 영문을 몰라 하더니, 잠시 후에 다시 전화해서 아마존에 올라와 있는 제품은 위조품이라고 했다.

그러는 동안 그로딘과 통화하고 있던 아마존 사람은 그로딘에게 질문이 있느냐고 물었다. 그로딘은 아마존에 입점하면 어떤지 평을 좀 들어볼 수 있게 마켓플레이스에 이미 입점해 있는 다른 사업체를 소개해달라고 했다. 그러자 아마존 사람은 마켓플레이스 회원사가 어디인지는 아마존이 소유한 내부 정보이자 기밀 정보여서 알려줄 수 없다고 했다.

그로딘은 아마존 웹사이트에서 팔리고 있는 위조품에 대해 질문했다. 아마존 사람은 무슨 말이냐고 되물었다. 그로딘은 아마존 사이트에서 어떤 물건이 일반적인 가격보다 훨씬 싸게 팔리고 있는 것을 발견해서 제조사에 확인해보니 아마존에 올라와 있는 것이 위조품이었다고 말했다. 당황한 아마존 사람은 그 물건이 무엇이냐고 물었다. 그로딘은 "우리가 소유한 내부 정보이자 기밀 정보"여서 알려줄 수 없다고 얼버무렸다.

아마존과의 통화는 이렇게 끝났다. 그로딘은 하이디 실바에게 엘파소 독립교육구가 이제까지 주문한 사무용품 상위 20개 품목에 대해 1주일간 아마존 가격을 시간별로 추적해 스프레드시트로 정리하라고 지시했다. 1주일 뒤에 그 결과를 보고 그로딘은 깜짝 놀랐다. 시간마다 가격대가 크게 변동하고 있었다.

그는 교육구 측에 회의를 요청했다. 한 시간 동안 만나기로 약속을 잡았지만 4시간 넘게 머물면서 스프레드시트를 보여주고 15퍼센트 수수료에 대해서도 설명했다. 또 거의 아무에게도 보여준 적이 없는 2016년 손익계산서를 보여주었다. "여기에 저희의 매상이 있습니다. 이것이 저희의 판매 비용이고요, 이것이 제가 할인을 받아 비용을 줄일 수 있었던 부분 전부입니다. 운이 좋아서 저희는 2퍼센트포인트 정도를 얻을 수 있었습니다. 그런데 지출 항목에서 15퍼센트를 제하게 되면…." 그는 교육구 사람들이 내용을 파악할 시간을 주기 위해 잠시 뜸을 들인 후, 이어서 말했다. "그러면 저희는 사업을 유지할 수 없게 됩니다."

그는 자신의 설명이 설득력 있었으리라는 것은 알았지만 그 다음에 일어난 일은 조금 의외였다. 탁자 반대편에 앉아 있던 교육구 구매과장이 자리에서 일어나 그가 있는 쪽으로 와서 악수를 청하면서 이렇게 투명하게 알려주어서 정말 고맙다고 했다.

"이제 잘 알겠습니다." 교육구 구매과장은 아마존과의 거래는 조심스럽게 결정해야 할 것 같고 로컬 업체에서 구매할 수 없는 물품만 아마존을 이용하는 것이 좋겠다고 상사에게 보고하겠다고 했다.

그로던은 시간을 너무 많이 빼앗아 미안하다고 말했다.

그러자 교육구 사람들은 고개를 저으며 말했다. "아니에요, 저희에게 꼭 필요한 말씀을 해주신 거예요."

앤렁은 '아마존 비즈니스'에서 공공부문 영업을 맡자마자 곧바로 공격적인 마케팅에 나섰다. 2016년 가을에 버지니아주 북부에서 두 번째로 큰, 학생 9만 명의 프린스윌리엄 카운티 공립학교 위원회가 사무용품 구매를 위해 공급업체들에 입찰 요청 공문을 발송했다. 그런데 이 입찰 요청 공문은 프린스윌리엄 카운티의 구매만을 위한 것이 아니었다. 이것은 5만 5,000곳의 교육구, 경찰서, 기타 지방 정부 기관들이 포함된 전국적인 공공조달 네트워크의 일부로서 이뤄지는 입찰이었다. 이 네트워크는 'US 커뮤니티스'라고 불리는 비영리 회사가 운영하고 있었다. 수년 동안 이 회사는 소속된 정부 기관들이 대량구매 할인 등 유리한 조건을 제시하는 공급업체와 거래를 체결할 수 있도록 협상을 담당했다.

프린스윌리엄 카운티가 이번에 입찰 요청 공문을 낸 계약은 11년에 걸쳐 총 55억 달러로 추산되는 규모의 계약이었다. 하지만 이 입찰 요청 공문이 특정한 회사를 염두에 두고 작성된 것이 너무 뻔했기 때문에 입찰하는 곳이 거의 없었다. 이 입찰 요청 공문은 6년 전에 나왔던 공문과 희한하게 차이가 있었다. 그때는 지역의 독립 사무용품 업체들이 모여 구성한 협동조합이 계약을 따냈다. 그런데 이번의 입찰 요청 공문에는 사무용품뿐 아니라 가정용품, 주방용품, 식료품, 책, 악기, 시청각 장비 및 기타 전자 장비, 과학 장비, 의류, 심지어 반려동물 용품과 사료까지, 포괄적인 '제품 및 서비스 구매를 위한 온라인 마켓플레이스'를 제공할 수 있는 업체를 구한다고 되어 있었다. 사무용품 업체 중에 이렇게 광범위한 물품을 제공할 수 있는 곳은 없었다. 지난번에 계약을 따냈던 협동조합은 이번에는 입찰조차 하지 않았다.[5]

가장 놀랍게도, 이 입찰 요청 공문은 예비 입찰자들에게 고정된 가격을 명시한 견적을 제시하라고 요청하지 않았다. 공문의 '가격 지침' 난에는 "각 입찰자의 마켓플레이스 모델이 채택하고 있는 가격 설정 방식을 제시하라"고만 되어 있었다. 다시 말하면, 수많은 교육구와 그 밖의 공공기관들이 모인 네트워크가 가질 수 있는 대량 구매자로서의 이점을 활용해 충분히 요구할 수 있는 대량구매 할인을 요구하지 않고 있었다.

연필부터 동물 사료까지 상상할 수 있는 모든 물품을 제공하면서 고정 가격이 아니라 변동 가격 중심으로 비즈니스 모델을 구축한 회사가 하나 있었다. 게다가 이 회사는 자사가 제공하는 것이 [입찰 요청 공문에 등장하는 표현대로] '마켓플레이스'라고 밝히고 있었다. 어리둥절해진 한 업체가 프린스윌리엄 카운티에 이렇게 문의했다. "나중에라도 이 모든 물품을 올릴 수 있는 플랫폼만 있으면 된다는 이야기입니까, 아니면 … 그러니까, 아마존 같은 회사를 찾고 계신 겁니까?"[6]

입찰 요청 공문에 명시된 요구 사항을 그나마 맞추어 제안서를 제출한 곳은 다섯 곳뿐이었다. 네 곳은 100점 만점에 2.5~36.7점을 받았다.

그리고 아마존의 제안서는 91.3점을 받았다. 2017년 1월에 아마존이 이 계약을 따냈다. 아마존은 최종적으로 계약에 서명하기 전에 몇 가지 굵직한 수정사항도 관철했다. 이 수정사항에 따르면 교육구와 공공기관들은 이 계약과 관련해 정보공개 청구가 들어올 경우 이를 아마존에 알려야 했다. 아마존이 정보공개를 최대한 차단할 기회를 가질 수 있기 위해서였다. 아마존이 물류창고의 입지와 관련해 지방 정부와 조세 혜택을 협상하면서 비밀유지를 요구했던 것을 연상시킨다. 정부가 공공자금을 지출해서 진행하는 일에 대해 아마존이 노골적으로 투명성을 거부하겠다고 주장한 셈이다.

이 계약서를 손에 들고서, 이제 아마존은 교육구와 지방 정부들에 접근해 모든 물품을 아마존에서 구매하라고 설득하기 시작했다.[7] 논리는 간단했다. 이미 이렇게 많은 정부 구매 담당자가 로컬 업체 대신 아마존을 이용하고 있는데, 아마존을 아예 공식 공급업체로 삼지 않을 이유가 무엇인가? 그렇게 하면 구매 담당자들이 계약 외에 누수되는 지출이 너무 많은 것에 대해 전전긍긍하지 않을 수 있을 것이다. 아마존과 구매 계약을 하면 다 좋을 것이다.

지역 정부의 구매 담당자들이 로컬 업체와 해오던 계약을 저버리기 어려워하는 경우, 아마존은 아마존 마켓플레이스로 옮겨도 계속해서 로컬 업체와 계약을 이어갈 수 있다고 설득할 수 있었다. 단지 그 계약을 아마존 마켓플레이스 상에서 하기만 하면 된다고 말이다.

아마존이 이야기하지 않은 것은, 아마존 마켓플레이스 상에서 로컬 업체와 거래를 하면 그 사업체가 매출의 15퍼센트를 아마존에 내야 한다는 것이었다. 지역공동체를 거대 기업의 지배력에서 보호하기 위해 연구 및 제도 개선 활동을 벌이는 '지역자립연구소'(Institute for Local Self-Reliance)의 보고서에 따르면, "아마존의 이와 같은 전략은 이 회사가 소비재 분야에서 이미 사용하고 있는 접근 방식을 [공공 부문에도] 적용한" 것이었다. "아마존은 공공기관에 물품을 판매하는 하나의 공급업체이기만 한 것이 아니라 다른 모든 경쟁업체들도 구매자에게 접근하려면 반드시 거쳐야 하는 플랫폼이기까지 하다. 아마존이 제3자 판매자에게 부과하는 수수료는 그 업체들의 매출에 대해 민간 기업이 조세를 징수하는 것이나 마찬가지다."[8]

아마존이 테레사 간다라에게 끈질기게 입점을 제안해오자 식구들 사이에서 논쟁이 벌어졌다. 대학에서 경영학을 전공하고 돌아온 딸 크리스티나는 15퍼센트를 뗀다는 이야기를 듣자 아마존 입점에 대해 경계하는 태도를 보였다. "12~18퍼센트라고요? 그건 우리 수익인데요! 지불할 수 없어요. 그 사람들을 위한 사업을 하면서 그 사람들에게 돈을 지불하는 꼴이 된다고요."

하지만 아들 카를로스 주니어는 시도해보자고 했다. "무언가라도 있어서 1퍼센트라도 얻느냐 아무것도 없어서 0퍼센트를 얻느냐 아닌가요?" 사실 펜슬컵은 공공부문 고객, 특히 엘파소 시 정부로부터 얻는 매출이 꾸준히 감소하고 있었다. 직원도 10명으로 줄여야 했다. 배경에 아마존이 있다는 의구심이 들지 않을 수 없었지만, 이길 수 없다면 같은 편이 되어야 하지 않겠느냐는 것이 카를로스의 생각이었다.

이마존은 이메일과 전화로 계속해서 연락을 해왔다. 요지는, "당신들은 우리에게 올 수밖에 없다"였다. 간다라가 정말로 15퍼센트를 떼느냐고 물었더니 아마존은 "네, 다른 곳들이 그 정도 냅니다"라고 대답했다. 간다라가 "하지만 그건 우리 수익인데요?"라고 말하자, 아마존은 원하지 않는다면 아무도 강요하지는 않는다고 했다. "아무도 억지로 들어오라고 강요하지는 않아요."

2018년에 테레사가 사무용품 도매업체 S.P. 리처즈가 개최하는 연례 무역박람회에 참석하러 샌안토니오에 갔을 때도 식구들은 아직 결정을 못 내린 상태였다. 박람회장에서 테레사는 이 주제에 대한 흥미로운 세션을 하나 발견했다. 제목은 '아마존, 보이지 않는 경쟁자: 당신의 사업은 계획이 있습니까?'였다. 테레사는 들어가 보기로 했다. 그 세션이 열리는 방은 좌석이 없고 모두 서서 참여해야 하는 공간이었다.

세션이 시작되었는데도 무대가 여전히 비어 있었다. 그러다 갑자기 한 남자가 무역박람회의 일반적인 세션 진행자와는 매우 다른 모습으로 등장했다. 얼굴은 에이스 붕대로 감겨 있었고 그 위에 선글라스와 검정 중절모를 쓰고 있었다. H. G. 웰스의 투명인간이었다. 그는 무대 위를 왔다 갔다 하며 청중에게 100달러짜리 가짜 지폐를 뿌렸다.

이 사람은 왕년에 볼펜을 팔러 영업을 다녔던 마이크 터커였다.

그는 군 기지를 돌아다니며 유니볼 볼펜 영업을 하던 단단한 체구의 대학 야구선수 출신 세일즈맨 시절에서부터 먼 여정을 거쳐왔다. 그리고 '독립 사무용품 및 사무가구 딜러 협회'를 이끌면서 점점 더 급진적이 되었다. 협회가 맞서고 있는 상대가 상대이다 보니, 그럴 수밖에 없었다.

앤 렁이 아마존으로 이직하고 1년 뒤인 2017년 말에 국방부의 상용품 조달업체를 '온라인 마켓플레이스'로 전환한다는 내용이 하원에서 발의된

2018 회계연도 국방수권법[안보, 국방정책, 국방예산 및 지출 등을 포괄적으로 규정하는 법으로 매년 제정한다] 법안에 슬그머니 포함되었다. 또한 이 법안은 범정부적으로도 이러한 마켓플레이스를 사용할 수 있게 했는데, 그러면 상용품 구매와 관련된 500억 달러어치 규모의 거래가 이쪽으로 옮겨올 수 있었다.[9]

이 법안은 마켓플레이스의 지배력이 확대되면 손실을 입게 될 곳들에 큰 경종을 울렸다. 터커가 이끄는 협회의 회원사들뿐 아니라 오랫동안 연방 정부가 구매를 일부 보장해주었던 장애인 고용 업체들도 마찬가지였다. 이 법안은 일단 보류되었다. 그리고 앤 렁이 2017년 9월에 시애틀에서 조달청 고위 관계자와 온라인 포털로 정부 조달을 전환하는 문제를 논의하는 모임을 주선했다는 사실이 나중에 밝혀졌다.[10] 이때는 전직 정부 관료가 자신이 했던 업무와 관련해 예전 직장동료들에게 로비를 할 수 없게 한 1년간의 '쿨링오프'(cooling off) 기간에 해당하는 때였다.

이러한 일들을 보면서 마이크 터커는 통상적인 밋밋함을 벗어난 방식으로 확실하게 경종을 울려야 할 때라고 판단했다. 박람회의 세션에서 그는 청중에게 먼저 만평 하나를 보여주었다. 한 남자가 안락의자에 앉아서 아마존이 홀푸드를 인수한다는 신문 기사를 읽고 있고, 장을 보고 돌아온 아내가 이렇게 이야기하고 있었다. "바비는 아마존비[아베크롬비의 패러디]에서 셔츠를 샀고 나는 아마존 시크릿[빅토리아 시크릿의 패러디]에서 잠옷을 샀어. 우리는 맥아마존[맥도날드의 패러디]에서 점심을 먹고 라이트 에이다마존[라이트 에이드 약국체인의 패러디]에서 당신 처방약을 받아왔어."

이어서 터커는 아마존의 수익 그래프를 보여주었다. 초기 몇 년 동안은 거의 수평이다가, 2007년 200억 달러 미만에서 2017년 1,800억 달러로

10년 사이에 크게 치솟아 있었다. 터커는 고객 서비스와 프라임 배송을 이용해 온라인 트래픽을 늘리고, 다시 그 높은 트래픽으로 제3자 업체들이 마켓플레이스에 더 많이 입점하도록 해 품목 수를 늘리면서 웹사이트의 비용 구조를 낮춰 판매를 한층 더 증가시키고, 이를 통해 다시 한층 더 많은 제3자 업체들을 끌어오는, 아마존의 유명한 '플라이휠'(flywheel) 전략을 설명했다.[11] 그는 지역자립연구소의 자료를 여럿 인용해서, 제3자 판매자들의 전문 지식과 그들의 거래에서 생성되는 데이터를 활용해 어떤 제품이 잘 팔리는지 지켜본 뒤 복제품을 만들어 판매하는 아마존의 전략도 설명했다. 기저귀, 배터리, 비타민보충제, 쓰레기봉투, 니코틴 껌, 미드센추리 모던풍 의자, 젤 깔창 등 어떤 제품에서라도 이런 일이 가능했다.

터커는 아마존이 시장 지배력을 극대화하기 위해 소매업체이자 동시에 포털업체로서 기능하고 있다고 말했다. 아마존은 [사실상 포털 기능을 하는] 자사 웹사이트에서 자사에 유리한 제품을 베스트셀러로 선정하고 그것을 타사 제품들보다 앞세워 홍보한다. 그래서 경쟁사들은 인기 품목이 아닌 물건들을 팔게 된다. 그러는 내내, 아마존은 타사의 매출에서 수수료도 뽑아낸다. 자사 브랜드로 판매하는 복제품들은 큰 매출을 올리지 않더라도 경쟁사를 몰아낼 수 있다. 아마존이 복제품에 공격적으로 낮은 가격을 매기기 때문에 경쟁사도 불합리하게 낮은 가격을 책정할 수밖에 없는 것이다. 그러면 경쟁사의 매출도 증가할지는 모르지만 아마존에 내야 하는 수수료 역시 증가하며, 정작 그 업체는 수익을 거의 내지 못하게 된다.

아마존은 제3자 판매자가 고객과 관계를 쌓아가는 것을 차단하며 다른 웹사이트에서 더 낮은 가격으로 판매하는 것도 사실상 어렵게 만든다.[12] 마켓플레이스 입점 업체의 약관과 수수료는 예고 없이 변경될 수 있다. 많은 업체들이 기본 수수료, 풀필먼트 수수료, 사이트 내 광고료, 계정

관리 서비스료 등을 합하면 매출 1달러당 30센트 이상을 아마존에 낸다.[13] 이 중 일부는 필수 사항이 아니라 선택 사항이지만 판매자들이 실제로 거부하기는 어렵다. (한편, 아마존의 광고 수입은 2018년에 100억 달러로 뛰어서 온라인 광고 영역을 지배해온 페이스북과 구글의 갑작스러운 경쟁자가 되었다.) [2018년 모건스탠리의 추산에 따르면] 아마존은 제3자 판매 분야에서 20퍼센트의 수익률을 기록했는데, 일반적인 소매 판매 분야에서 올린 수익률(5퍼센트)보다 훨씬 높은 것이었다.[14] 2013년 1년 동안에만 아마존 물류센터를 통해 제품을 판매하는 제3자 업체의 수가 70퍼센트 가까이 증가했다.[15] 2017년에는 제3자 판매 매출이 320억 달러에 달했으며, 이는 거대 소매유통기업 '타깃'의 연매출의 절반에 해당했다.[16] 2018년 아마존의 제3자 판매수수료 수입은 427억 달러로, 아마존 전체 수입의 5분의 1에 달했고 제3자 매출은 아마존에서 판매되는 모든 상품 매출 중 거의 60퍼센트를 차지했다.

터커는 아마존이 창출한 일자리보다 독립 상점에서 없앤 일자리가 두 배 더 많다고 말했다. 2014년에 아마존은 일리노이주에서 20억 달러, 미주리주에서는 10억 달러어치의 상품을 판매했지만 두 주에서 한 명도 고용하지 않았다. (오늘날 미국 전체 소매매출의 4분의 1만 독립 상점에서 발생하는데[17] 1980년대의 50퍼센트 수준에서 크게 줄어든 것이다.) 그렇게 많은 로컬 업체들을 몰아냄으로써 아마존은 지방 정부와 주 정부의 세수 기반을 없앴고, 그런데도 물류센터 입지 협상 과정에서는 막대한 조세 혜택까지 받아냈다. 아마존의 장악력 확대는 무형의 비용도 발생시킨다. 거리에서의 활동, 시민적 참여, 사회적 자본이 줄어드는 것이다. 마이크 터커는 그의 말에 열렬히 동의하는 청중에게 이렇게 말했다. "우리는 단지 소비자가 아닙니다. 우리는 이웃이고 노동자이고 생산자이고 납세자이고 시민입니다.

단지 원클릭 결제를 넘어서는 욕구와 욕망을 가진 존재입니다."

터커는, 문제는 이러한 비용이 일반 대중에게는 잘 체감되지 못한다는 점이라고 말했다. "아마존이 일으키는 종류의 피해는 소비자가 실시간으로 감지하는 것이 거의 불가능합니다. 아마존은 너무나 소비자 친화적으로 보여서 독점 기업이라고 여겨지지 않습니다. 어떤 구체적인 장소에도 명확하게 존재하지 않는다는 점은 아마존의 비가시성을 더욱 높이며 이는 아마존에 맞서 싸우는 것을 더 어렵게 만듭니다."

터커는 그의 협회가 전국 차원에서는 최선을 다해 저항했다고 말했다. 그러나 가장 중요한 곳인 각자의 마을과 도시에서 저항하는 것은 여기 모인 업체들의 몫이라고 당부했다. 터커는 각자 자신의 지역으로 돌아가서 지역 정부의 선출직 공직자들에게 변동 가격 모델이 지역 당국의 돈을 어떻게 뽑아가고 있는지 보여주고 지역 당국의 세수 기반이 로컬 업체들의 번영에 얼마나 크게 의존하는지를 상기시켜줌으로써 'US 커뮤니티스'를 통한 계약을 거부하게 만들라고 촉구했다. 터커는 여기 모인 이들이 "보이지 않는 것을 보이게 해야 한다"고 강조했다.

이어서 터커는 성공적인 저항 사례를 이야기해줄 한 독립 사무용품 판매업자에게 마이크를 넘겼다. 텍사스주 엘파소의 샌디 그로딘이었다.

역시 엘파소 사람인 테레사 간다라는 전의에 불타서 회의장을 나섰다. 아마존이 끈질기게 입점을 권하는 것에 대해 불확실했던 점들이 모두 사라졌다. 테레사는 국경을 넘어오는 이주자를 위해 자신의 식품점에 세탁기와 샤워기를 설치했던 아버지가 즐겨 하시던 말을 떠올렸다. "남들이 너를 이용하게 두지 말아야 한다. 그렇게 두면 너는 호구가 되어도 마땅한 사람이 되는 거란다."

테레사는 터커의 명령을 수행할 태세가 되어서 집으로 돌아왔다. 가장 먼저 가야 할 곳은 시청이었다. 테레사는 다른 사람들이 얼마나 더 일찍 여기에 왔었는지는 알지 못하고 있었다.

매년 엘파소 시 정부는 공급업체들을 위해 컨벤션 센터에서 엑스포를 개최한다. 유대의 제스처이자 지역경제 발전을 위한 수단이기도 하다. 대부분의 공급업체는 소규모의 로컬 업체라서 새 고객을 찾는 법과 계약하는 법을 배우고 네트워크를 일굴 수 있는 자리가 있으면 큰 도움이 된다.

앤 렁이 정부를 떠나고 1년 뒤인 2017년 가을, 엘파소 시의 엑스포에 참여를 원하는 회사가 하나 더 있었다. 시의 구매 담당자 브루스 콜린스는 시청 동료들에게 다음과 같은 소식을 이메일로 알렸다. "아마존의 중소기업 영업개발부가 우리의 2017년 엑스포에서 발표하기로 했습니다. 아마존과 어떻게 협업을 할 수 있는지에 대해 정보를 제공하고 아마존 및 아마존 파트너들과 함께 비즈니스를 하는 방법에 대해 조언해준다고 합니다." 아마존 부스도 별도로 마련될 예정이었다.

"정보 공유 감사합니다." 엘파소 시 관리인[city manager, 임명직 시장에 해당하며, 시에 따라서는 선출직이 아닌 임명직이 시 행정을 담당한다] 토미 곤살레스가 이렇게 답신했다. "매우 좋은 타이밍이네요!" 엘파소는 아마존을 시의 공식 공급업체로 지정하기 위한 과정을 밟고 있었는데, 엑스포에 아마존이 참여한다면 논란이 일고 있던 이 과정에 대해 호의적인 여론을 이끌어낼 수 있을 터였다.

이듬해인 2018년에 아마존은 수위를 한 단계 더 높이기로 했다. 아마존은 엑스포에서 긴 세션 하나를 통째로 배정받기를 원했다. 엘파소의 중소기업들이 아마존 마켓플레이스에 입점하도록 홍보하기 위해서였다. 6월에 아마존의 '정부 마켓플레이스 책임자' 대니얼 리가 콜린스 등 엘파소 시 당국자들에게 이메일을 보내서 참가할 법한 업체들의 목록을 보내달라고 요청하면서 아마존 세션에 기업들의 참여를 독려할 때 쓸 홍보 문구를 다음과 같이 제안했다.[18]

> 엘파소/아마존 행사의 목적은 엘파소에 기반을 둔 로컬 기업 여러분께 아마존 비즈니스를 통해 판매할 수 있는 기회를 알려드리고 정부가 구매 지출을 할 때 그 돈이 로컬 기업 쪽으로 가게 할 수 있는 방법을 알려드리는 것입니다. 아마존 비즈니스 마켓플레이스를 활용하면 [정부는] 로컬 구매의 기회를 가질 수 있고 로컬 기업들은 더 많이 성장하고 더 많은 고객에게 접할 기회를 가질 수 있을 것입니다.

놀랍도록 뻔뻔한 문구였다. 아마존은 지역 정부와 지역 기업들 사이의 연결을 끊으려 애쓰는 기업인데, 이제 지역 기업을 활성화하는 방법이라며 자신의 사업에 참여하라고 홍보하는 행사를 열려 하고 있었다.

2개월 뒤인 8월 말에 엑스포 관련 세부사항을 확정하기 위해 아마존 비즈니스에서 정부 영업을 총괄하는 마리오 마린이 엘파소 시에 연락을 해왔다. 마린은 7년 동안 로스앤젤레스 시 정부에서 일한 적이 있었다. 그는 예전에 내슈빌에서 열린 '전국 정부조달 연구소' 컨퍼런스에서 브루스 콜린스를 만난 적이 있었다. 마린은 콜린스에게 이메일로 엘파소에서 열릴 아마존 포럼과 관련해 논의할 사항을 곧 보내겠다고 이메일로 알렸다. "일전에 대화 나누게 되어 반가웠습니다. 앞으로 함께 일해 나갈 방식에 대해서도 고대가 됩니다."

그리고 그날 늦게 마린은 논의할 사항을 이메일로 보냈다. 아마존이 그날 행사가 어떻게 진행되기를 원하는지가 3페이지짜리 큐시트로 작성되어 있었다. 아마존은 "최소 100곳 이상의 기업이 참석"하기를 원했고 콜린스가 "대상 기업 목록"을 사전에 보내주기를 원했다. 또 아마존에 2시간 반을 확보해주고 "테이블 하나에 사람들이 몰려 병목 현상이 생기지 않도록 아마존 비즈니스 세션에 여러 개의 테이블을 놓아 달라"고 했다. 또한 마린은 시작할 때 10분, 마무리할 때 10분을 콜린스가 쓸 수 있을 것이라며 "그 시간을 시 당국이 로컬 기업들을 지원하기 위해 얼마나 노력하고 있는지 재차 강조하는 데 사용할 수 있을 것"이라고 제안했다. 마린은 "우리의 목적은 참가한 모든 기업이 아마존 비즈니스와 일할 경우 무엇을 할 수 있고 무엇을 할 수 없는지를 알 수 있게 하는 것"이라며 "우리는 투명성의 가치를 믿으며 현재와 미래의 고객 모두가 그날 세션에서 긍정적인 경험을 하고 가실 수 있기를 바란다"고 덧붙였다.

며칠 뒤에 콜린스는 엘파소 시 당국이 아마존이 제시한 모든 조건을 받아들인다고 알리면서 마린에게 엘파소의 기업 목록뿐 아니라 국경 너머 멕시코에 있는 자매도시 시우다드 후아레스에서 관심을 보일 법한 기업 목록까지 보내주겠다고 했다.

또한 콜린스는 자신의 상사인 엘파소 시의 부관리인[부시장] 캐리 웨스틴에게 결재도 받았다. 전직 육군 대령인 웨스틴은 구체적인 행사 준비를 논의하기 위해 이메일로 시 직원들의 회의를 소집하면서 "여기에 굉장히 좋은 기회가 있다"고 언급했다.

엘파소의 기업인들에게 행사 소식이 알려지기 시작하면서 엑스포 이름도 새로이 불리게 되었다. 이제 이 행사는 '아마존 데이'였다.

테레사 간다라는 샌안토니오에서 큰 깨달음을 얻고 돌아오자마자 이 행사에 대해 알게 되었고 당장 콜린스와 면담 약속을 잡았다. 테레사는 콜린스와 늘 관계가 좋았다. 시청에서 콜린스를 만난 테레사는 샌안토니오에서 얻은 정보를 보여주면서 아마존이 로컬 업체와 지역 당국의 세수에 미치는 악영향을 설명했다.

콜린스는 당황하면서 조금 더 알아보겠다고 했다. 간다라는 알아보는 건 좋은데 알아보는 동안 어쨌든 '아마존 데이' 행사는 미뤄야 하지 않겠냐고 했다. 그러나 콜린스는 그건 자신이 내릴 수 있는 결정이 아니고 상사인 웨스틴이 결정할 문제라고 했다.

그래서 간다라는 퇴역 대령이자 엘파소 시의 부관리인인 웨스틴과 약속을 잡았고 '아마존 데이'를 취소해야 한다고 다시 주장하기 시작했다. 하지만 웨스틴은 간다라의 말을 금방 끊더니 미안하지만 엘파소 시 당국은 중소기업을 위한 "보호주의"에는 관심이 없으며 (훗날 그가 회상한 바에 따르면) "기업들이 우리 엑스포에 오는 것을 막지 않는다"고 말했다.

테레사 간다라는 무슨 말인지 알아들었다. "웨스틴 부관리인님, 제 말을 묵살하고 계시군요. 더 중요한 할 일이 있으시겠지요. 저도 그렇습니다."

테레사는 일어서서 자리를 떠났다.

'아마존 데이'를 하루 앞둔 저녁, '엘파소 컨벤션 및 공연예술센터'는 준비가 완료되었다. ABC방송의 이 지역 계열사인 KVIA 방송이 10시 뉴스에서 '미리 보는 코너'를 보도했을 정도로 큰 행사였다. 그런데 엑스포를 소개하기만 하는 보도가 아니었다.

앵커 에릭 엘켄이 말했다. "이 엑스포에서 열릴 예정인 한 세션에 대해 지역 사업자 한 명이 문제를 제기하고 있습니다. 초점은 아마존입니다. 문제를 제기하고 있는 로컬 사업주는 거대 소매업체 아마존이 로컬 기업들에게 위협이 되고 있다고 하는데요, ABC 7의 데니즈 올리바스 기자가 전해드립니다."

꽃무늬 블라우스를 입은 테레사 간다라가 올리바스와 함께 펜슬컵의 창고를 걸어가는 모습이 나왔다. "우리는 탄탄한 독립 사업체의 기반을 가지고 있다는 것이 매우 자랑스럽습니다." 이어서 테레사는 아마존이 입점을 권유하는 연락을 해왔을 때 처음에는 매우 관심이 동했지만 엄청난 수수료를 내야 한다는 이야기를 듣고 너무 놀랐다고 말했다.

올리바스가 마이크를 이어받아서 아마존이 최근에 수수료율을 높였고 하버드 경영대학원의 연구에 따르면 아마존이 제3자 판매제품 중 어떤 것이 잘 팔리는지 보고 나서 복제품을 만들어 원래 제품을 밀어내곤 한다고 보도했다.

다시 간다라가 화면에 나타났다. "이것은 우리 시 정부에서 지출되는, 그리고 세금으로 아마존에서 물품을 주문하는 모든 기관에서 지출되는 우리의 세금이 우리 지역경제에서 빠져나가는 것입니다. 이와 달리, 로컬 기업체에 지출하는 돈은 모두 지역에 머물면서 지역경제에서 적어도 열 번은 순환됩니다."

화면은 ABC 7의 스튜디오로 돌아왔고 정장을 입은 엘파소 시 조달국장 브루스 콜린스가 간다라의 말에 반박했다. "저는 이것이 좋은 파트너십이라고 생각합니다. 공급업체는 새 플랫폼으로 옮기지 않기로 하고 안 팔리는 재고를 그대로 두기로도 얼마든지 선택할 수 있습니다. 이것[새 플랫폼]은 우리가 이용할 수 있는 또 하나의 수단일 뿐입니다."

다시 테레사가 말했다. "아마존이 시 조달 플랫폼에 들어오는 것을 시 당국이 허용하기로 결정한다면, 이것은 엘파소 시가 내릴 수 있는 최악의 구매 결정이 되리라고 생각합니다."

콜린스가 다시 반박했다. "시 당국의 입장에서, 저희는 지역 업체들이 아마존 플랫폼에 반드시 가입해야 한다고 말하는 것이 아닙니다. 우리는 단지 여기에 또 하나의 도구가 있다고 말하는 것일 뿐입니다. 제 생각에 중요한 것은, 이것이 지역 기업들과 엘파소를 성장시키는 데 도움이 되는지 한 번 해보자는 것입니다. 그러고 나서 우리는 언제든 재검토를 할 수 있습니다."

마지막 발언은 다시 테레사의 차례였다. 목소리가 떨리고 있었다. "저는 머리부터 발끝까지 엘파소 사람입니다. 세금이 빠져나가고, 우리를 약화시키고, 그것에 대해 무언가를 할 수 있는데도 그 무언가가 이뤄지고 있지 않을 때는, 누군가가 그것을 해야만 합니다."

"안녕하세요, 엘파소 여러분!"

브루스 콜린스의 인사로 '2018 협업 구매 엑스포'가 시작되었다. 컨벤션 센터 홀에는 빈자리가 거의 없었다. 그러나 진짜 행사는 점심식사 후에 있을 예정이었다. 숱하게 이메일과 전화 통화를 거치며 계획되고 조율된 세션, 그리고 테레사 간다라가 평소답지 않게 공개적으로 반대하는 데 적극 나섰던 세션이 창문 없고 문은 하나뿐인 커다란 회의실에서 열릴 예정이었다.

아무나 들어올 수 있는 세션이 아니었고 사전에 등록이 되어 있어야 했다.[19] 수십 명이 기웃거렸지만 시간이 되자 그들을 내보내고 문을 닫았다. 아마존은 이 순간을 위해 비용을 아끼지 않았다. 이 자리에 아마존 사람 네 명이 참석했다. 그 중에 아마존 비즈니스의 정부 영업 책임자인 전 로스앤젤레스 시 정부 직원 마리오 마린, 이메일을 주고받은 사람들 리스트에 포함되어 있었던 아마존의 더 젊은 영업 담당자 대니얼 리, 그리고 아마존의 '지역 정부를 위한 글로벌 솔루션 리더'이자 6개월 전까지 시애틀이 속한 워싱턴주 킹 카운티의 조달 담당자였던 대니얼 힌즈가 있었다.

마린이 앞으로 나섰다. 키가 크고 잘생긴 외모를 한 데다 너무나 부드럽게 말해서 '지지자 모임' 세션인가 싶을 정도였다. "여러분은 아마존 비즈니스가 무엇인지 조금 더 알기 위해, 그리고 더 중요하게는 기업들이 어떻게 마켓플레이스를 이용해 아마존 플랫폼에서 판매를 하고 동시에 이를 통해 자신의 사업을 한층 더 육성할지 알기 위해 모이셨습니다."

마린은 설득에는 스토리가 필요하다는 것을 알고 있었다. 그는 아마존 비즈니스의 탄생 이야기로 시작했다. "언젠가부터 업무용 이메일 주소를 사용하는 고객들이 눈에 띄었습니다. 이들은 크리스마스를 위해 아이들 장난감을 사거나 학교 갈 때 입힐 옷을 사는 게 아니라 대용량 종이, 화장지, 사무용품 등을 구매하고 있었어요. 미국 전역에서 이런 일이 벌어지고 있었습니다. 그때 우리는 기업들도 닷컴 사이트를 활용해서 이득을 얻을 수 있다는 것을 알게 되었습니다. 우리는, 그렇다면 그들의 필요를 충족시키는 솔루션을 여기에 입히면 어떨까 하고 생각했지요. 일반 소비자가 구매하는 것과 정부가 구매하는 것이 다르고, 제너럴일렉트릭이 구매하는 것과 내 아들이 구매하는 것은 다르다는 것을 알고 있었으니까요." 그는 이 세션이 기업인 여러분들이 "아마존 비즈니스가 자신의 사업을 위해 무엇을 해줄 수 있는지 더 잘 알게 되도록" 돕는 "매력적인 열린 대화"가 될 것이라고 말했다.

그 다음에 일어난 일은 좀 이상했다. 이 엑스포는 시 당국자인 콜린스가 기획한 행사였고 시 당국의 공간에서 열렸는데도, 마치 아마존이 주최자인 것처럼 마린이 브루스 콜린스를 소개한 것이다. 콜린스는 앞에 나와서 참석자들에게 다른 이슈로 넘어가지 않게 미리 못 박아누는 이야기를 했다. "마리오 씨가 암시했듯이 이 포럼은 100퍼센트 아마존 플랫폼을 이해하는 데 할당된 포럼입니다. 아마존의 역사라든가 그밖에 마켓플레이스 이외의 것을 논의하기 위한 회의가 **아닙니다**. 우리는 이 회의의 목적과 취지를 존중하면서 진행할 것입니다."

이렇게 해서 논의 주제가 한정되었고, 마린이 다시 나와 부드럽게 말했다. "저희가 하려는 것은 연방, 주, 지역 당국과 비영리 기관들이 아마존 비즈니스를 활용해 시간과 비용을 절약하고 지역사회에서 중요한 것들에 집중하실 수 있게 돕는 것입니다. 이것이 바로 저희가 여기서 이루고자 하는 것입니다."

상세 내용은 마린의 후배인 리가 설명했다. 그는 파워포인트로 무장하고서 아마존의 "핵심 역량은 지구상에서 가장 고객 중심적인 회사라는 데 있다"며 그것의 "세 가지 기둥은 가격, 품목, 편의성"이라고 말했다. "여러분 모두 아마존에서 물건 사시나요? 아마존 마켓플레이스에서 '와, 이런 게 여기 있을 줄 몰랐어'라고 생각하신 적이 몇 번이나 있으신가요?" 알겠다는 듯한 웃음이 회의장을 가득 채웠다. 한 여성 참가자가 대답했다. "매번요!" 그러자 리는 "바로 그것이 우리가 원하는 것"이라고 응답했다.

그는 '플라이휠' 전략에 대해서도 설명했다. 편리함과 낮은 가격이 고객을 끌어들이고, 그것이 방문자 수를 높이고, 다시 그것이 판매자를 끌어들여 품목의 다양성을 높이고, 다시 그것이 방문자 수와 매출을 늘린다는 것이었다. 그는 화면에서 번쩍거리는 숫자를 보여주었다. 1년 전에 14만 개의 중소기업이 아마존 웹사이트에서 10만 달러 이상의 매출을 올렸다고 했다. "나쁘지 않지요? 추가적인 판매 채널로 가지고 있기에 꽤 좋은 채널이라고 말씀드릴 수 있겠습니다." 그는 쿨하게 겸손한 말로 자신의 순서를 맺었다.

바보가 아닌 다음에야 이 기회를 거절하지 말아야 한다는 것이 요지였다. 불과 3년 만에 아마존 비즈니스는 연매출이 제로에서 100억 달러로 성장했다. 리는 이렇게 말했다. "이 현상의 일부가 되어서 눈앞에서 이러한 성장을 지켜보는 것은 굉장한 일입니다." 그에 따르면, 현재 아마존 비즈니스는 미국의 가장 큰 대학과 교육위원회 80곳, 포춘 100대 기업 중 55개, 가장 큰 병원 중 절반, 가장 인구가 많은 지방 정부 중 40퍼센트에 조달을 담당하고 있었다. 다시 말해서, 모두가 이것을 사용하고 있었다.

누군가가 손을 들었다. 익스프레스 오피스프로덕츠의 줄리안 그럽스였다. "시 당국이 예전에는 저희 웹사이트에서 구매를 했고, 그 다음에는 우리가 시 당국의 웹사이트로 옮겨갔습니다. 이제 우리는 다시 아마존 웹사이트로 옮겨가야 합니까? 그것이 시 당국의 웹사이트를 대체하게 됩니까?"

이 질문은 리가 홍보 차원에서 말했던 이야기의 모호한 점을 정통으로 꿰뚫고 있었다. 이제 아마존이 시 정부 조달 채널로 승인되었으니 시 당국은 앞으로 아마존 사이트에서 모든 구매를 하게 되는 것인가? 여기에서 말해지지 않은 명백한 함의는, "만약에 그렇다면, 시 당국이 엘파소의 로컬 기업이 아닌, 아마존 사이트에 올라와 있는 수없이 많은 공급업체에서 구매하는 것을 어떻게 막을 수 있는가?"였다.

그럽스의 질문에 담긴 함의를 흐트러뜨리기 위해 시 당국의 콜린스가 황급히 끼어들었다. 그는 물론 시 정부가 아마존에 곧바로 들어와 구매를 할 수도 있지만 "현지 기업과의 시너지를 위해 로컬 기업에는 '로컬'이라고 표기가 될 것이어서 더 우대받을 수 있을 것"이라고 말했다.

아마존의 대니얼 리가 더 다독이는 말을 했다. 그는 아마존 비즈니스는 판매자들에게 스스로에 대해 묘사할 수 있는 공간을 제공하므로 엘파소의 기업들은 자신이 이곳의 로컬 기업이라는 것을 설명할 수 있다고 했다. "여러분은 여러분의 이야기를 하실 수 있습니다."

하지만 그럽스는 이 대답에 만족하지 않았다. 잠시 후에 다시 손을 들고 더 분명하게 핵심을 찔렀다. "시 당국이 직접적으로 나에게서 구매하는 것과 아마존을 통해 나에게서 구매하는 것 사이에 잃고 얻는 것은 무엇입니까?"

리는 그럽스가 하려는 말을 못 알아들은 척 되물었다. "선생님께서 잃고 얻는 것 말씀이신가요?"

"나와 내 고객인 시 당국이 잃고 얻는 것 말입니다."

마린이 끼어들어서 아마존 사이트는 엘파소의 구매자들을 엘파소의 공급업체 쪽으로 안내한다고 설명했다. 그럽스는 여전히 만족하지 않고 더 솔직하게 질문을 던졌다. "제 질문은요, 나는 시 당국의 웹사이트에서 종이 한 묶음을 10달러에 팝니다. 그들은 시의 웹사이트에서 내 물건을 구매하고요. 자, 이제 그들이 아마존으로 간다면, 가격에서든 서비스에서든 편의성에서든 **잃고 얻는 것이 있을 것 아닙니까? 그게 뭐냔 말입니다**." 그는 대답을 들으려 거의 통사정을 하고 있었다.

하지만 세 명이 차례로 모호하게 답을 회피했다.

브루스 콜린스는 이렇게 말했다. "글로벌한 판매 가능성을 얻으실 수 있습니다. 아마존 마켓플레이스에 가시면 글로벌 공급업체가 되시는 거예요."

대니얼 리는 이렇게 말했다. "저희는 선생님의 현재 비즈니스를 대체하려고 하는 것이 아닙니다. 이제 선생님은 엘파소만이 아니라 전 세계의 스탠퍼드나 제너럴일렉트릭을 상대로 판매를 하실 수 있게 되는 것입니다. 일괄 솔루션식으로 말이지요."

마리오 마린은 이렇게 말했다. "[대금 연체나 기타 성가신 일이 발생하면] 협상의 책임을 저희가 집니다. 이것은 고려해보실 만한 꽤 놀라운 판매 채널입니다."

본질적으로 이것은 가장 자유롭고 걸리적거리는 것 없이 돌아가는 전자상거래에 대한 아마존의 비전이었다. 멕시코 국경 근처에 있는 소기업이 자신의 제품을 포장이나 배송 걱정은 할 필요 없이 세계의 어느 곳에 있는 구매자에게라도 판매할 수 있는 것이다. 여기에 좋아하지 않을 만한 요소가 무엇이 있겠는가?

그럽스는 더 이상 몰아붙일 수가 없었다. 그는 너무 퉁명스럽게 보이지 않으려고 조심했다. 파는 쪽이 이것이 심지어 홍보도 아니고 나를 돕는 일인 것처럼 말하는데 거기에 대고 어떻게 가격을 이야기하면서 무례하게 굴 수가 있겠는가? 아마존 사람들은 그에게 선택의 여지를 남겨주지 않았다.

"좋네요. 너무 훌륭한 것 같습니다. 그런데 이렇게 편리한데 그에 대한 비용이 얼마인지를 아직 듣지 못했습니다."

이제서야, 아마존 사람들이 홍보를 시작한 지 40분이나 지나서야, 대니얼 리는 아마존 사이트를 통해 판매할 수 있는 특전을 얻는 대가로 월 39.99달러의 수수료를 내야 하고 "제품 카테고리에 따라 다르지만 6~15퍼센트의 의뢰비용을 지불해야 한다"고 말했다.

이 말의 모호한 점에 대해서도 그럽스는 다시 질문했다. "제품 카테고리에 따라 6~15퍼센트로 나뉜다고 하셨는데요, 기업체를 운영하는 저 같은 사람이 제 제품이 어느 카테고리에 속하는지는 어떻게 알 수 있습니까?"

"저희가 함께 그것을 알아나갈 것입니다." 대니얼 리가 대답했다.

"계약 조항을 합의하기 전에 또 다른 계약 조항을 이야기해야 한다는 말인가요?"

"말하자면 그렇습니다." 리가 대답했다.

거래의 진짜 조건이 마침내 이야기되자 더 이상은 할 말이 없었다. 잠시 뒤에 마리오 마린은 최대한 깔끔하게 그 자리를 마무리했다.

"오늘 여러분은 두 가지 이야기를 들으셨습니다. 한 가지는, 판매 면에서 여러분이 저희 사이트에 들어오시도록 하고 여러분이 마켓플레이스에서 판매를 하시도록 말씀을 드렸습니다. 그리고 다음으로 여러분은 제 이야기를 들으셨습니다. 구매자로서 이 사이트를 이용하는 방법을 알려드리고 보여드리고 시연해드렸습니다. 여러분은 이 사이트에서 직접 구매해보시면서 어떻게 돌아가는지를 파악하시고 이를 통해 여러분의 사회경제적 목적 충족에 도움이 되는 방식으로 여러분의 조달 방식을 점검해보실 수 있을 겁니다."

"이상이 저희가 말씀드리고자 하는 전부입니다."

같은 날 펜슬컵에서 카를로스 간다라 주니어는 내내 하품을 하고 있었다. 일을 너무 많이 했기 때문일 것이다. 그는 여전히 가족의 회사에서 일하고 있었고 이제 이곳의 핵심 영업직원 두 명 중 하나였다. 하지만 몇몇 친구들과 다른 사업 아이템도 준비하고 있었다. 하나는 창문 블라인드 판매였고 다른 하나는 소매업이었다.

사실 그는 펜슬컵에 묶여 있는 것이 꽤 오래전부터 불만이었다. 가업에 대한 의무도 알고 있었고 그동안 여기에서 일할 수 있었던 것에 감사했지만 이제 서른한 살인 그는 스스로 사업을 해볼 때가 되었다고 생각했다.

몇 년 동안 그는 이미 작은 부업을 하고 있었다. 인터넷에서 일반 소모품 중 폐업정리 물품으로 나와 있는 것을 검색해 싸게 구매했다. 태양 아래 있는 모든 것이 대상이었다. 한동안은 아주 많은 아기용품이 나왔다. 유모차나 아이용 테이블 달린 의자 같은 것들이었다. 그는 물건의 사진을 찍고 가격을 매겨서 판매했다.

아마존 사이트에서.

그는 추가 소득을 올릴 기회를 알아보려고 인터넷을 검색하던 중에 우연히 발견한 동영상을 통해 '풀필먼트 바이 아마존'(Fulfillment by Amazon, FBA) 서비스를 알게 되었다. 어떤 업체가 자신이 판매할 제품을 아마존에 보내면 아마존이 그것을 자신의 물류센터 시스템을 통해 고객에게 발송하고 고객 서비스, 반품처리 등의 일도 모두 대행해주는 서비스다. 물론 매출의 일정 비율을 수수료로 내야 한다. '풀필먼트 바이 아마존'은 너무나 쉽고 매끄럽게 진행되는 서비스여서 어마어마한 성장세가 충분히 이해될 만하다. 2019년에는 어느 한 시점에 200만 곳의 독립 사업체의 6억 개 아이템이 아마존에서 판매되고 있었다.[20] 하지만 제3자 업체들(이제 3분의 1은 중국 업체들이다)이 모조품을 판매할 수도 있다.[21] 또한 다른 유통업체에서는 거래를 중단한 제품, 가령 방글라데시의 노동착취 공장에서 생산된 제품 같은 것도 판매 가능하고, 규제 당국이 안전하지 않다고 판단한 장난감, 영유아 이불, 그밖에 문제 있는 제품들도 판매 가능하다.

카를로스 주니어가 '풀필먼트 바이 아마존'을 이용해 부업을 하는 것을 가족들은 애석하게 여겼다. 하지만 카를로스 주니어는 그들의 사업이 직면하고 있는 위협에 대해 다른 식구들만큼 걱정하지는 않고 있었다. 때로는 교육위원회에 펜슬컵 판촉을 갔다가 앞으로는 아마존에서 구매할 것이라며 거절당하기도 했지만 그는 이렇게 말했다. "이런 일로 마음상해 하지 않을 거예요. 모두가 모두로부터 구매할 수 있는 세상이니까요."

아마존을 통해 성과를 올린 적도 있었다. 얼마 전에 한 교육위원회가 동영상 장비에 대해 아마존에서 본 별점을 이야기하면서 그에게서 구매하고 싶다고 연락을 해온 것이다. 그는 그 계약을 따냈다. 그는 여전히 그에게 자연스러운 우위가 있다고 믿는다. 그는 대면으로 구매자 앞에 직접 존재하지만 아마존은 그렇지 않은 것이다. 그는 학교에 직접 찾아가서 자신의 젊고 카리스마 있고 잘생긴 자아를 보여줄 수 있었다. "가격은 물론 늘 중요한 요인이지만 직접 대면해서 이야기를 하는 것 또한 중요한 요인입니다."

하지만 이런 것 때문만은 아니었다. 그가 아마존이 제기하는 위협을 크게 신경 쓰지 않은 이유는 아마존과 아마존을 창업한 인물이 너무 경이로웠기 때문이었다. "슬픈 것은, 내가 제프 베조스를 존경한다는 점이에요. 내가 그를 우상화한다고도 말할 수 있을 겁니다. 내가 가고 싶은 곳에 가 있는 사람이니까요."

권력과 전력

'클라우드' 아래서

6

노던 버지니아-오하이오주 콜럼버스-워싱턴 DC

네이선 그레이슨(Nathan Grayson)은 오래전부터 그의 몸에서 무언가가 자라나는 것 같은 느낌이 있었다. 나중에 그는 그것을 '나의 태닝'[피부색을 말함]이라고 불렀다. "무엇을 하든 간에 나는 늘 멋진 태닝을 가진 사람이더라고요." 호탕하게 웃으며 하는 말에는 유쾌함과 한스러움이 함께 서려 있었다. "무엇을 하든 간에 말이에요."

그런 낌새를 처음 느낀 것은 초등학교 1학년 때였을 것이다. 그는 노던 버지니아에 있는 안티오크-매크레이 초등학교에 입학했는데 얼마 뒤에 학교가 문을 닫았다. 소문에 의하면 얼마 전 학교가 실시한 인종통합을 땅 주인이 마음에 들어 하지 않아서 폐교로 이어졌다고 했다. 아무튼 결론적으로는 이 땅이 조류 보호구역이 되었기 때문에 그레이슨을 포함해 대체로 흑인이었던 안티오크-매크레이 학생들은 게인즈빌 초등학교로 전학을 갔다.

세월이 지나고, 이번에는 사업을 시작해보려고 했을 때 그 태닝을 또다시 느꼈다. 네이선은 아버지처럼 사업가가 되고 싶었다. 아버지는 작은 쓰레기수거 회사를 운영했고 네이트[네이선]는 그 회사에서 영업을 담당했다. 회사는 한동안 꽤 호황을 구가했지만 결국에는 '웨이스트 매니지먼트'와 '브라우닝 페리 인더스트리' 같은 대형 업체와의 경쟁에서 밀려났다. 그 이후에 네이트는 노던 버지니아 고지대의 고급 골프장에서 시설관리 일을 했다. 그는 그가 해내고 있는 일이 자랑스러웠다. 그는 그린에 적절하게 물을 대어 잔디를 완벽하게 유지했고, 클럽하우스에 고장 난 것이 있으면 뭐든지 고쳤다. 보수와 처우도 괜찮았다. 하지만 내 사업을 하고 싶다는 생각이 떨쳐지지 않았다. 이를테면 얼마 전에 쇼핑센터 주차장에서 본 사람처럼 말이다. 그 사람은 청소 차량을 몰며 주차장을 청소하고 있었는데, 프런트로열과 매너서스 사이에 있는 세 군데 주차장에서만 일하는데도 지난해에 10만 달러 넘게 벌었다고 했다. 게다가 일하는 시간도 매일 밤 두어 시간씩이면 충분하다고 했다.

그래서 네이트 그레이슨은 대형 잔디깎이 기계와 덤프 트레일러 한 대의 구입 자금 7만 달러를 대출받으려고 은행에 갔다. 은행은 그의 신용도가 좋아서 주택담보 대출이나 자동차 대출, 오토바이 대출 등을 받고자 한다면 충분히 자격이 된다고 했다. 그런데 잔디깎이 기계와 트레일러는 사업용이고 사업자용 대출은 네이트가 받을 수 없다고 했다. 대출 담당자는 이렇게 말했다. "죄송합니다, 그레이슨 씨. 몇 가지 복잡한 문제 때문에 이 대출을 해드릴 수 없습니다." 두어 해 뒤에 네이트는 다시 시도했다. 이번에는 청소 트럭 두 대를 사기 위해 4만 달러의 대출을 신청했다. 하지만 이번에도 거부당했다. 그래서 그는 스프링클러를 세팅하고 분수대를 고치고 나무를 손질하고 골프 카트의 고장 난 손잡이나 손상된 타이어, 또는 스티어링 너클을 교체하고, 화난 손님이 두들겨서 망가뜨린 클럽하우스 문을 고치면서, 계속 골프장에서 일하고 있었다. 훗날 그는 자신이 맞닥뜨리게 된 질문을 이렇게 표현했다. "저울을 계속 기울어져 있게 두는 방법은 무엇일까요?" 그리고 그 질문에 스스로 대답했다. "당신이 문을 열어주지 않으면 내가 안으로 들어갈 수 없지요."

하지만 적어도 그에게는 '카버로드'가 있었다. 카버로드, 그리고 그것이 의미하는 모든 것이 말이다. 이 놀라운 마을이 어떻게 생겨났는지는 잘 알려져 있지 않다. 수세기 동안 [흑인에게] 강요된 문맹의 한 가지 결과로, 남아있는 기록이 너무 불충분하기 때문이다. 확실하게 알려진 것은, 이곳은 원래 마운트 플레전트 대농장이었는데 남북전쟁이 끝나고 땅의 일부가 여기에 살았던 노예들이 구매할 수 있는 땅으로 지정되었다는 사실이다. 이곳의 해방 노예들은 이제 땅을 구매할 수 있게 되었지만 다른 땅은 안 되고 이 땅만 구매할 수 있었다. 이때 땅을 산 사람 중에 한 명이 리비니아 블랙번 존슨이라는 여성이다. 카운티 토지대장에 따르면 리비니아는 1899년에 제인 C. 타일러에게서 30달러에 3에이커를 구매했다. 제인은 1862년에 사망한 원 소유주의 딸이다.[1]

당시에 삼십대였던 리비니아 존슨은 인근의 땅을 추가로 구매했고, 수십 년 뒤에는 이 마을의 시조로 여겨지게 된다. 카버로드는 리 하이웨이와 올드 캐롤라이나 로드 사이의 약 1.5킬로미터에 걸쳐 있는 도로로, 소나무가 무성한 50에이커 면적의 인근 마을에 70여 명이 살고 있다. 존슨 집안, 무어 집안, 그레이슨 집안은 모두 먼 친척으로, 다들 리비니아처럼 예전 주인에게서 땅을 샀던 소수의 해방 노예로 뿌리가 거슬러 올라간다. 이 마을은 간단히 '세틀먼트'[Settlement, '정착촌'이라는 뜻]라고 불렸다.

수십 년 동안 세틀먼트 사람들은 말이나 마차를 타고 조상들이 매를 맞으며 일했던 바로 그 농장에 가서 농장 노동을 하거나 가사노동을 했다. 그러다가 차차 다른 직업으로도 진출했다. 찰스 무어는 조경과 정원 일을 하다가 워싱턴의 시어스로벅 매장에 취직했다. 도시락을 챙겨서 닷지 픽업트럭을 타고 50킬로미터 넘게 달려서 출근했다. 세틀먼트의 또 다른 주민인 존 파이는 백악관에서 프랭클린 루스벨트의 집사이자 운전사로 일했다.

새틀먼트 주민들의 생활은 1877년에 세워진 마운트 플레전트 침례교회를 중심으로 돌아갔다. 또한 주민들은 '셰이디 인 댄스홀'에서 춤을 추었고, 필스 마켓과 고센 철물점에서 물건을 샀다. 이곳은 온도프에 있는 화물차휴게소와 달리 그들더러 뒷문을 사용하라고 하지 않았다.

그와 같은 모멸적 대우는 점차로 사라졌고 세틀먼트의 고립도 점차로 사라졌다. 확장되던 워싱턴 DC의 교외 개발 바람은 서쪽으로 카버로드 바로 근처까지 닿았다. 카버로드 인근의 한 지역은 '호프웰스 랜딩' 지구로 개발되었다. 리 하이웨이는 4차선 도로로 넓어졌고 오전 8시 이후에는 동쪽으로 향하는 차량이 몰려서 아차하면 좌회전을 놓칠 정도로 늘 혼잡했다.

하지만 세틀먼트는 개발에 휩쓸리지 않았다. 1990년대에 네이트 그레이슨은 어린 시절에 살았던 방 두 개, 욕실 한 개짜리 집을 물려받았다. 집이 위치한 약 4에이커 땅에서 그는 어렸을 때 아버지와 함께 시어스에서 산 410 단발장전 총으로 다람쥐를 사냥했다. 이제 성인이 된 네이트에게 이 땅은 새로운 취미 생활의 공간이 되었는데, 그는 한 번에 네다섯 마리씩 비글을 훈련시켰고 동부 지역 전역의 경연대회에 데리고 나갔다.

세틀먼트의 연장자들은 이제 칠십대, 팔십대, 심지어는 구십대가 되었다. 그들의 자녀들은 다른 지역으로 떠났다. 오십대 초반인데도 네이트는 집 안벽에 크게 붙여 놓은 마을 가계도가 보여주듯이 가장 젊은 축에 속했다. 그는 동네어른들의 집 앞 도로를 치웠고 그들의 도랑을 고쳤고 그들의 잔디를 깎았다. "나는 이곳 이웃 분들이 키워주신 것이나 마찬가지입니다. 그분들이 오늘의 나를 만드셨어요. 그분들이 나를 돌보아주셨습니다. 20달러가 필요하면 찰스 무어 아저씨가 20달러를 주셨어요. 그분들은 나를 자식처럼 돌보아주셨습니다."

그리고 카버로드가 '클라우드'에 둘러싸일 위험에 처한 지금, 이제는 그가 그들을 돌볼 차례였다.

클라우드. 너무나 하늘하늘한 용어다[대규모 데이터서버를 일컫는 cloud는 원래 '구름'이라는 뜻]. 나른한 여름의 어느 일요일, 넓은 필드의 좌중간에서 하늘 높이 날아가는 플라이 볼을 연상시킨다.

하지만 사실 클라우드는 지상에 깊게 발 디디고 있는 물질적인 실체이며, 빛이나 창공과는 정반대다. 클라우드는 20세기 말에 통신과 상업이 온라인으로 이동하면서 미국의 지리적 풍경 중 일각에 확산되기 시작한 창문 없는 거대 건물들에 산다. 이 건물들은 '데이터센터'라고 불린다. 우체통에 넣은 편지, 가게에서 지불한 지폐, 다 읽은 신문, 레코드로 들은 음악, 극장에서 본 영화 등 우리의 일상을 구성했던 수백만 건의 상호작용과 거래와 활동들이, 불과 얼마 전에는 주변 어느 곳에서나 볼 수 있는 것이었던 평범한 활동들이, 이제는 우리의 시야에서 완전히 숨겨진 곳으로 빨려 들어갔다. 이제는 상거래, 정부 기밀, 연인의 이메일 등 모든 것이 데이터센터 안에 있는 거대한 서버들을 통해 움직인다. 2018년에 우리는 매일 250경 바이트의 데이터를 생성하고 있었다.[2] 게다가 이 숫자는 기하급수적으로 증가하는 추세여서, 전 세계 데이터의 90퍼센트가 불과 직전 2년 동안 생성되었다. 1분마다 240만 건의 구글 검색, 410만 건의 유튜브 동영상 시청, 4만 7,000장의 인스타 사진 업로드가 이루어지고 있었다.

이 시설은 거의 알아서 돌아간다. 5,600평 면적에 4억 달러 가치의 서버와 장비를 가진 데이터센터 하나가 운영되는 데 엔지니어와 기술자는 스무 명 정도면 충분하다. 데이터센터에 정말로 필요한 것은 전기와 물이다. 전기는 기계를 돌리는 데, 물은 기계를 식히는 데 필요하다.

그리고 데이터센터는 엄중한 보안도 필요로 한다. 데이터센터는 미국의 신경중추이고 신경중추답게 보호된다. 데이터센터의 건물 벽은 일반 건물보다 두 배 두껍고 시속 250킬로미터 풍속의 강풍을 견딜 수 있다. 콘크리트 바닥은 1평방미터당 1.7톤의 무게를 버틸 수 있다. 기계들은 철조망 안에 들어 있고 방화벽으로 분리되어 있다. 콘크리트 천정 위에 커다란 예비 발전기가 있는 곳도 있다. 거대한 방공호라고 착각할 수 있을 정도다. 데이터센터가 방공호라면 안전강박인들이 사는 한 마을이나 소도시 전체가 다 들어가고도 남을 것이다.

이론적으로 말하자면 데이터센터는 광섬유 케이블, 풍부한 물, 그리고 저렴한 전기가 가까이 있는 곳이면 어디에나 입지할 수 있다. 하지만 현실에서 데이터센터는 비슷한 지역에 모여 클러스터를 이룬다. 인간이 수행하는 온갖 상업과 커뮤니케이션의 무한한 조각이 소수의 지역과 건물에 모여 있는 것이다. 디지털 세상의 풍경에는 '집중화'되어 있는 것들이 많지만, 데이터센터는 그중에서도 단연 압권이다. 클라우드는 가장 큰 용량과 연결성을 가진 한두 개 지역과 한두 개 회사가 지배할 수 있다.

현재 가장 큰 클러스터는 노던 버지니아에 있다. 원래부터 이 지역은 군사 계약업체와 하이테크 회사들이 집중되어 있다는 이점 때문에 인터넷 서비스 제공 업체들이 많이 모여 있는 곳이었다. 또한 이곳은 토지가 풍부했다. 부드럽게 굴곡진 땅이 포토맥강 서쪽과 남쪽으로 피드몬트와 멀리 블루리지 산봉우리를 향해 뻗어 있었다. 애팔래치아 산맥의 석탄 덕분에 값싼 전기도 풍부했다. 1992년에 일군의 인터넷 서비스 제공 업체가 버지니아주 헌든에 있는 '토르티야 팩토리'에서 점심을 먹으면서 이곳의 입지상 우위를 확고히 못 박는 결정을 내렸다. 접근 가능한 고객 범위와 고객에게 제공할 수 있는 서비스 가치를 획기적으로 향상시키기 위해 각자 가진 네트워크 시스템을 새로운 공동의 장소에 모두 가져와 옮기기로 한 것이다.[3] 이 허브는 벨트웨이의 북동쪽 가장자리에 있는 도시 타이슨 코너의 한 건물 지하에 시멘트 벽돌로 지어진 공간에 자리 잡았고, '메트로폴리탄 에어리어 익스체인지 이스트'라고 불렸다.

이에 더해 버지니아주 정부와 지방 정부들의 조세 혜택도 데이터센터가 들어오는 데 유리한 점을 제공했다. 라우든 카운티와 프린스윌리엄 카운티의 조세 혜택이 특히나 후했다. 워싱턴 원거리 교외의 이들 카운티로서는 데이터센터가 이상적인 이웃이었다. 조세 수입을 늘려줄 수 있어서 새로 개발된 단지의 커다란 집에 사는 주민들이 원하는 좋은 학교를 지을 수 있고, 그러면서도 출퇴근 차량을 많이 증가시키지 않아서 교통체증을 일으키지 않았기 때문이다. 이런 면에서 데이터센터가 일자리를 많이 창출하지 않는다는 점은 IT 업계 용어로 말하자면 '특성'이지 '버그'가 아니었다.

한 곳당 5,000만~7,000만 달러의 비용이 들었고 대개 그게 무슨 건물인지 겉으로 아무 정보가 드러나지 않게끔 지어졌다. 그래서 지나면서 건물을 보더라도 사람들은 누가 무엇을 위해 이 건물을 운영하는지 전혀 알 수 없었다. 2000년에 프린스윌리엄 카운티의 경제개발부장은 기자의 질문에 이렇게 답했다. "저희는 실제 프로젝트와 가상의 프로젝트를 막론하고 어떤 프로젝트에 대해서도 말씀드릴 수 없습니다."[4]

그해에 IT 버블이 터지면서 많은 데이터센터가 빈 건물이 되었고 사람들은 이 거대한 껍데기들이 영구적으로 고사하는 것이 아닐까 우려했다.

다른 어떤 목적에도 쓰임새가 마땅해 보이지 않았기 때문이다. 하지만 일시적으로만 주춤한 것이었을 뿐 데이터센터의 수요는 금세 회복되었다. 9·11 테러 이후 반테러 시설과 장비가 늘면서 보안성이 높은 데이터 스토리지 수요가 새로이 생겨났고, 이 건물들은 지문, 손바닥, 망막 등을 읽는 생체인식 스캐너를 통과해 한 사람씩 들어가게 되어 있는 입구, 교란 용도의 가짜 출입구, 방탄유리와 방탄벽 등 침입자를 막을 수 있는 장치로 점점 더 탄탄하게 무장했다. 어떤 데이터센터는 폭발물을 가득 실은 차량이 돌진하지 못하게 시야를 가리는 언덕 뒤에 일부러 세워지기도 했다. 지형지물로 보호되기 어려운 곳들은 콘크리트 울타리를 둘러 보호했다.

그리고 그 다음에, 클라우드가 도래했다.

클라우드(내 것이 아닌 서버에 데이터를 저장하거나 앱을 실행한다는 아이디어)의 기원은 2000년대 초 시애틀에서 찾을 수 있다. 아마존은 타사에 전자상거래 웹사이트 기술을 제공하는 머천트닷컴(Merchant.com)이라는 사업을 운영하고 있었는데, 잘 디자인된 인터페이스가 있으면 외부 사용자가 아마존의 테크놀로지에 접근해서 손쉽게 그것을 활용할 수 있다는 것을 알게 되었다. 비슷한 시기에, 아마존은 회사 내의 수많은 소프트웨어 개발팀이 각자의 프로젝트를 위해 동일한 기본 소프트웨어 인프라를 저마다 몇 개월씩 들여가며 중복해서 만들고 있다는 사실을 알게 되었다. 아마존 내에서도 소프트웨어를 더 효율적으로 개발하고 이에 더해 외부 기업도 이용할 수 있도록 인프라 플랫폼을 구축해보면 어떨까? 어떤 기업이 아마존 인프라에서 돌아가는 앱을 만든다면 아마존 인프라에 탑재되어 있는 결제 기능, 메시지 발송 기능 등을 이용할 수 있을 것이므로, 자체적으로 인프라를 구축하고 자체 서버와 데이터센터를 운영하는 비용과 수고를 줄일 수 있을 터였다.[5]

아마존은 2003년에 클라우드 컴퓨팅 서비스 사업부인 '아마존 웹서비스'를 런칭했고 2006년에는 데이터 스토리지 서비스를 제공하기 시작했다. 2017년이면 아마존 웹서비스는 제너럴일렉트릭, 캐피털원, 뉴스코퍼레이션, 버라이존, 에어비앤비, 슬랙, 코카콜라, 심지어는 애플과 넷플릭스 같은 직접적인 경쟁사에도 클라우드 서비스를 제공하고 있었으며 이 서비스는 아마존 전체 연매출의 10분의 1에 해당하는 170억 달러 가량의 매출을 올리고 있었다.[6] 아마존 웹서비스의 기업전략 총괄 책임자 스티븐 오번은 "아마존 웹서비스는 내 평생 존재했던 것 중 가장 기능이 풍부하고 파괴적인 기술 플랫폼"이라고 말했다.[7]

클라우드와 온라인 상거래를 지배하는 아마존은 디지털 상업 활동의 가장 큰 두 분야, 즉 데이터 스토리지 분야와 온라인 상거래 분야에서 수수료(경제학자들이 '지대地代'라고 일컫는 것)를 징수하는 문지기가 되었다. 이는 합당하게 선출된 정부가 아니라 민간 기업이 조세를 징수하는 셈이라고 볼 수 있다. 혹은 아마존이 유틸리티 회사의 역할을 하는 셈이라고도 볼 수 있다. 아마존이 데이터센터에 미터기를 놓고 요금을 물리고 있는 것이다. 단, 보통의 유틸리티 회사들에 적용되는 규제의 제약은 거의 받지 않은 채로 말이다.

혹은 2008년의 금융 붕괴를 불러왔던 은행과 헤지펀드들의 돈 뽑아먹기 수법과도 견주어볼 수 있다. 그들의 수법은 '앞면이 나오면 내가 이기고 뒷면이 나오면 당신이 지는' 게임과 비슷했는데, 마찬가지로 아마존도 이렇든 저렇든 수수료를 챙긴다. 『파이낸셜타임스』 칼럼니스트 라나 포루하는 "아마존의 행태가 2008년의 금융 위기 전에 일부 금융 그룹들이 보인 대출 관행과 유사하다"고 언급했다. "그들은 변동금리형 서브프라임 주택담보대출이라는 변동가격 정책을 활용해 주택담보대출을 판매했고,

그 다음에는 면밀한 내용을 알지 못하는 투자자들에게 바로 그 정보 비대칭을 이용해서 주택담보대출을 기반으로 만든 복잡한 파생상품과 복잡한 부채금융 상품들을 판매했다. 그러한 투자자에는 디트로이트 같은 도시들도 있었다. 아마존도 자신의 사이트로 와서 서로 거래를 하도록 불러들이고자 하는 공급업체들과 공공부문의 구매자들 양쪽 모두에 비해 막대하게 많은 시장 데이터를 가지고 있다. 온라인 기업들과 금융 기업들 사이에 점점 더 많은 유사점이 발견된다. 둘 다 정보와 상업이 흐르는 모래시계 중앙의 홀쭉한 허리에 자리 잡고 앉아서 그 길목을 지나가는 모든 것에서 수수료를 뗀다. 대형 투자은행들이 그러듯이 아마존도 시장 조성과 그 시장에서의 거래, 두 가지를 다 할 수 있다."[8]

혹은 19세기 후반의 거대 철도회사들에도 빗대볼 수 있다. 당시에 철도회사들은 선로와 그 선로로 운송되는 석유와 석탄, 양쪽을 모두 장악해서 소규모 연료 생산자들을 압박할 수 있었다.[9]

점점 더 많은 기업이 데이터를 클라우드로 이전하고 또한 점점 더 많은 기업이 아마존이 개척한 스토리지 사업에 뛰어들면서 데이터센터는 전례 없이 확장되었다. 노던 버지니아의 데이터센터는 부지 면적이 25만 평이 넘는다.[10] 버지니아주의 전력 회사 '도미니언 버지니아 전력'(이 지역의 풍부한 석탄에 크게 의존하고 있다)은 2013년에 데이터센터의 전력 수요가 향후 3년간 40퍼센트 가량 증가할 것으로 예측했다.[11] 데이터센터 하나가 5,000가구만큼의 에너지를 소비한다.[12]

데이터센터가 특히나 많이 들어선 라우든 카운티는 2013년에 40개의 데이터센터가 월마트 슈퍼센터 25개에 맞먹는 14만 평의 면적을 차지하고 있었고, 향후 10년간 데이터센터가 두 배로 늘어날 것으로 예상되었다. 2011년과 2012년 단 2년 동안에만도 라우든 카운티에서 데이터센터 공간이 2만 평 넘게 늘었는데, 그 기간에 전통적인 사무 공간은 하나도 늘지 않았다.[13] 라우든 카운티의 '데이터센터 앨리' 중심부는 땅값이 1에이커당 100만 달러가 넘었다.[14]

라우든 카운티는 날마다 모든 인터넷 트래픽의 최대 70퍼센트가 이곳의 데이터센터를 통해 흐른다고 자랑스럽게 발표했다. 라우든 카운티의 원조 데이터센터 클러스터인 애슈번(덜레스 국제공항 너머에 있는 원거리 교외 지역)은 거의 도쿄, 런던, 프랑크푸르트 같은 세계 유수의 인터넷 허브들과 동급으로 언급되었다. 이를테면, 라우든 카운티 경제개발부장 버디 라이저는 "데이터센터 앨리가 서구 문화의 사회적 직조에 필수적이라고 말하는 것은 과장이 아닐 것"이라고 말했다.[15] 또한 라우든 카운티는 데이터센터에서 나오는 세수가 매년 2억 달러가 넘으며 그 덕분에 이곳이 (이곳은 미국에서 가장 부유한 카운티다) 종일반 유치원 등 더 형편이 어려운 지역은 제공하지 못하는 것들까지 제공할 수 있게 되었다고 자랑했다.

아마존은 전에도 데이터센터 운영 자회사 바데이터(Vadata)의 이름으로 노던 버지니아에 여러 개의 데이터센터를 보유하고 있었다. 하지만 새로운 비즈니스인 클라우드 영역을 개척하려면 더 많은, 아주 많이 더 많은 용량이 필요했다. 2013년에 아마존은 CIA에서 6억 달러 규모의 클라우드 계약을 따냈고, 여러 군 조직들도 클라우드로 옮기는 것을 고려하고 있었다.

2014년에 정체를 밝히지 않은 어느 회사가 프린스윌리엄 카운티의 도시 헤이마켓 근처에 1만 4,000평 규모의 데이터센터를 짓기 위한 건축 허가 신청을 했다. 존 마셜 하이웨이에 면한 이곳은 다른 데이터센터 클러스터보다 서쪽으로 꽤 한참 떨어져 있어서 높은 수준의 비밀을 보장할 수 있었다. 이곳은 매너서스 국립 전적지 공원 너머에, 그리고 오랫동안 개발로부터 보호되어온 '루럴 크레센트'에 인접해 있었다.

그런데도 카운티 당국은 이 이름 없는 회사에 건축 허가를 내주었다. 프린스윌리엄 카운티에는 데이터센터에 대해 토지 용도를 규제하는 조례가 없었다.[16] 2013년에 이 카운티의 경제개발부 팀이 시애틀에 있는 이 이름 없는 회사의 본사에 가서 두 차례 회의를 했고 그중 한 번은 버지니아주의 전력 회사 도미니언 사람들도 함께 갔는데, 이것도 이 회사가 건축 허가를 받는 데 도움이 되었을 것이다.[17]

이제 남은 일은 새 데이터센터에 전력을 대는 것이었다.

아마존은 너무나 빠르게 성장해서 이 시점이면 노던 버지니아만으로는 부족했다. 미국 동부에 두 번째 데이터센터 허브가 필요했고, 오하이오주의 콜럼버스를 낙점했다.

콜럼버스는 신시내티, 애크런, 톨레도, 데이턴, 영스타운 등 오하이오주의 다른 도시들과 달리 산업적 뿌리가 없었다. 콜럼버스의 경제는 주 정부, 오하이오 주립대, 교통, 의료 분야 위주로 구성되어 있었다. 1960년에는 콜럼버스의 인구가 47만 명으로 신시내티와 클리블랜드에 훨씬 못 미쳤다. 그나마 그 정도 규모로라도 성장할 수 있었던 것은 인근 지역들을 콜럼버스 시 행정구역 내에 병합하는 정책을 편 덕분이었다. 1950년대 중반에 콜럼버스는 외곽 지역 중에서 콜럼버스 시 행정구역 안에 병합되기로 동의하는 곳에만 상하수도 라인을 확장해주기로 하는 결의안을 통과시켰고, 점차로 도시 면적이 클리블랜드와 신시내티의 거의 세 배인 570평방킬로미터에 달하게 되었다.

그리고 반세기 후, 이제는 콜럼버스가 왕이었다. 산업적 뿌리가 없다는 말은 오하이오주의 다른 도시들에 비해 제조업 쇠퇴의 영향(한때 오하이오주에서 가장 큰 고용기업이었던 GM은 72번째 기업으로 떨어졌다)을 덜 받았다는 뜻이었다. 또한 인근 지역을 도시 경계 안으로 병합함으로써 매우 넓은 지역에 퍼져 있는 도시가 되었다는 말은 도시에서 교외로의 이탈이 가속화되는 추세에서도 다른 도시처럼 인구를 잃지 않을 수 있다는 의미였다. 콜럼버스에서는 이탈한 사람들도 여전히 콜럼버스 시 행정구역 내에 존재했다. 가령 시내에 살던 가족이 25킬로미터 떨어진 외곽 쪽의 목가적인 주택으로 이사한다 해도, 콜럼버스의 순환도로인 I-270을 벗어난 곳으로 이사한다 해도, 여전히 행정구역상으로는 콜럼버스였고 따라서 콜럼버스 시에 세금을 냈다. 그리고 주립대학이 있는 곳이라는 말은 오하이오주의 더 작고 고전하는 도시와 마을에서 똑똑한 젊은이들이 모여드는 곳이라는 뜻이었다. 이들은 대학에 진학하기 위해 콜럼버스에 온 뒤, 고향 도시와 마을로 돌아가지 않았다.

2014년이면 콜럼버스는 오하이오주의 나머지 지역들과 운명이 완전히 갈라져 있었다.[18] 2000년 이래 클리블랜드와 신시내티에서는 인구가 15퍼센트나 줄었지만 콜럼버스는 14퍼센트가 증가해 80만 명을 넘어섰다. 콜럼버스는 남부와 서부 이외의 미국에서 가장 빠르게 성장하는 도시였다. 가구 중위소득은 오하이오주에서 그 다음으로 큰 일곱 개 도시의 평균보다 약 3분의 1이 높았고, 주택 가격 중앙값은 데이턴, 톨레도, 애크런과 같은 중간 규모 도시들보다 70퍼센트 이상 높았다. 2010년 이래로 오하이오주에서 창출된 일자리 중 3분의 1 가까이가 콜럼버스에서 창출되었고(애플과 테슬라도 이곳에 지사를 열었다), 중서부 지역의 스타트업 성장도 콜럼버스가 견인했다. 반면 영스타운, 애크런, 톨레도는 일자리 증가가 전국에서 하위 열 개 도시에 속했다. 미국 전체적으로 동부와 서부의 연안 지역에서 초번영 도시들을 만들어낸 잘 알려진 '승자독식' 및 '부익부'의 경제적 동학이 오하이오주 차원에서도 작동하고 있었고, 여기에서는 콜럼버스기 승자독식 도시였다. 이곳 중서부 지역에서도 성공은 성공을 낳았고 승자의 이득은 전혀 균등하게 분배되지 않았다.

따라서 아마존이 '아마존 웹서비스 US 이스트'(AWS US East)의 두 번째 허브로 오하이오주를 선택했을 때 콜럼버스를 낙점한 것은 놀랄 일이 아니었다.[19] 두 번째 허브를 짓는 데 10억 달러 이상이 지출될 예정이었는데, 그 돈이 들어갈 곳은 투자가 절박하게 필요한 오하이오주의 다른 지역이 아니라 콜럼버스가 될 것이었다. 콜럼버스는 고학력의 젊은 노동력이 많아서 데이터센터 직원을 뽑기에 좋았다. ('아마존 웹서비스'의 오번은 갓 대학을 졸업한 사람을 선호한다고 말했다. "우리는, 다른 데 다녔을 때는 이러저러했는데 등등을 운운할 경력이 없는 사람들을 선호합니다.")[20] 그리고 광역 콜럼버스에는 데이터센터를 세우기에 안성맞춤인 원거리 교외 지역들이 있었다. 직원 자녀들이 다니기 좋은 학교가 있을 만큼 충분히 부유하면서, 아마존이 봉으로 삼더라도 저항하기 어려울 만큼 시민적 인프라와 지역공동체의 정체성이 충분히 허약한 곳들 말이다.

아마존은 I-270 순환도로 북쪽의 부유한 지역에 위치한 세 개의 도시에 주목했다. 콜럼버스의 넓은 행정구역을 벗어나 있는, 행정구역상으로 별개의 도시였다. 이 세 도시는 힐리어드("진정한 사람들, 진정한 가능성"), 더블린("어제가 내일을 만나는 곳"), 그리고 뉴올버니("미국 최고의 교외")이고, 뉴올버니는 억만장자 레스 웩스너가 (훗날 성추문으로 오명을 떨치는) 자산관리인 제프리 엡스타인의 자문을 받아 대두밭이던 곳에 건설한 도시다.[21]

아마존은 오하이오주와 그 밖의 다른 곳들에 물류센터를 지으면서 협상했을 때도 그랬듯이 자신이 원하는 조건을 내세웠다. 무엇보다 지역 정부들에 막대한 조세 특혜를 요구했다.[22] 우선, 15년간 재산세를 면제해달라고 했는데, 표준적인 데이터센터의 경우 면제 금액이 약 540만 달러에 해당했다. 뉴올버니에 제시한 요구사항에서 "바데이터는 시설을 최대한 효율적이고 비용 효과적으로 운영하고자 한다"며 이러한 요구를 정당화했다. 또한 아마존은 건축 허가 절차가 더 신속하게 진행되도록 해주고 통상적인 여러 수수료를 면제해달라고 하는 등 모든 단계에서 특별대우를 요구했다.

그리고 완전한 비밀 보장도 요구했다. 시 당국은 아마존과 협상에 들어가기 전에 비밀유지 계약에 서명해야 했고, 아마존을 코드명으로만 지칭해야 했다(더블린에서는 '프로젝트 그래나이트', 힐리어드에서는 '프로젝트 마블'이었다). 아마존은 선출직 공직자들더러 공개된 회의가 아닌 비공개 회의에서만 이 프로젝트에 대해 논의하라고 요구했고, 정보공개 청구가 있을 시에는 모두 아마존에 알리고 정보공개는 최대한 제한적으로만 하라고 요구했다. 장소 같은 가장 기본적인 정보조차도 말이다.

세 도시 모두 서둘러 동의했다. 셋 다 15년 동안 재산세를 면제해주겠다고 했으며 데이터센터 직원의 급여에 대해 징수되는 10퍼센트의 급여세까지 환급해주기로 했다(데이터센터 한 곳당 고용하게 될 인원은 25명 정도였다). 이 모든 것은 아마존 바데이터가 주 정부로부터 이미 받기로 한 7,700만 달러 상당의 판매세 면제에 더해 추가로 받게 될 혜택이었다.[23]

더블린은 한 술 더 떴다. 평가액 675만 달러인 69에이커의 땅을 데이터센터 건립에 쓰도록 아마존에 제공한 것이다. 이곳에 부지 면적 75만 평방피트(약 2만 1,000평) 이상인 데이터센터를 짓는 한 "이 회사는 이 땅의 어느 부분에 대해서도 값을 지불할 필요가 없다"는 것이었다. 이에 더해 더블린은 또 다른 혜택도 제공했다. "건설 공사를 시작하기 전에 이 토지의 소유권을 인수하는 한, 프로젝트 그래나이트는 노조가 있는 기업과만 건설 계약을 할 수 있게 되어 있는 규정을 적용받지 않는다"는 것이었다.

세 도시 모두 신속 승인 절차를 통해 데이터센터 건설을 빠르게 진행할 수 있게 해주겠다고 했다. 힐리어드는 한 발 더 나가서 "도시용도 지정, 신청, 허가, 상하수도 등에 부과되는 통상적인 수수료를 모두 면제"하겠다고 했다. 또한 세 도시 모두 이 프로젝트가 대중의 시야에 드러나지 않고 언론의 심층취재 대상이 되지 않도록 최대한 노력하겠다고 약속했다.

세 도시는 다만 시 의회의 공개 세션에서 조세 혜택에 대해 공식적인 표결을 거치는 절차만은 피할 수 없으며 오하이오주의 정보공개법도 준수해야 한다고 거의 용서를 구하듯이 언급하면서 법이 요구하는 최소한을 넘어서는 정보는 절대로 공개되지 않도록 최선을 다하겠다고 약속했다. 더블린과 힐리어드는 완전히 똑같은 문구로 다음과 같이 맹세했다. "우리 시는 법원의 명령이 있지 않는 한 정보 제공을 거부할 것이다."

2014년 12월에 온라인에 채용 공고가 하나 올라왔다. 여러 직무에 대해 공고가 있었지만 그 중에서도 특히 노던 버지니아 클러스터에서 일할 '열정적인 데이터센터 매니저'를 구하고 있었다. 업무는 "이 시설의 일반적인 안녕 상태를 기록하고 모니터링하는 눈과 귀가 되어 그 안의 장비들에 필요한 필수적인 지원을 함으로써 시설에서 발생하는 사안들에 대해 1차적인 문제 해결의 역할을 맡는" 것이었다. 이 시설에 '안녕 상태'라고까지 말할 만한 것은 없었지만, 이 표현은 데이터센터에 얼마나 중요한 가치가 부여되었는지를 짐작케 한다. 저널리스트 앤드루 블룸은 "우리의 데이터는 우리의 정체성을 반영하는 거울이 되었고 우리의 가장 개인적인 사실과 감정들의 물리적인 구현체가 되었다"며 데이터센터를 "디지털 영혼의 저장소"라고 표현했다.[24]

이들이 일할 장소로 공지된 곳은 버지니아주 헤이마켓이었다. 정체 미상의 회사가 건축 허가 신청을 했던 곳 말이다. 채용 공지 내용을 보고서 이곳 주민인 엘레나 슐로스버그는 2014년 말과 2015년에 접어들어서까지도 아마존, 도미니언 버지니아 전력, 그리고 비밀유지 약정에 묶여 있는 카운티 당국이 존 마셜 하이웨이에 면한 땅에 들어설 50만 평방피트(약 1만 4,000평)의 데이터센터 뒤에 누가 있는지를 여전히 공식적으로 확인해주지 않고 있다는 것을 믿을 수 없었다.[25]

헤이마켓 주민들은 2014년 여름 도미니언 전력이 게인즈빌에서 헤이마켓의 새 변전소까지 10킬로미터 길이의 230킬로볼트 송전선을 새로 짓기 위해 승인 절차를 밟기 시작했을 때 데이터센터 이야기를 처음 들었다. 헤이마켓은 역사적으로 유서 깊은 작은 중심지 주위로 주택들이 옹기종기 들어선 도시로, 인구는 몇 천 명 정도였다. 두 아이의 엄마인 슐로스버그는 이런 일에 관여하고 싶지 않았다. 다발성경화증을 앓고 있는 데다 2005년에 또 다른 송전선을 놓고 싸움을 한 적이 있어서 이 전투가 얼마나 힘든지 너무 잘 알고 있었기 때문이다. 또한 엘레나는 기업 권력에 대해 절대로 순진하지 않았다. 엘레나의 아버지가 바로 오래전 워싱턴의 로비 산업을 일으킨 로비스트 케네스 슐로스버그다.

그런데 [2014년 말의 채용 공고를 보고] 새 송전선이 다른 어느 회사도 아니고 미국에서 제일 큰 회사 하나를 위해 지어지는 중이라는 사실을 알게 된 것이다. 송전선이 40미터 폭의 '주위지역 토지사용권'을 얻어서 30미터 높이로 헤이마켓을 관통하도록 되어 있었고 여기에 6,500만 달러의 돈이 들어갈 예정이었는데, 이것이 오로지 아마존만을 위한 것이라고 생각하니 화가 치밀었다. 게다가 도미니언 전력이 '루럴 크레센트'와 엘레나 가족의 땅을 가로질러 송전선을 지을 예정이라는 것을 알고서는 더욱 화가 났다. (예전에 도미니언 전력이 528개 가구가 사는 주거지 가까이에 송전선을 지으려 했을 때는 주거지에서 너무 가깝다는 이유로 허가를 받지 못했었다.)

엘레나는 싸우기로 했다. 부엌 식탁에서 사람들과 '프린스윌리엄 카운티 보호를 위한 연합'을 만들었고, 수천 장의 전단지를 돌렸으며, 배틀필드 고등학교에서 주민 모임도 열었다. 모임 장소를 가득 메운 사람들에게 엘레나는 도미니언 전력만이 아니라 아마존을 상대로도 싸워야 한다고 주장했다. 너무 많은 소비자들이 좋아하는 회사를 상대로 싸움을 하는 것은 좋은 생각이 아니라고 보는 사람들도 있었지만 엘레나는 그들을 설득했다. 훗날 엘레나는 이렇게 설명했다. "이 싸움은 송전선과 데이터센터에 대한 것이 아니었어요. 물론 그것도 있었지만, 정말 중요한 것은 우리 공동체가 독점적인 전력회사와 아마존 같은 회사의 부를 위해 보조금을 주고 있다는 것이었습니다. '아이고 아서요, 모두가 아마존을 좋아한다고요' 라고 말하는 사람도 있었어요. 네, 모두가 아마존을 좋아하지요. 아마존이 자기 공동체를 망가뜨리기 전까지는요."[26]

2015년 1월의 어느 날 새벽 4시 55분에 엘레나는 제프 베조스에게 이메일을 발송했다.

> 친애하는 베조스 씨,
> 제 이름은 엘레나 슐로스버그이고 버지니아주 헤이마켓 주민입니다. 당신이 계획 중인 50만 평방피트 규모의 데이터센터가 저희 지역공동체를 망가뜨리고 있다는 점을 알려드리기 위해 편지를 씁니다. 왜냐고요? 당신 회사의 누군가가 데이터센터처럼 밀도 있는 산업 시설을 지원할 인프라가 없는 장소를 선택했기 때문입니다. 당신의 데이터센터가 루럴 크레센트 외곽에 지어진다고 하는데, 이곳은 프린스윌리엄 카운티의 매우 귀중한 보호구역입니다.

당신의 시설이 필요로 하는 전력을 대려면 변전소를 새로 지어야 하고 230킬로볼트의 새 송전선이 들어서야 합니다. 새 송전선과 거대한 송전탑은 집들을 파괴할 것이고, 우리의 소중한 문화적 자원과 역사적 자원을 파괴할 것이고, 우리의 농촌 풍경을 파괴할 것입니다.

엘레나는 이곳 대신 카운티 당국이 더 동쪽에 그러한 목적으로 배정해 놓은 산업 단지에 데이터센터를 지으라고 제안했다. 아니면 적어도 I-66 주간 고속도로를 따라 주위지역 토지사용권이 설정되어 있는 경로로 송전선을 놓으라고 했다. 이 경로는 부분적으로 송전선을 지하에 묻게 되어서 경관을 덜 훼손할 수 있었다. 도미니언 전력이 비용은 더 들여야겠지만 말이다.

엘레나는 개인적인 이야기를 덧붙였다. 엘레나는 자신이 아이들을 몬테소리 학교에 보낸 것은 베조스 본인이 몬테소리 교육에서 크게 도움을 받았다고 자주 말했기 때문이라고 언급했다. "우리 두 사람 모두 몬테소리가 배움에 대한 사랑을 불어넣어줄 뿐 아니라 그 배움의 목적이 공동체에 대한 사랑과 서로에 대한 존중을 북돋우고 우리가 보호해야 할 환경을 잘 돌보는 사람이 되게 하는 데 있다는 것을 잘 알고 있습니다."

그리고 강경한 어조로 다시 돌아가서 이메일을 끝맺었다. "베조스 씨, 저희 공동체의 싸움은 널리 퍼져나갈 것입니다. … 우리는 도미니언 전력, 아마존, 그리고 아마존의 '고객', 이렇게 세 골리앗에 대적해 싸우는 다윗입니다. 베조스 씨, 계속해서 말씀드렸다시피 우리 공동체는 당신을 기꺼이 환영하겠지만, 당신 혼자 이득을 얻게 하는 데 우리의 집들과 우리의 고유한 자원들을 희생시키지는 않을 겁니다."

엘레나는 동일한 내용을 출력해서 우편으로도 보냈다. 물론 어느 쪽도

납신은 받지 못했다. 엘레나와 동료들은 이 싸움을 리치먼드[버지니아주의 주도]의 주 의회로 가지고 가서 도미니언 전력이 현재 계획된 경로 대신 대안 경로를 선택해 송전선 대부분을 지하에 매설하도록 하는 법안을 밀어붙였다. 붉은 티셔츠를 입은 주민들이 몇 대의 버스를 타고 리치먼드에 모여서 법안을 지지하는 시위를 했다. 하지만 도미니언 전력은 이 법안에 반대했고, 이 회사는 리치먼드에서 엄청난 영향력을 가지고 있었다. 2013년과 2014년에 주 의회 의원과 의원 후보들에게 160만 달러를 지원했고 주에 매년 1,500만 달러 상당을 신중히 고른 이곳저곳에 기부도 하고 있었다. 법안은 수포로 돌아갔다.[27]

엘레나와 동료들은 카운티 차원에서도 싸움을 계속했다. 이 프로젝트에 대한 도미니언 전력의 공청회에 참석해 항의했고, 카운티의 선출직 공직자들에게 서한을 보냈으며, '버지니아주 공공시설 위원회'에서 자신들의 입장을 대변할 경험 많은 변호사를 선임하기 위해 모금 운동도 전개했다(시가보다 낮은 선임료이긴 했지만 지불은 필요했다).

도미니언 전력은 주민들의 저항에 긴장하기 시작했고 결국 루럴 크레센트 지역을 송전선의 경로에서 제외했다. 2017년 6월, 공공시설 위원회에서 이 사건을 담당한 행정 분쟁 조정관(hearing examiner)은 송전선이 루럴 크레센트를 지나지 않게 경로를 다른 쪽으로 변경하라고 결정했는데, 그 다른 경로는 카버로드의 역사적인 흑인 공동체를 통과하게 되어 있었다.

고등학교 때 네이트 그레이슨은 스톤월 고등학교 1985년 졸업생이 될 동급생들을 우르르 집으로 초대해 졸업 파티를 열었다. 400명도 넘게 참석했다. 네이트의 엄마는 마카로니, 치즈, 감자 샐러드를 수북하게 만들었다. 그는 홈커밍 퀸이 1960년대 말 연식의 파란색 쉐보레 콜벳

스팅레이를 타고 도착할 수 있도록 준비했다.

30년이 더 지난 지금, 노던 버지니아처럼 단기적으로 머무는 사람들이 많은 곳에서도 네이트 그레이슨은 마을의 붙박이였고, 다들 그를 알았으며, 여전히 많은 사람을 모을 수 있었다. 도미니언 전력, 오하이오주의 전력 규제 당국, 그리고 아마존 웹서비스가 데이터센터에 전력을 공급할 새 송전선이 카버로드를 지나게 하기로 결정했을 때 그들은 몰랐겠지만 말이다.

이 사건을 담당한 오하이오주 행정 분쟁 조정관은 도미니언 전력이 카버로드 주민들로부터 토지를 수용할 수 있게 했다. 계획된 경로대로라면 네이트 그레이슨의 땅은 둘로 분할되어야 했다. 이것은 그에게 오래도록 그를 따라다닌 '태닝'의 느낌을 또다시 확인시켜 주었다. 세상에는 위계가 존재하고 그와 같은 외양의 사람들, 즉 흑인들은 위계의 바닥에 존재한다는 느낌 말이다. "90세 어르신도 계시는데, 이 분더러 대체 어디로 가라는 겁니까? 찰스 무어 어르신은 어디로도 가실 이유가 없으세요. 허버트 무어 어르신은…."

그들의 조상은 노예에서 해방되었지만 구매할 수 있는 땅은 이 카운티의 한 구석 땅뿐이라는 말을 들었다. 그리고 이제 이 구석 땅도 더 좋은 다른 용처가 나타났으니 더 이상 그들이 있을 수 없다고 했다. "나는 어떻게 사람들이 '너는 여기에만 있어야 해. 네가 머물러야 할 곳은 여기뿐이야. 그리 가치 있는 땅은 아니지만 알아서 나무 베고 개간해서 살 만하게 만들어봐'라고 말하더니, 그 다음에는 다시 '너는 여기 살 자격이 없어'라고 말할 수 있는지 이해가 되지 않습니다."

카버로드에 노인이 많아서 만만한가 하는 생각이 들지 않을 수 없었다. "어차피 곧 죽을 사람들이라고 생각하는 거 아닌가 싶어요."

하지만 그들은 죽지 않았고 그들을 보호하는 것이 네이트의 임무였다. 네이트는 송전선 소식을 동네에 알리기 시작했고 즉각적으로 반응이 왔다. 카버로드 사람들, 그리고 카버로드 출신인 더 많은 사람들이 행동에 나섰다. "가족행사 같았어요. 한 사람한테 이야기를 하면 마치 페이스북에서 퍼지듯이 쫙 퍼지더라고요."

엘레나 슐로스버그의 지휘 하에 원래의 송전선 경로에 반대 운동을 폈던 사람들은 이제 자신의 고급 주거지는 안전해졌으므로 뒷짐 지고 있을 수도 있었겠지만 그렇게 하지 않았다. 그들은 카버로드로 달려와 경험과 자원을 공유했다. 흑인과 백인이 모두 포함된 70명의 시위대가 헌든에 있는 도미니언 전력의 지역 본사에서 항의 시위를 벌였고, 데이터센터 입구로 이동해 또 항의 시위를 벌였다. 보안 요원들이 데이터센터를 경비하고 있었고 경내에 경비견이 있다는 경고판이 붙어 있었다. 카버로드의 오랜 주민인 노인들도 시위 현장에 나왔다. 칠십대 후반인 알위시어스 존슨은 투석을 중단하기로 결심하기 한두 해 전이던 이때 휠체어를 타고 시위에 참석했다.

네이트 그레이슨과 주민들이 시위와 회의, 공청회에서 저항을 벌이고 카버로드에 "**아마존의 연장 코드를 뽑아라**"라고 쓰인 팻말이 나붙으면서, 이들의 메시지는 점점 더 널리 알려졌다. 한 신문은 "아마존 데이터센터가 100년 된 버지니아주의 흑인 공동체를 위협하고 있다"는 제목의 기사를 게재했다.

그러는 동안 엘레나와 '프린스윌리엄 카운티 보호를 위한 연합'의 변호사는 경로 선정 이유와 관련해 아마존과 도미니언이 공식적으로 밝힌 내용의 비일관성을 파고들며 압박했다. 이들은, 하나의 사용자만을 위해 송전선을 연장할 경우 비용은 해당 사용자가 부담하도록 되어 있는 버지니아주 법을 근거로 들어 도미니언과 아마존을 공격하고자 했다. 이것은 명백히 이들 회사 쪽이 취약한 지점이었다.

저항의 압력이 거세지자 2017년 말에 카운티 의회는 도미니언 전력이 카버로드 경로로 송전망을 짓는 데 필요한 토지 수용권을 주지 않기로 결정했다. 행정 분쟁 조정관은 이 사건을 다시 개시해야 했고 도미이언 전력은 비용이 더 들지만 엘레나 등 주민들이 오랫동안 제안해온, 주간 고속도로를 따라 지으면서 일부는 지하로 매설하는 경로를 받아들일 의향이 있다고 밝혔다.

이것은 카버로드의 승리였지만 도미니언 전력과 아마존의 패배는 아니었다. 도미니언 전력과 아마존은 더 조용하고 눈에 띄지 않게 권력을 행사하는 쪽으로 간단히 전술을 바꾸었다. 원래의 송전선 계획이 틀어진 지 한두 달 뒤에 버지니아주 의회는 도미니언 전력이 제시한, 아마존만이 아니라 도미니언 전력의 모든 사용자에게 요금을 부담시켜 송전선 비용을 대겠다는 안을 받아들였다.[28]

그러는 한편 아마존은 데이터센터가 사용할 전력에 특별 할인을 적용해달라는 78페이지짜리 신청서를 주 규제 당국에 제출했다.[29] 할인의 조건이 정확히 무엇인지를 외부에서는 알아낼 길이 없었다. 신청서 한 부는 규제 당국이 봉인해서 가지고 있었고 외부에 발표된 것은 매우 축약된 버전이었다.

아마존을 위한 송전선 때문에 전기료를 더 내고 있다는 것을 사람들이 알게 되면서 카버로드의 승리는 빛이 바랬다. 낮게 웅웅 소리를 내는 거대하고 네모난 건물을 오며가며 볼 때에도 카버로드의 승리는 그때마다 빛이 바랬다. 네이트 그레이슨은 말했다. "이웃에 백악관이 들어와 있는 것 같아요. 침투할 수도 없고 정보도 없고 아무것도 없습니다. 저기에 건물이 하나 있는데 누가 오는지, 누가 가는지, 그 안에서 무슨 일이 벌어지는지 전혀 알 수가 없어요. 켜져 있는지 꺼져 있는지도 알 수 없습니다. 아무것도 알 수 없어요. 그리고 거기에서 무슨 이득이 나오는지도 알 수 없습니다. 그들은 내가 내는 세금에 대해서는 아무것도 하지 않았습니다. 도로 인프라 확충 같은 것, 그런 것은 하지 않았어요. 그들은 그저 저 한 켠에 파고 들어와서 돈을 벌고 있습니다."

정말로 엄청나게 돈을 벌고 있고 정말로 엄청난 속도로 성장하고 있던 아마존은 노던 버지니아의 송전선 싸움이 정점을 향해 가던 2017년 9월에 북미 어딘가에 제2본사를 마련하겠다고 발표했다. 아마존은 시애틀에서 이미 45개 이상의 건물을 쓰고 있었고 공간이 더 필요했다. 새로 지어질 제2본사에는 5만 명의 직원이 상주할 예정이었고 이들의 연봉은 평균 15만 달러가 될 것이었다. 제2본사에는 총 50억 달러가 투자될 예정이었다. 그 행운의 도시를 선정하기 위해, 아마존은 선정 과정을 모든 곳이 참여할 수 있는 공개경쟁에 부침으로써 마치 TV쇼 〈배첼러〉처럼 하나의 기업에 수많은 도시가 구애 경쟁을 벌이는 전국 규모의 거대한 리얼리티 쇼를 만들 작정이었다.

이제까지 입지 선정을 위해 이런 일을 한 회사는 없었지만 이제까지는 아마존 같은 회사 또한 없었다. 2017년 한 해 동안 아마존의 매출은 3분의 1이 증가했다. 아마존은 헬스케어 사업에도 진출했다. 아마존이 전 세계에서 고용한 직원 수는 50만 명을 넘어섰고, 이는 1년 만에 66퍼센트가 증가한 것이었다. 아마존의 시가총액은 4년 만에 다섯 배 이상이 되어 구글의 모기업 알파벳을 넘어섰고 애플에 이어 세계에서 두 번째가 되었다. 이렇게 급속한 성장은 단순히 회사의 성공을 보여주는 지표가 아니었다. 아마존 창업자 베조스는 빠른 성장이 회사의 생존에 필수 요소라고 생각했다. 언론인 찰스 두히그는 "베조스는 성장 속도가 둔화되면 아마존의 문화가 통째로 붕괴될 것이라고 우려했기 때문에 성장 둔화는 생각조차 하지 않으려 했다"고 언급했다.[30] 샌프란시스코, 워싱턴, 뉴욕, 보스턴, 로스엔젤리스, 오스틴 등 전국에 흩어져 있는 아마존 지사 모두가 적어도 1,000명의 '아마조니언'을 고용하고 있었지만, 너무나 빠른 속도로 성장했기 때문에 아마존은 단순한 지역본부가 아닌 완전한 본사가 하나 더 필요했다.

아마존이 엔터테인먼트 분야에서 거둬온 성공을 생각할 때, 이 과정을 구경할 만한 장관이 되게 만들기로 결정한 것은 놀라운 일이 아닐 것이다. 아마존은 2018년에 영화와 TV프로그램에 40억 달러를 투자했고 얼마 지나지 않아 동영상 스트리밍 시장의 3분의 1을 장악했다. 한 해 전에는 아카데미 시상식에서 최우수 작품상 후보에 오른 최초의 스트리밍 서비스 업체가 되었다.

새 본사의 위치를 정하는 것으로 공개적인 쇼를 지속시킬 수 있을 만큼 대중의 관심이 꾸준히 높게 유지되리라고 예상할 수 있으려면, 자신이 매우 높은 평판을 가지고 있어서 올림픽 챔피언이나 팝스타처럼 국가를 이리저리 나누는 여러 가지 분열 요인들을 압도할 만큼 인기 있는 존재라는 확신이 있어야 한다. 아마존은 그렇게 믿을 만한 이유가 있었다. 2018년 6월과 7월에 진행된 설문조사에 따르면 아마존은 미국의 민주당 지지자 사이에서 가장 신뢰받는 기관이었다. 정부, 대학, 노조, 언론보다도 신뢰도가 높았다. 공화당 지지자 사이에서는 세 번째로 신뢰받는 기관이었고 그 위의 둘은 군과 경찰이었다.[31] 아마존이 이미지에 광을 내기 위해 엄청나게 지출을 한 것도 도움이 되었을 것이다. 2018년에 아마존의 TV광고 지출은 6억 7,900만 달러였는데, 3년 전보다 두 배 가까이 팽창한 것이었다.[32]

제2본사 입지 선정을 공개경쟁에 부친 주요 동기가 무엇이었는지는 곧 분명해졌다. 이전에도 오랫동안 미국의 도시들은 아마존에 조세 특혜를 서로 많이 주려고 경쟁했고 아마존은 물류창고와 데이터센터를 지을 때 이 게임을 완벽하게 펼쳤다. 하지만 그때는 이 과정이 완곡한 표현으로 작성된 이메일과 시청사의 회의실에서 조용히 벌어졌다. 그런데, 경쟁 과정을 대중 방송 프로그램처럼 만들면 더 치열하게 경쟁을 붙이기 좋지 않겠는가? 미국인은 스포츠를 사랑하고 승자를 사랑하는 사람들 아닌가? 그리고 도시의 선출직 공직자들에게는 경주에 나선 자신의 도시가 더욱 더 맹렬히 질주하도록 응원하는 사람들의 함성이 아래로부터의 강력한 압력이 되지 않겠는가?

함성은 거의 즉시 들려왔다. "우리 시가 따내야 해!"

그리고 시 당국들은 함성에 민첩하게 반응했다. 종종 그것은 굽실거리며 절박하게 매달리는 형태를 띠었다. 투손은 6미터 높이의 선인장을 트럭에 실어 시애틀에 보냈다. 캔자스시티 시장은 아마존 제품 1,000개에 별점 다섯 개를 달았다. 댈러스는 아마존의 반려견 친화 정책을 파고들어 아마존 직원들에게 댈러스의 반려견 입양 비용을 면제해주겠다고 했다. 애틀랜타는 '도시 전역에 상품이 잘 유통되도록' 아마존 전용 열차를 추가하겠다고 했다. 애틀랜타 교외의 스톤크레스트는 아예 도시 이름을 아마존으로 바꾸겠다고 했다.

이러한 서커스가 펼쳐지는 가운데, 이것이 얼마나 의미심장한 순간인지를 인지한 사람들이 있었다. 아마존은 제2의 보금자리 건설을 심하게 기울어진 미국의 풍경에서 균형을 되찾고, 승자독식 테크놀로지 자본주의가 가져다준 이득을 밀려난 지역들과 나누는 기회로 사용할 수도 있었을 것이다. 가령, 2017년 9월에 『뉴욕타임스』 칼럼니스트인 로스 다우서

트가 언급한 것처럼 말이다.

> 아마존이 제2본사 입지 선정을 부분적으로는 홍보 활동이자 부분적으로는 진정으로 애국적인 기업 시민 정신을 발휘하는 행위로 여긴다면 어떨까? … 뻔한 '보스워시[보스턴-워싱턴]' 허브나 '창조계급'[creative-class, 고학력의 혁신가 및 하이테크 전문가 등을 일컫는 신조어]이 모이는 번영의 도시를 선택하는 대신, 보수적인 주의 중간 규모 도시들, 가령 내슈빌, 인디애나폴리스, 버밍엄 같은 곳에 본사를 두기로 하면 어떨까? 혹은, 보스턴이 아니라 하트퍼드, 워싱턴이 아니라 볼티모어, 뉴욕이 아니라 브리지포트처럼 동부 연안 중에서도 뻔한 후보지 말고 고군분투하고 있는 다른 지역을 찾을 수도 있지 않을까? 혹은, 쇠락한 대도시를 선택해서 '아마존 클리블랜드'나 '아마존 디트로이트'를 건설함으로써 도시 재생을 이끄는 엔진으로서 존재감을 불어넣는다면 어떨까?
>
> '미국에 좋은 것이 무엇인가'에 대한 나의 지극히 주관적이고 비과학적인 기준으로 볼 때는 세인트루이스가 특히 매력적인 선택으로 보인다. 한때 위대한 도시였던 세인트루이스는 어려운 시절이 닥치면서 몰락했고 '트럼프의 나라'가 대거 확산되는 데 주되게 일조하고 있는 도시다. 또한 이곳은 지리적으로도 미국의 중앙이고 역사적으로도 서부와 동부를 잇는 가교 역할을 해온 곳이다.[33]

매력적인 주장이었지만 4개월 후에 아마존은 이런 뜻에 아무 관심이 없음이 명백하게 드러났다. 2018년 1월에 제2본사의 최종 후보지 20곳이 발표되었는데, 보스워시 허브와 창조계급이 모이는 번영의 도시 일색이었다. 목록에는 하이테크 인재들이 지금도 넘쳐나고 다른 곳에서 사람들을 더 끌어오기에도 좋아 보이는 보스턴, 워싱턴, 뉴욕, 오스틴이 포함되어 있었다. 디트로이트, 볼티모어, 클리블랜드, 세인트루이스는 목록에 없었다. 중부 도시 중 목록에 올라온 곳은 콜럼버스와 내슈빌처럼 각자가 속한 지역에서 승자독식 도시로 부상한 곳들이었다. 컷오프를 통과하지 못한 많은 제안서 중에 데이턴과 신시내티의 공동 제안서도 있었는데, 데이턴 시장 낸 웨일리는 "연안 도시들과 나머지 모든 도시들 사이에 명백한 분리가 보이기 시작했다"며 "사람들이 중간 규모 도시를 이해하지 못하는 것 같아 우려스럽다"고 말했다.[34]

곧 'HQ2'라고 불리게 되는 아마존 제2본사는 미국의 풍경에서 균형을 다시 잡거나 아래로부터 결정되는 프로젝트가 되지 않을 것이었다. 물론 아마존과 제프 베조스는 그렇게 되기를 기대한 사람들에게 해명하지 않았다. 그들로서는 해명할 필요가 없었다. 아마존의 '리더십 원칙'에 다음과 같은 내용이 떡하니 명시되어 있으니 말이다.

"리더는 확신과 끈기가 있어야 한다. 리더는 사회적 결속이라는 명분에 타협적이지 않아야 한다."

훗날 아마존이 한 기자에게 말했듯이, "아마존은 HQ2가 어려움에 처한 지역사회를 돕기 위해 고안된 프로젝트라고 말한 적이 없었다."[35]

베조스가 창업할 도시를 시애틀로 정하는 데 기여한 초창기 투자자 닉 하나우어는 이후에 점점 아마존에 비판적이 되어온 터라 아마존이 HQ2 프로젝트를 고전하는 도시들을 부양하는 데 쓰지 않겠다는 명백한 신호를 보내는 것에 놀라지 않았다.

"사회의 문제를 바로잡는 거요? 장난합니까? 베조스는 골수 자유지상주의자예요. 그들에게 세상에서 유일하게 중요한 것은 아마존이 얼마나 잘되는가이고 다른 어떤 것도 그보다 중요하지 않은 사람들입니다. 그들은 아마존에 가장 좋은 곳으로 갈 겁니다. 그것이 그 지역에 어떤 영향을 미치느냐고요? 그들에게 이것은 고려사항이 아니에요. 그들은 그런 것을 고민하지 않습니다. 제프의 관점은 전형적인 신자유주의적 관점입니다. 기업의 유일한 목적, 주주의 유일한 목적은, 다른 모든 이들을 배제하더라도 주주의 이익을 실현하는 것이라고 보는 관점 말입니다. 그들에게는 이것이 지고의 책임입니다. 주주가치 극대화가 어찌어찌 마법처럼 공공선도 불러오게 되리라는 것입니다. 주가가 유일하게 중요한 것이라고 생각하는 사람들이 다른 일을 왜 하겠습니까?"[36]

"알렉사, 기조 연사분을 소개해주겠니?"

알렉사가 최근 업그레이드된 목소리로 대답했다. "영광입니다." 덜 로봇처럼 들리고 더 인간처럼 들리도록 고안된 새 목소리는 슈퍼볼 광고에서 첫 선을 보인 바 있었다. 워싱턴 컨벤션 센터의 커다란 홀에 알렉사의 목소리가 울려 퍼졌다. "아마존 웹서비스의 월드와이드 공공부문 담당 부회장이신 테레사 칼슨 님을 무대로 모시겠습니다."

이것은 제9회 '아마존 웹서비스 공공부문 연례 컨퍼런스'였다. 처음에는 강 건너로 알링턴 국립묘지가 마주보이는 메리어트 호텔에 50명이 모여서 시작했는데 2018년에는 워싱턴 DC에 있는 이 컨벤션 센터에 1만 4,000명이 모인 가운데 열렸다. 이 컨퍼런스 규모의 엄청난 팽창은 아마존이 클라우드 서비스에서 승자가 되었음을 가시적으로 보여주는 상징 같았다. 그해에 아마존의 클라우드 인프라는 155억 달러의 매출을 올리게 되는데, 이것은 클라우드 분야 라이벌 기업들 전체의 매출을 다 합한 것과 비슷했다.

아마존의 클라우드 시장 장악력은 이날 행사의 주제인 영역, 즉 정부 영역으로도 퍼지고 있었다. 아마존은 정부의 사무용품 조달 시장을 장악했듯이 훨씬 더 수익성 높은 정부의 IT 조달 시장을 장악하는 일에 나섰다. 아마존은 2013년에 CIA를 아마존 클라우드로 이전하는 6억 달러짜리 계약을 따냈고, 정부 계약 중 역대 최대 규모인 펜타곤의 100억 달러짜리 클라우드 이전 프로젝트에서 최종 후보 두 곳에 들었다. 아마존 웹서비스의 월드와이드 공공부문 사무실이 버지니아주 알링턴의 사무 단지인 볼스턴에 있는 것은 우연이 아니다. 이곳은 펜타곤에서 지하철로 여섯 정거장, 거리로는 5킬로미터밖에 떨어져 있지 않다.

제2본사 위치를 정하기 전에도 아마존과 워싱턴의 긴밀성은 점점 더 뚜렷해지고 있었고, 워싱턴이 새로이 경험하고 있는 부와 번영에 아마존이 기여하는 바도 점점 더 굵직해지고 있었다. 이제 아마존은 정부 대상 클라우드 서비스 분야를 너무나 막대한 비중으로 장악하고 있어서 여기에서 파생되는 파이 조각을 얻고자 하는 모든 업체들이 아마존이 주최하는 컨벤션에 모이고 있었다. 이날 컨벤션 센터에 공급업체들을 위해 꾸려진 홀에는 이들 기업이 세운 부스가 빼곡했다. 부스에는 푸가, 잭타, 알프레스코, 옥타, 스노플레이크, 인퀴지트, 비암, 드루바 같은 이름이 붙어 있었다.

칼슨은 청중에게 아마존의 위치가 그들보다 얼마나 아득하게 앞서 있는지 말하고 싶어 몸이 근질근질한 것 같았다. 아마존 웹서비스는 공공기관이 클라우드 서비스에 지출하는 돈의 거의 절반을 가져가고 있었다. 5년 전에 불과 45명이던 직원은 2만 명이 되었다. 영업이익률도 무려 26퍼센트에 달했고 아마존 전체 영업이익의 절반 이상을 차지하고 있었다. 아마존이 클라우드 서비스 분야에서 누리는 막대한 수익과 지배력은 아마존이 자신의 출발이었던 소매 유통 분야에서 계속해서 가격을 극히 낮게 유지할 수 있게 해주고 있었다. 거의 손해 보는 가격을 설정해서 경쟁자들을 계속 몰아낼 수 있게 해주는 것이다.

그리고 클라우드는 성장 잠재력도 무한했다. 베조스 본인이 말했듯이, 아마존 웹서비스가 "접근할 수 있는 시장 규모는 수조 달러에 또 수조 달러"였다. 칼슨은 켄터키주 특유의 짙은 남부 사투리로 아마존의 놀라운 성장이 가져다준 효율성 향상을 자랑스럽게 이야기했다. "규모의 경제 덕분에 아마존 웹서비스는 2006년에 선보인 이래 가격을 인하하라는 어떤 외부 압력도 없었는데도 예순여섯 차례나 가격을 인하할 수 있었습니다. 저희는 규모의 경제를 확보하면 이를 고객과 파트너에게 돌려줍니다."

칼슨의 뒤쪽에 있는 스크린에는 온통 핀들이 꽂혀 있는 모양의 세계지도가 있었다. 칼슨은 열한 살 소년이 '리스크' 게임에서 자신의 영토에 있는 군대를 세듯이 그 지도를 손으로 가리키면서 아마존의 변경이 누구도 꺾을 수 없는 추세로 확장되어 왔음을 보여주었다. "저희는 산업적 규모의 '리전'(region)을 만들었습니다. 리전은 전 세계에 저희의 데이터센터 클러스터가 있는 물리적 장소들을 의미합니다. 저희는 전 세계에 18곳의 리전, 55곳의 가용 영역[availability zone, 리전 내에서 서버를 분산시켜 리스크가 분산되도록 한 것], 108곳의 에지 로케이션[edge location, 근거리에 백업 서버를 두어 장애 발생 시에도 즉각 서비스가 가능하도록 한 것]을 두고 있습니다."

"분명히 말씀드릴 수 있는데요, 저희는 속도를 늦추지 않을 것입니다."

이날 오후, 캐피톨힐[연방 의회와 대법원 등이 위치한 지역] 근처에 새로 지어진 아마존의 워싱턴 사무실과 1킬로미터 정도밖에 떨어지지 않은 곳에서 열린 VIP 리셉션에 엄선된 참가자들이 모습을 나타냈다.

거대 방산업체 레이시온의 수석 IT 설계자 제이 뎀러는 들어가기 전에 유리문에 비친 머리 매무새를 다듬었다.

한 아마존 로비스트가 걸어가면서 또 다른 로비스트에게 인사를 건넸다. "오늘 의사당에서 어떠셨어요?"

SUV 자동차 한 대에서 군인 정복 차림을 한 사람이 내렸고 역시 군복을 입은 부하 두 명이 그 차량이 주차한 곳의 미터기를 살펴보는 동안 문 쪽으로 걸어왔다.

문에는 아마존 직원 한 명이 마중을 나와 있었다. "기다리고 있었습니다." 정복 차림의 사령관은 해군 제독 칼 L. 슐츠였다. 그는 미 해안경비대 제26사령관으로 부임한 지 3주째였는데 아마존 클라우드로 이전을 고려하고 있었다.

아마존 임원들도 줄줄이 들어왔다. 파트너 개발 담당 존 피터슨은 몇몇 아마존 웹서비스 동료에게 아마존 사람은 내빈들이 알아볼 수 있도록 흰 옷을 입으라는 지침을 받지 않았느냐고 물었다. 사실 흰 옷을 입고 온 사람은 거의 없었다.

또 다른 사람은 옆에 있는 사람에게 이렇게 말했다. "나는 오바마 정부 시절에 노동부에 있었는데요, 그게 벌써 2년 반 전이네요."

앞에서 걸어가고 있는 사람 중에는 진보 성향 싱크탱크인 미국진보센터의 존 핸리와 군 계약을 주로 하는 민간업체 BAE의 최고기술책임자 매니시 파리크, 로펌인 칼핀 앤 드라이스데일의 조세 전문 변호사 제임스 아미티지, 또 다른 진보 성향 싱크탱크인 '어반 인스티튜트'의 기술 및 데이터 과학 담당 최고정보책임자 겸 부회장 쿨루드 오데흐 등이 있었다.

로비의 엘리베이터 앞에 줄이 길어졌다. 줄이 보이기 시작하자 한 여성이 말했다. "아이고, 세상에."

바깥의 F거리에서는 젊은 흑인 여성이 수건 한 장과 베개를 놓고 인도에서 잠을 자고 있었다. 누군가가 그 옆에 샌드위치를 놓고 갔다.

오데흐는 작별 인사 삼아 핸리와 가볍게 포옹을 하고 또 다른 행사에 참석하기 위해 자리를 떴다. "레스턴에서 사이버 무슨 행사가 있어서요."

'아마존 웹서비스 이스트'가 중서부의 개척지를 건설하는 데는 2년이 채 걸리지 않았다. 2016년 10월에는 콜럼버스의 순환도로 I-270에 면한 오하이오주의 새 데이터센터 세 곳이 모두 가동되고 있었다. 시 당국자들은 더 이상 기자들에게 (아직도 탐사 보도를 하려는 기자가 있다면) 위치를 숨기려 애쓸 필요가 없었다. 거대한 회색 건물이 들판에 너무나 명백하게 솟아 있었기 때문이다. 그리고 이 건물들은 앞으로 들어설 더 많은 건물의 첫 번째 대열일 뿐이었다. 아마존은 오하이오주 중부에 십여 개의 데이터센터를 더 지을 것이라고 발표했다. 2018년에 아마존, 마이크로소프트, 구글, 페이스북의 자본 지출은 상당 부분이 데이터센터에 쓰였는데, 그 한 해 동안에만 전년 대비 50퍼센트 증가한 770억 달러를 지출했다.[37] 데이터센터가 활발히 가동되면서, 데이터센터에서 나오는 폐장비를 재활용하는 새로운 사업부까지 생겼다. 기계가 한두 해 정도밖에 가지 않아 폐장비가 계속해서 배출되었기 때문이다.[38]

콜럼버스의 순환도로에서 10시 방향에 있는 힐리어드의 겨울 하늘을 배경으로 솟아있는 창백한 회색 건물은 눈 속의 흰 토끼처럼 보호색으로 위장을 한 듯 보였다. 그 건물 뒤에는 조금 더 복잡하게 생긴 또 다른 회색 건물이 있었는데, 이 데이터센터에 전력을 대는 변전소였다.

순환도로의 11시 방향에 있는 더블린의 데이터센터는 코스트코, TJ 맥스, 펫스마트, 알디, 웬디스, 팀홀튼이 있는 쇼핑 플라자에서 멀지 않은 곳에 있었다. 팀홀튼에서 일하는 젊은 직원은 길 아래쪽의 거대한 건물이 무엇인지 알지 못했고, 사실 그게 무엇인지 생각해본 적도 없었다.

순환도로의 1시 방향에 있는 뉴올버니의 데이터센터는 홀로 서 있는 것이 아니라 물류 건물들이 모여 있는 지역의 가장자리에 위치해 있었다. 마스트 글로벌, 액시옴 플라스틱, 이그지비트프로, 암코, KDC/원 등의 물류 창고가 여기에 모여 있었다.

아마존 데이터센터와 나란히 반농촌 지역에 여전히 남아있는 빈곤의 흔적이 보였다. 비치 로드의 아마존 데이터센터 맞은편 쪽에는 판자촌과 트레일러 파크가 있었다. 어느 집 문에는 "우리는 총을 들고 다님. 경찰은 들고 다니기 무거우니까"라는 팻말이 쓰여 있었고, 또 다른 팻말에는 "당신은 평화로 해봐. 그게 안 되면 내가 총으로 해결하지"라고 쓰여 있었다.

새로 온 기업의 이웃들이 침입해 올까봐 경계하는 것은 아니었다. 한 주민은 데이터센터가 지어지는 동안 지역공동체를 방문한 사람은 전혀 없었다고 했다. 그저 작년까지는 그곳에 아무것도 없었는데 올해 갑자기 건물이 쑥 나타났을 뿐이었다는 것이다.

피자 배달원이 보안 시설이 되어 있는 안으로 들어가는 허가를 얻기 위해 정문 앞에 차를 세웠다.

길 바로 아래쪽 페이스 라이프 교회의 안내 데스크에는 돈 돌턴이라는 주민이 앉아 있었다. 10여 년 전에 이 교회가 생겼을 때는 주위에 판잣집과 옥수수밭, 콩밭밖에 없었는데 그 다음에 물류창고와 데이터센터가 들어왔다. 패밀리 레스토랑 '밥 에번스' 옆에 7억 5,000만 달러를 들여 지은 페이스북의 새 데이터센터는 아마존 데이터센터보다도 컸다. 이곳은 345에이커 면적의 땅에 들어서 있었고 건물 면적이 2만 7,000평에 달했다. 구글도 6억 달러를 들여 데이터센터를 지을 계획이었다. 데이터센터는 인근의 더 작은 도시와 마을들을 아우르는 공급망을 만드는 산업이 아니었다. 데이터를 담고 있는 기계들을 돌리는 인력 몇 십 명 정도가 고용될 뿐이었고, 이것은 한때 공급업체들이 크고 작은 허브와 연결되어 있었던 복잡하고 풍성한 연결망과는 전혀 비슷하지 않았다. 멀리 샌프란시스코 베이 에어리어나 시애틀에 적을 둔 아마존, 페이스북, 구글, 애플 같은 기업 입장에서 중요한 도시는 콜럼버스도 신시내티도 데이턴도 아니고, 런던이나 도쿄처럼 인재와 자본을 놓고 경쟁하고 있는 글로벌 도시나 중국의 선전처럼 아직 아마존이 필요로 하는 제조품을 대량으로 제공할 수 있는 먼 도시들이었다.

바람이 그쪽 방향에서 불어오면 새로 들어선 '배스 앤 바디'[목욕용품 회사]의 물류센터에서 오는 향기를 맡을 수 있었다. 돈 돌턴이 말했다. "우리 주위를 이런 것들이 둘러싸고 있습니다."

후보지가 스무 곳으로 압축되면서 제2본사 유치 경쟁은 더욱 치열해졌다. 시 당국들은 시간과 돈이 부족한 와중에도 셀 수 없이 많은 시간과 돈을 써가며 제안서를 세세하게 수정했고 컨설턴트를 고용해 아마존의 현장 방문에 대비했다.

무엇보다, 도시들은 점점 더 큰 특혜를 주겠다고 제안했다. 정확히 얼마인지는 대부분 공개하지 않았다. 아마존이 구애자들에게 협상 과정을 비밀에 부치라고 했고 안 그러면 고려에서 제외하겠다고 했기 때문이다.[39] 이 일의 공공적인 성격을 생각하면 이러한 비밀유지 요구는 더욱 놀랍다. 아마존에 제공할 조세 혜택 안을 승인해야 하는 시 의원들조차 한참 동안 세부사항을 알지 못했다. 인디애나폴리스에서는 시청 직원 400명이 비밀유지 조항에 서명했다. 워싱턴 교외 지역인 메릴랜드주 몽고메리 카운티는 정보공개 청구가 들어와 10페이지 분량의 문서를 제공해야 했는데 죄수복 줄무늬 마냥 거의 모든 줄이 검게 지워져 있었다. 클리블랜드는 정보공개 청구가 들어오자 제목 페이지와 목차를 제외하고 제공했다. 도시들이 제출한 238건의 제안서 중에서 124건은 완전히 비밀이었다. 가령 마이애미 당국은 정보공개 청구에 대해 이렇게 거부했다. "아마존 HQ2와 관련된 문서는 공개하지 않습니다. 우리는 FOIA[정보공개법] 대상이 아닙니다." 오스틴, 애틀랜타, 인디애나폴리스도 이와 비슷하게 정보공개를 거부했다.

여기저기에서 몇몇 숫자들이 조금씩 나타나면서 입찰의 규모를 가늠해볼 수 있었다. 콜럼버스는 20억 달러 이상을 제시했다. 시카고는 데이터센터 직원들이 내는 개인소득세 연 13억 2,000만 달러를 환급해주겠다고 했다. 메릴랜드주는 65억 달러의 조세 혜택 안을 승인했다. 뉴어크는 아마존에 70억 달러를 제공하겠다고 제안했는데, 이러한 제안을 하고 있었던 바로 그 시기에 자기 도시의 납 수돗물 문제는 해결하지 못하고 있었다는 사실이 2년 뒤에 드러났다.

아마존 실사단의 현장 방문도 비밀리에 이뤄졌다.[40] 어떤 도시는 실사단에게 보트 투어를 시켜주었다더라, 어떤 도시는 자전거 투어를 시켜주었다더라 하는 소문들이 새어나왔다. 다들 동의하는 바로, 절박한 것처럼 보이지는 않으면서 환대를 베푸는 것이 핵심이었다. 1차 입찰에서 떨어졌던 많은 도시들이 사치스러운 대접으로 촌스럽게 환심을 사려 했던 것 같은 전술을 피하면서 말이다. 이제는 내용이 훨씬 진지했다. 아마존 실사단은 지역 고등학교 졸업생들의 SAT 점수를 알고 싶어 했고(제프 베조스가 아마존 직원을 면접할 때 SAT 점수를 알고 싶어 한다는 점을 반영한 것이다) 버스와 전차로 다니는 것을 선호했다.

선정 과정이 너무나 꽁꽁 숨겨져 있어서 입찰자들은 어떤 단서라도 붙잡으려 했다.[41] 알래스카 항공이 시애틀에서 콜럼버스로 가는 직항편을 추가했다! 카네기멜론 대학의 컴퓨터과학 학과장이 사임한다는데, 피츠버그에 들어설 HQ2로 영입된다는 뜻이 아닐까?

또 제프 베조스가 '퍼플'이라는 컨트리클럽 개발업자와 함께 마이애미에 있는 것이 목격되자(퍼플은 인스타그램에 "세계에서 가장 부유한 사람과 어울리는 것은 날이면 날마다 있는 일이 아니다"라고 적었다) 『마이애미 헤럴드』는 '마이애미의 HQ2 입찰에 대한 청신호일까?'라는 제목의 기사를 게재했다.

다시 PHL6

펜실베이니아주 칼라일

펜실베이니아주 칼라일의 풀필먼트 센터에서 2014년 6월 1일에 조디 로즈가 사망하고 사흘 뒤, 직업안전보건국 해리스버그 담당자 케빈 킬프는 유가족인 로즈의 아들에게 위로의 편지를 보냈다. "어머님의 사망에 깊은 조의를 표합니다. 직업안전보건국이 조사를 진행하고 있음을 알려드리고자 합니다."

직업안전보건국 조사관은 아마존에 법원의 증인소환장을 전달했고 물류창고 노동자들을 만나 이야기를 들었으며 크라운 PC4500 모델의 전동 지게차가 어떻게 구동되는지 확인했다. 또한 그들은 로즈의 아들에게 전화로 연락을 시도했는데 연결은 되지 않았다. 조사관은 크라운 지게차 대리점도 찾아갔고 점장의 소개로 지게차 제조업체 사람도 만났다. 이곳 물류창고의 안전 담당자 다이애나 윌리엄스, 아마존을 대리하는 뉴저지주 프린스턴 소재 로펌 변호사 존 맥가렌에게도 질문했다. 맥가렌은 모든 질문은 서면으로 보내고 30일간의 답변 기간을 달라고 요청했다.

2014년 9월 22일에 직업안전보건국은 로즈의 혈액에서 독성 물질을 검사한 결과지를 받았다. 십여 가지의 약과 마약 성분이 검출되었다. 그중에는 니코틴, 항우울제와 금연보조제로 판촉되는 부프로피온, 마리화나의 주성분인 델타9-THC, 베나드릴, 항간질제이지만 신경통 치료에도 쓰이는 가바펜틴, 바이코딘이나 조히드로 같은 오피오이드[마약성 진통제]에서 발견되는 하이코돈, 코베인이나 헤로인에서 흔히 검출되는 모르핀, 불안증세에 처방약으로 쓰이는 벤조디아제핀인 옥사제팜, 옥시콘틴 같은 오피오이드에서 발견되는 옥시코돈 등이 있었다. 높지는 않았지만 혈중 알코올 농도도 0.02로 나왔다.

11월 14일, 케빈 킬프는 다이애나 윌리엄스에게 서신을 보내 직업안전보건국이 칼라일의 물류창고를 조사한 결과 PIT 지게차 작동에서 '잠재적인 위험성'이 발견되었으며 특히 '언더라이드 위험'이 있다고 경고했다. "조사 결과, 키 큰 선반 대부분에서 낮은 쪽 수평대가 바닥에서 49인치(약 124센티미터) 높이에 있는 것으로 나타났습니다. 이 높이는 PC4500 지게차가 언더라이드 위험을 수반함을 의미합니다. 지게차의 앞부분이 선반의 낮은 쪽 수평대 아래로 들어가서 운전자가 선반의 수평대와 지게차의 등받이 사이에 끼일 수 있습니다."

킬프는 낮은 쪽 수평대의 높이를 조절하고 PC4500 지게차를 다른 모델로 교체할 것을 제안했다. 하지만 "직업안전보건국의 구체적인 기준이 이 위험에는 적용되지 않으며" 따라서 "이번 사고에 대해서는 범죄 혐의에 대한 소환장을 발부하지 않을 것"이라고 고지했다.

다시 두 달이 더 지나서, 킬프는 로즈의 아들에게 서신을 보내 조사 결과를 알리면서 이렇게 전했다. "조사 결과상 사업주가 보건 안전 기준을 위반하지 않은 것으로 나타났지만, 저희는 어떠한 금액으로도 유가족이 경험하시는 상실과 이 비극으로 인해 영원히 달라지시게 될 삶을 보상할 수 없음을 잘 알고 있습니다."

그로부터 3년이 채 지나지 않은 2017년 9월 19일, 칼라일 지역의 응급 구조대에 PHL6(이 물류창고에 아마존이 붙인 이름. PHL6는 앨런로드에 위치해 있으며 편리하게도 I-81 고속도로와 펜실베이니아 톨게이트 둘 다에서 가깝다)에서 또 신고 전화가 걸려왔다.

오후 5시가 막 지난 시각에 로컬 트럭회사인 '레볼루션 트랜스포트' 소속 운전기사가 PHL6에 도착해 129번 도크에서 밖으로 나갈 물량이 적재된 트레일러를 2001년식 볼보 트랙터[트레일러 운반차]에 연결하려고 애쓰고 있었다. 그는 트레일러의 킹핀이 '제5륜'이라고 불리는 트랙터의 핀플레이트와 잘 맞물리지 않아서 낑낑대는 중이었다.

야드 자키(yard jockey, 하역장 도크에 트랙터가 싣고 온 트레일러를 넣고 빼는 작업자)인 데번 슈메이커(Devan Shoemaker)가 그를 도우러 왔다. 슈메이커는 2010년에 이 물류창고가 문을 열었을 때부터 야드 자키로 일하고 있었다. 그는 이스트 주니아타 고등학교를 졸업하고 2년 뒤에 임시 파견직으로 이 일을 시작했다. 고등학교 때는 [농업인 양성과정인] '미국의 미래 농부'(Future Farmers of America) 프로그램에 참여하기도 했다.

슈메이커는 트랙터 뒤쪽에 운전사와 함께 서서 문제에 대해 상의했다. 그리고 잠시 어디론가 갔다가 노란 막대 같이 생긴 것을 가지고 돌아왔다. 트레일러 고정용 스탠드의 파이프형 손잡이였다. 이것으로 제5륜의 엉킨 부분을 풀어보려는 것이었다. 운전사가 다시 한 번 트랙터를 후진해 트레일러에 대어 보았지만 여전히 제5륜이 킹핀에 물리지 않았다.

운전사는 다시 트랙터에서 내려왔고 두 사람은 제5륜에 기름칠이 너무 많이 되어서 그런 것이 아닐까 추측하면서 더 궁리했다. 운전사는 트랙터를 다시 앞으로 빼서 트레일러와 트랙터 사이에 그들이 들어가서 작업할 수 있는 공간을 만들기 위해 다시 운전석으로 올라갔다.

트랙터가 앞으로 이동했을 때 아직 슈메이커는 제5륜 옆에 있는 트랙터의 복륜 뒷바퀴 사이에 서 있었다. "어어어어!" 그가 소리쳤다.

운전사는 듣지 못하고 계속 트랙터를 앞으로 움직였고 슈메이커는 각각 지름 106센티미터, 너비 27센티미터에 바퀴 한 개당 무게가 54킬로그램인 복륜 타이어에 깔렸다. 다른 노동자가 이것을 보고 소리를 질렀고 그 소리에 운전사가 트랙터를 세웠다.

슈메이커는 피투성이가 되어 엎드린 자세로 쓰러져 있었다. 누군가가 911에 신고했고 구급차, 주 경찰, 그리고 아마존 현장 안전팀이 도착했다.

컴벌랜드 카운티 검시관은 슈메이커가 머리와 상체가 짓눌려서 현장에서 즉사했다고 발표했다. 그는 스물여덟 살이었고, 결혼했으며, 어린 아들이 있었고, 미들버그 로지 넘버 619에 소속된 프리메이슨 일원이었다. 그는 반려견인 맥스와 데이지와 노는 것, 4륜구동 자동차를 타는 것, 정원 가꾸는 것, 요리하는 것, 공예품 만드는 것을 좋아했다.

직업안전보건국 해리스버그 사무소는 다시 한 번 아마존 PHL6에서 일하다 숨진 노동자의 유가족에게 애도를 전하는 서신을 보냈다. 새로 해리스버그 사무소를 담당하게 된 데이비드 올라는 "직업안전보건국이 데번 씨의 사망과 관련해 조사하고 있음을 알려드리고자 합니다"라고 서신에 적었다. 10월 2일에 올라는 유가족 중 한 명에게 조사가 향후에 어떻게 진행될지에 대해 설명했다. 그 유가족은 사고 당일 밤에 아마존에서 아무도 방문하거나 전화해 알려주지 않았으며, 데번이 평소 같으면 집에 왔어야 할 시간에 오지 않아서 동료에게 전화를 걸어보고서야 무슨 일이 일어났는지 알았다고 말했다.

올라는 칼라일 물류센터에 새로 부임한 안전 관리자 토머스 후츠에게 서신을 보내 도크의 사진, 목격자 진술, 교육훈련 기록, 작업 규칙, 야드 자키 직원 목록 등의 자료를 요청했다. 후츠는 아마존의 스마일 로고와 '풀필먼트'라는 굵은 글씨가 새겨진 회사 레터지에 작성된 커버 레터와 함께 일부 자료를 보내왔다.

하지만 아마존 직원들을 만나 이야기를 듣겠다는 요청에는 쉽사리 응하지 않았다. 로즈가 사망했던 2월에도 아마존을 대리했던 프린스턴 소재 로펌의 변호사 마크 피오르는 직업보건안전국 사람이 아마존 직원을 만나 조사할 때 자신도 동석하겠다고 주장했다.

직업안전보건국의 한 조사관은 이에 반대하면서 동료에게 보낸 이메일에서 이렇게 언급했다. "나는 비밀유지 권리에 대해 설명했고 변호사가 동석하면 아마존 직원들을 만나지 않겠다고 했습니다. 그런데 그는 변호사가 동석할 수 있다는 판례가 있다고 하네요."

이에 대해 직업안전보건국 해리스버그 담당자 올라는 직업안전보건국이 데번 슈메이커의 사망과 관련해 아마존에 "범죄 혐의에 대한 소환장을 발부할 계획이 없으므로" 그 문제를 왈가왈부하는 것은 어차피 의미가 없다고 대답했다.

열흘 뒤에 직업안전보건국 필라델피아 사무소의 해럴드 롤랜드는 해리스버그 사무소의 올라에게 보낸 서신에서 회사 측의 어떠한 위반도 발견되지 않았다는 결과를 다음과 같이 공식적으로 확인해주었다. "이 사건은 종결해도 되겠습니다."

주거 위기 7

기부와 세금 회피

시애틀-워싱턴 DC

2004년, 두 명의 젊은이가 살고 싶은 곳을 찾기 위해 뉴욕주 빙엄턴에서 그레이하운드 버스에 올랐다. 케이티 윌슨(Katie Wilson)과 스콧 마이어스(Scott Myers)는 고등학교 때 '폭탄 말고 음식을'(Food Not Bombs) 활동을 하면서 만났다. 1주일에 한 번씩 기부 받은 식재료로 채식 음식을 조리해서 공원에서 노숙인 등에게 제공하는 활동이었다.

그 후 이들은 매우 다른 삶의 경로를 밟았다. 뉴욕주립대 빙엄턴 캠퍼스의 생물학과 교수 부부의 딸인 케이티는 옥스퍼드 대학으로 진학했다. 물리학과 철학 학위 과정을 함께 밟을 수 있다는 점이 매력적이었기 때문이다. 자신이 좋아하는 이 두 과목이 결합되어 있는 학교를 만나기는 쉬운 일이 아니었다. 그리고 8주간 수업하고 2주간 쉬는 영국식 학기제도 좋았다. 케이티는 미국 대학에 대해 회의적이었고 영국 유학이 그것을 에둘러 가는 방법이라고 생각했다. 하지만 종국에는 더 전반적인 의구심이 승리했다. 케이티는 졸업 6주 전에 옥스퍼드를 그만두었다. 학계에 있는 부모는 '자식의 반항'이라고 생각해서 매우 속상해 했다.

스콧은 처음부터 반항적이었다. 열다섯 살에 학교를 그만두고 검정고시를 치른 뒤 노스다코다주의 인디언 보호구역에서 자원봉사를 했고 그 다음에는 베이 에어리어의 명상 수도원에 살면서 지하철역에서 기타 공연을 했다.

그리고 2004년에 두 사람은 함께 버스에 올랐다. 이들은 두 달 동안 대륙을 가로지르며 자신이 살고 싶은 딱 맞는 장소를 찾으러 다녔다. 일단 빙엄턴은 그런 곳이 아닌 것 같았다. 나중에 케이티는 특유의 익살을 담아 이렇게 말했다. "그냥 사랑스러운 도시였어요." 둘은 버스를 타고 보스턴, 필라델피아, 토론토, 시카고, 뉴올리언스, 샌프란시스코에 들렀고 마지막으로 시애틀에 도착했다. 제프 베조스와 아내 매킨지가 쉐보레 블레이저를 타고 스타트업 창업에 유리한 곳을 찾아서 사업계획서를 품고 도착했던 도시에, 케이티와 스콧은 어디에 가게 되든 그곳에서 큰 변화를 일구는 일에 참여하고 싶다는 모호한 열망만을 품고 도착했다.

제프가 세제상의 이점에 끌려 시애틀에 정착했다면, 케이티와 스콧은 도서관 카드에 끌려 시애틀에 정착했다. 100달러만 내면 워싱턴 대학 도서관과 '친구'가 되어서 그곳에 소장된 책을 다 볼 수 있었다. 정규 교육기관을 관두고 더 자기주도적인 공부를 하겠다고 결심한 두 젊은이에게 이것은 너무나 매력적인 요소였다. 케이티는 "우리는 마르크스주의적으로 우리의 길을 개척했다"고 농담했다.

머물 도시는 찾았지만 '큰 변화를 일굴' 대의를 찾기는 쉽지 않았다. 시애틀은 1999년에 세계무역기구에 맞서서 대대적인 시위가 벌어졌던 곳이지만 5년 뒤에 이들이 도착했을 때는 정치 풍경이 조용하기만 했다. 케이티와 스콧은 뛰어들 싸움을 찾는 동안 여러 가지 일거리를 전전했다. 케이티는 실험실 조교, 바리스타, 법무 보조, 아파트 리노베이션, 목공 일을 했다. 가장 좋았던 일은 레이크유니언에서 보트 바닥에 페인트를 칠하는 일이었다.

스콧은 식료품점에서 일했고 기타도 가르쳤다. 둘이 함께 피니리지 마을에 있는 아파트 건물 관리 일도 했다. 그들은 월세로 그 아파트에 살고 있었고 원래는 노년 여성인 베르나가 건물 관리를 하고 있었다. 건물 주인은 베르나보다도 더 나이가 많은 할머니로 당시 98세였고 104세까지 살았다. 베르나는 주인 할머니가 "코뿔소도 울고 갈 만큼 10전 한 푼까지 쥐어짜는 분"이라고 했다. 베르나가 은퇴자 요양원으로 가게 되면서 케이티와 스콧이 건물 관리를 맡아 5년 동안 이 일을 했다.

그러던 중 대침체의 여파로 2011년에 케이티와 스콧이 의존하던 교통수단인 시애틀 버스 시스템이 운행을 크게 줄였다. 케이티는 시애틀의 대중교통 자금을 조사하기 시작했다가 새로이 알게 된 사실에 깜짝 놀랐다. 미국의 큰 도시 중 가장 진보적인 도시라고들 하는 시애틀이 가장 역진적인 축에 속하는 세금 구조를 가지고 있었던 것이다. 워싱턴주에는 소득세가 없었다. 2010년에 교육 및 사회복지 용도로 연 20억 달러의 세수를 마련하기 위해 최고 부유층에 속하는 주민들에게 과세를 하자는 주 법안이 제안되었는데, 처음에는 광범위한 지지를 받았지만 최고 부유층 중 일부가 자금을 댄 반대 운동이 벌어지는 바람에 통과에 실패했다.

당시 워싱턴주의 IT 업계도 반대 운동에 맹렬히 불을 땠다. '워싱턴 테크놀로지산업 협회'는 "워싱턴주에 소득세가 없다는 점은 워싱턴주의 기업들이 미국에서 가장 뛰어난 인재를 채용하고 유지하는 데 경쟁우위를 제공한다"고 언급했다. 그러니까 IT 업계는 시애틀이 IT 분야의 인재를 끌어들이는 자석이 된 것이 퓨젓사운드나 레이니어 국립공원이나 워싱턴 대학이 있어서만이 아니라 이곳에서 일하는 엔지니어, 프로그래머, 경영자들에게 다른 곳보다 세금을 덜 물리기 때문이기도 하다는 사실을 인정하고 있었다.

2010년의 주민투표 결과가 그렇게 나오면서, 광역 시애틀 지역은 지구상에서 가장 부유한 두 사람이 살고 있는 곳인데도 대중교통을 포함해 여러 기초적인 서비스 제공에 필요한 세수를 역진적인 판매세와 소비세에 계속해서 의존하고 있었다. 워싱턴주의 가장 가난한 가구는 주 정부와 지방 정부에 세금을 많게는 소득의 17퍼센트까지도 내는 반면 가장 부유한 가구는 소득의 3퍼센트도 안 되는 세금을 내고 있었다.[1] 그리고 판매세 세수는 침체기에 불황이 닥치면 크게 감소할 수 있기 때문에 불안정성이 큰 세원이었다.

드디어 케이티는 싸움에 나설 대의를 찾았다. 케이티와 스콧은 '대중교통 이용자 연합'(Transit Riders Union)을 결성해 대중교통 이용자들을 위한 정책 개선 운동에 나섰다. 곧 회비를 내는 회원이 수백 명이 되었고 지역 노조도 지지를 표명했다. 케이티는 "머리로 생각한 어떤 아이디어도 저절로는 이뤄지지 않으며 실행에 옮기려면 구체적인 일들을 해야 한다는 것을 깨달으면서 학습 곡선이 매우 빠르게 올라갔다"고 회상했다. 그런데 점차로 여기에서 진짜 이슈는 버스나 경전철 노선 확장이 아니라는 것을 알게 되었다. 진짜 이슈는 세금, 그리고 세금과 떼놓을 수 없으며 세금과 경합하는 사촌인 기부였다. 이 문제는 시민 사회적 인프라에 대한 문제였고, 누가 무엇을 위해 돈을 지불할 것인가, 그리고 그 무엇이 애초에 돈을 들여 유지할 필요가 있는 것인가의 판단과 관련된 문제였다.

연방 소득세는 1913년 수정헌법 제16조가 통과되면서 도입되었다(남북전쟁 때 전쟁 비용을 대기 위해 소득세가 도입된 적이 있지만 10년 정도 유지되다가 없어졌다). 이때는 3,000달러 이상 소득에 1퍼센트가 붙었고 소득이 50만 달러 이상이면 소득세 특별부과세 6퍼센트가 붙었다. 5년 후에는 1차 대전 경비 마련을 위해 최고세율이 77퍼센트로 크게 올랐다. 하지만 77퍼센트 세율이 적용되는 대상은 100만 달러 이상의 고소득자였고, 부유한 미국인들의 평균적인 세율은 15퍼센트 정도였다.

그리고 4년도 지나지 않아서 의회는 조세 회피의 길을 열어주었다. 바로 기부금에 대한 공제였다. 부유한 미국인들이 자선 목적에서 기부하려는 동기를 소득세가 저해한다는 게 그 이유였다. 도처의 대학, 박물관, 도서관에서 갑부들의 너그러움을 상징하는 현판을 볼 수 있는 나라에서 부자들의 자선 동기가 저해된다면 무척 곤란한 일이 될 터였다.

물론 이론적으로는, 예측 가능한 세수를 안정적으로 확보할 수 있는 정부가 있다면 대학, 도서관, 박물관을 공공자금으로 짓고 유지할 수 있다. 하지만 기업계의 거물들은 자본주의적 성공의 결실인 수백만 달러를 어떻게 사용하는 게 가장 좋을지는 자신이 가장 잘 안다고 주장했다. 스코틀랜드 태생의 사업가이며 미국 자선사업의 정신적 할아버지인 앤드루 카네기가 대표적으로 그러한 생각을 가지고 있었다. 그는 저서 『부의 복음』(*The Gospel of Wealth*, 1889)에서 "부자의 의무는 자신의 부를 자신이 판단하기에 공동체에 가장 유익한 결과를 가져다준다고 여겨지는 방식으로 사용하는 것"이라고 언급했다. 중요하게도, 카네기는 그러한 '잉여 수입'을 어떻게 쓸지에 대한 자신의 판단이 다른 이들의 판단보다 우월하다고 너무나 확신했기 때문에 왜 그 수입을 가령 노동자들에게 더 높은 임금을 주는 등의 형태로 사회에 더 폭넓게 분배해야 하는지 이해하지 못했다. 그는 기부나 임금 인상 같은 분배 방식으로 돈을 '하찮은 분량'으로 나누는 것보다 [자신이 정한 용처에] 거액의 기부를 선물하는 것이 "우리의 인종을 향상시키는 데 훨씬 더 강력한 힘"이 되리라고 생각했다. 그는 적은 양씩 배분된 돈은 "욕구의 충족에 탐닉하는 데 낭비되기 십상일 뿐"이라고 생각했고, 이 논리는 "가장 가난한 사람이라도 충분히 이해할 수 있을 것"이라고 확신했다.

카네기는 1919년에 사망했지만 부자들의 돈을 어떻게 쓰는 게 좋을지는 부자들 본인이 가장 잘 알며 그들이 용처를 정하게 하는 것이 공적인 과정을 통해 용처를 결정하는 것보다 모두에게 더 유익하다는 그의 윤리관은 이후 수십 년간 자선 기부의 토대가 되었다. 저술가 아난드 기리하라다스가 지적했듯이 이것은 "무슨 수를 써서든 돈을 벌 수 있는 권리 및 그것을 사회에 되돌려줄 의무와 관련해 매우 극단적인 종류의 생각"이었고 "가난한 사람들이 더 나은 임금을 받을 수 있었더라면 애초에 사회가 부자들의 막대한 기부를 필요로 하지 않았을 것이라는 개념을 거부하는 생각"이었다.[2] 연방 최고소득세율이 점차 낮아지고 최고 갑부들의 재산은 엄청나게 팽창하던 20세기 후반과 21세기의 첫 10년 동안 기부에 대한 이러한 신조는 더욱 강해졌다. 2010년에 빌과 멜린다 게이츠 부부, 그리고 워런 버핏은 '더 기빙 플레지'(The Giving Pledge) 운동을 전개했다. 최고 갑부들이 재산의 최소 절반을 기부하겠다고 서약하는 운동이었다. 그런데 그들이 기부하는 돈의 상당 부분은 절실히 도움이 필요한 곳으로 가지 않고 하버드나 스탠퍼드 같은 곳으로 갔다(이 두 학교는 각각 매년 10억 달러 이상씩을 지속적으로 받고 있다). 거부들의 기부가 늘면서 정부에 일으키는 비용도 커졌다. 정부는 2013년에 납세자들에 대해 연간 400억 달러 이상의 조세를 감면해주었는데 가장 큰 수혜자는 가장 부유한 사람들이었다. 가장 높은 세율로 세금이 부과되었어야 할 사람들이 가장 많은 세금 특혜를 받았기 때문이다.

칼라일 그룹의 공동 설립자인 억만장자 데이비드 루벤스타인도 이 운동에 동참했다.[3] 몇 년 동안 루벤스타인은 워싱턴에서 매우 눈에 띄는 기부를 연달아 해서 여타의 굵직한 기부자들을 능가하고 있었다. 그는 710년이나 된 영국의 마그나카르타 사본을 구하는 데 2,130만 달러를 내놓았으며 그것을 국가기록관리청에 대여했다. 나중에는 그것을 보관하기 위해 1,350만 달러를 들여 갤러리도 마련했다. 에이브러햄 링컨이 서명한 「노예 해방 선언문」 두 부를 매입해 한 부를 백악관 대통령 집무실에 전시하도록 오바마 대통령에게 빌려주기도 했다. 또한 몽펠리에에 있는 제임스 매디슨의 영지, 토머스 제퍼슨의 몬티첼로 저택, 로버트 E. 리 장군 저택, 이오지마 기념관[미 해병대 전쟁기념관], 링컨 기념관에도 거액을 기부했다.

2011년에 지진으로 워싱턴 기념탑에 금이 갔을 때도 루벤스타인은 수리비 750만 달러를 기부했다. 그는 "기념비의 꼭대기에 올라가볼 수 있게 되었을 때 펜을 챙겨가서 내 이름 이니셜을 쓰고 왔다"며 기부자에게 예우로 주어지는 특전에 대해 무덤덤한 말투로 농담을 하기도 했다.

루벤스타인은 주로 워싱턴의 기관들과 역사적 의미가 있는 것 위주로 기부하는 자신의 방식에 '애국 기부'라는 이름까지 붙였다. 2015년에 TV 보도 프로그램 〈60분〉이 기부에 대해 방영한 회에서 그는 예산이 빠듯한 재무부가 채우지 못하는 틈이 채워지도록 돕고 있는 것뿐이라고 말했다. "정부는 예전에 가지고 있던 자원을 더 이상 가지고 있지 않습니다. 막대한 예산 적자와 정부 부채를 안고 있지요. 이제 민간에서 힘을 보태야 한다고 생각합니다."

여기에서 언급되지 않은 것은, 그리고 그의 기부에 대한 찬사 일색의 수많은 기사에서도 언급되지 않은 것은, 바로 그 정부의 재원 고갈에 그가 일조했다는 점이다. 그를 비롯한 사모펀드 운영자들은 고객의 자금을 운용해주고 받는 '성과 보수'를 세율이 높은 일반적인 소득이 아닌 자본 소득으로 간주하는 조세 제도의 허점을 이용해 오랫동안 이익을 얻어왔다. 이 허점 덕에 가장 잘 나가는 사모펀드 운영자들은 한 사람당 연간 1억 달러에 가까운 돈을 아낄 수 있었다. 이 때문에 적게 잡아도 재무부가 연간 20억 달러의 세수 손실을 보고 있는 것으로 추산되었고, 한 전문가는 실제로는 이보다 몇 배 더 많을 것이라고 예측했다. 루벤스타인은 이러한 세법상의 허점에서 엄청난 이득을 얻었을 뿐 아니라 결정적인 순간마다 의회에 있는 연줄을 이용해서 이 허점을 고치려는 노력을 무산시켰다.

아무튼 그는 공익 정신에 기반한 관대한 기부자라는 평판을 널리 얻었다. 2015년의 어느 날 루벤스타인을 비롯한 수백 명의 내빈이 뉴욕 공립도서관 메인 건물인 스티븐 A. 슈워츠만 빌딩에 도착했다. 보자르 풍의 이 건물은 2008년에 1억 달러를 기부한 슈워츠만을 따서 이름이 다시 지어졌다. 슈워츠만은 사모펀드 회사 블랙스톤의 CEO다. 이날 루벤스타인, 마이크로소프트의 공동 창립자 폴 앨런 등은 카네기 자선 메달의 수상자로 온 참이었다. 수상 소감에서 루벤스타인은 무슨 말을 해야 할까 고민하고 있었는데 앤드루 카네기가 하늘에서 이러한 편지를 보내주었다고 너스레를 떨었다. "좋은 자선가는 언제나 장수한다. 그리고 그의 시간이 다했을 때 천국의 특별한 장소에서 따뜻하게 환영받는다."

시애틀의 주거 위기는 아마존이 사우스 레이크유니언에 거대한 본사 단지를 짓기 시작한 이래 5년 넘게 계속되어온 문제였지만, 2017년 4월 6일 『시애틀타임스』의 헤드라인은 아직도 충격을 줄 것이 남아있는 듯했다.

시애틀 주택 가격 중앙값 기록적인 수준으로 올라…

5년 전의 두 배인 70만 달러

실제로 이전 5개월 동안 광역 시애틀 지역의 집값은 전국의 어느 대도시 지역보다도 빠르게 올랐다. 이 상승세를 추동한 것은 시애틀의 초번영과 빠른 성장만이 아니라 주택 공급의 부족이었고, 주택 공급의 부족은 토지용도 규제 상 시내 가까운 지역까지도 포함해 도시 전체가 저밀도 단독주택 위주인 데서 기인한 바가 컸다. 한 부동산 업자는 "주택 시장이 정말로 미친 것 같다"고 말했다.[4]

그리고 점점 더 미쳐 돌아갔다. 캐피톨힐의 힙한 중심가가 포함된 시내 북동부 지역은 중간 정도인 주택 가격이 100만 달러 선을 넘으려 하고 있었고 도시 안에서 가장 저렴한 지역인 시애틀 남동부도 1년 전보다 주택 가격이 31퍼센트나 오른 상태였다.[5] 워싱턴호 건너편 도시 벨뷰에서는 베조스가 아마존을 창업했을 때 13만 5,000달러에 샀던 평범한 집이 25년 후에 153만 달러에 팔렸는데, 이것도 이 동네 주택의 중앙값보다 낮은 것이었다.

이것이 마일로 듀크의 세 번째 시애틀이었고, 마일로는 이 도시가 더 이상 자신을 위한 곳이 아님을 깨달았다. 그와 웬디는 탱글타운의 주택에서 믿을 수 없게도 여전히 월세 1,000달러에 살고 있었다. 하지만 주변의 징후들이 보이지 않을 수는 없었다. 옛 다르믹 엔지니어 사람들과 다시 뭉치기 위해 2010년에 마일로와 동료들은 시내에서 한참 남쪽의, 감당 가능한 가격대일 것으로 보이는 조지타운 지역에서 월세 1,200달러에 작업실을 빌렸다. 그런데 1년도 안 되어서 월세가 급격히 뛰기 시작했고 2013년에 그들은 그곳을 떠나야 했다.

그 다음에는 야심차게 준비한 '예술 산책' 프로그램이 대실패로 끝났다. 시애틀에서는 몇 개의 '예술 산책'이 운영되고 있었는데, 한 달에 한 번씩 파이어니어 스퀘어와 조지타운의 몇몇 공간에서 예술가들이 행인들에게 무료로 작품을 전시하는 행사였다. 마일로와 웬디도 하나를 열기로 했고 조지타운 북쪽 끝에서 이상적인 장소를 발견했다. 세련된 밸러드 지구에 있는 엄프콰 은행 지점과 레이크유니언의 북서쪽 지역이었다. 엄프콰 은행은 예술 산책 행사를 위해 커다란 갤러리 공간을 마련해주었을 뿐 아니라 은행 로비에서도 전시할 수 있게 해주었다. 그들은 2014년에 '밸러드 예술 산책'을 시작했고 완전히 망했다. 유동 인구는 많았다. 그런데 사람들은 예술품을 그냥 지나쳐서 라멘 가게, 포케[poke, 참치회 등의 해산물을 넣은 하와이식 샐러드] 가게, 아이스크림 가게에 갔다. 아무도 미술 작품을 보려고 발걸음을 멈추지 않았다. 마일로는 나중에 이렇게 회상했다. "테크놀로지 쪽으로 완전히 넘어갔다는 것을 그때 확실히 알았습니다. 이제 이 도시에는 완전히 다른 종류의 사람들이 살고 있었어요."

마일로와 웬디의 작품은 벨뷰에 있는 한 갤러리에서 판매를 담당해주었는데, 매출이 계속 떨어졌다. 2016년에 마일로는 자신의 작품과 목수인 아들이 만든 가구로 '폴리오'라는 이름의 한 사설 도서관 내부를 굉장히 공들여 꾸몄다. 그는 시애틀의 부자들이 가구를 사주지 않을까 기대했지만 거의 아무도 관심을 보이지 않았다.

그해에 마일로와 웬디는 보잉 임원의 아내이자 교장 선생님이던 집주인으로부터 전화를 받았다. 이제는 학교에서 은퇴하고 세 채의 부동산을 관리하는 일에 관심을 더 기울이려 하고 있다며, 훌륭한 예술가가 산다고 해도 월세 1,000달러는 이제 어려울 것 같다고 말했다. "질로[Zillow, 부동산 플랫폼]에서 찾아보신 거예요?" 마일로가 이렇게 묻자 집주인은 그렇다고 하면서 세 배가 많은 3,000달러를 이야기했다. 월세가 갑작스럽게 오른 충격을 완화하기 위해 매달 200달러씩 10개월에 걸쳐 올려달라고 했다. 이제 마일로와 웬디에게 문제는 '정확히 어느 시점까지 올라갔을 때 나갈 것인가'가 되었다.

기록적인 부동산 가격에 대한 끝없는 이야기들에 이어 또 다른 종류의 기록적인 이야기들이 나오기 시작했다. 2017년 12월 초, 『시애틀타임스』는 시애틀이 속한 킹 카운티의 노숙인(쉼터 거주자 포함)이 인구가 훨씬 더 많은 뉴욕과 로스앤젤레스에 이어 전국에서 세 번째로 많다고 보도했다.[6] 연방 통계에 따르면 1만 1,643명이 시애틀에서 노숙인이었고, 그중 절반에 가까운 5,485명이 길에서 노숙을 하거나 텐트 생활을 하는 '거처 없는'(unsheltered) 사람들이었는데, 전년에 비해 21퍼센트나 증가한 것이었다. 시애틀에서 학교에 다니는 아동 중 노숙 아동 수는 4,280명으로 사상 최고를 기록했다.[7] 또한 그해에는 어느 해보다 많은 노숙인이 거리에서 사망했다.[8] 9월이 되자 킹 카운티의 노숙인 사망자 수가 전년 수준을 넘어섰고 11월 말에는 133명으로 역대 최고 수준을 넘어섰다.

스키드로[skid row, 로스앤젤리스의 한 동네 이름으로, 노숙인들이 많은 낙후 지역을 일컫는 말로 쓰임]의 원조는 시애틀이라고도 말할 수 있다. 헨리 예슬러의 목재 공장까지 통나무들을 쭉 '굴려 보내던'(skid) 길 이름이 스키드 로드였다. 하지만 시애틀이 현재 겪고 있는 것은 완전히 새로운 규모의 스키드로였고, 이것은 이 도시의 초번영과 진보적인 정치 윤리 둘 다에 대한 통렬한 고발이었다. 시애틀이 주장하던 인도주의적 관심과 후한 자선이 의심스럽게 보이게 된 것이다. 이 불협화음은 모르려야 모를 수가 없었다. 이를테면, 시내의 3번가와 제임스가가 만나는 교차로의 남서쪽에서는 일코르보 레스토랑에서 테이블 안내를 기다리는 사람들과 노숙인 쉼터에서 그날 밤을 보낼 자리를 기다리는 사람들을 함께 볼 수 있었다. 또 80만 달러의 멋진 주택들이 있는 안전한 동네 한가운데에 판자촌이 불쑥 생겨나기도 했다. 때로는 눈을 돌려 보는 모든 곳에서 이러한 불협화음이 보이는 듯했다. "버스에서 고개를 들고 밖을 내다보면 어떤 사람이 바지를 내리고 있는 것이 보이고, 버스에서 내리면 총을 쏘려 하는 남자가 보이곤 합니다." 시내의 고급 부티크에서 일하는 한 직원이 『시애틀타임스』 기자에게 이렇게 말했다. "보고 싶지 않은 모습이지요."

이러한 간극을 용납해선 안 된다고 생각한 사람들이 있었고, 그중에 한 명이 케이티 윌슨이었다. '대중교통 이용자 연합'은 다른 단체들과 더 큰 연합체를 결성했고, 얼마 지나지 않아 첫 승리를 거두었다. 시 의회가 가장 부유한 가구에 소득세를 부과하는 안을 만장일치로 통과시킨 것이다. 15달러의 최저임금법과 유급 휴가를 의무화한 법을 포함해 이 시기에 시애틀에서 있었던 진보적 입법화 물결의 일부였다. 이 소득세는 곧 도전을 받게 되지만, 그래도 좋은 출발이었고 워싱턴주에서 80여년 만에 통과된 첫 소득세였다.[9]

이어서 이 연합은 노숙인 문제에 초점을 맞췄다. 2017년 9월에 이들은 '모두를 위한 주거'(Housing for All)라는 기치 하에 시위를 벌였고, '테크 포 하우징'(Tech4Housing)이라는 IT 업계 종사자들의 단체도 포함해 새로운 단체들도 속속 연합에 합류했다. 이들은 노숙인 문제를 해결하기 위해 새로운 재원을 마련하라고 요구했다. 몇 주 뒤, 진보 성향의 시 의원들이 이에 화답해 저렴한 주택, 쉼터, 기타 노숙인 서비스에 사용할 연 2,500만 달러의 세수를 확보하기 위해 총매출 500만 달러 이상인 사업체에 '직원노동세'(employee hours tax)를 부과하는 안을 발의했다. "가장 성공한 사람들에게 그들 몫의 세금을 내라고 요구하는 것은 징벌적인 것이 아닙니다." 시 의원 테레사 모스퀘다(Teresa Mosqueda)는 내게 이렇게 설명했다.[10]

직원노동세는 시애틀에서 역사가 좀 있었다. 2006년에 시애틀은 교통 예산을 확보하기 위해 기업체에 피고용인 1명당 25달러, 시간으로는 노동시간 1시간당 1센트라는 매우 낮은 수준의 세금을 부과하는 조례안을 발의했다. 반대 로비에 나선 시애틀 기업계는 금액이 작은 것에 착안해 시애틀 노동자들이 작은 양의 우유까지 쥐어 짜이는 수많은 소들의 머리인 것 같은 연상을 불러일으키기 위해 이 세금을 '머릿세'(head tax)라고 불렀다. 2009년에 시 당국은 항복하고 이 세금을 폐지했다.

이제 더 큰 금액의 직원노동세 조례안에 직면한 기업계는 이 세금이 기업의 채용을 둔화시킬 것이라는 둥, 세금이 정교하게 설계되지 않았다는 둥 '머릿세'에 반대했을 때 썼던 옛 주장을 다시 들고 나와서 반대 로비를 전개했다. 이 조례안은 한 표 차이로 통과되지 못했다. 하지만 이러한 과세가 필요하다는 인식이 없어진 것은 아니었다. 시 의회는 더 정밀하게 설계된 조례안을 마련하기 위해 태스크포스를 구성했고 케이티 윌슨도 여기에 참여했다. 3월 초에 태스크포스는 대규모 사업체에 과세해 연간 7,500만 달러의 세수를 확보할 수 있는 조례안을 제안했다. 원래 법안보다도 과세 규모가 세 배나 커진 것이었다.

기업계는 이 조례안을 맹비난하면서, 과세 부담을 분산시키기 위해 소규모 사업체에도 100~200달러가량의 소액을 부담시키고 있는 부분을 물고 늘어졌다. 그럼에도 4월 20일에 시 의원 네 명이 7,500만 달러 규모의 '누진 기업세'(Progressive Tax on Business) 조례안을 발의했다. 이에 따르면, 전일제 노동자 한 명당 500달러의 직원노동세에서 시작해 이후에 급여세 체제로 전환될 예정이었다. 또한 연매출 2,000만 달러 이하인 기업은 면제하여 상위 3퍼센트에 속하는 대규모 기업만 세금을 내게 했다. 여기에 해당하는 기업은 600개였고 이보다 규모가 작은 기업들에는 과세되지 않았다.

케이티 윌슨은 자신이 시작한 풀뿌리 시민 연합이 기업계의 강력한 반대 로비에도 불구하고 이렇게 큰 성과를 낼 수 있었다는 사실이 놀라웠다. 4월에 실시된 여론조사에 따르면 이 세금에 시민 다수가 찬성하고 있었고 케이티의 연합은 이 법안을 지지하는 시 의원 다섯 명, 즉 다수를 확보하고 있었다. 그런데도 왠지 모르게 불안한 마음이 가시지 않았다.

4월 23일, 조례안에 대한 첫 번째 공청회가 끝나고 나서 케이티는 이 조례안을 지지하는 의원인 리사 허볼드에게 문자를 보냈다. "앞으로 3주 동안 이제까지 내내 했던 똑같은 말로 시끄럽게 구는 것 말고 반대쪽이 무언가 다른 복안을 가지고 있을 거라고 보세요?"

허볼드는 다음과 같은 답 메시지를 보내왔다. "저의 감으로는 분명히 그럴 것 같은데, 그게 정확히 무엇일지를 모르겠어요."

오랫동안 아마존은 지역의 정치나 시민 활동에는 두드러질 정도로 관여를 하지 않았다. 이러한 무관심은 아마존이 성장할수록 점점 더 이상해보였지만 창업자의 골수 자유지상주의적인 성향을 생각하면 그럴 만하기도 했다. 그는 정부란 방해가 되는 존재일 뿐 아니라 아예 관련이 없는 존재라고 생각했다. 2010~2013년에 시애틀 시장을 지낸 마이크 맥긴은 시장으로 재직하던 동안 제프 베조스를 한 번도 만난 적이 없었다.[11]

이러한 아마존의 불관여는 오랫동안 지역의 학교들을 후원하면서 자사 엔지니어들더러 지역 학교의 컴퓨터 수업에서 아이들을 가르치라고 독려하기까지 한 마이크로소프트와 대조적이었다.[12] 아마존의 태도는 초창기의 베들레헴 스틸과 비슷한 면이 있었다. 경영자들이 회사의 성장이라는 유일한 의무에서 다른 데로 정신이 쏠리지 않도록 지역사회 활동 같은 것은 하지 말도록 독려했던 시절 말이다.

아마존의 불관여는 기부에서도 마찬가지였다. 베조스는 시애틀 지역에서도, 다른 곳에서도, 기부를 너무 안 해서 눈에 띌 정도였다. 모교인 프린스턴 대학, 그리고 시애틀의 암 병동과 산업 박물관에 기부하긴 했지만, 그게 다였다. 모두 합해서 그와 그의 가족이 기부한 금액은 그가 소유한 순자산의 0.1퍼센트 정도인 약 1억 달러에 불과했다.[13] 2018년 4월에 베조스는 우주탐사 회사 블루오리진을 세운 것이 자신의 돈으로 할 수 있는 다른 어떤 일보다 가치 있는 일이라고 말해서 언론을 장식했다. "이렇게 많은 재정적 자원을 활용할 수 있는 유일한 방법은 내가 아마존에서 얻은 이익을 우주여행으로 돌리는 것뿐입니다. 기본적으로 그렇습니다."

정치 활동에 관여하지 않는다는 그의 입장에서 예외는 아주 소수의 사례뿐이었다. 그 전해에 시민들이 노숙인 문제 해결을 위해 본격적으로 나섰을 때 아마존은 지역 상공회의소의 강력한 지지를 받고 있던 중도 성향 민주당원 제니 더컨의 시장 선거에 35만 달러를 후원했고, 더컨은 선거에서 승리했다. 2012년에는 워싱턴주의 동성결혼 합법화를 위해 250만 달러를 기부했다. 그보다 2년 전에는 최고 부유층에게 주 차원의 소득세를 부과하려는 법안에 대한 주민투표에서 반대쪽에 10만 달러를 기부했고, 이 때문에 이 법안을 지지하는 쪽에 있었던 빌 게이츠의 아버지와 대립하는 입장이 되기도 했다.

바로 이 마지막 사례에 대한 기억이 주거 문제 해결을 위해 기업에 세금을 물리자는 안을 밀고 있는 쪽 사람들을 불안하게 했다. 지난 몇 년간 아마존이 정치에 관여했던 소수의 경우에 일관된 점이 있나면, 세금을 내는 것에 대한 뿌리 깊은 거부감, 저술가 프랭클린 포어의 표현을 빌리면 "기

업들의 가장 큰 강박증"이었다.[14]

물론 다른 많은 기업도 어떻게든 세금을 줄이려고 해왔다. 그런데 아마존은 그 방법을 정말로 다양하게 찾아냈다는 데서 다른 기업들과 차원이 달랐다. 아마존이 내리는 모든 의사결정과 아마존이 취하는 모든 행동에는 세금을 회피하겠다는 의지가 반영되어 있다고 말해도 과언이 아닐 정도였다. 세금에 대한 아마존의 접근은 마치 스위스제 군용칼 같았다. 정부가 세금을 걷기 위해 어떤 수단을 던지더라도 받아칠 수 있는 도구를 가지고 있는 것이다. 애초에 시애틀에서 창업하기로 한 것부터가 캘리포니아주처럼 인구가 많은 주에서 판매세가 산정되는 것을 피하기 위해서였고, 오랫동안 되도록이면 큰 주들에 물류센터를 짓지 않으려 했던 것도 마찬가지 이유에서였다. 물론 아마존 직원은 전국 곳곳에 있었지만, 그 주에서 아마존이 영업을 하고 있다고 여겨지지 않기 위해 애매하게 표기된 명함을 가지고 다녔다. 그 주에서 영업을 하는 것으로 간주되면 그 주에 세금을 내야 할지도 모르기 때문이다.[15] 2010년에는 텍사스주에 있던 유일한 물류센터를 폐쇄하고 추가로 지을 예정이던 물류센터 건설 계획도 철회하겠다고 발표했는데, 텍사스주가 밀린 판매세 2억 7,000만 달러를 내라고 압력을 가했기 때문이었다.[16] 즉 물류창고를 텍사스주에서 빼기로 한 결정은 밀린 판매세를 다시 면제해달라고 주 정부를 압박하기 위한 것이었다. 2017년에는 지방 정부들로부터 연간 10억 달러의 조세 혜택을 확보하겠다는 내부 비밀 목표까지 세웠다.[17]

물류센터와 데이터센터를 짓는 대가로 주 정부와 시 정부로부터 조세 혜택을 뽑아내려는 노력도 누그러지지 않고 계속되었다. 기업 활동을 감시하는 시민단체 '좋은 일자리 먼저'(Good Jobs First)에 따르면, 2019년에 아마존이 이런 식으로 주 정부와 시 정부에서 받은 조세 혜택이 27억 달러에 달했다.

법인세 회피도 빼놓을 수 없다. 오랫동안 아마존은 수익이 거의 없다고 보고해서 법인세를 최대한 낮출 수 있었다. 고객 기반을 늘리고 경쟁사를 몰아내기 위해 수익이 나지 않는 수준으로 낮은 가격을 설정했기 때문이다. 하지만 이제는 드디어 수익을 올리기 시작했는데도 아마존의 돈은 국고로 거의 들어가지 않았다. 미 국세청에 따르면 아마존은 수익을 룩셈부르크 법인을 통해 신고함으로써 미국에서 15억 달러의 세금을 회피했다. 2018년에는 수익이 두 배로 늘어 110억 달러가 넘었는데도 2년 연속 법인세를 내지 않았다.[18] 아마존은 총 1억 2,900만 달러를 환급까지 받을 정도로 세법을 가지고 노는 데 달인이었다. 2009년부터 2018년 사이에 아마존이 265억 달러의 수익에 대해 부담한 실질적인 세율은 모두 합해 3퍼센트 정도에 불과했다.[19] (이에 대해 아마존은 2019년에는 연방 법인세를 10억 달러 납부했으며, 2018년에 대법원이 온라인 거래에 대해 주 정부가 조세 징수를 더 용이하게 할 수 있어야 한다는 취지의 판결을 내림에 따라 제3자 판매에 대해서도 판매세를 더 많이 산정하기 시작했다고 해명했다.)[20] 아마존의 성공적인 조세 회피는 이 회사가 연방 정부기관, 군, 교육위원회 등 정부와의 계약에서 아주 많은 돈을 벌고 있는 기업이라는 점을 생각하면 더더욱 놀랍다(놀랍다는 말로 표현하는 것이 적절한지는 모르겠지만).

그런 아마존이, 2018년 초에 시애틀에서 세금 분쟁이 일어나고 처음 몇 달 동안은 나서지 않고 기업계의 한 일원으로만 머물러 있었다. 더컨 시장이 주선한 지역 모임(이 모임은 의회가 꾸린 태스크포스가 어떤 제안을 들고 나오든 그것보다 과세 규모를 축소시키기 위해 만들어진 게 뻔한 모임이었다. 아마존을 비롯한 기업들은 의회의 태스크포스에는 참여를 거부한 바 있었다)에 참여하긴 했지만, 상공회의소, 시애틀 다운타운 협회, 워싱턴 테크놀로지 산업

협회와 같은 업계 단체들이 나서서 활동하도록 했을 뿐 아마존 자신이 직접 나서지는 않았다.

그러던 아마존을 기업계 무리에서 콕 집어서 끄집어낸 것은 노숙인 문제 해결을 위해 대규모 기업들에 세금을 부과하자는 안을 밀던 쪽 사람들, 더 구체적으로는 그 사람들 중 한 명인 크샤마 사완트(Kshama Sawant)였다. 사완트는 미국 정치판에서 보기 드문 인물이었다. 사회주의자임을 공공연히 자처하며 선출직 공직에 도전한 사람이었던 것이다. 인도 출신인 사완트는 마이크로소프트 기술자인 남편과 함께 시애틀로 왔고, 그와 이혼한 후 트로츠키파 조직인 '사회주의적 대안'(Socialist Alternative)의 동료 활동가와 재혼했다. 그리고 2013년에 센트럴 디스트릭트가 속해 있는 제3선거구에서 시 의원으로 당선되었다. 사완트는 진보적인 의원들이 제안한 안보다도 더 규모가 큰 기업 과세를 주장했다. 그는 7,500만 달러가 아니라 적어도 1억 5,000만 달러는 되어야 한다고 생각했다. 그리고 공격 대상의 얼굴을 명백히 드러내는 것이 중요하다고 생각한 사완트는 먼저 이쪽 편의 얼굴을 명백히 내보이는 데 주저하지 않았다. 이쪽 편의 얼굴은 바로 사완트 본인이었다.

3월 말에 사완트 등 사회주의적 대안 사람들은 '아마존에 과세를! 타운홀 미팅'을 열었다. 이어서 사완트와 기업 과세 지지자들은 새로 들어선 아마존 본사 단지의 '아마존 스피어' 앞에서 "베조스에게 과세를!"이라고 쓴 팻말을 들고 집회를 열었다. 사완트는 "우리가 요구하는 세금은 아마존 같은 거대 기업에는 푼돈일 겁니다. … 그들 같은 억만장자에게는 푼돈일 겁니다"라고 말했다.

이러한 요구는 아마존에 대해서라면 밉든 곱든 무관심한 태도에 빠져 있던 도시에 자극을 주었다. 집회를 지켜보던 한 소프트웨어 엔지니어는 이렇게 말했다. "나는 아마존이 세금을 내지 않는 것에 동의하지 않지만, 그들은 원하는 것이라면 무엇이든 할 수 있어요."[21] 한편, 노골적인 대치 양상은 케이티 윌슨 등 7,500만 달러 규모의, 의회가 발의한 세금안의 통과를 추진하던 사람들을 경악하게 했다. 킹 카운티 노동위원회 등 의회 세금안의 지지자들도 이 사안에서 아마존의 책임을 더 부각하는 안을 생각해보긴 했었다. 아마존이 세계 최대 규모의 회사로 급격히 성장하면서 시애틀에서 주거 가격을 감당할 수 없는 수준으로 밀어올린 것도 주거 위기를 가속화했으므로 아마존은 마땅히 주거 위기를 해결하려는 시애틀 당국의 노력을 도와야 했다.

하지만 한쪽에는 아마존, 다른 쪽에는 유명한 사회주의자 시 의원, 이렇게 양자가 대치하는 구도로 프레임을 가져가는 것은 다른 문제였다. 언론은 이 프레임을 좋아했다. 하지만 윌슨은 이 프레임이 주거 확보와 공정 조세라는 진짜 이슈를 가려버리고 이 운동을 정치적 부족주의에 따른 세 싸움처럼 보이게 만들까봐 걱정이 되었다. 훗날 윌슨은 "아마존을 눈에 띄게 부각하는 전략에도 좋은 측면이 있을 수는 있겠지만, 크샤마가 전면에 나섬으로써 그렇게 하는 것이 좋은 전략으로 보이지 않았다"고 말했다. "이 사안을 쇼처럼 보이게 만든 나머지, 여기 걸려 있는 문제가 아마존이 우리 도시에 실질적으로 큰 피해를 끼치고 있고 그 영향을 우리가 실질적으로 완화해야만 하는 문제라는 사실을 사람들이 오히려 인식하지 못하게 만들 수 있었다"는 것이었다.

아니나 다를까, 아마존은 사완트의 이러한 움직임을 기회로 삼았다. 아마존은 4월 26일에 2분기 연속 10억 달러의 이익을 달성했다고 발표하고서 1주일 뒤, 그리고 케이티 윌슨과 리사 허볼드가 불길한 예감에 대해 문자를 주고받은 지 9일 뒤에 날벼락을 날렸다. 7,500만 달러 규모의 조세안에 도저히 동의할 수 없는 입장이기 때문에 7,000~8,000개의 일자리를 가져올 수 있는 17층짜리 건물 건설을 중단하고 5,000개의 일자리에 해당하는 또 다른 건물에서 2만 평의 사무 공간을 임차하려던 계획도 다시 생각하기로 했다고 발표한 것이다.

함의는 명백했다. 이미 제2본사 위치도 알아보기 시작한 마당에, 시애틀이 이런 식으로 배은망덕한 행동을 계속한다면 아마존이 언제까지나 여기 있어주겠다는 보장은 없다는 뜻이었다.

시애틀에서의 확장 계획을 취소하겠다는 아마존의 협박은 아마존이 선호하는 싸움 상대가 한층 더 가시적인 행동에 나서게 만들었다. 당연히 아마존은 이것을 염두에 두었을 것이다. 다음날, 붉은색의 긴 스카프를 두른 크샤마 사완트는 지지자들과 함께 다시 아마존 본사 앞에 와서 "주거에 자금을, 아마존에 과세를"이라고 붉게 쓰인 팻말을 들고 아마존의 "터무니없는" 전술에 항의하는 시위를 벌였다.

그런데 이번에는 반대편에서도 시위자들이 나타났다. 건설노조 86지부 소속의 철강 노동자 수십 명이 생계를 지키기 위해 나온 것이었다. 이들은 "머릿세 반대, 머릿세 반대"를 외치며 수적 우세로 사완트 지지자들의 목소리를 덮어버렸다.

시애틀에는 여전히 미국의 어떤 도시보다도 많은 크레인이 건설 현장에서 돌아가고 있는 도시였지만, 또 아마존이 취소하겠다고 협박한 건물은 어차피 아직 계획 단계일 뿐이었지만, 그런 것은 상관없었다. 이날의 대치 이미지는 아마존에게 이보다 더 좋을 수 없었을 것이다. 한쪽에는 인도 마하라시트라주의 억양이 남아있는 사회주의자가 이끄는 정치적 급진주의자들의 오합지졸이, 다른 쪽에는 헬멧과 안전조끼를 착용하고 철골을 어떻게 세우는지 아는 미국의 근면한 노동자들이 있었다. 어느 모로 보나 시애틀은 더 이상 블루칼라 도시가 아니었지만 블루칼라 도시의 요소를 유지하고 있다는 이미지를 갖고 싶어 하는데, 바로 이들이 아직 남아있는 그 블루칼라 도시의 이미지를 보여주고 있었다.

건설노조가 아마존 쪽으로 넘어가면서 아마존은 홍보에서의 하루짜리 승리를 훨씬 넘어서는 것을 거머쥐게 되었다. 『시애틀타임스』 칼럼니스트에게 한 문장을 던져주는 것으로 간단히 이뤄진 아마존의 협박은 노동계를 분열시켰고 노동계에서 새 조세안을 지지하는 사람들은 노조의 조직적인 지원을 거의 받을 수 없었다.

그럼에도 주거 확보를 위한 운동은 부인할 수 없는 명백한 필요성이라는 순수한 동력에 의해 추동력을 얻었다. 1주일 뒤에 상공회의소가 매킨지 사에 의뢰해 시애틀의 노숙인 위기에 대한 보고서를 받았지만 결론이 불편하다는 이유로 몇 달 동안이나 뭉개고 있었다는 사실과 그 보고서의 내용이 폭로되었다. 새 조세안에 반대하는 업계 단체가 의뢰한 컨설팅 회사조차도 시애틀의 노숙인 위기가 너무 심각하다는 결론을 내린 것이다. 매킨지의 보고서는 이 문제를 제대로 해결하려면 킹 카운티에 연 4억 달러의 추가 세수가 필요하다고 추산했다.

그 다음 주말에 더컨 시장은 조세안을 지지하는 의원들, 아마존 관계자들, 기타 관련자들이 모인 자리에서 '어머니날 타협안'을 도출해냈다. 과세 규모는 직원 한 명당 275달러로, 원래 제안되었던 것보다 3분의 1 이상 줄었고 예상 세수도 연 4,700만 달러로 줄었다. 아마존이 내야 할 몫은 약 1,200만 달러가 될 예정이었는데 이때 아마존은 연간 2,300억 달러의 매출을 올리고 있었다. 그런데도 아마존은 불만을 숨기지 않았다. 홍보 담당 선임 부사장 드루 허드너는 "대규모 기업에 대한 의회의 적대적인 접근과

화법이 만들어낸 미래에 대해 우리는 여전히 매우 우려하고 있다"며 "우리가 이곳에서 계속 성장할 것인지에 대해 질문하지 않을 수 없다"고 언급했다.[22] 하지만 훗날 시 의원 모스퀘다는 이 합의에 도달해서 안도했다고 회상했다. "우리가 얼마를 양보해서든 아마존이 합의해주는 게 꼭 필요했다는 것은 아니지만, 적어도 출발점이 될 만한 무언가를 갖는 것은 우리에게 중요했습니다."[23]

타협안이 나왔으므로 시 의회는 5월 14일에 새 조세안을 만장일치로 통과시켰다. 케이티 윌슨과 '모두를 위한 주거' 동료들은 운동을 시작한 지 불과 8개월 만에 노숙인 문제에 대해 충분하지는 않더라도 상당한 성과를 일궈냈고, 문제를 일으킨 사람들이 누리고 있는 막대한 성공의 과실에 누진세를 물려 그 자금을 충당하게 만들었다. 시 의원 허볼드는 윌슨에게 이번에는 불길함이 담기지 않은 메시지를 보냈다. "정말 큰일을 한 거예요. 타협한 부분들에 대해 할 말이 없지는 않지만, 20년 동안 의회가 한 일 중 가장 큰 구조적 변혁을 이룬 일이라고 생각합니다."

하지만 환호는 이틀밖에 가지 못했다. 월요일에 의회에서 세금안이 통과되었고 수요일에 더컨 시장이 서명을 했는데, 목요일에 반대 세력이 이 법의 철회를 가을에 주민투표에 부치기 위해 서명을 받고 있다고 발표했다. "일자리에 과세는 안 된다"는 슬로건을 기치로 한 주민투표 준비에 막대한 자금이 지원되었고 자금을 댄 곳은 폴 앨런이 세운 부동산 개발 회사인 벌컨, 스타벅스, 아마존 등이었다.

테레사 모스퀘다는 경악했다. "어머니날에 그들이 합의안에 동의했고 그래서 우리가 월요일에 표결을 했는데, 다시 화요일에 그들은 법안 반대에 자금을 지원했습니다. 48시간 만에 약속을 뒤집은 거예요."[24] 몇 달 뒤, 모스퀘다는 다 함께 법안에 동의해놓고 며칠 뒤에 그것을 뒤집으려 한 데 대해 아마존 관계자에게 물어볼 기회가 있었다. 모스퀘다의 회상에 따르면 그때 그들은 이렇게 대답했다고 한다. "네, 275달러 과세가 적당하다는 데 우리가 동의했지요. 하지만 그 다음에 우리가 반대 세력에 자금을 지원할 거냐고 물어보지는 않으셨잖아요?" (아마존은 모스퀘다가 회상한 이야기에 대해 이의를 제기했다.) 놀랍게도 뻔뻔한 태도였다. 모스퀘다는 "입법부 청사에서 당신이 누군가에게 약속을 하면 그 약속은 당신의 화폐나 마찬가지라고 할 만큼의 신뢰가 실려야 한다"며 한탄했다.

아마존은 도덕적 화폐는 결여하고 있었는지 모르지만 다른 종류의 화폐라면 얼마든지 가지고 있었다. 과세 지지자들은 반대 세력에 의해 완전히 파묻혔다. 반대 세력은 한 달도 안 되는 동안 거의 50만 달러를 썼다. 그중 35만 달러는 주민투표 추진에 필요한 요건을 채우기 위해 1만 7,632명의 서명을 받는 일에 들어갔다. 트럼프 선거운동에서 일했던 보수주의 성향의 업체가 이 일을 맡았다.[25] ('일자리에 과세는 안 된다' 측은 시애틀 '여성의 행진'의 주요 조직가였던 사람도 조직가로 고용했다.) 세금을 노동자의 월급에서 곧바로 떼어갈 것이라는 둥, 벌써부터 파산하는 식품점이 속출하고 있다는 둥의 가짜뉴스가 나돌았다.[26] 그들의 공격 메시지는 간단했다. 시애틀이 이미 많은 돈을 노숙인에게 썼는데도 여전히 수천 명의 노숙인이 있다. 시 정부가 수천만 달러를 더 쓴들 이 문제를 잘 해결하겠는가? 아마존의 드루 허드너는 이렇게 말했다. "시 정부가 안고 있는 것은 세수 문제가 아닙니다. 시 정부가 가진 문제는 지출의 비효율성입니다. 우리는 시 의회의 반기업적 입장과 비효율적인 지출이 과연 좋은 쪽으로 개선될지 전혀 확신이 가지 않습니다."[27]

과세를 지지하는 사람들은 자신의 목소리를 울려 퍼지게 할 수단이 거의 없었다. 기존에 시 정부가 지출한 돈은 노숙인 가구를 위해 잘 지출되었고 그들에게 도움이 되었다. 그리고 노숙 위험이 만성적으로 높은 사람들, 특히 정신 질환이 있거나 마약, 알코올 중독자여서 '지원 주택'이 필요한 사람들을 위해 쓸 돈이 추가로 필요했다.

하지만 이러한 세부적이고 상세한 사항들은 노숙인 텐트촌이 확산되는 데 대한 시민들의 즉각적인 불만과 분노를 이길 수 없었다. 반대 세력은 진보적인 도시 시애틀에 존재하던 보수주의의 맥을 드러냈다. 정부는 엉망이고 낭비적이며 경멸받아 마땅하다는 인식이 존재했던 것이다. 거대 기업들의 로비 집단은 '우리 동네에는 안 된다'류의 님비 단체들('시애틀의 목소리', '안전한 시애틀', '안전한 동네 연합' 등)과 연대했다. "모든 인종을 환영합니다"와 같은 팻말들과 나란히 "새로운 개발은 이제 그만", "쉼터는 좋지만 이스트사이드에는 안 된다"와 같은 팻말들이 나타났다. 5월 초에 열린 타운홀 미팅에서 주민들의 불만이 터져 나왔다. 한 주민은 이렇게 말했다. "나는 시 정부가 납세자의 돈에 대한 이해와 존중이 부족하다고 생각합니다. 그 돈을 집행하는 데 책임감 있게 임한다는 생각이 안 들어요." 또 다른 주민은 이렇게 말했다. "당신들이 추진한 정책들과 시애틀이 하고 있는 일들이 법을 잘 준수하는 시민들에게 혼란과 범죄를 불러왔습니다." 노숙인 텐트촌을 강제로라도 밀어버리라는 요구가 나오자 가장 큰 환호가 나왔다. 타운홀 미팅이 끝나고 한 도시 당국자는 너무 놀라서 이렇게 말했다. "시애틀같이 느껴지지 않았습니다."[28]

6월 초, 몇 남지 않은 조세안 지지 세력 중 하나인 '국제서비스노동자노동조합'이 비용을 대서 시민들을 대상으로 설문조사를 진행했다. 결과는 압도적으로 부정적이었다. 냉혹한 현실주의가 시 의회를 덮쳤다. 보수주의의 조류가 계속 상승한다면 그해 가을에 진행되어야 할 여타의 굵직한 사안들마저 휩쓸려나갈지 모른다고 말이다. 그해 가을에는 주 의원을 새로 뽑아야 하는 지역구도 있었고 학교 자금 지원을 위한 재산세 부과 주민 투표도 있었다.

6월 12일, 시 의회는 만장일치로 세금안을 통과시킨 지 한 달도 안 되어서 그것의 폐지 여부를 투표하기 위해 다시 모였다. 세금안을 지지하는 사람들이 항의 방문을 와서 시 의회의 공개된 회의장을 가득 채웠다. 회의장에 자리가 없어서 들어가지 못한 사람들은 로비에서 구호를 외쳤다. 어떤 사람은 커다란 징을 울리면서 항의 분위기를 고조시켰다.

케이티 윌슨 역시 회의장에 들어가지도, 회의장에서 벌어지는 일을 막지도 못한 채 바깥의 군중 속에 서 있었다.

케이티는 지난 몇 주간 이 급작스러운 전환을 이해해보려고 무던히 애를 썼다. 어떻게 한 도시가 자신의 한복판에서 성장한 거대 기업의 어떤 면모들에 대해 탐탁지 않은 입장을 가지고 있던 데서 이렇게 갑자기 그 기업을 보호하는 쪽으로 돌아설 수 있는가? 어떻게 한 도시가 그 기업이 불러온 초번영의 부정적인 효과로 막대한 고통을 겪으면서도 황금알을 낳는 그 거위를 잃을까봐 이렇게 전전긍긍해 할 수 있는가? 어떻게 92퍼센트가 도널드 트럼프에게 반대해 표를 던진 도시가 가장 절실히 도움이 필요한 사람들에게 등을 돌릴 수 있는가? 케이티는 "자금이 풍부하게 지원된 지난 9개월간의 프로파간다는 기본적으로 성공했다"며 "이제 지역 언론과 지역민의 인식은 이 끔찍한 전환을 한 상태"라고 말했다.

아마존의 시애틀 창업에 기여한 초기 투자자 닉 하나우어도 이 모든 것을 이해해보려고 애쓰고 있었다. 시 의회의 표결이 있었던 주에 그는 이렇게 말했다. "시애틀은 미국에서 가장 빠르게 성장하고 있는 대도시이고 사람들은 합리적인 정신을 내려놓고 있습니다. 머릿세는 우리 모두가 목도하고 있는 가장 정신 나간 내전을 불러왔습니다. 이 이슈만 아니면 선하고 합리적이고 진보적인 친구들이 이 이슈만 나왔다 하면 갑자기 도가 지나치게 발진해버리는 모습을 모두 다 겪어보았을 것입니다. 내 친구들 모두가 무언가에 대해 화를 내고 있습니다. 그저 화를 내는 것입니다. 아이를 데리러 가고 데려다 주는 것 외에는 차를 모는 일이 없는 부유한 '사커 맘'[비용이 꽤 드는 축구 연습 등 아이 교육에 열성적인 중산층 엄마]인 지인들이 교통체증과 자전거 전용로에 대해 분노합니다. 급성장하는 큰 회사를 소유하고 있는 내 친구들이 자기네 동네에 고밀도 아파트가 들어서려는 것에 대해 분노합니다. 내가 아는 마사지사는 요즘처럼 손님이 많았던 적이 없었을 텐데도 아마존 직원들에 대해 분노합니다. 사람들은 점들을 선으로 연결하지 못하고 있습니다. 사람의 뇌는 인지부조화를 일으키는 정보를 처리하도록 되어 있지 않습니다. 사람들은 자신이 얻는 이득과 그것이 유발하는 피해를 연결하지 못하고 있고 그들의 머리는 폭발하고 있습니다. 모두가 이곳에서 굉장한 이득을 얻었지만 그들은 자신이 하고 있는 일이 자신이 싫어해 마지않는 문제를 일으키고 있다는 것을 연결시키지 못합니다. 정보처리능력의 이와 같은 부재가 머릿세 사안에서 폭발했습니다. 사람들은 (깡패에게 당하듯) 괴롭힘을 당하고 있습니다. 모두가 교통 문제에 대해 불만을 가지고 있고 아무도 감당할 수 있는 가격대에서 주거지를 구하지 못하고 있었는데, 갑자기 '아마존이 떠날지도 모른다고? 맙소사! 그러면 우리는 어떡하지?'라는 분위기가 되었습니다. 사람들을 괴롭히는 것은 쉬운 일입니다."[29]

시 의회는 7대 2로 조례를 폐지했다. 크샤마 사완트와 테레사 모스퀘다만 빼고 모두 폐지에 찬성했다. 한 달 뒤에 시애틀의 주택 가격 중앙값은 80만 5,000달러가 되었다. 그해 말에 시애틀은 미국에서 노숙인 인구가 가장 크게 증가한 도시가 되었다. 그러는 동안, 아마존은 사상 처음으로 분기 수익 20억 달러를 기록했다(법안폐지 투표 후 한두 주 뒤에 발표되었다). 그해의 프라임 데이(매해 여름철 아마존이 프라임 서비스 회원에게 하는 대대적인 할인행사)에는 사이버 먼데이[추수감사절 연휴 다음의 첫 월요일로, 연휴 후 일상으로 돌아온 소비자들이 컴퓨터 앞에 앉아 대거 온라인 쇼핑을 하는 것을 가리키는 말]와 블랙 프라이데이 때보다도 매출이 많았다. 그리고 한두 주 뒤인 9월 4일에는 시가총액이 1조 달러를 돌파했다. 세금안을 성공적으로 저지한 뒤에도 아마존은 새 사무 건물에 임대하기로 한 공간으로 들어가지 않았다. 세금안을 **철회하지 않을 경우에** 안 들어가겠다고 협박했던 건물 말이다.

표결 다음날 워싱턴주 테크놀로지산업 협회장 마이클 슈츨러는 사무실에 앉아서 승리에 대해 생각했다.[30] 그는 표결이 있던 날 시애틀에 없었고 터코마부터 타운센드 항구까지 100킬로미터를 넘게 가는 서핑보드 경기에 참가했다. 어쨌거나 그가 의회에 꼭 가 있을 필요는 없었다. "우리가 해온 일을 통해 우리는 이 사안과 관련해 내부적으로 연락망이 잘 되어 있었고, 그것이 폐지되리라는 것을 하루 전에 알고 있었습니다."

슈츨러는 시 의원들이 한 달 전에 자신이 찬성한 법안을 다시 폐지하기로 굴욕적인 결정을 하는 장관을 구경하는 즐거움을 억누르지 못했다. "180도 입장을 바꾸고 그것에 대해 변명해야 할까요, 아니면…" 그는 이 대목에서 잠시 낄낄 웃더니 말을 이었다. "아니면, 그렇게 하지 않고 정치적 파장을 감수해야 할까요?"

그는 시 의원들이 이 법안에 대해 오락가락하는 게 정치적 계산이 아닌 것처럼 보이려고 애쓰는 게 특히 재미있다고 했다. "다들 원칙에 따른 행동인 양 이야기하지만 원칙에 따른 것이 아니잖아요. 이것은 처음부터 그냥 멍청한 정책이었어요. 그리고 그들이 정말 좋은 정책이라고 그토록 강하게 믿었던 정책이 두어 주 사이에 갑자기 나쁜 정책이 되어야만 할 정치적 이유가 생긴 거죠. 안 그래요?"

슈츨러는 다시 즐거움을 감추지 않고 웃었다. "이 도시는 자신의 무능을 어떻게 해야 할지 모르고 있어요. 알았던 적도 없지요. 이곳은 늘 매우 작은 시골 타운이었잖아요."

3개월 후, 워싱턴 DC 힐튼 호텔 연회장에서 제프 베조스가 특별 귀빈으로 초청된 가운데 '워싱턴 경제인클럽' 만찬이 시작되었고 손님들은 샐러드를 먹기 시작했다. 식사를 하는 동안 경제인클럽 회장 데이비드 루벤스타인이 보잉, JP 모건 체이스, 아마존 웹서비스 등 후원사를 소개했다. 그가 "이 연회장에 계신 모든 분이 존경받으실 만한 분들"이라고 말하자 청중들이 감사의 의미를 담은 웃음으로 화답했다. 이어서 루벤스타인은 그중에서도 가장 저명한 내빈을 소개할 시간을 허락해달라고 말했다. 그는 참석한 17개국 대사를 한 명씩 언급하며 감사를 표했다. "싱가포르… 인도네시아… 남아프리카공화국… 영국… 호주… 아일랜드…." 이어서 우정청장과 조달청장, 메릴랜드주 주지사 래리 호건, 아마존 제2본사와 관련해 노던 버지니아의 입찰을 관장한 스티븐 모렛, 워싱턴 현직 시장 뮤리엘 바우저와 세 명의 전직 시장, 그리고 워싱턴 지하철 시스템의 회장에게 참석해주어서 감사하다고 인사했다.

"지하철로 오신 분 몇 분이나 계시나요?" 거의 아무도 손을 들지 않았다. 그러자 루벤스타인이 시치미 뗀 표정으로 말했다. "지하철 시스템 회장님 청중은 아니신 것 같네요."

이날 행사의 주요 후원사인 워싱턴의 대형 부동산 회사 'JBG 스미스 프로퍼티' 대표의 환영 발언이 이어졌고 오늘의 귀빈에 대한 소개는 동영상으로 참석한 워런 버핏이 맡았다. 버핏은 베조스를 베이브 루스에 비유했다. "제프 베조스는 강타자입니다. 세계에서 가장 중요한 두 산업인 소매와 정보기술을 장악하고 극적으로 변화시킨 인물입니다. 수억 명의 삶을 더 나은 방향으로 바꾼 사람이고 주말에는 달에 갈 우주선을 설계하는 사람입니다."

버핏은 잠시 멈췄다가 말을 이었다. "저는 그의 우주선을 타고 달에 갈 첫 승객들이 더 나은 환경에 도달하고자 노력하는 소매 유통업자들일 것이라고 상상합니다."

청중은 이 말에 환호했다. 다들 저녁식사를 마치자 루벤스타인과 함께 베조스가 무대에 올라왔다. 베조스는 짙은 색 정장에 흰색 손수건을 가슴 주머니에 꽂은 차림으로 지극히 편안한 표정을 짓고 있었다. 인터뷰 진행자는 그를 화나게 할 만한 어떤 말도 하지 않았다. 루벤스타인은 아마존의 주가가 1년 전보다 70퍼센트 올라서 베조스가 새로운 타이틀을 거머쥐게 되었다는 말로 시작했다.

루벤스타인이 물었다. "세계에서 가장 부유한 사람이 되셨습니다. 갖고 싶으셨던 타이틀인가요?"

베조스가 대답했다. "그 타이틀을 추구한 적은 없습니다. 세계에서 두 번째로 부유한 사람이 되는 것으로도 괜찮았어요. 그것도 괜찮았어요."

연회장에 웃음이 터졌다.

베조스가 이어서 말했다. "저는 아마존 지분 16퍼센트를 가지고 있고 아마존은 이제 1조 달러 가량의 가치를 지니고 있습니다. 우리는 다른 사람들을 위해 8,400억 달러의 부를 창출했습니다. 금전적으로 말해서 그게 우리가 한 일입니다. 굉장한 일이지요. 그리고 마땅히 그렇게 되었어야 하는 일입니다. 저는 세계의 문제를 해결하는 데 기업 자본주의와 자유시장이 갖는 힘을 강하게 믿고 있습니다."

본인 역시 칼라일을 통해 아마존에 투자한 초창기 투자자인 루벤스타인은 여전히 부자 순위에 집착했다. "베조스 씨는 워싱턴주 시애틀 외곽에 살고 계시는데요, 약 20년 동안 세계에서 가장 부유한 사람은 빌 게이츠였습니다. 세계에서 가장 부유한 두 사람이 같은 나라, 같은 주, 같은 도시, 심지어 같은 동네에 살기란 정말 드문 일이잖아요. 그 동네에 대해 우리가 알아야 할 게 있을까요? 거기에 매물로 나온 집 더 없나요?"

청중들은 이 질문에도 환호했다. 하지만 두 억만장자의 막대한 부에 대한 농담은 여기까지였다. 루벤스타인은 그가 아주 잘 알고 있는 주제로 화제를 돌렸다. 그 주제는 본인 역시 막대한 부에 대해 제기되는 불만과 의구심을 누그러뜨리기 위해 오랫동안 사용해온 바 있는 기부였다. 바로 그날(날짜가 일치한 것은 우연이 아닐 것이다) 베조스가 마침내 대규모 기부를 하겠다고 발표했기 때문이다. 그는 노숙인 가족 쉼터, 그리고 몬테소리 교육을 하는 어린이집에 20억 달러를 기부하겠다고 했다. 하지만 이것을 포함해도 그의 기부 총액은 순자산의 2퍼센트가 되지 않았다.

루벤스타인은 "베조스 씨가 결정한 가장 굵직한 기부 대상"을 어떻게 정하게 되었는지 물었고 청중은 이 질문에 큰 박수를 보냈다. 베조스는 대중에게 아이디어를 구해서 4만 7,000개의 제안을 받았는데, 그 다음에는 결국 자신의 감이 말하는 바를 따랐다고 했다. "제가 내린 가장 좋은 결정들은 다 직관과 마음이 시키는 대로 한 것이었지 분석으로 한 것이 아니었습니다."

3개월 전 시애틀에서 노숙인 지원에 필요한 재원을 마련하기 위한 조세안을 두고 일었던 싸움에 대한 언급은 없었다. 트럼프 대통령이 제안한 감세안에 대한 이야기도 없었다. 트럼프의 감세안은 법인세율을 크게 낮추고 가장 부유한 사람들에게조차 세금을 낮춰주면서 '성과 보수'에 대한 기존의 허점은 그대로 둔 법안이었다. 사실 베조스와 루벤스타인 모두 70분간의 인터뷰 내내 어떤 맥락에서도 **세금**이라는 단어를 언급하지 않았다.

대신 루벤스타인은 연회장에 와 있는 사람들이 가장 듣고 싶어 할 주제로 화제를 돌렸다. "직관을 사용해 의사결정을 내린다고 하셨는데요, 제2본사에 대해 직관이 이끄는 곳은 어디입니까?" 열광적인 박수와 휘파람이 터져 나왔다. 베조스가 대답했다. "답은 간단합니다. 저희는 올해 안에 발표를 할 것입니다."

루벤스타인이 조금 더 밀어붙였다. "베조스 씨는 이미 하나의 워싱턴[워싱턴주]에 무언가를 가지고 계십니다. 그렇다면 또 하나의 워싱턴[워싱턴 DC]이 그러지 말란 법은 없지 않을까요?"

그 영화는 I-5번 고속도로에 면한 경기장의 맞은편에 있는 노숙인 텐트촌 장면으로 시작했다. 텐트들, 쓰레기 등이 보이다가 카메라가 뒤와 위로 줌 아웃되면서 도시의 스카이라인이 드러났다. 곧 화면에 백인 남성 한 명이 나타났다. 그는 목에 반창고를 붙인 채로 자욱한 아편 연기 사이에 앉아 있었다.

그리고 내레이션이 나왔다. "시애틀이 죽어가고 있는데 우리가 그것을 알지도 못한다면 어떻게 되겠습니까? 이것은 끓어오르고 있는 분노에 대한 이야기입니다. 물론 공감과 긍휼을 느끼지만 더 이상 자신이 안전하지 않고 더 이상 자신의 목소리를 들어주는 사람이 없고 더 이상 자신이 보호받지 못하고 있다고 느끼는 사람들에 대한 이야기입니다. 집, 가족, 현실에서 떨어져 나와 거리를 헤매는 길 잃은 영혼들이 마약을 좇고 마약이 다시 그들을 좇는 이야기입니다. 그들이 스스로에게 가한 피해에 대한 이야기인 동시에 그것이 우리가 살고 있는 곳의 직조(織造)에 가한 피해에 대한 이야기입니다. 폭력적으로 깨져버린 아름다운 보석에 대한 이야기이며 자신의 도시에 대한 사랑을 잃은 한 세대의 시애틀 사람들 사이에서 벌어지는 신뢰의 위기에 대한 이야기입니다."

내레이션이 나오는 동안 화면이 이동했다. 헤로인을 하는 노숙인들, 길에 누워 있는 노숙인들, 낑낑대며 바지를 올리려 하는 노숙인들…. 이것은 2019년 3월에 ABC 방송의 시애틀 지역 회원 방송사인 KOMO가 방영한 다큐멘터리 〈시애틀이 죽어간다〉(Seattle Is Dying)의 시작 장면이다. KOMO는 싱클레어 브로드캐스트 그룹이 소유하고 있는데, 매우 보수적인 성향의 전국적인 방송 체인이다.

오프닝에 이어 다큐멘터리는 '더 이상 보호받지 못하고 있다고 느끼는 사람들'의 인터뷰를 보여준다. 좀도둑에게 물건을 잃고 있고 소변 악취 때문에 고객을 잃고 있는 소상공인, 노숙인이 신성한 공동묘지를 훼손하는 것을 보고 경악한 주민, 잔뼈 굵은 경찰이었지만 이 문제를 다루는 데 무력감을 느끼고 절망해서 그만둔 전직 경찰(그는 "더 이상은 할 수 없었어요"라고 말했다) 등이 그러한 사람들이다.

다큐멘터리는 통계도 제시한다. 시애틀은 재산 관련 범죄에서 더 디스토피아적인 도시 샌프란시스코에 이어 두 번째다. (샌프란시스코는 길에 사는 노숙인이 5,000명이다.[31] 2019년 6월에 한 남성이 노숙인 여성에게 양동이로 물을 퍼붓는 모습이 인터넷에 퍼져 센세이션을 일으키기도 했다.) 또한 통계에 따르면, 시애틀에서는 범죄를 저질러도 기소로 이어지는 경우가 별로 없다. (메타암페타민 중독인 한 노숙인은 2014년 이래 서른네 번이나 체포되었다. 쓰레기통에서 나오기를 한사코 거부하는 그의 모습이 화면에 잡혔다.) 또한 다큐멘터리는 이 도시가 노숙인에게 지출하고 있는 돈도 언급했다. 연간 10억 달러다. "그들은 불결함과 절망 속에서 짐승처럼 살고 있습니다. 그리고 우리가 그것을 허용하고 있습니다."

하지만 다큐멘터리는 해결책이 있다고 말한다. 내레이터는 시청자를 로드아일랜드로 데려간다. 이곳은 마약에 중독된 떠돌이들을 재활시키는 데 큰 성공을 거두었다고 한다. 감옥에 가둠으로써 말이다. 장면은 다시 워싱턴주로 바뀐다. 퓨젓사운드의 아름다운 섬에 있는 건물들을 위에서 내려다본 모습이다. 리조트인가 싶겠지만 주 교도소다. 대부분 비어 있고 시애틀 시가 노숙인들을 여기에 가두라고 결정하기를 기다리고 있다.

"도시는 살아있는 생명체입니다. 도시는 생체 리듬과 심장 박동을 가지고 있습니다. 일종의 영혼도 가지고 있습니다. 도시는 우리가 보호하고 지키는 이상들의 집합입니다. 옛 이상과 새 이상 모두 말입니다." 내래이션은 이렇게 끝을 맺는다. "하지만 아름다움과 이상의 뒤에서 … 연회장과 아름다운 건물들의 뒤에서, 누군가는 더러운 일과 더러운 싸움을 해야 합니다. 위대한 꿈과 위대한 도시는 싸움 없이 살아남지 못합니다. 시애틀은 죽어가고 있습니다. 이 모든 부와 성장을 가지고서, 어쩌면 우리는 스스로에 대해 너무 만족했거나 너무 바쁜 나머지 직면하기 힘든 부분을 외면하고 잊고 있었는지 모릅니다. 일하고 가족을 건사하느라 늘 바쁘고 세금을 꼬박꼬박 내는 선량한 사람들, 도시를 짓고 꿈을 꾸는 사람들이 더러운 일을 잊고 있는 게 아닐까요? 우리가 싸움을 잊고 있는 게 아닐까요?"

2016년에 단 8퍼센트만 트럼프에게 표를 던진 도시이니 이곳 사람들이 보수주의 프로파간다나 다름없는 이 다큐멘터리를 보고 거부감이 들어 움찔했으리라 예상하신다면, 틀렸다. 시애틀은 이 영상에 열광적으로 반응했다. 반년도 안 되는 사이에 〈시애틀이 죽어간다〉는 유튜브에서 500만 조회수를 기록했다.

케이티 윌슨은 이러한 반응에 놀라지 않았다. 그 다큐멘터리가 방영되기 전부터도 케이티는 냉소가 증가하는 분위기를 느끼고 있었다. 시 의회가 세금 조례를 폐지했을 때, 이는 단순히 노숙인 정책에 대한 논의를 잠시 멈추고 숨고르기를 한 것이 아니라 철회를 주장하던 세력에 한층 더 막대한 힘이 실리게 한 셈이 되었다. 시 의회는 스스로 철회할 잘못된 의사결정을 내린 데 대해 조롱을 사는 것에 더해 무능하고 무책임해 보이게까지 되었다. 어떤 의원이 자신이 통과시킨 동일한 법안에 대해 폐지에도 표를 던졌다는 얘기는 전의 투표가 너무 나이브했다는 이야기로 해석될 수 있었다. 세금에 반대하던 세력은 폐지 주민투표를 조직하는 데 돈을 댔던 동일한 기업들의 후원을 받아서 이제 시 의회를 완전히 몰아내려 했다. 세금 조례를 폐지하는 데 반대한 의원뿐 아니라 나중에는 폐지에 찬성했지만 처음에 그것을 통과시켰던 의원들까지 모두 말이다.

하지만 이러한 분위기 변화는 2019년 시 의원 선거하고만 관련된 문제가 아니었다. 이것은 다들 진보적인 도시라고 생각하는 곳에서 (법안폐지 투표 직전에 실시된 여론조사 결과가 맞다면) 주민 다수가 그런 문제를 해결하라고 뽑아 놓은 자신의 시 정부가 그 일을 하기에는 너무 많이 망가졌다고 생각하게 되었다는 점과 관련된 문제였다. 시애틀이 다른 도시들에 비해 얼마나 잘 운영되고 있는 도시인지를 생각하면, 시애틀 주민들이 자신의 시 정부를 불신한다는 사실이 외부인들에게는 이상해 보일 것이다. 시애틀은 곳곳에 널리 닿고 많은 사람들이 사용하는 버스 시스템을 가지고 있었다. 시청은 넓고 화려했다. 부패는 적었다. 하지만 가장 진보적인 도시로 꼽히는 시애틀이 어찌된 일인지 티파티 보수주의의 시애틀판 변종으로 빠져들어 있었다. '타인'의 탐욕에 맹렬히 분노를 돌리면서, 더 중요하게는 그렇게 하는 것에 대해 미안한 마음조차 갖지 않는 태도 말이다.

케이티 윌슨은 이것을 이해하기 위해 지난 몇 개월을 고전했다. 그리고 자신의 운동이 실패한 이유에 대한 고찰을 10쪽 분량의 글로 풀어냈다. 그 글의 핵심적인 부분은 다음과 같다.[32]

결국, 노숙인 위기는 그 하나하나가 사회 질서가 파탄 났음을 보여주는 여러 가지 경향이 수렴하면서 발생했다. 치솟는 주거비와 정체된 임금, 수십 년간 이어진 사회안전망 프로그램의 축소, 우울증과 사회적 고립과 정신질환의 확산, 약물 자가복용과 오피오이드 과잉 처방, 지역공동체와 가족이라는 지원 네트워크의 훼손, 대대적인 수감과 체계적인 인종차별. 인도와 자전거 도로에 들어선 노숙인의 텐트촌과 보도에서 총을 난사하는 여성은 공공 공간을 잠식한 사회적 재앙을 도저히 간과하기 어려운 방식으로 보여준다. 그리고 이마저도 빙산의 일각일 뿐이다.

밀레니얼 세대는 이런 현실을 익숙하게 여긴다. 이것이 그들이 알아온 삶 자체이기 때문이다. 그들은 임박한 환경 재앙의 그늘에서 어린 시절을 보냈고 불안정한 직업 전망 하에서 성인기에 접어들었으며 안정성에 대한 기대를 가져본 적이 없다. 그들은 이렇게 근본적으로 달라진 사회 구조가 그리 근본적으로 달라졌다고 느끼지 않는 세대다. 그 관점에서 보면 노숙인의 상황은 안타까운 일일 수는 있어도 혼란스럽고 이해가 가지 않는 상황은 아닐 것이다….

하지만 이러한 관점을 가지고 있지 않은 많은 사람들에게, 아메리칸 드림을 믿는 많은 사람들에게, 이러한 사회적 직조의 해체라는 느낌은 당황스럽고 두렵다. 그들이 삶을 구축해온, 혹은 삶을 구축하기 위해 고군분투하고 있는 이 도시는 빠르게 변화하고 있으며 알아볼 수 없는 음울한 무언가로 변모하고 있다. 그들은 사방에서 공격을 받고 있고 안전하지 않다고 느낀다. 이 세계에서 일어나고 있는 지각 변동을 어떻게 이해할 것인가? 노숙인 문제는 그들 앞에 이 질문을 들이밀면서 좌절과 분노라는 본능적인 감정을 불러일으킨다. 모든 것이 시 정부의 형편없는 행정, 개인적인 실패, 그리고 물러터진 법 집행 때문이라고 믿는 것이 절망을 누그러뜨리는 해독제 역할을 하고 있는 것 같다.

노숙인 문제를 둘러싼 싸움에서 케이티의 동지였던 시애틀 대학 법학 교수 세라 랭킨은 "시애틀에는 진보적이라고 자처하는 사람이 많지만, 동시에 그들 역시 이 엄청난 풍요의 거품 속에 들어앉아 있기도 한 까닭에 그들은 자신에게는 마땅히 이러한 것을 가질 자격이 있다고 생각하게 되기 쉽다"고 말했다.[33] 이런 점에서 시애틀은 점점 더 민주당의 텃밭이 되어가고 있는 여타 연안 도시들과 그 밖의 번성하는 전초기지 도시들과 비슷하다. 오랫동안 민주당은 저항하는 사람들의 정당임을 자랑스러워했고 지금도 노동자계급 흑인과 히스패닉 유권자 수백만 명의 지지를 받고 있다. 그러나 이제 민주당은 사실상 부유한 도시의 고학력 전문직 종사자들의 지지를 받는 정당이 되었고 그들이 있는 도시는 기업이 제공하는 거액의 기부와 기업이 올리는 막대한 수익에 의존한다. 시애틀 같은 도시에서 이러한 부는 진보 성향임을 자랑스러워하는 많은 민주당 지지자들의 정치를 재구성했다. 수많은 사람이 평범해 보이는 자신의 집이 갑작스럽게 가치가 급증하는 것을 경험했고, 이제는 이 자산 가치를 어떤 위협 요인으로부터도 지켜내고자 맹렬히 나서게 되었다. 그 위협 요인이 노숙인의 텐트이든, 길 건너편에서 값싼 고밀도 주거지가 개발되려 하는 것이든, 그밖에 무엇이든 말이다.

시애틀은 극단적인 지리적 불평등이 패자 도시뿐 아니라 승자 도시에도 좋지 않다는 것을 보여주는 증거다. 초번영은 감당 불가능한 주거비, 교통체증, 노숙인 문제와 같은 부작용을 불러왔을 뿐 아니라 승자 도시들에 정치적인 독을 주입하기까지 했다.

크레인은 그치지 않고 올라가고 있었다. 2019년 4월에는 전국 도시 중 가장 많은 59대의 크레인이 시애틀에 솟아 있었다. 아마존이 건설을 취소하겠다고 협박했던 사무 건물 건축도 재개되었다. 한편, 아마존은 자신이 일으킨 주거 위기를 해결하기 위해 행동하고 있다고 발표했다. 기부를 통해서 말이다. 아마존은 저렴한 가격대의 주거지를 개발하는 개발업자에게 500만 달러를 기부할 것이고 거기에 지어지는 건물 중 하나의 여덟 개 층을 침상 200개 규모에 자체 진료소를 갖춘 노숙인 가족 쉼터로 쓸 예정이었다. 마이크로소프트가 전에 시애틀의 주거 문제 해결을 위해 기부한다고 밝힌 5억 달러에 훨씬 못 미치는 액수이지만, 그래도 상당한 액수이기는 하다.

케이티 윌슨은 아마존의 기부 발표를 그리 인상적으로 보지 않았다. 그보다는, 최근에 주 항소법원에서 부유층에게 소득세를 부과하려는 노력에 희소식이 될 것으로 보이는 판결이 나온 것에 기대를 걸었다. 부유층 과세는 2017년에 통과되었지만 아직 보류 상태였는데, 이번 판결은 주 대법원에서도 유지될 가능성이 커보였다.[34] 혹시 아는가? 아직 시애틀이 최고 부유층에게 세금을 더 거둬서 도시를 더 나아지게 하는 데 사용할 역량을 가지고 있을지. "원칙적으로 말해서, [정부에는] 세금으로 거둔 돈을 어떻게 사용할지 결정하는 민주적인 절차와 과정이 있습니다. 투명성과 책무성이 있습니다. 말하자면 이것이 정부의 본질입니다. 그런데 자선이나 기부에는 그런 것이 없습니다. 그저 기업 군주가 우리에게 부언가를 베풀어주길 바랄 수밖에 없는 것이죠."

2019년 화창한 한여름의 어느 평일 오후, 12번가의 페라리 대리점이 있는 골목에서 젊은 트랜스젠더 여성이 길에 쓰러졌다. 이 여성이 쓰러진 곳은 스파를 광고하는 입간판 뒤, 그리고 창문에 커다랗게 "**모든 인종, 종교, 출신국, 성적 지향, 젠더를 환영합니다. 우리는 당신을 지지합니다. 이곳에서 당신은 안전합니다**"라고 쓰여 있는 술집 앞이었다. 길 아래쪽 타투숍 골목에서는 수염이 덥수룩한 노숙인 남성이 푸른 담요를 든 채 새로 생긴 럼 바의 안을 창문으로 들여다보고 있었다. 포르쉐 카레라가 그 옆을 지나갔다. 그는 탄원을 하듯 창문 앞에 무릎으로 주저앉았다. 한낮인 지금은 바 안에 아무도 없을 테지만 말이다.

사우스 레이크유니언에 있는 고급 유기농마켓 '홀푸드'[아마존이 인수했다] 매장 밖에는 붉은 네온사인이 크게 걸려 있었다. "WE ♥ LOCAL."

반려견 레스토랑과 테슬라 대리점이 있는 거리 아래쪽의 '플랫스틱 펍'에서는 남아시아 출신인 아마존 직원들이 실내 미니골프를 치고 있었다. 레이크유니언 근처의 요트 대리점들 사이로 메르세데스 벤츠 한 대가 재규어를 추월해 'ADHD 솔루션'이라는 회사 밖 주차장으로 들어갔다.

시 의회 프라이머리를 나흘 앞둔 금요일 저녁, 케이티 윌슨의 동지 수십 명이 2층짜리 고급 아파트에 모였다. 스카이라인과 엘리엇베이가 보이는 전망 좋은 곳이었다. 비어있는 의석에 도전하는 '민주사회주의자' 후보를 위한 모금 행사였다. 이들이 주장하려는 메시지와 이들이 모인 장소(이 아파트는 5년 전에 150만 달러에 거래되었다)의 불협화음을 조롱할 수도 있겠지만, 이날의 후보 숀 스콧은 이 장소의 호화로움이 그가 추구하는 사명에서 관심을 흩뜨리게 만들지 않을 것이었다. 점점 심각해지고 있는 추악함의 정치를 몰아내는 것이 그의 사명이었다.

모임을 주관한 사람이 시작을 알리는 발언을 하고 나서(그는 이 아파트가서 있는 장소가 정복자들이 두와미시 인디언에게서 차지한 '점령지'라고 말했다) 스콧이 앞으로 나섰다. 큰 키의 젊은 흑인인 스콧은 오늘 모인 사람 중 몇 안 되는 유색인이었다. 그가 던진 첫 질문은 최근 시애틀에서 갑자기 바뀌어버린 정치적 분위기와 관련이 있었다. "어떻게 해야 노숙인에 대해 시애틀이 이야기하는 방식을 바꿀 수 있을까요?"

그리고 스콧은 자신이 생각하는 답을 열정적으로 이야기했다. "우리는 명백하게 알려야 합니다. 이 주거 사안에서 누가 옳은 쪽에 있는지를요. 그리고 노숙인 사안이 매우 명백하게 공감이냐 잔인함이냐의 문제라는 것을 말해야 합니다. 우리가 알아야 하는 것은 시애틀 같은 부유한 도시에서 노숙인이 점점 많이 보이는 것에 대한 도덕적 분개의 언어입니다. 우리는 이 문제가 우리보다 오른쪽에 있는 사람들의 관점 안에 완전히 들어가게 두어서는 안 됩니다. 그들은 '이 무임승차자들을 위해 이렇게 많은 돈을 쓰면서도 여전히 도시가 노숙인 단지가 되어 가고 있는데, 계속 그대로 두는 건 말이 안 되지 않는가'라는 방식으로 언어를 구사하는 법을 아주 잘 터득했습니다. 그들은 우리의 정치 담론에 영향을 미쳐서 우리를 더 잔인한 방향으로 몰고 가는 데 정말로 수완을 잘 발휘했습니다. 우리도 우리의 개념에 대해 그만큼의 열정을 가져야 하고 그만큼 실질적으로 효과가 있는 개념을 만들어내야 합니다."

3개월 후, 숀 스콧은 상공회의소와 아마존이 자금을 댄 PAC이 후원한 후보에게 4퍼센트포인트 차이로 패배했다. 이 PAC은 이때의 선거에 총 150만 달러나 돈을 썼는데, 지방선거에 아마존이 이렇게 돈을 써가며 공을 들인 것은 이례적인 일이었다. 하지만 이번에 선거가 이뤄진 일곱 자리 중 아마존이 민 후보는 숀 스콧이 패배한 곳과 또 다른 한 곳, 이렇게 두 곳에서만 승리했다. 아마존의 공격에서 살아남은 사람 중에 리사 허볼드도 있었는데, 주거 지원 재원을 마련하기 위한 기업 과세 법안이 처음에 통과되고 나서 케이티와 축하의 문자 메시지를 나눴던 의원이다. 아마존의 사회주의자 숙적인 크샤마 사완트도 살아남았다. 아마존은 사완트를 꺾기 위해 가장 많은 돈인 44만 달러를 지출했지만 사완트가 박빙으로 승리했다.

사완트의 상대 후보였던 이건 오라이언은 자신의 패배에 대해 아마존의 지지를 탓했다. "아마존이 나를 지지하는 바람에 선거가 상대 후보의 의정 활동 이력이나 정책에 대한 것이 아니라 아마존과 아마존의 불필요한 지출에 대한 것이 되었다"면서 말이다.[35]

사완트는 매우 기뻐했다. 그는 "세상에서 가장 부유한 사람에 맞서서 노동 대중을 지킬 수 있도록 우리의 운동이 시 의회에서 사회주의자 의석을 방어해준 것 같다"고 말했다.[36]

우모자 페스티벌(Umoja Fest)의 흑인 문화유산 퍼레이드는 보통 센트럴 디스트릭트의 중심지인 23번가와 유니언가의 교차로에서 출발하지만 2019년의 퍼레이드는 더 남쪽인 23번가와 체리가의 교차로에서 출발했다. 행사 주관 책임자인 와이킹 개릿은 23번가와 유니언가에서 진행 중인 공사 때문이라고 설명했다. 하지만 실제로 거기에서 공사가 그리 많이 진행되고 있지는 않았다. 더 그럴 법한 이유는 센트럴 디스트릭트의 중심지 모습이 센트럴 디스트릭트의 흑인 공동체를 기념하고자 퍼레이드에 참석할 사람들에게 마음 아프고 실망스러운 모습일 수 있어서였을 것이다.

패트 라이트가 20년 전쯤에 그의 동네인 센트럴 디스트릭트에 대해 말했던 '중용'의 상태, 즉 더 이상 흑인들이 이곳에만 국한해서 살지 않아도 된 까닭에 많은 흑인이 다른 곳으로 나갔지만 그래도 이곳의 정체성이 유지되기에 충분한 흑인들이 남아있었던 상태는 오래전에 사라지고 없었다. 다운타운과 사우스 레이크유니언으로부터 어마어마한 돈과 새로운 사람들이 몰려오면서 센트럴 디스트릭트, 그러니까 '옛' 센트럴 디스트릭트는 버틸 수가 없었다. 센트럴 디스트릭트는 미국 주택 건축 디자인의 '영광의 시기'에 지어진 목재 주택과 단층 연립들이 옹기종기 들어선 아늑하고 응집된 마을이었다. 다운타운에서 차로 금방이었고 버스나 자전거로도 쉽게 갈 수 있었다. 센트럴 디스트릭트는 처음부터도 이러한 장점을 늘 가지고 있었지만 예전에는 인종분리 때문에 다른 곳들과 분리되어 있었다[이곳의 흑인들이 다른 곳으로 나갈 수도 없었지만 백인들이 이곳으로 들어오지도 않았다]. 그런데 그러한 분리를 강제하던 규정과 관행이 없어졌고, 이곳이 가진 내재적인 매력은 모든 사람이 차지할 수 있는 것이 되었다. 더 정확하게는 '집값을 감당할 수 있는' 모든 사람이 말이다. 2018년까지 6년 동안 센트럴 디스트릭트와 바로 인근 지역의 중간 정도 주택 가격이 37만 달러에서 83만 달러 이상으로 뛰었다.

패트 라이트가 이 동네로 처음 이사 왔을 때는 70퍼센트 이상이 흑인이었는데 2016년에는 흑인 인구 비중이 20퍼센트 미만으로 떨어져 있었고 인구학자들은 10년 안에 10퍼센트 미만으로 떨어질 것이라고 보고 있었다.[37] 시애틀 전체적으로는 1980년에 흑인 비중이 약 10퍼센트에서 7퍼센트로 떨어졌다. 퀸시 존스와 지미 헨드릭스가 살던 도시에 이제는 흑인 거주자 비중이 앵커리지나 투손보다 그리 높지 않다. 한 가지 요인은 시애틀의 맹렬한 성장을 추동한 회사, 바로 아마존이다. 시애틀을 비롯해 허브 도시의 사무 단지에서 일하는 아마존의 고임금 전문직 종사자 중 흑인 비중은 5퍼센트밖에 되지 않는다.[38] 물류센터 노동자의 25피센트 이상이 흑인인 것에 비하면 훨씬 적은 비중이다. 2020년 초에 22명으로 구성된 핵심 임원진 'S팀'에는 흑인이 한 명도 없었다.[39] (이렇게 두드러진 다양성 부족에 대해 지적이 일자 아마존은 자금이 부족한 지역공동체 수백 곳의 대학에 장학금과 컴퓨터과학 프로그램을 지원하기 시작했다.)

게다가 이 격차는 계속 벌어지고 있었다. 시애틀에 부가 점점 더 집중되면서 2019년에 가구소득 중앙값은 한 해 동안에만도 10퍼센트가 올라 10만 달러를 돌파했다. 그런데 흑인 가구의 경제적 처지는 계속해서 미끄러졌다. 미국에서 가장 부유한 도시 중 하나인데도 시애틀의 흑인 가구소득 중앙값은 50개의 큰 도시 중 아래에서 아홉 번째였다. 이것은 전국 평균 흑인 가구소득 중앙값의 3분의 1이었고, 시애틀의 2000년 흑인 가구소득 중앙값보다도 낮았다(인플레를 감안하지 않은 것인데도 그랬다). 흑인의 주택 소유는 2000년 이래 절반으로 떨어져서, 시애틀의 흑인 가구 다섯 중 하나만 자가 주택 소유자였다.[40]

이것은 10년 전에 두 경제학자가 주거 시장에 대해 짚어낸 동학과 일치한다. 그들이 짚어낸 특징은 초번영 도시에서도 상승의 파도가 모든 배를 들어 올리지는 않는다는 것이었다. "공급이 부족한 주택 시장에서는 부자가 더 부유해질 때 가난한 사람의 상황이 더 나빠진다."[41] 또한 이것은 2019년에 영국의 연구자 두 명이 발견한 사실과도 일치한다. 첨단기술 분야의 일자리 증가가 추가적인 고용을 창출하긴 했지만 저임금 영역에서만 창출되었다는 것이다.[42] 또한 이것은 1994년에 시애틀의 흑인 사회에 대한 역사서를 펴낸 퀸타드 테일러가 경고했던 바와도 일치한다. 그는 "사람들이 활발한 경제 중심지에서 배제되어 도시 경제의 가장자리로 밀려난다면 인종적 관용은 무의미하다"고 경고했다.[43]

젠트리피케이션으로 집값이 치솟고 저소득층이 밀려나는 현상이 시애틀만의 문제는 아니다. 오스틴, 보스턴, 브루클린 등 여타의 승자독식 도시들에서도 오랫동안 그 지역에서 살아온 주민들이 밖으로 밀려났다. 하지만 시애틀의 센트럴 디스트릭트에서는 (아마도 샌프란시스코에서와 비슷하게) 이 전환이 너무나 완벽해서 이를 표현하기에 '젠트리피케이션'이라는 용어로는 부족할 정도다. 다른 도시들에서는 젠트리피케이션이 일어난 곳에서 옛것과 새것의 갈등, 상이한 계급과 인종 사이의 갈등이 드러났지만, 센트럴 디스트릭트에서는 한쪽이 통째로 제거되었다. 새로 들어온 사람들로서는 이곳이 한때 흑인 동네였다는 것을 믿기 어려울 정도로 예전의 흔적이 거의 남아있지 않았다.

센트럴 디스트릭트 출신의 힙합 아티스트 드레이즈(Draze)는 '이 동네는 이제 전과 같지 않아'(The Hood Ain't the Same)라는 제목의 곡에서 랩으로 이렇게 노래했다.

> 우리는 가진 것이 많지 않았지만 우리에게 주어진 모든 것에 감사했지,
> 잡초와 씨앗이 슬금슬금 침투하기 전까지는 이곳이 우리 동네였지…
> 내 말 명심해, 이제 곧 팀에는 백인 아이들만 있게 될 거야.
> 동네를 가로질러 가도 기억이 떠오르지 않아.
> 나는 고통을 느끼지.
> 나는 이 새로운 발전이 자랑스럽지 않아.
> 나는 수치심을 느끼지…
> 친구들이 저 선술집에서 나를 부르곤 했지.
> 나는 이런 것들이 달라지고 있다고 말했어.
> 그는 무슨 말이냐고 물었는데, 설명할 수 없었지.
> 저치들이 무슨 실험을 하는 양 우리를 이리저리 옮길 거라고…
> 전에는 우리 집이었는데 이제는 우리 모두 거기에서 세를 살게 되었어.

사람들은 겨울을 나려는 철새처럼 남쪽으로 갔지.
그들은 엄마에게 집을 팔라고 했어.
엄마는 거절했지만 그 다음에 재산세가 올랐지…
나를 무턱대고 화나 내는 흑인 남자 취급할 생각 마.
바로 당신이 내 공동체를 흔적도 없이 발라내고 있으면서 말이야.

이러한 사라짐이 가장 극명했던 곳이 바로 [늘 페스티벌 퍼레이드의 출발 지점이었던] 23번가와 이스트유니언가의 교차로 지역이었다. 한때 이곳은 시애틀 흑인 문화의 중심지였다. 예전에 낮은 건물들에 얼 이발소, 리큐어 가게, 커피숍, 세탁소 등이 들어서 있었던 상업지구 '미드타운 센터'는 개발자들에게 2,330만 달러에 매각되었고 완전히 사라졌다. 2.5에이커 부지에 현재 남아있는 것은 곧 들어설 건물들의 모습이 담긴 커다란 간판이 나붙은 쇠사슬 울타리뿐이다. 이 교차로에서 시작하는 개발 부지에는 429개 호실 규모의 거대한 건물이 들어설 것이고 이 집들은 시가로 분양될 예정이었다.

이제 6층짜리 새 아파트 건물, 새로 개조한 주상복합 건물 등이 들어서서 모습이 달라져버린 이 교차로에 예외가 하나 있었다. 교차로의 북동쪽에 위치한 대규모 마리화나 유통회사 엉클 아이크였다. 그 옆에는 갈보리산 크리스천 센터, 맞은편에는 이 교회의 청소년 프로그램 센터가 있었다. 엉클 아이크가 교회와 청소년 센터에서 너무 가까이 있다는 비판이 늘 제기되어 왔지만 이제 이 비판은 의미가 없어졌다. 교회는 청소년 센터를 280만 달러에 시장에 내놨고 이어서 교회 건물 자체도 450만 달러에 매각되었다.

패트 라이트가 출납원으로 일했던 흑인 소유 은행인 '리버티 은행' 건물도 철거되었고 115개 호실 규모의 아파트 건물이 들어섰다. 건물의 전면은 붉은색, 녹색, 검은색의 줄무늬와 주먹을 치켜든 그림으로 장식되어 있었고 1층에는 이곳의 역사적인 중요성을 증언하는 명판들이 줄지어 있었다.

센트럴 디스트릭트 Central District

우리의 'CD' 공동체를 개척한 사람들과 기업인들은
1860년대 이래로 미국의 동서남북에서 이곳으로 들어와
종교, 가족, 사랑, 영혼, 정신을 일궈내었고
유니언, 체리, 제퍼슨, 예슬러, 잭슨, 라이니어 등을 거치면서
마틴 루터 킹 주니어의 길을 품어 안았으며
이곳의 교회, 일터, 사업에서 번성했고 서로를 돌보았고
80퍼센트에 달할 정도로 성장했다.

2019년 5월 말에 새로 들어선 상업 공간 중 하나에서 열린 마을회의에서 와이킹 개릿이 말했다. "우리의 '성지'에 오신 것을 환영합니다."[44] 할아버지가 리버티 은행 창립 멤버 중 한 명이었던 개릿은 몇 년 전에 센트럴 디스트릭트의 흑인 문화유산을 보존하기 위해 '아프리카타운'이라는 단체를 설립했다. 이곳이 매년 우모자 페스티벌을 주관한다. 하지만 그는 이 지역이 새로이 개발되는 데 공모자이기도 하다. 아프리카타운은 이곳의 건물 중 두 동에 지분을 소유하고 있으며, 단체 사무실도 가지고 있고, 시 정부에서 100만 달러 이상의 지원금도 받았다.

개릿은 이 교차로 지역의 변모를 긍정적으로 묘사하기 위해 최선을 다하고 있었다. 그는 리버티 빌딩에는 얼 이발소와 흑인 소유 레스토랑이 들어설 것이고 아파트 호실의 90퍼센트는 센트럴 디스트릭트에 '연고가 있

는' 사람들에게 임대되었다고 말했다. 아프리카타운이 지분을 가지고 있는 예전 쇼핑플라자 건물도 '차별 철폐 마케팅'[소수자 우대 마케팅]을 통해 지역 연고가 있는 사람들이 많이 들어올 수 있게 할 것이라고 했다. 그는 "기본적으로 우리는 공동체가 주도하는 개발에서 빈틈을 채우고 있는 것"이라며 "흑인이 계속해서 성장하고 번성할 수 있는 공동체를 꿈꾸는 아프리카타운의 비전을 실현시키기 위해 다양한 기관과 사람들이 일하고 있다"고 말했다.[45]

이러한 변모의 핵심적인 공모자가 그 변모를 홍보하는 주장을 듣다 보면, 여기에서 이득을 얻을 대형 개발업자에게 승인 도장을 찍어주고 자신도 이득을 얻는 사람의 입장이 보이지 않을 수 없을 것이다. 실제로 가서 보면, 나붙어 있는 배너가 말하는 것과는 사뭇 다른 미래[흑인의 정체성은 하나도 남지 않을 미래]를 보게 된다. 사실 모두가 그것을 보고 있었다. 유모차를 끌고 가는 가족, 타코 가게에 온 손님, 고급 버거 가게에서 브런치를 먹는 사람들, '로라이더 베이킹'에서 쿠키를 사는 부부 모두 백인이고 젠트리피케이션 열풍이 말하는 드림의 이미지에 전형적으로 부합하는 사람들이다.

딸을 데리고 퍼레이드와 축제를 보러 저드킨스 공원에 온 로니카라는 이름의 흑인 여성은 이렇게 말했다. "이제 나는 유니언가와 23번가의 교차로에 거의 가지 않아요. 가면 마음이 아프거든요."[46] 밴드가 공연을 하고 길거리 매대에서는 포보이 샌드위치와 튀긴 PB&J[피넛버터와 잼] 샌드위치를 팔고 있었다. "그들은 붉은색, 검은색, 초록색을 모두 가져다 놓았습니다. 하지만 그저 발자국뿐인 것 같아요."

퍼레이드는 아래쪽의 체리가에서 시작해 23번가를 따라 남쪽으로 행진했다. 모터사이클 무리, 버펄로 솔저 블랙 카우보이, 올드라이드 카클럽, 센트럴 디스트릭트 팬더스 치어리더팀, 몇몇 댄스팀, KAΨ(카파 알파프사이) 클럽, 프리메이슨, 북미대중교통노조 등이 참가했다.

퍼레이드 행렬은 제6소방서, 더글러스 트루스 도서관 분관, 에젤스 페이머스 치킨(주인이 바뀌었는데 사람들은 맛이 예전만 못하다고 한다), 가필드 고등학교와 메드가 에버스 수영장, 퀸시 존스 공연센터, 커리 템플 감리교회 앞을 차례로 지나갔다. 교회 앞 계단에서는 언제나처럼 핫도그와 물을 팔고 있었다("올해는 규모가 좀 작은 것 같아요"). 이어서 퍼레이드는 '아름답게 리모델링한 공예가의 집' 앞을 지나갔는데, 이곳은 84만 5,000달러에 매각될 예정이었다("통근자의 꿈! 다운타운과 아마존에서 가깝습니다"). 또 66만 4,990달러에 매각된 어느 건물 앞도 지나갔다(들어설 건물의 광고 문구에는 정확히 동네 이름은 밝히지 않은 채로 "시애틀에서 가장 핫한 동네 중 한 곳에 위치해 있다"고 언급되어 있었다).

이어서 퍼레이드는 제임스 에드워드 존스(James Edward Jones)의 집 앞을 지나갔다. 그는 현관에 나와서 퍼레이드를 구경하고 있었다. 오클라호마 출신인 존스는 스물일곱 살이던 1968년에 센트럴 디스트릭트에 왔다. 패트 라이트가 도착하고 4년 뒤였다. 패트처럼 그도 두 명의 형을 따라왔다. "여기에 꼭 오고 싶었다기보다는, 오클라호마를 떠나기 위해서 온 것이었어요." 그리고 패트 라이트처럼 그도 음악을 통해 이 동네의 일부가 되었다. 그의 경우에는 가스펠 사중창단인 '올마이티 워리어'였다. 그는 센트럴 디스트릭트에 오고 얼마 뒤에 테너로 중창단에 합류했고 곧 베이스 연주를 배우기 시작했다. 시어스에서 청소 노동자로, 또 보잉에서 노동자로 일하면서 손에 굳은살이 박여서 베이스 배우는 것이 쉽지는 않았다.

그는 1971년에 시카고, 2년 뒤에는 앨라배마로 공연 투어를 갔고, 1974년의 스포캔 엑스포와 1986년의 밴쿠버 엑스포에서도 공연했다. 그들의 테마 곡은 딕시 허밍버즈의 '내가 할 수 있는 선함을 다 할게요'(Doing All the Good I Can)였다. 그 다음에는 '참 감사한 일'(I'm So Thankful)과 '예수님, 십자가 가까이 저를 두소서'(Jesus, Keep Me Near the Cross)를 불렀고 그 외에도 많은 곡을 불렀다. 선상에서 즉석 공연도 했고 패트 라이트의 토털 익스피리언스 가스펠 합창단과 함께 공연하기도 했다. 존스는 "음악은 내 인생이고 내 삶이었다"고 말했다.[47]

그리고 이제는 현관에 앉아 말보로 담배를 피우면서 수년 동안 그가 부른 노래의 음반을 앰프에 연결해서 듣고 있었다. 그는 집을 두 채 소유하고 있는데, 하나를 팔라고, 때로는 둘 다 팔라고 줄기차게 찾아오는 부동산 중개인들에게 지쳤다. 그가 1975년에 약 2만 달러, 1987년에 약 5만 달러에 산 집은 이제 각각 약 50만 달러와 90만 달러가 되어 있었다. 팔 수도 있겠지만, 그 다음에 그와 아내는 어디로 가야 하나? 그가 소유한 또 다른 집에 사는 아내의 이모는 어디로 가야 하나?

"나는 팔려고 집을 산 게 아니라 이곳에서 살려고 집을 산 겁니다."

이제 퍼레이드는 옛 센트럴 디스트릭트의 또 다른 주요 상업 지구였던 잭슨가 근처를 지나가고 있었다. 북서쪽 모퉁이에 새로 들어선 건물들이 어렴풋이 보였다. 1층 전면에는 재즈 뮤지션들의 실루엣이 보였고 백인인 주민들이 위층 발코니에서 퍼레이드를 내려다보고 있었다.

이 블록의 남동쪽 모퉁이에는 '레드 애플'이라는 거대한 복합 단지가 들어서고 있었다. 예전에는 돼지 족발과 곱창을 파는 식품점이 있던 곳이다. 체인이 감긴 울타리가 인도를 따라 세워져 있었고 개발업자가 붙여놓은 배너가 걸려 있었다. 동네 학교의 학생들이 디자인한 것으로, 아이들, 집,

나무 등의 그림과 함께 **다음과 같은** 단어들이 무작위로 쓰여 있었다.

평화. 집. 유산. 문화. 희망. 성장. 지혜.

그리고 계속해서 다음과 같은 단어가 쓰여 있었다.

공동체. 공동체. 공동체.

패트 라이트가 사는 블록에는 흑인 이웃이 한 명밖에 남지 않았고 옆 블록에는 두 명밖에 남지 않았다. 사람들이 하나 둘 계속 떠났다. 일부는 세상을 떠났고 그 집의 상속자들은 재산세를 부담하느니 집을 팔아서 차익을 취하는 편이 더 낫다고 생각했다. 또 어떤 이들은 그냥 떠나서 남쪽의 교외 지역이나 훨씬 더 남쪽으로 옮겼다. 수십 년 전에 토털 익스피리언스가 탄생한 시온산 침례교회 목사도 그랬다. 목사는 오랫동안 신도들에게 집을 팔지 말라고, 떠나지 말라고 독려했지만, 결국에는 그도 아내에게 설득되어 레이크리지로 이사했다. "그가 이사한다고 했을 때 그를 쏴버리고 싶었어요." 패트 라이트가 말했다. 이사 가고 얼마 안 되어 목사의 아내가 목욕 가운에 미끄러져 크게 다쳤다고 한다.

부동산 중개업자들이 계속 찾아왔다. "집 파실 생각 없으세요?"

"내가 목욕 가운을 입고 있잖아요. 집 팔 생각이 있는 사람처럼 보이나요?"

"아, 죄송합니다, 부인." 이런 대화가 늘 벌어졌다.

어느 날은 너무 짜증이 난 패트가 "거절할 수 없는 제안을 하지 않는다면 안 팔 겁니다"라고 말했다.

부동산 중개인은 각곡하게 물었다. "무엇이 그런 제안이 될 수 있을까요?"

"150만 달러요. 그 금액이면 바로 받아들일게요. 내 낡고 더러운 서랍들은 두고 갈게요."

그 중개인은 다시 찾아오지 않았다.

패트는 놀라운 성취를 이뤘다. 그의 합창단은 빌 클린턴, 버락 오바마, 데즈먼드 투투 주교, 달라이 라마 앞에서 공연을 했다. 1990년대 말에는 직접 자그마한 교회도 세웠다. 이름은 '일치(Oneness) 크리스천 센터"였다. 패트가 뽑아서 이 합창단에서 노래하던 한 여자아이는 이제 조지아 주립대의 교수가 되었다.

하지만 2018년 말에 패트 라이트는 공식적으로 합창단을 해산했고 무료 콘서트를 여는 것으로 45년 만에 합창단의 막을 내렸다. 여전히 교회에 나갔지만 교회에서 볼 수 있는 친구들이 점점 줄었다. "현재 센트럴 디스트릭트에 있는 어느 교회에서든 교인 25명이 모인 것을 보게 되면 내가 밥 살게요."

사우스 레이크유니언에 있는 큰 회사에서 일하는 새 이웃들과는 잘 친해지지가 않았다. 그들이 개 한 마리와 어린아이 한두 명을 데리고 지나갈 때(이들은 모두 개 한 마리와 어린아이 한두 명이 있는 것 같았다) 마침 패트가 집 앞에 나와 있으면 패트는 "안녕하세요"라고 인사했지만 그들은 쳐다보고 그냥 지나가거나 형식적으로 "안녕하세요"라고 대답하고 그것으로 끝이었다.

한번은 계단에 나와 있던 패트가 지나가는 모르는 여성에게 인사를 했더니 그 여성은 유령을 본 것처럼 깜짝 놀라 고개를 들고 패트를 보면서 말했다.

"아, 아직 여기 사시는군요."

마일로 듀크는 '아직 여기 사시지' 않았다. 2017년 월세가 3,000달러로 오르자 그와 웬디는 웬디의 고향인 세인트루이스로 돌아가기로 했다.

어느 면에서는 의외로 여겨질 법한 결정이었다. 이 시점에 세인트루이스는 낙후된 도시의 대명사가 되었기 때문이다. 인구는 1950년 85만 명 이상이던 것에서 30만여 명으로 감소했다. 인구 감소율이 디트로이트와 비슷했다. 1970년에는 세인트루이스가 시애틀보다 10만 명 가까이 인구가 많았는데 반세기가 지난 지금은 시애틀 인구의 절반도 되지 않았다.

이들이 도착한 곳은 마치 다른 나라 같았다. 퓨젓사운드의 풍경을 따라 끊임없이 분주하게 복닥대던 도시에서 당황스럽도록 빈 공간뿐인 도시로 온 것이다. 거의 버려진 북부 세인트루이스의 광대하고 마음 아픈 빈 공간, 장식 벽돌로 지어진 집에 매물이라는 표지가 붙어 있고 반쯤 철거된 블록이 줄줄이 이어지는 빈 공간…. 약간 회복되나 했을 때 대침체로 타격이 왔고, 그 다음에는 2014년에 세인트루이스 교외의 퍼거슨에서 흑인 소년이 경찰의 총격으로 사망하는 사건이 있고 나서 한층 더 쇠락이 가속되었다. 어떻게 세인트루이스가 번영의 길에 다시 오를 수 있을지에 대해서는 가능할 법한 경로가 점점 더 보이지 않았다. 한때는 자랑스러운 대도시였지만 그곳의 은행, 광고회사, 항공기 업체(맥도넬 더글러스) 등이 어딘가 다른 곳에 본사를 둔 더 큰 업체들에 흡수되어서 지점 도시가 되어버린 전형적인 사례였다. 세인트루이스의 공항은 최근 몇 년간 교통량이 너무 줄어서 청사 중 하나가 거의 사용되지 않고 있었다.

그래도 마일로와 웬디는 이곳이 좋았다. 그들은 건축가였던 웬디의 증조할아버지가 설계한 센트럴 웨스트엔드 빌딩의 다락층 집을 구매했다. 50평 넓이에 높은 천장과 욕조가 있었고 건물 뒤에는 정원과 수영장이 있었다. 매매 가격은 26만 9,000달러였다.

그리고 얼마 지나지 않아서 그들은 시애틀에서 잃어버렸던 예술의 장을 만날 수 있었다. 한 예술품 사업가가 있었는데, 1892년에 지어진 집을 라이브 음악 공연장으로 개조해 사용하고 있었고 미드타운의 그랜드 불러바드에 새로 생긴 예술의 거리에서 큰손이기도 했다. 마일로와 웬디는 이 사업가와 세인트루이스 현대미술관, 그리고 퓰리처 예술재단과 회의를 가졌다. 시애틀에서는 없던 일이었다. 마일로와 웬디는 새로운 '그랜드 센터 예술지구'에 갤러리도 하나 얻었고, 예전에 엄프콰 은행에서 했던 것처럼 매달 첫 금요일에 행인들이 무료로 볼 수 있도록 예술품을 전시했다. 시애틀에서의 예술 산책과 다른 점은 이곳, 그러니까 시애틀보다 훨씬 돈이 없는 도시인 세인트루이스에서는 사람들이 실제로 발걸음을 멈추고 예술품을 구매한다는 점이었다. 첫 석 달 동안, 이 갤러리에서 작품을 전시한 예술가들은 45점의 작품을 판매했다. 마일로가 시애틀의 친구들에게 이 이야기를 했더니 그들은 믿을 수 없어 했다.

이 갤러리의 월세는 100달러였다. 주인이 더 나은 세입자를 찾으면 나가야 한다는 조건이었는데, 이 도시의 상황을 보건대 그런 일은 일어날 법해 보이지 않았다.

고립된 도시

8

미국 소도시의 위기

오하이오주 넬슨빌-펜실베이니아주 요크-오하이오주 콜럼버스

이 도시들은 '검은 다이아몬드의 작은 도시'라고들 했다. 아름다운 울림이 있는 표현이지만 여러 수준에서 오해를 일으킬 소지가 다분하다. 오하이오주 남동부의 이 지역에서 검은 다이아몬드는 사라진 지 오래였고 글로스터 너머에 있는 탄광 중 마지막으로 남은 곳도 곧 채굴이 종료될 예정이었다. 또한 예전의 탄광 도시들 대부분은 전성기 때도 '도시'라고 불리기는 어려웠고, 이제 몇몇 곳은 존재조차 거의 사라졌다. 가보면 버려진 벽돌 건물 몇 채와 옛 표지판이 하나나 둘 정도 세워져 있는 것을 볼 수 있을 뿐이다. 애리조나주나 네바다주의 유명했던 은광 도시들처럼 이곳들도 잡초만 무성한 유령 마을이 되었다.

넬슨빌은 그 10여 개 도시 중 오하이오주에서 법적으로 아직 '시'라고 불릴 수 있는 유일한 곳이다. 1814년에 세워진 이 도시는 석탄뿐 아니라 목재 공급지로서도 호황을 구가했다. 석탄과 목재 모두 처음에는 호킹 운하를 통해, 그 다음에는 철도를 통해 운송되었다. 이곳의 석탄 붐은 1920년대에 끝났다. 더 크고 새로이 기계화된 웨스트버지니아주와 켄터키주 탄

광들과의 경쟁이 한 요인이었다. 그리고 오하이오주와 그 너머의 많은 도시들을 연결해주던 여객 철도들이 쇠퇴하면서 고립이 가속화되었다.

하지만 대공황이 한창이던 1930년대에 넬슨빌은 새로운 산업을 갖게 되었는데, '윌리엄 브룩스 슈즈 컴퍼니'가 세워지면서 시작된 제화업이었다. 그리고 애팔래치아 기슭의 그림 같이 아름다운 곳에 위치한 넬슨빌은 계속해서 지역의 허브 시장으로 기능하고 있었다. 아름다운 중앙 광장이 특히 유명했는데 커다란 호텔, 오페라하우스, 그리고 삼면에 상점들이 줄지어 들어서 있었고, 거리들은 넬슨빌의 유명한 벽돌로 바닥이 깔려 있었다. 1904년에 벽돌 회사 '넬슨빌 블록'은 이 지역에 풍부한 점토로 벽돌을 만들었는데, '팔각별이 있는 꽃무늬', '눈꽃송이와 켈트십자가 무늬', '원과 사각형으로 된 과녁 무늬' 등으로 장식된 이곳 벽돌이 세인트루이스에서 열린 세계박람회에서 1등을 하기도 했다.

하지만 최근 몇 십 년 사이에 소규모 상업 중심지로서 넬슨빌이 가졌던 가치가 감소했다. 먼저, 33호선 국도 양방향으로 15킬로미터 남짓 떨어진 더 큰 도시 애선스와 로건에 월마트가 들어왔고, 월마트가 들어서는 곳마다 소규모의 경쟁자들에게 일어나는 대표적인 일이 여기에서도 일어났다. 넬슨빌의 지역 할인매장이자 철물점인 'LS' 같은 주요 소매 매장들이 사라진 게 이 시기다. 그래서 중앙 광장에는 선물가게 조금, 슈퍼마켓 체인인 크로거 매장 하나, 가족 소유의 작은 약국 하나(매출 공백을 메우려고 일반 잡화도 판매하기 시작했다) 정도만 남아있었다. 이어서 미국의 농촌과 소도시에 1달러숍 체인들이 들어오면서 그나마 남아있던 곳들마저 위협에 처했다. 넬슨빌의 커낼가에는 고작 두 블록을 사이에 두고 대표적인 두 체인점 '패밀리 달러'와 '달러 제너럴' 매장이 둘 다 들어왔다.

그래도 넬슨빌에는 아직 제화회사가 있었다. 윌리엄 브룩스(William

Brooks)가 세운 '윌리엄 브룩스 슈즈 컴퍼니'는 1958년에 랭커스터[33호선 국도를 따라 북쪽으로 50킬로미터 떨어진 조금 더 큰 도시]에 있는 제화회사에 매각되었다가[1] 윌리엄의 조카 존이 다시 매입했다. 처음에 존이 재매입하자고 했을 때 윌리엄은 회사의 전망에 대해 다소 비관적이어서 재매입의 위험 부담을 지는 데 반대했다. 존은 17년 뒤에 스스로 매입할 수 있게 되었을 때 회사를 되찾았다. 경쟁은 전쟁터 못지않게 살벌했지만 존 브룩스는 로컬 기업을 소유한 로컬 사업자다운 면모를 가지고 있었다. 그는 커낼가 아래쪽에 벽돌 건물로 된 3층짜리 공장을 두었고, '직물 및 봉제산업 노조' 146지부와 협상 테이블에 앉았으며, 시 의회에서도 일했고, GM 올즈모빌을 몰았으며, 공장에서 걸어갈 수 있는 거리에 살았다.

존의 아들 마이크도 제화업에 종사했지만 사뭇 다른 스케일을 가지고 있었다.[2] 그는 이탈리아 밀라노에 있는 유명한 '아르스 수토리아' 제화학교를 졸업하고 돌아와 'US 슈 코퍼레이션'과 두 곳의 피혁회사에서 일했다. 그리고 아버지가 윌리엄 브룩스 슈즈 컴퍼니를 다시 매입했을 때 아버지를 돕기 위해 넬슨빌로 돌아왔다. 1980년대에 아버지와 아들은 특수신발 시장을 개척해 회사에 새로이 생명을 불어넣었다. 특수신발 중 하나는 경찰과 집배원을 위한 '직무용' 신발이었다. 이 신발의 구매자인 경찰서와 우체국들은 '메이드 인 USA' 라벨이 붙은 제품을 선호했고 때로는 꼭 그 라벨이 있어야 한다고 요구했다. 또 다른 특수신발은 고어텍스 직물로 방수 기능을 갖춘 등산용 및 사냥용 부츠였다. 마이크 브룩스는 고어텍스 제조업자들과 잘 아는 사이였다. 새로 개척한 시장을 반영해 브룩스 부자는 회사 이름도 터프한 것으로 다시 지었다. '로키 슈즈 앤 부츠.'

매출이 너무나 빠르게 증가해서 커낼가에 있는 작은 공장만으로는 수요를 따라잡을 수 없게 되었다. 1980년대 말에 마이크 브룩스는 이 공장을 확장하는 대신 다른 곳에 새로 생산 시설을 열기로 했다. 도미니카 공화국과 푸에르토리코(이곳은 매우 중요하게도 여전히 '메이드 인 USA' 라벨을 붙일 수 있었다)였다. 아버지는 해외에 시설을 두는 데 반대했고 1991년에 70세의 나이로 회사 일에서 손을 떼었다. 2년 뒤, 아들 마이크 브룩스는 회사에 자본 조달이 더 필요하다고 판단해서 상장을 했고 이를 통해 약 1,400만 달러를 조달했다.

1990년대 중반에 존 허치슨(John Hutchison)이 이 회사의 커낼가 공장에 취직했다. 넬슨빌 외곽의 언덕 마을 출신인 그는 편모 슬하에서 자랐다. 남서쪽으로 120킬로미터 떨어진 파이크턴의 우라늄 농축 공장에서 일하던 아버지는 그가 어렸을 때 집을 나갔다. 엄마는 형편이 너무 어려워서 셋째인 딸을 갓난아기 때 입양 보내야 했다. 나중에 엄마는 직업학교 교사와 재혼했다. 이들의 집은 넬슨빌을 약간 벗어나서 애선스 카운티의 경계를 살짝 넘은 호킹 카운티에 있었고, 그래서 존은 고등학교 때 버스로 한 시간이나 걸리는 로건까지 통학해야 했다.

고등학교를 졸업하고 한동안은 대충 살았다. 하지만 곧 학교 때부터 알던 브리짓(Bridget)과 진지하게 만나는 사이가 되었다. 브리짓은 이미 아이가 둘 있었고, 곧 이들 사이에서도 사내아이가 태어났다. 존은 가족을 부양할 수 있는 안정된 일자리가 필요했고, 이곳 사람들이 다들 일하고 있는 업계로 들어왔다. 제화공장에 들어간 것이다. 그가 맡은 작업은 '토라'[toe-laster의 준말로, 신발 앞코를 구두골에 씌워 모양을 잡는 일]였다.

이 무렵이면 가죽을 커팅하고 꿰매는 노동집약적인 작업은 해외로 이전되어 있었고, 넬슨빌에 남아있는 몇 안 되는 공정 중 하나가 토라 기계 작업이었다. 부츠의 윗부분이 될 겉가죽 '갑피'가 그에게 오면 존은 그것을 중앙에 페달이 달린 커다란 기계에 넣었다. 페달을 아래로 약간 누르면 구두 앞코가 될 가죽을 기계 안에서 집게가 앞으로 잡아 당겼다. 아래로 조금 더 누르면 집게 두 개가 더 나와서 모서리를 처리했다. 마지막으로 페달을 끝까지 내리면 기계가 풀을 주입하고 눌러서 가죽을 접착했다. 그러고 나면 완성된 앞코 부분이 기계에서 나왔다.

이 모든 일이 몇 초 사이에 일어나기 때문에 노동자는 기계에 손가락이 끼이지 않도록 조심해야 했다. 안전장치는 전혀 없었다, 기계 안에 가죽 원단을 넣기 위해서는 손으로 넣는 수밖에 없었고 두꺼운 장갑을 낄 수도 없었기 때문이다. 손가락을 잃는 사람도 있었는데, 존 허치슨은 천만다행으로 왼손 엄지 중 일부만 잃었다.

여덟 시간의 하루 근무 동안 500~600켤레를 작업했다. 존은 야간 조에서 일했고 낮에는 읍내의 '어드밴스 자동차부품' 매장에서 일했다. 로키 슈즈 컴퍼니에서 그가 받는 임금은 시간당 13달러로, 1990년대 말에 넬슨빌의 어느 곳에서 기대할 수 있는 수준보다도 높은 임금이었고 푸에르토리코의 로키 슈즈 노동자가 받는 임금보다는 두 배,[3] 도미니카공화국 노동자가 받는 임금보다는 열 배나 높았다.

2000년으로 넘어갈 무렵이 되자 마이크 브룩스와 그가 부응해야 하는 주주들은 이렇게 큰 인건비 격차를 더 이상 감당하기 어렵다고 판단하게 되었다. 2000년 3월에 회사는 넬슨빌 공장의 일자리 112개 중 절반을 없애고 작업을 카리브해 지역으로 옮기겠다고 발표했다. 1년 반 뒤, 그리고 9·11 테러가 있은 지 1주일 뒤에 브룩스는 이 공장의 폐쇄를 발표하고 남아있던 노동자 67명을 해고했다.[4]

로키 슈즈 앤 부츠는 넬슨빌에 계속 적을 두기는 하겠지만 제품 자체는 더 이상 넬슨빌에서 제조하지 않고 푸에르토리코와 도미니카공화국, 그리고 더 나중에는 중국, 요르단, 베트남 등지에서 제조하게 될 것이었다.

이 발표는 앞으로도 수년 동안 이곳에 남게 될 양면적인 감정을 불러일으켰다. 공장의 일자리가 사라진다는 점은 애석했지만 그래도 본사는 남아있을 것이라는 사실이 위안을 주었다. 본사 직원들 상당수는 넬슨빌에 살지 않고 애선스나 랭카스터, 심지어는 더 먼 도시에 살면서 통근하는 사람들이었지만 말이다. 그리고 이 회사의 아울렛 매장과 물류창고도 로건에 계속 남아있을 텐데, 여기에 있는 일자리를 다 합하면 160개 정도 되었다.[5]

하지만 존 허치슨은 그런 양면적인 감정을 느끼지 않았다. 훗날 그는 이렇게 말했다. "탐욕입니다. 기업의 탐욕이에요. 그들은 이곳에 제조업 일자리를 계속 둘 수 있었을 것입니다. 다만 전만큼 수익을 올리지는 못하겠지만요."

이 공장에서 제조된 마지막 부츠가 11월 21일 오후 2시에 생산 라인에서 출고되었다.[6] 주간근무 조 직원들이 마지막 퇴근 카드를 찍으러 줄을 섰다. 역시 일자리를 잃게 될 관리자들이 줄 선 노동자들 앞뒤로 오가며 악수와 포옹을 했다. 마이크 브룩스는 자신의 사무실에 있었다.

이로써 오하이오주에서 마지막 제화공장이 사라졌다. 한때 오하이오주에는 다른 어떤 주보다 제화 관련 일자리가 많았다. 1960년에는 미국 내에서 팔린 신발의 95퍼센트 이상이 미국에서 만들어졌다. 하지만 2002년에는 거꾸로가 되어 미국 내에서 팔린 신발의 95퍼센트 이상이 다른 곳에서, 주로 중국에서 만들어진 제품이었다.[7]

공장이 문을 닫고 3개월 뒤인 2002년 2월 말에 마이크 브룩스는 분기 수익에 대해 시장 분석가들에게 발표하면서 회사의 수익이 개선되었다고 뿌듯하게 밝혔다. 그는 "지난 1년 동안 운영비가 크게 줄어서 어려운 소매 영업 환경에서도 회사의 재무성과를 개선할 수 있었다"며 다음과 같이 말했다. "우리는 생산 시설 운영에 대해 최근 실시한 개편이 올해 2002년 실적에도 긍정적인 영향을 미칠 것으로 예상하고 있습니다. 그러한 전략적 결정의 이득이 실현되기 시작했기 때문입니다."

존과 브리짓은 1998년에 결혼했는데 회사가 문을 닫았을 무렵에는 헤어져 있었다. 존은 괜찮은 일자리를 찾기 위해 이곳을 떠나기로 했다. 2000년의 첫 10년 동안 오하이오주에서 이 말은 콜럼버스로 간다는 것을 의미했다.

미국에는 늘 어느 정도의 농촌 빈곤이 존재했다. 하지만 2010년대에 농촌과 소도시는 한 세기 전 농촌 가구의 자녀들이 도시로 대거 떠났던 시기 이래로 본 적이 없는 수준의 광범위한 쇠락을 겪었다. 2010년에서 2018년 사이에 미국 전체 인구는 6퍼센트 증가했지만 1,653개 카운티에서는 인구가 줄었다. 인구가 증가한 카운티(1,489곳)보다 줄어든 카운티가 더 많았다. 농촌과 인구 5만 명 이하 소도시에서는 2008년부터 2017년까지의 10년간 고용이 감소한 반면, 같은 시기에 규모가 큰 도시들에서는 고용이 9퍼센트 증가했다.[8] 이와 관련해서는 애팔래치아 산맥의 광산 등 천연자원 산업의 쇠락, 제화 같은 소도시 제조업 시설의 해외 이전 등 곧바로 떠올려볼 수 있는 설명이 넘치도록 존재한다.

하지만 농업부터 소매업까지 모든 종류의 산업을 가로지르는 한 가지 추세는 종종 간과되곤 한다. 바로 시장의 집중화다. 이것이 농촌 마을과 소도시에 미친 영향을 이해하려면, 더 이전 시기에 이러한 지역들의 성장이 그와 반대의 동학, 즉 집중화가 아닌 분산화에 의해 추동되었다는 것을 이해해야 한다. 수십 년 동안 수많은 기업가가 자신의 지역과 도시에서 사업을 열면서 상업 활동과 경제 번영이 미국 전역에 확산되었다. 더 성공적인 곳들은 인근 지역에서 허브가 되었지만 여전히 지역적 뿌리와 지역 위주의 투자를 유지하고 있었다. 이러한 분산화와 지역주의가 발휘했던 힘을 봉통(Bon-Ton)이라는 회사를 통해 살펴볼 수 있다.

1897년 말에 맥스 그룸바허(Max Grumbacher)는 펜실베이니아주 요크에서 아버지 새뮤얼 그룸바허에게 다음과 같은 편지를 보냈다.[9] "제가 보기에는 여기서 좋은 비즈니스를 할 수 있을 것 같아요. 다들 여기에 기업을 세우면 번성할 수 있으리라고 생각하는 것 같습니다. … 제가 되도록 서둘러서 빨리 오픈하려고 하니, 안심하셔도 됩니다."

새뮤얼 그룸바허의 가족은 그가 네 살이던 1847년에 독일에서 미국으로 이주했다. 흉작과 실패한 혁명들에 이어 그 세기 중반에 중부 유럽에서 대거 사람들이 빠져나온 이주 물결의 초기에 속했다. 반세기 후에 뉴저지주 트렌턴에서 성공한 상인이 된 그는 동화에 나오는 왕처럼 두 아들과 두 사위를 영토 확장의 임무를 주어 내보냈다. 빠르게 성장하고 있던 펜실베이니아주 동부의 소도시들이 목표였다. 한 명은 헤이즐턴, 한 명은 레버넌, 한 명은 랭커스터, 그리고 맥스는 요크로 보내졌다. 해리스버그와 볼티모어 사이에 위치한 요크에는 철강 공장과 풀먼 자동차를 만들던 '요크 모터카 컴퍼니'를 포함해 수백 곳의 제조업체가 있었다. 1880년에서 1900년 사이에 요크는 인구가 두 배 이상 늘어 3만 4,000명이 되었다.

그룸바허 집안의 사업은 잡화 소매업이었다. 기성복이 여전히 흔하지 않던 시절이라 그룸바허의 상점은 직물을 필 단위로 끊어 팔았다. 매장 점원들이 치수를 재고 재단하는 것을 도와주었고 대량 주문을 하는 고객에게는 배달원이 마차로 배달해주었다. 하지만 맥스 그룸바허가 특히 사업 수완을 보인 품목은 여성용 모자였다. 시즌마다 뉴욕에서 두 명의 모자 장인을 데려와서 최신 유행 디자인의 모자를 만들게 했고 그 다음에 그룸바허의 모자공들이 그것을 적용했다. 또한 그는 모자를 무료로 맞춤 수선해준다고 널리 광고했다.

요크에 세운 그룸바허 집안의 잡화점 이름은 '봉통'이었다. 나머지 아들과 사위가 세 도시에서 연 잡화점도 마찬가지였다. 당시에 잡화점 이름으로 흔한 이름이었다. 할인 소매점은 '봉마르셰'(Bon Marché, 좋은 거래)라는 이름을 가진 곳이 많았고 유행에 더 민감하고 스타일리시한 매장은 '봉통'(좋은 형태/스타일)이라는 이름을 많이 사용했다. 번성하는 도시이던 요크의 소비자들은 그런 고급스러운 터치에 잘 반응했고 곧 맥스 그룸바허의 매장은 처음에 빌렸던 마켓가의 단칸 매장 규모로는 감당할 수 없을 만큼 성장했다. 맥스 그룸바허는 1912년에 마켓가와 비버가 사이의 화려한 교차로로 자리를 옮겼다. 테라코타로 외장이 장식된 1,000평 면적의 4층짜리 건물에 침구, 가정용품, 문구, 의류, 속옷 등 27개 매장이 들어섰고 단정하게 차려 입은 운전원이 운행하는 엘리베이터도 있었다. 엘리베이터 안에는 꺼낼 수 있는 작은 좌석도 있었다. 다른 회사의 봉통과 헛갈리지 않도록 지붕선 아래에 검은 글씨로 '그룸바허'라고 크게 쓰여 있었다.

이때는 도심 백화점의 전성기였다. 뉴욕의 로드 앤 테일러와 블루밍데일, 시카고의 마셜필드, 필라델피아의 워너메이커, 볼티모어의 호크실드, 콘 앤 컴퍼니, 허츨러, 콜럼버스의 F&R 라자루스 등이 모두 시내 중심가에 위치한 백화점이었다. 한번은 라자루스 사장이던 로버트 라자루스(Sr.)가 아내와 집에 있는데 어떤 손님이 전화를 해서 F&B 라자루스 백화점에서 우아한 찻잔 세트를 샀는데 어떻게 사용하는 것이 적절한 에티켓인지를 모르겠다고 말했다는 이야기도 있다.[10] 이러한 백화점들은 사람들이 그 공간을 누리기 위해 일부러 찾는, 그 자체로 목적지인 곳이었고, 소비의 전당일 뿐 아니라 경험의 전당이기도 했다. 19세기 말에 백화점에서 손님이 머무는 평균 시간은 2시간에 달했다.[11] 봉통이 암묵적으로 드러내고 있는 대담한 선언은, 요크 같은 소도시 사람들도 이러한 즐거움을 누릴 자격이 있다는 것이었다. 1912년 3월 20일의 오픈 행사를 알리는 광고는 이곳을 '**공공 대중의 편의시설—민중을 위한 매장**'이라고 표현했다.

'공공'이라는 목적을 표방한 것은 과장된 광고 문구에 불과한 것이 아니었다. 봉통은 매우 빠르게 '만남의 장소' 역할을 하게 되었고 주 매장이 내려다보이는 사잇층 발코니의 찻집은 사업가들과 사교계 여성들로 북적였다(난간 쪽 자리가 가장 인기가 있었다). 설립 25주년이 된 1923년 무렵이면(그해에 봉통은 전 직원과 함께 25주년 축하 만찬 행사를 했다) 금요일과 토요일 오후마다 지역 오케스트라가 매장에서 연주를 했으며, 크리스마스 시즌에는 뉴욕에서 중고로 구매한 장식품으로 화려한 창문 장식을 달고 백화점에서 퍼레이드를 했다. 퍼레이드의 클라이맥스는 군중 틈에 있던 소방차에서 산타클로스가 나타나는 것이었다.

맥스 그룹바허는 새 아내인 볼티모어 출신의 데이지 알트슐과 늘어난 식구들을 데리고 요크 외곽에 소유한 40에이커의 땅으로 이사했다. 하지만 계속해서 요크의 지역사회 활동에 참여했다. 시나고그(유대인 회당)와 지역 상공회의소를 공동 설립했고, 여름에는 직원들이 소풍을 올 수 있게 자신의 땅을 개방했으며, 그의 자녀들도 백화점의 사탕 매장 등에서 다른 직원들과 나란히 일했다.

그래서 맥스가 뇌졸중으로 쓰러졌을 때 가족들은 상당히 대비가 되어 있는 편이었다. 아들 톰은 대학을 그만두고 봉통을 맡았고 대공황 시기를 헤쳐나갔다. 대공황이던 1929년에서 1932년 사이에 매출은 절반 이하로 떨어졌지만, 그래도 1930년에 직원들에게 2,100달러의 보너스를 지급할 수 있었다. 2차 대전 시기에도 양말 같은 보급 제한 품목을 배급하는 데 더 고객 친화적인 방식을 개발했고 비공식적으로나마 매장 진열대에서 전쟁

채권도 팔았다.

봉통은 이 모든 격동을 거치고 살아남았고 전후 호황의 시기를 맞아 이제 확장할 태세가 되어 있었다. 1946년에는 남서쪽으로 30킬로미터쯤 떨어진 하노버에 매장을 열었고 2년 뒤에는 메릴랜드주 헤이거스타운의 이얼리 백화점을 인수했다.

톰 그룸바허는 할아버지가 반세기 전에 포착했던 것과 비슷한 기회를 포착했다. 소도시 소비자들이 접할 수 있는 곳에 매장을 열고서 이들도 고급품을 볼 줄 아는 감식안을 가지고 있다는 것과 '도시성'이 거대도시가 아닌 곳에도 존재한다는 것을 보여주는 것 말이다.

테일러 새핑턴(Taylor Sappington)은 넬슨빌에서 15킬로미터 남짓 떨어진 애선스(Athens)의 '텍사스 로드하우스' 패밀리 레스토랑에서 일했다. 어느 날 근무를 시작하고 두어 시간쯤 되었을 때 '포크 사건'을 목격했다. 부부와 열세 살 정도 되어 보이는 아들이 식당에 들어왔다. 그들은 서두르는 것 같았고 바테이블 쪽에 자리를 잡았다. 음식을 더 빨리 받기 위해서인 듯했다. 하지만 음식이 나왔을 때 부모는 아편에 취해서 정신이 없는 상태였다. 오하이오주 남동부에서는 그리 특이한 일도 아니었다. 패밀리 레스토랑에 아이와 함께 온 상황에서도 말이다.

특이한 일은 그 다음 순간에 일어났다. 남성이 앞으로 고꾸라졌는데, 포크를 세워서 든 채 그 위로 고꾸라진 것이다. 포크의 뭉툭한 쪽 끝이 텐트 기둥처럼 그의 머리를 받치고 있었다. 끔찍한 방식으로 우스운 광경이었다.

그런데 이보다도 테일러 새핑턴의 뇌리에 남은 것은 함께 온 아이였다. 부모가 모두 의식이 없는 상태가 되자 아이는 전에도 이런 일이 있었던 것처럼 상황을 척척 관리했다. 식당에 도착한 경찰과 이야기를 하고, 아직 먹지 않은 저녁을 포장해달라고 하고, 아빠 주머니에서 지갑을 꺼내 계산을 했다.

그 아이보다 겨우 열 살 정도 많았던 테일러 새핑턴에게 이것은 그가 어린 시절을 보낸, 그리고 처음의 생각과 달리 다시 돌아오게 된 마을에서 벌어지고 있는 작은 재앙의 또 다른 사례였다. 그는 넬슨빌을 떠나 워싱턴 DC에 있는 대학에 진학했었다. 할아버지 집 근처의 외딴 개벌지에 가족이 직접 지은 집에서 싱글 맘의 손에 큰 그는 조지워싱턴 대학에서 장학금을 받게 되자(미국에서 등록금 비싸기로 유명한 학교다) 뒤도 안 돌아보고 이 탈출 기회를 잡고 싶었다.

하지만 워싱턴 DC에 와서 보게 된 많은 것들에 깊은 소외감을 느끼고 2년 뒤에 돌아왔다. 학생들 사이의 대화에서 아버지들이 다국적기업에서 가지고 있는 높은 직위가 일상적으로 언급되는 것, 클럽 입장료 50달러를 그가 당연히 낼 수 있을 거라고 생각하는 해맑게도 터무니없는 가정, 그리고 무엇보다, 도처에 존재하는 싸고 빠른 레스토랑 체인점에서 포장한 샐러드와 스마트폰을 들고 복잡한 길을 서둘러 걷는 정장 차림의 워싱턴 사람들이 하고 있는 퀭하고 무표정한 얼굴….

그는 그 표정을 보는 것이 얼마나 기운 빠지는 일인지를 고향사람들에게 설명하려고 했지만 전달하기가 어려웠다. "여기에서는 모두가 불행해요. 아무도 서로 말을 하지 않습니다. 대체 이 도시는 뭐죠?"

사람들이 그에게 지나치게 예민한 거 아니냐고 하면 그는 이렇게 항변했다. "아니에요. 모르셔서 그래요. 여기에 와서 보셔야 해요."

그는 2학년까지 다니다가 고향으로 돌아와 애선스에 있는 오하이오 대학에서 공부를 마쳤다. 어머니와 다시 함께 살았는데, 어머니는 약물 피해자 상담사로 일하고 있었다. 그는 버락 오바마 재선 때 오하이오주에서 선거 운동도 했다. 그리고 오하이오 대학 물리학과 학생이던 재러드와 사랑에 빠졌다. 재러드는 물리학에 굉장히 열정이 많아서 노트를 물리학 이론으로 가득 채울 정도였지만 어쩐 일인지 학위는 마치지 못했다. 테일러는 넬슨빌의 포플러가에 월세로 얻은 집에서 재러드와 동생 스펜서와 함께 살았다. 여기에서 재러드는 독학으로 가구와 악기 만드는 법을 익혔다.

그 다음에 테일러는 이곳에 그저 거주하는 게 아니라 아예 뿌리를 내리고 이곳 사람이 되자고 마음먹었다. 중간선거에서 민주당이 또다시 참패하고 한 달이 지난 2014년 12월에 그는 넬슨빌 시 의원 출마를 선언했다. 『애선스 메신저』에 실린 출마 인터뷰 기사를 오려 벽에 붙이고 필기체로 이렇게 적어놓았다. "행운을 빈다. 잘해낼 거야!"

테일러는 거의 한 집도 빼놓지 않고 가가호호 방문하며 열심히 선거운동을 했다. 쓰레기가 쌓여 있는 마당을 기어오르다시피 해서 황폐한 빅토리아풍 주택 현관문을 두드리기도 했고, 유권자 목록을 보다가 넬슨빌 요크고등학교 동창과 성이 같은 사람을 발견하고는 놀라기도 했다. 학교 때 친구들은 다들 중견 도시의 중산층으로 보였는데, 그들에게도 이렇게 열악한 곳에 사는 친척이 있었을 것이라는 사실에 새삼 놀란 것이다. 이런 집들이 여기 있다는 것은 전에도 늘 알고 있었으므로 사실 놀랄 일이 아니어야 했지만, 그리고 놀랄 일이 아니어야 한다는 것을 그도 알고 있었지만, 그래도 충격으로 다가왔다. 나중에 그는 이렇게 말했다. "그들의 이름은 알아보겠는데 알아볼 수 없는 집들에 살고 있더라고요."

이렇게 집집마다 다니는 것은 힘이 나는 일이기도 했다. 이것은 대학 졸업 후 첫 '커리어'를 시 의회 선거로 시작하기로 한 이유를 다시금 상기시켜주었다. 테일러 새핑턴은 여전히 정부를 믿었다. 정부가 사람들의 삶을 더 나아지게 할 수 있는 힘을 가지고 있다고 말이다. 친지 대부분이 진보

인사들을 비난하는 분위기에서 자랐는데 이런 확신이 어디에서 왔는지는 그도 모른다.

아마도 그가 다른 경로를 밟게 된 데는 어머니가 영향을 미쳤을 것이다. 어머니는 레이건에게, 심지어는 조지 W. 부시에게도 한 번 투표한 적이 있었지만 늘 독립적이고 저돌적인 성향을 가지고 있었다. 주 공무원 노조에서 젊은 중재자로 일할 때도 저돌적으로 돌진하는 스타일이라는 평판을 얻었다. 당시에 엄마는 일부러 회의장에 조금 늦게 나타나 높은 부츠를 신은 발로 성큼성큼 걸어 들어와서 전부 남성인 협상 상대방들에게 곱게 예의 차리는 일은 없을 것임을 내비치기도 했다.

아니면 열한 살이던 2003년 3월 19일에 엄마가 밤늦게까지 자지 않고 미국의 이라크 침공을 다룬 TV 보도프로그램 〈충격과 공포〉[Shock and Awe, 이라크 침공 작전명이기도 하다]를 보도록 허락해준 날이 하나의 계기였을지 모른다. 폭격으로 바그다드의 마을이 하나씩 화염에 휩싸이는 모습을 보면서 그는 경탄하기보다는 경악했다.

아니면 열여섯 살 때 1968년 선거운동에 관한 책[12]을 읽으면서 로버트 케네디에 대해 알게 된 것이 계기였을 수도 있다. 이 책에는 다음과 같은 로버트 케네디의 말이 실려 있었다. "우리가, 그러니까 미국인으로서의 우리가 공통의 관심사로 함께 묶여 있다는 사실을 믿는다면, 미국의 긴요한 국가적 우선순위는 바로 우리에게 달려 있습니다. 우리는 [흑인, 이주자 등이 빈곤과 비참함 속에 살아가고 있는] 이 '또 다른 미국'의 불명예를 끝내야 합니다." 그는 책을 탐독했고 고2 때 작문 과제에서 이 책에 대해 글을 쓰기도 했으며 그 이후에도 이 책을 읽고 또 읽었다. "하지만 물질적인 빈곤을 없앤다고 해도 또 다른 중요한 임무가 있습니다. 충족의 빈곤에 직면하는 것입니다. 삶의 목적과 존엄의 결핍 말입니다. 우리는 너무 오랫동안,

그리고 너무나 많이, 물질적인 것만 축적하는 와중에 공동체의 역량과 가치를 포기해온 것 같습니다."

이유와 계기가 무엇이었든 간에, 출마를 했을 때 테일러는 자신이 현대판 '뉴딜 민주당원' 성향이라고 생각했다. 다른 곳이었다면 그 나이대 사람에게 퍽 드문 일이었겠지만 넬슨빌의 젊은이로서는 그리 엉뚱해 보이지 않았다. 넬슨빌의 전성기는 프랭클린 루스벨트의 '공공사업진흥국'(Works Progress Administration)이 이 마을에 수도관을 깔았을 때와 그리 멀지 않았기 때문이다.

테일러가 넬슨빌로 돌아왔을 무렵에는 인구의 3분의 1 이상이 빈곤선 이하로 살고 있었고 이는 오하이오주에서 가장 높은 비중에 속했다. 그래도 보도에 깔린 옛 벽돌들은 그대로 있었는데, 우연히 이곳을 지나가는 여행자가 보았다면(2013년에 33호선 국도가 생겨 넬슨빌을 건너뛰고 오갈 수 있게 되면서 우연히 이곳을 지나가는 여행자는 드물어졌지만) 매우 진기하다고 생각했을 것이다. 테일러는 '진보'(PROGRESS)라고 새겨진 벽돌을 특히 좋아했다. 도로 여기저기에서 '진보' 벽돌들을 발견할 수 있었고, 테일러는 두 발이 'PROGRESS' 단어의 양끝에 오도록 서서 사진도 찍었다. 선거 포스터를 제작할 돈이 있었다면 포스터에 이 사진을 썼을 것이다.

투표는 2015년 11월 3일이었다. 다섯 명의 후보 중 상위 세 명이 시 의회 의석을 얻게 되어 있었다. 그해는 이중으로 주요 선거 시즌이 아니었다. 대선이 있는 해도 아니었고 중간선거가 있는 해도 아니었다. 하지만 이때의 시 의회 선거는 상당히 화제가 되어서 주지사, 연방 의원, 주 의원 선거가 한꺼번에 치러졌던 이전 해 선거의 재앙적으로 저조했던 투표율보다 훨씬 높은 투표율이 나왔다. 시 선거가 연방 선거나 주 선거보다 높은 투표율을 보인 것은 사상 처음이었다.

테일러는 1840년대부터 광장을 내려다보는 자리에서 영업을 해온 술집 '마인'에서 선거 결과를 보는 파티를 했다. 사실 거기에서 선거 결과를 볼 수는 없었다. 개표 통계를 얻으려면 도서관과 웨슬리 감리교회, 이렇게 두 곳의 투표소에 가야 했다. 그는 재러드와 함께 개표 결과를 확인하러 갔고, 침울한 얼굴로 마인에 돌아왔다.

엄마 에이미가 물었다. "어떻게 됐어?"

"졌어요."

엄마의 실망한 표정을 보고서 더 길게 장난을 치지는 못했다. "농담이에요."

"몇 표 얻었어?" 엄마가 물었다.

"1등 했어요."

봉통은 펜실베이니아주와 인근 주들의 소도시로 조금씩 영역을 확장했다. 1957년에는 펜실베이니아주 루이스타운, 1961년에는 웨스트버지니아주 마틴스버그와 펜실베이니아주 챔버스버그에 진출했다. 하지만 뭐니 뭐니 해도 그 시기의 가장 중요한 확장은 바로 이곳 요크에서 이루어졌다. 톰 그룸바허는 할인 소매점에 흥미를 느꼈고, 가전제품, 페인트, TV, 연장 등 이른바 '내구 잡화'를 판매하는 현지 업체 스탠리 메일맨과 제휴해 할인 소매점을 시험해보기로 했다. 1962년에 이들은 의류와 내구재 둘 다에 대해 할인가로 판매하는 '메일맨' 1호 매장을 열었다. 그런데 요크 시내에 열지 않고 도시 외곽에 새로 생긴 퀸스게이트 쇼핑센터에 열었다.

이 매장은 번창했고, 이를 본 그룸바허는 할인 소매점을 확장해야겠다고 결심했을 뿐 아니라(그는 아들 팀이 1964년에 군에서 돌아오자마자 '메일맨'

에서 일하게 했다) 교외 지역에 초점을 두어 확장해야겠다고 결심했다. 교외 확장과 백인 탈주는 1960년대 중반이면 요크 같은 소도시에서도 이미 본격화되고 있었다. 시내 마켓가와 비버가 교차로에 있는 테라코타 외장의 백화점에 아무리 애착이 크다 해도 사람들이 교외로 빠져나가는 추세를 거스를 방법을 찾을 수는 없었다. 1969년에 그룸바허는 새로 생긴 노스몰에 주력 매장을 열었고 1975년에는 도시 동쪽 외곽의 요크 몰에도 매장을 열었다. 이후 도심에 유동 인구가 한층 더 줄면서 1981년에는 시내의 원래 백화점을 (찻집 등 그 안에 있던 모든 것을 함께) 닫았다. 훗날 팀 그룸바허는 이렇게 설명했다. "사람들은 더 이상 다운타운으로 오지 않았습니다. 정말로 이것은 교외 쇼핑몰의 성장기였고 도심의 쇠락기였습니다."[13]

교외 확산의 추세에 타협했다고 해서 소도시 사람들에게 상품을 공급하는 데 주력하겠다는 근본적인 사명까지 타협한 것은 아니었다. 그룸바허 집안사람이 아닌 이 회사의 한 임원은 "소도시 사람들도 다른 모든 사람들이 원하는 것을 원한다"며 "달라진 점은 더 이상 소도시들이 그런 것을 구하기 위해 한 시간 반이나 차를 타고 가야 할 필요가 없어졌다는 것"이라고 말했다. 회사의 확장은 1980년대 내내 꾸준히 계속되었고, 거의 매년 하나씩 새 매장을 열어서 1987년에는 총 25개 매장을 두게 되었다.

이 시점이면 톰은 회사 경영을 팀에게 넘겨준 상태였다. 팀은 대공황기에 회사를 운영했던 아버지에 비해 덜 위험 회피적이었다. 그는 메이 컴퍼니 같은 거대 기업에 잡아먹히지 않으려면 덩치를 키우는 수밖에 없다고 생각했다. 1987년에 봉통은 해리스버그에 본사를 둔 회사 포머로이의 매장 중 열세 곳을 인수해 1억 5,000만 달러이던 회사의 매출 규모를 2억 5,000만 달러로 키웠다. 아버지 톰은 이를 위해 회사가 부채를 지게 된 것이 마음에 들지 않아서 2년 동안이나 아들과 말을 하지 않았다. 1991년에 팀은 회사를 더 키우기 위해 상장을 하기로 했다. 상장은 성공적으로 이루어졌고 톰은 좀 민망해졌다. "아버지가 다시 나에게 말을 하시기 시작했어요."[14]

이제 진정한 확장이 시작되었다. 봉통은 30개의 체인 매장을 운영하고 있던 펜실베이니아주 앨런타운의 헤스, 그리고 버펄로의 AM&A, 로체스터의 매커디스, 시라큐스의 채펠 같은 가족 소유 백화점들을 인수 물망에 올렸다. 이 도시들은 전에 진출했던 곳들보다 큰 도시였고 역시 그 매장들에 눈독을 들이고 있던 거대 기업 메이와 직접적으로 충돌하게 되었다(메이는 근처에 있는 자사 매장이 경쟁 상황에 덜 부딪히도록 인근의 다른 회사 매장들을 인수해 폐쇄하려 했을 것이다). 메이는 302개의 백화점과 4,000개 구두 매장에서 110억 달러의 매출을 올리고 있었고, 이는 미국에 남아있는 마지막 독립 백화점인 봉통의 매출보다 30배가 넘는 규모였다.

그러나 봉통은 위축되지 않았고 메이를 상대로 반독점 소송을 제기해 가처분 판결을 받아내기까지 했다. 1994년 말이면 봉통은 인수하고자 했던 매장 상당수의 영업권을 확보했고 이로써 매장 수가 예전의 두 배인 69개로 늘었다. 오늘날 이 시기는 소매 유통 건물에 과잉 투자가 이루어진 시기로 여겨진다. 팽창적인 교외 개발을 촉진하게끔 되어 있는 세법에 탄력을 받아서 쇼핑몰, 스트립 플라자[strip plaza, 보도에 면해 개별 점포들이 일렬로 들어선 쇼핑몰], 대형 할인매장들이 미국 전역에서 풍경을 변모시키고 있었다.

하지만 회사 규모가 전과는 아예 다른 수준으로 커지자 전에 가지고 있었던 친밀성이 상실되었다. 팀은 1988년까지만 해도 모든 직원의 연간 실적 평가를 직접 검토했지만 더 이상 그럴 수 없었다. 또 더 이상 매장을 하루 쉬고 직원 야유회를 갈 수도 없었다. 하지만 무료 모자 수선 같은 고객

서비스, 직원에 대한 회사의 배려, 지역적 뿌리에 대한 책임감 같은 초기의 정신을 유지하기 위해 할 수 있는 한에서는 최선을 다했다. 환불 정책도 관대하기로 유명했다. 또 1990년대에는 저가 매장 쪽에서 경쟁이 치열해지면서 더 세련된 이미지를 밀기 위한 전략의 일환으로 무료 패션 세미나도 열었다. 새로운 제품군이 들어올 때면 샴페인과 함께 런칭 행사를 했고, 매장 직원들은 강도 높은 서비스 교육을 받았다. 뉴욕주 이타카의 한 직원은 두 시간 만에 한 여성 고객의 신부 화장을 머리부터 발끝까지 완벽하게 끝내서 전설이 되었다.

봉통의 경영진은 새로 인수한 매장의 관리자들도 직원들의 말을 경청하고 직원들을 존중하게 했다. 나중에 팀 그룹바허는 이것이 회사의 이익에도 부합하는 정책이었다고 말했다. 직원을 잘 대우하면 그들도 고객을 잘 대우한다는 것이다. 그리고 봉통은 요크에서 했던 것처럼 다른 도시들에서도 현지의 시민 활동에 활발히 참여했다. 모든 매장이 오픈 하루 전에는 '자선의 날' 행사를 진행해 지역의 비영리 단체들이 프리뷰 데이의 입장 티켓을 팔 수 있게 했고, 봉통의 회사 재단은 각 도시의 관리자들에게 회사가 지원할 만한 비영리 단체가 있는지 물어보았다. 1990년대 말에 팀은 이렇게 말했다. "그래요, 경쟁사들은 그렇게 하지 않는데 우리 회사만 상당한 자원을 기부하는 것은 물론 어려운 일입니다. 하지만 생존하겠다고 다른 기업들과 똑같이 해야 한다면 사업을 계속하고 싶지 않았습니다."[15]

훗날 아마존의 초창기 투자자인 닉 하나우어는 바로 봉통 같은 회사들이 가졌던 공동체적 지향을 일컬어 중요성에 비해 가치가 인정되지 못하고 있는 자산이라고 말했다. "지역 백화점 매장들이요, 예전에는 **모든 것**에 대해 지역 버전이 있었잖아요. 그런 회사의 소유주 중에도 탐욕스러운 멍청이가 일부 있었겠지만, 적어도 그들이 버는 돈은 신시내티면 신시내티,

또 그밖에 어느 도시든 그 도시에 머물렀고, 적어도 그들은 지역의 학교에 기부했어요. 적어도 그들은 번영의 닻을 지역에 내리고 있었죠. 하지만 지금은 모든 것이 시애틀, 샌프란시스코, 로스앤젤레스, 시카고에 있고, 예전에 있었던 모든 것은 빨려나가고 없습니다."[16]

1998년에 봉통은 100주년을 맞아 더욱 확장하기 위한 자본을 조달하기 위해 주식시장에서 2차 공모를 했다. 경영진은 곧 매출 10억 달러가 돌파될 것이라고 예상했다. 2003년에는 오하이오주 데이턴의 엘더-비어만 인수전에서도 봉통이 승리했다.

엘더-비어만은 1896년에 데이턴의 메인가와 4번가 교차로에 있던 커다란 빌딩에서 출발해 이 시점이면 6,100명의 직원과 68곳의 매장을 둔 기업이 되어 있었고, 이는 직원 수 8,700명에 매장 수 72개이던 봉통과 맞먹는 규모였다.[17] 이제 봉통의 매장은 오하이오주, 미시건주, 일리노이주, 켄터키주, 펜실베이니아주, 웨스트버지니아주, 위스콘신주에까지 퍼져 있었다.

오하이오주의 애선스 카운티에도 매장이 있었는데, 스테이트가의 쇼핑 플라자에 위치해 있었다. 그리고 10년 뒤에 테일러 새핑턴이 일하게 되는 패밀리 레스토랑 '텍사스 로드하우스'도 이 쇼핑 플라자에 있었다.

한 가지 면에서 테일러의 삶은 시 의원이 되고도 달라지지 않았다. 시 의원 일은 매월 100달러의 활동비 외에는 돈을 못 받는 일이었기에, 그는 여전히 '텍사스 로드하우스'에서 1주일에 대엿새씩 일했다. 힘든 일이었지만 그 지역에서 구할 수 있는 어느 일자리보다도 보수가 좋았다. 주말에는 운이 좋으면 200달러도 벌 수 있었다. 또 그가 자신의 소명이라고 깨닫기 시작한 일과 관련이 없지도 않았다. 선거운동을 하기 위해 낯선

집의 주민에게 접근해 지지를 구하는 것과 주말에 사냥 여행을 마치고 로드하우스에 와서 테이블에 자리 잡은 손님 다섯 명에게 접근해 이야기를 하는 것은 그리 다르지 않았다. 손님들은 로드하우스에 매력적인 여성 웨이트리스도 많은데 하필이면 테일러가 담당 웨이터라는 것을 알게 되는 순간에 눈에 띄게 짜증스러워 했지만, 테일러는 식사가 끝날 무렵이면 큰 웃음과 두둑한 팁이 나오게 할 만큼 사람들의 호감을 사는 능력이 있었고 이 능력을 자랑스러워했다. 그리고 이 능력을 새로 찾은 소명에도 적용할 수 있다는 것을 깨달았다.

하지만 고된 식당 일을 견디는 것은 단지 실용적인 요긴함 때문만은 아니었다. 그는 동료들(그를 테이-샙이라고 부르는 상사 디드라, 남편이 사망해서 다시 일자리를 구해야 했던 오십대 여성 조앤, 오하이오주의 다른 곳 출신인데 이쪽으로 대학을 온 젊은 여성 등)과의 끈끈한 유대가 좋았다.

토요일 밤에 영업이 끝나면 다들 스테이트가 상점 거리 반대편 끝에 있는 술집 애플비에 들러 한 잔씩 하곤 했다. 애플비는 새벽 1시까지 문을 열었다. 재러드는 '루비 튜스데이'에서 일했는데, 로드하우스 직원들이 으레 하듯이 함께 춤을 추거나 '아이들의 밤'에 슈퍼히어로 의상을 입거나 하는 일은 절대 없었다. 그는 직접 만든 바이올린으로 연주하는 것도 테일러가 보지 못하게 했다. 하지만 그런 재러드도 애플비에는 때때로 오곤 했다.

테일러가 레스토랑을 쉬는 요일은 월요일이었다. 시 의회 회의가 있는 날이었기 때문이다. 매월 둘째 주와 넷째 주 월요일에 정기회의가 있었고 위원회 회의(그는 '거리 위원회' 위원장이었다)는 필요에 따라 수시로 열렸다. 그리고 그 회기의 첫 해에는 사건이 많았기 때문에 시간을 더 많이 들여야 했다. 그해에 시 의회는 새로운 시 관리인을 지명했고, 경찰청장을 해고했다. 그리고 주 정부에서 들어오는 지원금이 크게 준 데다 시의 인구 감소로 세수 기반도 줄어서 예산에 큰 구멍이 나 있었다.

스무 살까지도 차이가 나는 최연소 의원 테일러는 곧바로 마찰을 일으켰다. 어머니와 동생이 그의 선서를 보러 참석한 가운데 열린 첫 회의에서 그는 자신과 또 다른 초선 의원 에드 매시가 왜 아직 보지도 못한 예산안에 표결을 해야 하냐고 이의를 제기했다. 몇 달 뒤에는 고갈돼가는 재정에 또 지출 부담이 늘어나는 것을 막기 위해 균형 예산을 의무화하는 조례안을 발의했는데, 이 조례안이 너무나 주제넘다고 생각한 한 시 의원이 비공개 세션 중에 탁자를 돌아 테일러에게 다가와서 거의 테일러를 칠 뻔하기도 했다.

이보다 더 논란을 일으킨 것은 시 정부가 책무성을 강화하려면 임명직인 '시 관리인' 체제에서 선출직 시장을 뽑는 체제로 돌아가야 한다고 주장한 것이었다. 당시 시 관리인이던 게리 에드워즈가 이 도시에서 두 번째로 강력한 집안의 일원이었고 첫 번째로 강력한 집안인 브룩스 집안과도 인연이 있는 사람이었기 때문에 테일러의 주장은 더더욱 전복적으로 보였다. 브룩스 집안은 (지금은 '로키 브랜즈'로 회사명이 바뀐) 로키 슈즈 앤 부츠의 소유주 집안인데, 생산 시설 대부분이 아시아와 카리브해 연안으로 이전되었지만 여전히 넬슨빌 최대의 고용원(源)이었고 마이크 브룩스는 그에 걸맞은 존중을 원했다.

시 의원 첫 해를 싸우면서 보내는 동안, 대선을 앞두고 주위에서 보이던 현상들에 대해서도 우려가 커졌다.

오하이오주 남동부는 프랭클린 루스벨트 시절부터 민주당의 텃밭이었다. 애팔래치아 산맥 지역 대부분이 지난 몇 십 년 사이에 공화당 성향으로 바뀌었지만 넬슨빌은 그 추세를 따라가지 않았다. 2008년에 넬슨빌이 속한 애선스 카운티에서 버락 오바마는 거의 3분의 2를 득표했다. 2012년

재선 때는 전국적으로도, 또 오하이오주에서도 오바마와 공화당 후보의 격차가 2008년보다 줄었고, 예전에도 오바마가 저조했던 애팔래치아 지역에서는 2012년에 성적이 더 저조해졌지만, 애선스 카운티에서는 오바마의 득표율이 달라지지 않았다.

그리고 이러한 강세는 카운티 내의 애선스 시가 진보 성향의 대학 도시라는 점 때문만이 아니었다. 넬슨빌에서도 2012년에 오바마가 40퍼센트 포인트라는 큰 차이로 이겼다. 민주당이 대체로 지지를 잃고 있는 백인 노동자 계급이 주로 사는 넬슨빌에서 유권자들은 공화당의 밋 롬니보다는 버락 오바마가 더 자신들 편이 되어줄 것 같다고 느꼈다. 테일러는 그해에 오바마 선거운동을 하면서 [오하이오주 북쪽의] 광역 캔턴으로 가서 그곳의 교외 도시인 얼라이언스와 미네르바에서 지지자를 조직했는데, 여기에서도 비슷한 분위기를 직접 접할 수 있었다.

하지만 2016년에는 뭔가 다른 일이 벌어지고 있었다. 테일러는 오바마가 공개적으로 지지를 밝힌 힐러리 클린턴에 대해 사람들의 열의가 눈에 띄게 부족하다는 것을 발견했다. 프라이머리 때 민주당원들은 버니 샌더스 쪽으로 이동하고 있었고, 더 시간이 지나자 지난번에 오바마에게 투표했던 사람들이 더 이해하기 어려운 방향으로, 즉 도널드 트럼프에게로 이동하고 있었다.

테일러 새핑턴은 이러한 흐름에 놀랐지만 왜 이런 일이 일어나고 있는지 알 것 같았다. 그는 트럼프가 활용하려는 추악한 광맥도 보았지만 트럼프가 활용할 수 있는 또 다른 무언가도 보았다. 그것은 자신의 지역이 미국에서 떠오르고 있는 번영의 도시들보다 훨씬 뒤처져 있다는 느낌이었다. 금융 위기 이후에 샌프란시스코, 보스턴, 뉴욕 등 인구 100만 이상의 대도시들은 번창했고, 그 기간 동안 미국 전체 고용 증가분 중 4분의 3이 이런 도시들에서 발생했다.[18] 2010년부터 2014년까지 미국에서 새로 생겨난 사업체의 절반이 단 스무 개 카운티에 소재했다.[19] 또한 디지털 서비스 분야 일자리 전체의 44퍼센트 이상이 인구 100만 이상인 열 개 광역 대도시 지역에 집중되어 있었다.[20]

2008년 이후 인구 5만 이상인 도시가 하나도 없는 카운티들이 미국 전체의 일자리 증가와 인구 증가에서 차지하는 비중이 1퍼센트 미만이라는 분석도 나왔다.[21] 테일러가 사는 애선스 카운티가 바로 그런 카운티였다. 또한 노동 가능 연령대의 대졸 인구 비중이 도시와 농촌 사이에 15퍼센트 포인트나 격차를 보였다. 2000년에 비해 3분의 1이나 더 벌어진 것이었다. 그리고 이러한 추세가 가까운 미래에 둔화되거나 역전될 조짐도 보이지 않았다. 몇 년 뒤인 2019년에 매킨지 글로벌연구소의 한 보고서는 2030년까지 전체 일자리 증가의 60퍼센트를 25개 도시와 고성장 허브가 창출할 것이고 미국인의 4분의 1이 살고 있는 54개의 낙후된 도시와 농촌 지역은 제로 성장을 보일 것으로 예측했다.[22]

뉴욕과 워싱턴 DC와 베이 에어리어의 부를 추동한 요소는 각기 달랐지만 훨씬 더 부유해짐에 따라 민주당 성향이 강해졌다는 점은 세 곳 모두에서 공통적이었다. 점점 더 민주당은 대도시의 잘 나가는 중상류층이 지지하는 정당이 되었다. 따라서 민주당이 2016년 전당대회에서 번영하는 미국이 일구고 있는 진보를 환호한 것은 전적으로 자연스러워 보였다. 넬슨빌 같은 곳은 존재하지 않는다는 듯이 말이다. 그리고 민주당에서 자신들을 없는 셈치고 있다고 느낀 사람들이 그와 대조적으로 자신의 주변에서 볼 수 있는 어두움에 직접적으로 공명하는 메시지를 내놓는 누군가에게 끌린 것도 놀랄 일이 아니었다.

도널드 트럼프는 넬슨빌에서 46퍼센트를 득표해 힐러리 클린턴의 45퍼센트보다 1퍼센트포인트를 더 얻었다. 그의 승리는 그가 지지를 많이 얻어서라기보다는 상대가 지지를 얻지 못해서인 면이 컸다. 트럼프가 이곳에서 받은 표는 4년 전에 오바마가 받은 표보다 30퍼센트 적었다. 힐러리 클린턴의 득표율은 2012년 같은 당 후보의 득표율보다 22퍼센트포인트나 낮았고, 미국의 다른 지역들보다 매우 큰 하락폭을 보인 곳에 속했다. 전국적으로 미국에서 가장 가난한 20개 주 중 18개 주에서 트럼프가 승리했고 가장 부유한 10개 주 중 9개 주에서 클린턴이 승리했다.[23] 트럼프는 농촌 유권자 표의 61퍼센트를 얻었고 인구 25만 명 이하인 도시의 유권자 중에서도 다수표를 얻었다.[24]

테일러 새핑턴은 재러드와 또 다른 친구와 함께 개표 결과를 지켜보았다. 테일러는 넬슨빌 주위의 상황을 보건대 오하이오주에서 트럼프가 승리할 것이라고 충분히 예상할 수 있었지만, 선거 결과에 대해서는 마음의 준비가 되어 있지 않았다. 플로리다를 잃은 시간과 위스콘신을 잃은 시간 사이의 어느 시점에 그는 트위터(@Ideals Win)에 다음과 같은 글을 올렸다. "11월 8일. 오늘밤에 시계를 60년 전으로 돌려놓는 것 잊지 마세요."

새벽 3시쯤 그와 재러드는 자리를 파하고 집으로 향했다. 33호선 국도를 타고 넬슨빌로 돌아가는 길은 선거 결과 때문에도 침울했지만 둘 사이에 높아진 갈등 때문에도 분위기가 무거웠다. 재러드는 테일러만큼 정치에 관심이 있지는 않아서, 선거 결과에는 그도 속상했지만 테일러가 휩싸여 있는 우울함을 상상할 수 없었고 그 우울함에 화가 났다.

테일러는 재러드의 냉랭함에 더 신경 썼어야 했겠지만 그 순간에는, 그리고 그 이후 며칠 동안에도, 선거 결과와 그것이 가져올 파급 효과를 생각하며 망연자실해 있었다. 트럼프의 당선에 분개한 동부와 서부 연안 내 도시에서는 트럼프를 대통령으로 만든 지역을 향해 노골적인 혐오를 내

보이고 있었다. 많은 부유한 진보주의자들이 낙후된 지역들과의 격차가 선거에서 미친 영향을 짚어보고 고칠 방안을 고민하기보다는 빠르게 그와 반대 방향으로 이동했다.

부유한 진보주의자들은 낙후된 지역들을 경제적으로도, 정치적으로도, 버리고 가야 할 때라고 말하고 있었다. 시대가 달라져서 그 지역들이 애초에 가졌던 존재 이유(석탄 광맥이었든 운하였든 철도였든 간에)가 오래전에 사라졌으니 이제는 그곳 사람들도 이 사실을 직시하고 더 많은 기회가 있는 곳으로 가야 하며, 그렇게 하지 않는다면 그들을 위해 해줄 수 있는 것은 없다는 식이었다. 또한 이들은 2016년 선거에서 그들이 선택한 바를 보건대 이성과 계몽의 정당인 민주당이 그 사람들의 지지를 얻기 위해 들이는 노력은 전적으로 낭비일 뿐임을 말해주는 것이라고 생각했다. 『뉴욕』 매거진에 쓴 글에서 프랭크 리치는 이렇게 언급했다. "아마 그들은 자신의 이해관계에 반하는 투표를 계속할 것이다. 산업계의 독이 그들이 지지하는 정치인들 때문에 제대로 규제되지 못해서 그들 모두를 끝장낼 때까지 말이다. 그렇든 아니든, 민주당이 가야 할 최선의 경로는 그들의 선택을 존중하는 것 아니겠는가."[25]

이러한 분위기를 보면서 테일러는 이것을 막는 것이 자신의 임무라고 생각했다. 그는 2년 동안 워싱턴 DC에 살면서 보았던 '또 다른 미국'이 '그의 미국'을 포기하지 않도록 할 수 있는 모든 일을 할 참이었다. 그의 지역에도 번영의 가능성과 진보적인 품위의 가능성이 여전히 남아있음을 증명할 참이었다. 그리고 그 과정을 통해 그의 정당인 민주당을 마땅히 그렇게 되어야 하는 방식으로, 즉 아래로부터의 방식으로 재구성하는 사람 중 하나가 될 참이었다. 테일러가 이렇게 마음을 정하는 동안 재러드의 냉랭함은 계속되었다. 대선이 있고서 이틀 뒤에 재러드는 밤에 집에 들어오지 않았다. 그 다음날도 그랬다. 테일러가 마침내 그에게 연락해보았을 때 재러드는 친구들과 놀고 있었다고 했다. 이런 상황은 몇 주나 계속되었다.

한참이 지난 뒤에야 테일러는 이 상황이 둘 사이의 문제가 아니라 재러드가 겪고 있던 문제 때문이었음을 알게 된다. 그들이 사귀던 3년 반 동안 재러드는 때때로 급습하는 우울증에 시달렸다. (이것이 그가 오하이오 대학에서 학위를 마치지 못한 이유였을 수도 있다.) 하지만 이번에는 차원이 달랐다.

12월에 재러드는 관계를 회복하고자 노력하고 있었다. 크리스마스 1주일 전, 자정이 넘은 시간에 테일러가 〈오피스〉 재방송을 보고 있는데 문자가 왔다. 그는 그리로 가도 괜찮겠냐고 물었다. 하지만 이날의 문자 교환은 별다른 결론 없이 새벽 2시 23분에 끝났다. 테일러는 다음날 아침에 엄마에게 전화해서 크리스마스에 재러드를 초대하고 싶으니 엄마 집에 손님방을 준비해달라고 했다. 그리고 재러드를 찾으러 나갔다. 지난밤의 문자가 왠지 재러드가 아직 가까운 데 있을 것 같은 느낌이었기 때문이다.

밖은 굉장히 추웠다. 테일러가 한 블록 정도 떨어진 월넛가에 갔을 때 그의 텍사스 로드하우스 상사 디드라의 자동차가 길에 대어져 있는 것이 보였다. 안에는 디드라와 조앤(로드하우스의 친절한 오십대 여성 종업원)이 있었다. 그들이 차의 창문을 내렸다. 조앤은 무언가 말하려 하다가 끝내 말하지 못했고, 그때 디드라가 나섰다.

"여기서 뭐해?"

테일러가 대답했다. "재러드를 찾고 있어요."

그러자 디드라가 말했다. "지난밤에 자살했어."

그들은 오전 6시에 루비 튜스데이에서 재러드를 발견했다고 했다. 재러드는 25세였다.

테일러 새핑턴은 휘청 하더니 벽돌 길바닥에 쓰러졌다.

쇠락하는 소도시에서 생계를 잃은 사람이 번성하는 도시로 가는 데 성공하는 경우도 있긴 하지만, 결코 경제학자들이 연상시키는 것만큼 이 전환이 쉽지는 않다.

콜럼버스로 간 존 허치슨은 로드웨이[트럭 운송회사]의 하역장에서 일자리를 얻었고, 일하는 틈틈이 하역장 노동자에서 벗어나기 위해 독학으로 트럭 운전을 배웠다. 그리고 1종 면허시험에 합격해 미국의 167만 트럭 운전사 대열에 합류했다. 하지만 2003년에 옐로 코퍼레이션이 로드웨이를 인수하면서 두 회사 직원의 연공서열을 일치시키는 과정에서 경력 25년 미만인 사람은 모두 해고되었다. 존은 UPS의 트레일러 트럭을 모는 단기 일자리를 구했지만 이곳은 정규직을 고용하지 않았다.

콜럼버스에 사는 동안 존은 온라인으로 한 여성을 만났다. 곧 둘은 결혼했고 딸이 태어났다. 그리고 2011년에 마침내 미시간주 서부의 화물 운송 회사 홀랜드에 채용되었다. 홀랜드는 직원 7,500명, 터미널 53개, 트레일러 6,500대 규모의 회사로, 2005년에 옐로 코퍼레이션과 로드웨이가 속한 지주회사 YRC 월드와이드의 계열사가 되었다.

로키 슈즈 앤 부츠 공장이 문을 닫은 지 10년 만에 존은 드디어 안정된 기반을 갖게 되었다. 홀랜드에서 받는 임금은 시간당 20달러로, 이 지역의 다른 트럭 회사들보다 낮은 편이었다. 하지만 노조가 있었기 때문에 경력 인정이나 업무 스케줄과 관련해 어느 정도 보호를 받을 수 있었다.

그에게 지금 주된 문제는 일과 관련된 게 아니었다. 그의 문제는 콜럼버스가 싫다는 점이었다. 그는 이곳의 교통체증과 익명성이 싫었고 언덕이 그리웠다. 홀랜드에서 일을 시작했을 무렵 여기에서 만난 두 번째 아내와 헤어졌고 그는 다시 넬슨빌로 이사했다. 그리고 두어 해 뒤에 브리짓과 재결합했다. 브리짓은 오랜 흡연으로 만성 폐쇄성폐질환에 걸린 상태였고 더 이상 일을 많이 할 수 없었다. 그들은 2015년 새해 전날에 다시 결혼식을 올렸다.

콜럼버스에 갔다가 넬슨빌로 다시 돌아오면서 존 허치슨은 경제학자들을 어리둥절하게 만들고 있는 전국적인 경향에 사례 하나를 보탠 격이 되었다. 지역 간 소득격차가 증가하고 있는 데도 낙후된 지역에서 부유한 지역으로 이주하는 사람이 줄어든 것이다. 2018년에 미국인의 이동성은 최저 수준을 기록했다. 그해에 이동한 미국인은 전체 인구의 10퍼센트가 되지 않았는데, 이것은 1950년대의 절반 수준이었다.[26] 양친이 있는 가구가 줄어든 것이 한 가지 이유일 것이다. 존 스타인벡의 소설 『분노의 포도』에 나오는 조드 일가족이 오클라호마의 '모래 폭풍'을 피해 캘리포니아로 이주한 것이, 언니나 엄마의 도움에 의존하고 있는 싱글 맘이 일자리는 얻을 수 있을지 몰라도 다른 도움의 손길은 얻을 수 없는 더 비싼 도시로 아이들을 데리고 이주하는 것보다 더 말이 되는 일일 수 있다. 또한 대학 학위가 없는 노동자들은 비싼 대도시에 가서 득이 될 것이 별로 없다. 고학력 전문직 종사자는 대도시 허브 지역에서 두세 배의 소득을 올릴 수 있을지 모르지만 저임금 노동자는 대도시로 가도 다른 지역에서보다 소득이 많이 높아지지는 않을 텐데, 그럼에도 집세는 다른 지역에서보다 훨씬 많이 내야 하기 때문이다.

존처럼 이 세계에서 거주하고 저 세계에서 일하는 사람들도 있었지만 이 상태는 유지하기가 힘들었다. 존은 아침 러시아워 직후에 오하이오주 남동부의 암울한 마을에서 출발해 33호선 국도를 타고 올라갔다. 임금이 지급되는 근무 시간에 도로에 있는 것과 개인 시간에 도로에 있는 것은 다른 문제다. 그는 그의 차로 110킬로미터를 달려 홀랜드의 터미널에 도착한 뒤 오전 11시에 근무를 시작했다. 이곳은 콜럼버스의 서쪽 끝자락, 순환도로 I-270 너머에 있었다. 그가 모는 트럭은 2005년식 인터내셔널 데이캡 세미 트레일러[day-cab은 트럭의 운전실에 취침할 공간이 없는 트럭을 말하며, 세미 트레일러는 트레일러 바퀴가 뒷부분에만 있는 트럭]였고 95번 하역장에서 물건을 실은 뒤 그의 구역인 콜럼버스 남쪽의 소도시나 원거리 교외 지역에 있는 목적지로 날랐다. 그가 나르는 물건들은 매우 다양했다. 가령 어느 하루에 승마용품, 곡물건조기, 자동차 수리를 위한 HVAC 부품을 운반할 수도 있었다. 사실 그에게는 다 골판지 상자라 별 차이가 없었다. '토드 스왈로스 운송회사' 같은 회사들이 한때는 지역에서 생산된 제품을 중서부의 공급망에 있는 목적지로 운반했다면, 이제 존을 비롯한 트럭 운전사들은 다른 곳에서 생산된 제품들을 최종 소비자에게 운반했다.

때때로 존은 칠리코시 주립 교도소로도 물건을 배달했는데, 테일러 새핑턴의 동생 스펜서가 한 시간의 통근 길을 차로 달려 교도관으로 일하고 있는 곳도 여기다.

처음에는 문 앞에서 트럭을 멈추고 교도소 뜰에 있는 수감자들이 트럭이 지나갈 길을 열어주기를 기다렸다. 그러자 경비원이 말했다.

"경적 울리면서 그냥 지나가세요."

"정말요?" 존이 물었다.

"네, 사람들이 알아서 피할 거예요."

물건을 내리는 곳에 트럭이 도착하자 수감자들이 팰릿을 안으로 운반하기 위해 줄을 섰다.

운이 좋은 날에는 콜럼버스의 러시아워가 지난 다음에 돌아와서 추가로 배송을 더 나갈 수도 있었다. 할인점 물류센터로 가는 물건이거나 I-270 순환도로를 따라 들어서 있는 전자상거래업체 물류창고로 가는 물건이 대부분이었다. 일반적으로 하루에 10~12시간을 일했고 밤 11시에

퇴근하는 날도 왕왕 있었다. 일을 마치면 자신의 차로 바꿔 타고 110킬로미터를 다시 달려 넬슨빌로 돌아왔다. 그는 그의 차로 한 해에 5만 6,000킬로미터를 운전했다. 집에 들어오면 12시 45분 정도가 되었고 맥주 한 잔 마시면서 잠시 쉬다가 새벽 2시에 잠자리에 들어서 다음날 9시에 일어나 출근 준비를 했다.

다른 운전사들이 이렇게 장거리를 통근해야 하는 그의 상황을 딱해 하면 그는 주머니에서 휴대전화를 꺼내 그와 브리짓이 사는 집 뒤에 솟아 있는 언덕 풍경을 담은 사진을 보여주었다. "여기가 내 뒷마당이야."

2015년 초에 존은 페이스북 메시지를 하나 받았다. "죄송합니다만 선생님, 한 시간만 시간을 내주시겠어요?" 한 젊은이의 메시지였는데 모르는 이름이어서 그냥 무시했다.

그 젊은이는 단념하지 않고 아버지날에 브리짓에게도 쪽지를 보냈다. 브리짓이 존을 불러서 물었다. "이거 무슨 말인 거 같아?"

존은 "전혀 모르겠는데?"라고 대답했지만, 아무튼 브레이든이라는 이름의 그 젊은이에게 전화를 해보았다. 브레이든은 자신이 존의 졸업 반지를 가지고 있다고 했다. 존이 질문을 할수록 브레이든이 존을 알고 있는 것 같았다. 하지만 존은 브레이든이 말한 여성의 이름을 듣고도 누구를 말하는지 알 수가 없었다. "그 여성분이 누구인지 나는 모르겠는데요. 당신의 어머니가 누구인지 나는 전혀 모르겠어요."

그러자 브레이든이 그에게 사진을 보냈다.

"아, 내가 아는 사람 같네요." 존이 말했다.

그는 조각 정보를 맞춰보았다. 그는 고등학교를 막 졸업하고 로키 슈즈 앤 부츠에서는 아직 일하기 전이었고 그 여성은 오하이오 대학에 다닐 때였던 것 같았다. 그 여성은 임신 사실을 존에게 말한 적이 없었다.

얼마 후 브레이든이 앨라배마주로 이사 가기 직전에 존은 그를 만났고 둘은 이후에도 잘 지냈다. 친한 사이가 되었다고 말하기는 어렵지만 생일과 크리스마스에 카드를 주고받는 정도는 되었다.

1년 후인 2016년, 존의 어머니와 의붓아버지는 크리스마스를 맞아 가족 전체가 검사를 받을 수 있는 DNA 검사 키트를 얻어서 테스트를 해보았다. 그리고 얼마 후에 존은 테스트 회사로부터 "예상되는 형제자매가 있다"는 연락을 받았다.

어머니가 아기 때 입양 보냈던 여동생이었다. 여동생은 한 시간 떨어진 곳에 살면서 주유소에서 일하고 있었다. 그들은 만났고, 멋진 재회였다. 2년도 안 되는 기간 동안 그는 있는 줄도 몰랐던 아들과 있는 줄은 알고 있었던 여동생을 만났다.

2016년 여름에 오하이오주의 첫 아마존 풀필먼트 물류창고들이 문을 열었을 때 테일러 새핑턴은 그곳들의 위치에 대해 무언가를 알아차리지 않을 수 없었다. 데이터센터와 마찬가지로 물류센터도 콜럼버스 지역에 들어섰지만, 그 지역의 다른 쪽에 들어섰다. 데이터센터가 들어선 북동쪽 끝의 더 고급스러운 원거리 교외가 아니라 남쪽과 동쪽의 더 허름하고 외진 곳들에 들어선 것이다. 물류센터가 들어온 오베츠와 에트나는 순환도로 I-270에서도 가깝고 I-70과도 가까워서 도시의 동쪽과 서쪽에 접근하기 쉬웠다. 하지만 또 다른 장점이 있었으니, 오하이오주 남부와 동부의 낙후된 도시들에서 일자리가 절실한 사람들이 아주 긴 통근 시간도 감수하면서 일하러 올 수 있을 정도의 거리에 있었던 것이다. 어느 면에서 아마존은 노동력을 계급에 따라 나누고서 그들을 지리적으로 분산 배치하고 있었다. 엔지니어 및 소프트웨어 개발자 도시, 데이터센터 도시, 물류창고 도시.

물류센터가 문을 열자마자 인근의 긴급구조 기관들에 전화가 걸려오기 시작했다. CMH1이라고 불리는 에트나의 물류창고에서 5킬로미터 떨어진 리킹 제3소방서의 경우, 처음에는 하루에 한 건 정도 신고 전화가 오더니 이어서 연휴 시즌에는 하루에 여러 건씩으로 신고 전화가 늘었다. 이 시즌은 노동자들이 배송을 제시간에 대기 위해 1주일에 60시간씩 일해야 하는 시기다. 신고 내용은 호흡 곤란, 흉통, 이런 저런 자상과 골절 등 아주 다양했다.[27] 굉장히 심각한 경우도 있었다.[28] 한 노동자는 팰릿에서 무거운 물건이 발 위로 떨어져서 3주를 쉬어야 했고 또 다른 노동자는 좁은 통로용 소형 지게차와 가드레일 사이에 끼어 발이 끼어 다리가 부러졌다.

2017년 4월 7일에는 CMH2라고 불리는 오베츠의 물류창고에서 지게차 충돌 사고가 있었다. 다행히 심각한 부상은 없었지만 몇 주 뒤에 이곳의 한 노동자가 그 지게차를 몰던 사람이 법적 시각장애인이었으며 그래서 "많은 노동자들이 안전을 걱정하고 있다"고 직업안전보건국에 신고했다.[29] 직업안전보건국은 조사에 들어갔고 정말로 아마존이 오하이오주 운전면허 시험의 시력 검사를 통과하지 못한 사람에게 지게차 운전 업무를 배정했던 것으로 나타났다. 그리고 지게차 운전 교육을 받고 있는 또 다른 노동자도 법적 시각장애인이었다.

물론 긴급구조대와 소방서는 이러한 일들을 하는 곳이고 이러한 일들을 잘 할 수 있다. 문제는 [세금으로 운영되는 기관인] 긴급구조대와 소방서가 아마존의 안전 미비로 인한 사고에 대해 무료 서비스를 제공한다는 데 있었다. 아마존과 주 정부 사이의 협상에 따르면 아마존은 15년간 재산세를 면제받게 되어 있었는데, 이 세금은 학교에서부터 경찰서, 소방서까지 지방 정부의 기능을 유지하는 데 쓰이는 돈이다. 물류창고는 리킹 카운티와 프랭클린 카운티에 위치해 있었지만 그 카운티들에 '속해' 있다고는 말할 수 없었다. 이 물류창고들 때문에 수백 대의 자동차와 트럭이 날마다 도로를 가득 메워 교통체증을 일으키게 되었고 또 이 물류창고들 때문에 긴급 신고 전화가 수시로 울리게 되었지만 아마존은 제설 차량에도, 앰뷸런스에도 돈을 지불하지 않았다. 다른 모든 이에게는 적용되는 기본적인 사회적 계약이 아마존에는 적용되고 있지 않았다.[30] 2017년에 웨스트 리킹 제3소방서의 출동 권역에 사는 유권자들은 이 소방서가 계속 운영될 수 있게 하기 위해 5년간 650만 달러의 재산세를 부과하는 안에 투표해야 했다. 아마존이 면제받은 돈을 주민들이 메우고 있었다.

납세자들은 또 다른 여러 가지 방식으로도 아마존이 면제받은 것을 메워야 했다. 2018년에 오하이오주의 아마존 노동자 열 명 중 한 명은 아마존에서 받는 임금이 너무 적어서 푸드스탬프를 받고 있는 것으로 나타났다. 전국적으로 아마존은 적어도 다섯 개 주에서 직원 중 푸드스탬프 수급자가 가장 많은 회사 중 하나였다.

그런데도 조세 인센티브를 얻기 위한 협상은 계속되었다. 에트나와 오베츠의 물류창고 계약을 승인한 지 1년 뒤에 오하이오주 정부는 오하이오주 북동부 도시인 트윈스버그의 예전 크라이슬러 공장을 아마존의 분류센터로 바꾸는 것과 관련해 27만 달러의 세액 공제를 제공했다. 그런데 이 분류시설에 고용될 전일제 직원은 10명에 불과했다. 연휴 기간에는 훨씬 더 많은 파트타임 노동자들이 고용되긴 하겠지만 말이다. 주 정부의 조세 혜택에 더해 트윈스버그시 정부도 7년간 재산세 50퍼센트를 면제해주기로 했는데, 이렇게 해서 잃게 될 세수가 약 60만 달러로 추산되었다. 이 세수의 대부분은 지역의 학교로 들어갔어야 할 돈이다.[31]

또 2017년에는 데이턴 근처에 있는 먼로에 새로운 물류창고를 짓는 데

보조금을 제공하기로 했고 클리블랜드 남동쪽에 있는 노스랜들에 풀필먼트 센터를 새로 짓는 데는 심지어 더 많은 액수의 보조금을 제공하기로 했다. 후자의 경우 아마존이 받을 혜택은 780만 달러 정도로 예상되었다.

노스랜들 풀필먼트 센터는 2009년에 폐업하고 2014년에 철거가 시작된 '노스랜들 몰'에 들어설 예정이었다. 이 발표가 있고서 3주 뒤에 아마존이 클리블랜드 지역에도 물류창고를 지을 계획이라는 것이 알려졌는데, 이것도 예전에 쇼핑몰이었던 '유클리드광장 몰' 자리에 들어설 예정이었다. 이 쇼핑몰은 한 해 전에 문을 닫았다. 그리고 2년 뒤에 애크런에도 물류센터를 짓는다는 계획이 발표되었는데, 이 자리 역시 문을 닫은 예전 쇼핑몰 자리였다. 오하이오주 정부의 보조금 외에 애크런시 정부는 30년간 조세를 환급해 아마존이 해당 부지의 토지 매입, 취득, 철거 등과 관련해 지출한 돈 약 1,700만 달러 이상을 환불해주기로 했다.

물류센터 자리가 다 옛 쇼핑몰 자리인 것은 우연이 아니었다. 2017년 말에 소매업은 심각하게 휘청거리고 있었다. 그해에 문을 닫은 매장이 무려 7,000여 개로, 전년의 두 배 이상이었다. 토이저러스의 파산 신청으로 3만 3,000개의 일자리가 사라졌는데, 이곳의 파산은 온라인 상거래 혁명의 영향이기도 했고 회사가 생존해 있었던 마지막 몇 년 간 자기들만 수익을 뽑아먹고 빠져나간 사모펀드의 잘못된 경영의 영향이기도 했다. 2018년 말 쇼핑몰 공실률은 대공황 이후 가장 높은 수준이었다.[32] 2008년 이후에 백화점 체인인 메이시 한 회사에서만 5만 명 이상의 노동자가 해고되었다. 주식시장의 판단은 이 추세가 더 강화되리라고 보는 듯했다. 2018년 초 무렵에 아마존의 시가총액은 월마트, 코스트코, T.J. 맥스, 타깃, 로스, 베스트바이, 얼타뷰티, 콜스, 노드스트롬, 메이시, 베드 배스 앤 비욘드, 삭스/로드 앤 테일러, 딜러드, JC페니를 합한 것보다 컸다.[33]

가뜩이나 경제적 쇠락으로 어려움을 겪던 지역들이 소매점들의 급격한 폐쇄로 더 심한 타격을 입었다. 뉴저지주와 버지니아주 교외 지역 등에서 고급 쇼핑몰들은 여전히 매장이 잘 유지되었다. 그래서 약 1,000개의 쇼핑몰을 분석한 결과 전체 가치의 절반 정도가 단 100곳에 집중되어 있었다. 업계의 한 추산에 따르면 오하이오주는 문 닫은 주요 매장 수가 다른 어느 주보다도 많았다.[34] 경영학 교수 스콧 갤러웨이는 "죽어가고 있는 것은 상점이 아니라 중산층이고, 이는 다시 한때 잘 나갔던 세대의 사람들과 그들의 지역을 대상으로 운영되었던 기업들이 죽어가게 만들고 있다"고 언급했다.[35]

넓은 주차장과 창문 없는 푸드코트가 없어진 것 자체를 딱히 슬퍼하는 사람은 많지 않았겠지만 소매점의 멸종은 쇼핑몰과 스트립 플라자만 쓸어버린 것이 아니라 조밀한 시내의 매장들에도 영향을 미쳤다. 뉴욕 같은 대도시의 멋들어진 매장들도 마찬가지였다. 그리고 이 경향은 자기 심화적 피드백 효과를 가져왔다. 점포들이 폐쇄되어 오프라인에서 필요를 충족시킬 기회가 줄자 사람들은 도시나 마을 어딘가에서 누군가와 대면해 물건을 사기보다 집에 혼자 앉아서 물건을 주문하는 방식에 더욱 의존하게 되었다. 글로벌 팬데믹으로 집에서 장을 보는 경우가 급증하기 전에도 이미 많은 사람들에게 그래야 할 이유는 커지고 있었다. 온라인 쇼핑은 또 다른 방식인 오프라인 쇼핑보다 더 편리했고, 오프라인 매장들이 사라지면서 온라인 쇼핑의 상대적인 편의성이 한층 더 커졌다. 그래서 오프라인 쇼핑은 이제 온라인에 필적할 수 있는 '또 다른 방식'의 지위를 더 이상 가지지 못하게 되었다.

재러드의 죽음으로 테일러는 망연자실했고 자책에 휩싸였다. 왜 애인이 갑작스럽게 멀어진 것이 우울증 때문이라고 생각 못하고 그저 좀 별난 멜로드라마 같은 밀고 당기기라고만 생각했을까?

마지막 몇 주, 특히 사망하기 열흘 전쯤에 재러드가 로드하우스에 나타났을 때가 계속 떠올랐다. 테일러는 일을 마치고 자신의 차가 세워진 곳으로 가다가 그의 차를 보았다. 재러드가 차에서 내려서 다가왔는데 재러드의 걸음걸이가 이상했다. 걷는 법을 잊기라도 한 것 같았다. 그 모습이 조금 섬찟했지만 금방 잊고 대수롭지 않게 넘어갔는데, 사실 이때 재러드는 이미 병이 너무 깊이 침투해서 그 자신이 아니었다.

재러드는 그들이 다시 합칠 수 있을지 물었고 테일러는 아직 잘 모르겠다고 했다.

"나랑 〈미녀와 야수〉 볼래?" 재러드가 곧 개봉될 예정이던 영화를 이야기했다.

테일러가 대답했다. "그래, 영화 좋지."

테일러는 그들이 대화를 나눴던 전봇대를 여전히 기억하고 있었고 다시는 그 밑에 주차하지 않을 생각이었다.

테일러는 자신이 아무것도 모르고 있었다는 것을 특히 용서하기 어려웠다. 재러드가 처해 있었던 곤경이 낯선 것이 아니었기 때문이다. 자살은 2000년 이후 전국적으로 30퍼센트나 증가했으며 특히 젊은 층과 농촌지역 백인 사이에서 증가폭이 컸다. 자살은 두 경제학자가 '절망의 죽음'이라고 부른 것 중 큰 비중을 차지하고 있었다. '절망의 죽음'은 자살, 알코올 중독, 마약 중독 등으로 대학 학위가 없는 백인들의 사망률이 크게 증가한 현상을 일컫는 말이다.[36] 2012년부터 2017년까지 5년 사이에 25~44세 백인의 사망률이 약 20퍼센트나 증가했다.[37]

테일러는 이 추세를 알기 위해 사회과학자가 될 필요까지도 없었다. 아프가니스탄에서 군 복무를 마치고 돌아와서 오피오이드 중독에 빠진 한 고등학교 친구는 약을 사려고 집안 가보인 할아버지의 총을 전당포에 내놓으려다 체포되었다.[38] 약물중독자 상담일을 하는 테일러의 어머니에게 도움을 구하러 오는 수많은 사람도 있었다. 테일러의 어머니는 이 지역에서 가장 큰 마약중독 치료센터에서 10년 넘게 상담사로 일했고 지금은 한 보험회사에서 자살을 시도하려는 젊은이들을 전화로 상담하는 일을 하고 있었다. 테일러가 다시 돌아온 세상은 젊은 성인들이 고통으로 가득한 삶을 사는 세상이었고, 표준적인 보험 계리표는 다른 세상에 사는 사람들을 위한 것이었다.

그렇다면, 테일러가 비교적 빨리 재러드의 죽음이 남긴 트라우마를 극복할 수 있었던 것은 아마도 이러한 상실이 너무나 일상적인 풍경의 일부였기 때문이었을 것이다. 아니면, 자기보호적인 반응이었는지도 모른다. 재러드의 죽음이 준 상실감에 압도되어 **그 자신도** 나락에 떨어지지 않을 수 있는 유일한 방법은 생명을 위협하는 모든 것이 만연해 있는 이 도시를 구렁텅이에서 건져 올리기 위해 자신이 애초에 하기로 나섰던 일에 한층 더 전념하는 것이라는 듯이 말이다. 재러드가 숨지고 1주일 뒤이자 크리스마스 다음날, 그는 시 의회에 다시 일을 하러 나왔다. 그는 재러드에 대해 말하면서 오하이오주 남동부 농촌에 정신건강 치료시스템이 개선되어야 한다고 발언했다.

"지난 7일 동안 제가 너무나 가까이에서 잘 알게 된 이 상황이 정말로 전염병처럼 퍼지고 있습니다. 지난 월요일은 제 인생에서 가장 힘든 날이었지만, 동시에 그날은 우리가 전국적으로, 또 우리 지역 사회에서 너무나 자주 보아온 것과 같은 날이었습니다. 재러드의 죽음으로 슬퍼하면서 저는 이러한 상황에 대한 무력감에 대해, 도무지 빠져 나갈 길도 개선할 길도 보이지 않는 악몽과 이것이 얼마나 비슷한지에 대해, 많이 생각했습니다."

이어서 그는 이렇게 말했다. "우리 도시 같은 곳들은 우울증, 자살, 약물 중독을 겪는 사람의 비중이 매우 높은데, 정신 치료를 받는 사람이 가장 적을 때 그렇게 되었다는 것은 우연이 아닙니다. 우리에게 이것은 도시 전체의 노력을 필요로 하는 일입니다."

며칠 뒤에 이때를 되짚어보다가 어떤 일 하나가 퍼뜩 떠올랐다. 그가 재러드와 정신 치료에 대해 발언하는 도중에 이 지역구에서 새로 선출된 주 의원 제이 에드워즈(Jay Edwards)가 일어나서 회의장을 나가버렸던 것이다.

여기에는 역사가 좀 있었다. 제이는 이 도시에서 두 번째로 강력한 집안의 일원으로, 테일러가 선출직으로 바꾸자고 했던 시 관리인 게리 에드워즈의 조카였다. 제이는 테일러의 고등학교 몇 년 선배였고 같은 학교 미식축구 프로그램의 스타 쿼터백이었는데, 이 프로그램에서 테일러는 2군 선수로 벤치에 앉아있어야 했다. 제이는 오하이오 대학 미식축구팀에서도 라인배커로 뛰었다. 2016년에 그는 임기 제한으로 퇴임하게 된 민주당의 인기 의원이 8년간 앉아 있던 지역구 의석에 공화당 후보로 출마했고, 트럼프 바람을 타고 16퍼센트포인트라는 큰 차이로 승리했다.

테일러는 민주당이 그 의석을 잃은 것이 자신이 돌려놓고자 팔 걷고 나선 정치적 추세를 가시적으로 보여주는 사례라고 생각했다. 그러니까 이 사례 하나에 대해서만큼은 직접적인 방식으로 [즉, 주 의원 선거에서 제이를 떨어뜨리는 방식으로] 바로잡아야겠다는 생각이 당시에 이미 들었을 수 있다. 하지만 그가 분명히 결심을 하게 된 때는 그날의 시 의회에서 제이가 한 행동을 떠올렸던 순간이었다. 이제 이 결심은 개인적인 사연하고도 얽혀 있었고 그날의 일화는 앞으로의 나날들에도 그의 마음속에서 계속해서 결심에 불을 지폈다.

하지만 이 과업은 너무나 어마어마한 일이 될 터였다. 일단 그는 자금면에서 제이의 상대가 될 수 없었다. 제이는 첫 출마 때 기업들로부터 엄청난 선거 자금을 모았고 벌써 다음 선거를 준비하고 있었다. 그래도 테일러는 노조, 그리고 잃어버린 기반을 되찾고 싶어 하는 전국 차원의 진보단체 등 전통적인 민주당 지지 세력으로부터 도움을 얻을 수 있으리라 생각했다.

선거 운동에 시간을 많이 내지는 못할 것이었다. 여전히 로드하우스에서 장시간 일하고 있었고 그것으로도 집세와 공과금을 내는 데 충분하지 않았기 때문이다. 큰 레스토랑 체인들이 다들 그랬듯이 로드하우스도 서빙 인력들에게 청소와 주방 보조 등 팁을 받지 못하는 노동을 법으로 정해진 시간보다 많이 시켰다. 그리고 미국 전역의 많은 저임금 일자리가 그랬듯이 테일러가 레스토랑에서 일하는 시간은 매우 불규칙했다. 그래서 테일러는 교정시설 교도관인 동생과 함께 부업으로 망가진 핸드폰 액정을 수리하는 일도 하고 있었다.

게다가 시 의회에서 일하면서 너무 많이 문제제기를 하는 바람에 빚게 된 갈등도 불리할 수 있었다. 주목도 많이 받았지만 적도 많이 생겼다. 테일러가 강하게 밀어붙여서 시 의회는 손상된 도로 수리에 어찌어찌 20만 달러를 배정했고 쇼핑객과 방문객에게 매력적인 곳이 되도록 역사적인 광장을 개보수하는 210만 달러의 프로젝트도 지원할 예정이었다.

재러드가 숨진 지 8개월이 지난 8월의 어느 날, 테일러의 할아버지가 숲속 개벌지에 지은 자신의 집으로 돌아왔다. 그 집 옆에는 테일러의 어머니 집이 있었는데, 테일러와 동생이 고등학교 때 엄마와 함께 이곳으로 이사

오기 위해 집 짓는 것을 도왔던 집이다.

테일러의 할아버지는 자신의 집에 살고 있던 손자가 거실에서 스스로 목숨을 끊어 숨져 있는 것을 발견했다. 테일러의 사촌인 그는 열아홉 살이었다.

테일러는 또다시 슬픔에 잠겼다. 한 달 뒤에 테일러는 콜럼버스의 민주당 관계자에게 오하이오주 제94선거구에서 제이 에드워즈에게 도전장을 내겠다고 밝혔다.

한동안 봉통은 확장을 계속했다. 가장 굵직한 인수는 2006년에 삭스가 소유한 142개 점포를 11억 달러에 사들인 것이었다. 삭스는 중서부와 대평원 지역 전역에서 전에는 가족 소유 매장이던 곳들을 인수해 카슨-피리-스콧, 영커스, 허버거 등의 이름으로 운영하고 있었다. 삭스를 인수하면서 봉통은 서쪽으로 아이다호주까지 뻗어나갔다. 봉통은 확장하지 않으면 쇠락하거나 다른 기업에 합병되는 것을 막을 수 없다고 생각했다.

그러나 1년 후 대침체로 부채와 이자 상환 부담이 커지면서 운신의 폭이 좁아졌다. 봉통은 여러 번의 불황 시기를 겪어 보았지만 대침체는 봉통의 근거지인 북동부와 중서부의 중소 도시들에 특히나 큰 타격을 입혔다. 그리고 마침내 이러한 중소 도시들이 회복 비슷한 기미를 보이기 시작했을 때 봉통은 더 근본적인 존재의 위기에 처했다. 미국의 소매업이 물리적 공간이 아니라 창공으로, 더 정확하게는 에트나와 오베츠에 정부 보조금을 잔뜩 받고서 들어선 물류창고와 연결된 창공으로 걷잡을 수 없이 옮겨가고 있었던 것이다. 2016년에 5,000명의 쇼핑객을 대상으로 UPS가 실시한 연례 설문조사에서 사상 처음으로 소비자들이 구매의 절반 이상을 온라인으로 하는 것으로 나타났다.[39] 21세기의 첫 20년 동안 온라인 매출은 분기당 50억 달러에서 1,550억 달러로 30배 넘게 증가했다.[40]

봉통도 이러한 경향을 모를 수 없었고[41] 자체적으로 온라인 몰을 시도했다. 하지만 이자 부담 때문에 온라인에 투자할 자금 여력이 많지 않았다. 분석가들은 달라진 세상에서 백화점 체인이 성공하려면 매출의 4분의 1 정도가 온라인에서 발생해야 한다고 보고 있었는데 봉통의 온라인 비중은 그것의 절반이나 될까 말까 했다. 봉통은 특히 배송비면에서 가장 큰 경쟁사에 게임이 될 수 없었다. 아마존이 우정청과 택배업체에서 받는 대량 할인을 도저히 능가할 수 없었던 것이다. 나중에는 심지어 아마존을 통해서 판매하는 것도 시도해보았다. 판매 품목과 가격 등에 대한 아마존이 부과하는 숱한 제약을 감수해야 했는데도 말이다. 또한 몇몇 지역에서는 고전 중인 쇼핑센터의 적응과 생존에 도움을 주고자 부동산 관련 일에도 뛰어들었다.

대침체 이후 10년 동안 봉통은 대규모 경쟁사들이 막대한 손실을 보는 것을 목격했다. 2017년 말에 시어스와 K마트는 10년 전에 운영하던 3,800개 매장 중 절반이 사라진 상태였다. 문을 닫은 시어스, JC페니, 콜스의 직원 중 일부는 봉통에 취직했다.[42] 그들은 전에 일했던 훨씬 더 큰 회사보다 봉통이 더 일하기 좋다고 했다.

하지만 이 시점이면 끈끈한 동료애와 친밀함은 그리 많은 이득을 가져다줄 수 없었다. 맥스 그룸바허가 마켓가에서 첫 매장을 연 지 120년 뒤인 2018년에 봉통은 가장 큰 액수의 이자 지급에 실패했고 파산 신청을 했다.

그해 4월에 봉통은 청산되었다. 의류, 가정용품, 현금등록기 등 모든 것이 사라졌다. 이 과정은 매우 신속하게 진행되었다. 얼마 전까지만 해도

262개 매장에서 총 30억 달러 매출을 올리고 있었는데 8월에는 모두 문을 닫았다. 놀랍게도 상당수의 직원이 마지막까지 함께했다. 청산 절차를 처리하기 위해 들어와 있던 업체는 이곳 직원들 모두가 얼마나 협조적이었는지, 다른 회사에서 청산 절차를 진행했을 때보다 이곳에서 일하는 것이 얼마나 더 수월했는지 계속해서 말했다.

8개월 뒤에 이제 79세가 된 팀 그룸바허는 두 번째 아내 데비 사이먼과 함께 요크에 있는 파네라[베이커리 카페 체인]에 앉아 있었다. 데비는 몇 년 전에 봉통 매장 중 하나에서 작은 가정용품 코너를 시작했고 남편이 은퇴한 뒤에는 그를 이어 회장을 맡았다.

팀이 말했다. "소매업의 좋은 점은 대면이라는 점입니다. 고객과도 대면으로 만나지만 경영진, 직원과도 대면으로 만나지요. 우리 회사에는 50년을 여기에서 일한 사람들이 있었어요. 공동체 같았지요."

데비가 이어서 말했다. "매장들 자체가 공동체였어요."

"여기에서 일했던 사람 모두 다른 데서 일자리를 잘 찾았을 거라고 생각합니다." 그가 말했다.

"자기 사업을 시작한 사람들도 많고요. 그렇지 못한 사람들로부터는 소식을 잘 듣지 못해요."

"우리는 아직도 편지를 받습니다." 팀이 말했다.

"나는 페이스북인가, 그걸 해요. '봉통 패밀리'라는 이름으로요." 요크에서는 매달 '올드 컨트리' 뷔페식당에서 직원들의 점심 모임도 열린다.

"이것은 공동체였어요. 완전히 그랬어요."

예전에 인근의 노스 몰을 인수했던 웨스트 맨체스터 몰도 2011년에 문을 닫았다. 웨스트 맨체스터는 '탈쇼핑몰화'되어서 이제는 스트립 플라자와 생활센터가 합쳐진 공간이 되었다.

요크 시내에 있었던 테라코타 외장의 옛 봉통 백화점 건물은 완전히 다른 것이 된 지 오래였다. 지금은 성인 보호관찰대상자 관리, 마약 및 알코올 위원회, 정신질환자 사례 관리 등 카운티 당국의 업무에 사용하는 '인적 서비스 빌딩'이다. 지붕선 아래 큰 글씨로 쓰여 있던 '그룸바허' 간판도 사라졌다. 이제 이 건물에 들어오는 방문객은 금속 탐지기를 통과해야 한다. 이곳을 담당하는 시 보안관은 청소년 시절에 이곳 화장품 코너 여직원들에게 농을 걸었던 것, 양말 사이즈가 몇인지 몰라 어쩔 줄 몰라 하자 직원이 주먹을 불룩하게 쥐어서 가늠해보라고 알려주었던 것 등을 아직도 기억하고 있었다. 한때 그 공간을 내려다보던 사잇층의 찻집 자리에는 아동청소년가족 사무소가 있었다.

봉통은 1989년에 도시 동쪽 끝에 문을 연 더 고급스러운 쇼핑몰 갤러리아에도 매장이 있었다.

하지만 이제 그 쇼핑몰에 남아있는 앵커숍[홍보 효과와 함께 상권을 이끄는 역할을 하는 핵심 점포]은 마셜필드와 보스코프뿐이다. 보스코프는 펜실베이니아주 레딩에 기반을 둔 작은 체인점인데, 아마도 옛 봉통과 같은 유형의 로컬 유통업체로는 이제 미국에서 거의 마지막 남은 곳일 것이다.

"페니 매장도 있지 않나?" 팀 그룸바허가 물었다.

"페니는 없어졌어." 데비 사이먼이 대답했다.

"콜스 매장은? 반대쪽 끝에는 뭐가 있지?" 팀이 물었다.

"비어 있어." 데비가 대답했다.

테일러 새핑턴은 선거일인 2018년 11월 6일에 기대를 품고 하루를 시작했다.

제이 에드워즈에게 도전하는 것은 예상했던 것보다 훨씬 어려웠다. 자신을 지지해줄 것으로 기대했던 대부분의 큰 조직 세력들은 뜻밖에도 다른 선택을 했다. 테일러로서는 믿을 수 없게도 거의 모든 노조가 에드워즈 편에 섰다.[43] 전에도 종종 공화당을 지지한 적이 있었던 건설 노조만이 아니라 그의 어머니가 속해 있는 교사 노조와 공무원 노조도 그랬다. 저임금 노동자 계급 출신인 후보가 바로 여기에 있는데 노조는 지역 명문가 자제인 후보를 지지하고 있었다. 오하이오주 의회에서 공화당이 압도적인 다수이므로 민주당을 다수로 만들려는 승산 없는 노력 대신 공화당 의원 중에서 몇몇의 동지를, 적어도 적이 아닌 사람들을 만들어두는 게 낫다는 계산이었다.

한편 오하이오주의 민주당 조직은 콜럼버스 교외 지역에 노력을 집중했고 전국 단위의 진보 단체들 대부분은 오하이오주의 애팔래치아 산맥 지역 같은 곳은 버리는 게 낫다는 결론, 그러니까 정확히 새핑턴이 반박하고자 하는 결론을 내리고서 테일러의 선거를 돕는 데 신경을 쓰지 않았다. 한 단체가 격려의 의미로 말린 살구를 보내왔을 뿐 조직적인 지원은 없었다.

이러한 상황에서도 새핑턴은 훌륭하게 선거운동을 치렀다. 오하이오 대학 영화학과 학생들의 도움으로, 가슴 뭉클한 넬슨빌의 광경을 드론으로 촬영해 동영상을 제작했다. 영상에서 그는 이렇게 말했다. “왜 이렇게 많은 사람들이 마약 위기 때문에 부모 없이 자라야 합니까? 왜 이렇게 졸업생들이 좋은 일자리를 구하지 못해 고군분투해야 합니까? 저기 콜럼버스에서는 이러한 모습의 많은 부분을 보지 못하는 것 같습니다.” 그와 자원봉사 선거운동원들은 3만 1,000가구를 집집마다 방문했다. 에드워즈가 모금한 43만 달러보다 훨씬 적은 8만 달러밖에 모금하지 못했지만, 그래도 주 의원 선거에 출마할 수는 있었다. 8월에는 버락 오바마 대통령이 공개적으로 지지를 밝힌 81명의 후보에 포함되는 쾌거도 있었다.

민주당에 좋은 선거가 될 것 같았다. 그는 선거일 오전에 학생 자원봉사자인 조던 켈리, 잭 라이제스와 함께 투표율을 확인하기 위해 투표소로 출발했다. 그가 바람을 일으켰다는 것은 명백해보였다. 민주당 성향이 강한 애선스(진보적인 대학 도시이자 이 지구에서 인구가 가장 많은 중심지이기도 하다)의 투표율이 이전 선거들에서보다 훨씬 높았다.

하지만 외곽 지역으로 갈수록 기대는 점점 더 수그러졌다. 테일러는 어린 시절을 보낸 넬슨빌의 능선과 비슷한 풍경의 외곽 지역들을 좋아했고 이 지역들에서 선거운동에 공도 많이 들였다. 메이그스 카운티의 포머로이에서 오하이오강이 범람했을 때 복구를 돕기 위해 지체 없이 달려가서 몇 시간 동안이나 이곳 역사학회의 소장품을 고지대로 옮기기도 했다. 그랬는데도 역사학회 회장은 제이 에드워즈에게 후원금을 냈다. 테일러는 이렇게 말했다. "나는 메이그스를 사랑합니다. 그래서 그들이 저에게 이토록 심하게 반대표를 던지려 한다는 사실이 마음 아픕니다."

이곳도 투표율이 높아 보였다. 전례 없는 수준으로 높아 보이지는 않았지만 공화당의 사기가 수그러들 기미는 보이지 않았다. "애선스로 돌아가서 보면 그곳은 훨씬 더 높을 거예요." 학생 자원봉사자 라이제스가 말했다.

그날 저녁 테일러와 가족, 그리고 몇몇 친구들이 함께 결과를 보기 위해 숲에 빌린 오두막에 모였다. 엄마가 칠리를 만들었다. 테일러는 노트북을 열고 애선스에서 나온 굉장한 숫자와 다른 모든 곳에서 나온 잔혹한 숫자를 보았다. 최종 결과는 58대 42로, 2년 전에 제이 에드워즈가 다른 민주당 후보를 이겼을 때와 비슷했다.

그는 에드워즈에게 결과에 승복한다는 사실을 알리고자 오두막에서 나와 전화를 걸었다.

"안녕하세요, 제이." 통화 연결이 좋지 않았고 에드워드가 있는 곳은 시끄러웠다. "테일러입니다."

"테일러 … 누구요?" 에드워드가 말했다.

어찌 보면 이 패배는 거의 아무것도 달라지게 하지 않았다. 테일러는 선거일까지도 로드하우스에서 일했고, 선거 전날 밤에는 막판 투표 독려 전화를 돌려야 했지만 모두 참석해야 하는 직원회의를 하고 있었다. 그리고 이제 그는 계속 이곳에서 일하면서 선거 동안 쌓인 청구서를 지불하기 위해 더 장시간 일을 해야 할 터였다.

하루는 담당 테이블에 주문을 받으러 가보니 제이 에드워즈, 그의 아버지, 그리고 몇몇 손님들이 앉아 있었다. 그들은 충분히 친절했지만 어색한 분위기는 어쩔 수 없었다. 주방에서 실수로 제이에게 갈 스테이크를 떨어뜨리자 분위기는 더욱 어색해졌다. 테일러가 기겁하자 요리사 한 명이 물었다. "왜 그렇게까지 화를 내?" 테일러가 대답했다. "이 일을 저 테이블에 설명해야 하는데 저 사람들이 내 말을 안 믿을 것 아닙니까?"

로드하우스 뒤쪽의 엘더-비어만 자리는 봉통이 소유했던 다른 매장들과 함께 문을 닫은 후로 계속 비어 있었다. 그것은 애선스의 마지막 백화점이었다. 어느 날 저녁 로드하우스는 그 장소를 연말 파티 겸 5주년 기념 파티에 사용하기 위해 빌렸다. 마법 같은 파티 장소로 변신시키기 위해 휑한 공간 일부를 칸막이로 막았다. 하지만 칸막이 너머에는 테일러가 종말 이후의 세계처럼 보인다고 느꼈을 만큼 섬뜩하게 보이는 텅 빈 공간이 넓게 펼쳐져 있었다.

2019년 1월 콜럼버스에서 오하이오주 세액공세국은 새 혜택안을 승인하기 위한 월례회의를 열었다.[44] 이날 처리해야 할 안건 중 하나는 약속했던 일자리를 창출하지 못한 사업주에 대해 혜택을 '철회'할지 여부를 결정하는 것이었다. 그런 사업주 중 한 곳이 파산한 봉통이었는데, 오베츠에 봉통 물류창고를 지을 때 세금 혜택을 받은 바 있었다(오베츠에는 아마존 물류창고도 위치해 있다).

잡스오하이오의 한 직원이 전에 합의했던 혜택안의 세부사항을 소리 내어 읽었다.

리디아 미할리크 세액공제국장은 어깨를 한 번 들썩 해보이며 말했다. "소매업 어려운 건 다 알지요." 세액공제국은 만장일치로 그 혜택을 회수하기로 했다.

정말로 소매업은 어려웠다. 시어스도 몇 달 전에 파산 신청을 했고 80곳의 매장을 닫는 것으로 새해를 시작했다. 한 달 뒤에 신발 유통업체인 페이레스는 전국 2,100개 매장을 모두 폐쇄할 것이라고 발표했고 1만 3,000명이 일자리를 잃게 되었다. 2019년의 첫 4개월 동안 6,105개 소매 매장이 폐쇄되었는데, 이것은 2018년 1년 동안 폐쇄된 매장 수보다 많은 것이었다. 소매 판매업은 2012년 이후로 일자리가 가장 많이 줄어든 직종이었다.[45] 경영학 교수 스콧 갤러웨이는 아마존의 영향으로 설명될 수 있는 소매 일자리 감소분이 연간 약 7만 6,000건이라고 추산했다.[46] 이러한 지적에 대해 아마존은 사라진 일자리를 보상할 만큼, 적어도 일부라도 보상할 만큼 많은 고용을 하고 있다고 반박했다. 페이스북이나 구글과 같은 여타의 IT 거대 업과 달리 자신은 화려한 금융 자본과 IT 자본에서 멀리 떨어진 전국 각지에서 수십만 명의 미국인을 고용하고 있다는 것이었다. 오하이오주에서만도 아마존 풀필먼트 센터와 데이터센터에 8,500명이 일하고 있었다.[47] 그들이 없앤 소매점 일자리보다 더 신체적 부담이 크고 더 고립적인 방식으로 수행되는 종류의 일이었지만, 그래도 일자리이기는 했다.

2019년 8월에 오프라인 세계는 새로이 놀라운 문턱 하나를 넘게 되는데, 지난 6개월간 신규로 문을 연 소매점의 절반가량이 1달러숍과 할인 식료품점이었다.[48] 자동차 공장의 평범한 노동자도 자신의 자동차를 구매할 수 있을 만큼 충분한 임금을 지급하겠다는 헨리 포드의 옛 철학은 완전히 뒤집혔다. 이제 노동자들은 임금이 너무 적어서 가장 싼 저가 매장에서 파는 가장 싼 물건들밖에 살 수 없게 되었다.

소매 산업의 다른 쪽에서는 그 어느 때보다도 분주히 물건들이 오갔다. 아마존은 2018년을 자신이 제시했던 실적 전망치보다도 30억 달러나 많은 수익으로 마감했다. 당연하게도 그해 내내 트럭 운송 수요가 급증했다. 어떤 달에는 수요가 전년 대비 두 배에 달했다. 운행 가능한 트럭과 운송해야 할 물건을 매칭해주는 온라인 화물 운송 서비스는 하루에 많게는 50만 건 이상의 화물을 받았는데, 통상적인 수준의 두 배였다.[49] 화물 운수업자들은 트럭 운전사의 연간 이직률이 거의 100퍼센트에 가까웠기 때문에 트럭 운전사를 채용하고 유지하기 위해 고군분투했다. 많은 지원자들이 약물 검사를 통과하지 못했고, 오랫동안 임금이 떨어지는 추세인데다 업무 중 사망할 가능성이 경찰보다 여덟 배나 높을 정도로 위험한 직군에 속했기 때문에 트럭 운전사는 이직률이 높았다.[50]

4월 어느 날 오후, 존 허치슨은 아마존이 의뢰한 짐을 트레일러에 실었다. 오전에는 그의 담당 구역인 남쪽 지역에 있는 의료기기 업체 매케슨에 의료 물품을 배송했고, 페인트 제조에 필요한 물품을 셔윈-윌리엄스로 배송했다. 전날에는 그로서는 드물게 콜럼버스의 북쪽에 배송지들이 있었는데 그중 한 곳은 어린이집이었다. 그는 여기에 팰릿 세 개 분량의 나무를 운반했다.

그가 차를 대는데 어린이집에 있던 사람이 물었다.

"어떤 종류의 나무인가요?"

존이 대답했다. "어떤 나무인지는 저도 몰라요. 수박나무인지 호박나무인지, 다른 어떤 나무인지는 모르고요, 저는 배달만 할 뿐이에요."

오늘은 홀랜드의 도크에서 트럭에 짐을 싣고 오베츠에 있는 풀필먼트 센터로 향했다. 이 물류센터는 규모가 더 큰 것만 빼면 주변의 다른 물류창고들과 같았다. 그런데 규모가 너무 커서, 처음 보았을 때 깜짝 놀라 아내에게 말해주려고 페이스타임으로 전화를 걸었다.

깃대 세 개에 깃발 세 개가 꽂혀 있었다. 성조기, 오하이오주 기, 아마존 기. 주차장의 한쪽 구역에는 짙은 파란색의 프라임 배송용 밴과 유-홀스, 펜스케 등에서 대여한 트럭이 빼곡히 주차되어 있었다. DHL, EFL, UPS, USF 등의 트레일러 트럭들이 계속해서 인바운드 차량 입구로 들어왔다.

존 허치슨도 여기에 도착했다. 그는 보안 검색대에 차를 세우고 검사 서류를 제출했다. 그리고 트럭을 몰고 도크로 들어가 그에게 배정된 체크 포인트로 가서 트레일러를 풀었다.

이날 그가 아마존 물류창고로 가져온 물건들은 다음과 같았다.

- 노스캐롤라이나주 윈스턴-세일럼 사의 리버티 하드웨어에서 보낸 물품: 스키드 팰릿 2개 분량
- 미네소타주 세인트폴의 리버 오브 굿즈 홈데코레이션 점에서 보낸 물품: 스키드 팰릿 2개 분량
- 세인트폴의 DJ 보드숍에서 보낸 자전거 부품: 스키드 팰릿 9개 분량
- 오하이오주 몽펠리에에서 보낸 바퀴 달린 플라스틱 미니 카트: 스키드 팰릿 5개 분량

• 인디애나주 노블스빌의 스펙트럼 브랜드에서 보낸 수족관 부품: 스키드 팰릿 3개 분량

그는 큰 주차장을 가로질러 운전사들이 서류를 제출하는 창구로 걸어갔다. 철망으로 둘러싸인 가로세로 3미터 정도의 좁은 공간이었는데, 이 안에서는 휴대전화를 꺼낼 수 없었다. 철망 안에 아무도 없으면 서류에 그의 주차구역 번호를 적어서 철망에 꽂고 가면 되었다. 이날은 두어 명의 아마존 직원들이 안쪽에 있어서 그들에게 서류를 제출했다.

그는 트럭으로 돌아왔다. 다른 홀랜드 운전사가 몰고 왔던 빈 트레일러가 있을 경우에는 그가 그것을 픽업해서 가져간다. 그러면 배차 담당 여직원들의 일이 더 쉬워진다. 하지만 오늘은 픽업해 갈 빈 트레일러가 없었다. 그는 트럭을 빼서 검문소를 지나 몇 킬로미터 떨어진 물류창고에 잔디깎이 기계 등 실외 동력 장비가 실린 트레일러를 픽업하러 갔다. 빈민촌 이동주택 단지와 쓸쓸해 보이는 교회를 지나가다가 공사 중인 아마존 물류창고 표지판을 보고 깜짝 놀랐다. 헛갈려서 정신이 혼미해졌다. 방금 아마존 물류창고에서 나왔는데? 알고 보니 이곳 트레이드포트 코트 3538번지는 새 물류창고 CMH6가 들어설 곳이었다.

그날 『월스트리트저널』에는 '아마존 수익, 두 배 이상으로 뛰다'라는 제목의 기사가 실렸다. 아마존은 분기 수익 35.6억 달러를 기록했다. 그리고 프라임 배송을 이틀에서 하루 배송으로 줄이겠다는 약속을 '완수'(fulfill)하기 위해 물류센터 건설 계획을 더욱 늘려 잡고 있었다.

존 허치슨은 계속해서 트럭을 몰았다. 넬슨빌의 언덕으로 가는 33호선 국도에 진입하려면 아직도 몇 시간은 더 가야 했다.

9 집중화와 공동화

60킬로미터 사이의 두 도시

볼티모어-워싱턴 DC

맥스 폴록(Max Pollock)은 넬슨빌에 가본 적은 없지만 그곳의 벽돌이라면 잘 알고 있었다. 벽돌 수집가인 그는 소장품에 넣기 위해 넬슨빌 벽돌 몇 장을 온라인으로 구매하기도 했다.

폴록은 메릴랜드주의 워싱턴 교외 지역인 터코마 파크에서 자랐다. 아버지는 국무부에서, 그 다음에는 싱크탱크에서 일했고, 어머니는 그래픽 디자인 회사를 운영했다. 그는 미시건 대학에 들어갔고 능력주의 사다리의 다음 단계인 로스쿨에 진학했다. 그가 간 곳은 펜실베이니아 대학 로스쿨이었다.

하지만 가보니 로스쿨이 싫어서 한 달 반 만에 그만두었다. 그 다음에는 필라델피아의 작은 건축 설계 회사에서 낡은 집을 개조하는 일을 했다. 앤틱 느낌이 나도록 중고품을 활용한 프로젝트가 많았다. 2년 정도 여기에서 일하다가 런던정경대학으로 가서 도시 디자인과 사회과학으로 석사학위를 받았다. 그리고 필라델피아로 돌아와서 전에 하던 일을 다시 하다가 워싱턴으로 옮겨 새 일자리를 잡았다. 싱크탱크인 '어반 인스티튜트'에서 주거 정책을 연구하는 일이었다.

하지만 폴록은 자신이 워싱턴을 좋아하지 않는다는 사실을 깨달았다. 부는 팽창하고 있었지만 너무 특징 없고 무거운 도시 같았다. 그래서 여자 친구가 볼티모어에서 취직했을 때 그도 따라서 볼티모어로 이사했고, 워싱턴 DC까지 한 시간씩 기차로 통근하는 수많은 직장인 대열에 동참했다. 그리고 한 친구가 볼티모어의 벽돌에 대한 기사를 보여준 6월 무렵이면 워싱턴으로 출퇴근하는 일상에 지쳐 있었다.

벽돌 애호는 집안 내력이었다. 어머니의 성은 러시아어로 벽돌을 의미하는 '키르피치'(Kirpich)였고 아버지는 건물에서 헐거워진 벽돌을 보면 모아서 집에 가져오곤 했다. 언젠가부터 맥스도 아버지의 취미에 동참했다. 제조사나 지역 이름이 도장처럼 새겨져 있는 벽돌이 있다는 것도 알게 되었고 오하이오주의 넬슨빌, 뉴욕 허드슨밸리의 하버스트로 같은 벽돌 제조 중심지들에 대해서도 알게 되었다. 직장에서 땡땡이를 치고 벽돌을 찾으러 나서기도 했다. 처음에는 어반 인스티튜트가 있는 DC 근처를 돌아다녔지만 나중에는 멀리 허드슨밸리나 필라델피아에까지 벽돌 사냥을 갔다.

그러던 중 『볼티모어 선』에 실린 기사를 보게 되었다. 볼티모어의 낡은 건물들을 철거할 때 나오는 중고 벽돌을 수거해 판매할 수 있을 것 같았다. 볼티모어는 양질의 점토 지대여서 19세기 말과 20세기 초에 질 좋은 벽돌 생산으로 유명했다. 산화철과 실리카가 풍부해서 이곳 벽돌은 석양 같은 오렌지 빛을 냈다. 볼티모어의 벽돌 산업은 지질학적 이유에서뿐 아니라 지리학적 이유에서도 번성했다. 항구를 통해 연안의 다른 도시들로 벽돌을 운송할 수 있었을 뿐 아니라 기차를 통해 서쪽의 내륙으로도 운송할 수 있었던 것이다. 20세기 초에 '볼티모어 브릭 컴퍼니'는 소규모 벽돌 회사들을 합병해 연간 무려 1억 5,000만 장의 벽돌을 생산할 정도로 규모를 키웠다. 집 1만 채를 지을 수 있는 양이었다.

그로부터 한 세기 뒤, 볼티모어의 벽돌이 다시 관심을 끌게 되었다. 엄청난 양이 공짜로 가져갈 수 있게 풀린 것이다. 2014년이면 볼티모어에는 1만 6,000채의 빈집이 있는 것으로 추산되었는데 대부분 단층 벽돌집이었다. 시 당국은 심하게 낙후된 동네들에서 간헐적으로 철거 작업을 진행하고 있었고, 여기에서 양질의 중고 벽돌과 (마루를 까는 데 쓰인) 중고 판재 시장이 생겨났다. 볼티모어의 주택은 널판으로 마루를 깐 집이 많았는데, 이것도 지리적인 요인 덕분이었다. 미국에서 북부의 남쪽에 위치한 도시인지라 남부의 커다란 소나무 숲에 가까워서 더 북쪽인 도시들보다 양질의 널판을 많이 생산할 수 있었다.

철거 작업에서 연간 수십만 장 분량의 벽돌과 널판이 나오고 있었는데 볼티모어는 이것들을 다 어떻게 해야 할지 몰라 난감한 상황이었다. 2014년 4월에 『볼티모어 선』은 지역의 고용 개발 비영리 단체 휴머님(Humanim), 휴머님 산하의 건설부문 단체 디테일스(Details), 그리고 볼티모어 시 당국이 매년 수십 채를 해체 철거해 거기에서 회수되는 자재(집 한 채당 최소 벽돌 3,000장과 바닥널판 400미터 분량이 나올 것으로 예상되었다)를 판매하기로 계약했다고 보도했다.[1] 맥스 폴록은 워싱턴 DC에서 영원히 해방될, 그리고 이제 제2의 고향이라고 여기게 된 볼티모어에 힘을 보탤 수 있는 기회를 포착했다. 훗날 그는 이렇게 회상했다. "'이거 내가 해야 해!'라고 생각했어요. 너무나 말이 되는 일로 보였거든요."

그는 휴머님에 연락을 취해서 회수된 자재들의 쓰임새를 찾는 일을 돕겠다고 자청했고, 어반 인스티튜트를 그만두고 디테일스로 옮겼다. 이들은 이스트 이거가의 2400번지 블록에서 35채의 집을 철거하는 것으로 일을 시작했다. 존스홉킨스 병원 북쪽이고 암트랙[Amtrak, 미국 철도여객공사] 철로에 바로 면한 곳이었다. 그들은 철거가 이뤄질 동네에 살고 있는 사람들 위주로 일할 사람들을 채용했다.

처음에는 진행이 쉽지 않았다. 당국의 철거 승인이 그동안 서서히 줄어서 이제는 거의 끊겨 있었다. 볼티모어시는 신중하게 분별 해체하는 방식의 철거에 들어가는 비용을 감수하려 하지 않았다. 분별 해체 방식으로 철거하려면 일반적인 방식의 철거보다 집 한 채당 비용이 수천 달러는 더 들었다.[2] 그래서 회수된 자재를 좋은 가격에 사줄 구매자를 찾아내는 것이 더더욱 중요했다. 폴록은 독자적으로 시장 개척에 나섰다. 오래도록 비어 있다가 이제 휴머님 사무실로 쓰고 있는 옛 이스트 볼티모어 맥주 양조장 옆의 물류창고 건물이 그의 사무실이었다. 전기도 들어오지 않았고 천정도 새서 비가 오면 바닥이 흥건해졌다. 디테일스는 지게차 구할 돈도 없어서 사람들이 자재를 손으로 들고 날랐다.

그러나 차차로 자금이 들어오면서 안정된 운영 기반을 갖추게 되었다. 호건 주지사는 웨스트 볼티모어로 가는 새 경전철 라인 건설 계획을 철회한 지 6개월 뒤에 빈집 철거에 지출을 늘릴 **용의가 있다**고 밝혔다. 폴록은 회수된 자재의 마케팅을 담당할 새로운 단체를 휴머님 산하에 세웠다. 이름은 '브릭+보드'(Brick+Board)였다. 디테일스와 '브릭+보드'는 30명의 직원을 둔 단체로 성장했다. 2018년에는 300채 가까운 집을 철거해 약 9만 미터 분량의 널판과 100만 장의 벽돌을 회수했다.

이 일을 하면서 일말의 불편한 마음이 들지 않은 것은 아니었다. 그는 스스로를 보존주의자라고 생각했고 한 세기 넘게 그곳에 대대로 서 있었던 주택이 철거되어 사라지는 것을 지켜보는 것은 쉽지 않았다. 하지만 그는 그 집들을 그대로 세워두고 개조하는 것은 이 동네에서 경제성이 없다는 것을 잘 알고 있었다. 10만 달러를 들여 수리하고 개조해도 그 돈의 절반이나 건지면 다행일 터였다. 또한 그는 동네사람들 본인들이 빈집이 계속 서 있기보다 철거되기를 원한다는 것도 알고 있었다. 오래된 빈집에는 벌레가 꼬였고 무단 점유자들이 들어와 살기도 했다(이들은 집이 철거될 때까지 무단으로 눌러 살곤 했다). 빈집이 사람을 죽일 수도 있었다. 2016년에 캐딜락에 앉아 오티스 레딩의 음악을 듣고 있던 69세의 남성이 강풍에 빈집이 무너지는 바람에 깔려서 숨졌다.[3]

폴록은 이렇게 말했다. "사람들이 지나가다가 우리가 하는 일을 보면 백이면 백 다 이렇게 말합니다. '좋네요. 이 거지 같은 집은 진작 철거되었어야 했어요. … 길 건너편 집도 철거해야 해요.' 보존주의자들은 이렇게 말하겠죠. '하지만 저 처마돌림 좀 보세요!' 그렇지만 만약 당신이 길 건너에 살고 당신의 아이가 그것을 매일 봐야 한다면 '빌어먹을 처마돌림 따위!'라고 생각하게 될 거예요. 나는 내가 철거 찬성론자라고 말하는 것이 참 힘들었습니다. 하지만 이것들을 어쨌거나 철거해야 한다면, 적어도 우리는 일자리를 만들고 있습니다."

사실 이 과정의 끝 단계, 즉 회수한 벽돌과 널판을 고객에게 판매하는 단계가 되면 그의 마음은 더 불편해졌다. 구매자 중에는 볼티모어 사람도 있었고 외지 사람도 있었다. 볼티모어의 고객은 항구에 새로 들어선 엑셀론 빌딩부터 집 마루를 다시 깔고 싶어 하는 지역 주민 등 다양했고, 외지의 고객도 동부 연안 전역과 멀리는 중서부에서까지 벽돌과 널판을 주문했다.

하지만 볼티모어 바깥에서 구매자가 가장 많은 곳은 볼티모어의 바로 남쪽에 있는 도시 워싱턴 DC였다.

60킬로미터. 두 도시의 거리는 이게 전부였다. 너무 가까워서 볼티모어와 워싱턴은 공원 도로와 공항을 공유했고, 오랫동안 지역연고 야구팀도 하나면 충분했으며, 매일 77대의 통근 열차가 두 도시 사이를 운행했다. 하지만 처음부터 둘은 매우 다른 도시였다. 하나는 대표적인 공업 도시이자 특유의 벅적대는 허세 분위기가 있는 항구 도시였고, 하나는 정부 소재지로, 늪지대에 그 목적으로 지어진 도시였다. 워싱턴은 더 진중하고 동떨어진 분위기의 도시였고, 사무실과 기관들이 모여 있는 도시였으며, 벽돌 도시라기보다는 콘크리트 도시였다. 그렇더라도 두 도시는 줄지은 연립 주택 건축양식, 가까이에 있는 체서피크만, 그리고 강한 흑인 문화를 공유했고, 미국이라는 한 동전의 양면으로서 수십 년 동안 서로에게 상호보완적인 균형추 역할을 했다.

그런데 점점 두 도시는 같은 지역에 있다는 것이, 아니 같은 우주에 있다는 것이 믿어지지 않을 정도로 괴리되었다. 이렇게나 지척에 있는 미국의 두 주요 도시가 서로 완전히 반대되는 궤적을 향해 나아가고 있었다.

볼티모어에서는 2015년 4월 프레디 그레이라는 흑인 청년이 경찰 폭력으로 인해 사망한 사건과 뒤이어 일어난 대대적인 저항이 있은 지 5년 뒤에도 폭력이 수그러들 줄 모르고 급증세를 보였다. 볼티모어의 살인 사망률은 그레이가 사망하기 전 몇 년 동안 꾸준히 떨어지고 있었는데 갑자기 1990년대 초반 이래 본 적이 없는 수준으로 치솟았다. 볼티모어에서는 인구가 열네 배도 넘게 많은 뉴욕에서보다 많은 사람이 살해당하고 있었다.

이러한 사망과 공포는 볼티모어시 경계를 넘어서까지 퍼져나갔고, 저 멀리 아마존 물류창고도 예외가 아니었다. 2016년 4월에 아마존 직원인 스물일곱 살의 론델 스트리트가 볼티모어의 한 술집 밖에서 총에 맞아 사망했다.[4] 2018년 6월에는 또 다른 직원인 스무 살의 재스민 피어스모리스가 고등학교 야외 운동장에서 전 남자친구에게 칼에 찔리고 목이 졸려 사망했다. 공포의 확산은 아마존에 사업 기회가 되기도 했다. 한 종교단체 연합은 당국과 합의해 당국의 카지노 수입에서 1만 5,000달러를 확보해 신청 가구에 경찰서로 연결되는 감시 카메라를 설치해주기로 했는데, 여기에는 아마존의 보안 카메라 '링'이 사용될 예정이었다.[5] 또한 배송된 아마존 소포를 훔쳐가는 일이 너무 많아서 한 여성은 '배송 물품을 구하라'라는 사업을 시작했다.

2015년 이후에 볼티모어가 경험한 쇠락은 살인 사망률 문제만이 아니었다. 볼티모어의 인구는 몇 년간 약간 증가하다가 다시 감소해 한 세기만에 처음으로 60만 명 아래로 떨어졌다. 볼티모어는 미국 어느 도시보다도 심각한 약물 과다복용 문제를 겪고 있기도 하다. 2018년에 800명 이상이 약물 과다복용으로 사망했다. 2012년 이래 포춘 500 기업 중 볼티모어에 본사가 있는 곳은 하나도 없었다. 웨스트 볼티모어의 몇 안 되는 소매점 중 하나이던 몬다우민 몰의 타깃 매장은 2018년에 문을 닫았다. 경찰은 경악스런 부패 스캔들에 휘말렸다. 시 정부도 헤매고 있었다. 그레이 사망 당시의 시장(아마존이 피부보습제를 신속하게 배달해준다고 칭송했던 시장)이 재선에 나서지 않기로 해서 2016년에 시장이 바뀌었는데, 새 시장은 2010년에 부패 스캔들로 사임했던 전전 시장보다 한 술 더 떠서 부패로 감옥에 갔다. 도시의 다른 기관들도 허약해지고 있었다. 볼티모어의 오케스트라는 재정 위기에 처했다. 『볼티모어 선』은 인원을 최소한만 남기고 다운타운에 있던 편집국을 I-95 고속도로 너머 자사의 인쇄기가 있는 산업단지 건물로 옮겼다.

이러한 쇠락에는 여러 가지 이유가 있었는데, 무엇보다 주민과 역기능적인 경찰 사이에 전에 없이 신뢰가 무너진 것이 큰 요인이었다. 주민들은 경찰에 제보를 하거나 주 당국 편에서 증언을 하는 위험을 감수하려 하지 않았다. 하지만 볼티모어가 처한 더 큰 경제적 맥락도 살펴보아야 한다. 동부 연안을 따라 흐르는 승자독식의 부의 흐름에서 소외된 것이다.

볼티모어는 아마존 제2본사 유치전에서 해안 지대의 알짜배기 땅을 제공하겠다고 했다.[6] 볼티모어의 제안서는 "HQ2는 볼티모어의 현 세대 주민들에게 삶을 변화시켜주고 다음 세대에게 희망을 줄 것이며 아마존을 미국의 가장 위대한 도시 중 하나의 르네상스와 영원히 연결시켜줄 것"이라고 선언했다. 하지만 20곳을 고르는 컷오프를 통과하지 못했는데, 보스턴과 워싱턴 사이에 위치한 동부 연안의 주요 도시 중 20곳에 **못 들어간** 도시는 볼티모어뿐이었다.

한편 워싱턴에서는 20세기 말 로비 산업의 부상과 21세기의 첫 10년간 국토안보 산업의 성장으로 인한 부의 팽창으로 도시가 알아볼 수 없을 만큼 새로운 공간으로 바뀌고 있었다. 2017년에 워싱턴의 중위 소득은 볼티모어보다 76퍼센트나 높은 8만 2,000달러에 달했고, 이는 한 해만에 거의 10퍼센트가 증가한 것이었다.[7] 광역 워싱턴에서는 매년 평균 3만 4,000개의 일자리가 추가로 생겨나고 있었다. 워싱턴 DC 인구는 미국에서 가장 빠르게 증가해 40년 만에 처음으로 70만 명에 도달했으며, 광역 워싱턴 지역에는 2045년까지 추가로 100만 명의 주민이 더 늘어날 것으로 예상되었다. 2005년에는 워싱턴 DC 거주자 일곱 명 중 한 명이 25~34세의 대학 졸업자였는데 2017년에는 이 비중이 다섯 명 중 한 명으로 늘었다. 버지니아주 알링턴의 포토맥 일대에서는 심지어 미국에서 가장 높은 수준으로 비중이 높아져서 거주자 네 명 중 한 명이 25~34세의 대졸자였다.[8]

그칠 줄 모르는 성장은 당연히 주택 시장에도 영향을 미쳤다. 2018년 말에 워싱턴 DC의 주택 또는 아파트의 중위 가격은 볼티모어의 다섯 배인

60만 달러를 넘어섰다. 단독 주택은 1990년대 초반 이래 가치가 거의 네 배로 뛰었다. 2016년에 한 부동산 중개업자는 각각 370만 달러가 넘게 나가는 집 다섯 채의 거래를 성사시키기도 했다. 볼티모어에 있는 어느 집보다도 비싼 가격이었다. (워싱턴의 또 다른 부동산 중개업자는 돈을 너무 많이 벌어서 150만 달러어치에 해당하는 핫휠스 미니카 수집품을 모으기까지 했다.)[9] 현 대법관 브렛 캐버노의 동네인 워싱턴 DC 체비체이스 지구에서는 주택 매매가 중위 값이 100만 달러를 돌파했다.

워싱턴 DC에서 집을 구매하는 밀레니얼 세대들은 전국 수준의 두 배가 넘는 평균 45만 985달러의 주택담보대출을 받았다. 캐피톨힐 가장자리의 옛 교회 자리에 들어선 아파트는 각 호가 280만 달러에 팔리고 있었고 하워드 대학 근처 옛 헬리콥터 공장 자리에 들어선 아파트는 각 호가 230만 달러에 팔리고 있었다. 메릴랜드주의 부유한 교외 지역인 몽고메리 카운티는 학교에 학생들이 너무 많이 몰려서 몇몇 학군에 주거건물 건축 중지 명령을 내렸다. 몽고메리 카운티 정부 직원의 44퍼센트는 집값 때문에 다른 카운티에서 살면서 통근하고 있었다. 몽고메리 카운티에 꼭 살아야 할 경우에는 교외의 옛 사무단지 자리에 지어진 아파트를 구입하는 데 100만 달러를 들여야 했다.[10]

워싱턴 DC에서 부의 성장은 '워싱턴 네이비야드' 주변 같은 동네들을 완전히 변모시켰다. 새로 생긴 고급 유기농 매장 홀푸드에서는 셀프서비스 와인과 고객 맞춤형 아보카도 토스트를 제공했고, 네이비야드의 한 멕시코 레스토랑에서는 공화당의 청년 조직 '영 리퍼블리컨'이 도널드 트럼프의 연두교서를 모여서 함께 보는 파티를 열었다. 『워싱턴포스트』 매거진이 매년 펴내는 럭셔리 특집호에는 1만 8,300달러짜리 시계, 5만 달러짜리 흑담비 모피, 롤스로이스 등에 대한 기사와 성형수술, 개인 경비행기

등의 광고가 실렸다. 레스토랑 음식 값도 전례 없이 치솟았다. 파인애플 앤 펄스의 시식 메뉴는 무려 325달러로 뛰었고 플룸에서는 소믈리에가 추천하는 샴페인이 한 잔에 75달러였다. 극단적인 부의 과시적인 표식들은 오래전 로비 산업을 개척한 케네스 슐로스버그가 보기에도 당황스러울 정도였다. "이곳은 뉴욕 사우스가 되어 가고 있어요. 다른 무엇보다도 돈이면 다 되는 곳 말입니다. 기본적으로, 그렇게 되어 가고 있습니다."[11]

워싱턴의 성장은 정체도 불러왔다. 교통정체 말이다. 워싱턴은 로스앤젤레스와 베이 에어리어에 이어 세 번째로 교통체증이 심한 곳이 되었고 통근자들은 연평균 100시간 이상을 교통체증에 시달렸다. 유난히 차가 막혔던 어느 날 버지니아주 교통부는 "통행의 면에서 오늘 아침에 큰 교통사고는 없었다"며 "단지 차량이 많아서" 생긴 일이었다고 설명했다. 교통체증 문제를 해결하기 위해 버지니아주는 몇몇 도로에 10마일당 많게는 50달러에 달하는 러시아워 혼잡 통행료를 부과했다.

또한 폭발적인 번영은 워싱턴의 극심한 불평등을 한층 더 악화시켰다. 2017년에 워싱턴의 백인 가구 중위소득은 12만 달러로 흑인 가구의 세 배였다.[12] 갓 대학을 졸업한 사람들의 가구까지 합한 것인데도 평균 소득이 12만 달러나 되었다. 순자산 격차는 28만 4,000달러 대 3,500달러로 심지어 더 컸다. 워싱턴은 미국에서 인종에 따른 부의 격차가 최악의 수준을 보이는 곳에 속한다.[13] 워싱턴의 백인 주민은 거의 모두인 92퍼센트가 대졸이지만 흑인 주민은 4분의 1만 대졸이다. 실업률은 흑인이 백인보다 여섯 배나 높다.[14]

이러한 대조는 도저히 모를 수가 없게 극명했다. 노스웨스트 14번가에서는 40년 동안 흑인 청소년들에게 인기 있었던 청소년 권투 클럽[15]이 결국 개발업자에게 넘어갔다. 북동쪽으로 몇 킬로미터 떨어진 곳에서는 화재가 발생해 퀸사이즈 침대 하나가 겨우 들어갈 정도의 셋방에 밀집해 살던 에티오피아 이민자 중 한 명이 사망했다. 하워드 대학에서는 역사적인 흑인 대학의 교정을 이 동네에 새로 밀려들어온 백인 거주자들이 강아지와 함께 아무것도 모른다는 듯 해맑게 산책하는 모습이 묘한 긴장을 불러일으켰다.[16]

소득과 부의 엄청난 격차에 더해 인구 증가의 압박이 겹치면서 사다리 아래쪽 사람들은 대거 다른 곳으로 밀려났다. 2019년의 한 연구는 전국적으로 젠트리피케이션의 영향이 크지 않다고 결론지었지만 그 와중에도 워싱턴은 젠트리피케이션이 가장 파괴적인 영향을 미친 도시였다고 언급했다. 이 연구에 따르면 2만 명의 흑인이 워싱턴을 떠나야 했다.[17] 사실 이것을 알기 위해서는 연구가 필요할 것까지도 없었다. 이미 몇 년 전부터 인구 통계에 명확하게 드러나고 있었기 때문이다. 1970년에 흑인 인구가 70퍼센트 이상이었던 '초콜릿 시티'는 이제 흑인이 인구 중 다수가 아니었다.

워싱턴은 전 뉴욕 시장 마이크 블룸버그가 한때 뉴욕의 미래로 상상했던 비전과 비슷해졌다. 도시에 진입하는 비용을 감당할 수 있는 사람들에 한해서는, 전보다 훨씬 좋은 곳에서 식사할 수 있고 포토맥 강변과 기념 조형물들을 따라 새로 난 자전거길로 자전거를 탈 수 있으며 범죄 걱정은 할 필요가 없는 '럭셔리 도시'였다. 워싱턴의 범죄는 애너코스티아강 동쪽 지역처럼 점점 줄어들고 있는 흑인 동네에서 집중적으로 발생했다. 2018년에 '아마존 레스토랑'[아마존의 음식배달 사업으로, 현재는 운영을 중단했다]은 그 지역에 배달을 거부했다.

그러나 이러한 화려함의 한계 또한 어렵지 않게 예상할 수 있었다. 도시에 노동자 계급이 사라지면 우버를 운전하고, 하루 숙박비가 400달러인 호텔의 침구를 갈고, 집값이 300만 달러인 집을 청소하고, 2인분에

1,000달러인 식사를 위해 테이블을 준비할 사람이 남지 않게 될 터였다.

2018년 10월 18일, 흰색 배달용 밴이 볼티모어의 아마존 물류창고 두 곳 모두에서 20분 정도 떨어진 에식스의 커다란 주택 단지로 진입하기 위해 코너를 돌았다. 체서피크의 백리버강 어귀 동쪽에 있는 이 단지의 이름은 '하버포인트 에스테이트'로, 대통령의 사위 재러드 쿠슈너 가족의 부동산 회사가 볼티모어 지역에 소유하고 있는 십여 곳의 주택 단지 중 하나였다. 밴이 골목을 도는데 동물원에 소풍을 갔다가 돌아오던 일곱 살 여자아이 나타샤 뉴먼이 건너편에 있던 오빠들에게 가려고 갑자기 달려 나와 길을 건너다가 밴에 치어 치명상을 입었다. 운전사는 현장을 지켰고 이 사고로 기소되지는 않았다.

『볼티모어 선』과 지역 TV방송국은 '영업용 밴' 또는 '배달용 밴' 사고였다고 간단하게 보도했다. 아마존 표시가 찍히지 않은 밴이 아마존 물건을 배송하는 중이었다는 것을 목격자들은 알 수 없었다.[18]

아마존은 '말단 배송'(last leg)이라고 부르는 목적지까지의 최종 배송을 UPS, FedEx, 우체국 등 외부에 맡기지 않고 점점 더 자체적으로 처리하고 있었다. 2019년에 미국 내에서 배송해야 할 소포 수가 60억 개가 넘었을 정도로 물량이 급증하고 있었기 때문에 직배 네트워크를 구축해서 전부는 못 하더라도 최대한 직배를 처리하는 것이 더 합리적인 일이 되었다. 아마존은 전국에 110곳이 넘는 풀필먼트 센터를 두고 있었고(미국 인구 절반이 아마존 물류센터에서 40킬로미터 이내에 살고 있다), 모든 주에 물류창고가 있었으며, 주문량의 절반을 직접 배송하고 있었고, 60대의 비행기를 장기로 빌리고 추가로 여러 화물 항공사와도 계약해서 비행기를 운항하고 있었다. 이 때문에 조종사들은 하루에 18시간을 일해야 하는 날도 있다고 불평했다. 2019년 2월에는 아마존과 계약한 물량을 나르던 한 비행기가 휴스턴에서 추락해서 탑승자 세 명 전원이 사망하기도 했다. 아마존은 신시내티 공항을 100대의 화물 비행기가 운항되는 허브로 만들 계획을 세우고 있었고, 드론 배송 기술을 실험하면서 연방 규제 당국이 드론 배송을 허용하도록 로비를 하고 있었다. 또 중국에서 나가는 물량 중 일부의 배송을 직접 처리하기 시작했고, 그래서 2018년 한 해 동안에만도 5,300개 컨테이너 분량, 470만 개 상자 분량의 소비재를 배송했다. 또 풀필먼트 센터 외에도 전국에 거의 200곳의 배송 경유지를 두어서 물건이 구매자의 집에서 더 가까이 대기할 수 있게 했다. 아마존은 2만 대의 디젤 밴과 7,500대의 트레일러를 구매했고 10만 대의 전기차도 구매할 예정이었다.

그런데 이 차량들을 운전하는 기사는 아마존 직원이 아니었다. 이들은 아마존과 계약하는 하청업체 직원이고, 이러한 하청업체들은 전속으로 아마존 일감만을 받지만 아마존과 별개의 회사였다. 이는 아마존이 직원에게 제공하는 어떤 혜택도 이 운전사들은 받을 수 없다는 의미였다. 또한 사고가 났을 때 아마존이 책임을 면할 수 있다는 의미이기도 했다.[19] 프라임 서비스를 ['이틀 배송'에서] '하루 배송'으로 전환하면서 시간 압박이 가중되어서 운전자들은 많게는 하루에 150곳이나 돌아야 하고 1주일에 1,000개의 소포를 처리해야 했다. UPS는 위험을 피하는 법에 대해 가상현실 장애물 코스가 있는 첨단 시설에서 운전사를 훈련시키지만, 아마존의 물건을 나르는 많은 운전사들은 휴대폰으로 안내 동영상만 보고 일에 투입되었다.

나중에 나타샤의 어머니는 아마존을 상대로 책임을 묻지는 않았다고 했다. "그것은 아마존 잘못이 아니었어요. 사고를 낸 사람은 운전사였으니까요." 보상금을 조금이라도 받았는지 물었더니 "그것에 대해서는 말할

수 없다"고 했다.[20]

사고가 나고 2주 뒤인 11월 2일 오후 9시 42분에 토네이도가 볼티모어를 덮쳤다. 포트 맥헨리 터널 북쪽 I-95 고속도로에서 트레일러 트럭이 넘어지면서 사우스 뉴커크가의 철책이 무너졌다. 토네이도는 홀러버드가를 따라 동쪽으로 이동했고 그곳에서 가장 큰 피해를 입혔다. 특히 한 대형 구조물이 시속 170킬로미터(초속 47미터)의 강풍을 감당하기에 적합하지 못했던 것으로 드러났는데, 그것은 홀러버드 5501번지에 있는 아마존 분류센터였다.

약 9,700평 규모의 이 건물은 과거에 GM 공장이 있던 곳에 세워진 브로닝 하이웨이 풀필먼트 센터(빌 보다니가 일한 두 곳의 풀필먼트 센터 중 더 먼저 일한 곳)의 북쪽에 자리 잡고 있었다. 이곳은 분류센터로, 포장이 완료되어 주소가 지정된 소포가 처리되는 곳, 즉 최종 배송지를 향해 나갈 물건들이 처리되는 곳이었다.

이스라엘 에스파냐 아르고테(Israel Espana Argote)는 홀러버드가의 이 분류센터에서 물건을 배달하는 기사였다.[21] 볼리비아 출신 이민자인 그는 헤이마켓가에 있는 아마존 데이터센터에서 130킬로미터 떨어진 버지니아주 브리스토에서 아내 파티마 파라다 에스파냐와 세 아들과 함께 살고 있었다. 그들은 바로 얼마 전에 이곳으로 이사했다. 볼티모어와 워싱턴 사이의 교통지옥에서 내내 시달려야 하는 일이었지만 그래도 시간을 쪼개 막내 축구팀 코치도 하고 1주일에 한두 번은 본인도 직접 축구를 했다. 그는 노래방을 좋아했고 볼리비아 스타일로 고기를 꼬치에 꿰어 굽는 것도 좋아했다. 11월 2일에 그는 야간 근무였고 평소보다 조금 일찍 출근했다. 다음날 아침에 아들의 축구 경기에 늦지 않게 가기 위해서였다.

분류센터는 풀필먼트 센터보다 훨씬 적은 인원을 고용했고 그 안에서 일하는 많은 사람들이 아마존 직원이 아니었다. 이를테면, 부서진 컨베이어 벨트와 전기 시스템을 수리하는 등 시설이 돌아가도록 모든 유지보수 일을 담당하는 '현장 물류관리 기사'는 존스 랭 라살(JLL) 같은 상업용 부동산 관리업체 소속이었다. 볼티모어 분류센터에서 일할 사람을 모집하기 위해 JLL이 낸 광고는 "광전 센서, 전동 스타터, 릴레이, 리밋 스위치, 근접각 센서, 타이머, 원통 코일, 서보 드라이버, 주파수 변환기, 리니어 드라이브, 회전속도계, 엔코더" 등을 다루는 일이라고 업무를 설명했다. 신체적으로도 힘든 일이었다. 현장 물류관리 기사는 "많게는 22킬로그램까지 나가는 물건을 들고 나를 수 있어야 하고", "50킬로그램 무게의 짐을 실은 수레를 끌고 당길 수 있어야 하며", "사다리나 통로를 안전하게 오가는 데 제약이 없어야 하고", "10~12시간 내내 서 있거나 걸을 수 있어야" 했다.

분류센터의 일은 고되고 어려울 뿐 아니라 위험할 수도 있었다. 토네이도가 발생하기 두 달 전인 2018년 8월에 이 분류센터의 한 노동자가 안전위험을 조목조목 설명한 고충사항을 주 규제 당국에 접수했다.[22] 이에 따르면, 회사는 번개가 칠 때 규정되어 있는 기준보다 훨씬 먼저 노동자들을 다시 도크로 일하러 내보냈고, 자동화구역 주위의 '출입금지 구역' 표지를 자주 위반했으며, 컨베이어 벨트 주위에 발화성 있는 물질을 두는 경우가 있었고, 소방호스 가까이에 팰릿이 쌓여 있어서 화재시 호스를 사용하는 것이 불가능했고, 출구가 팰릿과 기타 장비들로 막혀 있었고, 자동분류기 주위에 불이 붙기 쉬운 골판지 가루가 두껍게 깔려 있었고, 물량 처리속도가 늦어질까 봐 소방 훈련을 취소했고, 그밖에도 많은 문제가 있었다. 이 고충사항을 접수한 노동자는 "이곳 관리자들 사이에는 침묵의 문화가 존재해서 결함에 대한 어떤 보고도 이 공간 외부로 새어나가지 않게 하는 데 막대한 노력을 기울인다"고 언급했다.

그가 신고한 바에 따르면, 당국의 조사관이 올 것을 미리 알 경우 회사 관리자들은 '포템킨 방어진'[러시아 황제의 갑작스런 방문에 장군 포템킨이 요새의 방어 상태를 가짜로 꾸몄다는 데서 나온 말]을 쳤다. "건물은 급히 청소되고 일시적으로 규정에 맞게 보이도록 정비되었다가 조사관들이 나가면 곧바로 다시 원래의 혼란으로 돌아갑니다. 조사관이 나오는 날은 이런 식입니다. '자, 오늘 조사가 있을 거니까 누군가가 이러저러한 걸 묻거든 이러저러하게 대답하세요.' 이런 지침이 자주 내려졌습니다." 사전 고지 없이 조사관이 온 경우에는 "소환장이나 영장이 없을 경우 그냥 돌려보냈"다. 고발장을 쓴 노동자는 "이곳에서는 안전하다는 생각이 들지 않으며 이곳의 안전팀이 노동자들의 최선의 이익과 안전을 대변하는 팀으로서는 존재하지 않는 것이나 마찬가지라고 생각한다"고 지적했다. 그리고 다음과 같이 고발장을 마무리했다. "제발 도와주세요."

앤드루 린지(Andrew Lindsey)도 JLL에 소속된 현장 물류관리 기사였다. 그는 오클라호마시티 인근 도시인 촉토의 트레일러 파크에 2년 동안 산 것을 포함해 생애 대부분을 오클라호마시티 일대에서 살았지만 2017년에 JLL의 일자리를 얻어 볼티모어 쪽으로 이사했다. 월세 800달러짜리 아파트를 얻어서 강아지 한 마리와 함께 살았다. 스패로스 포인트에서 베어크리크 건너편에 있는 던도크의 포시즌스 코트에 있는 소박한 아파트 단지였다. 그는 아파트 복도에서 만난 로레인에게 물류창고 근처에 집을 구할 수 있어서 '행운'이라고 말했다.[23]

린지는 홀러버드가를 따라 토네이도가 올라오던 11월 2일에 밤 근무조였다. 토네이도는 로레인이 일하는 비닐 포장 공장을 지나갔다. 컨테이너 임대 회사인 플렉시밴 시설의 커다란 차고 문이 건물 양옆 면 모두에서 날아갔다. 이어 토네이도는 분류센터에 도착해 건물 서쪽 끝의 지붕을 날렸다. 그곳은 짐을 싣고 내리는 도크가 있는 곳이었다. 지붕이 없어지자 서쪽 벽의 콘크리트 패널이 무너졌고 15미터 길이의 공간이 밖으로 노출되었다.

로레인 등 비닐 포장 공장에 있던 사람들은 커다란 충돌 소리를 들었다. 근처의 빵 공장에서 문을 쾅 닫을 때 나는 소리와 비슷했는데 다만 소리가 훨씬 컸다. 아마존 도크에 주차되어 있던 십여 대의 트레일러 트럭이 강풍에 쭉 밀려갔고 가벼운 기둥과 표지판들은 바람에 날아갔다. 파편이 차에 부딪혀 차 유리가 깨졌다. 토네이도는 동쪽으로 계속 이동하면서 위로 올라가 사라졌다가 던도크의 한 아파트 단지에 다시 내려와 지붕을 날리고서야 소멸했다.

앤드루 린지의 시신이 먼저 발견되었다. 그는 54세였다. 로레인은 포시즌스 코트 아파트의 집주인에게서 앤드루 소식을 들었는데, 뉴스에서 앤드루를 아마존 직원이 아니라 '계약 직원'이라고 표현해서 어리둥절했다. "나는 그가 외부 계약직인 줄 몰랐습니다. 거기에서 일하는 줄 알았죠."[24]

구조대원들은 파티마 에스파냐가 현장에 도착해 남편이 실종되었다고 말하기 전까지 잔해 밑에 사람이 또 있는 줄 모르고 있었다. 파티마는 아마존 물건을 배송하는 또 다른 노동자가 찾아와 알려주어서 토네이도 소식을 들었고 버지니아주에서 130킬로미터를 달려와서 건물 위쪽이 뻥 뚫린 것과 남편의 트럭을 보았다.

파티마는 구조대원들과 잔해를 치우고 있던 노동자들에게 남편이 실종되었다고 말했다. 그들은 잔해 밑에 누가 더 있을지도 모른다는 것을 생각하지 않은 채 일하고 있다가, 작업을 멈추고 무너진 벽의 커다란 덩어리를 옮길 다른 장비가 오기를 기다렸다. 파티마가 그들 중 한 명에게 만약 남편이 잔해 밑에 있다면 아직 살아있을 가능성이 얼마나 되느냐고 물었다.

그러자 그는 이렇게 대답했다. "남편분이 이 아래에 없다고 생각하십시다. 긍정적으로 생각해야죠."[25]

몇 시간 뒤 그들은 37세의 이스라엘 에스파냐 아르고테를 발견했다.

"사람들이 그가 훌륭한 아빠였다는 사실을 알아주셨으면 좋겠습니다." 파티마는 기자들에게 이렇게 말했다.

오클라호마시티에서 에인절 린지는 지인에게 "내 동생이 죽었다는 사실이 아직도 실감나지 않는다"고 말했다.[26]

하루 뒤인 23일에 아마존 대변인은 "금요일 저녁의 혹독한 날씨로 인한 피해로 이곳 분류센터의 배송이 지연되고 있다"며 "고객 여러분께 불편을 끼쳐드려 죄송하고 신속한 해결을 위해 노력하고 있다"고 밝혔다.

빌 보다니 주니어는 지금도 퇴직자노조 9477지부 사람들과 매달 모임을 가졌다. 그들은 던도크에 있는 '배틀그로브 민주당 클럽'에서 모였는데, 볼티모어 카운티 동부의 투표 성향이 도널드 트럼프 쪽으로 크게 기울고 있던 상황에서 여러모로 아이러니한 모임 장소였다. 이 모임은 공식적으로 노조 회의였고, 테이블 앞쪽에 앉은 노조 관리자가 지난번 회의 때 논의된 내용 몇 가지와 새로 논의할 안건 몇 가지를 이야기했다. 지난달에 숨진 회원들의 이름을 한 명씩 부르며 묵념하는 시간도 있었고 30달러인 연회비를 내라는 독촉도 있었다. 회원이 줄면서 운영비를 대는 것도 쉽지가 않았다. 회의가 끝나면 운영비로 아주 간소한 점심식사를 함께했다. 대부분의 사람들은 사실 회의보다도 점심식사 때문에 온 것이었다. 집구석 소파에 붙박여 있지 않고 나와서 동료들과 식사도 하고 담소도 나눌 수 있는 시간인 것이다.

2018년 11월 회의에서 스티브 코툴라는 10월 회의록을 읽은 뒤, 다음

달에 스패로스 포인트에서 있을 '베들레헴의 별' 점등식 행사에 오는 것을 잊지 말라고 했다. 1978년에 세워졌던 100미터 높이의 'L 용광로'를 기념하는 행사였다. 또한 그는 스패로스 포인트에 일자리가 있다는 소식도 전했다.

"아마존이 채용을 하고 있어요. 1주일에 나흘, 하루 12시간 일하는 자리라고 합니다. 시간외 근무를 하면 20달러를 받을 수 있고요, 아직 심장이 뛴다면 채용되실 수 있습니다."

베들레헴 스틸을 퇴사하고 한참이 지난 지금까지도 빌 보다니가 이렇게 노조와 연결되어 있었고 여전히 동료애를 누리고 있었다는 사실은 아마존 물류창고 벽이 무너지고 몇 주 뒤에 그가 스패로스 포인트에서 다시 일하기로 결심한 이유를 어느 정도 말해준다. 어느 날 그는 철강노조 제8지구 사무실에 들러 몇몇 문건을 챙겼다. '노조를 조직할 권리' 등 철강회사뿐 아니라 물류창고에도 적용될 수 있는 기본적이고 포괄적인 내용이었다.

다음날 DCA1에 출근한 보다니는 가져온 노조 문건을 그가 지게차 운전을 가르치던 젊은이 중에서 이곳에서 일이 돌아가는 방식(처리물량 목표치를 계속해서 높이라는 압박, 일거수일투족을 감시받고 있다는 느낌, 목소리를 내지 못하는 노동자 등)에 특히 불만을 느끼는 것 같아 보이던 한 명에게 보여주었다.

"자네는 여기서 노조가 필요할 거야." 보다니가 청년에게 말했다.

보다니는 자신이 은밀히 노조 문건을 배포하기에 적합한 사람이 아니지만(이미 노조 활동가로 의심받고 있었다) 젊은이가 원한다면 한번 생각해보라고 독려했다. 어쨌거나 젊은이가 나보다 오래 일할 테니 상황이 개선되면 더 좋지 않겠는가? 젊은이는 고맙다며 문건을 받아갔다.

사측이 하는 말을 들으면 지금처럼 노조가 필요치 않을 때도 없었다. 10월에 아마존은 미국에서 아마존이 고용하고 있는 물류창고 노동자 25만 명과 연말과 연휴 시즌 노동자 10만 명에 대해 최저임금을 15달러로 적용할 것이라고 대대적으로 발표했다. 하지만 계약업체에 소속된 노동자들(이 발표가 있은 지 두어 주 후에 토네이도로 건물 잔해에 깔려 사망한 사람처럼)에게는 적용되지 않았다. 그리고 과거의 호황기에 노동자들이 가져갈 수 있었던 번영의 몫보다 지금의 노동자들은 훨씬 적은 몫을 가져가고 있었다. 전 노동부 장관 로버트 라이시는 만약 아마존 노동자들이 1950년대에 시어스 노동자들이 보유했던 만큼의 회사 지분(전체의 4분의 1)을 가지고 있다면 이 지분의 가치는 한 사람당 40만 달러가 되었을 것이라고 추산했다.[27] (아마존은 노동자들에게 주식을 구매할 수 있는 옵션을 제공했지만 그들이 주식보다 임금 인상을 택했다고 반박했다.) 그리고 최저임금 15달러는 노동시장에 노동력의 공급이 부족해 고용주들이 일할 사람을 찾느라 고전하고 있는 상황이었기 때문에 미국의 많은 지역에서 아마존이 이미 도달해 있는 수준이었다. 아마존의 인사 담당자는 샌버나디노 밸리에 있는 물류창고 중 하나에서 임금 인상 소식을 발표하면서 "신나지 않으세요? 자, 박수!"라고 말했다. 그러나 노동자들은 마지못해 뜨뜻미지근하게 박수를 치기 시작했다.[28]

하지만 이 발표는 법제화를 통해 아마존에 임금 인상을 강제하려던 상원의원 버니 샌더스 등의 노력에서 김을 뺐고, 소비자들에게 양심의 불편함 없이 계속해서 온라인으로 싸게 물건을 사도 된다는 인식을 심어주었다. 9개월 뒤에 아마존이 이미 직원들이 직업학교 졸업장이나 전문대학 학위를 받고자 할 때 학비를 지원하고 있는 데 더해 2025년까지 10만 명의 노동자를 사내에서 더 좋은 일자리로 옮겨갈 수 있도록 재훈련하겠다고 발표했을 때도 마찬가지였다.

이것은 정치적으로 특히나 절묘한 수였다. 이 하나의 조치로 아마존은 직원의 발전에 진정으로 관심을 기울이는 회사처럼 보이게 되었다. 이것은 아마존을 마치 최신식의 커뮤니티칼리지처럼 긍정적으로 보이게 만드는 동시에 아마존에 대해 제기되었던 가장 강력한 비판 두 가지를 암묵적으로 반박하고 있었다.

풀필먼트 센터의 노동이 끔찍한가? 그럴지도 모른다. 하지만 아마존은 노동자들이 더 좋은 일자리로 올라갈 수 있는 경로를 제공한다.

아마존이 업무를 로봇으로 대체해 전 세계에서 20만 개의 일자리를 없애게 될 것인가? 그럴지도 모른다. 실제로, 옛날에 지어진 물류창고에서는 인간 피커가 통로 사이를 돌아다니며 물건을 찾지만 최근에 지어진 물류창고에서는 오렌지색 로봇 '키바'가 돌아다니면서 물건을 피커에게 가져다준다. 또 이미 아마존은 2018년 연휴 시즌에 전년보다 시즌 노동자를 2만 명 덜 고용했다. 하지만 아마존은 직원들을 재훈련을 시키겠다고 선수 쳐서 발표함으로써 자동화 도입에 문제가 제기되는 것을 사전에 차단했다. 걱정마세요, 로봇이 당신이 지금 하고 있는 일자리를 가져가도 당신은 로봇 고치는 사람이 될 수 있어요.

홍보 공세는 여기에서 더 나아갔다. 전에는 물류센터에 외부인 출입을 엄격하게 통제했지만 이제는 많은 물류센터가 투어를 제공하고 있었다. 수백 명의 선출직 공직자를 포함해서 수많은 사람들이 물류센터를 방문했다. 방문객들은 열렬하게 아마존 찬사를 쏟아내는 '홍보대사'의 안내를 받아 컨베이어 벨트가 돌아가는 것, 스토어와 피커와 패커가 하는 일 등을 둘러보았고, 홍보대사가 이들의 질문에 대답했다. 모든 질문에 대답하지는 않았는데, 가령 이 물류창고에 로봇이 몇 대인지, 여러 가지 물건을 집어 한 상자에 꾸리는 것을 로봇으로 어떻게 할 것인지 같은 것도 답할 수 없는 질문이었다. 이러한 내용은 기업 기밀로 간주되었다.[29]

또한 몇몇 직원들이 트위터에 아마존 물류센터에서 일하는 것이 너무 좋다는 메시지를 올리기 시작했다. 니컬러스는 "내가 일하는 곳에서 대우를 잘못 받고 있다는 느낌은 전혀 들지 않는다"고 했다. 해너는 "나의 관리자들은 나의 안전과 복지를 가장 중요한 관심사로 여긴다"고 했다. 또 이렇게도 적었다. "한번은 아마존을 그만두고 싶었다. 하지만 내가 고민하던 문제의 원인이 아마존이 아니라 나에게 있었다는 것을 깨달았다. 동료들과 이야기 나누는 것은 물론 가능하지만 때로는 그러고 싶지 않았다. 지금은 함께 저녁시간을 보낼 멋진 동료들이 있다." 또한 아마존은 노동자들의 업무를 비디오게임처럼 만들어서 노동자들의 활력을 높이고 있다고 자랑했다. 노동자들이 자기 자리에서 작은 스크린으로 전개 상황을 보면서 미션 레이서, 픽스인 스페이스, 드래곤 듀얼 같은 이름의 게임에 참가해 업무를 얼마나 빠르게 완수하는지 시합을 벌일 수 있게 한 것이었다. 승리하면 아마존 로고가 있는 스티커, 의류 등을 살 수 있는 '스웨그 벅스'를 받았다.[30]

멋지고 신나는 묘사들이 무색하게, 물류창고 안에서 불만과 문제제기는 계속되었고 때때로 밖으로 새어나와 대중에게 알려졌다. 켄터키주에서는 아마존 콜센터의 한 직원이 만성 장 질환인 크론병 때문에 방광염에 자주 걸려서 화장실 가는 시간을 조금 더 유연하게 해달라고 했다가 시간을 비효율적으로 쓴다는 이유로 해고되었다(이 설명은 그가 제기한 소송의 내용에 따른 것이다).[31] 나중에 아마존은 "직원들은 필요할 때마다 화장실을 사용할 수 있다"고 반박했다.[32] 미네소타주에서는 소말리아계 미국인 노동자들이 탈진과 탈수까지 일으키는 업무 강도 문제를 해결하기 위해 회사 측과 협상에 나섰다가 진전이 없자 7월의 프라임 데이 기간에 파업을 하겠다고 선언했다.[33] 그들은 "로봇이 아니라 인간이다"라고 쓰인 팻말을 들고 시위했고 미국의 다른 곳에서도 산발적으로 시위가 있었지만, 아마존이 그 프라임 데이 기간에 1억 7,500만 개 아이템을 판매해 기록을 깨는 것을 막지는 못했다. 프라임 데이 첫날 볼티모어의 브로닝 하이웨이 물류창고에서만도 100만 개가 넘는 아이템이 나갔다.

간간이 사고 소식도 외부로 흘러나왔다. 미니애폴리스에서는 한 물류창고 직원이 벽처럼 높이 쌓여 있던 개와 고양이 사료가 무너지는 바람에 척추 뼈가 골절되고 음낭이 찢어지는 부상을 입고서 수술비를 마련하기 위해 고펀드미(GoFundMe)에서 모금을 시작했다. 그는 아마존이 제공하는 의료보험이 수술비를 커버해주지 않았다고 했다. 뉴저지주의 한 물류창고에서는 로봇이 곰 퇴치 스프레이에 구멍을 내 직원 20여 명이 병원으로 옮겨졌다. '탐사보도센터'가 아마존 물류창고 23개를 조사한 바에 따르면 아마존의 물류창고에서는 전국 물류창고 평균보다 중상 사고가 두 배 이상 높았다.[34] 비슷한 시기에 한 노동자단체 연합이 발표한 심층조사에서도 유사한 결과가 나왔다.[35] 이에 대해 아마존은 다른 회사들보다 아마존이 사고를 더 잘 보고하기 때문이라고 말했다. 또한 아마존은 2018년에 100만 시간의 안전 훈련과 3,600만 달러의 안전 투자를, 그리고 2019년에도 펜실베이니아주 칼라일의 노동자 조디 로즈의 사망과 관련된 지게차 모델을 업그레이드하기 위한 비용 1,600만 달러를 포함해 5,700만 달러의 안전 투자를 약속한 바 있다고 설명했다.[36]

그렇다 해도, 2013년 이후 적어도 6명이 아마존 물류창고에서 사망했다(부분적으로는 아마존 물류창고에 고용된 인원의 절대 수가 많아서인 면도 있다). 2017년에는 일리노이주 졸리엣에서 57세 남성이 즉각적인 의료적 조치를 받지 못한 채 심장마비로 사망했다.[37] 나중에 그의 아내는 관리자들이 911에 신고하기 전에 25분을 지체했고 구급대원들이 그가 쓰러져 있는 곳과 가까운 하역장을 가로질러 들어오게 하지 않고 거대한 창고를 통과해 걸어오게 했다며 소송을 제기했다. 창고 곳곳에 있는 제세동기 박스는 비어 있었던 것으로 소송 과정에서 밝혀졌다. 1년 반 뒤에는 61세의 노동자가 테네시주 머프리즈버러 물류창고에서 심장마비로 숨졌다. 아마존 의무실인 암케어(AmCare)로 경보를 보내주는 양방향 무전 시스템이 작동하지 않은 것이 치명적이었다.[38]

2017년에는 59세의 필립 리 테리가 인디애나주 플레인필드의 유지보수 작업장에서 지게차 밑에서 기계를 고치고 있다가 깔려 사망했다.[39] 그는 주위에 피가 웅덩이를 이루고 있는 채로 두 시간이나 방치되어 있다가 발견되었다. 주 정부는 테리가 애초에 지게차 운전을 제대로 교육받지 못했던 것을 포함해 네 가지의 주요 안전수칙 위반으로 아마존에 2만 8,000달러의 벌금을 부과했다. 하지만 직업안전보건국의 인디애나주 담당자가 벌금 액수를 낮추고 잘못을 사망 노동자에게 전가하는 방법을 회사에 조언해준 것으로 밝혀졌다. 이 일은 담당 조사관이었던 존 스탤론이 통화를 녹음해두어서 알려질 수 있었다. 아마존과 통화한 후 직업안전보건국 인디애나주 담당자는 스탤론에게 "우리가 당신이 쓴 소환장을 손보더라도 기분 나쁘게 받아들이지 말기를 바란다"고 말했다.

스탤론은 내부고발 보고서에서 인디애나주 주지사이자 노동위원인 에릭 홀컴이 그를 불러 HQ2 유치전에 나선 인디애나폴리스에 피해를 줄 수 있다는 식의 이야기를 했다고 언급했다. (홀컴 측은 이에 대해 부인했다.) 스탤론이 내부고발 보고서를 제출한 날 아마존은 홀컴에게 1,000달러의 선거 자금을 보냈다. 테리가 숨지고 1년 뒤, 주 정부는 벌금과 소환장을 없던 일로 하기로 아마존과 합의했다.

토네이도로 볼티모어 분류센터가 붕괴된 지 열흘이 지났지만 완전히 복구가 되지 않아서 아마존은 배송 흐름의 균열을 메우느라 고전하고 있었다. 이 일대의 풀필먼트 센터들이 볼티모어 남부에 있는 앤어런들 카운티의 임시 분류장소로 물건을 운반하기 위해 1종 면허가 없는 사람들을 트럭 운전사로 고용하고 있다는 소문이 돌았다. 아마존은 운전사들이 "필요한 모든 자격을 가지고 있다"며 이를 부인했다.

한편 워싱턴에서는 아마존이 완전히 다른 종류의 노력을 기울이느라 여념이 없었다. 2018년 11월 13일에 아마존은 워싱턴 DC, 더 정확하게는 북부 버지니아 교외인 포토맥강 너머 지역이 제2본사 위치로 선정되었다고 발표했다.

처음에 아마존은 워싱턴 지역(특히 버지니아주 알링턴 근교)과 또 다른 도시 하나, 이렇게 두 곳에 제2본사를 나눠서 입지시키기로 한 것 같았다. 5만 개의 일자리와 50억 달러의 투자가 이뤄질 하나의 도시를 찾겠다고 그 모든 드라마를 벌여놓고서는, 종국에는 걸려 있는 상금을 둘로 나눈 셈이다. 도시 하나보다는 두 개에서 필요한 공간과 인력을 찾기가 더 쉬우리라는 판단이었을 텐데, 그렇다면 애초에 모든 것이 미끼 전략이었다는 말이 된다. 복권의 당첨 상금이 처음에 광고되었던 것보다 갑자기 작아진 것이니 말이다. 하지만 인수전에 참여한 도시들의 입장에서 더 화가 나는 것은 승리한 두 도시의 정체였다.

전국적으로 미국을 샅샅이 뒤져 두 번째 본사의 위치를 찾는다고 해서 먼 곳의 작은 도시들까지 수없이 많은 시간을 들여가며 입찰 준비를 하게 만들어놓고는, 너무 뻔한 도시 두 곳, 즉 동부 연안의 가장 영향력 있고 가장 부유한 도시를 선정한 것이다. (두 도시 외에 내슈빌이 아차상 격으로 선정되었는데, 아마존 위성 단지가 들어서서 5,000개의 일자리가 창출될 예정이었다.) 거대한 술수에서 다른 곳들은 모두 들러리로 희생되었다는 결론에 도달하지 않을 수 없었다. 도시들은 아마존을 위해 공짜 홍보를 해주었고, 도시에 대한 수많은 정보(아마존이 장래의 확장 계획을 짜는 데 매우 유용하게 쓰일 정보들)를 제공했으며, 경쟁적으로 많은 혜택을 제공하겠다고 해서 혜택의 수준을 밀어 올렸는데, 이 모든 것이 아마존이 처음부터 그리로 가려 했던 곳에서 더 많은 것을 뽑아내기 위함이었던 것 같았다. 아마존이 선택한 두 곳은 연방 정부가 있는 곳과 글로벌 금융 중심지인 곳이었다.

그런데 동부 연안의 궁극적인 승자독식 도시 두 곳을 제2본사로 낙점하면서 아마존은 계산 착오를 하나 범했다. 선정된 두 도시 중 하나인 뉴욕에서는 초번영이 어마어마하게 절정에 달해서 '너무 과하면 좋지 않다'고 경계하는 목소리를 크게 내는 일군의 사람들이 생겨났을 정도였다. 헤지펀드 매니저 케네스 그리핀이 2억 3,800만 달러에 구입한 650평의 센트럴파크 옆 아파트 건물처럼, 찌를 듯이 높고 가느다란 고층 건물이 미드타운 상공에 속속 솟아올랐다. 뉴욕은 앞에 건물이 들어서서 시야를 가리지 않게 하는 데 1,100만 달러를 조달할 수 있는 사람들이 있는 도시였다[어느 건물에서 1,100만 달러를 모아 개발업자에게 주고 앞에 시야를 가리는 건물을 짓는 계획을 철회시킨 일이 있었다].[40] 우버의 전 CEO 트래비스 칼라닉 같은 과시적인 새 이웃들은 세계적인 건축가 렌조 피아노가 설계하고 폭 6미터의 개인 실외 수영장이 있는 소호의 펜트하우스를 마련하는 데 3,600만 달러를 썼다.

교통 혼잡이 심해지면서 자전거 통행자가 사망하는 일이 급증했지만 제프 베조스를 포함해 센트럴파크 웨스트 5번지에 있는 아파트의 주민 대표들이 자전거 전용도로를 막기 위해 소송하는 것을 막지는 못했다.[41] 이 아파트는 한 호실이 1,000만 달러에 육박했다. (2019년에 베조스는 뉴욕 거처를 더 큰 규모인 480평에 방이 열두 개나 되는 5번가의 건물로 옮겼다. 베조스는 이 집을 8,000만 달러에 구입했다.) 교통 혼잡의 큰 요인은 건물들에 물품을 배송하는 트럭과 밴이 크게 증가한 데 있었다. 배송되는 물건이 너무 많아서 건물 주민들은 배송물품 보관용 사물함을 따로 설치해야 했다. 인도에 담요를 깔고 상자를 쌓아놓아야 하는 경우도 있었다. 2012년에는 뉴저지주에 풀필먼트 센터가 하나도 없었는데 현재는 아홉 개가 있었고, 이 아홉 개 물류창고와 스태튼아일랜드에 있는 초대형 풀필먼트 센터가 뉴욕시 전역에 어마어마하게 많은 상자를 보내고 있었다. 뉴욕의 가정에 배달되는 온라인 구매 물품은 2009년 이래 세 배로 증가해 하루에 100만 건 이상이 되었다.[42] 또한 지난 몇 년간 아마존은 도시 전문직 종사자인 소비자들을 위해 소매 분야의 다른 경쟁자들, 특히 월마트로서는 전혀 할 수 없는 방식으로 온라인 서비스의 새로운 시장도 개척한 바 있었다. 바로 '마찰 없이 매끄러운 서비스'를 제공하는 심리스(seamless) 시장이었다. 지금은 아마존을 따라 음식 배달앱 '심리스' 등 많은 기업이 이러한 서비스를 제공하고 있다. 한 광고는 "뉴욕에는 800만이 넘는 사람이 있습니다. 저희는 그들을 피할 수 있게 도와드립니다"라고 말했고, 또 다른 광고는 "뉴욕에서 다른 사람들처럼 좋은 식사를 망치는 존재는 없습니다"라고 말했다.

부자들은 교통 혼잡을 피하기 위해 헬리콥터로 통근하기 시작했다(JFK 공항까지 가는 데 200달러다). 맨해튼에서는 아파트 평균 가격이 몇 년 전에 이미 100만 달러를 돌파했고 브루클린에서는 평균 월세가 3,000달러를 넘어서려 하고 있었다. 부모들은 어린이집에 자리를 확보하기 위해 침낭을 들고 인도에서 밤을 새며 줄을 섰다. 게다가 모든 징후는 이 추세들이 앞으로 더욱 심해질 것임을 암시하고 있었다. 구글도 10억 달러를 들여 뉴욕에 현재의 두 배인 1만 4,000명을 고용할 수 있는 본사 단지를 지을 계획이었고, 뉴욕 전체적으로 IT 분야 일자리가 지난 10년 동안 80퍼센트나 증가해 14만 개를 넘어섰다.[43]

뉴욕의 일화들은 금권 귀족의 메트로폴리스를 상징하는 우화가 되었다. 어느 가족이 5층짜리 어퍼 이스트사이드의 타운하우스를 떠나 주말을 보내고 돌아와 보니 집 청소하는 사람이 사흘 동안 엘리베이터 안에 갇혀 있었더라는 이야기 같은 것 말이다. 2019년에 실제로 있었던 일이다.[44] 이러한 상황에서, 모든 금권 귀족을 통틀어 가장 큰 금권 귀족인 한 회사를 위해 뉴욕에 더 많은 건물이 들어설 것이고 심지어 납세자의 돈 30억 달러가 이 회사를 여기에 불러오기 위한 조세 인센티브로 쓰이게 될 것이라는 소식은 새로이 경계의 목소리를 내게 된 일군의 사람들을 자극했으며 이들은 큰 소리로 "노!"라고 외쳤다. 이들을 이끄는 대표적인 인물은 29세에 연방 하원의원으로 선출된 알렉산드리아 오카시오-코르테스(Alexandria Ocasio-Cortez)였다. 아마존 본사 자리로 선정된 롱아일랜드 시티의 한 버려진 레스토랑 벽에는 '스캐마존'[SCAMAZON, 사기꾼 아마존]이라는 그래피티가 등장했다. 롱아일랜드 시티의 한 펜트하우스 아파트는 아마존이 들어온다는 소식이 알려지고서 가격이 25만 달러나 뛰었다.

아마존은 뉴욕 사람들이 고마워하기는커녕 저항하는 것에 너무 놀랐다. 삐진 중학생처럼 아마존은 뉴욕 사람들이 어느 계층의 누구든 간에 아마존에 대해 발언한 안 좋은 이야기들을 비밀문서에 모조리 기록했다. '뉴욕의 부정적 발언'이라는 제목의 MS워드 파일 문서였다.[45] 또한 아마존은 시 의회의 회의 때마다 가서 자신의 입장을 피력했다. 하지만 경계의 목소리를 내는 일군의 사람들은 꿈쩍도 하지 않았다. 이들이 시애틀의 사례에서 이미 반면교사를 얻었다는 것도 아마존에 도움이 되지 않았다. 자신이 아마존과 합의안을 도출하기 위해 타협을 했다고 생각했다가 뒤통수를 맞은 시애틀 시 의원 테레사 모스퀘다는 뉴욕에 와서 모든 것을 서면으로 확실하게 해두라고 조언했다. 모스퀘다는 내게 이렇게 말했다. "공공정책에서 이러한 종류의 안 좋은 행위가 다른 도시에서 또 일어나서는 안 됩니다. 우리가 겪은 것을 다른 도시들도 알아야 합니다."[46]

두어 주 뒤에 이 일은 결론이 났다. 하루는 아마존이 아마존을 비판하는 사람들과 스태튼아일랜드에 있는 초대형 풀필먼트 센터 노동자 5,000명의 열악한 노동 조건과 관련해 협상하고 있었는데, 뉴욕에 들어올 아마존 제2본사에 보조금을 승인하는 대가로 노동자들이 자유롭게 노조를 결성하도록 하라는 이야기가 나왔다. 아마존이 도저히 받아들일 수 없는 것이었다. 하루 뒤에 저널리스트 출신 아마존 로비스트 제이 카니는 빌 드 블라시오 뉴욕 시장과 앤드루 쿠오모 뉴욕주 주지사에게 뉴욕에 제2본사를 짓는 계획을 철회하겠다고 알렸다. 완전히 철회하는 것은 아니었다. 여전히 맨해튼의 웨스트사이드에 새로 개발된 허드슨 야드에서 수천 명의 화이트칼라 아마조니언들이 일할 것이었다. 하지만 제2본사 같은 큰 건수는 뉴욕에 들어오지 않을 것이었다. 헤지펀드 운영자인 억만장자 로버트 머서가 후원하는 한 단체는 이에 대해 오카시오-코르테스를 비난하는 광고를 타임스퀘어에 내걸었다. "오카시오-코르테스, 아무것도 안 줘서 고맙네요!"

그래서 승자 도시는 다시 하나로 줄었다. 워싱턴과 북부 버지니아에서는 뉴욕에서 있었던 저항에 비견할 만한 일이 일어나지 않았다. 아마도 버지니아주가 제공하기로 한 조세 보조금이 7억 5,000만 달러라는 상대적으로 덜 거대한 규모여서 사람들의 화를 덜 돋우었기 때문일 것이다. 혹은 워싱턴이었기 때문일지도 모른다. 이곳은 건물 높이 제한이 있어서 스테로이드를 놓은 것처럼 끝 모르고 부푸는 부가 뉴욕에서처럼 가시적이지는 않았다. 혹은 워싱턴에는 오카시오-코르테스가 없어서였는지도 모른다. 혹은 워싱턴의 신문을 제프 베조스가 소유하고 있어서 뉴욕의 신문보다 협상을 덜 면밀하게 취재했기 때문일지도 모른다. 『워싱턴포스트』의 한 사설은 "아마존의 HQ2는 워싱턴 DC의 밝은 미래를 향한 발사대가 될 수 있을 것"이라고 선언했다.[47] 알링턴 당국자들이 아마존의 길을 편안하게 닦아주기 위해 얼마나 많은 것을 내주었는지를 보여주는 이메일을 폭로한 것은 『워싱턴포스트』가 아니라 이 지역의 한 경제지였다.[48] 이 신문의 폭로에 따르면, 당국자들이 공청회에서 어떤 질문을 할 것인지를 아마존에 사전에 알려주기까지 했다.

혹은 단순히 이것이 '완벽한 연합'이어서였는지도 모른다. 워싱턴의 입장에서는 새로이 막대한 부를 가지게는 되었지만 연방 정부 도시라는 데서 오는, 부에 대한 태도와 관련해 불안감이 여전히 있었는데, 아마존이 온다면 2만 5,000명의 직원과 함께(아마존은 워싱턴 지역에서 최대 규모의 민간 고용주가 될 것이었다) 워싱턴이 고루한 관료의 도시를 완전히 탈피했음을 분명히 할 수 있을 것이었다. 아마존의 입장에서는, 워싱턴이 국토안보 관련 IT 계약업체들과 클라우드 업체들이 포진해 있는 곳이어서 풍부한 IT 인재 풀이 형성되어 있다는 장점이 있었다.

보스턴이나 오스틴 같은 도시도 인력이라면 마찬가지로 제공할 수 있을 테지만 권력과 근접해 있다는 워싱턴만의 강점이 없었다. 아마존은 경쟁사들로부터는 점점 위협을 덜 느끼게 된 대신, 아마존이 경쟁자가 없다시피 한 데 대해 우려하는 정부로부터의 위협은 점점 더 신경을 써야 할 상황이었다. 이는 아마존이 로비에 쓴 분기 지출이 5년 전의 다섯 배이며

IT 기업 중에서 페이스북 다음으로 많은 약 400만 달러에 달하게 된 이유를 설명해준다. 지난 10년간 아마존이 연방 정부에 영향력을 행사하기 위해 들인 돈은 총 8,000만 달러였다. 제이 카니는 이러한 지출이 순수한 목적에서 이뤄진 것이라고 주장했다. 그는 PBS의 〈프런트라인〉에 출연해서 "우리는 정책 입안자와 규제 당국자들에게 정보제공자가 되고 자원이 될 수 있다"며 이렇게 말했다.[49] "이것은 누군가를 설득해 내게 무언가를 해주도록 하는 전통적인 의미에서의 로비가 아닙니다. 이것은 단지 질문에 답하고 데이터와 정보를 제공하는 활동입니다."

버지니아주 입찰팀 수장이자, 베조스가 초청받은 워싱턴 경제인클럽 만찬에도 참석한 스티븐 모렛은 입찰에서 이러한 이점을 최대한 무심하게 들리는 방식으로 강조했다. 알링턴이 연방거래위원회나 법무부 같은 주요 정부기관과 얼마나 가까운지가 확연히 드러나는 지도를 아마존 측에 보여준 것이다.[50] 연방거래위원회와 법무부는 아마존을 포함한 거대 IT 기업들의 반독점 행위를 면밀히 조사하겠다고 으름장을 놓고 있었다. 이와 관련해, 지리적으로 가까우면 더 포괄적인 이득이 있을 수도 있었다. 수많은 규제 당국 사람들, 반독점 변호사들, 워싱턴의 기자들이 아마조니언들과 이웃이 되고 지인이 되어 어린이 스포츠리그나 학부모 모임 등에서 서로 만나게 될 것이고, 그러면 아무래도 아마존을 더 우호적으로 보게 될 것이기 때문이다.

또한 워싱턴은 새 본사가 들어서기에 이상적인 장소를 제안했다. 크리스털 시티의 북쪽 끝으로, 황무지이던 1960년대 초에 제1호선 국도를 따라 사무 건물들이 들어선 곳이었는데 이곳에 주로 입주했던 군 계약업체들이 나중에 다른 곳으로 옮겨가면서 공간이 한가해져 있었다. 아마존으로서는 더할 나위 없는 장소였다. 다운타운의 대중교통 중심지에서 지하철로 두 정거장밖에 떨어져 있지 않았고(우버를 불러서 타고 강만 건너면 닿을 수 있었다), 레이건 내셔널 공항까지는 걸어갈 수 있는 거리였으며, 펜타곤하고도 너무 가까워서(약 5킬로미터, 지하철 정거장 하나 거리) 다음번의 군 계약은 수신호로도 할 수 있을 판이었다. 건물이 들어설 땅은 대부분 부동산 개발업체 JBG 스미스가 소유하고 있었는데, 워싱턴 경제인클럽에서 베조스에게 환영사를 한 사람이 이곳 CEO다.

또한 이 땅은 현재 별다른 특징이 없는 게 특징인 곳이어서 아마존이 자사의 기업 브랜드를 시애틀의 사우스 레이크유니언에서 그랬듯이 마음껏 각인시킬 수 있었다. 심지어는 이름도 다시 지을 수 있었는데, 크리스털 시티와 펜타곤 시티 몰 사이의 지역은 아마존의 결정에 의해 '내셔널 랜딩'으로 이름이 바뀌었다. 이 이름이 무엇을 의미하는지는 아무도 몰랐지만 아무도 반대하지 않았다. 이곳은 이제 내셔널 랜딩이었다.

스패로스 포인트에서 빌 보다니가 젊은 직원에게 노조 문건을 준 다음날 보다니의 상사인 삼십대 남성이 일터에서 문건을 돌리는 것은 허용되지 않는다고 주의를 주었다. 종교 문건이든 정치 문건이든 안 된다는 것이었다. 그 젊은이가 문건을 다른 이들에게 배포할 때 그리 조심성 있게 하지는 않았던 모양이었다. "유니언 숍[노조가 있는 업장]이나 뭐 그런 데서 일하고 있다고 생각하시는가봐요?" 상사가 물었다. 보는 대답하지 않고 대신 화장실에 가야겠다고 했다. 화장실에서 나오니 상사는 화장실 문에서 3미터 떨어진 곳에서 기다리고 있었다.

"15분 쓰셨어요." 상사가 말했다.

"뭐가 말이요?" 보가 물었다.

"화장실 가시는 거 말입니다." 그리고 그는 보가 오늘 근무에서 허용된

20분의 '업무 타임오프' 시간을 초과했다고 말했다.

보가 말했다. "농담합니까? 나는 그런 걸 세고 있지는 않아요. 그래서 어쩔까요? 화장실에서 퇴사 도장이라도 찍을까요?"

그리고 보는 실제로 그렇게 했다.

"이봐요. 내가 이 친구들에게 일을 가르치기를 원하는 거요? 지금 미리 알려드리는데, 다음 금요일이 내 마지막 근무일이 될 거요."

한창 바쁜 연휴 시즌이어서 그들은 보가 마음을 바꾸게 하려고 애썼다. 보수를 높여준다거나 하는 구체적인 제안을 하지는 않았지만 말이다. 그는 결심을 바꾸지 않았다. 퇴사 전 마지막 주에 보는 자신이 문건을 주었던 젊은이가 보이지 않는다는 것을 알아차렸다. 노조 이야기를 하기 시작했던 또 다른 젊은이도 보이지 않았다. 보는 문건을 주었던 젊은이에게 연락을 취해보았고 그들이 크리스마스 시즌이 지날 때까지 일시 해고 상태임을 알게 되었다. 아마존은 연휴 시즌에 더 많은 인력이 절실히 필요한 상황이었는데도 선동을 막아야 한다는 절실함이 더 큰 것 같았다. (아마존은 나중에 그러한 일시 해고는 전혀 없었다고 반박했다. "아마존은 직원들이 노조에 가입하거나 가입하지 않는 어떤 선택도 존중합니다.")[51]

정기적인 수입 없이 보가 아내와 어떻게 생활할지는 막막했다. 그는 친구의 오토바이 수리점에서 충분한 일거리를 가질 수 있기를 바랐다. 아무튼, 이것으로 끝이었다. 스패로스 포인트에서 일하기 시작한 지 50년이 지나서 빌 보다니는 마지막으로 퇴근 카드를 찍었다.

일대는 즉시 호황으로 들썩였다. 내셔널 랜딩 주변 지역은 예전에도 인근 1만 5,000가구의 평균 가구소득이 13만 8,000달러인 풍요로운 동네였지만 이제는 완전히 다른 수준으로 뛰어올랐다. 크리스털 시티 가장자리의 한 아파트는 90일이나 관심을 보이는 매수자가 없어서 부동산 중개업자가 매물에서 빼려고까지 했었는데 2018년 11월에 아마존 새 본사 이야기가 나오자마자 하루 만에 팔렸고 그것도 원래의 호가보다 7만 달러나 비싸게 팔렸다.

2019년 4월, 새 본사가 들어설 알링턴 카운티의 평균 주택 매매가는 전년보다 11퍼센트 오른 74만 2,000달러였다. 알링턴과 알렉산드리아에는 매물이 하나도 나와 있지 않은 우편번호 지역들이 여럿 있을 정도였다.[52] 전에는 중산층 거주지였던 알렉산드리아의 델 레이에서 집을 사려는 사람들은 두 번째 홍정에서는 현금만 가능하다는 말을 들었다. 8월에 부동산 중개업체 레드핀에 따르면 알링턴과 알렉산드리아의 주택 시장이 미국에서 가장 경쟁이 치열했다. 매물로 나온 집의 절반 이상이 2주 안에 팔렸고, 이 지역의 주택 매물 대기량은 주택 버블이 정점이던 2006년 이래 가장 낮은 수준으로 떨어졌다. 한 구매자는 노스 알링턴의 막다른 골목에 있는 낡은 집을 보지도 않고 90만 달러에 구매했다. 다 부수고 다시 지을 요량이었는데, 그렇게 비싸게 구매해도 큰 수익을 낼 수 있으리라는 계산이었다. 한 부동산 중개인이 새 본사가 들어설 곳의 북쪽 지역인 로슬린의 한 아파트에 "곧 나옵니다" 팻말을 세우자 5분도 안 되어 누군가가 전화를 걸어서 지금 당장 볼 수 없겠냐고 거의 통사정을 했다.[53] 페어팩스 카운티의 바로 남쪽에서는 개발업자들이 90년간 워싱턴 DC의 로턴 소년원이었던 곳에 개발될 고급 주택지에서 대지 물량을 확보하려고 혈안이 되어 있었다. 이곳의 새 거주자들은 리포머토리 웨이[문자 그대로 '갱생의 길'이라는 뜻의 도로 이름]와 샐리포트가[역시 도로 이름으로, 문자 그대로는 요새나 감옥 시설 등의 보안 출입구를 말한다]를 걸어 다니게 될 것이다.

하지만 이 모든 들썩임은 다음에 올 일의 힌트일 뿐이었다. 아마존은 아직 들어오지 않았고 2019년에도 임시 사무실에 400명 정도만 들어올 예정이었다. 아마존이 짓겠다는 새로운 고층 건물들은 아직 건축 허가도 받지 않은 상태였다. 본사 직원 2만 5,000명을 채용하는 것은 2030년으로 예정되어 있었다. 이 일자리들이 창출되고 나면 간접적으로 이 지역에 3만 7,500개의 일자리가 더 창출될 것이고, 이로써 연간 총 65억 달러의 소득이 발생되고 주 정부와 지방 정부의 세수가 6억 5,000만 달러 늘어나리라고 예상되었다.[54]

주거 운동가들은 이미 감당할 수 없는 가격대가 된 곳들이 점점 더 그렇게 될지 모른다고 우려하기 시작했다. 이에 대해 아마존은 알링턴 지역에 저렴한 주택을 공급하기 위해 300만 달러를 기부하겠다고 발표했다. 하지만 아마존의 제이 카니는 제프 베조스가 소유한 신문과의 인터뷰에서 이 문제의 해결은 주로 지방 정부의 책임이지 아마존의 책임이 아니라고 말했다. "우리는 물론 해결책의 일부가 되고 싶습니다. 당국자 및 여타 분들과 정말로 긴밀히 협력하고 싶습니다. … 하지만 시민으로서, 저는 정부 기능을 민간에 넘기는 것을 원하지 않습니다."[55] 그가 말하지 않은 것은, 아마존이 너무나 완벽하게 세금을 회피해온 결과 지방 정부와 주 정부 모두 정부 기능을 수행할 역량이 떨어지게 되었다는 것이다.

크리스털 시티의 밋밋한 거리 건너편에 으스스한 적막이 감돌았다. 깔때기 모양의 깊은 구름 앞에 저기압의 진공 상태 같은 분위기가 드리워 있었다. 먼저 이곳에 들어온 직원들과 몇몇 건물 계약업자들이 인도와 광장을 돌아다니면서 이 건물은 개비될 거라는 둥 저 건물은 철거될 것 같다는 둥 하면서 건물들을 가늠해보고 있었다. 크리스털 시티 지하철과 연결된 오래된 지하 쇼핑몰에서 영업하던 소박한 가게와 패스트푸드점의 노동자들은 남아있지 못하게 될 것이 틀림없었다.

완전히 새로운 장소의 창조가 시작되었다. 지상층 높이에서도 보이는 지하 쇼핑몰의 아트리움에는 '랜딩'이라고 쓰인 큰 표지판이 세워졌다. 임시 사무 건물 중 한 곳의 1층에서 행사 음식업체 직원들이 번영하는 미래 도시를 연상시키는 실물 크기의 일러스트와 함께 칵테일 리셉션을 준비하고 있었다. '클레어'라는 커피숍, '대니얼스'라는 식당, '스튜디오 빌러브드'라는 클럽 등이 일러스트로 그려져 있었다. 블록마다 들어선 커피숍 체인이 '클레어'인 것만 빼면 시애틀의 사우스 레이크유니언 같아 보였다. 이곳의 새로운 세입자가 누구일지 아직도 모르겠다면 확실한 징표가 하나 더 있었으니, 이웃들이 개를 데리고 와서 함께 어울릴 수 있는 '얘피 아워'[yappy는 개가 짖는다는 뜻]가 곧 있을 예정이라고 했다.

9월 중순의 어느 화요일, 시계가 가까운 미래로 빨리감기를 했다. 아마존 본사에서 일하기를 원하는 지원자 5,000명이 첫 번째 '커리어 데이'에 참석하려고 내셔널 랜딩에 도착했다. 새 본사 부지 건너편의 잔디밭에 야외 결혼식처럼 커다란 흰색 천막이 세워졌다. 맞은편에는 홀푸드와 수평봉 무용 연습실이 있는 새 아파트 건물이 있었다. 힙한 느낌을 주기 위해 인도를 따라 임시 울타리가 세워졌고 인도에는 밝은 색의 공유 자전거들이 있었으며 울타리는 임의의 단어와 구절로 장식되어 있었다. '밝은', '만약에', '조용한 목소리에 귀 기울여'….

이 행사는 5시간 동안 운영될 예정이었는데 30분 만에 벌써 줄이 레녹스 클럽 아파트를 지나고 모퉁이를 돌아 더블트리 호텔까지 늘어섰다. 줄을 선 사람들의 면면은 정말 다양했다. 모든 피부색이 다 있었고 헤드폰을 낀 사람, 머리에 스카프를 두른 사람, 나비넥타이를 한 사람, 야구 모자를 쓴 사람 등 각양각색이었다. 일부는 앞을 보고 있었고 대부분은 폰을 들여다보고 있었다.

스피커에서 삑삑거리는 소리가 나더니 천막 안 무대에서 아마존의 콘텐츠 및 채널팀("대중에게 아마존의 이야기를 들려주는" 일을 하는 팀) 담당자 린다 토머스와 인력개발 담당 부사장인 아딘 윌리엄스의 말이 시작되었고, 줄에 활기가 돌았다. 그들은 아마존에 대해, 그리고 아마존이 어떤 지원자를 원하는지에 대해 이야기했다.

"우리는 인재를 구할 수 있어서 이곳 알링턴에 왔습니다." 윌리엄스가 말했다.

"실패는 우리가 사실 장려하는 것이기 때문에 아마존에서는 매우 흥미로운 것입니다." 토머스가 말했다.

"실패하지 않는다면 충분히 큰 생각을 하려고 노력하지 않은 것이고, 실패하지 않는다면 충분히 멀리 노력하지 않은 것입니다." 윌리엄스가 말했다.

"아마존은 **명백히** 고객 중심적인 회사입니다." 토머스가 말했다.

"우리는 만들어내고 빚어내고 일구어내는 사람들입니다. 우리는 호기심이 많습니다. 우리는 협업의 역량을 가지고 있습니다. … 배우려 하고 호기심을 가지십시오. 저도 만족을 모르는 호기심이 있습니다."

그들은 회사의 의사결정 방식인 'STAR' 접근법에 대해서도 이야기했다. 상황(situation), 과제(task), 행동(action), 결과(result)의 머리글자다. 그리고 리더십 원칙과 관련해 '[늘 초심처럼 일하라는] 첫날 마음가짐'의 문화를 이야기했다.

부동산 업체에서 온 한 여성이 지원자들이 서 있는 줄 위아래로 왔다 갔다 하면서 인근에 새로 지어지고 있는 주택 단지 두 곳이 나와 있는 광택 나는 브로슈어를 나눠주었다. '700달러대부터 있습니다. 4층, 루프탑 있는 타운하우스.' '도시 루프탑 테라스, 두 대 들어가는 차고가 있는 타운하우스.'

줄 서 있는 사람 중에는 프로젝트 매니저로 현재 다른 곳에 직장이 있는 사람도 있었다. "아마존이잖아요. 기회를 그냥 날아버리고 싶은 사람은 아무도 없지요. 많은 사람이 이미 직업을 가지고 있지만, 여기는 아마존이에요. 우리는 아마존이 여기에 온다는 것을 알고 있고요."

볼티모어 출신의 라타샤 브라이언트(Latasha Bryant)는 고등학교를 졸업한 지 8년이 되었고 안정적인 직업에 정착하고 싶어 조바심을 내고 있었다. 은행 창구에서 일하기 시작해 12주간의 기본 IT 교육 프로그램을 밟았고, 그 덕분에 짧은 기간 동안 계약업체인 넥스트데이 블라인드에 고용되어 볼티모어 시 정부의 안내 데스크에서 일자리를 잡을 수 있었다. 라타샤가 볼티모어 외곽에 있는 집에서 내셔널 랜딩까지 차로 오는 데는 1시간 30분이 걸렸다. "그 정도는 감수해야죠."

라타샤는 볼티모어도 HQ2 입찰에 참여했다는 것을 알고 있었고 볼티모어가 따내기를 바라긴 했지만 실패한 것에 놀라지는 않았다. "볼티모어는 오랫동안 매우 침체되어 있었습니다. 다들 어떤 종류의 투자도 그곳에 하기를 두려워합니다."

마침내 줄이 천막 입구에 다다르자 사람들은 휴대용 변기와 바나나 한 개와 물 한 병씩을 받았다. 하지만 천막 안에는 더 긴 줄이 있었다. 기다란 한 줄은 이력서를 검토해주는 줄, 또 다른 기다란 줄은 면접 요령을 알려주는 줄이었다. 이보다 더 짧은 줄들은 아마존 웹서비스, 아마존 스토어, 알렉사 쇼핑, 파이낸스 & 핀테크 등 여기에 온 사람들이 간절히 일하고 싶어 하는 각 부문의 줄이었다. 천막 한 쪽 벽에는 제프 베조스의 말이 잘 보이게 적혀 있었다. "스스로에게 위대한 이야기를 지어주세요."

무대 위에서는 크림색 회전의자에 아마존 티셔츠를 입은 젊은 직원 두 명이 앉아서 대화를 나누고 있었다.

“이력서는 얼마나 길어야 하나요?” 구직자 역할을 맡은 젊은 여성이 물었다.

“네, 그러니까 … 당신이 15년이나 20년의 경험을 나열하고 있다고 칩시다. 한 장에서 두 장으로 유지하려고 노력하시고 세 장을 넘기지는 마세요.” 라이언이라는 이름의 남성이 대답했다. 그는 반스 캐주얼화를 맨 발목이 드러나게 신고 있었다.

그는 이력서를 개조식으로 정리하는 것도 좋은 생각이라고 했다. 계속해서 여성이 질문했다.

“어떻게 하면 제 이력서를 돋보이게 할 수 있을까요?” “아마존의 리더십 원칙에 대해 들은 바가 있습니다. 어떻게 하면 제가 아마존에 적합한 사람이라고 확신시킬 수 있을까요?”

라이언이 대답했다. “우리의 리더십 원칙에 대해 알아보세요. 당신의 경력과 프로젝트, 주도적으로 했던 일들 등을 살펴보면 리더십 원칙 중 무언가와 맞아 떨어지는 전문성이 있는 곳을 발견하게 될 것입니다.”

사람들은 물병, 천막 안에 있던 공짜 칩이나 팝콘 봉지, 그리고 ‘우리와 함께 미래를 만들러 오세요’라는 오렌지색 안내 카드를 들고 햇빛에 눈이 부셔 눈을 깜빡이면서 천막에서 나왔다.

라타샤 브라이언트는 실망했다. 그는 ‘아마존 웹서비스’와 ‘기술 분야 견습 프로그램’ 줄에 서 있었다. “좀 더 개개인에게 신경 써주면 좋겠어요. 누군가의 앞에 직접 앉아서 30초 집중 시연 같은 것을 하고, 뭐 그런 것이 있는 자리여야 하지 않을까요? 오늘은 ‘자, 여기 전단지가 있어요’ 하고 끝인 것 같았어요. 지원도 온라인으로 하라더군요.”

라타샤는 아직도 늘어서 있는 수백 명의 줄을 따라 거꾸로 걸어 내려와서 러시아워 교통체증에 묶이지 않기를 바라며 볼티모어를 향해 차를 몰았다.

키스 테일러(Keith Taylor)도 벽돌을 찾고 있었다. 그의 경우에는 이스트 볼티모어의 철거된 주택에서가 아니라 스패로스 포인트의 쓰레기장에서였다.

새 물류창고가 들어선 뒤에도 베들레헴 스틸의 잔존물이 스패로스 포인트 외곽 곳곳에 아직 남아있었다. 이제 마지막 흔적의 제거 작업이 속도를 내고 있었고 테일러도 되도록 많은 흔적을 수거해 보존하려는 노력에 속도를 내고 있었다. 그는 근처인 에지미어에서 자랐고 스패로스 포인트 고등학교에 다녔다. 장인은 이곳 양철 공장의 기계 수리 기술자였고 테일러 본인은 군에서 레이더 기술자로 복무하고서 그 다음에는 몇몇 군 계약업체에서 일하다가 32세이던 1989년에 이곳에 왔다. "나는 여기에 안 올 거라고 늘상 말했었지만, 당연하게도 결국 여기에 오게 되었죠." 그는 전기 기술자였다가 엔지니어가 되었고 컴퓨터 지식과 경력을 이용해서 68인치 열연강재 공장 현대화 작업에도 참여했다. 그는 노동자들의 모임을 소중하게 여겼다. 빌 보다니에게도 그랬듯이 이곳에서 일하던 시절에 가지고 있었던 유대를 상기시켜 주었기 때문이다. "베들레헴 스틸에서 철강 노동자가 된 것은 영광이었습니다. 우리는 모두 가족이었고 모두 서로를 돌보았습니다."

1990년대 말에 그는 쇠락의 징후들을 보면서 크게 놀랐다. 남자 화장실에 휴지가 부족했고 일하는 동안 마약에 취해 있는 사람이 점점 많아졌다. 그는 탈출구를 모색했다. 1999년에 교사 자격증을 땄고 1년 뒤에 공장을 떠나 인근 퍼탭스코 고등학교에서 컴퓨터 수리 과정을 가르치기 시작했다.

2006년의 어느 날 그는 '메이크 어 위시'(Make-A-Wish) 재단이 주관하는 철인3종 경기 훈련을 위해 자전거로 노스 포인트를 달리고 있었다. 그런데 자동차 한 대가 옆으로 바짝 붙어서 마치 그가 전혀 보이지 않는 것처럼 계속 오른쪽으로 치우쳐서 달리다가 그의 바로 앞에서 우회전을 하려고 급정거를 했다. 키스는 그 차에 세게 부딪혔고 요추간판탈출과 신경손상을 입었다. 그는 2008년에 학교에서 은퇴했고 몇 년을 안개 속에서 보냈다.

하루는 스패로스 포인트 고등학교에서 개와 산책을 하다가 얼마나 빠르게 베들레헴 스틸이 지워져버렸는지를 문득 깨닫고 충격을 받았다. "내 모든 역사와 유산을 빼앗기는 것을 눈앞에서 보고 있구나" 하는 생각이 들었다. 그는 볼티모어에 베들레헴 스틸이 있었다는 사실에 대한 기억의 수호자가 되어야 한다는 소명을 발견했다. 그는 "문 하나가 닫히고 다른 문이 열렸다"고 말했다. "나는 머리를 다쳤고, 깨어났을 때 이 모든 생각이 떠올랐어요."

그는 "스패로스 포인트/노스 포인트 역사협회"를 설립했고 사라져가는 세계의 흔적을 닥치는 대로 수집하기 시작했다. "스패로스 포인트는 역사입니다. 베들레헴 스틸이 아니었다면 우리는 지금 일본어나 독일어를 말하고 있었을 것입니다. 스패로스 포인트는 미국을 구했습니다."

이것이 그가 이날 쓰레기장을 뒤지게 된 연유였다. 여기 어딘가에 스패로스 포인트의 가장 중요한 건물 중 하나에서 나온 벽돌들이 있었기 때문이다. 그 건물은 1930년대에 원래 건물이던 1890년대의 건물을 헐고 새로 지은 베들레헴 스틸의 사무동 건물이었다. 그는 그 건물이 철거되면서 나온 벽돌을 회수해서 꿈꾸던 프로젝트에 사용하고자 했다. 그는 '가로등 길'을 만들 생각이었고 그 길의 바닥을 이 벽돌로 깔 요량이었다. 가로등도 스패로스 포인트에서 철기된 것을 회수해 사용할 것이었다. 가로등 길은 스패로스 포인트 고등학교 운동장을 가로지를 것이고, 전력은 태양열로 공급하며, 중간 중간 문자 디스플레이로 스패로스 포인트와 베들레헴 스틸을 알릴 생각이었다. '희망의 등대'라는 이름도 지어두었다.

그런데 그가 벽돌을 가지러 가기로 했을 때 철거업자들이 벽돌더미 위에 일반 쓰레기를 버려서 벽돌들이 덮여버렸다. 그는 개의치 않고 12월의 어느 추운 날 트럭을 몰고 스패로스 포인트로 향했다. 예전에 마을이었던 텅 빈 공간을 가로질러 달리는데 소름끼치게도 이 빈 공간을 GPS가 여전히 예전의 거리 이름으로 표시하고 있었다. 'D거리… C거리…' 도착한 그는 장갑을 끼고 쓰레기장에 기어들어가서 플라스틱 배수로 관, 전자렌지용 즉석 요리, 파이어볼 병, 헤네시 코냑병, 기름통, 헬멧 등 위쪽을 덮고 있는 일반 쓰레기를 치우기 시작했다. 마침 바로 옆에 쓰레기장이 또 있어서 그리로 옮길 수 있었다. 날이 저물 무렵 그는 목표물이 있는 아래층에 도달했다. 벽돌 수천 장이 있었고 그의 프로젝트에 쓰기에 충분한 양이었다.

"나는 그저 어떻게 하면 학교에 내가 받은 것을 되돌려줄 수 있을까를 계속 생각했습니다. 나는 매우 행복합니다. 해야 할 일이 많지만 정말 행복합니다." 그는 68인치 열연강재 공장이 있던 곳에 서서 맞은편에 있는 거대한 물류창고를 바라보았다. '차이나 선적'이라고 쓰여 있는 커다란 빨간색 화물 컨테이너가 근처 풀밭에 세워져 있었다.

쓰레기장에 서서 키스 테일러는 물류창고 한쪽 면에 붙어있는 '풀필먼트'라는 단어에 껄껄 웃었다. "풀필먼트(fulfillment, 충족), 다들 그것을 갈망하지요. 많은 사람들이 영혼의 표류를 겪고 있습니다. 인생에서 자신이 무엇을 원하는지 모르지요."

그는 새로운 소명을 찾았지만, 스패로스 포인트의 새 소유자들이 너무나 명백하게 비협조적이어서 잘 진척이 되지 않았다. 새 소유자들은 이곳을 종합 물류 허브로 만들기 위해 이전의 정체성을 되도록 빠르게 지우려는 것 같았다. 그들은 다음해에 이곳에 풍력터빈 보관 시설, 도시농업 시설, 홈디포와 플로어&데코 물류창고 등을 세우려 하고 있었다. 2016년에는 스패로스 포인트의 이름도 '트레이드 포인트 애틀랜틱'(Trade Point Atlantic)으로 바뀌었다. 그들은 키스의 노력에 동참하는 지역 기업과 단체들의 목록에 자기 이름을 올리는 데는 관심이 없었다. "그들은 모든 것을 제거했습니다. 그들은 모든 것이 없어지길 바랄 뿐입니다." 키스가 생각하기에, 그들은 역사학자이자 전직 의회도서관 관장이던 대니얼 부어스틴의 책에서 그가 읽었던 격언을 위반하고 있었다. "과거의 감각 없이 미래의 계획을 세우려고 하는 것은 자른 꽃을 심으려고 하는 것과 같다." 그는 이 구절을 좋아했다.

그래도 과거의 향수 중 한 가지에 대해서는 새 소유자들도 양보를 했다. 크리스마스 시즌에 열릴 '베들레헴의 별' 점등식이었다. 처음에 그들은 너비가 9미터에 무게가 1.5톤이나 되는 이 금속별을 폐수 처리장 옆에 달았다. 테일러가 지적했듯이, 그들이 이 상징의 가치를 어느 정도로 보고 있는지 알게 해주는 대목이었다. "그들은 이것을 똥 처리장에 놓았어요!" 다행히 결국에는 더 존엄한 장소인 워터타워로 옮겨 달기로 했다.

해질녘이 되자 차량들이 속속 도착했고 계약업체 소속인 경비원들의 안내를 받아 철도 기지로 이동했다. 100명이 조금 안 되는 사람들이 흰색의 개방형 천막에 모였다. 키스 테일러가 도착했고 빌 보다니 주니어도 왔다. 크리스마스 음악이 흘러나왔다. 지역 교회 인사들도 절반쯤 참석했다. 던도크에 있는 뉴라이트 루터파 교회인데, 5년 전에 신자 수가 줄면서 루터파 교회 세 곳이 합병해 만들어진 교회였다. 이들은 집에서 구워온 과자와 커피를 제공했다. 참석자 중에 돈 디터도 있었는데, 그의 아버지는 17세부터 47년간 스패로스 포인트에서 일했다. "베들레헴 스틸이 존재하지 않는 날이 내 평생에 있을 거라고는 생각해본 적이 없습니다. 전과 같지는 않겠지요. 철강 노동자들이 쟁취했던 임금 수준에 맞춰주지는 않겠지만, 그래도 고용은 고용이지요."

트레이드 포인트의 대외협력 담당 선임 부회장 아론 토마치오가 환영사를 했다. "2018년은 확실히 매우 분주한 한 해였습니다. 우리는 물류와 상업의 글로벌 센터를 만들려는 비전을 추진했습니다."

이어서 그는 볼티모어 카운티의 새 지자체장 조니 올셰프스키 주니어를 무대로 불렀다. "이쪽으로 올라와주세요. 자, 카운티장님이 여러분의 점등식 카운트다운을 선창해주실 것입니다." 그가 쓴 표현은 '우리'가 아니라 '여러분'이었다. 트레이드 포인트가 단지 '타자'에 대한 호의의 제스처로 이 행사를 열어주고 있는 것일 뿐임을 드러내고 있었다.

올셰프스키가 앞으로 나섰다. "날씨는 추울지 모르지만 우리의 마음은 따뜻합니다. 저는 트레이드 포인트의 미래에 대해 이보다 더 설렐 수가 없을 것 같습니다."

몇 주 뒤에 아마존은 분류창고 붕괴 사고로 인한 공백이 모두 복구되었으며 크리스마스 시즌에 맞게 12월 18일부터 볼티모어 지역에서 프라임 나우 서비스가 재개될 것이라고 발표했다. 아마존은 2018년 연휴 시즌에 분기 수익이 처음으로 30억 달러를 돌파하게 된다. 그 연휴 시즌에 전체 온라인 판매에서 아마존이 차지하는 비중은 절반으로 증가해 전보다 더 많은 경쟁자들을 지배하게 되었으며, 그해 연말에는 미국 전체 가구의 절반 이상에 물건을 배송하게 되었다. 또 그해에 미국 내 프라임 회원이 1억 명을 돌파했고 새해가 되고서 1주일이 지났을 때 아마존은 처음으로 세계에서 시가총액이 가장 높은 회사가 되었다.

카운트다운이 시작되었고 별에 불이 들어왔다. 하지만 잠시 후에 사방이 다시 깜깜해지더니 20분 동안 불이 켜지지 않았다. 차단기 문제였다. 방문객들은 다시 차에 올라 경비원들과 아마존 DCA1을 비롯한 거대한 새 건물들을 지나서 빠져나갔다. 불이 다시 들어왔고 이제 노동자들은 연휴 시즌 물량을 처리하느라 분주했다. 보다니는 더 이상 여기에서 일하고 있지 않았지만 말이다.

노던 버지니아에서 아직 데이터센터가 풍경을 장악하지 않은 곳 중에 남서쪽 리스버그의 포도밭이 있었다. 그곳의 스톤타워 와이너리에서 2019년 4월의 어느 맑은 주말에 데이터센터 업계가 모여 처음으로 '버지니아 데이터센터 리더십 어워드' 기념 만찬을 열었다.

은밀히 만들어져오고 있던 무언가를 드디어 공개적으로 축하하는 자리 같았다. 오랫동안 워싱턴과 노던 버지니아의 IT 업계는 널리 퍼져나가고는 있었지만 무엇인지 알 수 없게 생긴 데이터센터 건물들과 약어로 된 회사명이 붙은 사무 건물들 뒤에서 사람들의 시야에 가려진 채 성장하고 있었다. 하지만 이제 아마존이 알링턴에, 노던 버지니아와 워싱턴이 만나는 바로 이 지점에 오기로 하면서, 마침내 세계는 이 지역을 오랫동안 실제로 이곳의 본질이었던 대로, 즉 IT 분야의 새로운 수도로 명백히 인식하게 되었다. 이날 행사는, 말하자면 그에 대한 자축 행사였다.

여러 대의 렉서스와 BMW, 적어도 한 대의 재규어 등의 최신형모델 자동차와 SUV가 '호그백 마운틴 페인트볼' 경기장 표지판이 있는 곳에서 15호선 국도를 빠져나와 비포장도로로 들어섰다. 렉서스 중 하나에는 눈길 끄는 번호판이 달려 있었다. 숫자 2만 달랑 쓰여 있었는데, 버지니아주 상원의원 차량은 한 자리 숫자로 된 번호판을 사용한다.

그 차에 탄 사람은 27년 동안 버지니아주 상원의원이던 베테랑 정치인이자 이날 만찬에 참석한 열두 명의 전현직 주 의원 중 한 명인 재닛 하월이었다. 버지니아주 하원의장도 참석했다. 주의 선출직 공직자들이 대거 참석했다는 것은 이 업계가 이 지역에서 얼마나 두드러진 위치를 차지하고 있는지 말해주는 또 하나의 징표였다. 라우든 카운티에는 이제 70개가 넘는 데이터센터가 있었다. 대지 면적으로 40만 평에 달했고 12만 평이 추가될 예정이었다. 프린스윌리엄 카운티에는 34개의 데이터센터가 있었고 여기에 투자된 자본이 69억 달러에 달했다. 그리고 데이터센터 건물들은 주의 남쪽과 서쪽으로 더 퍼져나가고 있었다. 아마존 하나만 해도 버지니아주에서 적어도 29개의 데이터센터를 운영하고 있었고 추가로 11개를 더 지을 예정이었다.[56] 마이크로소프트는 라우든에 새로운 데이터센터 클러스터를 짓기 위해 7,300만 달러를 들여 332에이커의 토지를 매입했다.

손님들은 계단을 내려가서 긴 바가 있는 커다란 홀에 마련된 환영 리셉션에 참석했다. 이 리셉션은 아마존과 마이크로소프트가 후원했다. 두 회사는 이 당시에 펜타곤에서 굵직한 계약을 따내기 위해 경쟁 중이었는데, 이후에 펜타곤이 마이크로소프트를 선택하고 나서 맹렬한 법정 싸움을 벌이게 된다. (아마존은 '아마존 워싱턴포스트'를 소유한 기업에 대한 트럼프의 개인적인 적대감이 마이크로소프트가 계약을 따내는 데 영향을 미쳤다고 주장했다.) 사람들은 와인 잔을 손에 들고 넓은 테라스를 거닐었고 그 너머로는 서쪽으로 낮은 경사를 따라 줄지어 선 낮은 포도나무들에 석양이 드리우고 있었다.

참석자는 거의 전적으로 남성이었고 거의 전적으로 백인이었다. 업계의 첫 번째 행사라는 것이 믿기지 않을 정도로, 내부 사정에 대한 농담과 사무실 우스개가 오가는 것이 마치 늘상 모이던 사람들의 회식자리 같은 분위기였다.

땅거미가 지면서 손님들은 테라스 옆의 식당으로 안내되었다. 각 테이블은 이날 행사를 후원한 각 기업별로 지정되어 있었고 무대에서 얼마나 떨어져 있느냐에 따라 서열이 드러나 있었다. 아마존 웹서비스와 마이크로소프트가 첫 번째 줄이었고 구글과 도미니언 전력이 그 다음이었다.

참석한 정치인들의 자리 배치에 의해서도 기업들 사이의 서열을 알 수 있었다. 아마존 웹서비스 테이블에는 'IT 상원의원'으로 불리기도 했을 정도로 오랫동안 이 업계를 부양하기 위해 많은 일을 해왔고 이날 참석한 사람 중에서 가장 고위 입법가라 할 수 있는 재닛 하월이 앉아서 호스트 역할을 했다. 페어팩스 카운티 출신의 민주당 정치인인 하월은 재정위원회를 포함해 주 의회에서 가장 영향력 있는 다섯 개의 위원회에 관여하고 있었다. 하월은 아마존 웹서비스의 에너지 프로젝트에서 일하는 피터 허쉬벡과 아마존 웹서비스의 남동부 지역 로비스트 로리 타이슨 사이에 앉았다.

저녁식사 후 하월은 '공공부문' 세션 패널 토론자로 몇몇 의원과 함께 무대에 올랐다. 데이터센터 산업에 영향을 미칠 수 있는 버지니아 주 정부의 활동을 새로 알려주는 자리였다. 진행자는 청중에게 버지니아주가 데이터센터에 대한 세금 혜택(주의 판매세 및 사용세 면제)을 가장 먼저 제시해 연간 6,500만 달러를 절약하게 해주고 있음을 상기시켰다. 또 그는 패널을 소개하면서 세 명의 전직 의원이 세금 감면을 법으로 제정하는 데 큰 공로를 세웠다는 점도 언급했다.

하월이 마이크를 받아서 앞으로 있을 검토 및 승인 과정을 별것 아니라는 듯이 말하면서 자신과 무대 위에 있는 의원들이 오늘 참석한 사람들의 이해관계를 지켜줄 것이라고 약속했다. "데이터센터를 좋아하는 의원들이 여기 있습니다. 우리 세 사람은 각기 버지니아주의 서로 다른 지역과 서로 다른 정당을 대표하지만 모두가 버지니아주에서 이 산업이 성공하고 여러분이 성장과 번영을 이룰 수 있도록 정말로 헌신하고 있습니다."

하월은 데이터센터가 막대한 에너지를 소비한다는 점도 장점 중 하나로 언급했다. 버지니아주가 재생가능 에너지원 쪽으로 나가도록 자극을 주는 역할을 한다는 것이었다. 하지만 최근의 환경보고서에 따르면 버지니아주의 데이터센터가 사용하는 에너지는 대부분 재생 불가능한 에너지원에서, 대체로는 석탄에서 나오고 있었다.[57] 아마존의 데이터센터는 에너지 소비의 12퍼센트만을 재생 에너지로 충당하고 있었는데, 이는 마이크로소프트와 페이스북보다는 뒤지는 것이고 구글보다는 나은 것이었다. 데이터센터의 에너지 소비는 계속 증가하고 있었고 미국에서 앞으로 20년간 데이터센터에 매 10억 달러가 지출될 때마다 전기에 70억 달러가 지출될 것으로 추산되었다. 세계적으로는 데이터센터가 매년 1,000억 달러어치의 에너지를 사용하고 있었다.[58]

에너지 소비라는 문제에 대해 제프 베조스는 당연하다는 듯 무심했다. 그리고 그에게는 이것이 우리가 달에 가야하는 이유였다. 몇 주 뒤에 한 인터뷰에서 베조스는 이렇게 말했다. "지구에서는 에너지가 고갈될 것입니다. 이것은 단순히 산수입니다. 그렇게 될 수밖에 없을 것입니다."[59] 몇 년 전에 아마존은 소비자들이 '친환경' 옵션을 선택할 수 있게 해본 적이 있었다.[60] 주문할 때 배송을 좀 늦게 받아도 괜찮다고 체크해서 이산화탄소 배출을 줄이는 옵션을 선택할 수 있게 했던 것이다. 하지만 소비자들이 전반적으로 구매를 더 적게 하는 결과로 이어질지 모른다는 우려로 곧 철회되었다. 아마존 본사 직원 8,700명이 아마존이 기후변화에 적극적으로 대응해야 한다고 맹렬히 촉구하자 베조스는 2020년 초에 자신의 돈 100억 달러를 기후 문제와 관련해 쓰겠다고 했다(구체적으로 어떤 프로그램에 쓸지는 나중에 정하겠다고 했다). 또한 아마존은 전 세계에서 68만 가구에 전력을 공급할 수 있는 91개의 태양 및 풍력 프로젝트를 운영하고 있었으며 세계 삼림 재생에 1억 달러를 투자하고 있었다.

아무튼 그날 하월은 데이터센터의 석탄 의존도나 데이터센터의 에너지 수요 증가를 언급한 환경보고서 등에 대해서는 이야기하지 않았다.

"데이터센터는 버지니아주를 재생가능 에너지의 미래로 몰고 가고 있습니다. 저는 여러분 모두에게 정말 감사드립니다. 경제 공동체에 계신 여러분들이 우리가 꼭 해야 할 일을 할 수 있도록 자극을 주고 그 방향으로 가도록 해주고 있기 때문입니다. 우리의 아이들은 이것을 고마워할 것입니다."

현재 철거는 동쪽 끝단 지역에서 집중적으로 이루어지고 있었다. 암트랙 철로 북쪽의 몽포드가와 노스가 남쪽의 황폐한 동네들로, 볼티모어 묘지로 들어가는 동서로 난 큰 길의 막다른 골목에서 가까웠다. 최근 몽포드가에서 1500번지 블록, 1600번지 블록, 1700번지 블록에 있는 연립 주택 열다섯 채 이상이 철거되었다. 전부는 아니지만 일부는 자재 회수를 염두에 두고 신중하게 분별 해체되었다.

1500번지 블록에서는 한 나이든 여성이 집들이 있었던 반대편을 바라보고 있었다. 이 여성은 조지아주 라이츠빌을 떠나 볼티모어에 온 뒤 65년 동안 이곳에 살았다. 철거에 대해서는 이렇게 말했다. "저 사람들이 하는 일에 대해 나는 걱정하지 않아요. 선하신 주님께서 나를 돌보실 겁니다."

1600번지 블록에서는 최근 철거된 집들 옆의 심하게 노후한 집에서 조금 더 젊은 여성이 나타났다. 철거된 자리는 작은 나무 몇 그루와 쓰레기통 하나, 소파 쿠션 하나만 남고 텅 비어 있었다. 그 여성이 나온 집은 1920년에 지어진 집이었는데, 낮은 창문은 판자로 덧대어 막아 놓았고 위쪽 창문은 깨어져 있는 것이, 오래 방치된 흔적이 역력했다.

하지만 이것은 빈집이 아니었다. 테레사의 아버지가 이곳에 8년째 살고 있었고 서른네 살인 테레사(다른 집에서 남자친구와 함께 지내고 있었다)가 아버지가 갈아입을 옷가지 등을 가지고 들르곤 했다. 갈색 종이로 보이지 않게 감싼 몰트위스키 병, 비닐봉지, 담배 한 갑 등 여러 가지를 주섬주섬 들고 있었다. 한쪽 발에는 플라스틱으로 된 발목 교정 깁스를 하고 있었는데, 다섯 달 전에 "전 남친 엉덩이를 걷어차서 본때를 보여주려다가" 발목이 부러진 이후로 계속 이러고 있다고 했다.

그 여성은 빌 보다니 주니어와 같은 패터슨 고등학교를 다녔고, 직업학교에서 약사보조사 자격증을 따려고 시도했다. 그러다 월마트에서 선반에 물건들을 정리하는 일을 마지막으로 지금은 5년째 일을 하지 않고 있었다. 장애인 수당 신청을 생각하는 중이다. 그 여성은 "챙겨주는 남자친구들이 있다"고 말했다.

그 여성의 아버지는 집이 곧 철거될 예정이니 90일 안에 집을 비우라는 통지를 받았다. 그 여성은 아버지가 이곳을 떠나는 것에 대해 아무렇지도 않아 하신다고 말했다. "아버지는 이 마을을 정말 떠나고 싶어 하세요. 괜찮으실 겁니다."

또한 그 여성은 너무 많은 집이 사라지는 걸 보는 것은 유감이지만, 그 정도일 뿐 다른 느낌은 없다고 했다. "이 집들은 가야 할 때가 됐어요. 여기에 아주 오래 있었죠. 너무 낡았고요. 지금이 가야 할 때에요. 역사적으로 유서 깊은 볼티모어니까 조금 슬프긴 하지만, 어떤 것들은 끝을 맺어야 합니다. 어떤 것들은 가야만 해요."

철거로 빈터가 된 곳의 다른 쪽 끝에서는 데이비드 존슨 시니어가 철거 대상 지역의 바로 북쪽에 면해 있는 집에서 석공 기술을 발휘하고 있었다.

이 집은 철거 대상이 아니었다. 그는 20센티미터짜리 장식 벽돌을 이용해서 집을 최대한 원래의 벽돌집처럼 보이게 만드는 중이었다.

존슨은 아버지의 뒤를 이어 벽돌 일을 하고 있었다. 그는 현재 하고 있는 철거 지역 후처리 작업에 마음이 불편했다. 그는 숙련된 석공으로서 자신이 가진 기술을 자랑스러워했지만 어쩐지 공모자라는 느낌이 들었다. "40년 전에는 여기에 있는 모든 집에 사람이 살았습니다. 내가 황폐화에 기여하고 있는 것 같은 느낌이 드네요."

"뭔가 불확실하고 모호한 점들이 많은 채로 진행되는 것 같아요. 사람들이 자신의 마을이 철거 대상으로 지정되었다는 것의 의미를 잘 모르는 것 같거든요. 그래서 벽돌 일에 사랑과 관심을 가져야 합니다. 그러면 공동체에 기여하고 있다는 느낌을 가질 수 있거든요. 나는 마을이 예전의 마을처럼 보이도록 세부사항 하나하나를 놓치지 않으려고 애씁니다. 돌아다니다 보면 마을마다 독특한 특징들을 가지고 있어요. 나는 그것을 최대한 되살리려고 합니다."

1700번지 블록에서는 건설 노동자들이 철거 후에 땅에 뚫린 커다란 구멍을 덤프트럭으로 메우고 있었다. 이곳에서는 라파예트가를 따라 몽포드가부터 포트가까지 들어서 있던 아홉 채가 철거되었다. 집을 부수는 데 쓴 장비가 아직 그대로 현장에 서 있었다. 몽포드가의 바로 건너편, 몽포드가와 라파예트가가 만나는 교차점의 남서쪽에서는 네 명의 젊은이가 불과 6미터 떨어진 곳에서 건설 노동자들이 일하고 있는 것을 전혀 신경쓰지 않고 마약을 거래하고 있었다. 자동차와 트럭이 와서 잠시 멈추고서 젊은이들에게 돈을 건네고 지나갔다.

라파예트가와 포트가의 교차로에서 모퉁이를 돌자 조지 잭슨이 보행보조기의 작은 벤치에 앉아 거대한 빈터에 있는 트럭들을 바라보고 있었다.

그의 강아지 잭이 옆에서 왔다 갔다 했다. "여기에 오기까지 오래 걸렸네요. 그 안에는 아무도 안 살아요. 이 집들은 쥐들이 사는 집일 뿐이었습니다."

그는 중절모와 민소매 셔츠 차림이었고 바지 단추는 느슨하게 풀어져 있었다. 그는 88년 전에 사우스캐롤라이나주에서 태어났고 52년 동안 라파예트가의 옆 블록에 살았다. 그는 다섯 자녀를 키웠고 베들레헴 스틸의 조선소에서 일했다(스패로스 포인트의 조선소가 아니라 항구 반대편에 있었던 다른 조선소였다). 1982년에 그 조선소가 문을 닫았을 때 그는 시간당 12달러, 오늘날 가치로는 약 32달러를 벌고 있었다.

한 백인이 오피오이드 중독자 특유의 몸짓으로 발을 질질 끌며 지나갔다. 잭슨의 보행보조기 근처에는 부서진 주사기 뚜껑이 떨어져 있었다. 라파예트가 건너편의 집에는 사망한 래퍼에 대한 추도사가 스프레이 페인트로 쓰여 있었다. '릴리 윌, 편히 잠드소서.' 이 마을 브로드웨이 이스트는 2019년에 살인 사건이 4건에서 12건으로 세 배가 되어 가장 큰 증가폭을 기록한 바 있었다. "이 주변 모두에 사람들이 살고 있었습니다. 모든 집이 다 차 있었지요. 이제는 모두 사라졌습니다."

'브릭+보드'가 회수한 목재는 도심에 있는 새 본부로 보내 세척한 후 차곡차곡 쌓아 보관했다가 도시 반대편, 웨스트 볼티모어에 있는 석재 창고로 보냈다. 이 낡은 창고는 같은 부지에 있는 재활용 쓰레기 처리 회사로부터 빌린 것인데, 그 회사는 볼티모어의 재활용 쓰레기 대부분을 처리하는 곳이었다. 벽돌이 6미터 높이로 쌓여 있었다. 벽돌들은 컨베이어 벨트를 통해 창고 안의 작고 밀폐된 공간으로 들어갔고, 그곳에서 여섯 명의 작업자가 사용 가능한 상태인지 아닌지 판별했다.

회수가 가능한 것들은 또 다른 노동자들에게로 옮겨졌고 이들은 가장 초보적인 도구, 즉 솔과 망치로 그것들을 손질했다. 회수 불가능한 것들은 그대로 컨베이어 벨트를 타고 다시 창고 밖으로 나가서 커다란 깔때기로 떨어졌다. 그것들은 부수어서 다시 철거 장소에 싣고 가 땅을 평평히 고르는 데 사용했다. 이곳 노동자들(휴머님에서 일자리를 찾는 노동자 중에는 수감 전과가 있는 사람도 많았다)은 시간당 11.57달러에서 시작했고 경력이 많으면 시간당 20달러를 받았다.

먼지를 털고 깨끗해진 벽돌들은 한 팰릿에 540장씩 실려 비닐로 포장되었다. 이제 이것들을 판매하는 일은 맥스 폴록의 몫이었다.

2019년 7월 16일에 미국 하원 사법위원회의 '반독점, 상업, 행정법 소위원회'가 '온라인 플랫폼과 시장 권력'에 대한 청문회를 열었다. 이것은 굉장한 순간이었다. 소수의 기업이 온라인상의 삶과 상업을 지배해나가는 것을 오랫동안 보아만 오던 양당 모두의 의원들이 갑자기 이들 기업이 갖는 지배력의 정도에 대해 우려하기 시작한 것이다.

의원들의 우려가 난데없이 나온 것은 아니었다. 다수는 아니었지만 영향력 있는 이론가와 활동가들에 의해 이미 불은 지펴지고 있었다. 오랫동안 이들은 소수의 거대 IT 기업이 갖는 지배력의 속성과 그것이 사회에 끼치는 비용에 대해 논의를 정교하게 다져왔다. 거대 IT 기업들이 소기업, 지역공동체, 그리고 더 일반적으로 민주주의에 미치는 영향을 추적해온 지역자립연구소의 스테이시 미첼도 그러한 사람 중 한 명이다. 그는 이렇게 언급했다. "이들 기업은 일종의 '민간 정부'를 창조했다. 독재적인 권력이 우리의 상업과 정보가 흐르는 동맥들을 강하게 쥐고 있는 것이다."[61] [현 연방거래위원회 위원장인] 리나 칸도 그러한 사람 중 한 명이다. 그는 로스쿨 재학 중이던 시절에 쓴 혁신적인 논문에서 이제까지 미국에서 반독점법의 집행이 새로이 떠오른 유형의 독점 기업(플랫폼 독점 기업)을 규제하는 데 어떻게 실패해왔는지 지적했다.[62] 소비자 가격을 올렸느냐 않았느냐에만 집중했을 뿐 이러한 기업이 시장구조와 사회를 어떻게 왜곡하고 있는지는 보지 않았다는 것이다. 이 논문은 아마존을 콕 집어서 사례 분석을 하고 있는데, 칸에 따르면 아마존은 약탈적 가격 정책과 온라인 플랫폼 지배로 갖게 된 이점을 통해 경쟁을 틀어막고 있었다. 칸은 당장은 낮은 가격으로 소비자에게 득이 되는 것 같아도 궁극적으로는 소비자들이 질 나쁜 제품을 접하게 만들고 혁신과 선택의 여지도 축소시키게 된다고 지적했다. 칸은 아마존이 2010년에 자사 브랜드 기저귀를 비용에 못 미치는 매우 낮은 가격으로 판매함으로써 유아용품 부문의 경쟁 사이트인 다이애퍼닷컴 운영사 '쿼드시'가 도저히 못 버티게 만든 뒤 쿼드시를 인수해버린 일을 사례로 들었다. 아마존은 수천 만 달러 손실을 보더라도 일단 경쟁자를 제거하는 것이 그럴 만한 가치가 있는 일이라고 보는 것 같았다.

칸이 개진한 주장을 무기로 '아테나'(Athena)라는 연합이 구성되었다. 수십 곳의 단체와 노조가 연합해 만든 조직으로, 참여한 곳 중에는 오랫동안 샌버나디노 밸리의 아마존 물류센터 노동자 수천 명을 위해 싸워온 '물류창고 노동자 자원 센터'(Warehouse Worker Resource Center)도 있었다. 심지어는 아마존의 창립 멤버 중에서도 심각한 의구심을 표하는 사람들이 생겨났다. 회사 창립 당시 베조스와 함께 산타크루즈에서 사무실을 알아보러 다녔던 프로그래머 셸 카판은 이렇게 말했다. "나는 아마존을 '가차 없는 경쟁자'라고 보는 사람들의 견해가 맞다고 생각합니다. 아마존은 고객에게 맹종한다는 명분하에 고객 아닌 사람들에게는 해가 되는 방식으로 많은 것을 할 수 있었습니다."[63] 연방거래위원회와 법무부와 몇몇 주 정부, 그리고 EU집행위원회는 아마존의 기업 행위에 대해 조사에 들어갔다.

그리고 앞에서 말한 2019년 7월 16일에 아마존, 구글, 페이스북, 애플

등 4대 IT 기업 임원들이 다음과 같은 기본적인 질문에 답하기 위해 의회 청문회에 소환되었다. "이 기업들은 국가의 이익에 해가 될 정도로 규모가 너무 커졌는가?" 이 소위원회의 위원장이자 로드아일랜드주 출신 민주당 의원인 데이비드 시실리니는 "개방적이고 경쟁적인 인터넷의 급격한 성장은 우리의 삶, 우리의 일, 우리의 비즈니스, 그리고 전 세계에 혁명을 일으켰다"며 "수백만 개의 새로운 일자리가 생겼고 정보 접근성이 높아져 민주주의와 사회 진보의 새로운 활성화를 약속했다"고 말했다. 또 그는 "작은 예산으로 기숙사 방과 차고에서 시작한 이들 미국 기업 각각은 미국의 엄청난 기술적 혁신과 경제적 가치에 기여했고, 미국이 수호하는 핵심 가치를 증명하고 있다"고 말했다. 이어서 "하지만 의회와 독점 규제 당국은 이 새로운 경제를 촉진한다는 게 이들이 관리감독을 거의 받지 않는 상태로 자율 규제를 할 수 있게 허용하는 결과를 낳았고, 그 결과 인터넷은 점점 더 집중화되고 덜 개방적이 되고 있으며 혁신과 기업가 정신을 정말로 훼손하는 공간으로 변하고 있다"고 지적했다.

그는 아마존이 미국 내 온라인 상거래의 절반을 장악하고 있고 미국 가정의 절반이 아마존 프라임 계정을 가지고 있는데 아마존의 가장 근접한 경쟁사인 이베이는 온라인 상거래 시장 점유율이 6퍼센트가 되지 않는다고 언급하면서, "강력한 온라인 게이트키퍼들은 시장 접근을 통제할 뿐 아니라 그들의 플랫폼에 의존하고 있는 업체들과 직접적으로 경쟁하고 있다"고 지적한 스테이시 미첼의 보고서를 인용했다. 또한 그는 법무부가 마이크로소프트를 상대로 제기한 획기적인 반독점 소송에서 승리한 이후로 20년 동안 온라인 시장의 반경쟁적 행위에 대해 소송이 한 건도 제기되지 않았다며, 디지털 영역에서 혁신과 경쟁이 쇠락하는 징후가 보이는데도 그랬다는 점에서 더욱 문제라고 지적했다. 그는 "이번 청문회는 단지 오늘

이 자리에 있는 기업들에 대한 것이 아니라 다음번 구글, 다음번 아마존, 다음번 페이스북, 다음번 애플이 생겨나 성장하고 번영하게 할 여건을 만들기 위한 것"이라고 언급했다.

아마존의 '경쟁 관련 자문 변호사' 네이트 서턴은 자신의 발언 차례가 오자 아마존이 시장지배자라는 개념 자체를 반박했다. 그에 따르면, 아마존은 글로벌 소매시장의 1퍼센트, 미국 소매시장의 4퍼센트만 점유하고 있을 뿐이었다. 그는 이렇게 말했다. "아마존의 사명은 지구상에서 가장 고객 중심적인 회사가 되는 것입니다. 우리의 핵심 철학은 철저히 고객이 원하는 것에서 출발해 역순으로 결정을 내린다는 것입니다. 그리고 우리는 고객에게 가장 좋은 경험을 제공하기 위해 지속적으로 혁신합니다. 아마존은 소매 유통부터 엔터테인먼트, 소비자 전자제품, IT 서비스 등 다양한 사업을 하며 각각의 분야에서 기성 업체들과의 치열한 경쟁에 직면해 있습니다. 예를 들어 아마존의 가장 큰 사업군인 소매 유통은 인류의 매우 오랜 상업 활동이며, 언제나 모든 수준에서 치열한 경쟁이 특징인 영역이었고 앞으로도 그럴 것입니다."

소위원회 의원들은 이 말에 의구심을 표했다. 그들은 제3자 판매업체들이 정말로 그들의 제품을 아마존 이외의 경로로 판매할 수 있는 대안이 존재하느냐고 물었다. 그들은 아마존이 마켓플레이스에 입점한 독립 사업체들에 대해 수수료를 올리는 것(매출 1달러당 평균 27센트이고, 이것은 5년간 42퍼센트가 오른 것이다)이 온라인 상거래에 대해 일종의 조세를 걷는 격 아니냐고 물었다.[64] 그들은 아마존이 제시한 조건을 어기는 제3자 판매자들의 계정을 정지하고 그들의 제품 안내 페이지를 닫아 그들의 시장 활동을 동결시킴으로써 사실상 처벌을 가하고 있는 것이 아니냐고 물었다.

또한 의원들은 아마존이 플랫폼을 통제하면서 동시에 그 플랫폼 상에서 벌어지는 판매도 통제하는 것은 이해충돌이 아니냐는 데도 초점을 맞추었다. 그들은 아마존이 자사 제품을 더 잘 보이는 자리에 배치하거나 가격을 비용보다 낮게 책정해 경쟁사를 몰아내고 있지 않느냐고 물었다. 그들은 판매 데이터를 이용해 아마존이 제3자 업체의 제품 중 잘 팔리는 것을 모방해 자사 제품으로 만들어 판매하고 있지 않느냐고 물었다. "사람들이 아마존 사이트에서 제품을 판매할 때, 아마존은 어떤 제품이 가장 성공적인지 추적하고 그 제품과 경쟁하기 위해 자사 제품을 만듭니까? 기본적으로 이렇게 방대한 양의 데이터를 보유하고 있기 때문에 가능한 방식으로요. 맞습니까?" 시애틀 출신의 민주당 의원 프라밀라 자야팔이 물었다. 자야팔은 아마존이 자신의 지역구인 시애틀의 대표 기업임에도 아마존을 비판하는 데 거침이 없었다. "아마존은 제3자 판매자들의 판매 데이터를 추적한 다음 그중 가장 인기 있는 브랜드와 직접적으로 경쟁하는 모방 제품을 만듭니까?"

이에 대해 아마존의 서턴은 "우리는 자사 브랜드 제품을 만들 때 특정 판매자의 데이터를 사용하지 않는다"고 답했다.

시실리니는 미심쩍어하면서 후속 질문을 했다. "아마존은 자신이 관리하는 플랫폼 상에서 자신의 제품을 판매하는 동시에 다른 판매자의 제품과 경쟁하고 있습니다. 맞습니까?"

서턴은 "이것은 수십 년 동안 유통업계에서 흔히 볼 수 있었던 것과 마찬가지"라고 대답했다. "대부분의 소매업체는 자사 매장에서 타사 제품뿐 아니라 자체 제품도 제공합니다. 그리고 …."

"아, 하지만, 하지만요, 서턴 씨, 차이점은 아마존은 실시간 데이터를 가지고 수백만 건의 구매, 수십억 달러의 상거래가 이뤄지는 온라인 플랫폼을 운영하고 있고 그 플랫폼에서 자사 제품에 유리하게 알고리즘을 조작

할 수 있으며 시가총액이 1조 달러나 되는 회사라는 점 아닙니까? 이것은 지역적인 소매업체와는 다릅니다. 편의점 체인을 가지고 있거나 그 밖의 전국적으로 영업을 하는 업체이더라도 말입니다. 제 말은, 아주 많이 달라요. 당신은 아마존이 온라인에서 다른 판매자들과 경쟁하는 데 특정 판매자의 데이터를 사용하지 않는다고 말했습니다. 하지만 아마존은 어떤 제품이 인기 있는지, 어떤 제품이 잘 팔리는지, 또 어디에서 팔리는지에 대해 엄청난 데이터를 수집합니다. 아마존 제품을 홍보하는 데 그러한 데이터를 어떤 식으로든 사용하지 않는다는 말인가요?"

"네, 그에 대해 답변 드리겠습니다."

서턴이 말을 시작하자 시실리니는 "지금 선서를 하고 증언하시는 중이라는 점을 다시 말씀드린다"고 환기시켰다.

서턴은 이렇게 대답했다. "우리는 고객에게 서비스를 제공하기 위해 데이터를 사용합니다. 하지만 개별 판매자 데이터를 그들과 직접 경쟁하기 위해 사용하지는 않습니다."

10개월 뒤에 서턴의 진술과 정면으로 배치되는 내용이 『월스트리트저널』에 실렸다.[65] 아마존이 자동차 트렁크 정리함부터 사무실 의자 쿠션까지 온갖 제품에 대해 거의 동일한 모방 제품을 내놓기 위해 인기 제품에 대한 데이터에 반복적으로 접근했다는 것이다. 바로 이것이 스테이시 미첼과 독립 사무용품 도매협회 회장 마이크 터커가 중소 사업자들에게 계속해서 경종을 울렸던 아마존의 관행이었다. 이렇게 의회 진술과 상충되는 이야기들이 드러나자 분노한 의원들은 제프 베조스 본인이 직접 출석해 증언하라고 요구했다. 그렇게 해서 2020년 7월에 베조스가 의회에서 증언을 하게 되었고, 이때 이 소위원회에서 확보한 자료에 따르면 아마존이 제3자 판매업체들을 지칭할 때 공식적으로 사용하는 단어인 '파트너'

가 아니라 '내부 경쟁자'라고 표현하고 있다는 사실이 드러났다. 그리고 베조스는 의회에서 아마존이 아마존의 배송 서비스에 돈을 내는 판매자 쪽으로 소비자들을 유도하고 있다고 인정했다. 그러면 아마존이 배송 분야에서 다른 배송 회사들보다 우위를 갖게 하므로, 이는 아마존이 중립적인 플랫폼이라는 아마존의 주장에 배치되는 것이었다.

3개월 후인 2020년 10월, 이 소위원회의 민주당 의원들은 거대 IT 기업의 지배력에 대한 조사 결과를 449페이지 분량의 보고서로 발표하면서 의회가 이들 기업의 해체를 위한 조치를 취해야 한다고 촉구했다. 보고서는 "간단히 말해서, 한때 기성 기업에 도전했던 소박하고 약자이던 스타트업들이 석유 귀족과 철도 재벌 시대에 우리가 마지막으로 보았던 것 같은 독과점 업체가 되었다"고 언급했다. 또한 보고서는 "이 회사들은 너무 많은 권력을 가지고 있으며 그 권력은 적절한 감시와 법 집행에 의해 통제되어야 한다"며 이것은 "우리의 경제와 민주주의가 걸린 일"이라고 언급했다.

어느 날 맥스 폴록은 몇몇 고객들을 방문하기 위해 워싱턴으로 차를 몰았다. 한 곳은 메릴랜드주의 부유한 교외 지역 포토맥에 있는 큰 집이었다. 또 한 곳은 호박향 라떼 크렘 브륄레, 소금에 절인 둘세 데 레체, 캐러멜 사과 스트로이젤 등을 파는 '고급 스페셜 도넛' 카페였다. 이 카페는 '워프'(Wharf) 지구에 있었는데, 워싱턴 DC의 남서부 강변을 25억 달러에 재개발한 곳이었다. 호텔 네 개, 1,375개 호실 규모의 고급 아파트, 현금을 받지 않는 레스토랑, 그리고 거의 3만 평 규모의 사무 공간이 있었다. 모터보트나 요트로 접근할 수 있었고 '토치'라 불리는 불꽃 모양 조형물이 4미터 높이로 치솟아 있었다.

채프먼 스테이블스도 그의 고객이었다. 뉴욕가와 노스 캐피톨가의 교차로 근처에 있는 트럭스턴 서클에 새로 지어진 대규모 아파트 단지다. 20년 전만 해도 이 지역은 흑인과 노동자 계층이 많이 사는 곳이었다. 바로 남쪽에는 공공주택이었다가 부동산 개발업체 '톨 브러더스'가 철거하고 재개발한 서섬 코다가 있었다. 톨 브러더스는 서섬 코다에 살다가 나가야 할 처지가 된 사람들을 위해 136개 호실을 배정하겠다고 약속했다. 근처에 있던 템플 코트 공공주택은 2008년에 철거되었고 주차장이 들어섰다. 그곳에 살던 사람들이 갈 곳 없이 나가게 되는 것을 막기 위해 근처에 2M이라고 불린 새 아파트를 완공하기 전까지는 템플 코트를 철거하지 말았어야 했지만, 실제로는 템플 코트의 철거와 2M의 완공 사이에 10년이 떴고 템플 코트의 집을 잃은 사람들은 오래전에 이곳을 영영 떠났다.[66] 이 일대 전역에서 고급 아파트 건물들이 속속 솟아오르고 있었는데, 그중 하나인 벨가드에는 특히나 미안해하는 기미가 없는 광고가 서쪽면 광고판에 걸려 있었다. '존경받는 삶.'

채프먼 스테이블스는 한때 정말로 '마구간'(stables)과 석탄 야적장의 중심지였기 때문에 개발자들은 유서 깊은 곳이라는 느낌을 마케팅에 최대한 활용했다. 고급 아파트 건물에 그대로 쓸 수 있을 만한 유서 깊은 옛 구조물은 거의 없었지만 개발업자들은 이 문제를 쉽게 해결할 수 있었다. 해법은 '브릭+보드'였다. 그들은 맥스 폴록으로부터 6만 장 이상의 볼티모어 벽돌을 구입했다. 폴록이 성사시킨 가장 큰 규모의 매출이었다. 오늘 폴록은 사진을 찍기 위해 완공이 임박한 단지를 방문하려는 참이었다. 건물 안으로 들어간 폴록은 커다란 내벽에서, 안뜰이 내려다보이는 쪽 벽에서, 그리고 아파트 호실 안의 벽에서 그의 벽돌들을 볼 수 있었다. 높이로는 40장, 너비로는 17장의 벽돌이 한쪽 벽면을 이루고 있었다. 한 모델하우스는 보쉬의 고급 가전제품과 이런저런 책에서 무작위로 뜯어 끈으로 아름답게 묶은 책자 등 희한한 방식으로 야망을 건드리는 실내장식이 되어 있었다.

이 아파트는 20평짜리 호실의 경우 50만 달러, 더 큰 호실은 최대 100만 달러까지도 값이 나간다. "상상할 수 있나요, 50만 달러?" 맥스 폴록이 말했다.

"DC치고는 싸지만, 기숙사 방만 한 원룸이 50만 달러인 거예요." 그는 어떤 젊은이가 이런 아파트를 살 수 있는지 상상이 가지 않았다.

당연히 대부분의 사람들은 그 가격을 감당할 수 없었고, 바로 이것이 지금 워싱턴 DC가 주거 위기의 한복판에 있는 이유였다. 뉴욕, 보스턴, 시애틀, 샌프란시스코에서 있었던 동일한 논쟁이 여기에서도 일고 있었다. 임대료 인상을 법으로 제한하는 것이 최선이냐, 아니면 건물을 아주 많이 지어서 공급을 늘리는 것이 최선이냐. 그런데 이 도시들이 너무 비싸진 것이 문제이고 그 이유는 미국의 성장과 번영의 많은 부분이 너무 적은 곳에 집중되었기 때문이며 따라서 부와 역동성이 다른 도시와 마을로 퍼진다면 성공적인 도시에 사는 사람들의 삶도 더 나아질 수 있다는 더 큰 맥락의 이야기는 이상하게도 이 논쟁에서 빠져 있었다.

사람들은 1만 달러나 2만 달러면 사고도 남았을 60킬로미터 떨어진 곳의 철거된 주택에서 회수해온 벽돌로 장식된 50만 달러짜리 소형 아파트를 사기 위해 고군분투하고 있었다. 경제 집중도가 이렇게 심하지 않았다면, 인구가 크게 줄어든 동네와 관심을 받지 못하고 있는 건물에 새로이 활력을 불러일으키려 하면서 볼티모어의 빈집을 사려는 구매자들이 존재했을지도 모른다. 하지만 그렇게 되는 대신 커다란 역설이 전개되었다. 하나의 도시에서는 쇠락과 방치가, 그리고 불과 한 시간 거리에 있는 또 하나의 도시에서는 혼잡과 배제가 확산된 것이다. 한쪽 도시에서는 3층짜리 연립 주택을 철거하려고 서두르고 있는데, 다른 쪽 도시에서는 100만 달러를 내야 그 정도 집을 살 수 있었다.

이 두 도시는 이제 완전히 다른 세계처럼 보이게 되었다. 하지만 사실 이 둘은 연결되어 있고, 아마도 하나의 해결책이 양쪽 모두의 문제에 적용될 수 있을 것이다. 부를 집중시킨 거대 기업들을 해체하면 그 기업들만 해체되는 것이 아니라 그들이 선택한 장소들도 더 분산시킬 수 있을 것이다. 그러면 나라 전체에 걸쳐 더 많은 도시와 마을로 번영이 퍼질 수 있을 것이다. 모든 곳을 균일하게 만들자는 말은 아니지만, 어느 정도 균형을 되찾아서 한쪽에서는 좌절과 절망을 몰아내고 다른 쪽에서는 안일함과 불안을 몰아내는 것은 중요하다.

맥스 폴록은 채프먼 스테이블스에 살게 될 사람들 대부분이 그 벽돌들이 어디서 왔는지 모르리라는 것을 잘 알고 있었다. 아마 그들은 이 벽돌들이 오래전부터 이 건물에 원래 있었던 것들이라고 생각할 것이다. 이곳은 '유서 깊은' 건물이니 말이다.

이 사실이 폴록의 마음을 조금 괴롭혔다. 그곳을 나서기 전에 유독 다양한 벽돌을 담고 있는 지상 층의 메인 홀에서 잠시 발걸음을 멈추었다. 바닥에서 높은 천장까지 벽돌로 되어 있는 벽에는 볼티모어산이 아닌 워싱턴 DC산 벽돌도 드문드문 끼어 있었다. 부스러지고 품질이 더 좋지 않았기 때문에 폴록은 쉽게 알아볼 수 있었다. 하지만 나머지 대부분은 볼티모어 벽돌이었다.

그는 각각의 벽돌이 어느 거리에서 왔는지도 알 수 있었다. 오렌지색은 체이스가에서 온 것이었고 가장 오래되어 보이는 벽돌들은 페더럴가에서 온 것이었다. 수직선이 있는 것은 펜윅가에서 온 것이었다. 팬윅의 집들은 상대적으로 더 나중 시기, 가마 온도를 더 높일 수 있었던 1915년경에 지어졌다. 당시 사람들은 벽돌의 일부가 더 높은 온도에 노출되도록 쌓아서 벽돌을 구웠고 그것들이 지금 이 벽에서 볼 수 있는 펜윅 벽돌이었다.

필요한 사진은 다 찍었고 이제는 출발해야 할 시간이었다. 이 도시를 떠나 그가 이제 제2의 고향이라고 부르는 도시로 돌아갈 수 있다는 것은 언제나 마음이 놓이는 일이었다.

남은 이야기

메이데이

2020년 부활절 전 토요일, 나는 지금 살고 있는 볼티모어에서 어린 시절에 살았던 매사추세츠주 피츠버그를 향해 차를 몰았다. 메릴랜드주는 사실상 록다운이 내려진 상태였지만 몇 달 동안 못 뵈었던 부모님을 뵈러 가는 것은 '필수적'이라고 인정되어 허용되었다. 나는 안전한 거리두기를 위해 다른 곳에서 묵을 예정이었고 부활절 일요일 산책만 부모님과 함께할 것이었다.

이른 저녁에 볼티모어를 출발해 I-95 도로를 탔다. 늘 꽉꽉 막혀 있던 동부 연안의 도로가 내가 본 중 어느 때보다도 텅텅 비어 있었다. 머리 위의 디지털 도로 표지판에는 "지금 생명을 구할 수 있습니다. 집에 머뭅시다"라고 쓰여 있었다. 나는 전쟁 지역에 가본 적이 없지만 아마도 이런 느낌일 것 같다는 생각이 들었다. 도로 위에는 가장 필수적이거나 가장 무모한 사람들만 있었고 나머지 세상은 움츠러들어 있었다.

하지만 이 전쟁 지역에는 병력 수송차나 군수품 운반차가 없었다. 대신, 트럭들이 있었다. 도로에 있는 몇 안 되는 차량은 대부분 트레일러 트럭이었고, 그중 대부분은 아마존 트럭이었다. 볼티모어와 뉴저지주 남부 사이의 150킬로미터 구간에서 내가 본 것만 스물네 대였다(그 다음부터는 어두워져서 로고를 볼 수 없었다). 지난 몇 년간 전국을 다니면서 아마존 트럭을 아주 많이 보았지만 이렇게나 집중적으로 본 적은 없었다.

우리가 신종 코로나바이러스와 전쟁을 한 것이라고 본다면 아마존은 우리 군대의 수송부였다. 이 전쟁에서 '동원 상태'란 모두 철수해 각자 고립된 상태로 있는 것을 의미했고, 아마존이 집에 고립된 우리들에게 필요한 모든 것을 가져다줌으로써 우리가 동원 상태를 유지할 수 있게 해주고 있었다. 갑자기 온라인을 통해 필요를 충족하는 것이 우리의 시민적 의무이자 우리 자신보다 더 큰 대의가 되었다. 한때 일부 사람들에게나마 미심쩍은 눈초리를 받았던 편리함의 행위가 이제는 의로움을 상징하게 되었다. 원클릭으로 물건을 주문함으로써 우리는 확진자 증가 곡선을 완만하게 만들 수 있었다.

엄청나게 많은 상자들이 도착했다. 배송기사에 의해 바이러스로 오염되었을 경우를 대비해서 사람들은 상자를 하루 이틀 정도 현관이나 차고에 두었다가 가져갔다. 이렇게 '검역'을 거친 상자들은 각자의 집 안으로 들어갔다.

너무 많이 늘어난 주문에 배송해야 할 상자도 너무 늘어서, 비길 데 없는 물류 관리로 유명한 아마존마저 한때는 따라가는 데 어려움을 겪었다. 아마존은 물류창고에 10만 명을 더 고용할 것이라고 발표했고, 몇 주 뒤에 다시 7만 5,000명을 더 고용할 것이라고 발표했다. 또 필수적이지 않은 주문은 우선순위에서 밀릴 수 있다고 구매자들과 제3자 판매자들에게 공지했다. 무엇보다 놀라웠던 조치는 고객이 아마존 사이트에서 더 많이 구매하도록 유도하기 위해 고안되었던 웹 기능 중 일부를 잠정적으로 없앤 것이었다.[1] 적어도 이번 한 번은, 아마존이 사람들을 아마존 사이트에서 돈을 더 많이 **쓰지 않도록** 유도하고 있었다. 아마존은 '모든 것이 있는 가게'이고 '모든 것이자 궁극의 것인 가게'가 될 미래를 내다보고 있었지만, 아직은 그렇게 할 만큼 준비가 되어 있지 않았다. 적어도 아직은 그랬다.

하지만 이와 같은 긴급 조치는 일시적이었다. 비(非)필수 품목의 우선순위를 낮게 둔다는 정책은 없어졌고 더 많은 구매를 독려하는 기능들도 돌아왔다. 사실 아마존 알고리즘은 제조사들이 다른 소매업자를 통해서는 팔지 말고 오직 아마존 사이트에서만 상품을 팔게 만들 새로운 방법을 찾고 있었다.[2] 2020년 봄에 닥친 국가적 위기가 정점을 지나고 가라앉기 시작하면서 그것이 남긴 몇 가지 영향이 부인할 수 없이 명백하게 드러났다. 팬데믹은 미국인의 삶에 벌어지던 일련의 추세를 한층 더 진전시켰고 마치 영사기가 마구 돌아가는 것처럼 초고속으로 가속했다.

이미 실리콘밸리에 광고 수입의 대부분을 빼앗긴 언론사들은 코로나로 상거래가 멈추면서 가뜩이나 얼마 남아있지 않던 것마저 잃고 있었다. 살아남기 위해 편집국 인력이 교대 근무로 운영되면서 처음에는 팬데믹이라는 커다란 사건을 취재할 인력이 부족해졌고, 그 다음에는 미니애폴리스에서 경찰의 과잉 체포로 사망한 조지 플로이드 사건과 그 이후 대대적으로 일어난 저항을 취재할 인력이 부족해졌다. 8월이 되자 상황이 너무 심각해져서 트리뷴 퍼블리싱 그룹은 자사가 소유한 신문사들의 오프라인 편집국을 영구적으로 닫는다고 발표했다. 『뉴욕 데일리뉴스』, 『올랜도 센티널』, 그리고 2011년에 그곳 아마존 물류창고에서 더위로 노동자들이 쓰러지고 있다는 기사를 보도한 『앨런타운 모닝콜』 등이 그렇게 되었다. 또한 12월에 트리뷴은 코네티컷주에서 가장 큰 신문이자 미국에서 가장 오랫동안 중단 없이 발행되어온 신문인 『하트퍼드 쿠란트』의 브로드웨이가 오프라인 사무실을 닫는다고 발표했다.

지난 20년간의 격변을 겪으면서도 어찌어찌 살아남아 있었던 전통 대형 소매업체들도 이제는 가차 없는 소멸의 추세를 향해 가고 있었다. JC페니, 니먼 마커스, J. 크루는 파산 신청을 했다. 메이시는 일시적으로 775개의 점포를 폐쇄하고 12만 5,000명 거의 모두를 일시 해고했다. 두 달 만에 주가가 75퍼센트나 떨어지고서 이 회사는 S&P 500 목록에서 빠지게 되었다. 아마존의 시애틀 이웃인 노드스트롬은 수천 명을 해고한다고 발표했다. 소규모 독립 소매업체들의 피해도 이에 못지않게 광범위했다. 모두 합해서 많게는 2만 5,000개의 소매점이 2020년 한 해 동안 폐업할 것이라는 추산이 나왔는데, 이는 최근 몇 년간 있었던 대량 폐업의 세 배에 달하는 것이었다.[3]

한편, 수십 년 동안 경제가 재편되는 추세에서 상승 파도를 타온 기업들은 전국적으로 벌어지고 있는 경제적 출혈과 정반대로 점점 더 성장하고 번영했다. 5월 말이면 5대 IT 기업인 애플, 페이스북, 마이크로소프트, 아마존, 알파벳(구글의 모기업)의 시가총액 합계는 두 달 사이에 43퍼센트가 증가해 1조 7,000억 달러를 기록했다. 이 다섯 개 기업만 합쳐도 시가총액이 S&P 500 기업 전체의 5분의 1에 달했고 이 비중은 더 커질 것으로 예상되었다. 또한 이 다섯 개 기업은 총 5,570억 달러의 현금을 보유하고 있었다.[4] 이들이 인수합병과 연구개발에 들인 지출은 미 항공우주국(NASA) 연간 예산보다도 많은 300억 달러였다.[5] 버락 오바마의 전 고문이었던 경제학자 오스탄 굴스비는 "현재로서 매우 특이한 점은, 상이한 유형의 회사들이 가진 건전성 상태가 극단적으로 차이를 보인다는 것"이라고 설명했다. "많은 거대 기업들은 돈이 넘쳐나고 있는데 소규모 경쟁사들은 역사상 지금보다 더 불안정한 상태인 적이 없다"는 것이었다.[6]

그중에서도 가장 큰 승자 기업은 아마존이었다. 전체 소매 매출이 급감하던 시기였는데도 1분기 매출이 전년 대비 4분의 1 이상 증가했다. 팬데믹이 가장 맹위를 떨치던 4월 중순에는 아마존 주가가 그해 들어 30퍼센트나 치솟아 두 달 사이에 제프 베조스의 순자산이 240억 달러나 늘었다. 7월 말에는 2분기 수익이 전년 대비 두 배였고 매출은 전년보다 40퍼센트 증가했다고 발표했다. 이 소식으로 아마존의 주가는 더 올랐다. 그해 초부터 9월 초까지 주가가 84퍼센트 상승했는데, 다른 IT 기업들이 기록한 상승폭의 두 배가 넘었다. 한 업계 분석가는 투자자들에게 보낸 메모에서 이렇게 언급했다. "간단히 말씀드리면, 저희가 보기에 코로나19가 아마존에 성장 호르몬을 주입했다고 말할 수 있을 것 같습니다."[7]

급성장하는 비즈니스를 따라잡기 위해 아마존은 1월부터 10월까지 전 세계적으로 42만 5,000명 이상을 증원했고 미국의 상시고용 직원 수가 80만 명, 전 세계 직원 수는 120만 명이 넘게 되었다.[8] 1년 전보다 50퍼센트 정도 증가한 것이었으며, 이로써 월마트와 중국 석유화학공사(시노펙) 다음으로 큰 고용 규모를 갖게 되었다. 택배물을 배송하는 50만 명의 운전기사는 포함하지 않은 것인데도 말이다. 늘어난 직원들이 일할 공간을 마련하기 위해 건물도 엄청나게 많이 짓고 또 임차했다. 9월에는 한 달에만도 100개의 건물을 새로 열었으며, 2020년 전체에 걸쳐 거의 300만 평의 물류창고 공간을 추가 확보할 예정이었다. 대략 50퍼센트나 늘어나는 것이다. 물류창고 수요만 많은 것이 아니었다. 매일 수억 건의 대면 상호작용이 온라인으로 전환됨에 따라 줌(Zoom)과 같은 고객사를 위해 데이터센터도 용량을 늘려야 했다.

아마존이 팬데믹 기간 동안 엄청난 수익을 냈다는 7월의 실적 발표는 미국 경제가 사상 최대 하락폭의 분기 성장률을 기록했다는 상무부의 발표와 같은 날 나왔다. 2분기의 미국 GDP는 전분기 대비 거의 10퍼센트나 하락했다. 아마존은 미국 경제가 그 어느 때보다 침체이던 때에 그 어느 때보다 번창하고 있었다. 아마존의 운명과 국가의 운명은 완전히 따로 돌아가고 있었다.

경제적 운명의 이러한 근본적인 불균형은 우리 시대가 경험하는 정치적 격동의 커다란 원인이 되었다. 그리고 이 간극을 해결할 방법을 찾는 것이 2020년의 무서운 해가 저물 무렵 새로 선출된 조 바이든 대통령과 그의 차기 행정부가 가장 먼저 다뤄야 할 문제임이 명백했다. 미국에는 아마존이 더 퍼져나가게 두는 것을 감당할 경제적 여력이 이제 거의 남아있지 않았다.

팬데믹으로 소수의 지배적 기업에 부와 권력이 더욱 가속적으로 집중되었지만, 팬데믹을 계기로 번영과 역동성이 전국에 더 넓게 분산될 수도 있지 않을까 상상해보게 해주는 징후도 있었다. 뉴욕을 벗어난 많은 사람들이 영구적으로 뉴욕에서 터전을 옮기는 것을 고려하고 있었다. 맨해튼의 고급 고층 아파트들이 공실로 비어 있었다. 팬데믹이 '사무실의 시대'가 종말을 고하게 만들 것이라는 전망도 나왔다. 마침내 우리가 장소에 구애받지 않고 어디에서든 일할 수 있는 자유를 갖게 되었다고 말이다. 꼬박꼬박 시내의 사무실에 가서 출근 도장을 찍어야 할 필요가 없다면 엄청난 비용을 감수하면서 대도시에 살 이유가 무엇인가? 더 조용하고 한적한 뉴욕주 북부나 심지어는 시라큐스, 이리, 애크런 같은 곳에 살면 안 될 이유가 무엇인가?

이것은 더 단순하던 시절, 이를테면 새뮤얼 그룸바허가 펜실베이니아주의 소도시들에 아들과 사위를 보내 사업 기회를 찾으라고 했던 시절의 향수가 묻어 있는 낭만적인 개념이었고, 이 개념은 곧 온갖 종류의 잔인한 경제적 현실에 맞닥뜨렸다. 디지털 경제는 그 전에 이미 승자독식 기업과 승자독식 도시를 만들어냈고, 이어서 팬데믹 동안 록다운으로 디지털화가 한층 더 가속되면서 거대 IT 기업들 및 이들과 관련된 도시들의 시장 지배력도 한층 강화되었다. 따라서 승자독식 경제의 동학은 누그러지기는커녕 계속 강화될 것으로 보였다. 페이스북이 뉴욕의 기차역 펜 스테이션 맞은편에 있는 유서 깊은 옛 우체국 건물의 사무 공간 2만 평을 통째로 임차하기로 했다거나 아마존이 5번가에 있는 옛 로드 앤 테일러 매장 건물(아마존은 10억 달러에 이 건물을 매입했다)에서 최소 2,000명의 화이트칼라 직원을 증원할 것이라는 발표는 놀랄 일이 아니었다. 현재 5만 명 이상의 아마존 직원이 있는 시애틀에서도 2025년까지 워싱턴호 근처의 벨뷰에 2만 5,000명을 증원할 계획인데, 이렇게 되면 광역 시애틀 지역이 북부 버지니아의 HQ2 단지 전체에 해당하는 인구를 흡수하게 되어 장기적인 번영을 더욱 공고히 할 수 있게 된다. 그리고 초번영 도시들에서는 주택 임대료와 매매가가 성층권까지 올라갔던 최고치를 찍고 드디어 내려오기 시작했지만, 뉴욕 교외의 사무 단지와 주택 단지, 서부 스키 리조트의 부동산, 햄프턴의 좋은 학군 등에 대한 수요는 증가 추세가 꺾이지 않았고, 이는 어떠한 경제적 분산의 혜택도 승자독식 도시들의 권역을 벗어나지는 않으리라는 것을 말해주고 있었다. 대도시와 그 위성 도시들의 이득은 멀리 떨어진 중소도시들로까지 흘러내려가지는 않을 것이었다.

게다가 중소도시들은 연방 정부의 감염병 구제 패키지가 인구 50만 명 이상인 도시만 대상으로 삼은 점 때문에라도 심각한 타격을 입게 될 것으로 보였다. 세인트루이스나 디트로이트 같은 곳에서는 식당과 술집 등의 폐업이 특히 심각한 영향을 미치리라는 징후가 이미 나타나고 있었다.[9]

이 도시들은 밤 시간대 경제 활동이 새로이 활력을 얻으면서 뒤늦은 재건의 가능성이 희미하게나마 보이는 중이었는데 팬데믹의 타격을 맞았다. 8월에 아메리칸 항공은 15개 중소도시에 취항을 중단한다고 발표했다. 중소도시들의 고립과 쇠락은 더욱 가속화될 것이다.

요컨대, 팬데믹의 피해는 의지할 안전망이 가장 적은 곳들에 가장 강력하게 불어닥치고 있었다. 도시뿐 아니라 개인 수준에서도 마찬가지였다. 라스베이거스 당국은 노숙인들이 거리두기를 위해 2미터가량씩 떨어져서 자도록 주차장에 표시를 했다. 뉴저지주 저지쇼어에서는 푸드뱅크(이름이 'Fulfill'이다) 수요가 40퍼센트나 증가해 36만 4,000끼의 식사를 추가로 제공해야 했다. 전국적으로 시간당 28달러 이상을 버는 사람들 사이에서는 2020년 가을이면 팬데믹 이전 수준의 고용이 회복되었지만 16달러 이하로 버는 사람들은 4분의 1이 일자리를 잃었다.[10]

데이턴에서 토드 스왈로스는 자동차가 또 고장 나 출퇴근을 할 수 없게 되면서 골판지 공장 일자리를 잃었다. 팬데믹이 시작되었을 때 토드는 데이턴에서 남쪽으로 30분 정도 떨어진 곳에서 세라와 아이들과 함께 살면서 그곳의 파파이스 매장에서 일하고 있었다. 그러나 팬데믹이 닥치고 파파이스 매장이 드라이브스루로 바뀌면서 근무 시간이 줄었다. 학교가 열리지 않아 세라는 좁은 집에서 공부를 시키며 종일 아이들을 돌보느라 부대껴야 했는데, 토드의 소득마저 줄자 이는 예상 가능한 결과로 이어졌다. 5월에 그들은 다시 헤어졌고 양육권은 공동으로 갖기로 합의했다. 파파이스가 시간당 11달러로 임금을 인상해주지 않아서 분노한 토드는 10월에 다시 물류 쪽에서 일자리를 찾았다. 도처에 솟아나고 있는 아마존의 분류센터 중 하나와 인접한 어느 타이어 물류창고였다. 보수는 시간당 13달러였는데 전에 골판지 공장에서 벌던 것과 비슷했다.

동쪽으로 250킬로미터 떨어진 넬슨빌에서 테일러 새핑턴은 텍사스 로드하우스 레스토랑에서의 근무 시간이 너무 줄어서 넬슨빌의 유일한 슈퍼마켓인 크로거 매장에서 계산원으로 새 일자리를 찾았다. 이전 일자리에 비해 임금이 3분의 1이나 줄었다. 그는 시 정부에서 새로운 직책도 가지게 되었다. 유급 시간제 직책인 시 회계 감사로 선출된 것이다. 자신들이 내는 세금의 지출을 감독하라고 그를 선출한 유권자들 앞에서 시 회계 감사가 슈퍼마켓 계산원이 되어 그들의 물건을 스캔하고 있는 것이 어색하게 보였을 수도 있지만, 테일러는 그런 것에 개의치 않았다. 체면 차리는 것 말고도 걱정해야 할 일이 많았다. 이를테면, 보도에서 벽돌을 떼어다가 암시장에 판매하는 사람이 늘어서 도시의 보도가 형편없이 망가졌다. 또한 재러드가 사망한 장소인 루비 튜스데이도 포함해 이 카운티의 사업체들이 연달아 도산하고 있었다.

팬데믹은 엘파소의 샌디 그로딘에게도 타격을 입혔다. 그의 사무용품 매출은 4월에 65퍼센트나 떨어졌고 직원들의 안전을 위해 모든 직원을 집으로 돌려보냈다. 그나마 다행히 연방 정부가 지원하는 중소기업 대출을 받을 수 있었고 5월에 교육위원회 한 곳이 해당 교육구 내의 모든 학생을 위해 원격 수업에 필요한 학용품을 대량 주문했다. 그가 이 계약을 따낼 수 있었던 한 이유는 아마존과 달리 학년별, 교실별로 모든 물품을 정리해 두어서 교육위원회가 더 수월하게 물품을 보급할 수 있게 했기 때문이었다. 엘파소의 또 다른 곳에서 테레사 간다라의 가족도 팬데믹 초기에는 무섭도록 궁지에 내몰렸다. 테레사는 "모든 것이 갑자기 사라졌고 우리는 구덩이에 빠졌다"고 말했다. 하지만 그들도 곧 적응했다. 펜슬컵은 새로운 틈새 수요를 발견했다. 매장마다 동나고 있는 청소용품과 위생용품을 가정과 기업에 공급하는 것이었다.

시애틀에서는 케이티 윌슨과 '대중교통 이용자 연합' 회원들이 조지 플로이드의 죽음에 항의하는 시위에 참여했고, 도심의 힙스터 동네 캐피톨의 한복판에 경찰로부터 자유로운 '해방구'를 만들었다. 이 시위는 케이티의 활동가 정신을 자극했지만 희망을 불태우기에는 반대 세력의 막강한 영향력에 너무 많은 좌절을 겪은 터였다. "이것은 멋지긴 하지만 혁명은 아니에요."

워싱턴 DC에서는 도시 전체에서 열린 대규모 시위에 아마존의 홍보 책임자 제이 카니도 참여했다. 그는 백악관 근처에서 선글라스와 마스크를 착용하고 '흑인 생명도 소중하다'(Black Lives Matter) 티셔츠를 입고 있는 모습의 셀카 사진을 트위터에 올렸다.

볼티모어에서는 샤일라 멜턴(Shayla Melton)이라는 26세 여성이 아마존으로 돌아갈지 말지를 놓고 고심 중이었다. 멜턴은 GM 공장이 있었던 브로닝 하이웨이의 아마존 물류창고에서 피커로 일하다가 팬데믹이 막 시작되었을 때 둘째를 낳았다. 남편은 스패로스 포인트의 아마존 물류창고에서 피커로 일했는데 그곳에서 코로나 확진자가 많이 발생해서 그도 일을 쉬고 있었다.

코로나 시기 아마존의 초기 대응은 의료보험이 없는 임시직 노동자와 계약직 배송기사들을 위해 자선기금을 조성하고 있다는 것을 대중에게 알려서 기부를 장려하는 것이었다. 이것은 다소 비웃음을 샀다. 또한 아마존은 코로나 확진자에게는 2주간의 유급 휴가를 주기로 하고, 확진되지는 않았지만 집에 머무르기를 원하는 사람에게는 근무 누락으로 인한 불이익 없이 무급 휴가를 제공하기로 했다. 팬데믹 기간 중에 계속 나와서 일하기로 한 사람들에게는 시간당 2달러의 추가 임금을 제공했다. 노동자들이 출근할 때마다 체온을 잴 수 있도록 도구를 구비했고 코로나 검사소를 설치했으며 마스크를 지급하고 손 소독제와 살균제도 제공했다.

헥터 토레스는 콜로라도주 손턴에 있는 물류창고에서 이러한 조치들이 시행되는 것을 지켜보았다. 어느 날, 영화 〈고스트 버스터즈〉에서 튀어나온 것처럼 하얀 안전복을 머리부터 발끝까지 입은 방역 요원들이 들이닥쳤다. 하루 일을 시작할 때 항상 했던 집단 체조가 취소되었고 이 때문에 신체적인 작업이 더 위험해졌다. 또한 상자를 트럭에 올리는 것 같은 작업을 이제 파트너 없이 혼자 해야 했다. 헥터가 가장 화가 난 것은 재택근무가 허용된, 아니 재택근무를 하라고 독려 받는 본사 직원들과 물류창고 노동자들 사이의 대조였다. 물류창고의 감염 예방 조치가 너무나 피상적이었기 때문에 헥터는 여름까지 계속 지하실에서 지내기로 했다. 접촉을 줄이려고 몇 달 동안 아내와 아이들을 포옹하는 것도 피했다. 그의 동반자는 반려견과 고양이였다. "나는 식구들과 같은 자리에 앉지도 않고 아무것도 함께 하지 않습니다. 매일 내가 무언가에 노출되고 있다는 것을 전제로 생활하고 있어요."

그러는 동안 새로 채용된 인력이 계속해서 들어왔다. 전직 산업 기사, 소송 대리인, 부동산 회사 소유주 등 헥터처럼 화려한 예전 경력을 가진 사람들도 아마존 물류센터 일자리를 찾았다. 헥터는 이렇게 말했다. "제 주변에서 볼 수 있는 사람들은 선택의 여지가 많지 않은 수많은 사람들입니다. 우리는 경제적 난민입니다." 예전 경력이 있는 사람들 외에 꽤 젊은 노동자들도 많았는데, 헥터는 그들과 말을 트고 나면 되도록 빨리 다른 일을 찾으라고 독려했다. "시간 금방 지나갑니다. 아직 시간 있고 결정 내릴 수 있을 때 나가세요."

프랑스에서는 노조가 안전 조치를 요구하면서 아마존 물류창고들이 몇 주 동안 감염병 통제를 위해 영업을 중단했고 그 다음에는 임금을 줄이지 않고 노동자들의 근무 시간을 15분 단축했다. 사람들이 많이 오가는 교대 시간에 거리두기를 더 용이하게 할 수 있게 하기 위해서였다. 물류창고 노조가 없는 미국에서는 노동자들의 고충 제기가 이와 다른 형태를 띠었다. '지옥에 오신 것을 환영합니다.' '빌어먹을 베조스.' 창고 카메라에 잡히지 않는 트레일러 트럭 안에 이러한 그래피티가 그려졌다. 또한 노동자들은 온라인으로 은밀히 고충 사항을 공유하기 시작했다. 몇몇 물류창고에서는 더 공개적으로 저항이 조직되었다. 어쩌면 팬데믹이 노동 운동의 새 시대를 열게 될지 모른다는 징후가 나타나기 시작했다.

하지만 아마존은 그러한 징후가 커지는 것을 막기 위해 빠르게 움직였다. 스태튼아일랜드에 있는 초대형 물류창고에서 파업을 조직했던 노동자는 해고되었다. 회사 측이 제시한 사유는 확진자와 밀접 접촉해 자가격리 중이어야 했던 시기에 물류창고에 나오는 등 안전 수칙을 위반했다는 것이었다. 물류창고 노동자들의 저항에 지지를 밝힌 시애틀 본사 직원 두 명도 해고되었다.

이렇게 크고 강력한 기업을, 또 그 밖의 거대 IT 기업들을 충분히 견제할 수 있으려면 노동자들의 행동만으로는 부족하다. 여기에는 연방 정부의 행동이 필요하다. 조 바이든의 당선은 우리 시대의 특징적인 정치적 경향 하나가 지속되고 있음을 보여주었다. 부유한 교외 지역에서는 민주당이 계속해서 탄탄한 지지를 확보하고 있는 반면, 트럼프에게 더 많은 표를 주었던 낙후된 농촌과 소도시들에서는 여전히 지지를 얻는 데 고전하고 있는 것이다. 게다가, 민주당으로서는 우려스럽게도, 민주당이 고학력 도시 전문직의 정당이 되어가면서 이제는 백인 노동자 계급만이 아니라 히스패닉 유권자와 흑인 남성 유권자들로부터도 지지를 잃고 있었다.

이러한 지지 기반의 훼손과 그 배경인 막대한 계급적, 지역적 불균형을 민주당이 오랜 동지였던 IT 업계에 도전함으로써 해결할 것인지 아닌지는 조 바이든과 그의 새 행정부, 그리고 민주당 의원들이 결정해야 할 몫이다. 민주당은 중상류층 소비자들과 그들에게 물건을 포장하고 배송해주는 회사들의 정당이 되어왔다. 이 연합을 계속 부여잡으려 한다면 민주당은 큰 어려움에 직면하게 될 것이다.

팬데믹이 시작되고 몇 달 뒤인 4월 말이 되자 샤일라 멜턴의 남편은 허용된 무급휴직 기간이 끝나서 일자리를 유지하고 싶다면 다시 물류창고에 일을 하러 나가야 했다. 멜턴도 곧 결정을 내려야 했다. 멜턴은 최근에 우버 기사 일을 시작했고, 아마존으로 돌아가는 대신 우버 일을 계속할까 생각하고 있었다. 창문을 열어두고 차내를 지속적으로 소독하면 고압의 바람이 휘몰아치는 물류창고보다 바이러스에 노출될 가능성을 줄이기가 더 쉬울 것 같았다. "다시 돌아가고 싶은지 잘 모르겠어요. 우버 일을 할 때가 적어도 마음은 더 편한 것 같습니다."

멜턴의 가족은 볼티모어 외곽에 재러드 쿠슈너의 가족 부동산 회사가 소유한 많은 주택 단지 중 하나에 살고 있었다. 배달 자동차가 일곱 살 여아를 치어 사망하게 한 곳에서 2킬로미터 떨어진 곳이었다. 몇 호 건너집의 젊은 여성은 허리 통증이 너무 심해져서 얼마 전에 아마존 일을 그만두었다. 점점 더 이 단지에 사는 사람들 대부분이 아마존에서 일했거나 일하고 있는 사람들인 것 같았다. 예전의 스패로스 포인트처럼 이곳도 컴퍼니 타운이 되어가고 있었다. 거리의 이름과 모양만 알파벳 A, B, C로 이름 붙은 격자무늬에서 '스킵잭 코트'라든가 '타이드워터 레인'이라는 이름이 붙은 순환도로와 막다른 길들로 바뀐 채로 말이다.

5월 1일 메이데이에 전국의 아마존 물류창고 노동자들이 대대적인 파업 시위에 나설 것이라는 이야기가 돌았다. 하지만 브로닝 하이웨이의 풀필먼트 센터 밖에서는 어떤 소요의 징후도 볼 수 없었다. 주차 공간은 그 어느 때보다도 가득 차 보였다. 인근의 분류센터에서도 소요의 기미는 보이지 않았다. 토네이도로 무너진 벽은 다시 세워졌고 지금은 건물의 절반이 프라임나우 서비스로 배달될, 그리고 팬데믹을 거치면서 수요가 급증한 식품과 가정용품을 포장하는 데 쓰이고 있었다.

스패로스 포인트의 물류센터에서도 메이데이 투쟁의 분위기는 없었다. 하루 전에 아마존은 스패로스 포인트에 두 번째 물류창고를 지을 것이며 그곳에서 스포츠용품과 가구 등 대형 물품들을 포장하고 운반할 노동자 500명을 추가로 채용할 것이라고 발표했다. 한때 봉강 공장과 철사 공장이 있던 곳에 들어설 이 건물은 심지어 다른 물류창고보다 더 크고 기다란 건물이 될 것이었다. 이곳에 새로 고용될 노동자들은 아마존이 메릴랜드주에서 이미 고용하고 있는 1만 7,500명에 더해 추가로 고용하겠다고 밝힌 4,400명 중 일부였다. 그러면 아마존은 20세기 중반 베들레헴 스틸이 전성기 때 이곳에서 고용하고 있던 노동자 수에 맞먹는 노동자를 고용하게 된다.

현재의 물류창고 주차장으로 통하는 도로는 여전히 '틴 밀 로드'[양철공장 길]라고 불렸다. 이 도로 표지판은 미국이 전쟁 중(팬데믹 전쟁이 아닌 진짜 전쟁)이었고 바로 여기에서 짧은 기간 내에 100척 이상의 함선(해군 유조선, 공격수송함, 광석운반선 등)과 수없이 많은 갑판 및 포 단조품을 생산하던 시절을 떠올리게 한다. 70년이 지난 지금, 미국은 의료진이 사용할 방역 보호장구를 충분히 확보하기 위해 공급망을 재건하고자 고군분투하고 있었다.

한 남자가 인력공급 업체 '인테그리티'에 입사 지원서를 제출하고서 집에 돌아가기 위해 '리프트'로 부른 차량을 기다리고 있었다. 그는 서른세 살이었고, 생애 첫 정규직 지원이었다. 그는 성인기의 대부분을 볼티모어 서쪽에 있는 렉싱턴 시장에서 헤로인과 펜타닐을 팔아 생활했지만 팬데믹 기간 동안 점포들이 문을 닫으면서 그의 고객들이 마약 살 돈을 마련하기 위해 암시장에서 내다 팔 물건들을 훔칠 수 없게 되었다. "도둑질이건 뭐건 아무것도 할 수 없습니다. 여기는 확실히 힘들어요. 여기에는 돈이 없어요."

그래서 그는 인근 지역의 모든 사람이 가고 있는 것처럼 보이는 길에 들어왔다. "제 친구 한 명은 아마존에 운전사로 취직하는 것을 생각하고 있습니다. 모두가 아마존에 오려고 해요."

물류창고에서 받는 임금으로 어떻게 살아갈 수 있을지는 막막했지만, 정말로 선택의 여지가 없었다. "여기는 확실히 힘들어요. 확실히 예전 같지 않습니다." 그가 말했다. "모든 것에 대해 내가 해왔던 방식을 다 바꿔야 합니다."

후기

이 책 초판이 출간되고 두 달 뒤인 2021년 5월에 오하이오주 데이턴의 로터리클럽에서 매달 열리는 점심 모임에서 이 책에 대해 토론하는 자리가 마련되어 거기에 참석했다. 아쉽게도 모임은 '줌'으로 열렸다. 참석한 사람 중에 지역경제를 촉진하는 활동을 벌이고 있는 몇몇 사람들은 제조업 도시로 유명하던 데이턴이 이제 어딘가 다른 곳에서 제조된 물건들을 포장하고 운송하는 물류의 중심지로 변해가고 있다는 내 결론에 다소 마음이 상한 것 같았다. 각오했던 반응이었고 공감되는 바도 없지 않은 반응이었다. 외부인에게 가혹한 판단을 받는 것은 힘든 일이고, 나처럼 그곳에서 얼마 있어 보지도 않은 사람에게 가혹한 판단을 받는 것은 더욱 힘든 일일 것이다.

그들의 이의제기에 대해 나는 조심스럽게 반론을 폈는데, 바로 다음날 지역 신문에 실린 광고 내용을 그때 알았더라면 반론을 더 탄탄히 뒷받침할 수 있었을 것이다. 아마존이 데이턴 외곽의 공항 옆에 새로운 풀필먼트 센터를 짓고 있으며 2022년부터 1,500명 이상을 고용할 예정이라는 광고였다. 그 전에 아마존은 워런 카운티의 I-75 도로 아래쪽에 대형 풀필먼트 센터('빅 대디 프로젝트')와 데이턴의 근교외 지역인 케터링에 최종 목적지까지의 말단 배송을 처리할 목적으로 더 작은 규모의 물류센터 계획도 발표한 바 있었다.

공항 옆에 지어질 물류창고 소식을 로터리클럽 모임 전에 알았더라면 더 좋았겠지만, 그게 아니더라도 코로나가 시작되고 1년이 지나면서 아마존은 확장 소식을 따라잡는 것이 어려울 정도로 빠르게 시설들을 확장하고 있었다. 책이 출간되기 조금 전에 볼티모어에 갔을 때는 스패로스 포인트의 두 번째 물류창고(가구 등 대형 물품을 전문적으로 취급한다)가 이미 열려 있었고, 몇 주 후에 나는 아마존이 볼티모어 지역에 총 네 개의 물류창고를 둘 계획으로 세 번째 물류창고를 짓고 있다는 것도 알게 되었다. 그러니 구인 광고가 전보다도 더 도처에서 보이는 것은 놀라운 일이 아니었다. 이제 고속도로 옆 광고판, 버스 옆면, 그리고 주유하는 동안 상영되는 동영상 클립 등 모든 곳에서 아마존의 구인 광고를 볼 수 있었다. 일자리가 필요하세요? 답은 아마존입니다.

나는 베들레헴 스틸의 역사를 보존하기 위해 노력하고 있는 예전 철강 노동자 키스 테일러에게 출간 전에 책의 증정본을 한 권 선물하려고 스패로스 포인트에 온 참이었다. 그는 여전히 그 근처에 살고 있었고 우리는 체서피크 안쪽의 백리버강 어귀가 내려다보이는 그의 집 테라스에 함께 앉았다. 그는 스패로스 포인트의 변모가 가진 또 다른 측면을 이야기해주었다. 노동자들이 물류창고에서 하루 근무를 마치고 퇴근할 때 너무나 맹렬한 속도로 스패로스 포인트를 벗어나려 해서 도로에 과속 방지턱을 추가로 설치해야 했다는 것이다.

키스는 이렇게 노동자들이 각자 알아서 일하고 일이 끝나면 각자 서둘러 일터를 떠나고자 하는 것이 베들레헴 스틸 때와 너무 대조적이라는 것을 알아차리지 않을 수 없었다. 끈끈한 동료애가 있었고 가장 의기충천했을 때는 소방대원 같은 공동의 목적의식도 있었던 그 시절에는 주간조냐 야간조냐에 따라 다르긴 했지만 자주 동료들과 함께 퇴근해 식당이나 바에 가서 어울렸다. 나는 뉴욕의 라디오 방송국에 이 책에 대해 이야기하기 위해 출연한 자리에서 이와 같은 대조를 언급했다. 전화로 연결된 한 아마존 노동자가 동의를 표했다. "저도 조와 맥주를 마시러 가고 싶다는 생각은 딱히 들지 않아요. 물류창고에서 저와 가까이에서 일하는 사람인데요, 저는 조가 어떤 사람인지도 몰라요."

4월에 앨라배마주 베서머에 있는 풀필먼트 센터에서 있었던 노조 결성 찬반투표 소식을 지켜보면서도 나는 이 현상에 대해 생각했다. 이 투표는 전국적으로 큰 관심을 끌었다. 그도 그럴 것이, 아마존 물류창고 전체를 통틀어 최초의 노조 결성 투표였던 것이다. 특히 이곳이 딥사우스 지역이라는 점이 더욱 관심을 끌었다. 버밍엄 교외 지역인 이곳의 이름 '베서머'는 초창기 산업화를 이끈 혁신의 주인공[제강 기술 개발자인 헨리 베서머]의 이름을 딴 것이며, 남부판 스패로스 포인트 같은 곳이었다. 철강을 생산하다가 물건을 포장, 운송하는 쪽으로 이동했다는 점에서 말이다. 베서머의 물류창고는 2020년 3월에 문을 열었고, 팬데믹이 막 시작되어 온라인 주문이 급증하면서 회사는 수십억 달러를 긁어모으고 있었지만 물류창고 노동자들은 과로에 소진되고 있었다. 그래서 이들은 '유통, 도매, 백화점 노조'에 연락해 지부를 결성하는 일에 나섰다.

여기에 걸려 있는 것은 어마어마했다. 원클릭의 시대에 물류 분야의 고용이 엄청난 속도로 증가해서, 수백만 명의 미국인들이 노동시장에 진입하게 되는 주요 분야가 이제 공장이나 쇼핑몰이 아니라 물류창고가 되었다. 그리고 지금 바로 **이 분야에서** 노동 조건에 대해 투쟁이 벌어지고 있었다. 미국 경제의 역사에서 한 세기 전에 그랬듯이 미국이 다시 대규모 노동력을 고용하는 추세로 돌아간 것이라면(한 세기 전에 대규모 고용 사업장에서 노동자들은 불충분한 임금을 받으면서 기업 금권 귀족들에 의해 한층 더 높은 생산성을 달성하도록 내몰렸다), 20세기 중반에 베들레헴 스틸 노동자들이 쟁취했던 중산층 수준의 임금과 노동자들의 더 큰 협상력을 회복하는 데서 역사의 바퀴를 앞으로 조금 더 돌릴 수 있을 장소는 바로 여기였다.

아마존도 이 중요성을 잘 알고 있었고 그에 걸맞게 대응했다. 즉 노조 결성을 저지하기 위해 막대한 자원을 퍼부었고 잘 알려진 옛 전술(가령 의무적으로 노동자들의 회의를 소집해 반노조 메시지를 대대적으로 이야기하는 것)과 혁신적인 새 전술(가령 지역 공무원들이 신호등의 작동 패턴을 바꾸게 해서 노조 조직가들이 집으로 운전하며 가는 길에 노동자들과 대화를 나누기 어렵게 하는 것)을 모두 사용했다. 70퍼센트가 노조 설립에 반대한다는 결과가 나왔을 때, 논평가들은 아마존의 방해 전략과 연방 의회에서 민주당 정치인들이 상원에서 필리버스터를 차단할 수 있는 다수 의석을 수십 년 동안 확보하지 못해서 개혁을 추진하지 못하는 바람에 여전히 고용주 친화적으로 치우쳐 있는 노동법이 아마존의 방해 전략을 허용하고 있는 상황을 지적했다.

이러한 분석은 옳았고, 몇 달 뒤 아마존이 노동자들을 부적절하게 압박했으므로 재투표를 실시해야 한다는 국가노동위원회의 결정도 이러한 분석을 뒷받침했다. 하지만 나는 키스 테일러와 뉴욕의 라디오 방송국으로 전화를 걸어온 아마존 노동자가 말한 현상에 대해서도 생각하지 않을 수 없었다. 물류창고 작업의 원자화된 성격에 대해서, 그리고 그러한 환경에서 노동자들이 유대를 쌓는 것이 얼마나 어려운지에 대해서 말이다. 베서머의 물류창고는 문을 연 지 1년밖에 되지 않았고 아마존 물류창고의 특징인 엄청나게 높은 이직률을 보이고 있었다. 사실 아마존은 퇴직 보너스를 주고 사내에서는 승진 기회를 거의 제공하지 않음으로써 높은 이직률을 촉진하는 면이 있었다. 노동자들이 이름 없는 부품처럼 계속 제자리에서 쳇바퀴를 돌게 해야 저항적인 연대를 일구기 어렵게 되리라는 것을 잘 알고 있었기 때문이다. 전국 단체인 아마조니언 유나이티드(Amazonians United, 노조 필요성에 대한 인식을 높이기 위해 활동하는 물류창고 노동자 단체)는 이직률이 노동자들의 연대를 구축하는 데 정말 큰 장애물이라고 말했다. 그래서 이 단체의 주요 목적 중 하나는 노동자들이 되도록 오래 그만두지 않고 이 일을 할 수 있게 하는 것이라고 했다. 이를 위해 아마조니언 유나이티드는 공짜 음식을 제공해 노동자들이 식사와 휴식을 함께 할 수 있게 하거나 그밖에 어떤 방법으로든 노동자들이 서로를 알아갈 기회를 가질 수 있게 독려한다. 실제의 인간적인 연결이 있으면 사람들이 더 오래 머물게 되리라는 생각에서다.

물류창고에 노조가 생기기까지는 오랜 시간이 걸리겠지만, 지난 세기 스패로스 포인트에 철강 공장이 생기고 노조가 생길 때까지도 오래 걸렸다. 그때는 정확히 반 세기가 걸렸다. 그리고 2021년 여름에, 지난 세기보다 승리까지의 기간을 단축시킬 수도 있을 것 같은 또 다른 전선이 열렸다. 연방 정부, 주 정부, 그리고 EU에서 반독점 관련 입법과 조사를 통해 아마존을 비롯한 거대 IT 기업들의 고삐를 죄는 일이었다. 어쩌면 기업 해체까지도 명령할 수 있을지 몰랐다. 바이든 대통령의 새 행정부는 기업 집중화가 제기하는 위협에 정면 대응하기로 작정하고 있었고, 이를 보여주는 가장 주목할 만한 행보로 32세의 리나 칸을 연방거래위원회 위원장으로 지명했다. 5년 전에 왜 아마존이 사실은 해로운 독점기업인지에 대해

독창적인 논문을 썼던 로스쿨 학생 말이다. 적지 않은 공화당 상원의원도 리나 칸의 지명을 인준함으로써 뜻을 같이 했다. 리나 칸이 임명장을 받은 지 1주일 뒤에 연방거래위원회는 아마존의 MGM 스튜디오 인수 건에 대해 조사에 들어갔다. 그리고 2주 후에 바이든은 시장 경쟁을 촉진하기 위한 폭넓은 행정명령을 발동했다. 이 행정명령에 대해 설명하면서 그는 이렇게 언급했다. "우리는 지난 몇 십 년 동안 경쟁의 축소와 집중화의 심화가 우리 경제의 발목을 잡고 있는 것을 보았습니다. 기업들은 소비자들을 위해 경쟁하고 있다기보다 경쟁자들을 소비하고 있습니다. 노동자들을 두고 경쟁하기보다 노동력을 누르고 우위를 점할 방법을 찾고 있습니다." 업계의 집중화 추세와 다른 이들의 고충 사이의 관련성이 드디어 드러났다. 아마존을 통해 물건을 파는 것 말고는 다른 길이 거의 없을 거라는 이야기를 듣고 있는 펜슬컵, 엘파소의 오피스프로덕츠 같은 소기업의 고충, 그리고 자신의 가치보다 못한 보수를 받으면서도 여기에서 일하는 것 외에는 다른 길이 없다고 느끼는 빌 보다니 주니어, 헥터 토레스 같은 노동자들의 고충 말이다. 이제 미국에서만도 아마존 물류창고 노동자가 100만 명에 육박하는데, 이들의 노동이 얼마나 고된지에 대해 증거가 더 필요하다면 직업안전보건국이 팬데믹 기간 중 내놓은 가장 최근 보고서를 보시기 바란다. 이 보고서에 따르면 2020년에 일터에서 중상을 입은 사고율이 아마존이 아닌 물류창고보다 아마존 물류창고가 거의 두 배 높았다.

기업 집중화의 추세에 맞서야 한다는 주장의 타당성은 거대 기업의 고위직 임원들이 개인 소득세를 얼마나 적게 냈는지 폭로한 『프로퍼블리카』(내가 일하고 있는 언론사다)의 기사를 통해서도 확인할 수 있다. 이를테면, 제프 베조스는 2007년과 2011년에 연방 소득세를 전혀 내지 않았다. 이러한 폭로와 더불어, 베조스가 127미터 길이의 대형 요트를 구입했는데 여기에 딸린 작은 요트를 헬기 조종사인 여자친구가 헬기 착륙선으로 쓸 수 있게 하려는 것이었다는 기사도 나왔다. 전체 가격은 5억 달러였다.

하지만 제프 베조스는 이러한 폭로나 경제 전반에 걸친 아마존의 커져만 가는 지배력에 대한 더 큰 맥락의 이슈에 대해 의회와 언론과 대중에게서 제기될 성가신 질문들을 본인이 직접 다룰 필요가 없을 것이다. 2021년 5월 말에 베조스는 오랫동안 매우 수익성 높은 아마존의 클라우드 사업부를 담당해온 앤디 재시(Andy Jassy)에게 CEO 자리를 넘긴다고 발표했다.

베조스는 회장직을 유지하고 회사 운영에서 계속 큰 역할을 하겠지만 의회의 소환에 응해야 할 사람은 아닐 것이고, 그가 세운 우주탐사 회사 블루오리진 등 다른 관심사를 자유롭게 추구할 수 있을 것이다. 그가 소유한 『워싱턴포스트』가 2020년에 증가한 미국의 가구 자산 13조 5,000억 달러 중 3분의 1이 상위 1퍼센트에게 갔다는 기사를 보도하고 나흘 뒤인 7월 20일에 제프 베조스는 로켓을 타고 대기권 밖 우주에 올라갔다 내려왔다.

지상에 착륙하자마자 그는 그날이 "역사상 최고의 날이었다"고 선언했다. 그러나 그의 우주 비행 후에 가장 주목을 끈 것은 그의 솔직하다면 솔직한 다음과 같은 발언이었다.

"모든 아마존 직원과 모든 아마존 고객에게 감사드리고 싶습니다. 여러분이 이 모든 것에 돈을 지불했기 때문입니다."

이 책의 구상은 10년도 더 전으로 거슬러 올라가지만 2017년과 2018년에 내 에이전트 로런 샤프, 그리고 편집자 알렉스 스타와 대화를 나누면서 초점과 구성을 결정할 수 있었다. 그들의 격려와 판단이 없었다면 이 책은 나오지 못했을 것이다. 또한 리넷 클레멧슨이 2017년에 미시건 대학 나이트-월리스 펠로십에서 강의를 할 수 있게 초청해준 덕분에 이 책의 내용을 잡기 시작할 수 있었고 초기에 이 일에 뛰어들 수 있었던 결정적인 계기가 되었다.

많은 이들의 도움이 없었다면 전국 곳곳을 다니면서 취재를 할 수 없었을 것이다. 시애틀에서는 진 존슨과 레이니 존슨의 환대를 받았고, 카메코 토머스, 펠릭스 응구소, 티아 영 덕분에 센트럴 디스트릭트 사람들을 소개받을 수 있었으며, 마거릿 오마라, 마이크 로젠버그, 이선 굿맨, 로라 로, 닉 리카타, 캐리 문, 마이크 맥긴의 귀중한 통찰을 얻을 수 있었다. 오하이오주 데이턴에서는 2018년 PBS의 〈프런트라인〉에 방영된 다큐멘터리를 제작할 때 함께 했던 동료들로부터 도움을 얻었다. 낸시 구에린, 밴 로이코, 시몬 도탄, 프랭크 쿠건에게 감사를 전한다. 볼티모어에서는 J.M. 지오다노, 빌 배리, 데릭 체이스, 렌 신델, 마크 로이터로부터 스패로스 포인트의 맥락에 대해 이야기를 듣고 다른 사람들도 소개받을 수 있었다. 이넉 프랫 프리 도서관 직원들에게서도 큰 도움을 얻었다. 또한 내가 이 책을 위해 출장을 간 동안 사건 하나를 커버해준 밸러리 슈에게 감사를 전한다. 워싱턴 DC에서는 마크 무로, 클래라 헨드릭슨, 그레그 르로이, 매트 스톨러, 벤 지퍼러, 마셜 스타인바움에게 귀한 도움을 받았다.

스탠퍼드 대학의 '사회내 윤리를 위한 매코이 가족 센터'(McCoy Family Center for Ethics in Society)에도 감사를 전한다. 이곳의 조앤 베리가 주관하고 로버트 라이시, 앨리슨 매퀸, 레이프 웨너, 미셸 윌드 앤더슨, 세라 프리시, 바버라 키비아트, 마이클 케이한, 마리체 샤크, 아론 폴리, 개런스 버크, 콜린 앤서니, 다이애나 아퀼레라가 참석한 비판 워크숍에서 많은 도움을 얻었다.

초고를 읽고 의견을 주신 다음 분들께도 감사를 전한다. 프랭클린 포어, 마크 밴호네커, 스테이시 미첼, 네이선 피펜저, 애덤 플런켓, 사이먼 밴 주일런-우드, 미야 프레이저, 페리 베이컨 주니어, 아비 제닐먼, B. J. 베설, 세스 소여스. 레이철 모리스는 특히나 면밀하게 초고를 검토해주었다.

편집자 알렉스 스타의 도움 외에도 마지막 단계에서 힐러리 매클렐런에게 사실관계 확인과 관련해 도움을 받았고 교정교열을 맡은 수전 밴헤크, 그리고 보조 프로덕션 에디터인 이언 밴 와이와 캐리 셰이에게서도 큰 도움을 받았다. 최근에 몇몇 기사에 대해 래리 로버츠, 닉 바르체바, 찰스 호먼스, 레이철 드라이, 윌링 데이비슨, 앤 헐버트 등이 편집자로서 큰 도움을 주었는데, 이 기사들은 이 책의 몇몇 부분에 중요한 토대가 되었다.

이 책을 쓰도록 용기를 주고 시간을 허락해준 『프로퍼블리카』의 동료들

스티븐 엔젤버그와 로빈 필즈에게 감사를 진한다.

어머니 잉그리드 맥길리스와 누이 루시 맥길리스는 이 책을 쓰는 데 커다란 동기부여가 된 장소에 대한 애착을 불어넣어준 일등공신이다. 볼티모어의 "홈팀" 일원들인 아들 해리와 존, 아내 레이철 브래시에게도 한결 같은 이해와 격려와 감사를 전한다.

끝으로 저널리스트였던 아버지께서 평생 실천으로 보여주신 모범에 감사드린다. 아버지 도널드 맥길리스는 예기치 못한 임종을 하시기 얼마 전에 이 책의 최종고를 읽어주셨다.

주(註)

들어가는 글

1 헥터 토레스와 아내 로라의 이름은 가명이다. 이 책이 출간되었을 때 헥터는 아마존에서 일하고 있었고, 아마존의 보복 행위로부터 보호하기 위해 가명을 사용했다. 이들 외에 이 책의 등장인물은 모두 실명으로 표기했다.

2 Joe Rubino, "Amazon's Gamble on Finding 1,500 Workers for Robotic Warehouse in Thornton May Not Have Been a Gamble After All," *The Denver Post*, March 20, 2019.

3 Ese Olumhense and Ann Choi, "Bronx Residents Twice as Likely to Die from COVID-19 in NYC," *The City*, April 3, 2020.

4 Joshua Chaffin, "Elmhurst: Neighborhood at Center of New York's COVID-19 Crisis," *Financial Times*, April 10, 2020.

5 Ellen Barry, "Days After Funeral in a Georgia Town, Coronavirus 'Hit Like a Bomb,'" *The New York Times*, March 30, 2020.

6 Robert Manduca, "Antitrust Enforcement as Federal Policy to Reduce Regional Economic Disparities," *The Annals of the American Academy of Political and Social Science* 685, no. 1 (September 2019): 156-171.

7 Robert Manduca, "The Contribution of National Income Inequality to Regional Economic Divergence," *Social Forces* 98, no. 2 (December 2019): 622-648.

8 Eduardo Porter, "Why Big Cities Thrive, and Smaller Ones Are Being Left Behind," *The New York Times*, October 10, 2017.

9 Phillip Longman, "Bloom and Bust," *Washington Monthly*, November/December 2015.

10 Greg Ip, "Bloomberg Puts Geographic Inequality on the 2020 Agenda," *The Wall Street Journal*, January 8, 2020.

11 Justin Fox, "Venture Capital Keeps Flowing to the Same Places," *Bloomberg Opinion*, January 8, 2019.

12 Manduca, "Antitrust Enforcement," 156.

13 "Democrats Clamor Again for Rent Control," *The Economist*, September 9, 2019.

14 E. J. Dionne, "The Hidden Costs of the GOP's Deficit TwoStep," *The Washington Post*, October 21, 2018.

15 Carol Morello, "Study: Rich, Poor Americans Increasingly Likely to Live in Separate Neighborhoods," *The Washington Post*, August 1, 2012.

16 Gustavo Grullon, Yelena Larkin, and Roni Michaely, "Are US Industries Becoming More Concentrated?" *Review of Finance* 23, no. 4 (July 2019): 697-743.

17 Brian S. Feldman, "The Real Reason Middle America Should Be Angry," *Washington Monthly*, March/April/May 2016.

1장 초번영 도시

1 Jonathan Raban, *Hunting Mister Heartbreak* (New York: Vintage, 1998), 254.

2 "City of Despair," *The Economist*, May 22, 1971.

3 Charles D'Ambrosio, "Seattle, 1974," in *Loitering: New and Collected Essays* (Tin House Books, 2013), 31.

4 루이지애나주, 텍사스주, 오클라호마주로부터 서부 연안 지역으로의 '흑인 대이동'(Great Migration)에 대해서는 다음 책을 참조. Isabel Wilkerson, *Warmth of Other Suns* (New York: Vintage, 2011).

5 Quintard Taylor, *The Forging of a Black Community: Seattle's Central District from 1870 Through the Civil Rights Era* (Seattle: University of Washington Press, 1994), 14.

6 Taylor, 35.

7 Taylor, 194.

8 Quin'Nita Cobbins, Paul de Barros, et al., *Seattle on the Spot: The Photographs of Al Smith* (Seattle: Museum of History and Industry, 2017).

9 Paul Allen, *Idea Man: A Memoir by the Cofounder of Microsoft* (New York: Penguin, 2011), 117; James Wallace and Jim Erickson, *Hard Drive: Bill Gates and the Making of the Microsoft Empire* (New York: Harper Business, 1993), 138.

10 Allen, 116.

11 Wallace and Erickson, *Hard Drive*, 133.

12 Wallace and Erickson, 136.

13 Allen, *Idea Man*, 146-147.

14 Allen, 147.

15 Taylor, *The Forging*, 203.

16 Taylor, 204.

17 Taylor, 205.

18 Taylor, 206.

19 Taylor, 209.

20 Tyron Beason, "Total Experience Gospel Choir's Last Days." *The Seattle Times*, October 1, 2018.

21 Peter Blecha, "Total Experience Gospel Choir (Seattle)," HistoryLink.org, June 4, 2013, https://historylink.org/file/10391.

22 다큐멘터리 영화 *Patrinell: The Total Experience*, directed by Tia Young and Andrew Elizaga (Seattle: Baby Seal Films, 2019).

23 Richard L. Brandt, *One Click: Jeff Bezos and the Rise of Amazon.com* (New York: Portfolio, 2012), 46.

24 Brandt, 55.

25 Brad Stone, *The Everything Store: Jeff Bezos and the Age of Amazon* (New York: Little, Brown, 2013), 28.

26 Jim Brunner, "States Fight Back Against Amazon.com's Tax Deals," *The Seattle Times*, April 9, 2012.

27 Brandt, *One Click*, 57; Stone, *The Everything Store*, 31.

28 Raban, *Hunting Mister Heartbreak*, 254.

29 "Jeff Bezos at the Economic Club of Washington (9/13/18)," CNBC livestream, https://youtu.be/xv_vkA0jsyo.

30 Geoffrey West, *Scale: The Universal Laws of Growth, Innovation, Sustainability, and the Pace of Life in Organisms, Cities, Economies, and Companies* (New York: Penguin, 2017), 323.

31 Enrico Moretti, *The New Geography of Jobs* (New York: Mariner Books, 2013), 66.

32 Brandt, *One Click*, 60.

33 Stone, *The Everything Store*, 55.

34 D'Ambrosio, "Seattle, 1974," 33.

35 Gene Balk, "Seattle Hits Record High for Income Inequality, Now Rivals San Francisco," *The Seattle Times*, November 17, 2017.

36 Mike Rosenberg, "Seattle Home Prices Have Surpassed Los Angeles, New York and San Diego in the Last Four Years," *The Seattle Times*, August 29, 2018.

37 Mike Maciag, "The Most and Least Kid-Filled Cities," *Governing*, November 13, 2015.

38 Gene Balk, "50 Software Developers a Week: Here's Who's Moving to Seattle," *The Seattle Times*, June 11, 2018.

39 Harrison Jacobs, "A Walk Through Seattle's 'Amazonia' Neighborhood," *Business Insider*, February 14, 2019.

40 Tyrone Beason, "Will Seattle Figure Out How to Deal with Its New Wealth?," *The Seattle Times*, July 6, 2017.

41 Tan Vinh, "The $200 Martini: Seattle's Frolik Launches 'Millionaires Menu,'" *The Seattle Times*, April 11, 2018.

42 Meghan Walker, "Wizard Pub and Wand Shop Coming to Old Ballard," My Ballard, August 24, 2018, https://myballard.com/2018/08/24/wizard-pub-and-wand-shop-coming-to-old-ballard/.

43 Robert McCartney and Patricia Sullivan, "Amazon Says It Will Avoid a Housing Crunch with HQ2 by Planning Better Than It Did in Seattle," *The Washington Post*, May 3, 2019.

44 Mike Rosenberg, "Will Amazon's HQ2 Sink Seattle's Housing Market?," *The Seattle Times*, November 12, 2018.

45 Noah Buhayar and Dina Bass, "How Big Tech Swallowed Seattle," *Bloomberg Businessweek*, August 30, 2018.

46 Keith Harris, "Making Room for the Extraeconomic," *City* 23, no. 6 (November 2019): 751-773.

47 Jena McGregor, "Why Amazon Built Its Workers a Mini Rain Forest Inside Three Domes in Downtown Seattle," *The Washington Post*, January 29, 2018.

2장 골판지

1 Mark Bernstein, *Grand Eccentrics: Turning the Century—Dayton and the Inventing of America* (Wilmington, OH: Orange Frazer, 1996), 23.

2 Bernstein, 27.

3 Bernstein, 8-9.

4 Curt Dalton, *Dayton Through Time* (n.p.: Arcadia, 2015), 42.

5 오하이오주의 웨스트 데이턴에서 자란 전직 교사, 나와의 인터뷰, 2018년 1월.

6 David H. Autor, David Dorn, and Gordon H. Hanson, "China Shock: Learning from Labor Market Adjustment to Large Changes in Trade," National Bureau of Economic Research Working Paper 21906, January 2016, https://nber.org/papers/w21906.pdf.

7 Dan Barry, "In a Company's Hometown, the Emptiness Echoes," *The New York Times*, January 24, 2010.

8 Steve Bennish, "Industrial Power Use Plummets," *Dayton Daily News*, September 25, 2011.

9 Steve Bennish, *Scrappers: Dayton, Ohio, and America Turn to Scrap* (자가 출판, 2015), 7.

10 Janet Adamy and Paul Overberg, "Affluent Americans Still Say 'I Do.' More in the Middle Class Don't," *The Wall Street Journal*, March 8, 2020.

11 Alec MacGillis, "The Great Republican Crack-Up," *ProPublica*, July 15, 2016.

12 Leigh Goodmark, "Stop Treating Domestic Violence Differently from Other Crimes," *The New York Times*, July 23, 2019.

13 Chris Stewart, "Coroner Investigates 145 Suspected Overdose Deaths in Month," *Dayton Daily News*, January 31, 2017.

14 Annie Gasparro and Laura Stevens, "Brands Invent New Lines for Only Amazon to Sell" (기사에 딸린 그래프), *The Wall Street Journal*, January 25, 2019; Scott Galloway, *The Four: The Hidden DNA of Amazon, Apple, Facebook, and Google* (New York: Random House, 2017), 27.

15 Ben Casselman, "As Amazon Steps Up Tax Collection, Some Cities Are Left Out," *The New York Times*, March 25, 2018.

16 Louis Story, "As Companies Seek Tax Deals, Governments Pay High Price," *The New York Times*, December 1, 2012.

17 Joe Vardon, "Tax-Credit Requests to State Panel on Long Winning Streak," *The Columbus Dispatch*, August 21, 2013.

18 '오하이오 개발 사업국'(Ohio Development Services Agency)에 정보공개청구를 통해 확보한 이메일, 2019년 6월.

19 오하이오주 먼로시 당국에 정보공개청구를 통해 확보한 이메일, 2019년 4월.

20 Kara Driscoll, "'Project Big Daddy': How Monroe Landed Amazon's Next Fulfillment Center," *Dayton Daily News*, October 5, 2017.

21 Jo Craven McGinty, "A Nation Awash in Cardboard, but for How Long?," *The Wall Street Journal*, August 8, 2019.

22 Heather Long, "This Doesn't Look Like the Best Economy Ever," *The Washington Post*, July 5, 2019.

3장 안보 산업

1 Alec MacGillis, "Much of Stimulus Funding Going to Washington Area Contractors," *The Washington Post*, December 3, 2009.

2 Carol Morello and Ted Mellnik, "Seven of Nation's 10 Most Affluent Counties Are in Washington Region," *The Washington Post*, September 20, 2012.

3 "Private School Confidential," *Washingtonian*, October 2018.

4 Robert G. Kaiser, *So Much Damn Money: The Triumph of Lobbying and the Corrosion of American Government* (New York: Vintage, 2010), 43.

5 Kaiser, 62.

6 Kaiser, 67.

7 Kaiser, 71.

8 케네스 슐로스버그, 나와의 인터뷰. 2020년 4월 20일.

9 Kaiser, *So Much Damn Money*, 98.

10 Jacob S. Hacker and Paul Pierson, *Winner-Take-All Politics: How Washington Made the Rich Richer—and Turned Its Back on the Middle Class* (New York: Simon & Schuster, 2011), 117.

11 Hacker and Pierson, 116-119.

12 Kaiser, *So Much Damn Money*, 115.

13 Kaiser, 140.

14 슐로스버그, 나와의 인터뷰.

15 슐로스버그, 나와의 인터뷰.

16 Alec MacGillis, "The Billionaires' Loophole," *The New Yorker*, March 7, 2016.

17 David Montgomery, "David Rubenstein, Co-Founder of Carlyle Group and Washington Philanthropist," *The Washington Post*, May 14, 2012.

18 Montgomery.

19 Michael Lewis, "The Access Capitalists," *The New Republic*, October 18, 1993.

20 MacGillis, "The Billionaires' Loophole."

21 Olivia Oran, "'Obama Not Anti-Business': Carlyle's Rubenstein," *Reuters*, October 11, 2013.

22 Dana Priest and William Arkin, "Top Secret America," *The Washington Post*, July 19, 2010.

23 Priest and Arkin.

24 Priest and Arkin.

25 Annie Gowen, "Region's Rising Wealth Brings New Luxury Brands and Wealth Managers," *The Washington Post*, December 17, 2012.

26 Alina Dizik, "High-End Dining for the High-Chair Set," *The Wall Street Journal*, April 3, 2018.

27 Justin Jouvenal, "Planned Palace Upset Some Neighbors in Tony D.C. Suburb," *The Washington Post*, April 23, 2012.

28 John Heltman, "Confessions of a Paywall Journalist," *Washington Monthly*, November/December 2015.

29 Jeremy Peters, "Tests for a New White House Spokesman," *The New York Times*, March 16, 2011.

30 Philip Bump and Jaime Fuller, "The Greatest Hits of Jay Carney," *The Washington Post*, May 30, 2014.

31 Daniel Markovits, *The Meritocracy Trap* (New York: Penguin, 2019), 57.

32 Margaret O'Mara, "How Silicon Valley Went from Conservative, to Anti-Establishment, to Liberal," *Big Think*, August 14, 2019, https://bigthink.com/videos/how-silicon-valley-went-from-conservative-to-anti-establishment-to-liberal.

33 Benjamin Wofford, "Inside Jeff Bezos's DC Life," *Washingtonian*, April 22, 2018.

34 Luke Mullins, "The Real Story of How Virginia Won Amazon's HQ2," *Washingtonian*, June 6, 2019.

35 Charles Duhigg, "Is Amazon Unstoppable?," *The New Yorker*, October 10, 2019.

36 Wofford, "Inside Jeff Bezos's DC Life."

37 Nick Wingfield and Nellie Bowles, "Jeff Bezos, Mr. Amazon, Steps Out," *The New York Times*, January 12, 2018.

38 Alex Leary, "How Florida Lobbyist Brian Ballard Is Turning Close Ties to Trump into Big Business," *Tampa Bay Times*, June 9, 2017.

39 Paul Anderson and Mark Silva, "Aide, 26, Key to Fresh Start for Governor," *The Miami Herald*, January 10, 1988.

40 Charles Fishman, "Apprentice to Power," *Florida Magazine*, August 5, 1990.

41 Leary, "How Florida Lobbyist Brian Ballard."

42 Brent Kallestad, "Day in the Life of a Lobbyist," *AP News*, April 24, 2004.

43 Leary, "How Florida Lobbyist Brian Ballard."

44 Theodoric Meyer, "The Most Powerful Lobbyist in Trump's Washington," *Politico*, April 2, 2018.

4장 존엄한 노동

1 Mark Reutter, *Sparrows Point: Making Steel: The Rise and Ruin of American Industrial Might* (New York: Summit Books, 1988), 30.

2 Reutter, 24-27.

3 Reutter, 30-32.

4 Reutter, 17-20.

5 Deborah Rudacille, *Roots of Steel: Boom and Bust in an American Mill Town* (New York: Pantheon Books, 2010), 33.

6 Reutter, *Sparrows Point*, 45.

7 C. B. Niederling, "Slow Death of a Company Town," *Baltimore*, August 1973.

8 Reutter, *Sparrows Point*, 81.

9 Reutter, 41-42.

10 Reutter, 45.

11 Reutter, 182.

12 Rudacille, *Roots of Steel*, 25-29; Reutter, *Sparrows Point*, 59-63.

13 Reutter, *Sparrows Point*, 63-64.

14 Rudacille, *Roots of Steel*, 45.

15 Reutter, *Sparrows Point*, 71.

16 Elmer J. Hall, *A Mill on the Point: 125 Years of Steel Making at Sparrows Point, Maryland* (자가 출판, 2013년). 이 도시가 발달해간 여러 국면에서 이 회사의 모습을 담은 사진과 지도를 다수 수록하고 있으며 건물에 대한 용어 설명도 제시되어 있다.

17 George L. Moore "The Old 'Company Store' at Sparrows Point," *The Baltimore Sun Magazine*, January 4, 1959.

18 Margaret Lunger, "Growing Up in the 'Little Kingdom' of Sparrows Point," *The Baltimore Sun*, December 1, 1968.

19 Mary Sue Fielding, "Sparrows Point Was Once a Community of Handsome Farms," *The Union News*, September 10, 1937.

20 *Real Stories from Baltimore County History* (Hatboro, PA: Tradition Press, 1967), 209-210.

21 Rudacille, *Roots of Steel*, 34.

22 Rudacille, 36-37.

23 Reutter, *Sparrows Point*, 53.

24 Reutter, 188.

25 Reutter, 46-49.

26 Reutter, 115-123.

27 Reutter, 127-131.

28 Reutter, 155-158.

29 Reutter, 360-378.

30 『철강의 뿌리』(*Roots of Steel*)에 루다실이 어린 시절을 보낸 던도크에 대한 내용이 많이 담겨 있다.

31 Reutter, *Sparrows Point*, 142.

32 Reutter, 149.

33 Charles Schwab, *Succeeding with What You Have* (Mechanicsburg, PA: Executive Books, 2005) 16-17.

34 Reutter, *Sparrows Point*, 146.

35 Reutter, 135.

36 Robert Hessen, *Steel Titan: The Life of Charles M. Schwab* (Pittsburgh: University of Pittsburgh Press, 1990), 250.

37 Michael Hill, "Sparrows Point Has Reunion Week," *The Baltimore Evening Sun*, May 24, 1973.

38 Louis S. Diggs, *From the Meadows to the Point: The Histories of the African American Community in Sparrows Point* (자가 출판, 2003), 214.

39 Reutter, *Sparrows Point*, 209-214.

40 Reutter, 222.

41 Reutter, 233-236.
42 Reutter, 247-250.
43 Reutter, 253-254.
44 Reutter, 257-265.
45 Rudacille, *Roots of Steel*, 74.
46 Rudacille, 82-83; Reutter, *Sparrows Point*, 292-294.
47 Rudacille, *Roots of Steel*, 82-84; Reutter, *Sparrows Point*, 296-299.
48 Reutter, 303-309.
49 "Decline in Shipbuilding Hits Labor and Industry," *The Baltimore Evening Sun*, March 5, 1947.
50 Reutter, *Sparrows Point,* 311.
51 John Strohmeyer, *Crisis in Bethlehem: Big Steel's Struggle to Survive* (Pittsburgh: University of Pittsburgh Press, 1994), 37.
52 Reutter, *Sparrows Point*, 321.
53 *The Baltimore Sun*, September 10, 1944.
54 *Baltimore*, May 1941.
55 Reutter, *Sparrows Point*, 329.
56 Reutter, 160.
57 "Bethlehem Steel Plans $30,000,000 Expansion of Sparrows Point Plant," *The Baltimore Sun*, January 27, 1950.
58 Carrol E. Williams, "Local Steel Plant to Import Venezuelan Iron Ore in 1948," *The Baltimore Sun*, February 28, 1947.
59 Reutter, *Sparrows Point*, 382.
60 "Life at the Point," *The Baltimore Sun Magazine*, September 5, 1982.
61 Reutter, *Sparrows Point*, 329.
62 Reutter, 359.
63 Strohmeyer, *Crisis in Bethlehem*, 64.
64 Reutter, *Sparrows Point*, 346.
65 Reutter, 397.
66 Elmer J. Hall의 저서 『스패로스 포인트의 공장』(*A Mill on the Point*)에는 이 지역의 사진이 다수 수록되어 있다.
67 Reutter, *Sparrows Point*, 338.
68 John Ahlers, "Plant Soot Called 'Gold Dust,' It Means People Are Working," *The Baltimore Evening Sun*, November 12, 1951.
69 "Bethlehem Pays $2 Million in County Taxes," *The Baltimore Evening Sun*, January 31, 1956.
70 Rudacille, *Roots of Steel*, 102.
71 Diggs, *From the Meadows*, 228.
72 Diggs, 214.
73 Niederling, "Slow Death."

74 Diggs, *From the Meadows*, 209.

75 Diggs, 211.

76 Mark Bowden, "Inside Sparrows Point," *Baltimore News-American*, May 1979.

77 Ahlers, "Plant Soot."

78 Spencer Davidson, "'Point' to Raze Homes of 187 Families," *The Baltimore Evening Sun*, November 21, 1951.

79 Antero Pietila, *Not in My Neighborhood: How Bigotry Shaped a Great American City* (Chicago: Ivan R. Dee, 2010) 159-165.

80 Pietila, 122.

81 Rudacille, *Roots of Steel*, 19, 29.

82 Rudacille, 43-44.

83 Diggs, *From the Meadows*, 207.

84 Rudacille, *Roots of Steel*, 153.

85 Reutter, *Sparrows Point*, 346-352.

86 Rudacille, *Roots of Steel*, 148-151.

87 Rudacille, 152-154.

88 Rudacille, 155-157.

89 Rudacille, 163.

90 Diggs, *From the Meadows*, 217.

91 제임스 드레이턴, 나와의 인터뷰. 2019년 1월.

92 Reutter, *Sparrows Point*, 266-275.

93 Carol Loomis, "The Sinking of Bethlehem Steel," *Fortune*, April 5, 2004.

94 Loomis.

95 Strohmeyer, *Crisis in Bethlehem*, 29-32.

96 Strohmeyer, 101.

97 Rudacille, *Roots of Steel*, 186.

98 Reutter, *Sparrows Point*, 400.

99 Rudacille, *Roots of Steel*, 128.

100 "Company Town Is Being Leveled," *The Baltimore Sun*, March 22, 1974.

101 Bowden, "Inside Sparrows Point."

102 Rudacille, *Roots of Steel*, 196.

103 Lorraine Branham, "1,020 Are Laid Off at Bethlehem," *The Baltimore Sun*, March 29, 1982.

104 Branham, "Workers Here Angry, Resigned," *The Baltimore Sun*, March 21, 1983.

105 Reutter, *Sparrows Point*, 12.

106 "What Would You Do with 13 Weeks of Paid Vacation?," *Baltimore News-American*, March 27, 1966.

107 Strohmeyer, *Crisis in Bethlehem*, 65, 192, 232.

108 Strohmeyer, 142.

109 Reutter, *Sparrows Point*, 433.

110 Rudacille, *Roots of Steel*, 192.

111 Strohmeyer, *Crisis in Bethlehem*, 33.

112 렌 신델(Len Shindel), 나와의 인터뷰. 2019년 1월 15일.

113 Rudacille, *Roots of Steel*, 200.

114 렌 신델, 나와의 인터뷰. 2019년 1월; 베들레헴 스틸 직원 가족으로, 볼티모어 거주자였던 데릭 체이스(Derric Chase), 나와의 인터뷰. 2018년 10월.

115 신델, 나와의 인터뷰.

116 Chris MacLarion, "Ode to Sparrows Point." 다음으로 재출간. Hall, *A Mill on the Point*, 335. 볼티모어 카운티의 메릴랜드 대학이 주관한 '공장 이야기'(Mill Stories) 구두 역사 행사에서 이 애가를 읽는 매클라리언의 모습을 담은 온라인 동영상이 있다.

117 Pamela Wood, "Sign of the Times: Sparrows Point Blast Furnace Demolished," *The Baltimore Sun*, January 28, 2015.

118 Stacy Hirsh, "Broening GM Plant to Close May 13," *The Baltimore Sun*, February 9, 2005.

119 Natalie Sherman, "Amazon Hiring Outpaces Projects," *The Baltimore Sun*, July 30, 2015.

120 내가 행사장에서 녹음한 오디오 자료.

121 Heather Long, "Amazon's $15 Minimum Wage Doesn't End Debate over Whether It's Creating Good Jobs," *The Washington Post*, October 5, 2018.

122 Noam Scheiber, "Inside an Amazon Warehouse, Robots' Ways Rub Off on Humans," *The New York Times*, July 3, 2019.

123 Ceyland Yeginsu, "If Workers Slack Off, a Wristband Will Know. (And Amazon Has a Patent For It.)," *The New York Times*, February 1, 2018.

124 Alec MacGillis, "The Third Rail," *Places Journal*, March 2016.

125 Colin Lecher, "How Amazon Automatically Tracks and Fires Warehouse Workers for 'Productivity,'" *The Verge*, April 25, 2019, https://theverge.com/2019/4/25/18516004/amazon-warehouse-fulfillment-centers-productivity-firing-terminations.

126 "What Amazon Does to Wages," *The Economist*, January 20, 2018.

127 Jessica Bruder, *Nomadland: Surviving America in the Twenty-First Century* (New York: W. W. Norton, 2017).

128 Emily Guendelsberger, *On the Clock: What Low Wage Work Did to Me and How It Drives America Insane* (New York: Little, Brown, 2019), 52.

129 델라웨어 물류 센터의 유지보수 및 수리 기술자들이 2014년에 시도했으나 실패한 아마존 노조 조직화 운동에 대해서는 다음을 참고. Duhigg, "Is Amazon Unstoppable?"

130 Tom Maloney and Heater Perlberg, "Businesses Flock to Baltimore Wasteland in Epic Turnaround Tale," *Bloomberg Businessweek*, August 8, 2019.

131 Rona Kobell, "New Ownership All Fired Up to Raise Sparrows Point from the Ashes," *Bay Journal*, December 2014.

132 내가 직접 이 일자리에 지원 절차를 밟아보았고 합격 후에 일자리를 수락하지 않았다.

133 Reutter, *Sparrows Point*, 54.

5장 고객 서비스

1 Charles S. Clark, "GSA Acquisition Officer Bound for White House Role," *Government Executive*, May 9, 2014.

2 Jan Murphy, "Welfare Renewals Take a Wrong Turn," *Patriot News*, August 26, 2008.

3 Clark, "White House Procurement Chief Wants Acquisition SWAT Team," *Government Executive*, April 24, 2015.

4 Anne Rung, "Transforming the Federal Marketplace, Two Years In," States News Service, September 30, 2016.

5 Stacy Mitchell and Olive LaVecchia, "Amazon's Next Frontier: Your City's Purchasing," Institute for Local Self-Reliance, July 10, 2018.

6 Mitchell and LaVecchia.

7 Mitchell and LaVecchia.

8 Mitchell and LaVecchia.

9 David Dayen, "The 'Amazon Amendment' Would Effectively Hand Government Purchasing Power Over to Amazon," *The Intercept*, November 2, 2017, https://theintercept.com/2017/11/02/amazon-amendment-online-marketplaces/.

10 Stephanie Kirchgaessner, "Top Amazon Boss Privately Advised US Government on Web Portal Worth Billions to Tech Firm," *The Guardian*, December 26, 2018.

11 플라이휠 개념에 대한 상세한 설명은 다음 책을 참고. Brian Dumaine, *Bezonomics: How Amazon Is Changing Our Lives and What the World's Best Companies Are Learning from It* (New York: Simon & Schuster, 2020).

12 Jason Del Rey, "An Amazon Revolt Could Be Brewing as the Tech Giant Exerts More Control over Brands," Vox, November 29, 2018, https://vox.com/2018/11/29/18023132/amazon-brand-policy-changes-marketplace-control-one-vendor.

13 Jay Greene, "Amazon Sellers Say Online Retail Giant Is Trying to Help Itself, Not Consumers," *The Washington Post*, October 1, 2019.

14 Dan Gallagher, "Why Amazon Needs Others to Keep Selling," *The Wall Street Journal*, April 11, 2019.

15 Karen Weise, "Prime Power: How Amazon Squeezes the Businesses Behind Its Store," *The New York Times*, December 19, 2019.

16 Shira Ovide, "How Amazon's Bottomless Appetite Became Corporate America's Nightmare," *Bloomberg Businessweek*, March 14, 2018.

17 James Kwak, "The End of Small Business," *The Washington Post*, July 9, 2020.

18 엘파소 시에서 정보공개청구를 통해 받은 서신, 2019년 1월.

19 나도 본명으로 행사에 등록해 참가했다.

20 Franklin Foer, "Jeff Bezos's Master Plan," *The Atlantic*, November 2019.

21 Justin Scheck, Jon Emont, and Alexandra Berzon, "Amazon Sells Clothes from Factories Other Retailers Blacklist," *The Wall Street Journal*, October 23, 2019.

6장 권력과 전력

1 Antonio Olivo, "As Data Centers Bloom, a Century-Old African American Enclave Is Threatened," *The Washington Post*, July 2, 2017.

2 Bernard Marr, "How Much Data Do We Create Every Day? The Mind-Blowing Stats Everyone Should Read," *Forbes*, May 21, 2018.

3 Andrew Blum, *Tubes: A Journey to the Center of the Internet* (New York: Ecco, 2013), 59-60.

4 Amy Joyce, "DataPort Plans Virginia 'Super-Hub'; Firm Close to Deal for 200-Acre Prince William Campus," *The Washington Post*, July 15, 2000.

5 Stephen Orban, *Ahead in the Cloud: Best Practices for Navigating the Future of Enterprise IT* (North Charleston, SC: CreateSpace, 2018), 3.

6 Jordan Novet, "Amazon Cloud Revenue Jumps 45 Percent in Fourth Quarter," CNBC, February 1, 2018, https://cnbc.com/2018/02/01/aws-earnings-q4-2017.html.

7 Orban, *Ahead in the Cloud*, xxv.

8 Rana Foroohar, "Amazon's Pricing Tactic Is a Trap for Buyers and Sellers Alike," *Financial Times*, September 2, 2018.

9 더 상세한 내용은 Ida Tarbell의 고전적 저서, *History of the Standard Oil Company* (New York: McClure, Phillips and Co., 1904)를 참고.

10 Jonathan O'Connell, "Loudoun Rivals Silicon Valley for Data Centers," *The Washington Post*, October 28, 2013.

11 D. J. O'Brien, "Region Likely to See Continued Growth in Data Center Industry," *The Washington Post*, September 6, 2013.

12 Lori Aratani, "Greenpeace Report: Amazon Is Wavering on Its Commitment to Renewable Energy," *The Washington Post*, February 14, 2019.

13 O'Connell, "Data Centers Boom in Loudoun County, but Jobs Aren't Following," *The Washington Post*, January 17, 2014.

14 "The Godfather of Data Center Alley," *InterGlobix* 1, no. 1, 2019.

15 "The Godfather of Data Center Alley."

16 Olivo, "As Data Centers Bloom."

17 2019년 4월에 인사이드노바닷컴(InsideNoVa.com)이 정보공개청구를 통해 획득한 여행 영수증과 2019년 4월에 내가 획득한 여행 영수증.

18 "From Akron to Zanesville: How Are Ohio's Small and Mid-Sized Cities Faring?," Greater Ohio Policy Center, June 2016.

19 Mark Williams, "Amazon's Central Ohio Data Centers Now Open," *The Columbus Dispatch*, October 18, 2016.

20 Orban, *Ahead in the Cloud*, 7.

21 Emily Steel, Steve Eder, Sapna Maheshwari, and Matthew Goldstein, "How Jeffrey Epstein Used the Billionaire Behind Victoria's Secret for Wealth and Women," *The New York Times*, July 25, 2019.

22 이 절에 인용된, 세 도시와 아마존 사이에 오간 모든 서신은 2019년 4월에 내가 정보공개

청구를 통해 획득했다.

23 Mya Frazier, "Amazon Isn't Paying Its Electric Bills. You Might Be," *Bloomberg Businessweek*, August 20, 2018.

24 Blum, *Tubes*, 229.

25 O'Connell, "Data Centers Boom."

26 엘레나 슐로스버그(Elena Schlossberg), 나와의 인터뷰, 2019년 4월 8일.

27 Jacob Geiger, "Dominion Wields Influence with Political Contributions, Charitable Donations," *Richmond Times-Dispatch*, February 14, 2015.

28 Frazier, "Amazon Isn't Paying."

29 Frazier.

30 Duhigg, "Is Amazon Unstoppable?"

31 Kaitlyn Tiffany, "In Amazon We Trust—but Why?," Vox, October 25, 2018, https://vox.com/the-goods/2018/10/25/18022956/amazon-trust-survey-american-institutions-ranked-georgetown.

32 Suzanne Vranica, "Amazon Seizes TV's Biggest Stage, After Shunning Mass-Market Ads," *The Wall Street Journal*, January 30, 2019.

33 Ross Douthat, "Meet Me in St. Louis, Bezos," *The New York Times*, September 16, 2017.

34 전미프레스클럽(National Press Club)에서 낸 웨일리(Nan Whaley)가 한 발언. 2019년 1월 22일.

35 Scott Shane, "Prime Mover: How Amazon Wove Itself into the Life of an American City," *The New York Times*, November 30, 2019.

36 닉 하나우어(Nick Hanauer), 나와의 인터뷰, 2018년 6월 14일.

37 Dan Gallagher, "Hey, Big Spender: Tech Cash Will Keep Flowing," *The Wall Street Journal*, February 11, 2019.

38 Riahnnon Hoyle, "Cloud Computing Is Here. Cloud Recycling Is Next," *The Wall Street Journal*, July 29, 2019.

39 Julie Creswell, "Cities' Offers for Amazon Base Are Secrets Even to Many City Leaders," *The New York Times*, August 5, 2018.

40 Laura Stevens, Shibani Mahtani, and Shayndi Raice, "Rules of Engagement: How Cities Are Courting Amazon's New Headquarters," *The Wall Street Journal*, April 2, 2018.

41 Karen Weise, "The Mystery of Amazon HQ2 Has Finalists Seeing Clues Everywhere," *The New York Times*, September 7, 2018.

7장 주거 위기

1 Gene Balk, "Seattle Taxes Ranked Most Unfair in Washington—a State Among the Harshest on the Poor Nationwide," *The Seattle Times*, April 13, 2018.

2 Anand Giridharadas, *Winners Take All: The Elite Charade of Changing the World* (New York: Knopf, 2018), 163.

3 이 내용과 이 절의 나머지 부분의 내용은 다음을 토대로 했다. MacGillis, "The Billionaires'

Loophole," *The New Yorker*, March 7, 2016.

4 Mike Rosenberg, "Seattle's Median Home Price Hits Record: $700,000, Double 5 Years Ago," *The Seattle Times*, April 6, 2017.

5 Mike Rosenberg, "No Escape for Priced-Out Seattleites: Home Prices Set Record for an Hour's Drive in Every Direction," *The Seattle Times*, June 6, 2017.

6 Vernal Coleman, "King County Homeless Population Third-Largest in U.S.," *The Seattle Times*, December 7, 2017.

7 Zachary DeWolf, "For Seattle's Homeless Students, a Lack of Housing Is Just the Beginning," *The Seattle Times*, May 25, 2018.

8 Coleman, "Deaths Among King County's Homeless Reach New High amid Growing Crisis," *The Seattle Times*, December 30, 2017.

9 Daniel Beekman, "Seattle City Council Approves Income Tax on the Rich, but Quick Legal Challenge Likely," *The Seattle Times*, July 10, 2017.

10 테레사 모스퀘다, 나와의 인터뷰, 2019년 8월 1일.

11 마이크 맥긴(Mike McGinn), 나와의 인터뷰, 2019년 8월 2일.

12 Nick Wingfield, "Fostering Tech Talents in Schools," *The New York Times*, September 30, 2012.

13 Robert Frank, "At Last, Jeff Bezos Offers a Hint of His Philanthropic Plans," *The New York Times*, June 15, 2017.

14 Franklin Foer, *World Without Mind* (New York: Penguin, 2017), 196.

15 Brad Stone, *The Everything Store: Jeff Bezos and the Age of Amazon* (New York: Little, Brown, 2013), 290-291.

16 Karen Weise, Manny Fernandez, and John Eligon, "Amazon's Hard Bargain Extends Far Beyond New York," *The New York Times*, March 13, 2019.

17 Shayndi Raice and Dana Mattioli, "Amazon Sought $1 Billion in Incentives on Top of Lures for HQ2," *The Wall Street Journal*, January 16, 2020.

18 Christopher Ingraham, "Amazon Paid No Federal Taxes on $11.2 Billion in Profits Last Year," *The Washington Post*, February 16, 2019.

19 Ingraham.

20 내가 보낸 질문에 대한 아마존의 서면 답변, 2020년 7월 13일.

21 Beekman, "Tech Giant's Seattle Campus a Backdrop for 'Tax Amazon' Rally," *The Seattle Times*, April 11, 2018.

22 Nick Wingfield, "Seattle Scales Back Tax in Face of Amazon's Revolt, but Tensions Linger," *The Seattle Times*, May 14, 2018.

23 모스퀘다, 나와의 인터뷰.

24 모스퀘다, 나와의 인터뷰.

25 Beekman, "Amazon, Starbucks Pledge $25,000 Each to Campaign for Referendum on Seattle Head Tax," *The Seattle Times*, May 23, 2018.

26 Alana Samuels, "How Amzaon Helped Kill a Seattle Tax on Business," *The Atlantic*, June 13,

2018.
27 Wingfield, "Seattle Scales Back Tax."
28 Vianna Davila, "Fury, Frustration Erupt over Seattle's Proposed Head Tax for Homelessness Services," *The Seattle Times*, May 4, 2018.
29 닉 하나우어, 나와의 인터뷰, 2018년 6월 14일.
30 마이클 슈츨러(Michael Schutzler), 나와의 인터뷰, 2018년 6월 13일.
31 "How to Cut Homelessness in the World's Priciest Cities," *The Economist*, December 18, 2019.
32 이 글의 편집본을 다음에서 볼 수 있다. *The Cost of Free Shipping: Amazon in the Global Economy*, edited by Jake Alimahomed Wilson and Ellen Reese (London: Pluto Press, 2020).
33 세라 랭킨(Sara Rankin), 나와의 인터뷰, 2019년 7월 31일.
34 Beekman, "State Court of Appeals Rules Seattle's Wealth Tax Is Unconstitutional, but Gives Cities New Leeway," *The Seattle Times*, July 16, 2019.
35 Beekman, "Egan Orion Concedes to Kshama Sawant in Seattle City Council Race, Cites Amazon Spending," *The Seattle Times*, November 12, 2019.
36 Beekman.
37 Balk, "Historically Black Central District Could Be Less Than 10% Black in a Decade," *The Seattle Times*, May 26, 2015.
38 Jay Greene, "Amazon Far More Diverse at Warehouses Than in Professional Ranks," *The Seattle Times*, August 14, 2015.
39 Karen Weise, "Amazon Workers Urge Bezos to Match His Words on Race with Actions," *The New York Times*, June 24, 2020.
40 Gene Balk, "As Seattle Gets Richer, the City's Black Households Get Poorer," *The Seattle Times*, November 12, 2014.
41 Janna L. Matlack and Jacob L. Vigdor, "Do Rising Tides Lift All Prices? Income Inequality and Housing Affordability," National Bureau of Economic Research Working Paper 12331, June 2006, https://nber.org/papers/w12331.pdf.
42 Richard Florida, "The Benefits of High-Tech Job Growth Don't Trickle Down," *Bloomberg CityLab*, August 8, 2019.
43 Quintard Taylor, *The Forging of a Black Community: Seattle's Central District from 1870 Through the Civil Rights Era* (Seattle: University of Washington Press, 1994), 239.
44 Ann Dornfield, "A Bold Plan to Keep Black Residents in Seattle's Central District," KUOW, July 14, 2017, https://kuow.org/stories/a-bold-plan-to-keep-black-residents-in-seattle-s-central-district.
45 와이킹 개럿(Wyking Garrett), 나와의 인터뷰, 2019년 8월 26일.
46 로니카 헤어스톤(Ronica Hairston), 나와의 인터뷰, 2019년 8월 3일.
47 제임스 에드워드 존스, 나와의 인터뷰, 2019년 8월 3일.

8장 고립된 도시

1 John Case, "Sole Survivor," *Inc.*, June 1, 1994.

2 Case.

3 Rita Price, "It All Changes," *The Columbus Dispatch*, April 29, 2002.

4 Nick Claussen, "Boot Factory to Leave Nelsonville for Puerto Rico, Lay Off 67," *Athens News*, September 20, 2001.

5 Claussen, "County Hit Hard by Recent Closings, Layoffs," *Athens News*, October 11, 2001.

6 Rita Price, "Rocky Clocks Out," *Columbus Dispatch*, April 28, 2002.

7 Nelson D. Schwartz and Sapna Maheshwari, "'Catastrophic,' 'Cataclysmic': Trump's Tariff Threat Has Retailers Sounding Alarm," *The New York Times*, June 16, 2019.

8 Clara Hendrickson, Mark Muro, and William A. Galston, "Countering the Geography of Discontent: Strategies for Left-Behind Places," Brookings Institution, November 2018, https://brookings.edu/research/countering-the-geography-of-discontent-strategies-for-left-behind-places/.

9 이 부분과 이후에 기술한 봉통의 역사에 대한 내용의 상당 부분은 다음을 참고. Nancy Elizabeth Cohen, *Doing a Good Business: 100 Years at the Bon-Ton* (Lyme, CT: Greenwich Publishing Group, 1998).

10 Bob Greene, "When Retailing Was Very Personal," *The Wall Street Journal*, December 17, 2018.

11 Suzanne Kapner, "Bon-Ton Scion's Fix for Ailing Department Stores: Blow Up the Model," *The Wall Street Journal*, June 1, 2018.

12 Thurston Clarke, *The Last Campaign: Robert F. Kennedy and 82 Days That Inspired America* (New York: Henry Holt, 2008).

13 팀 그룸바허와 데비 사이먼(Debbie Simon), 나와의 인터뷰, 2019년 5월 1일.

14 그룸바허와 사이먼, 나와의 인터뷰.

15 Cohen, *Doing a Good Business*, 88.

16 닉 하나우어, 나와의 인터뷰, 2018년 6월 14일.

17 "Elder-Beerman Agrees to Be Bought by Bon-Ton," *Toledo Blade*, September 17, 2003.

18 Hendrickson, Muro, and Galston, "Left-Behind Places."

19 William A. Galston, "Why Cities Boom While Towns Struggle," *The Wall Street Journal*, March 13, 2018.

20 Jack Nicas and Karen Weise, "Chase for Talent Pushes Tech Giants Far Beyond West Coast," *The New York Times*, December 13, 2018.

21 Monica Potts, "In the Land of Self-Defeat," *The New York Times*, October 4, 2019.

22 "The Future of Work in America: People and Places, Today and Tomorrow," McKinsey Global Institute, July 11, 2019, https://mckinsey.com/featured-insights/future-of-work/the-future-of-work-in-america-people-and-places-today-and-tomorrow#.

23 Jeffrey Goldberg interview with Tara Westover, "The Places Where the Recession Never

Ended," *The Atlantic*, December 2019.

24 Eduardo Porter, "Why Big Cities Thrive, and Smaller Ones Are Being Left Behind," *The New York Times*, October 10, 2017.

25 Frank Rich, "No Sympathy for the Hillbilly," *New York*, March 2017.

26 Sabrina Tavernise, "Frozen in Place: Americans Are Moving at the Lowest Rate on Record," *The New York Times*, November 20, 2019.

27 Mya Frazier, "Amazon Is Getting a Good Deal in Ohio. Maybe Too Good," *Bloomberg Businessweek*, October 26, 2017.

28 직업안전보건국(Occupational Safety and Health Administration, OHSA)으로부터 정보공개청구를 통해 획득한 상해 보고서, 2019년 8월.

29 직업안전보건국으로부터 정보공개청구를 통해 획득한 상해 보고서, 2019년 8월.

30 Frazier, "Amazon Is Getting a Good Deal."

31 Michelle Jarboe, "Amazon.com Project in Twinsburg Gets Approval for State Job-Creation Tax Credit," *Cleveland Plain Dealer*, May 23, 2016.

32 Esther Fung, "Shopping-Mall Vacancies Are Highest in Seven Years After Big-Box Closings," *The Wall Street Journal*, October 3, 2018.

33 Scott Galloway, "Silicon Valley's Tax-Avoiding, JobKilling, Soul-Sucking Machine," *Esquire*, February 8, 2018.

34 Esther Fung, "The Internet Isn't Killing Shopping Malls—Other Malls Are," *The Wall Street Journal*, April 18, 2017.

35 Scott Galloway, *The Four: The Hidden DNA of Amazon, Apple, Facebook, and Google* (New York: Random House, 2017), 41.

36 Gina Kolata and Sabrina Tavernise, "It's Not Just Poor White People Driving a Decline in Life Expectancy," *The New York Times*, November 26, 2019.

37 Betsy McKay, "Death Rates Rising for Young, Middle-Aged U.S. Adults," *The Wall Street Journal*, July 23, 2019.

38 Alec MacGillis, "The Last Shot," *ProPublica*, June 27, 2017.

39 Laura Stevens, "Survey Shows Rapid Growth in Online Shopping," *The Wall Street Journal*, June 8, 2016.

40 Austan Goolsbee, "Never Mind the Internet. Here's What's Killing Malls," *The New York Times*, February 13, 2020.

41 그룹바허와 사이먼, 나와의 인터뷰.

42 그룹바허와 사이먼, 나와의 인터뷰.

43 Alec MacGillis, "Why the Perfect Red-State Democrat Lost," *The New York Times*, November 16, 2018.

44 이 회의는 내가 직접 참관했다.

45 Andrew Van Dam, "If That Was a Retail Apocalypse, Then Where Are the Refugees?," *The Washington Post*, November 22, 2019.

46 Galloway, *The Four*, 50.

47 내가 보낸 질문에 대한 아마존의 서면 답변, 2020년 7월 13일.

48 Alec MacGillis, "The True Cost of Dollar Stores," *The New Yorker*, June 29, 2020.

49 Paul Page, "Truck Orders Soaring on Growing Freight Demand," *The Wall Street Journal*, June 5, 2018.

50 Heather Long, "America's Severe Trucker Shortage Could Undermine the Prosperous Economy," *The Washington Post*, June 28, 2018.

9장 집중화와 공동화

1 Natalie Sherman, "City Hopes Reclaimed Brick Will Pave Way to Jobs, Sustainability," *The Baltimore Sun*, April 24, 2014.

2 Scott Calvert, "Brick by Brick, Baltimore's Blighted Houses Get a New Life," *The Wall Street Journal*, April 5, 2019.

3 Tim Prudente, "When Vacant House Fell in West Baltimore, a Retiree Was Crushed in His Prized Cadillac," *The Baltimore Sun*, March 30, 2016.

4 Prudente, "Two Men, One Heart: Transplant Links Baltimore Homicide Victim to Western Maryland Retiree," *The Baltimore Sun*, December 28, 2018.

5 Kevin Rector, "'Virtual Neighborhood Watch': Baltimore Faith Group Building Surveillance Network with Help from Amazon Ring," *The Baltimore Sun*, August 21, 2019.

6 Ian Duncan, "Baltimore Unveils Failed Bid to Lure Amazon Headquarters," *The Baltimore Sun*, February 14, 2018.

7 Tara Bahrampour, "Household Incomes in the District Rise Dramatically in 2017," *The Washington Post*, September 13, 2018.

8 Justin Fox, "Where the Educated Millennials Congregate," *Bloomberg Opinion*, May 22, 2019.

9 *Washingtonian*, April 2019.

10 Katherine Shaver, "Looking for 'City' Living in the Suburbs? Some Are Finding It in Aging Office Parks," *The Washington Post*, August 5, 2017.

11 케네스 슐로스버그, 나와의 인터뷰, 2020년 4월 20일.

12 Andre Giambrone, "Census: In D.C., Black Median Income Is Now Less Than a Third of White Median Income," *Washington City Paper*, September 15, 2017.

13 Gillian B. White, "In D.C., White Families Are on Average 81 Times Richer Than Black Ones," *The Atlantic*, November 26, 2016.

14 Marissa J. Lang, "The District's Economy Is Booming, but Many Black Washingtonians Have Been Left Out, Study Finds," *The Washington Post*, February 11, 2020.

15 Alan Neuhauser, "This D.C. Corridor Has Flourished. A Boxing Gym for Its Youth Is Battling for Its Life," *The Washington Post*, January 28, 2019.

16 Tara Bahrampour, "Students Say Dog Walkers on Howard Campus Are Desecrating Hallowed Ground," *The Washington Post*, April 19, 2019.

17 Katherine Shaver, "D.C. Has the Highest 'Intensity' of Gentrification of Any U.S. City, Study Says," *The Washington Post*, March 19, 2019.

18 나타샤 뉴먼(NaTasha Newman)의 가족, 나와의 인터뷰, 2020년 4월 6일.

19 Patricia Callahan, "The Deadly Race," *ProPublica*, September 5, 2019.

20 뉴먼의 가족, 나와의 인터뷰.

21 Christina Tkacik, "Israel Espana, Killed When Tornado Strikes Baltimore Amazon Facility, Remembered as Loyal Friend and Father," *The Baltimore Sun*, November 5, 2018; Alexa Ashwell, "Tornado Victim Husband, Father of 3," WBFF, November 4, 2018, https://foxbaltimore.com/news/local/tornado-victim-husband-father-of-3.

22 메릴랜드주 직업안전보건부로부터 정보공개청구를 통해 획득한 자료, 2019년 4월.

23 로레인(Lorraine), 나와의 인터뷰, 2019년 9월.

24 로레인, 나와의 인터뷰.

25 Ashwell, "Tornado Victim."

26 에인절 린지(Angel Lindsey)의 페이스북 포스팅, 2018년 11월.

27 Robert B. Reich, "When Bosses Shared Their Profits," *The New York Times*, June 25, 2020.

28 Abha Bhattarai, "Amazon Is Doling Out Raises of as Little as 25 Cents an Hour in What Employees Call 'Damage Control,'" *The Washington Post*, September 24, 2018.

29 이 투어에는 내가 직접 참가했다. 2019년 7월 23일.

30 Greg Bensinger, "'MissionRacer': How Amazon Turned the Tedium of Warehouse Work into a Game," *The Washington Post*, May 21, 2019.

31 Benjamin Romano, "Fired Amazon Employee with Crohn's Disease Files Lawsuit over Lack of Bathroom Access," *The Seattle Times*, February 2, 2019.

32 내가 보낸 질문에 대한 아마존의 서면 답변, 2020년 7월 13일.

33 Jessica Bruder, "Meet the Immigrants Who Took On Amazon," *Wired*, November 12, 2019.

34 Will Evans, "Behind the Smiles," *Reveal*, November 25, 2019, https://revealnews.org/article/behind-the-smiles/.

35 "Packaging Pain: Workplace Injuries Inside Amazon's Empire," Amazon Packaging Pain, https://amazonpackagingpain.org/the-report.

36 내가 보낸 질문에 대한 아마존의 서면 답변, 2020년 7월 13일.

37 Alicia Fabbre, "Amazon Employee Dies After Company Delays 9-1-1 Call," *The Chicago Tribune*, January 26, 2019.

38 Lindsay Bramson, "Safety Changes Made at Amazon Facility After News4 I-Team Investigation," WSMV, December 27, 2018, https://wsmv.com/news/safety-changes-made-at-amazon-facility-after-news4-i-team-investigation/article_6b20ed28-0a2d-11e9-ac15-ffd1e20911d0.html.

39 Will Evans, "Indiana Manipulated Report on Amazon Worker's Death to Lure HQ2, Investigation Says," *The Indianapolis Star*, November 25, 2019.

40 J. David Goodman, "How Much Is a View Worth in Manhattan? Try $11 Million," *The New York Times*, July 22, 2019.

41 James Barron, "The People of Central Park West Want Their Parking Spaces (Sorry, Cyclists)," *The New York Times*, August 18, 2019.

42 Matthew Haag and Winnie Hu, "1.5 Million Packages a Day: The Internet Brings Chaos to New York Streets," *The New York Times*, October 27, 2019.

43 Haag, "Silicon Valley's Newest Rival: The Banks of the Hudson," *The New York Times*, January 5, 2020.

44 Ben Yakas, "Woman Trapped in Upper East Side Townhouse Elevator for Three Days Doesn't Plan to Sue Billionaire Boss," *Gothamist*, January 29, 2019.

45 Jimmy Vielkind and Katie Honan, "The Missing Piece of Amazon's New York Debacle: It Kept a Burn Book," *The Wall Street Journal*, August 28, 2019.

46 테레사 모스퀘다, 나와의 인터뷰, 2019년 8월 1일.

47 "Amazon's HQ2 Could Be a Launching Pad for a Bright Future for the D.C. Region," *The Washington Post*, November 13, 2018.

48 Joanne S. Lawton, "Partnership or Pandering?," *Washington Business Journal*, May 2, 2019.

49 〈프런트라인〉(*Frontline*), 시즌 2020, 12화, "Amazon Empire: The Rise and Reign of Jeff Bezos." 2020년 2월 18일 PBS 방영. https://pbs.org/wgbh/frontline/film/amazon-empire/.

50 Luke Mullins, "The Real Story of How Virginia Won Amazon's HQ2," *Washingtonian*, June 16, 2019.

51 내가 보낸 질문에 대한 아마존의 서면 답변, 2020년 7월 13일.

52 Taylor Telford, Patricia Sullivan, Hannah Denham, and John D. Harden, "Amazon's HQ2 Prompts Housing Price Spikes in Northern Virginia, Washington Post Analysis Shows," *The Washington Post*, June 13, 2019.

53 Patricia Sullivan, "Area Residents, Not Amazon Newcomers, Are Fueling Northern Virginia Real Estate Frenzy, Agents Say," *The Washington Post*, August 26, 2019.

54 Steven Pearlstein, "Washington Won Its Piece of Amazon's HQ2. Now Comes the Hard Part," *The Washington Post*, November 12, 2018.

55 Robert McCartney and Patricia Sullivan, "Amazon Says It Will Avoid a Housing Crunch with HQ2 by Planning Better Than It Did in Seattle," *The Washington Post*, May 3, 2019.

56 Mya Frazier, "Amazon Is Getting a Good Deal in Ohio. Maybe Too Good," *Bloomberg Businessweek*, October 26, 2017.

57 Cassady Craighill, "Greenpeace Finds Amazon Breaking Commitment to Power Cloud with 100% Renewable Energy," Greenpeace, February 13, 2019, https://greenpeace.org/usa/news/greenpeace-finds-amazon-breaking-commitment-to-power-cloud-with-100-renewable-energy/.

58 Mark P. Mills, "The 'New Energy Economy': An Exercise in Magical Thinking," Manhattan Institute, March 26, 2019, https://manhattan-institute.org/green-energy-revolution-near-impossible.

59 Kenneth Chang, "Jeff Bezos Unveils Blue Origin's Vision for Space, and a Moon Lander," *The New York Times*, May 9, 2019.

60 Matt Day, "Amazon Nixed 'Green' Shipping Proposal to Avoid Alienating Shoppers,"

Bloomberg News, March 5, 2020.

61 Stacy Mitchell, "Amazon Is a Private Government. Congress Needs to Step Up," *The Atlantic*, August 10, 2020.

62 Lina M. Khan, "Amazon's Antitrust Paradox," *Yale Law Journal*, January 2017.

63 *Frontline*, "Amazon Empire."

64 Karen Weise, "Prime Power: How Amazon Squeezes the Businesses Behind Its Store," *The New York Times,* December 12, 2019.

65 Dana Mattioli, "Amazon Scooped Up Data from Its Own Sellers to Launch Competing Products," *The Wall Street Journal*, April 23, 2020.

66 Robert Samuels, "In District, Affordable Housing Plan Hasn't Delivered," *The Washington Post*, July 7, 2013.

남은 이야기

1 Dana Mattioli, "Amazon Retools with Unusual Goal: Get Shoppers to Buy Less Amid Coronavirus Pandemic," *The Wall Street Journal*, April 16, 2020.

2 Renee Dudley, "The Amazon Lockdown: How an Unforgiving Algorithm Drives Suppliers to Favor the E-Commerce Giant Over Other Retailers," *ProPublica*, April 26, 2020.

3 Kim Bhasin, "As Many as 25,000 U.S. Stores May Close in 2020, Mostly in Malls," *Bloomberg*, June 9, 2020.

4 Mike Isaac, "The Economy Is Reeling. The Tech Giants Spy Opportunity," *The New York Times*, June 13, 2020.

5 Christopher Mims, "Not Even a Pandemic Can Slow Down the Biggest Tech Giants," T*he Wall Street Journal*, May 23, 2020.

6 Austan Goolsbee, "Big Companies Are Starting to Swallow the World," *The New York Times*, September 30, 2020.

7 Daisuke Wakabayashi, Karen Weise, Jack Nicas, and Mike Isaac, "Lean Times, but Fat City for the Big 4 of High Tech," *The New York Times*, July 31, 2020.

8 Karen Weise, "Pushed by Pandemic, Amazon Goes on a Hiring Spree Without Equal," *The New York Times*, November 27, 2020.

9 Jennifer Steinhauer and Pete Wells, "As Restaurants Remain Shuttered, American Cities Fear the Future," *The New York Times*, May 7, 2020.

10 Eric Morath, Theo Francis, and Justin Baer, "Covid Economy Carves Deep Divide Between Haves and Have-Nots," *The Wall Street Journal*, October 6, 2020.

찾아보기